宋代法制研究丛稿

戴建国 著

中西书局

图书在版编目（CIP）数据

宋代法制研究丛稿 / 戴建国著 . —上海：中西书局，2019.11
　ISBN 978-7-5475-1630-0

　Ⅰ. ①宋… Ⅱ. ①戴… Ⅲ. ①法制史-研究-中国-宋代 Ⅳ. ① D929.44

中国版本图书馆 CIP 数据核字（2019）第 214200 号

宋代法制研究丛稿

戴建国 著

责任编辑	吴志宏	
装帧设计	梁业礼	
出版发行	上海世纪出版集团 中西书局（www.zxpress.com.cn）	
地　址	上海市陕西北路 457 号（邮编 200040）	
印　刷	上海盛通时代印刷有限公司	
开　本	700×1000 毫米　1/16	
印　张	27.5	
字　数	423000	
版　次	2019 年 11 月第 1 版　2019 年 11 月第 1 次印刷	
书　号	ISBN 978-7-5475-1630-0/D·064	
定　价	118.00 元	

本书如有质量问题，请与承印厂联系。电话：021-37910000

目　录

自　序

宋代是中华民族灿烂文化创造的高峰期,陈寅恪先生云:"华夏民族之文化,历数千载之演进,造极于赵宋之世。"除了文化、经济繁荣昌盛外,宋代的法律制度也是极为值得称颂的。宋人汪应辰有过一段话评论宋代的司法制度:

> 国家累圣相授,民之犯于有司者,常恐不得其情,故特致详于听断之初;罚之施于有罪者,常恐未当于理,故复加察于赦宥之际。是以参酌古义,并建官师,上下相维,内外相制,所以防闲考核者纤悉曲备,无所不至也。①

汪应辰高度概括了宋代司法制度的特点,应该说评论十分中肯到位,并没有虚言溢美。宋代法制,上承唐朝法制之传统,在宋历朝统治者的重视下,法律制度进一步健全和完善化。宋代在立法方面,建立了一套庞大的由普通法、特别法、在京通用法组成的多元结构的法律体系,极具特色。制定的法典卷帙浩繁,种类详备,叶适曾感叹说宋代之法"细者愈细,密者愈密,摇手举足,辄有法禁"②。然我们从另一个角度看,这正反映了宋代立法所取得的成就。在司法方面,它的鞫、谳、议分司制、翻异别勘制、死刑覆核制、法官回避制、司法检验制都有其独到之处。宋代在中国历史上还首次出现了承办公证业务的书铺。就法律制度而言,宋代应该是中国古代社会最为完善的朝代,给我们留下了丰富的法律文化遗产。

宋代法律制度的建立和完善有着特定的时代背景。赵宋政权是在动荡

---

① (清)徐松辑,刘琳等校点:《宋会要辑稿·职官》一五之二〇至二一,上海古籍出版社,2014年,第3418页。

② (宋)叶适撰,刘公纯等点校:《叶适集·水心别集》卷一二《法度总论二》,北京:中华书局,2010年,第789页。

不安的战乱岁月用兵变形式建立起来的,之前的五代社会政权更替频繁,五十四年间更换了五个朝代、八个姓的皇帝。为避免成为又一个短命的王朝,宋太祖大力强化中央专制集权统治,制定了"事为之防,曲为之制"的治国基本原则。他的继任者宋太宗曾对近臣说:"国家若无外忧,必有内患。外忧不过边事,皆可预防。惟奸邪无状,若为内患,深可惧也。帝王用心,常须谨此。"①宋代社会除了内患,当然还有外忧,不过比起外忧来,宋太宗觉得内患才是更可怕的,更应值得防范,因此防内患成为了治国的首要国策。在此理念指导下,宋代制定了极为周密详备的法律制度,将司法程序的每一步都尽可能地设计成几无瑕疵的规范性步骤,从司法制度的相对完善化来说,庶几达到了中国传统社会司法所能达到的最高阶段。

日本著名学者大庭脩曾云:"较之高深的理论,还是地道的考证有意思。"②我引述大庭脩的话,不是说理论不重要,而是想表明:由于年代的久远,中古时期流传下来的法律文献没有几部,法律制度的记载也是支离破碎,对于研究中国古代法律制度的学者来说,弄清法律文本文献的制定、流传以及法律基本制度,把散落在各种文献中的有关史料找出来,通过逻辑论证,尽可能描述出原先模糊不清的法典、制度、事件的原貌,显得尤为重要,的确是研究的第一要务,这也是我的治学兴趣所在。1986 年,我毕业留在上海师范大学工作,在历史文献学的教学和研究外,我一直把主要的学术关注点放在法律制度的研究上。上海师范大学的宋史研究,其历史由来已久,自程应镠、张家驹先生筚路蓝缕开创以来,复经朱瑞熙等先生接力,构建了基础扎实的研究基地和一支优秀的学术队伍。自云南大学毕业后,我有幸进入上海师范大学,师从程先生、朱先生学习宋史。丰富的图书资料,浓郁的学术氛围,使我受益匪浅。

2000 年黑龙江人民出版社曾出版过我的一部论文集《宋代法制初探》,因印数有限,许多学校和科研单位的图书馆未能收藏,曾有不少海内外学界朋友来信索要。或许还有些学术价值,学友赵晶教授向中西书局推荐出一新版,以广传布。承蒙不弃,中西书局李碧妍女史与我商议。考虑到原书中

---

① （宋）李焘:《续资治通鉴长编》卷三二淳化三年八月丁亥,北京:中华书局,2004 年,第 719 页。

② ［日］大庭脩著,徐世虹等译:《秦汉法制史研究》,上海:中西书局,2017 年,第 475 页。

的《论宋代的断例》《宋代刑罚体系研究》《宋代从刑考述》内容已收入我 2008 年出版的《宋代刑法史研究》，遂以原论文集为基础作了调整补充，删去 4 篇，增补了 2000 年之后发表的 13 篇拙作，调整幅度达半，共汇辑了 26 篇拙稿，现以《宋代法制研究丛稿》为名出版。

　　书中内容涉及法律典籍、契约文书、法律制度、家族法、少数民族政策、司法案例。《范仲淹之子范纯粹生母张氏身份及范纯粹排行考》则从法律视角考述了张氏的社会身份，探讨了那个时代的社会制度。这里值得一提的是，1999 年，我在宁波天一阁博物馆发现了佚失近千年的《天圣令》，所撰《天一阁藏明抄本〈官品令〉考》一文刊发后，在海内外学术界引起了很大反响。《天圣令》新史料的发现，使得唐中叶至北宋中期的社会变化在国家法律制度层面上得以部分展现出来。用《天圣令》中宋令与附录的唐令作比较研究，捕捉其中的变化，对于探讨唐宋社会转型问题，无疑有着重要的学术价值。我围绕《天圣令》撰写的还有一部分成果，此次没有收入，我将在另一部书中整合刊出。《宋代折杖法再探讨》一文论述的折杖法是构成宋代刑罚体系的基础，对了解宋代法律制度十分重要，文字内容虽被《宋代刑法史研究》吸纳，此次仍予收入。集子中各篇拙作成稿时间不一，最早的刊于 1987 年，最晚的写于 2019 年，前后相距 30 余载，虽然这仅是我的部分成果，大体却也能反映出我研讨宋代法制的学术轨迹。此次结集基本上仍保持原貌，只作了一些必要的修订。书中引用的史料，尽可能用新出版的文献进行了核对，增加了版本、页码等信息。唯《宋代家法族规试探》撰于 1995 年，引用的藏于上海图书馆的家谱当时尚未正式对外公开，也没有可供检索的目录，我是通过朋友关系到仓库查阅的，抄写的家谱名称与现在公布的家谱间有不同，限于精力未能核对。整部集子所收拙稿文字前后或有重复、抵牾和舛错，尚希读者批评指正。

　　最后，谨向关心、帮助拙作出版的朋友以及中西书局致以诚挚的谢意。

二〇一九年八月十日

宋代编敕初探

在中国法典编纂史上,编集皇帝诏敕直接制成法律文件,对常法进行修正和补充的立法活动十分频繁,延绵不绝,引人注目,成为中华法系的一大特点。这种活动又以宋代最为典型,宋编纂诏敕制成的法典,叫"编敕"。宋编敕修纂之勤,数量之多,种类之繁,空前绝后。据《宋史·艺文志》不完全记载,宋代各种编敕就有八十多部,①不仅有全国范围内统一通行的具有普通法性质的编敕(宋人称之为"海行编敕"、"海行法"),还有适用于地方的《一州一县编敕》,以及适用于朝廷各部、司、监的具有特别法性质的《一司一务编敕》、《农田编敕》等等。修纂编敕,是宋代三百二十年历史中最主要的立法活动。宋代编敕作为中华法系的一个组成部分,它的许多基本问题,诸如编敕的结构体例及其沿革变化,编敕的性质作用和特点等,至今我们还很模糊,为此,本文试对上述问题作些探索。宋代编敕种类繁多,限于篇幅,本文先就其中具有代表意义的,属于全国范围内统一通行的海行编敕加以讨论,不当之处,祈请指正。

一、北宋前、中期编敕的修纂

在正文展开之前,先简单追溯一下编敕的修撰历史。

敕,许慎《说文解字》释曰:"戒也。"刘熙《释名》卷六《释书契》云:"敕,饬也。使自警饬不敢废慢也。"西汉初年定仪制四品,皇帝命令,曰策书、制书、诏书、戒书。"戒书,戒敕刺史、太守及三边营官,被敕文曰:'有诏敕某官',是为戒敕也。"②皇帝命令始称"敕"。由于中国实施封建专制主义统治体制,

① 按:统计的编敕包括元丰以下宋代所修各种"敕令格式",但单行的"令"、"格"、"式"不计。
② (汉)蔡邕:《独断》卷上,北京:中华书局,1985年,第4页。

皇帝诏敕享有最高法律效力,可以破律,西汉以降,统治者多以诏敕为法源制定成法典。①

　　唐朝时,皇帝常用敕的公文形式来处理包括刑狱案件在内的日常政务。朝廷规定,敕由中书省承接,门下省封驳,否则不得称敕,②皇帝在某一时间内,就特定的人群或事件发布的单项诏敕,在司法实践中不能广泛适用。《唐律·断狱律》规定:"诸制、敕断罪,临时处分,不为永格者,不得引为后比。"单项诏敕要成为"永格",须经过立法程序,由皇帝下诏,命人加以删削整理,将适遍和长期使用的诏敕法律化,制定成法典颁布实施,凡不入法典的单项制敕自然失去效力,不得引用。唐前期,编纂诏敕制成的法典称"格"。《唐六典》卷六《尚书刑部》载:"盖编录当时制敕,永为法则","格以禁违正邪"。③至开元十九年(731),这一法典名称开始改称"格后敕",以便与前已定之格相呼应。《旧唐书·刑法志》载:"(开元)十九年,侍中裴光庭、中书令萧嵩,又以格后制敕行用之后,颇与格文相违,于事非便,奏令所司删撰《格后常行敕》六卷,颁于天下。"④此后唐陆续编修有《元和删定制敕》三十卷、《元和格后敕》三十卷、《太和格后敕》五十卷以及《大中刑法总要格后敕》六十卷等,内容多偏重于刑狱。

　　进入五代以后,格后敕形式演变为编敕形式。自五代后唐起,朝廷不再编修刑法格,⑤其删集当朝皇帝诏敕制成的法典不必考虑与已定之格相呼应,所以径称"编敕"。清泰二年(935)后唐以制敕"堪悠久施行者"三百九十四道修纂为《清泰编敕》三十卷。⑥后晋天福四年(939)修有《天福编敕》三十一卷。后周时又"以晋、汉及国初事关刑法敕条,凡二十六件,分为二卷,附

---

① 按,中国传统社会的皇帝诏敕从广义上说,享有最高法律效力,可以破律,制约律的实施。但从狭义来看,皇帝诏敕本身不是法律,诏敕要成为法律,须经过立法程序,将诏敕中适宜长久使用和具有普遍意义的部分制定为法律文件,颁布实施。本文所谓法源,指法的材料来源。

② (宋)王溥:《唐会要》卷五四《省号上》载凤阁侍郎刘祎之曰:"不经凤阁、鸾台宣过,何名为敕?"上海古籍出版社,2006年,第1094页。

③ (唐)李林甫等撰,陈仲夫点校:《唐六典》卷六《尚书刑部》,北京:中华书局,2014年,第178页。

④ (后晋)刘昫等撰:《旧唐书》卷五〇《刑法志》,北京:中华书局,1975年,第2150页。

⑤ 《宋史·艺文志》载五代后唐修有《天成长定格》一卷,据《旧五代史·选举志》记载,这是一部关于选举制度的法典,非刑法格。

⑥ (宋)薛居正等撰:《旧五代史》卷四七《末帝纪中》,北京:中华书局,1976年,第647页。

于编敕,目为《大周续编敕》"①。五代时的编敕广泛用于正刑定罪,于是,唐后期出现的以刑狱为主要内容的格后敕遂被五代时的编敕所替代。

宋承唐、五代之制,敕的应用更为广泛,皇帝颁布的单项诏敕叫"散敕"、"续降"。散敕积累到一定程度,经立法程序,删修成编敕。建隆四年(十一月改元乾德)二月,判大理寺窦仪等奉诏对周《显德刑统》进行修改,同年八月修成《宋刑统》。与此同时,窦仪等将周《显德刑统》内削出的格、令、宣、敕和北宋初颁布的散敕,共一百零六条,修定成宋代第一部编敕《建隆编敕》,总四卷,与《宋刑统》同时颁布实施。史称其"宏规丕矩,易简坦明……传以经谊,蔽以人情。成书之布,前目后凡,较然画一,以四卷之简而驭亿万生齿之繁"②。这部编敕有两点需要说明:其一,它只是将敕、令、格、宣简单地加以整理,在结构体例上不分门类,仅以年代为序,敕文正条后注有颁布年月。所谓"前目后凡",是指目录和正文而言,并非有凡例之设,立法技术比较简略。其二,它与五代编敕无直接的承袭关系。五代编敕在后周修订《显德刑统》时,已被采掇收入,不复行用。窦仪等人认为周《显德刑统》过分庞杂,使用诸多不便,乃将其中一部分敕、令、格、宣削出别编,恢复了编敕的形式。《建隆编敕》的内容,除了宋初的诏敕外,主要是原周《显德刑统》内的格、令、宣、敕。换句话说,它既有五代编敕的条文,又融进了唐、五代的格、令内容。这些敕、令、格、宣为不同种类的法律规范,各自所调整的社会关系不尽相同,因此它不同于以《唐律》为主干,作为刑法典而存在的《显德刑统》和《宋刑统》,也不同于五代编敕,它是一部综合性的法典。此后,一直到宋神宗熙宁时为止,诸朝所修编敕都没有改变这种性质。

太宗太平兴国三年(978)和淳化五年(994),宋先后又修纂了《太平兴国编敕》十五卷、《淳化编敕》三十卷。这两部编敕在《建隆编敕》基础上,增入了许多当时的诏敕,其结构体例一仍其旧。从太宗时期开始,编敕除了正文外,通常还附有"敕书德音"等法律文书。

真宗咸平元年(998),户部尚书张齐贤、给事中柴成务等人奉诏修纂新

---

① 《旧五代史》卷一四七《刑法志》,第 1962 页。
② (宋)吕祖谦:《吕祖谦全集·东莱吕太史外集》卷四《〈建隆编敕〉序》,杭州:浙江古籍出版社,2008 年,第 668 页。

编敕,乃以《淳化编敕》及淳化元年以后陆续颁布的散敕一万八千五百余道进行删修,《续资治通鉴长编》载曰:

> 凡敕文与《刑统》令式旧条重出者及一时机宜非永制者,并删去之;其条贯禁法当与三司参酌者,委本部编次之,凡取八百五十六道,为《新删定编敕》。其有止为一事前后累敕者,合而为一;本是一敕,条理数事者,各以类分取。其条目相因,不以年代为次,其间文繁意局者,量经制事理增损之;情轻法重者,取约束刑名削去之。①

修成《咸平编敕》十一卷,共二百八十六道。《咸平编敕》在体例和篇目结构上作了重大修改,首先,它以《唐律》十二篇为范式,把敕文按门类分为《名例》《卫禁》《职制》《户婚》《厩库》《擅兴》《贼盗》《斗讼》《诈伪》《断狱》《捕亡》和《杂敕》十二门,在篇目结构上与《唐律》相同。

其次,改变了以往编敕不分门类,以年代为序的体例。"其有止系一事,前后累敕者,合而为一;本是一敕,条理数事者,各以类分。"②即敕从类编,删去了编敕内重复的冗文。

再次,把仪制、舆服等属朝廷礼仪制度的敕剥离出来,附于《仪制令》后,使得正文部分的刑法属性更为突出。

《咸平编敕》较之三十卷的《淳化编敕》少了十多卷,颁布后,"当时便其简易"③。经过咸平更改,宋代编敕的篇目结构和体例逐渐完善,这对于改变北宋前期编敕中存在的内容庞杂、体例不清等状况,迈出了重要一步。

北宋前期,凡修纂编敕,由皇帝下诏,临时召集官员进行,事毕即罢。随着编敕修纂的经常化、规模化,需要一个专门的立法机构来主持其事,大中祥符年间宋设立了专门的详定修纂所。④官属有详定官、检详官、对点官和编排官等,由宰相提举。详定修纂所视编敕修纂的需要可随时设立。这对于

---

① (宋)李焘撰;上师大古籍所、华师大古籍所点校:《续资治通鉴长编》(以下简称《长编》)卷四三,咸平元年十二月丙午,北京:中华书局,2004年,第922—923页。
② (清)徐松辑,刘琳等校点:《宋会要辑稿·刑法》一之二,上海古籍出版社,2014年,第8212页。
③ (宋)马端临:《文献通考》卷一六七《刑考六》,北京:中华书局,2011年,第4993页。
④ 按王应麟《玉海》卷六七《宋朝敕局》载:"天圣编敕,始有详定编敕所。"(南京:江苏古籍出版社、上海书店,1987年,第1277页)考《宋会要辑稿·刑法》一之三(第8214页)载,大中祥符九年九月,"编敕所上《删定编敕》……四十三卷"。据此可知,至迟大中祥符九年,宋已设有编敕所。

推动编敕修纂活动的正常开展，有着重要意义。

《咸平编敕》修定后，至大中祥符六年（1013），真宗颁布的散敕累积达3600余道，涉及国家各类政务，因颁布的时间有先有后，前后命令不免有相互抵牾的内容，有必要进行一次系统整理。翰林学士陈彭年、判大理寺王曾等奉诏"详定新、旧编敕"，删修新的编敕。①九年，修纂成《大中祥符编敕》三十卷，计一千三百七十四条。仁宗天圣七年（1029），参知政事吕夷简等人又修成《天圣编敕》十三卷，计一千二百余条。

庆历七年（1047），翰林学士张方平等人奉仁宗诏又修成《庆历编敕》十六卷，一千七百余条。在结构体例上作了进一步修改。其一，"因事标目，准《律》制篇"，在依《唐律》分十二门的同时，又于每门内分立细目。

其二，"每敕系年……其言某年月日敕者，则尽如原降；言某年月日详定者，则微加修润，言臣等参详新立者，乃是众议建明"。每一条敕文都注明颁布的年月，便于法官参考。

其三，"先卷发例，省烦文也"，创设了于卷首立凡例的编纂之法，简练了正文部分，在立法技术上有了明显的提高。从《庆历编敕》的修纂，可以看出编敕已非散敕的简单删削，它经过新的立法活动，"增所宜立，周所未详"②，既有整理已有规范，消除其缺陷的一面，又有因时制宜，制定新的规范，弥补旧法不足的内容。

嘉祐二年（1057），仁宗又命人取《庆历编敕》和庆历四年冬以后颁布的散敕，参酌修订新的编敕。七年，宰相韩琦等修成《嘉祐编敕》二十四卷，一千八百多条。在体例结构方面，"名篇而附律，先例以举凡，会数敕而同一科，参旧文而发新意，事并出则分从其类，禁当立则特为之条"③，与《庆历编敕》基本相同，惟一的更改，在于它把《庆历编敕》于每条正文后附注颁布年月的形式，改为注于目录之中，使正文部分简约明了。

韩琦等立法官还对《宋刑统》所附敕文及参详条进行了一次全面整理，"取其见今可行者"，逐门收入《嘉祐编敕》，并规定《宋刑统》内所附敕和参详

---

① 《玉海》卷六六《大中祥符编敕》，第1256页。

② （宋）张方平：《乐全集》卷二八《进〈庆历编敕〉表》，文渊阁《四库全书》本，第1104册，第289页。

③ （宋）韩琦撰，李之亮、徐正英笺注：《安阳集编年笺注》卷二七《进〈嘉祐编敕〉表》，成都：巴蜀书社，2000年，第889页。

条今后不再行用。修定后的《嘉祐编敕》，"条目绝省"而"文详"①，是北宋中期一部比较成熟的法典，为宋人所推崇，后世修纂编敕，多以其为蓝本。

熙宁六年(1073)，宰相王安石等修纂成《熙宁编敕》十七卷。这部法典在《嘉祐编敕》基础上，"仅就篇帙删除烦复，搜补阙遗"②，编敕结构并无大的变化。

北宋前、中期编敕的立法技术还比较粗糙，主要表现在法律术语还不洗练，文字上还存有"繁长猥俗，与府县文符无异"的疵吝。③即使是修纂得较好的《嘉祐编敕》，文字仍嫌冗长，故人"多谓《嘉祐(编敕)》为剩文"④。这种状况的存在乃因编敕的法源直接来自皇帝的诏敕，立法官在删修诏敕时较多地保留了诏敕原有的文字，因而与《唐律》、《宋刑统》等法典文字存在着一定的差异。

二、北宋后期和南宋编敕的修纂及其结构体例的变化

自宋神宗元丰立法活动起，宋朝编敕的结构体例发生了重大变化，编敕也随之改称"敕令格式"。

宋神宗锐意变法，在经济、政治、军事等方面进行改革，其"达因革之妙，尤重宪禁"⑤，在法典修纂方面也作了重大更改，改革法典体例，将原先综合性的编敕划分为敕、令、格、式四种法律形式，各法律形式分类修纂。宋神宗给四种法律形式分别下了定义："设于此而逆彼之至曰格，设于此而使彼效之曰式，禁其未然之谓令，治其已然之谓敕。"⑥在此立法思想指导下，元丰七年(1084)刑部侍郎崔台符等人修成编敕七十三卷(内目录一卷)，以《元丰敕令格式》为名，其中"以刑名为敕"，依《唐律》分篇，自《名例》至《断狱》，分十

① （宋）王洋：《东牟集》卷九《后论今日之法当然札》，文渊阁《四库全书》本，第 1132 册，第 452 页。
② （宋）王安石：《临川先生文集》卷五六《进〈熙宁编敕〉表》，北京：中华书局，1959 年，第 605 页。
③ （宋）宋庠：《上仁宗论编敕当任达识大儒》，赵汝愚编《宋朝诸臣奏议》卷九八，上海古籍出版社，1999 年，第 1052 页。
④ 《东牟集》卷九《后论今日之法当然札》，第 452 页。
⑤ 《长编》卷三七三，元祐元年三月己卯，第 9025 页。
⑥ （清）徐松辑，刘琳等校点：《宋会要辑稿·刑法》一之一二，上海古籍出版社，2014 年，第 8223 页。

二门、十二卷;"以约束为令",自《官品》至《断狱》分三十五门,五十卷;以"酬赏为格",格分等级,不分门,五卷;"有体制模楷者皆为式",如表奏、帐籍、关牒和符檄之类,不分门,五卷。①

《元丰敕令格式》是以《熙宁编敕》为基础,充分吸收了编敕以外宋代所行用的敕、令、格、式的内容,经过融合、调整、提炼等立法活动,重新制定而成的新法典。

纵观宋以来的编敕修纂活动,不难发现《元丰敕令格式》是北宋立法活动发展的必然产物。

宋初,令、式用唐之旧条,太宗时曾命人将唐开元二十五年所修《开元令》、《开元式》加以简单的校勘,定为《淳化令》、《淳化式》,颁布实施。②真宗时修《咸平编敕》,附带修有《附仪制令》一卷。仁宗天圣时,大理寺丞庞籍等又"取唐令为本,先举见行者,因其旧文,参以新制定之"③,修成《天圣令》三十卷,共二十一门。此外,宰相吕夷简等"又案敕文,录制度及罪名轻简者五百余条,依令分门,附逐卷之末",定为《附令敕》十八卷。④此后,庆历、嘉祐年间亦都修有《续附令敕》。张方平于嘉祐时又纂有《禄令》十卷、《驿令》三卷,以解决"内外吏兵俸禄,虽有等差而无著令"等问题。⑤熙宁修编敕,又有《附令》三卷问世。

式,除了《淳化式》外,北宋前、中期仅颁布过一些零星的,适用于个别部门的式,如《熙宁支赐式》等。诸朝修编敕,都未涉及之。元丰三年,详定重修编敕所曾建议朝廷修订新式,但未有结果。

格,唐后期修纂的《开成格》,内容"关于刑狱"⑥。五代时,此类格已被编敕所替代,不再编修。北宋前、中期所修格,已与刑狱无涉,内容多关科举和官员铨选制度。如建隆三年,宋修有《循资格》、《长定格》、《编敕格》各一卷。

---

① 《长编》卷三四四,元丰七年三月乙巳,第 8254 页;卷四〇七,元祐二年十二月壬寅,第 9912 页。
② 《玉海》卷六六《唐开元前格》、《淳化编敕》,第 1249、1255 页;(宋)郑樵撰,王树民点校:《通志二十略》之《艺文略·宋朝淳化令》,北京:中华书局,1995 年,第 1554 页。
③ 《宋会要辑稿·刑法》一之四,第 8215 页。
④ 《玉海》卷六六《天圣新修令》,第 1257—1258 页。
⑤ 《玉海》卷六六《嘉祐禄令》、《嘉祐驿令》,第 1259 页。
⑥ 《册府元龟》卷六一三《刑法部·定律令》载后唐御史台等奏:"《开元格》多是条流公事,《开成格》关于刑狱。"中华书局影印本,1960 年,第 8 册,第 7358 页。

开宝六年(973),参知政事卢多逊等"参详《长定》、《循资格》,取悠久可用之文,为《长定格》三卷,……自是铨选益有伦矣"①。景德四年(1007),翰林学士晁迥等又上《考试进士新格》。至元丰三年,神宗改官制,修有《寄禄新格》,规定"以阶易官",各有级差。②《元丰敕令格式》以酬赏为格,这种以酬赏为属性的法典,元丰以前也已颁布过。如英宗时,三司使蔡襄在一篇奏章中云:"茶盐酒税之局,物物皆有《赏格》。"③

综上所述,可知到元丰立法时,宋历朝所修各种篇幅大小不等的令、格、式等法典已有多部,从而为修纂《元丰敕令格式》提供了丰富的法源和可资借鉴的立法技术和经验。例如,《元丰敕令格式》中关于俸禄料钱的法令,便是"依《嘉祐禄令》立文"的。④同时在另一方面,北宋前、中期法典体系比较散乱,除了《宋刑统》和历朝编敕外,还有《天圣令》、《长定格》及"条目至繁、文古今事殊"作为《开元式》翻版的《淳化式》等。⑤法出多门,叠床架屋。加之北宋前、中期的编敕,本身是一种综合性的法典,是将各种不同性质的法律规范混合编纂在一起。如编敕中载有属"令"范畴的行政法,而违令罪与违敕罪的刑罚是不等同的,"盖违敕之法重,违令之罪轻"⑥。以这种编纂体例修成的编敕不利于司法官量刑定罪,有碍法律的准确实施。因此朝廷亟须对法典体系进行一次全面的整理。正是在这种情况下,宋神宗因势利导,及时、果断地下令修改法典结构体例和法典体系,将原先编敕中单一的敕的法律形式分修为敕、令、格、式四种形式,"凡旧载于敕者多移之于令"⑦。修纂成的《元丰敕令格式》,其中《令》的卷数远远多于《敕》、《格》、《式》。《元丰敕令格式》颁布后,与《宋刑统》并行,原先全国范围内统一通行的旧令、格、式便停止行用。

---

① 《玉海》卷一一七《建隆循资格》,第 2169 页。
② (宋)费衮撰,骆守中注:《梁溪漫志》卷二《文武官制》,西安:三秦出版社,2004 年,第 31 页;《玉海》卷一一九《元丰寄禄新格》,第 2202 页。
③ (明)黄淮、杨士奇:《历代名臣奏议》卷三四《治道》,上海古籍出版社,1989 年,第 459 页。
④ 《长编》卷三七三,元祐元年三月己卯,第 9026 页。
⑤ 《宋会要辑稿·刑法》一之一二,第 8224 页。按:《淳化式》是在唐《开元式》基础上,仅就文字作了校勘,在宋人看来,仍是一部《唐式》。
⑥⑦ 《长编》卷三七三,元祐元年三月己卯,第 9025 页。

　　神宗更改法典结构体例,"讲明治具,维时宪度,尽载《编敕》"①,起到了划一法典、方便实施的作用。从此,编敕修纂必分敕、令、格、式,"著为成宪"②。元丰以下"虽数有修定,然大体悉循用之"③。终宋之世,编敕都是敕、令、格、式的统编,称"敕令格式",但习惯上,宋人仍有沿旧名称之为"编敕"的。④就"敕令格式"的法源来看,仍以皇帝颁布的诏敕为主,元丰修"敕令格式",令的许多内容就是从敕改移而来的。又如《元祐敕令式》内,敕的条文占了三分之二多。因此,可以将元丰以后的"敕令格式"视为北宋前、中期编敕的延续形式。如果说北宋前、中期,编敕的修纂还处于摸索阶段,那么,《元丰敕令格式》的修纂颁布,标志着编敕作为一种系统的、规范化的法典已经成熟定型。

　　《元丰编敕》修定后的第二年,神宗便因病去世,年幼的哲宗继位,高太后听政,起用反对变法的司马光为相,罢斥新法。《元丰编敕》也遭到非议,被斥为"其意烦苛,其文隐晦","难以检用"。⑤于是,御史中丞刘挚等人奉诏重新刊修编敕,乃取嘉祐、熙宁、元丰三部编敕,并元祐二年(1088)十二月以前颁布的散敕,"讲求本末,详究源流",于元祐二年(1088)十二月修成《元祐敕令式》五十四卷,其中《敕》上、下并目录计二十卷,二千四百四十条;《令》二十六卷,一千零二十条;《式》七卷,一百二十七条,⑥删掉了《元丰编敕》中原有的《格》,并对《元丰编敕》的体例作了些修改。《元丰敕令格式》每门之内不分类目,"故检用之际,多致漏落",《元祐敕令式》则于每门之内分立类

---

① 《宋会要辑稿·刑法》一之二四,第 8237 页。
② 《宋会要辑稿·刑法》一之二二,第 8236 页。
③ (宋)马端临:《文献通考》卷一六七《刑考六》,第 5002 页。
④ 例如《长编》卷三七三,元祐元年三月己卯载:右谏议大夫孙觉言:"今日之患,切于人情者,莫甚于《元丰编敕》。"第 9026 页;卷三九三,元祐元年十二月辛丑载:"尚书省言:'……乞依旧存留《元丰编敕》全条。'"第 9563 页(《宋会要辑稿·刑法》四之七七同);《宋会要辑稿·刑法》一之一八载:元符三年七月"中书省言:'《元祐编敕》,诸海行敕内不以赦降原减事件……'"第 8232 页;同书一之五一载:淳熙六年吏部言:"乞将续降指挥依旧制,类成编敕,与法令并行。"第 8264 页;《续资治通鉴长编》卷四六五,元祐六年闰八月辛未条载有"依《元祐编敕》被差检法"之说,第 11111 页;陈振孙《直斋书录解题》卷七《庆元敕》:"国朝自建隆以来,世有编敕,每更修定,号为'新书'。中兴至此凡三修矣。"上海古籍出版社,1987 年,第 224 页。
⑤ 《长编》卷三七三,元祐元年三月己卯,第 9026 页。
⑥ 《长编》卷四〇七,元祐二年十二月壬寅,第 9914 页。

目。同时,又仿《宋刑统》体例,辑录出编敕内"余条准此例"六十四件,别为一卷,以备检索。《元祐敕令式》还附有《赦书德音》、《申明》各一卷。

元祐八年(1093),高太后病死,哲宗亲政,任用变法派章惇为宰相,并改元绍圣,决心恢复新法。绍圣元年(1094)九月,章惇提举修纂新编敕,取元丰、元祐编敕删修。元符二年(1099)修成《元符敕令格式》一百三十四卷,恢复了元祐时被删掉的原编敕内"格"的法律形式。自此后,编敕的结构体例不再有变动。

徽宗政和二年(1112),宰相何执中等以《元丰敕令格式》为蓝本,修纂成《政和敕令格式》一百三十八卷,其"条目甚繁"而"文简"。①《政和编敕》摒弃了北宋前、中期编敕繁长猥俗的文体。与此同时,编敕的门目也由简入繁,诸如"水陆不得事道像,道士不得动铙钹,军人不得养鹰犬,将校不得从畋猎"的条目,所在皆有之。又如"绝禁兵器,则钩刀、博刀、捋尖刀,名号虽异而形相似者。皆收坐之"。②

宋廷南渡后,因法令典籍多毁于战火,宋高宗不得不命人重修编敕。绍兴元年(1131),参知政事张守等参照《嘉祐编敕》、《政和编敕》,修纂成《绍兴敕令格式》,其中《敕》十二卷,《令》五十卷,《格》和《式》各三十卷。

孝宗乾道六年(1170),秘书少监、权刑部侍郎汪大猷等又以《绍兴编敕》和《嘉祐编敕》为基础,参酌建炎四年至乾道四年所颁散敕,修成《乾道敕令格式》一百二十二卷(另目录一百二十二卷),其"增损元文五百七十四条,带修创立者三百六十一,全删旧文八十三,存留照用者百二十有八"③。之后,淳熙、庆元、淳祐年间所修编敕,大致皆承循《乾道敕令格式》。据陈振孙《直斋书录解题》和现存的残本《庆元条法事类》所载,宁宗庆元四年(1198)所修《庆元敕令格式》,其《敕》有十二卷,仍仿《唐律》分十二门。

《庆元令》五十卷,至少有三十七门,分为《官品》、《职制》、《田》、《文书》、《仓库》、《公用》、《军器》、《杂》、《军防》、《驿》、《仪制》、《关市》、《赏》、《吏卒》、《荐举》、《进贡》、《给赐》、《断狱》、《考课》、《营缮》、《厩牧》、《捕亡》、《选试》、《假宁》、《赋役》、《祀》、《辞讼》、《辇运》、《户》、《时》、《服制》、《道释》、《河渠》、

---

① ②　《东牟集》卷九《后论今日之法当然札》,第452页。
③　楼钥:《攻媿集》卷八八《汪大猷行状》,文渊阁《四库全书》本,第1153册,第360页。

《封赠》、《理欠》、《场务》、《疾医》等门。

《庆元格》三十卷,至少有十六门,分《赏》、《给赐》、《吏卒》、《考课》、《杂》、《驿》、《辇运》、《假宁》、《荐举》、《封赠》、《服制》、《选试》、《断狱》、《军防》、《田》、《道释》等门。

《庆元式》三十卷,至少有十八门,分《文书》、《考课》、《职制》、《断狱》、《杂》、《荐举》、《封赠》、《选试》、《赏》、《仓库》、《场务》、《理欠》、《给赐》、《赋役》、《道释》、《户》、《服制》、《厩牧》等门。

孝宗时宋又于"敕令格式"外,编纂"条法事类"。淳熙四年(1177),《淳熙敕令格式》修定后,丞相赵雄等奏:"士大夫少有精于法者,临时检阅,多为吏辈所欺。今若分门编类,则遇事悉见,吏不能欺。"①于是,赵雄等奉诏将《淳熙敕令格式》及所附《申明》,仿《吏部七司条法总类》,随事分门修纂。七年,修成《淳熙条法事类》四百二十卷,总门三十三。②宁宗嘉泰二年(1202),又修有《庆元条法事类》八十卷,内容基本来源于《庆元敕令格式》。理宗淳祐十一年(1251),郑清之等又删修成《淳祐条法事类》四百三十卷。③这部《条法事类》以《庆元条法事类》和《淳祐敕令格式》删修而成。

由于宋代编敕全部亡佚,而文献记载又多杂乱,且歧义互出,兹将宋代最主要的属全国范围内统一行用的编敕整理列表如下。④

编敕名称	卷数	修成时间	主要资料来源	备　注
《建隆编敕》	4	建隆四年	《宋会要辑稿·刑法》一之一	包括目录
《太平兴国编敕》	15	兴国三年	《宋会要辑稿·刑法》一之一	
《淳化编敕》	30	淳化五年	《宋会要辑稿·刑法》一之一	
《咸平编敕》	11	咸平元年	《续资治通鉴长编》卷四三	
《大中祥符编敕》	30	祥符九年	《续资治通鉴长编》卷八七	

① (宋)佚名撰,汪圣铎点校:《宋史全文》卷二六下,淳熙六年二月癸卯,北京:中华书局,2016年,第2227页。

② 《宋会要辑稿·刑法》一之五二,第8265页;《玉海》卷六六《淳熙条法事类》,第1263页。

③ 《宋史全文》卷三四,淳祐十一年四月己亥,第2806页。

④ 为反映编敕的实际规模,表中所列卷数,原则上只计正文和目录部分,不包括编敕内附录的"敕书德音"等司法文书。但事实上有些编敕因缺乏记载很难区分开。另"条法事类"与海行编敕结构不同,未列入。

续表

编敕名称	卷数	修成时间	主要资料来源	备　注
《天圣编敕》	13	天圣七年	《宋会要辑稿·刑法》一之四	
《庆历编敕》	16	庆历七年	《玉海》卷六六	
《嘉祐编敕》	24	嘉祐七年	《安阳集》卷二七	
《熙宁编敕》	17	熙宁六年	《续资治通鉴长编》卷三四四	
《元丰敕令格式》	72	元丰七年	《续资治通鉴长编》卷三四四	包括目录
《元祐敕令式》	54	元祐二年	《续资治通鉴长编》卷四〇七	
《元符敕令格式》	134	元符二年	《宋会要辑稿·刑法》一之一八	
《政和敕令格式》①	138	政和二年	《宋会要辑稿·刑法》一之二六	
《绍兴敕令格式》	138	绍兴元年	《宋会要辑稿·刑法》一之三五	内目录 16 卷
《乾道敕令格式》	244	乾道六年	《宋会要辑稿·刑法》一之四八	内目录 122 卷
《淳熙敕令格式》	248	淳熙四年	《宋会要辑稿·刑法》一之五一《玉海》卷六六	包括目录
《庆元敕令格式》	244	庆元四年	《玉海》卷六六	内目录 122 卷
《淳祐敕令格式》	无考	淳祐二年	《宋史全文》卷三三	

宋各编敕之间的承袭关系可以下图表示。②

---

① 按,据《宋会要辑稿·刑法》一之二六(第 8239 页)载,《政和敕令格式》政和二年纂成,"仍自政和三年正月一日颁行"。又《宋会要辑稿·刑法》一之二九(第 8242 页)载政和六年闰正月,详定一司敕令王韶又修有《敕令格式》九百零三卷,疑非全国范围统一通行的编敕。考《玉海》卷六六《绍兴敕令格式》内附有政和二年以后《赦书德音》十五卷,据此可推断,自政和二年修成海行编敕后,到绍兴元年,其间不可能又修有全国统一通行的新编敕,且一元之内亦无两修新编敕的必要。《宋会要辑稿·刑法》一之三二(第 8245 页)载:钦宗靖康元年四月二十日大理卿周懿文言:"《敕令格式》自熙宁以后四经编修,率不逾十年,《元符敕令》行之最久,经十二年亦重修纂,见行敕令,自政和三年颁行,迨今一十五年,未再编次。"周懿文说的"见行敕令",即政和三年颁行的《政和敕令格式》,他说得很清楚,此后十五年宋未再编纂过全国通行的编敕。

② 宋各编敕之间的因袭关系并非一成不变。在结构体例、立法技术和内容方面,都或多或少有所变化。同时,各编敕也都毫无例外地修入了当朝皇帝依据统治需要陆续颁布的新敕令。还须指出,《元丰敕令格式》还修入了编敕以外宋代所行用的令、格、式的内容。

《周显德刑统》→《建隆编敕》→《太平兴国编敕》→《淳化编敕》

《宋刑统》

《嘉祐编敕》←《庆历编敕》←《天圣编敕》←《大中祥符编敕》←《咸平编敕》

《熙宁编敕》→《元丰敕令格式》→《元祐敕令式》→《元符敕令格式》

《政和敕令格式》→《绍兴敕令格式》→《乾道敕令格式》

《淳祐敕令格式》←《庆元敕令格式》←《淳熙敕令格式》

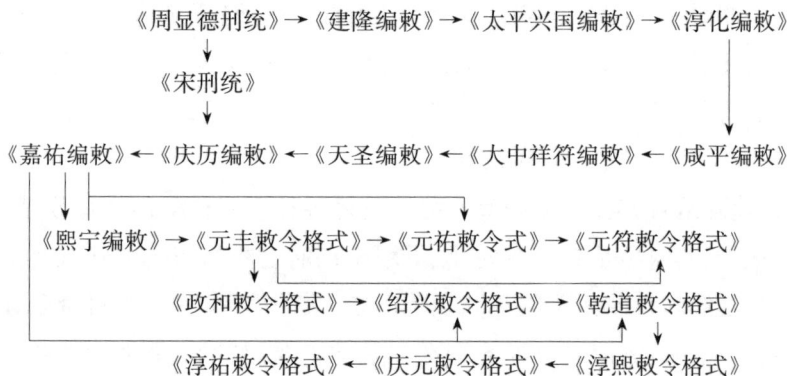

三、宋代编敕的性质、作用和特点

尽管历史没有为我们留下宋代编敕的完整范本以供研究,然而通过对丰富的历史文献资料的爬梳、分析,我们对编敕的下列问题仍可得出一些粗略的认识。

(一) 编敕的性质和作用

宋代编敕的性质和作用,无法用一句话加以概括。编敕的性质和作用是随着宋代历史的发展,随着编敕本身结构体例的变化而变化的。依据编敕结构体例的变化,以神宗元丰改制为界,把宋史分为两个阶段,考析编敕的性质和作用。

1. 第一阶段

宋政权建立后,至元丰改制前,法律多沿用唐和五代的律、令、格、式,其有不便施行者,皆以皇帝诏敕加以修改补充。因此,以诏敕删修而成的编敕不仅具有补律、改律的作用,也有补改格、令、式的作用,具有因时制宜、灵活变通的特性。太宗雍熙四年(987)诏:"应库藏有脱漏不附籍者,自今皆以监主自盗论,罪至死者,奏取敕裁。"[1]对失职的仓库官吏的处分,《唐律》是以"不觉盗论"的:"诸主守官物而亡失簿书致数有乖错者,计所错数以主司不

---

① (宋)钱若水撰,燕永成点校:《宋太宗实录》卷四一,雍熙四年六月戊申,兰州:甘肃人民出版社,2005 年,第 107 页。

觉盗论",罪最重"止徒二年"。①宋太宗以敕改律,改"不觉盗论"为"监主自盗"罪,犯此罪者,赃至三十匹,即处以绞刑。②无疑,处罚加重了。这对于惩治唐末五代以来腐败的吏治之风有着积极意义。这条诏敕一旦修入编敕,便能普遍适用,具有很强的现实性。

自《建隆编敕》至《熙宁编敕》,编敕是将各种不同种类的法律规范混合编纂而成的,其内容是综合性的,除了用于正刑定罪的刑名敕外,还包括国家制度的规定和行政机关的行政规范。如《天圣编敕》一千二百余条,内有死刑条款十七条,流刑三十四条,徒刑一百零六条,杖刑二百五十八条,笞刑七十六条,配隶六十三条,死刑以下奏裁七十一条,③余下的五百多条便是关于国家制度的规定和行政规范。其中一条制酒的编敕规定:"造曲酝酒,并抽应役军士,以一年为替,不得给钱佣顾。"④又如《天圣编敕》载有文武百官见宰相的礼仪制度,"文明殿学士至龙图阁直学士列班于都堂阶上",此制规定得十分详尽,属于职官制度。⑤再如《熙宁编敕》规定:"诸不产铜、铅、锡地分,铜、铅、锡,官自出卖,许通商贩及听以铜、铅、锡、或鍮石铸造器用买卖,仍并免税。"⑥这条是属于经济制度的法令。

北宋前、中期的编敕,主要以皇帝诏敕为法源删修而成,而诏敕的内容是多方面的,编敕修纂官并没有依据它们各自所调整的社会关系来划分成不同种类的法律规范,而是笼统地把它们混合编制在一起,以敕的法律形式颁布实施。虽然从《咸平编敕》起,诸朝编敕修纂官们试图改变这种做法,把编敕内一些"但行约束,不立刑名,事理轻者"划为《附令敕》,规定"犯者止从违令之坐",⑦使之与编敕正款在法律效力上有所区别,但是从总体上来说,直到《熙宁编敕》,北宋编敕的修纂仍没有打破诸种法律规范综合编纂的模

① 《唐律疏议》卷二七《杂律》,北京:中华书局,1983 年,第 515 页。

② (宋)窦仪等详定,岳纯之校证:《宋刑统校证》卷十九《贼盗律》,北京大学出版社,2015 年,第262 页。

③ 《长编》卷一〇八,天圣七年九月丁丑,第 2523 页;《玉海》卷六六《天圣新修令》,第 1257 页。

④ 《宋会要辑稿·食货》二〇之八,第 6424 页。

⑤ (宋)洪迈撰,孔凡礼点校:《容斋随笔》卷一一《百官见宰相》,北京:中华书局,2005 年,第358 页。

⑥ 《乐全集》卷二六《熙宁编敕》,第 275 页。

⑦ (宋)韩琦撰,李之亮、徐正英笺注:《安阳集编年笺注》卷二七《进〈嘉祐编敕〉表》,成都:巴蜀书社,2000 年,第 888 页。

式,用宋人的话来说,其"体制莫辨"①。

北宋前、中期,编敕的修纂是以业已存在和行用着的常法——律、令、格、式为基准的。在宋代,"律设大法"②,"立法必本于律"③,编敕则依律而生。自《咸平编敕》起,编敕修纂以《唐律》十二篇为蓝本,"凡敕文与《刑统》令式旧条重出者及一时机宜非永制者,并删去之;……令敕称依法及行朝典勘断,不定刑名者,并准律、令、格、式;无本条者,准违制敕"④。此后,编敕修纂概莫能外,直到元丰修编敕始有变化。换句话说,只有上述律令等常法中没有的条文,而这些条文又适宜长期使用的,才被修入编敕。如《天圣编敕》内,事关刑法的条款有六百二十多条,"皆在律令外者也"⑤。相反,凡是编敕中涉及的刑罚条款,在律、令、格、式中已有具体规定的,便依其行事,不再重复收载。

在法典形式上,在行的《宋刑统》及其他常法对编敕的修纂,具有指导约束性。例如,《嘉祐编敕》有一条关于"按问欲举法"的规定:"应犯罪之人,或因疑被执,赃证未明;或徒党从就擒,未被指说,但因盘问,便具招承,如此之类,皆从律案问欲举首减之科。"⑥这条规定,在遵循《宋刑统》"按问欲举法"基础上,就如何具体应用问题作了进一步补充说明,但关于"按问欲举法"的刑罚条款,律已有规定,⑦因此《嘉祐编敕》不再重复收载。又如对于略人及和诱人为"人力"、"女使"的罪犯,《嘉祐编敕》规定参照《宋刑统》所载唐律"依略和诱人为部曲律减一等"惩处。⑧《唐律·贼盗律》规定,略人为部曲者,流三千里;和诱人为部曲者,徒三年。宋代人力、女使职业身份低于普通人,与唐代部曲颇相似,因而《嘉祐编敕》便参照唐律作了相应的修改,至于具体的刑罚条款也没有刊载。

北宋前、中期,编敕是与《宋刑统》及其他在行的常法一同实施的。如《咸平编敕》"与律令格式、《刑统》同行"⑨。又如《庆历编敕》,"与《刑统》、令、

---

① 《长编》卷三四四,元丰七年三月乙巳,第8254页。
② 《安阳集编年笺注》卷二七《进〈嘉祐编敕〉表》,第888页。
③ 《长编》卷二一四,熙宁三年八月戊寅,第5215页。
④ 《长编》卷四三,咸平元年十二月丙午,第922—923页。
⑤ 《长编》卷一〇八,天圣七年九月丁丑,第2523页。
⑥ 《长编》卷三七〇,元祐元年闰二月壬子,第8941页;又《宋史》卷一五四《刑法三》,第5011页。
⑦ (宋)窦仪等详定,岳纯之校证:《宋刑统校证》卷五《名例律》,第78页。
⑧ 《宋会要辑稿·刑法》一之三三,第8246页。
⑨ 《长编》卷四三,咸平元年十二月丙午,第923页。

式……兼行"①。《嘉祐编敕》也是如此。②

从上述事实中,我们可以得到以下启示:那就是在司法实践中,法官在引用编敕正刑定罪时,通常还必须同时参照《宋刑统》和通行的格、令、式有关规定才能完成。离开了这些常法和成制,编敕的规定往往无法适用。编敕是作为《宋刑统》、令、格、式的补充和修正而存在的,对常法和成制起着"随时损益"的作用。张方平在《进〈庆历编敕〉表》中论曰:"制敕之文累经编定,造邦则纲目粗举,继世则禁约弥周,故《刑统》辅于《建隆〈编敕〉》……。"③总之,北宋前、中期的编敕,乃是全部常法和成制的一种综合性的变通补充形式。

2. 第二阶段

如前所述,从北宋后期的《元丰敕令格式》起,宋代编敕的法源以及结构体例都发生了变化。首先,编敕的法源拓宽了,除了诏敕外,还包括令、格、式等常法。其次,原来诸种法律规范混而为一的编敕结构体例,被改为按敕、令、格、式四种法律形式分类修纂。

元丰前,诸编敕"各分门目,以类相从,约束赏刑,本条具载"④。一条敕文内通常包括了构成法律规范的假定、处理和制裁三个要素。而《元丰敕令格式》则不然,处理和制裁是分开规定在不同的法律条文中的。宋人王洋曾把《嘉祐编敕》与据《元丰敕令格式》体例修成的《政和敕令格式》作过比较分析。他说:"《嘉祐敕》者,不分四门,具载于敕。谓如创造一物,在《嘉祐敕》则曰:'凡造某物,先集人工材植,计多寡,限某日为之。功成获某赏,工废定某罪。'此《嘉祐》文意也。《政和敕》者,分敕、令、格、式四门,集人工材植,令也;计多寡,限某日,式也;功成获某赏,格也;功废定某罪,敕也。"⑤大致说来,敕属制裁范畴,令、式、格属处理范畴,而假定则存于敕、令、格、式四者之中,四者合起来便组成完整的法律规范总和。

---

① 《乐全集》卷二八《进〈庆历编敕〉表》,第290页。
② 《安阳集编年笺注》卷二七《进〈嘉祐编敕〉表》,第888页。
③ 《乐全集》卷二八《进〈庆历编敕〉表》,第289页。
④ 《长编》卷四〇七,元祐二年十二月壬寅,第9912页。
⑤ 《东牟集》卷九《次论嘉祐、政和法意不同札》,第451页。

《元丰敕令格式》中，敕"只是断罪"①，为处理刑事案犯的法律条文，对已发生的犯罪行为产生法律效力，即所谓"治其已然"，偏重于惩罚，与《宋刑统》中的律性质相同，是律的补充和修正。令，是关于朝廷各项制度的规定，它禁止或允许朝廷各衙门以及人们做某事，规定团体和个人所必然遵守的条例。与敕相反，它作用于犯罪行为发生之前，即所谓"禁其未然"，偏重于诫教。格，是为了正确实施朝廷各项制度而设立的一种借以比照和衡量的法定标准。《元丰格》以酬赏为内容，顾名思义，《赏格》就是关于酬赏的法定标准。凡能按朝廷规定行事，达到了某种标准，依法能获得一定等级的酬赏。它的意义在于通过订立某种制度的可以比照的法定标准，促使人们积极主动地调整自己的行为，即所谓"设于此而逆彼之至"。《元丰格》已不具有唐格"禁违正邪"的性质。元丰以后，格的内容逐渐增多，也不再局限于酬赏范围，有《考课格》《道释格》等。式，是对朝廷各府衙公文程式和文牍方面的规定，俾百司官吏依样书写，不至于散乱无章，即所谓"设于此而使彼效之"。

这里试将《庆元条法事类》卷二九《榷禁门·私铸钱》所载《庆元敕令格式》有关条文摘引对照如下：

> 杂敕：诸私铸者，绞。……
>
> 赏令：诸给赏者，以犯人财产充，无或不足者，以官钱支。即获私铸钱（原注：制造、卖、借若与人铸钱作具同），如事状明白，当日以官钱借支。……
>
> 赏格：……诸色人，获私铸钱，未成，钱一百五十贯。已成，钱三百贯。……
>
> 赏式：保明命官任满获私铸钱酬赏状：
>
> 某处
>
> 勘会某官姓名，昨于某年月日到任，至某年月日替罢。任内有获到私铸钱，依条折除失觉火数外，有亲获火数合劾该推赏，寻行取会，并是诣实，谨具如后：
>
> ……

---

① （宋）吕祖谦：《吕祖谦全集·东莱吕太史外集》卷四《〈建隆编敕〉序》，杭州：浙江古籍出版社，2008 年，第 668 页。

右谨件如前,勘会某官姓名,准令格该某酬奖,保明并是谙实。谨录奏闻,伏候敕旨。

年　月　日　依常式①

从上引敕、令、格、式可看出,敕规定了私铸钱罪的刑罚条款,令规定了酬赏检举者的方法,格规定了酬赏的等级标准,式规定了酬赏状的体例写法。敕、令、格、式之间既有联系又有区别,其"有典有则",故宋神宗认为,只要这四者备俱,"政府总之,有司守之",天下便太平了。②

自元丰七年(1084)立法始,编敕中的格、令、式本身已成为常法的主体,取代了以前编敕外所行用的《天圣令》和《淳化式》等常法。与以前这些常法相比,不论在篇目结构,还是内容方面,抑或是法律形式的内涵,它们之间都有显著不同。如《天圣令》有二十一门,而《元丰令》则有三十五门,《庆元令》至少三十七门;《淳化式》三十三门,二十卷,而《元丰式》不分门,仅有五卷,《庆元式》也远少于三十三门。元丰以降,每一次修纂编敕,都是对在行的格、令、式的一次全面整理,而不是局部的修改补充。

编敕中只有敕依旧是律的补充和修正,这可以从以下几个例子中找到证据。其一,敕仍然依《宋刑统》十二篇律分门,篇目结构相同。其二,敕对律进行补充,凡律中已列有的刑罚条款,敕文中不再重复刊载。如《庆元敕令格式·职制敕》载:"诸被受三省、枢密院、省、台、寺、监指挥相度定夺,若会同取索而违限者,论如官文书稽程律。"③又同书《杂敕》:"诸因奸而过失杀伤人者,论如因盗过失律。"④这两条敕文就有关法律参照《宋刑统》之律作了补充规定,至于敕文中提到的"官文书稽程律"和"因盗过失律"具体刑罚条款,分别见载于《宋刑统》中的《职制律》和《贼盗律》,《庆元敕令格式》内则不再刊载。其三,反过来,凡对律有所修正和补充的敕,其刑名条款则载之。如漏泄传报朝廷机密大事罪,《宋刑统》卷九《职制律》规定处以绞刑,《庆元

---

① (宋)谢深甫撰,戴建国点校:《庆元条法事类》卷二十九《榷禁门·私铸钱》,杨一凡等主编《中国珍稀法律典籍续编》第1册,哈尔滨:黑龙江人民出版社,2002年,第418—422页。
② 《长编》卷二九八,元丰二年三月辛酉,第7259页。
③ 《庆元条法事类》卷八《职制门·定夺体量》,第142页。
④ 《庆元条法事类》卷八十《杂门·诸色犯奸》,第920页。

敕令格式·职制敕》对此作了补充："诸听探、传报、漏泄朝廷机密事若差除（原注：差除，谓未出尚书省、枢密院者）流二千五百里，主行人有犯，加一等，并配千里；非重害者，徒三年，各不以荫论。"①后者对前者进行了补充，因此《庆元敕令格式》刊载了这一刑罚条款。

（二）编敕的主要特点

1. 编敕承袭了以《唐律》为代表的中国封建法典的基本精神

《唐律》所列最能体现中国封建法律原则的"五刑"、"十恶"、"议、请、减、赎、官当"等内容为宋代编敕全盘接受。如《天圣编敕》载："大辟之属十有七，流之属三十有四，徒之属百有六，杖之属二百五十有八，笞之属七十有六。"②五刑科条，编敕无不备载。又如《嘉祐编敕》规定："于同居亲有所规求，而或使为童行，或不收养，因而致死者，论入十恶。"③十恶罪在宋代依旧是"罪无轻重皆不赦"④。南宋时编敕规定，"诸奸同宗缌麻亲者"，列入十恶罪中的"内乱"条。⑤《唐律·杂律》载：奸缌麻以上亲者，徒三年，唯奸小功上亲者才被列入内乱罪。五服制中，缌麻亲疏于小功亲。与《唐律》比较，宋编敕将"内乱"条的范围扩大了。又《唐律·斗讼律》规定，子孙违反教令，及供养有阙者，徒二年。宋编敕则规定，其情节严重者送邻州编管，凶恶者送千里编管，⑥惩处力度加大了。在宋统治者看来，子孙不赡养长辈，是对封建家长制的亵渎，必须予以严惩。《唐律·名例律》中的"议、请、减、赎、官当"之条，明文规定了封建官僚贵族的法律特权。宋编敕步其后尘，也同样制定了相应的政策："诸以官品定罪者，令四品依律三品，六品依五品，八品依七品（原注：谓议、请、减及官当若相殴之类）。"⑦宋编敕还规定："诸旧人力奸主

---

① 《庆元条法事类》卷八《职制门·漏泄传报》，第 145 页。
② 《长编》卷一〇八，天圣七年九月丁丑，第 2523 页。
③ 《东牟集》卷九《后论今日之法当然札》，第 452 页。
④ 《长编》卷一〇七，天圣七年四月辛卯，第 2506 页。
⑤ 《庆元条法事类》卷八十《杂门·诸色犯奸·杂敕》，第 920 页。
⑥ （宋）陈傅良著，周梦江点校：《陈傅良先生文集》卷四四《桂阳军告谕百姓榜文》，杭州：浙江大学出版社，1999 年，第 559 页。
⑦ 《庆元条法事类》卷七六《当赎门·总法》，第 811 页。

者,品官之家,加凡奸二等;民庶之家,加一等。"①同是强奸罪,只因强奸对象的身份不同,罪犯所受刑事处罚也因之不同,官僚贵族的法律地位超乎百姓之上,充分体现了宋代编敕的阶级属性。

2. 编敕内上刑重而下刑轻

宋政权建立后,厘革五代酷政,减轻刑罚,制定了折杖之法,作为笞、杖、徒、流刑的代用刑。仁宗时,张方平等修纂《庆历编敕》,即将原载于《宋刑统》的折杖法析出,载入编敕,颁布执行。②对于一些非直接危害封建统治的犯罪行为,处以较轻的刑罚,使"流罪得免远徒(徙),徒罪得免役年,笞杖得减决数"③。又如编敕规定:"诸故杀官私马、牛,徒三年。"④以折杖法折算,实际上仅决脊杖二十下,处罚大为减轻。但是,对于那些谋反、大逆不道、盗贼等直接危害封建统治的罪行,编敕则尤重其法。所谓重,乃相对《唐律》而言。宋编敕内的上刑要重于《唐律》。如伪造官文书印罪,《唐律·诈伪律》处以二千里流刑。宋编敕则断以绞刑。⑤如盗罪,自宋仁宗时起,实行"重法地分"措施,对重法地域的"盗贼"加重处罚。《元丰编敕》载有严厉的法令:"凡劫盗罪当死者,籍其家赀以赏告人,妻子编置千里……囊橐之家,劫盗死罪,情重者斩,余皆配远恶处。……窃盗三犯,杖配五百里或邻州。虽非重法之地,而囊橐重法之人,并以重法论。"⑥至《元祐编敕》,"所定盗赃犹重于律三倍"⑦。再如死刑,《唐律》分绞、斩两种,宋编敕又添入凌迟之刑,⑧被处此刑者,"身见白骨而犹视息,四体分落乃方绝命"⑨,极为残忍。

宋编敕还于五刑之外,增立刺配之法,其科条"比前代绝重"。犯人"先

---

① 《庆元条法事类》卷八十《杂门·诸色犯奸》,第 920 页。
② 《乐全集》卷二八《进〈庆历编敕〉表》,第 289 页。
③ 《文献通考》卷一六八《刑考七》,第 5043 页。
④ 《庆元条法事类》卷七九《畜产门·杀畜产》,第 889 页。
⑤ 《宋会要辑稿·刑法》一之八,第 8219 页。
⑥ 《长编》卷三四四,元丰七年三月乙巳,第 8255 页。
⑦ 《长编》卷四六八,元祐六年十二月乙卯,第 11180 页。
⑧ 《庆元条法事类》卷七三《刑狱门·决遣·断狱式》,第 746 页;中国社会科学院历史研究所宋辽金史研究室点校:《名公书判清明集》卷十四《行下本路禁约杀人祭鬼》,北京:中华书局,2002 年,第 545 页。
⑨ 《宋史》卷三一七《钱易传》,第 10344 页。

具徒、流、杖之刑，而更黥刺，服役终身，其配远恶州军者，无复地里之限"①。其条款繁多，备极详尽。张方平曾云："臣尝检会《祥符编敕》，刺配之罪四十六条，《天圣编敕》五十四条，今《庆历编敕》九十九条。"②至南宋《淳熙敕令格式》，"其丽于配者几五百条……乃至十四等"③。面对这些酷刑，就连极力主张严刑的理学家朱熹也不得不承认："律轻而敕重。"④

3. 编敕科条细密，规范详备

宋代编敕，"条贯饬尽，纲目毕张，大可含元，细不容发。王者之制，揭若日月，动如雷霆。其言易而文，其禁切而广"⑤。其卷帙浩繁，科条周详。从《大中祥符编敕》起，编敕条款都在千条以上，《元祐敕令式》达三千五百余条，《淳熙敕令格式》有五千余条，⑥元祐以下，编敕都超过了一百卷。编敕内容极其丰富，包括刑事、行政、民事、经济、宗教和少数民族事务等方面，规范十分详备。宋代思想家叶适曾发出感叹说：宋代之法"细者愈细，密者愈密，摇手举足，辄有法禁"⑦。

翻检《唐律》有关监狱管理之法，对因管理不善而致囚犯死亡的官吏失职行为，并无明确的惩处科条，而宋编敕则有详细规定："诸因在禁病死，岁终通计所禁人数，死及一分，狱子杖一百，吏人减一等，当职官又减一等。每一分递加一等，罪止徒一年半，仍不以去官赦降原减。"⑧编敕就囚犯每年死亡数定出一个比例，"一分"即十分之一，依死亡比例来计算处罚量。法律条文比《唐律》更完备，弥补了《唐律》的不足。又如《唐律》中有关奸罪的杂律科条共七条，而南宋《庆元敕令格式》中，有十条事关奸罪的杂敕，对《唐律》作了修改和补充：其一，把强奸罪区分为已遂和未遂罪两种，使之轻重有别。其二，《唐律》规定因奸而伤人者，不论强奸还是和奸，并依斗折伤罪加一等论处，而《庆元敕令格式》则区分为：因和奸而过失杀伤人者，"论如因盗过失

---

① ② 《乐全集》卷二四《请减刺配刑名》，第 244 页。

③ 《文献通考》卷一六八《刑考七》，淳熙十一年校书郎罗点奏言，第 5043 页。

④ 《朱子语类》卷一二八《法制》，第 3080 页。

⑤ (宋)宋庠：《上仁宗论编敕当任达识大儒》，《宋朝诸臣奏议》卷九八，第 1052 页。

⑥ 《宋会要辑稿·刑法》一之五二，第 8265 页。

⑦ (宋)叶适撰，刘公纯等点校：《叶适集·水心别集》卷一二《法度总论二》，北京：中华书局，2010 年，第 789 页。

⑧ 《庆元条法事类》卷七四《刑狱门·病囚》，第 765 页。

律";因强奸而杀伤人者,"依故杀伤论"。其三,增补了"先强后和奸法"及"诸义子孙奸所养之家尊长法"等。①不难看出,宋编敕中关于奸罪的法律条文较之《唐律》更为详备周密,立法技术有了进一步提高,这是编敕对《唐律》的一个发展。

在宋代刑法中,对持仗强盗罪与不持仗行窃罪的处罚截然不同,两者的量刑界限在于持仗与不持仗。什么是仗,《唐律·卫禁律》曰:"仗,谓兵器、杵棒之属。"《疏》议释曰:"兵器,谓弓箭、刀鞘之类,杵棒或铁或木为之皆是。"对仗的解释,用的是列举定义而非概括定义,显得不够周密。在实际案件中,假如犯人持兵器、铁、木棒以外物件作案,律的适用便产生了困难。为此,《嘉祐编敕·贼盗门》作了修改,规定:"应持竹枪、竹杖、砖石之类为盗,堪以害人者,并同持仗之法。"②用概括语"堪以害人"给仗下了定义,条文明确清晰。然而,并非所有持棒、刀者都是强盗,是以《嘉祐编敕》与此同时,还对案犯持作案所需工具行窃与持仗强盗的界限作了明确划分:"将镰、担、刀、斧之属,于人园林、陂野内偷割禾谷、蔬果,盗斫柴薪之类,元非积聚者;并将篙楫盗取空船,或持鞭杖偷趁挈畜,虽变主知觉,但不曾施威力抵拒者,依不持仗窃盗法。"③就是说,案犯持作案所需工具作案,这些工具虽堪以害人,但不曾施暴力者,不算持仗强盗。如此周密的法律条文,有助于法官正确量刑判案,也有助于减少不法官吏营私舞弊现象。

不可否认,宋代编敕,尤其是北宋编敕存有科条过于琐碎的缺陷。正如北宋刘挚所批评的那样:"用一言之偏而立一法,因一事之变而生一条。"④以致每判一案,"有司引用,皆连篇累牍,不能遍举"⑤。这使得编敕在一定程度上缺乏伸缩性,一遇社会政治、经济风浪,便需修改更动。这也是造成宋代历朝频频修纂新编敕的原因之一。

---

① 《庆元条法事类》卷八十《杂门·诸色犯奸》,第 921 页。
②③ 《陈傅良先生文集》卷二一《缴奏刑部大理寺鄙大为案状》,第 295 页。
④ (宋)刘挚撰,裴汝诚、陈晓平点校:《忠肃集》卷六《乞修敕令疏》,北京:中华书局,2002 年,第 126 页。
⑤ (宋)宋庠:《上仁宗论编敕当任达识大儒》,《宋朝诸臣奏议》卷九八,第 1052 页。

四、宋代大量修纂编敕的历史原因

一个社会法律制度的制定和发展,取决于当时的物质生活资料生产水平以及受其制约的社会政治结构。中国传统社会发展到宋代,社会生产力有了进一步提高,达到了一个新的历史阶段。在上层建筑领域,政治、军事、教育和文化都呈现出不同于以往朝代的新局面。这种状况决定了与之相适应的,作为维护社会秩序、实现阶级统治工具的宋代法律,在内容方面必然与以往朝代的法律有所不同。

宋统治集团在建立政权后的第四年,便修纂了以《唐律》十二篇为主干的《宋刑统》。统治集团虽然在《宋刑统》内以所附敕、令、格、式和参详条对律进行补充修正,但由于这部法典制定于北宋初年,随着宋代社会的进一步发展,新问题的不断涌现,已无法满足统治的需要。天圣九年(1031),京兆府奏云:"泾阳县民刘显等五户诉,先于二十年前以田竭产鬻于豪户,其时割税不尽,自后无田抱税,相继输纳,累经披诉,未蒙蠲改……。"①奏文中所说的"无田抱税"现象,正是基于宋代的经济制度而新出现的。《宋刑统》中的律及所附敕、令、格、式、参详条都不可能有解决此类纠纷的法律条文。随着社会的发展,新问题、新矛盾大量涌现出来。例如,自大中祥符七年到天圣五年,短短的十三年时间,新颁布的与国家法令和制度相关的诏敕达六千七百多条。②平均每年新增五百多条,这足以显示当时宋代经济和政治生活的多元性和多变性。现实使宋代统治集团认识到,即使是废弃《宋刑统》,重新制定一部新律,也不可能一劳永逸地解决不断出现的新问题。

就《宋刑统》本身来讲,其包含的《唐律》,是秦汉以来历代封建统治阶级通过总结经验,不断加以充实完善而形成的一部集中国传统社会法律之大成的法典。在统治者看来,乃"政理之本,经圣贤之损益,为古今之章程,历

---

① 《宋会要辑稿·刑法》三之四四,第8415页。
② 《玉海》卷六六《天圣新修编敕》,第1257页。

代以来,谓之彝典"①。成为维护封建经济基础,调整社会关系的法律典范,为后来的封建王朝所继承。五代后周制定《显德刑统》时,即保留了《唐律》条文。宋继五代之后,视《唐律》为彝典的观念依然如故。②"律文系古法书,比拟经传,不当改易。"③在《宋刑统》内也全盘保留了《唐律》内容,除序文之外,法律条文一条也没删,对于明显不适用于宋代的条款,则采用"臣等参详"形式,附于律文后,给予修正,而没有径改《唐律》原文。这些都充分反映了宋人对《唐律》的膜拜。

宋代统治阶级吸取了以往朝代的立法经验,因时制宜,采取灵活措施,一方面保留了《宋刑统》的法典形式,将其中仍旧适用的律作为基本大法,继续沿用;另一方面不定期地把陆续颁布的,与法律有关的单项散敕加以整理,经过立法程序,将适宜普遍使用的部分修成编敕,对《宋刑统》及其他常法中不适用的内容作局部修改,或者补其不足,以便及时地把封建统治阶级的意志和利益法律化,用以调节社会矛盾,解决新问题。在中国传统社会,皇帝是统治阶级的最高权力代表,皇帝颁布的诏敕具有最高法律效力,可以破律,制约律的实施。皇帝根据统治的需要,随时颁布诏敕来维护阶级利益。因此,诏敕又具有很强的现实性和灵活性。宋代统治阶级把相对稳定的,作为基本大法存在的《宋刑统》与具有灵活变通特性的编敕有机地结合起来实施,从而既保持了律等常法的继承性和稳定性,又有效地解决了现实中不断出现的新问题。

综观自唐中叶至宋这一历史时期先后出现的格、格后敕、编敕,可以看出,当时的统治者实际上都不约而同地采用了灵活变通的法律形式来弥补、修改《唐律》的不足,辅助《唐律》的实施。在宋代,由于社会的迅速发展,统治阶级更加注重因时制宜,积极变通法律形式。宋徽宗在一份诏书中曰:"若法度有弊,随宜增改,兹治道之常情,驭世之通规。夫变而通之存乎法,

---

① 《旧五代史》卷一四七《刑法九》,第1963—1964页。
② (宋)苏颂撰,王同策等点校:《苏魏公文集》卷一八《奏乞今后冲改条贯并委法官详定》,北京:中华书局,2004年,第251页。
③ 《宋会要辑稿·仪制》一三之一七,第2578页。

推而行之存乎人。"①韩琦也曾指出："人情万端，法制一定，夫以一定之法，而制万端之情，欲轻重得宜，古今无易，不其难哉！"②他主张法律要依据社会的变化，随时加以补充修正，以避免"执定制而失人情"。宋代大量修纂编敕，对律等常法进行修改补充，正是这种立法思想的具体应用。

（原载《文史》第 42 辑，北京：中华书局，1997 年）

---

① 无名氏编：《宋大诏令集》卷一九六《戒约官司遵已行法令诏》，北京：中华书局，1962 年，第 723 页。

② 《安阳集编年笺注》卷二七《进〈嘉祐编敕〉表》，第 888 页。

《宋刑统》制定后的变化

——兼论北宋中期以后《宋刑统》的法律地位

　　近读郭东旭先生所撰《〈宋刑统〉的制定及其变化》一文[①]，颇多受益。或许是因篇幅的限制，文章没有就《宋刑统》制定以后发生的变化问题展开叙述。同时，关于北宋中期以后《宋刑统》的法律地位问题，长期以来学术界多有争议，尚有进一步探讨的必要。为此，本文试对上述两个问题谈一些看法。

一、《宋刑统》制定后的变化

　　宋继五代战乱之后，十分重视法治，于建国后的第四年便制定了《宋刑统》，以法治国。之后，太祖、太宗兄弟俩励精图治，统一了中国，结束了长期以来藩镇纷争割据的局面。宋代政权的巩固和社会稳定，使宋代的经济进入了迅猛发展时期，社会生产力提高到一个新的历史阶段。在上层建筑领域，无论是政治、文化都呈现出不同于以往朝代的新特点。在这种历史条件下，以《唐律》十二篇为主干的《宋刑统》，其许多法律条文自然不能适应社会发展的需求。于是，宋代统治者因时制宜，大量修纂编敕，对《宋刑统》加以补充修改，或采用《申明》形式对《宋刑统》进行订正。在《宋刑统》制定后的三百多年宋代历史中，对《宋刑统》的修改订正遂成为频繁的立法活动的一项重要内容。《宋刑统》制定后的变化，主要反映在内容方面。

　　太祖乾德四年(966)，即《宋刑统》制定后的第四年，大理正高继申言：

　　　　《刑统》敕、律有错误、条贯未周者凡三事云。《刑统·职制律》准周显德五年敕："受所监临赃及乞取赃过百匹，奏取敕裁。"伏缘准律：若是频犯，及二人以上之物，仍合累并倍论。元敕无"累倍"之文，致断案有

---

① 郭东旭：《〈宋刑统〉的制定及其变化》，《河北学刊》1991 年第 4 期。

"取裁"之语。今后犯者望依律，累倍过百匹，奏取敕裁；如累倍不过百匹，依律文处分。又《刑统·断狱律》有"八十字"误作"十八字"，伏请下诸处，令法官检寻刊正，仍修改大理寺印板。又《刑统·名例律》，三品、五品、七品以上官亲属犯罪，各有等第减赎。伏恐年代已深，不肖自恃先荫，不畏刑章。今后犯罪之人身无官者，或使已亡祖、父亲属之荫减赎其罪，即须是已亡人曾任皇朝官，据品秩得使。如有不曾任皇朝官者，须是前代有功惠，为时所推，历官至三品以上者，亦得上请。伏乞永为定制。①

宋太祖采纳了他的建议。高继申修改《宋刑统》的三条意见，第一条为立法技术上的修改。第二条是纠正《宋刑统》本身的错讹。第三条是根据统治的需要，就赎刑对象作了限制性的补充修改。这三条修改，除了第二条由大理寺修改印板，对《宋刑统》原文直接刊正外，其余两条是通过在《宋刑统》以外，制定新的法律文件形式来完成的。这种文件称《申明》或《申明刑统》。陈振孙《直斋书录解题》卷七载："《绍兴刑统申明》一卷，开宝以来，累朝订正，与《刑统》并行者。"②元祐二年（1087）纂修的编敕附有《申明》一卷。③这部《申明》无疑就载有订正《宋刑统》的条文。元符二年（1099），宰相章惇等言："请将申明《刑统》律令事，以续降相照添入，或尚有未尽事，从敕令所一面删修，类聚以闻，至来年正月一日施行。"哲宗"从之"。④据章惇等言，可知在元符二年前，宋已有《申明刑统》，至元符二年，又把朝廷新颁布的《申明》条款加以整理收入，制定成《元符申明刑统》，对《宋刑统》进行修改、补正。

《宋会要辑稿·刑法》一之一九记载了建中靖国元年（1101）二月承奉郎王实关于《元符申明刑统》未为完善的一条奏状：

　　旧法《申明刑统》："养同宗子，昭穆相当，男在日，父母不曾遣还本

① （清）徐松辑，刘琳等校点：《宋会要辑稿·刑法》一之一，上海古籍出版社，2014年，第8211页。
② （宋）陈振孙撰，徐小蛮、顾美华点校：《直斋书录解题》卷七《法令类》，上海古籍出版社，1987年，第224页。
③ （宋）李焘撰：上师大古籍所、华师大古籍所点校：《续资治通鉴长编》（以下简称《长编》）卷四〇七，元祐二年十二月壬寅，北京：中华书局，2004年，第9914页。
④ 《宋会要辑稿·刑法》一之一八，第8231页。又《长编》卷五一四，元符二年八月丙子条，第12211页。

生，男既死，母遣孙出外，法无许遣孙之文，自是不合遣出。"《元符申明》
谓："《刑统》养子尚许遣还，即所生之孙自可包括。"设如养子、生孙皆
在，若父母欲遣还，而依《申明》，即遣子留孙，甚非法意。……元符驳议
恐或未详。①

考《宋刑统·户婚律》养子条，并无关于养子生孙后的领养规定，随着宋代
社会的发展，才产生了养子生孙后的领养纠纷。宋统治者便及时制定《申
明》，对《宋刑统》进行补正。《申明》的制定，是经常性的。从上述王实的
奏状还可得知，即使是《申明》本身，有时也会跟不上形势需要，需要经常
予以修改。

熙宁四年(1071)，检正中书户房公事曾布奏云："近以《刑统》刑名义理
多所未安，乞加刊定，准诏，令臣看详。今逐一条析，《刑统疏义》繁长鄙俚，
及其间条约今所不行，可以删除外，所驳《疏义》乖缪舛错凡百余事，离为三
卷上进。"②曾布对《宋刑统》的驳正，上呈朝廷后，是否颁布，史未明言。但从
中可看出，《宋刑统》的许多条文当时已经不行用了。除此之外，曾布驳正条
款有百余条。这些或多或少表明《宋刑统》制定后，许多内容与日益发展着
的宋代社会政治、经济不相适应。如对"官户"一词的解释，《宋刑统》卷十二
《户婚律》云："亦是配隶没官"，身份低贱。可是到了宋哲宗时，据《绍圣常平
免役令》解释，官户"谓品官"，即朝廷命官之户，在政治和经济上享有特权，
可以免除差役和杂税。③这与《宋刑统》的解释，有着质的区别，显然《宋刑统》
关于官户的法律概念此时已发生了变化。

早在嘉祐二年(1057)，宰相韩琦等奉仁宗诏修纂《嘉祐编敕》时，就对
《宋刑统》所附的一百三十四道敕及参详条进行了一次全面整理，认为这
些条文"事杂前朝，率多冲改，审核之际，典者为劳"，乃"取其见今可行者"
分门收入《嘉祐编敕》，并规定《宋刑统》所附敕和参详条今后不得行用。④

---

① 《宋会要辑稿·刑法》一之一九，第8232页。按，本文标点据笔者理解作了点改动。
② 《宋会要辑稿·刑法》一之八，第8219页。
③ 朱家源、王曾瑜：《宋朝的官户》，邓广铭、程应镠主编《宋史研究论文集》，上海古籍出版社，
   1982年，第1—32页。
④ (宋)韩琦撰，李之亮、徐正英笺注：《安阳集编年笺注》卷二七《进〈嘉祐编敕〉表》，成都：巴蜀
   书社，2000年，第888页。

这是对《宋刑统》的一次重大修改。《玉海》卷六十六载："《刑统》凡三十一卷,二百十三门,律十二篇,五百二条,并疏令、式、格、敕条一百七十七,起请条三十二。"①《宋刑统》原先是以《唐律》十二篇并疏议为主,计五百零二条,附以敕、令、格、式、参详二百零九条。嘉祐立法,将其中仍适用的敕和参详条移入了编敕,剩下的敕和参详条便不再使用。这样,《宋刑统》除了律、疏外,仅有令、格、式七十五条有法律效力,内容减少了许多。

到了南宋绍兴元年(1131),朝廷修纂新编敕,附纂有《绍兴申明刑统》一卷,"繇开宝、元符间申明订正,凡九十有二条"②。《申明刑统》订正的条文占了嘉祐修改后的《宋刑统》条款的百分之十六。于此可见,《宋刑统》的变动不能说不大。《宋史》卷三十五《孝宗纪》载,淳熙十一年(1184)四月宋再一次颁布《绍兴申明刑统》,强调了对《宋刑统》的修正。

《宋刑统》制定后的变化,还可以从其他文献记载间接反映出来。

太宗雍熙四年(987)诏："应库藏有脱漏不附籍者,自今皆以监主自盗论。罪至死者,奏取敕裁。"③这条诏敕是因侍御史张佖奏请而下的。《宋刑统》卷二十七《杂律》规定:主管仓库的官吏,失职有差错者,"计所错数,以主守不觉盗论",罪最重仅徒二年,不处死。张佖建议"以管库之吏,宜峻其法",太宗乃降是诏。监主自盗罪,《宋刑统》规定赃至三十匹,即处以绞刑。④比"主守不觉盗"罪处罚重多了。太宗为了惩治唐末五代以来腐败之风,加强吏治,下诏修改了《宋刑统》这一律文,具有重要的现实意义。

《宋刑统》卷十九《贼盗律》载："臣等参详:应持仗行劫,一准旧敕,不问有赃无赃,并处死。"⑤然而这条法律规定到真宗时,改为:持仗行窃,"贷不得财者"⑥。

①　(宋)王应麟:《玉海》卷六六《建隆新定刑统》注文,南京:江苏古籍出版社、上海书店,1987年。

②　《玉海》卷六六《绍兴申明刑统》,第1263页。

③　(宋)钱若水撰,燕永成点校:《太宗皇帝实录》卷四一,雍熙四年六月戊申,兰州:甘肃人民出版社,2005年,第107页。

④　(宋)窦仪等详定,岳纯之校证:《宋刑统校证》卷十九《贼盗律》,北京大学出版社,2015年,第262页。

⑤　《宋刑统校证》卷一九《贼盗律·强盗窃贼》,第261页。

⑥　《长编》卷四三,咸平元年十月乙未,第918—919页。

熙宁三年(1070),枢密使文彦博曰:"国家承平百年,当用中典,然因循用法,犹有重于旧律者。若伪造官文书印,律止于流二千里,今断从绞。"①"今断送绞",显然对《宋刑统》伪造官文书罪的律作了修改。

元祐六年(1091),礼部侍郎兼侍讲范祖禹云:"太祖皇帝代虐以宽,稍轻盗法,累圣仁厚,递加减贷,故窃盗遂无死刑。然编敕所定盗赃,犹重于律三倍。"②这是《宋刑统》盗窃罪的刑罚发生的变化。

《宋刑统》卷二十六《杂律》规定,私铸钱者,准刑部格敕处绞刑,但犯者假如是朝廷命官,或是命官之亲属子孙,可以依据官品高低依法享有"议"、"请"、"减"法律特权和荫赎权力,减免罪行。南宋宁宗时修撰的《庆元条法事类》对此作了限制规定:"诸私铸钱者,不以荫论,命官不在议、请、减之例。"③这样一来,命官及其亲属私铸钱也将依法处以绞刑而不能减免罪行。

又《宋刑统》卷十七《贼盗律》:"诸谋反及大逆者,皆斩;父子年十六以上,皆绞;十五以下及母、女、妻、妾(原注:子妻妾亦同),祖孙、兄弟、姊妹,若部曲、资财、田宅,并没官。"④这条律文的部分内容,南宋时也发生了变化。开禧三年(1207)吴曦谋反被诛,株连九族,宋宁宗命大臣集议。吏部尚书兼给事中陆峻等议曰:

> 臣等窃详,反逆议罪,父子年十六以上皆绞,伯叔父、兄弟之子合流三千里,自有正条外,所有十五以下及母女、妻妾、子妻妾、祖孙、兄弟、姊妹,敕无罪名,律止没官。比之伯叔父、兄弟之子,服属尤近。即显没官重于流三千里。盖缘坐没官,虽贷而不死,世为奴婢,律比畜产。此法虽存而不见于用,其母女、妻妾、子妻妾、祖孙、兄弟、姊妹合于流罪上议刑。⑤

结果吴曦妻、十五岁以上子处死,其女、生子之妾和十五岁以下子送两广远恶州军编管。从吴曦一案可以看出,《宋刑统》所载谋反罪人家属没官为奴律,至迟在宋宁宗时期已经不行用了。

---

① 《宋会要辑稿·刑法》一之八,第8219页。
② 《长编》卷四六八,元祐六年十二月乙卯,第11180页。
③ (宋)谢深甫撰,戴建国点校:《庆元条法事类》卷二九《榷禁门·私铸钱·名例敕》,杨一凡等主编《中国珍稀法律典籍续编》第1册,哈尔滨:黑龙江人民出版社,2002年,第419页。
④ 《宋刑统校证》卷一七《贼盗律·谋反逆叛》,第229页。
⑤ 《宋会要辑稿·刑法》六之四五,第8555页。

《宋刑统》内，凡犯宋代帝王名及庙讳的文字也被一一修正。到孝宗统治时期，宋已历十一帝。由于中国封建社会特有的避讳制度，淳熙七年（1180），大理少卿梁总奉旨，"将《刑统》内有本朝圣祖名、庙讳，各随文义拟易他字，缮写为三册"，下国子监刊印。①

综上所述，《宋刑统》在其制定后，随着宋代社会的发展，它的许多内容和规定已经不相适应，有些废而不用，有些则被订正修改。

二、《宋刑统》在北宋中期以降的法律地位

《宋刑统》在北宋前期的法律地位，没有人会产生疑问，故无须讨论，但对其在北宋中期以后的地位问题看法却不一致。长期以来，学术界流行着这么一种观点，认为宋代大量修纂编敕，自神宗起，以敕代律，敕取代了律的地位，《宋刑统》不起作用了。②郭东旭也持是说，认为"至宋神宗以敕代律之后，《刑统》的实际法律地位已是名存实亡"，"《宋刑统》只是北宋中前期的现行法律，并非终宋之常法"。③在日本，著名学者宫崎市定也认为宋代敕替代了律，律处于半休止状态。④所谓"以敕代律"，笔者理解为律的法律形式被敕的法律形式所取代而不再行用。如果理解不错的话，那么上述观点与宋代实际情况并不符合。笔者以为，宋代大量修纂编敕，对律进行补充修改，就法律形式而言，律从未被敕所取代，敕、律并行不悖。《宋刑统》制定后，内容虽有变化，但终宋之世，《宋刑统》依旧是宋代通行的基本法典，并没有失去它的法律地位，敕仅优于律首先适用而已。

在宋代，律通常是指《宋刑统》而言，即《宋刑统》中的十二篇律。朱熹曾就宋代的律解释说："律是《刑统》。此书甚好，疑是历代所有，传袭下来，至周世宗，命窦仪注解过，名曰《刑统》，即律也。"⑤文献中有记载与《宋刑统》并

---

① 《宋会要辑稿·仪制》一三之一七，第 2578 页。
② 陈顾远先生可算是这种观点的主要代表者。参见其所著《中国法制史概要》，台北：三民书局，1977 年。
③ 郭东旭：《〈宋刑统〉的制定及其变化》，《河北学刊》1991 年第 4 期。
④ ［日］宫崎市定：《宋元時代の法制と裁判機構》，載《亞細亞研究》第 4，東洋研究会，1964 年，第 184 页。
⑤ 《朱子语类》卷一二八《法制》，第 3081 页。

列的还有律。天圣七年,判国子监孙奭言:"准诏校定律文及疏,缘律疏与《刑统》不同,盖本疏依律生文,刑统参用后敕,虽尽引疏义,颇有增损。"①其实这次校定的是唐律,是为参加科举考试的举人提供读本,并非立法上的举措。在记载此条史料之前的天圣四年,孙奭曾奏言"诸科举人,惟明法一科律文及疏未有印本,是致举人难得真本习读。乞令校定,镂板颁行"。南宋淳熙七年,大理少卿张总"校勘律文、《刑统》"②。性质与此类似。《宋刑统》是在后周《显德刑统》基础上修订而成,《显德刑统》"所编集者,以律为主"③。《宋刑统》的主干部分就是唐十二篇律,并将《显德刑统》中节略的疏议全部恢复,在历史上第一次把唐律和律疏合刊在一起。在文献里可以看到《刑统》和律及令、格、式并提,实际上是一种概括指代,指代当时的法律体系。文献记载也有《刑统》与律不并提的。如张方平《进〈庆历编敕〉表》曰:"如得允当,即乞特降敕命,与《刑统》、令、式及先编《附令敕》、一路一州一县敕兼行。"④就没有提到律。

有宋一代,律始终作为基本大法而存在,起着任何其他法律形式不可替代的作用。庆历三年(1043)范仲淹、富弼在《答手诏条陈十事》奏中云:"今睹国家每降宣敕条贯,烦而无信,轻而弗禀。……全乖律意,致坏大法。"⑤韩琦在《进〈嘉祐编敕〉表》中也曾曰:"律设大法。"⑥律在宋代立法活动中被奉为圭臬。在司法实践中,律也是法官量刑定罪的基本依据。《宋刑统》的作用和法律地位,神宗以前无可怀疑,即使是在神宗时期、神宗以后仍依然如故,没有变化。

神宗熙宁三年(1070)八月,编敕删定官曾布奏曰:"立法必本于律,律所未安,不加刊正,而独欲整齐一时号令,是舍其本而治其末也。"⑦曾布把律和编敕的关系比作本与末的关系,并说宋代立法是依据律进行的。于此可知

① 《宋会要辑稿·崇儒》四之六至七,第 2818 页。
② 《宋会要辑稿·仪制》一三之一七,第 2578 页。
③ 《旧五代史》卷一四七《刑法志》,第 1964 页。
④ 张方平:《乐全集》卷二八《进〈庆历编敕〉表》,文渊阁《四库全书》本,第 1104 册,第 290 页。
⑤ 《长编》卷一四三,庆历三年九月丁卯,第 3443 页。
⑥ (宋)韩琦撰,李之亮、徐正英笺注:《安阳集编年笺注》卷二七《进〈嘉祐编敕〉表》,成都:巴蜀书社,2000 年,第 888 页。
⑦ 《长编》卷二一四,熙宁三年八月戊寅,第 5215 页。

律在当时的地位和重要性。

熙宁三年九月，苏州有一百姓张朝，因父被堂兄所杀，而将堂兄杀死。审刑院、大理寺判张朝犯十恶不睦罪当死，奏裁。案件送到朝廷议决，参知政事王安石"引律奏：朝父为房兄所杀，则于法不得与之私和，则无缘责其不睦，合依条得加役流罪，会赦合原"①。神宗得奏，乃诏依王安石所议施行。这件案子最终是依律而断的。

熙宁三年十一月，神宗诏审刑院、大理寺一同审核"重赃并满轻赃法"，大理寺最后便是依据律及疏议的原则加以审定的。②

熙宁八年（1075），洪州有一周汝熊案件，当断徒罪，法官判以杖刑，余罪会赦免。大理寺对此案的判决提出异议，认为法官失出徒罪，应给予处分。但是中书堂后官刘衮驳议，"以谓律因罪人以致罪，罪人遇恩者，准罪人原法"。认为洪州司法官"因推罪人以致失出之罪"，应根据律的规定行事，免予处分。结果案子照刘衮所言执行。③

元丰二年（1079），权提点梓州路刑狱穆珣就资州、广安军几起子为人所杀而父母受财私和案件驳奏曰："案《刑统》称子孙之于祖父母，皆有祖父、子孙之名，其有相犯，多不据服而断，《贼盗律》：有所规求而故杀期以下卑幼者，绞。《斗讼律》：子孙违犯教令而祖父母殴杀者，徒一年半，故杀者加一等。今子孙被杀，父母乃坐私和徒二年半，则是私和之罪重于自杀。举重明轻，难从旁期之法，止当用不应得为轻重法，乞下有司申谕天下。"朝廷采纳了他的意见。④穆珣驳正案件的法律依据也是律。

同年，知湖州苏轼，被人告以作诗赋"讥讽朝政"，御史台奉旨审理此案，定案时是以律和敕为依据的。御史台《根勘结案状》曰："……准敕：作匿名文字，嘲讪朝政及中外臣僚，徒二年，情重者奏裁。准律：犯私罪，以官当徒者，九品以上，一官当徒一年。准敕：馆阁贴职，许为一官，或以官，或以职，临时取旨。据按苏轼见任祠部员外郎、直史馆，并历太常博士，其苏轼合追

---

① 《宋会要辑稿·刑法》四之七五，第 8486 页。
② 《宋史》卷二〇一《刑法三》，第 5009 页；《长编》卷二一七，熙宁三年十一月癸巳，第 5274 页。
③ 《长编》卷二六三，熙宁八年闰四月癸丑，第 6449 页。
④ 《长编》卷二九九，元丰二年八月戊戌，第 7277 页。

两官,勒停,放。准敕:比附定刑,虑恐不中者奏裁。"①其中律是量刑定罪的重要依据之一。

元祐元年(1086),即神宗将编敕的结构体例更改为敕、令、格、式四种形式后的第三年,右谏议大夫孙觉在他的一份奏议中提到律的行用问题时说:"至于引用断罪,先据律文,后乃铺(辅)编敕、格、令。"②《宋刑统》的法律地位由此可见,一仍其旧,并未改变。

建中靖国元年(1101)大理卿周鼎言:"律:斗杀人者绞,故杀人者斩。盖两相争竞者谓之斗,不因争竞者谓之故,义理甚明。今法寺断案,每于故、斗之际,议论不一,盖泥《刑统》所谓'非因斗争,无事而杀,是名故杀。'"③正由于《宋刑统》仍是法官量刑的基本依据,所以才会出现周鼎所言法寺断案常拘泥于《宋刑统》某项规定的现象。

《名公书判清明集》载有大量南宋司法实践中的诉讼判词,其中法官引律断案的案例比比皆是。如卷八《叔父谋吞并幼侄财产》判词,引《斗讼律》:"诸斗以兵刃斫射人,不着者杖一百。"卷九《婚嫁皆违条法》判词,引《户婚律》:"诸和娶人妻及嫁之者,各徒二年,即夫自嫁者亦同,仍两离之。"卷十《弟妇与伯成奸且弃逐其男女盗卖其田业》判词,引《杂律》:"诸奸缌麻已上亲之妻者,徒三年。"卷十二《豪横》判词,引《斗讼律》:"诸殴兄者,徒二年半,叔父加一等。"卷十四《霸渡》判词,引《贼盗律》:"诸本以他故殴击人,因而夺其财物者,计赃以强盗论。"

南宋咸淳九年(1273)起居舍人高斯得在奏章中云:"今之《刑统》……宽严适中,本朝用之,刑清民服,国寿箕翼。"④咸淳九年距宋亡仅六年时间,这条材料明确告诉我们,《宋刑统》在宋末的最后几年里仍在行用。

上述种种,充分说明,虽然《宋刑统》制定颁布后,内容屡经订正修改,且修改之处甚多,但是,直到宋末,其仍然是宋代通行的基本法典,为法官量刑判案所引用。

在宋代,统治者大量修纂编敕,用编敕来弥补《宋刑统》的不足,敕与律

---

① (宋)朋九万:《东坡乌台诗案》,《丛书集成初编》本。
② 《长编》卷三七三,元祐元年三月己卯,第9027页。
③ 《文献通考》卷一六七《刑考六》,第5007页。
④ (明)黄淮、杨士奇:《历代名臣奏议》卷二一七《慎刑》,上海古籍出版社,1989年,第2855页。

都是在行的法律形式,两者并行不悖,敕从未取代过律,仅在法律效力上,敕享有优于律首先适用的权力。编敕的法源渊于皇帝诏敕,而皇帝的诏敕在中国封建专制主义集权统治体制下,具有最高法律效力,可以破律,制约律的实施,因此,在司法实践中,编敕优于律而首先适用,自然成为一项基本原则。

《宋刑统》卷三十《断狱律·断罪引律令格式》载:"准唐长兴二年八月十一日敕节文,今后凡有刑狱,宜据所犯罪名,须具引律、令、格、式,逐色有无正文,然后检详后敕,须是名目条件同,即以后敕定罪。后敕内无正条,即以格文定罪。格内又无正条,即以律文定罪。律、格及后敕内并无正条,即比附定刑,亦先自后敕为比。"这条敕节文所规定的敕优于律首先适用的司法原则,自《宋刑统》颁布实施起,就成为宋代的定制,终宋之世,循而不变。事实上,敕从它诞生之日起,便被赋予优于律而首先适用的效力,而并非像有些学者说的那样,自神宗以后,敕的法律效力才逐渐优于律。例如天圣七年(1029),宋仁宗诏:"吏受赇,自今毋用荫。"①所谓"荫",指的是《宋刑统》卷二《名例律》中的规定:七品以上官之祖父母、父母、兄弟、姊妹、妻、子孙犯流以下罪可以用荫赎罪。仁宗以诏敕形式更改了律的这一规定,凡是受赇犯法之吏,不能再用荫赎罪。宋仁宗这条诏敕修入编敕的话,即享有优先适用效力,司法官此后再碰到有荫的吏人受赇案件,毫无疑问将首先适用这一敕文而不用律的原先规定。当然,《宋刑统》内没有更改过的律仍然具有普遍的法律效力。

宋徽宗时的法典《政和敕令格式·名例敕》规定:"诸律、《刑统·疏议》及建隆以来赦降,与《敕令格式》兼行,文意相妨者,从《敕令格式》。"②南宋记载典章制度的《建炎以来朝野杂记》甲集卷四《淳熙事类》曰:"国初,但有《刑统》,谓之'律',后有《敕令格式》,与律并行。若不同,则从《敕令格式》。"③曾出任过地方司法官的朱熹也曾云:"今世断狱,只是敕,敕中无,方用律。"④南

---

① 《长编》卷一〇七,天圣七年三月乙丑,第 2502 页。
② 《宋会要辑稿·刑法》一之二八,第 8241 页。
③ (宋)李心传撰,徐规点校:《建炎以来朝野杂记》甲集卷四《淳熙事类》,北京:中华书局,2000年,第 111 页。
④ 《朱子语类》卷一二八《法制》,第 3080 页。

宋绍兴十一年(1141),岳飞父子被赵构、秦桧之流以"莫须有"之罪陷害下狱,其中有关岳云的量刑,大理寺的判决书是这样写的:

> 岳云为写咨目与张宪,称可与得心腹兵官商议擘画,因此致张宪叛。除罪轻及等外,法寺称:敕,传报朝廷机密事,流二千五百里,配千里,不以荫论赦。刺配比徒三年,本罪徒以上通比,满六年比加役流。律:官五品,犯流以下减一等。其岳云合比加役流私罪断,官减外,徒三年,追一官,罚铜二十斤入官,勒停。①

这里暂且不论岳飞冤案,但看大理寺的判决,遵循的正是敕、律并用,若不同则从敕的司法原则。按律:漏泄传报朝廷机密事当判以绞刑。②但敕已将此律改为流二千五百里,配千里。③处罚与律不同,是以大理寺用敕而不用律。除此之外,凡编敕中没有相应规定的,则尽引律文定罪。

南宋法典《庆元条法事类》规定,司法官在量刑判案时必须"具引敕律"④。又"诸敕、令无例者,从律(原注:谓如见血为伤,强者加二等,加者不加入死之类),律无例及例不同者,从敕、令"⑤。规定再一次重申了《宋刑统》早就规定了的敕优于律首先适用的司法原则。同时也表明律并没有被敕所取代,在敕令没有相应条款规定的情况下,法官仍须引律来断案。

在司法实践中,仅仅依据编敕,法官有时还无法量刑断案,还必须参照《宋刑统》的有关法律条文才行。

《庆元条法事类》卷八《职制门》载《庆元编敕》中的职制敕:"诸被受三省、枢密院、省、台、寺、监指挥,相度定夺,若会同取索而违限者,论如官文书稽程律。"这条敕文规定凡违反者,以《宋刑统》卷九《职制律》规定的官文书稽程律惩处,即"官文书稽程者,一日笞十,三日加一等,罪止杖八十"⑥。这条律文的具体内容,编敕内没有列载,因此,法官判案时须取照《宋刑统》的

---

① (宋)李心传撰,胡坤点校:《建炎以来系年要录》卷一四三,绍兴十一年十二月癸巳,北京:中华书局,2013 年,第 2698 页。
② 《宋刑统校证》卷九《职制律·漏泄大事》,第 135 页。
③ 《庆元条法事类》卷八《职制门·满泄传报》,第 145 页。按:《庆元条法事类》系据《庆元敕令格式》汇编而成,而《庆元敕令格式》承袭了《绍兴敕令格式》的部分内容。
④ 《庆元条法事类》卷七三《刑狱门·推驳》,第 758 页。
⑤ 《庆元条法事类》卷七三《刑狱门·检断》,第 741 页。
⑥ 《宋刑统校证》卷九《职制律·制书稽缓错误》,第 137 页。

规定才能定刑。又《庆元条法事类》卷八十《杂门》载庆元编敕中的《杂敕》云："诸因奸而过失杀伤人者，论如因盗过失律。"此"因盗过失律"载于《宋刑统》卷二十《职盗律》："诸因盗而过失杀伤人者，以斗杀伤论。"而斗杀伤罪，同书卷二十一《斗讼律》规定，斗杀人者绞，伤人者杖六十，最重可判流刑。这些具体律文，《庆元编敕》也没有列载。这些材料表明，在司法活动中，离开了律，编敕无法单独行用。

　　学界所谓"以敕代律"说，依据出自《宋史·刑法志》中的一段记载："神宗以律不足以周事情，凡律所不载者一断以敕，乃更其目曰敕、令、格、式，而律恒存乎敕之外。"有些学者指出，不能仅凭这段记载，就得出"以敕代律"的结论。①值得注意的是，元人撰写的《宋史·刑法志》三卷，错讹之处实多。早在四十多年前，邓广铭经过考证指出，其有八种疵病，究其原因，《宋史·刑法志》大部分是从旧的书册中抄袭而来，修撰人"只顾卤莽灭裂地袭用旧说，而又一方面用则不疑，一方面率意改削，遂致歧互纷错，集诸般瑕类之大观"②。像这样的书，我们引用时不能不慎重。有些说法，还必须证以宋代其他史籍。"以敕代律"说所引《宋史·刑法志》这段材料，前半部分说的是法律适用原则，后半部分是针对元丰编敕的结构体例而言的，修撰人把两部分内容混淆起来，使人易生误解。实际上这段材料的上下文叙述的都是宋代编敕的修纂概况，只有顺着这条线脉将前后原文连起来解读才不致误解。神宗以前，宋代编敕是将各种不同类型的法律规范混合编纂的，以单一的敕的法律形式颁布实施。到神宗时，神宗对编敕的结构和体例进行了改革，将编敕改为分敕、令、格、式四种法律形式分类修纂，这就是《宋史·刑法志》所说的"乃更其目曰敕、令、格、式"。所谓"其"者，是承上文所叙述的编敕而言，"目"者，是指编敕的结构体例而言，而"律恒存乎敕之外"，其"敕"即指编敕。宋代编敕的修纂是与律分开的，编敕内不包含律的法律形式。因此，虽然神宗更改了编敕的结构体例，而律却并没有因此而受影响，依然独立于编敕之外，因而也就无所谓"以敕代律"的问题。

　　马端临《文献通考》卷一六七《刑考六》也记载了神宗的这项更改措施，

---

① 　江必新、莫家齐：《"以敕代律"说质疑》，《法学研究》1985 年第 3 期。
② 　邓广铭：《〈宋史·刑法志〉考正》，载《"中研院"历史语言研究所集刊》第二十本下册，台北：商务印书馆，1949 年。

但却是这么说的："熙宁中，神宗厉精为治，议置局修敕（即编敕——笔者），盖谓律不足以周尽事情，凡邦国沿革之政与人之为恶入于罪戾而律所不载者，一断以敕，乃更其目曰敕、令、格、式，而律存乎敕之外。"①神宗规定凡律没有规定的，一断以敕，将单一的编敕结构分修为敕、令、格、式四种，丝毫没有所谓以敕代律的意思。两相比较，可知《宋史·刑法志》关于神宗这一改革举措说得不是很清晰，后人不察，遂致误解，或陈陈相因，沿袭旧说。因此，有必要澄清事实，还历史真相。

（原载《上海师范大学学报》1992 年第 4 期）

---

① 《文献通考》卷一六七《刑考六》，第 5012 页。

天一阁藏明抄本《官品令》考

在唐宋600多年历史中，统治者曾修纂过无数部法律典籍，然而，除了我们今天所能看到的《唐律疏议》、《宋刑统》和《庆元条法事类》外，似乎全都失传无闻。最近，我因整理点校《庆元条法事类》而翻阅《中国古籍善本书目》，在史部职官类见到一条著录曰："《官品令》三十卷，明抄本，存十卷，二十一至三十。"这引起了我的兴趣。根据法律史常识判断，此书不会是明代所撰，很有可能是唐宋时期的法律典籍。通过朋友的帮助，我在宁波天一阁博物馆翻阅了此书。

一

是书仅一册，残本。挂签著录云："官品令三十卷，明□□□撰，存十卷，卷二十一至卷三十。乌丝栏钞本。"书签题"官品令"（脱落）。白口，单黑鱼尾，双边栏，无室名、页码，亦无题识跋语。每半页10行，行18字，双行小字注，字尚工整。篇目及篇次如下：

> 田令卷第二十一　赋令卷第二十二（卷终云"赋役令卷第二十二"）仓库令卷第二十三　厩牧令卷第二十四　关市令卷第二十五（捕亡令附）　医疾令卷第二十六（假宁令附）　狱官令卷第二十七　营缮令卷第二十八　丧葬令卷第二十九（丧服年月附）　杂令卷第三十

民国二十九年（1940）天一阁冯贞群编《鄞范氏天一阁书目·内篇》曰："《官品令》，政书，存十卷，一册。"将其归入政书类。翻检是书，通书所载都是法律令文。毫无疑问，这是一部令典。明《大明令》以尚书六部分篇，无《官品令》篇目，因此可以排除是书为《大明令》的可能。在中国法律史上，与《官品令》相关的令典，晋、北魏、南梁、隋、唐、宋、金等朝都编修过。据《唐六典》卷六《尚书刑部》载,隋《开皇令》第一篇为《官品令》,唐《开元令》首篇亦是《官品令》。其后宋《天圣令》及金《泰和令》首篇皆为《官品令》。①然而,历代书目中从未见有三十卷本《官品令》之著录。因此可以判定,这部令典的真正名称不应是《官品令》,《官品令》仅是这部令典的一个篇目。

既然如此,那么它的真正书名是什么呢? 我们先考察这部令典的朝代属性,继之再搞清其书名。为方便行文,以下仍暂称此书为《官品令》。

是书卷二七《狱官令》第 14 条载:"诸犯罪应配居作者,在京分送东西八作司,在外州者,供当处。"考仁井田陞《唐令拾遗·狱官令》第 17 条,同样的内容作:"诸犯徒应配居作者,在京送将作监,……在外州者,供当处官役。"②天一阁藏《官品令》修改了唐《狱官令》,将"送将作监"改为"分送东西八作司"。东西八作司乃宋代的官署名。《宋会要辑稿》职官三〇之七载:"东西八作司,旧分两使,止一司。太平兴国二年,分两司。景德四年,并一司,监官通掌。天圣元年始分置官局,东司在安仁坊,西司在安定坊。"③其他朝代不见有东西八作司官署记载,显然《官品令》规定的是宋代的制度。

《官品令》卷二七《狱官令》第 48 条载有关于刑杖的规定:

> 诸杖皆削去节目,官杖长三尺五寸,大头阔不得过二寸,厚及小头径不得过九分。小杖长不得过四尺五寸,大头径六分,小头径五分。讯囚杖长同官杖,大头径三分二厘,小头径二分二厘。

令文的规定与《唐六典》、《通典》等书所载唐制不合。唐制:常行官杖大头阔二分七厘,小头径一分七厘。笞(小)杖长三尺五寸,大头径二分,小头一分半。④李焘《续资治通鉴长编》卷四乾德元年三月癸酉条载北宋杖制曰:

> 旧据《狱官令》用杖,至是定折杖格,常行官杖长三尺五寸,大头阔不过二寸,厚及小头径不过九分。小杖不过四尺五寸,大头径六分,小头径五分。……讯(囚)杖如旧制。

① (宋)晁公武撰,孙猛校证:《郡斋读书志》卷八《天圣编敕》,上海古籍出版社,1990 年,第 332 页。(元)脱脱等:《金史》卷四五《刑志》,北京:中华书局,1975 年,第 1024 页。
② [日]仁井田陞著,栗劲等译:《唐令拾遗》第三〇《狱官令》,长春出版社,1989 年,第 706 页。
③ (清)徐松辑,刘琳等校点:《宋会要辑稿·职官》三〇之七,上海古籍出版社,2014 年,第 3794 页。
④ (唐)杜佑撰,王文锦等点校:《通典》卷一六八《刑法六》,北京:中华书局,1988 年,第 4348 页。

宋制定这一制度的时间是在建立政权的第四年,其所谓"讯(囚)杖如旧制"的"旧制"应该是指唐制。《通典》卷一六八《刑法》六载唐制曰:"讯囚杖,大头三分二厘,小头二分二厘。"据此,我们已完全得知宋代常行官杖、小杖和讯囚杖的刑具规度。而天一阁藏《官品令》记载的也正与此制同。这表明此书所规定的刑具规度也是宋代的。

此书卷二六所附《假宁令》有两条令文云:

> 天庆、先天、降圣、乾元、长宁、上元、夏至、中元、下元、腊等,即各给假三日。

> 天祺、天贶、人日、中和节、春秋、三月上巳、重五、三伏、七夕、九月朔、授衣、重阳、立春、春分、立秋、秋分、立夏、立冬、诸大忌日及每旬并给休假一日。

两条令文规定的都是节假日休假之制。证诸史籍,这与宋代制度极为吻合。《宋会要辑稿》职官六〇之一五载:

> 国初休假之制,皆按令式:岁节、寒食、冬至,各给假七日,休务五日;圣节、上元、中元,各假三日,休务一日;春秋二社、上巳、重午、重阳、立春、人日、中和节、春分、立夏、三伏、立秋、七夕、秋分、授衣、立冬,各假一日。……其后或因旧制,或增建庆节、旬日赐沐,皆令休务者,并著于令。①

宋代的这些休假制度是载入法令的。从中不难看出其与天一阁藏《官品令》所载《假宁令》条文的一致性。《官品令》所谓天庆、先天、降圣、天祺、天贶等节是北宋前期创立的国定假日。宋人赵升《朝野类要》卷一《诸节》载:

> 自唐以二月一日为中和节,国朝因之,以正月三日为天庆节(原注:景德五年正月三日天书降),四日为开基节(原注:周显德七年正月四日,太祖皇帝登位),四月一日为天祺节(原注:大中祥符元年四月一日,天书降),六月六日为天贶节(原注:大中祥符二年六月六日,天书降),七月一日为先天节(原注:后唐天成元年七月一日,圣祖轩辕黄帝降),十月二十四日为降圣节(原注:大中祥符五年十月二十四日,天书降)。是日禁屠宰、行刑,著为令甲。②

---

① 《宋会要辑稿·职官》六〇之一五,第 4672 页。
② (宋)赵升编,王瑞来点校:《朝野类要》,北京:中华书局,2007 年,第 33 页。

《官品令》所载乾元节和长宁节是宋仁宗时所立节日。《宋会要辑稿》礼五七之一六至一七曰："乾兴元年(原注:仁宗已即位,未改元)二月二十六日,宰臣丁谓等上言,请以四月十四日为乾元节,从之。……十一月九日,诏以正月八日皇太后降诞日为长宁节。"①

宋仁宗之后制定的圣节尚有许多,如宋英宗即位后设立的寿圣节,以及治平四年(1067)设立的同天节等,②但《官品令》却没有涉及。

某一皇朝所规定的某些节假日,尤其是依据皇帝或皇太后生日以及特殊事件设立的"圣节",是这一朝代所特有的制度,其后代之而起的朝代不可能全盘沿用。据此,我们可以初步判定,所谓《官品令》一书为宋仁宗在位时所修之令典。

众所周知,宋代的避讳制度十分严格,下面我们试从避讳角度来验证一下《官品令》的朝代属性。是书卷二二《赋役令》第 32 条:"诸春季附者课役并理,夏季附者免课(从)役。秋季以后附者课役俱免。其诈冒隐避以免课役,不限附之早晚,皆理当发年课役。逃亡者附亦同。"其中"理"字,《通典》卷六《食货·赋役下》载唐令原文作"徵"。显然是《官品令》为避宋仁宗赵祯嫌名讳,改"徵"为"理"。③所避"徵"例,又见于《官品令》卷二五附《捕亡令》第 11 条:"诸纠捉贼盗者,所(理)倍赃,皆赏纠捉之人。家贫无财可理及依法不合理(借)[倍]赃者,并计所得正赃,准为五分,以二分赏纠捉人。"这一令文沿用了唐制,其中的"理"字,《宋刑统》卷二八《捕亡律》将吏追捕罪人条引唐《开元令》作"徵"。《宋刑统》修成于太祖建隆四年(963),时尚无避仁宗赵祯嫌名讳"徵"之事。而《官品令》则避"徵"改为"理"字。

除此之外,《官品令》还避"通"字讳。其卷二二《赋役令》第 31 条"诸田有水旱虫霜不熟之处,据见营之田,州县检实,具帐申省。……其应损免者,兼计麦田为分数"。同卷第 45 条:"诸丁匠岁役……兼正役并不得过五十日。"这两条令文中的"兼"字,唐开元令均作"通"。④

---

① 《宋会要辑稿·礼》五七之一六至一七,第 1989 页。

② 《宋会要辑稿·礼》五七之一七,第 1991 页。

③ 按:《庆元条法事类》载宋仁宗赵祯嫌名讳有"徵"字。(宋)谢深甫撰,戴建国点校:《庆元条法事类》卷三《名讳·文书式》,杨一凡等主编《中国珍稀法律典籍续编》第 1 册,哈尔滨:黑龙江人民出版社,2002 年,第 10 页。

④ 《唐令拾遗》第二十三《赋役令》第 11 条和第 4 条据《白氏六帖事类集》及《唐会要》复原。第 604、597 页。

《官品令》改"通"作"兼",乃是避宋真宗刘皇后父刘通之讳。此避讳规定是在仁宗时定的。《续资治通鉴长编》卷九九乾兴元年(1022)十月己酉条载:"礼仪院请避皇太后父、祖讳。诏唯避父彭成郡王讳,仍改通进司为承进司。"①

《官品令》虽避仁宗讳,但不避英宗讳。此书卷二二《赋役令》第9条曰:"(谐)[诸]县令须亲知所部富贫、丁中多少、人身强弱。每因外降户口,即作五等定簿,连署印记。"其中"署"字,并没有因宋英宗赵曙嫌名讳而改字。《庆元条法事类》卷三《名讳·文书式》列有赵曙嫌名共25字,其首即为"署"字。在宋代,自英宗朝始,签署之"署"皆避改为"书"。②天一阁藏《官品令》并没有改避"署"字。不避"署"字讳例,还见于是书《田令》第7条、《仓库令》第23条、《狱官令》第20条及第36条。

据上述《官品令》避"徵"和"通"字讳而不避"署"字讳例,可以确知此书修成于宋英宗前的仁宗朝,要无疑义。

接下来我们再考其书名。

仁宗天圣时期曾有过一次修令的立法活动。《宋会要辑稿》刑法一之四载:

> (天圣七年)五月十八日,详定编敕所上《删修令》三十卷,诏与将来新编敕一处颁行。先是诏参知政事吕夷简等参定令文,乃命大理寺丞庞籍、大理评事宋郊为修令官,判大理寺赵廓、权少卿董希颜充详定官。凡取唐令为本,先举见行者,因其旧文,参以新制定之。其今不行者,亦随存焉。又取敕文内罪名轻简者五百余条,著于逐卷末,曰《附令敕》。至是上之。③

吕夷简等人删修的令,即宋代法律史上的《天圣令》。王应麟《玉海》卷六六《天圣新修令》引《书目》云:"《天圣令》文三十卷。时令文尚依唐制,夷简等据唐旧文斟酌众条,益以新制,天圣十年行之。"④不过,《天圣令》的颁布却是

---

① 刘皇后父名通,避刘皇后父名讳制不久便停罢。《宋史》卷二四二《章献明肃刘皇后传》,第8612页。

② 《庆元条法事类》卷六《批书·考课令》条:"诸命官批书印纸及取会应报己事者,听免签书。"第82页。

③ 《宋会要辑稿·刑法》一之四,第8215页。

④ (宋)王应麟:《玉海》卷六六《天圣新修令》,南京:江苏古籍出版社、上海书店,1987年,第1258页。

在天圣七年(1029)五月。①

　　据上述两条史料所载,可以得知,宋天圣七年制定的《天圣令》是以唐旧令为本,参以当时的新制而成。在新定令的同时,对于没有沿用的唐旧令,以附录的方式予以保存。此外,令文后还附有从编敕中移录出来的"附令敕"。我们以此来对照一下天一阁藏本《官品令》。

　　《官品令》卷二七《狱官令》共收有68条令文,在第56条令文后有一指令性的说明,云:"右并因旧文,以新制参定。"在此说明之后尚列有12条令文,末尾云:"右令不行。"纵观是书残存的其他9篇令文,体例莫不如此。亦即每一篇令文皆分成两大部分,前一部分令,"并因旧文,以新制参定"。即《宋会要辑稿》所说的"因其旧文,参以新制定之",是以唐令为本,根据宋代实际情况参以新制修订的。无疑这部分令是当时宋代实际在行的令。后一部分令,所谓"右令不行",即《宋会要辑稿》所云"其令不行者亦随存焉",是附录的不用之唐令。两相对照,这一体例与前述宋《天圣令》的体例是相同的。

　　以下我们再以《通典》所载的《开元二十五年令》来印证《官品令》。《通典》卷六《食货六·赋税下》摘引的《开元二十五年令》计有17条。其中有4条《杂令》和2条《赋役令》原封不动地被《天圣令》所沿用。另有3条《赋役令》被参以宋代新制定为《天圣令》。有8条《赋役令》与《天圣令》附录的不用之唐令同(仅个别文字有出入)。

　　考辨至此,我们可以断言,天一阁藏所谓《官品令》,正是久已湮没无闻的宋《天圣令》,作者为参知政事吕夷简和大理寺丞庞籍等。下面我们径称此书为《天圣令》,以方便论述。

　　既然此书的真正书名是《天圣令》,何以变成了《官品令》? 笔者以为这与《天圣令》制定颁布的方式有关。《宋会要辑稿》刑法一之四载:"(天圣七年)五月十八日,详定编敕所上删修令三十卷。诏与将来新编敕一处颁行。"至天圣十年,仁宗"诏以《天圣编敕》十三卷、《敕书德音》十二卷、《令》文三十卷付崇文院镂版施行"②。《天圣令》是以唐令为本,参以新制修成,即使不用的唐令也以附录方式给予保存。也就是说,令的修订是在唐旧令的框架内

①　《宋史》卷九《仁宗纪》,第187页;《长编》卷一〇八,天圣七年五月己巳,第2512页。
②　《宋会要辑稿·刑法》一之四,第8215页。

进行的。书成之后,在当时即未以正式新名命之,而是直接以笼统的令的法律形式与《天圣编敕》合在一起颁布实施。这对当时人来讲,没有什么不便。然而,到神宗时宋又制定了新的《元丰令》五十卷,颁布实施,取代了《天圣令》,于是《天圣令》废弃不再行用。随着朝代的变迁,后人对当初《天圣令》颁布实施方式已不甚明了。晁公武《郡斋读书志·后志》云:"《天圣编敕》三十卷。右天圣中宋庠、庞籍受诏改修唐令,参以令制而成。凡二十一门:官品一、户二、祠三、选举四、考课五、军防六、衣服七、仪制八、卤簿九、公式十、田十一、赋十二、仓库十三、厩牧十四、关市十五、补(捕)亡十六、疾医十七、狱官十八、营缮十九、丧葬二十、杂二十一。"晁氏著录的书名是《天圣编敕》,但其下所录篇目却非《天圣编敕》所有。《天圣编敕》"依律分门十二"①,包括目录仅十三卷,故晁氏所录篇目为《天圣令》无疑。晁氏这种张冠李戴的著录错误显然是因不明《天圣编敕》与《天圣令》的区别,将它们混淆在一起而造成的。对后人来说,如果《天圣令》与《天圣编敕》合在一起容易混淆的话,那么当它一旦与《天圣编敕》分离流散开来后,它的书名便成了问题。我猜想,早在明人抄写此书之时,其所借以抄写的底本,或者更早一点的祖本,是单独存在的,抄写或刊刻者无法确知此书书名和作者,只好将此书的第一篇篇目《官品令》充作书名。当时,此书应不止此十卷,其前二十卷是后来佚失的。

据初步统计,新发现的《天圣令》残本各篇所载令文条数如下:《田令》载行用之令 7 条,附录不用之唐令 49 条;《赋役令》载行用之令 23 条,附录唐令 27 条;《仓库令》载行用之令 23 条,附录唐令 23 条;《厩牧令》载行用之令 15 条,附录唐令 35 条;《关市令》载行用之令 18 条,附录唐令 10 条;《捕亡令》载行用之令 9 条,附录唐令 7 条;《医疾令》载行用之令 14 条,附录唐令 22 条;《假宁令》载行用之令 23 条,附录唐令 6 条;《狱官令》载行用之令 56 条,附录唐令 12 条;《营缮令》载行用之令 26 条,附录唐令 4 条;《丧葬令》载行用之令 35 条,附录唐令 6 条;②《杂令》载行用之令 40 条,附录唐令 21 条。

以上计在行的《天圣令》令文 289 条,附录唐令 222 条,总计 511 条。整

---

① 《玉海》卷六六《天圣新修令》,第 1257 页。

② 《丧葬令》于不用唐令之后尚附有《丧服年月》,注云:"其解官给假,并准《假宁令》文;言礼定刑,即与五服年月新敕兼行。"按《丧服年月》内容,属五服制度。

部《天圣令》共计三十卷,现存残本十卷,占三分之一,如将上述条数依此所占比例推算,《天圣令》令文总计约有 1 500 条左右。

二

新发现的《天圣令》抄本,将卷二二《赋役令》篇名误抄成"《赋令》卷第二十二",漏一"役"字(其卷终所抄篇名却无遗漏),这与晁公武《郡斋读书志·后志》同一篇名的误载是一致的。笔者以为这不是巧合,很有可能两者所依据的是同一祖本。如果这一猜测不错的话,这个祖本是《天圣令》颁布后不久的抄本或刻本,其抄、刻时间当不晚于仁宗朝,因令文中宋英宗赵曙的嫌名讳没有避改。在宋代,法律是严禁私刻印行刑书的。就在《天圣令》颁布后第七年的景祐三年(1036),宋政府就有规定:"禁民间私写编敕、刑书及毋得镂版。"①加之其后宋又修定《元丰令》五十卷,取代了《天圣令》,《天圣令》很快便停止使用了。元丰后,继之又有《元祐令》、《元符令》、《政和令》等,是以《天圣令》颁布后,很少有刻、抄本流传,以至于马端临著《文献通考·经籍考》,在著录《天圣令》时,也只能依靠晁公武的《郡斋读书志·后志》的材料。当然,这个祖本也有可能为元、明人所刊行,最后再被传抄成我们现在所看到的本子。

由于新发现的《天圣令》是个残本,仅存十卷,因此《天圣令》究竟有多少正篇篇目,仍是个谜。《郡斋读书志·后志》卷一《天圣编敕》条载《天圣令》计二十一篇,据新发现的《天圣令》所载,笔者以为晁公武把附于《关市令》后的《捕亡令》列出,单独作一篇目,而没有把其他附篇目列出,是个失误。不过问题在于,晁氏所说的《天圣令》二十一门(篇)是包括《捕亡令》在内呢,还是《捕亡令》除外,其本身就有二十一门? 我倾向于前者。残存的《天圣令》计十个正篇篇目(不含《捕亡令》和《假宁令》),平均每篇占一卷。此书共三十卷,如果依据晁氏所云全书有二十一篇的话,那么已佚的二十卷那部分仅有十一篇,平均每篇约占两卷。这是在许多正篇篇目之下另有附篇,从而导致卷数增加。我们已经知道《天圣令》是取唐令为本,因其旧文,参以新制修

---

① 《长编》卷一一九,景祐三年七月丁亥,第 2796 页。

成的，即使不用的唐令也作为附录保存着。《天圣令》与唐令比较，正篇篇目减少了，但卷数却一仍唐旧，便是一个很好的说明。因此，在篇目方面，既不会增加，也不会舍弃。唯一可行的办法是以附篇形式加以合并。据《郡斋读书志·后志》载，《天圣令》中无唐《职员令》篇目。《开元令》中的6篇《职员令》可能被作为附篇附于《官品令》之后。此外，晁氏也没有提到《封爵令》、《乐令》和《宫卫令》，其肯定也是作为附篇存于《天圣令》中的。

《天圣令》的令文每篇都分为前后两个部分，前一部分令文"并因旧文，以新制参定"。换言之，《天圣令》所有新创令文都是在唐旧令基础上制定的。例如《宋刑统》卷一三《户婚律·占盗侵夺公私田》载唐《田令》："诸田为水侵射，不依旧流，新出之地先给被侵之家。若别县界新出，依收授法。其两岸异管，从正流为断。若合隔越受田者，不取此令。"[1]宋初，还来不及制定新法令，争田案的处理依据，完全照搬唐令，尽管唐令的一些条款已明显不适用于宋代的实际情况。经过60余年的发展，到宋仁宗天圣时期，宋政府完全有必要和有时间对唐令进行修改。《天圣令·田令》第4条就在原来旧令基础上修改为："诸田为水侵射不依旧流，新出之地，先给被侵之家。若别县界，新出亦准此，其两岸异管，从正流为断。"《天圣令》将"依收授法"修改为"亦准此"。同时，删除了"若合隔越受田者，不取此令"。原因很简单，宋代已不实行均田收授法，是以参照本地法解决。又唐《田令》载："诸户内永业田，每亩课种桑五十根以上，榆、枣各十根以上，三年种毕。乡土不宜者，任以所宜树充。"[2]宋代并不行均田制，故《天圣令·田令》第2条以此唐令为本，根据宋代的五等户制进行了修改和增补：

> 诸每年课种桑枣树木，以五等分户，第一等一百根，第二等八十根，第三等六十根，第四等四十根，第五等二十根。各以桑枣杂木相半。乡土不宜者，任以所宜树充。内有孤老残疾及女户无男丁者，不在此（根）[限]。其桑枣滋茂，仍不得非理斫伐。

新创的令文，有的对旧文改动较大，有的仅改数字，某些旧令在被改造

---

① （宋）窦仪等详定，岳纯之校证：《宋刑统校证》卷一三《户婚律·占盗侵夺公私田》，北京大学出版社，2015年，第174页。

② 《唐令拾遗》第二十二《田令》第6条据《通典》等复原，第551页。

成新令时,有些内容被裁减掉了。如《天圣令·赋役令》第 1 条,经改造,旧令中租调的具体数额就被删除了。倘若未合时宜不能用的,便归入附录的不用之令。当然所定新令中,也有令文并非新创而是全录唐令旧文的。例如卷二一《田令》第 1 条:"诸田广一步、长二百四十步为亩,亩百为顷。"此令与《通典》卷二《食货二·田制下》载《开元二十五年令》同。同卷《田令》第 5 条:"诸竞田,判得已耕种者,虽改判,苗入种人。耕而未种者,酬其功力。未经断决,强耕种者,苗从地判。"这与《宋刑统》卷一三《户婚律·占盗侵夺公私田》所载唐令同。又卷二七《狱官令》第 11 条:"诸流人应配者,若依所配里数,无要重城镇之处,仍逐要配之。唯得就远,不得就近。"第 26 条:"诸犯罪事发,有赃状露验者,虽徒伴未尽见获者,先依状断之,自外从后追究。"第 27 条:"诸犯罪未发,及已发未断决,逢格改者,若格重,听依犯时;格轻者,听从轻法。"分别与《宋刑统》卷三《名例律·犯流徒罪》、卷三十《断狱律·断罪引律令格式》所载唐令相同。以上数例表明,令文虽非宋代新创,然仍能适用的,《天圣令》即沿之。从《天圣令》记载来看,北宋前期,宋在许多方面承袭了唐代制度。但在土地制度方面较少沿用唐令,这表明唐宋两朝的土地制度有着很大的差异。

宋代第一次修令是在淳化三年(992),实际上只是简单的文字校勘,诸如避讳字的勘正,谈不上是新修令。陈振孙《直斋书录解题》卷七云:《唐令》三十卷、《唐式》二十卷,"本朝淳化中,右赞善大夫潘宪、著作郎王泗校勘"①。《玉海》卷六六《淳化编敕》云:"太宗以开元二十六(五)年所定令、式修为淳化令、式。"②其后第二次修成的《天圣令》,"以唐令为本",应是在淳化三年校勘的《开元二十五年令》基础上修订的。因此《天圣令》中所用及不用之唐令应都是开元二十五年所修令。下面试以新发现的《天圣令》为例佐证之。

《唐六典》卷三户部郎中员外郎条:"凡丁岁役二旬(原注:有闰之年加二日),无事则收其庸,每日三尺(原注:布加五分之一)。有事而加役者,旬有五日免其调,三旬则租、调俱免(原注:通正役并不得过五十日)。"其所引《开

---

① (宋)陈振孙撰,徐小蛮、顾美华点校:《直斋书录解题》卷七《法令类》,上海古籍出版社,1987年,第 223 页。

② 《玉海》卷六六《淳化编敕》,第 1255 页。

元七年令》源于唐《武德令》。①这条令文又见于日本《养老令·赋役令》岁役条(文字有出入)。据日本学者研究,《养老令》是以《永徽令》为直接蓝本的。②如此,则此令文自武德七年定后,经《永徽令》到《开元七年令》,一直被沿用。然《开元二十五年令》对其进行了修改。《通典》卷六《食货六·赋税下》记载的这一令文是析成两条分于两处引述的。在新发现的《天圣令》中,上述令文也是分载于两条令文的。《赋役令》附录不用之唐令第 22 条载其一:"诸丁匠岁役功二十日,有闰之年加二日。须留役者,满十五日免调,三十日租调俱免(原注:役日少者,计见役日折免)。兼正役并不得过五十日。"第 24 条不用之唐令载其二:"诸丁匠不役者收庸。无绢之乡,纻、布参受(原注:日别纻、绢各三尺,布即三尺七寸五分)。"令文与《唐六典》所载《开元七年令》有差异,而与《通典》所载的两条《开元二十五年令》相同,可见《天圣令》所本之唐令为《开元二十五年令》无疑。

三

在中国古代社会,令是法律体系的一个重要组成部分,是有关国家制度的法律规范。《唐六典》卷六刑部郎中员外郎条载:"令以设范立制。"《新唐书·刑法志》云:"令者,尊卑贵贱之等数,国家之制度也。"宋神宗也曾为令下过定义:"禁其未然之谓令。"③《天圣令》残本的发现,为我们提供了研究北宋前期社会的重要资料。

宋代有"官户"之名目。不过宋代官户的内涵已不同于唐代官户,不再是隶属官府的贱民,而是指品官之家。但是宋初制定的法典《宋刑统》依旧承袭了唐律关于官户的法律诠释。有学者指出:"估计在仁宗以前,就已经将官户作为品官之家的法定户名,而实际上废除了《宋刑统》中有关官户的法律概念。"④新发现的《天圣令》完全证实了这个推断。在卷三〇《杂令》后

---

① 《唐令拾遗》第二十三《赋役令》引《唐会要》卷八三《租税上》和《旧唐书·食货志》。

② [日]池田温撰,霍存福等译:《唐令与日本令——〈唐令拾遗补〉编纂集议》,《比较法研究》1994 年第 1 期。

③ 《宋会要辑稿·刑法》一之一二,第 8223 页。

④ 朱家源、王曾瑜:《宋朝的官户》,邓广铭、程应缪主编《宋史研究论文集》,上海古籍出版社,1982 年,第 1—32 页。

部分不用之唐令第 15 条云："诸官户、奴婢男女成长者,先令当司本色令相配偶。"又第 17 条载："诸官户皆在本司分番上下,每十月都官案比。男年十三以上,在外州者十五以上,各取容貌端正者送太乐(原注:其不堪送太乐者,自十五以下皆免入役)。十六以上送鼓吹及少府监教习,使有工能。官奴婢亦准官户例分番(原注:下番日则不给粮)。"而在宋《杂令》前部分当时行用之令中已不见官户名目。又《仓库令》中也有一条涉及官户的令文:"诸官奴婢,皆给公粮。其官户上番充役者亦如之,并季别一给,有剩随季折。"附录于不用之唐令第 8 条。这说明,至迟到宋仁宗天圣时期,宋已停止使用唐以来官户的法律属义。这一变化,乃是当时社会发展后已不存在官户这种贱民的结果。

北宋前期的司法制度规定,地方州军一级拥有死刑审判和执行权。然而由于《宋史·太祖纪》的误载及法律史料的佚缺,这一规定被曲解为死刑须经刑部审核后才能执行。死刑执行前的审核同执行后的覆审,有着质的区别,前者剥夺了地方死刑终审权,而后者则承认这种权力。这是个重要的司法问题,对此,我曾有专文考证,厘正了《宋史》的讹误。①新发现的《天圣令》则证实了我的看法。是书卷二七《狱官令》在行之令第 5 条载:"诸决大辟罪,在京者,行决之司一覆奏,得旨乃决。在外者,决讫,六十日录案奏,下刑部详覆,有不当者,得随事举驳。"令文说得很明白,在京城之内,死罪执行之前须审报,得批复乃决,而在地方州军,于死罪执行之后的 60 天之内报中央覆审。

宋代的户多口少现象,也是学术界争论的一个问题。其中一个焦点便是宋代的户籍(即五等版簿)是否登记家庭中的每一个成员。以往由于法律资料的缺乏,也因无法找到户籍的实际例证,学者们只能推断其内容。新发现的《天圣令》卷二二《赋役令》在行之令第 9 条曰:

> 诸县令须亲知所部富贫、丁中多少、人身强弱。每因外降户口,即作五等定簿,连署印记。若遭突蝗旱涝之处,任随贫富为等级。差科、赋役,皆据此簿。凡差科,先富强,后贫弱;先多丁,后少丁(原注:凡丁

---

① 戴建国:《宋代刑事审判制度研究》,原载《文史》第 31 辑,北京:中华书局,1988 年。已收入本书。

分番上役者,家有兼丁者要月;家贫单身者,闲月)。其赋役轻重、送还
远近,皆依此以为等差,豫为次第,务令均济。簿定以后,依次差科。若
有增减,随即注记。里正唯得依符催督,不得干豫差科。若县令不在,
佐官亦准此去法。

从令文可以得知:五等版簿是以县为基准,并由县令负责总其成的。除了财
产以外,男口中的丁和中也要登录,但年未满 16 岁及超出 60 岁的男口不录。
令文未及妇女,自然妇女也不在登记之列。五等版簿造定后便作为差科和
缴纳赋税的依据。登录丁很容易理解,为何要登记中呢? 我想,这是由闰年
一造户籍制本身所决定的。我们知道北宋前期成丁与幼丁的年龄划分标
准,基本沿袭唐制。建隆四年八月修成的《宋刑统》卷一二《户婚律》载:"《户
令》:诸男女三岁以下为黄,十五以下为小,二十以下为中,其男年二十一为
丁,六十为老。"[1]与此同一年,宋政府又有"男夫二十为丁"的规定,[2]但 16
岁至 19 岁为中却是没有疑问的。中无须服役,中只是丁的一种预备身份。
登录中的意义,在于使官府在不造籍的年月里仍可以确知某户丁的增加数,
从而在不造新籍的情况下,仍然可以据五等版簿催科督税。从中上升为丁,
有一过渡期,这与宋代闰年一造五等版簿的间隔期大致相适应。我们假设
某户,天圣元年登录时有一 18 岁的中,到天圣三年,这位中满 20 岁,升为丁,
虽然天圣三年这一年未造五等新版簿,但依据天圣元年登录的材料,仍可推
算出此户已新增一丁,这就节省了因每年造一次新籍所耗费的人力物力。
由于中的登录,16 岁以下的人口也就无登录的必要。造户籍的目的是为了
差科督税,因此,不服役的妇女和 60 岁以上老人也无须登录。看来以往学
者关于户籍应登记主户中的所有男性成员的推断并不准确,从《天圣令》所
载令文来看,男口中的黄、小和老是无须登录的。

　《天圣令》残本对我们了解北宋前期的户籍制度,以及研究宋代的人口
问题具有重要参考价值。法令的制定,通常滞后于现实生活。《天圣令》是
以唐旧令为基础,参以宋代新制修订的,造五等版簿这一宋代新制必是在天
圣七年修订《天圣令》之前已经有了,《天圣令》只不过以法律形式予以规范

---

[1]　《宋刑统校证》卷一二《户婚律·脱漏增减户口》,第 164 页。
[2]　《长编》卷四,乾德元年十月庚辰,第 107 页。

化。宋仁宗明道二年（1033）十月诏曰："天下闰年造五等版簿，自今先录户产、丁推及所更色役，榜示之，不实者听民自言。"①其中关于"丁推"的解释，颇有争议。②南宋人吴曾认为"推者，推排之意，择其及丁而升之，故至今州县谓之推排，其义甚明"③。他指出，不能将"推"当"稚"解。参照《天圣令》，吴曾的解释不无道理。宋规定闰年造五等版簿，而景祐元年（1034）为闰年，就是说在仁宗于明道二年诏天下录户产、丁推的次年，宋才正式造五等版簿。仁宗诏令实际上是要求先做好造簿的准备工作，因此诏令中的"推"字，意思应当是依据上一次所定版簿登录的中数，进行推排（即"择其及丁而升之"）后的丁数。如果"推"作"稚"解，则稚不仅仅指中，还包括 15 岁以下的小和黄，这意味着五等版簿登录的对象还包括小和黄。然而，据当时新定的《天圣令》所载，北宋的五等版簿是不登录小和黄的，这岂不相互矛盾？所以那种因避唐高宗李治音讳改"稚"为"推"的说法是讲不通的。如果说，宋初在一些文件中还沿用唐讳，那么到仁宗时，宋人已没有必要再为唐人避讳。《宋会要辑稿》礼三六之一四载天圣五年翰林侍读学士孙奭言："《礼》文作齐衰'期'，唐避明皇讳，改'周'，圣朝不可仍避，伏请改'周'为'期'。"这点，新发现的《天圣令》是有明证的。如在《赋役令》第 8 条和《杂令》所附唐令第 20 条中，"期亲"的"期"，便没有再避唐玄宗讳，已改为"周"字。

在宋代，对释、道二教定有严格的管理制度，规定三年一造帐籍，此乃沿用唐旧制，这已为学者所论证。④但关于北宋造帐的令文规定，史册皆缺记载，新发现的《天圣令》卷三〇《杂令》第 39 条则有较为详细的规定："诸道士、女冠、僧尼，州县三年一造籍，具言出家年月、夏腊、学业，随处印署。案留州县，帐申尚书祠部。其身死及数有增减者，每年录名及增减因由，状申祠部，具入帐。"令文规定了帐籍的具体登录内容，为研究宋代宗教史提供了十分宝贵的资料。

从《天圣令》所载令文来看，北宋前期的度量衡制是沿用唐制的。如其

---

① 《长编》卷一一三，明道二年十月庚子，第 2637 页。

② 何忠礼：《宋代户部人口统计问题的再探讨》，《宋史论集》，郑州：中州书画社，1983 年，第 37—62 页。

③ （宋）吴曾：《能改斋漫录》卷五《丁产簿书言丁推》，北京：中华书局，1960 年，第 111 页。

④ 汪圣铎：《宋代对释道二教的管理制度》，《中国史研究》1991 年第 2 期。

《杂令》第1条:"诸度,以北方秬黍中者,一黍之广为分,十分为寸,十寸为尺(原注:一尺二寸为大尺一尺),十尺为丈。"第2条:"诸量,以秬黍中者,容一千二百黍为龠,十龠为合,十合为升,十升为斗(原注:三斗为大斗一斗),十斗为斛。"第3条:"诸权衡,以秬黍中者,百黍之重为铢,二十四铢为两(原注:三两为大两一两),十六两为斤。"这些皆与《唐令拾遗·杂令》复原条一一吻合。

《天圣令》对于宋史研究的价值远不止此,这里仅撮其要者略举之。

四

唐代的法律体系是由律、令、格、式组成的,除了唐律以外,唐令也对后来的中国社会和周边国家产生过深远影响,与律一起,被誉为"东方法制史枢轴"①。然而遗憾的是,唐令早已失传,长期以来,中外学者为此作了不少辑佚补缺工作,并试图恢复它的面貌,其中日本学者用力尤甚。仁井田陞所著《唐令拾遗》在这方面取得了举世瞩目的成就。近来池田温又完成了学术界期盼已久的《〈唐令拾遗〉补》工作,取得了又一丰硕成果。

《天圣令》是在唐令基础上制定的,新发现的残本保存了大量的唐《开元二十五年令》原文,仅附录的唐令就有222条,这对于唐史研究,对于唐令的研究和复原工作都有着极为重要的意义和参考价值。限于篇幅,这里仅就后者略述一二。

其一,《天圣令》有助于唐令篇目、条数的复原。

唐令复原的第一步工作是必须搞清唐令的篇目及其顺序。我们以往获得的唯一较确切的唐令篇目及篇次为《唐六典》记载的《开元七年令》。仁井田陞所辑《唐令拾遗》在恢复唐令原貌方面做了许多开创性的工作。然而由于资料的限制,有些问题无法确证。例如《永徽令》中是有《假宁令》的,但《唐六典》记载的《开元七年令》中却没有《假宁令》的篇目,可是有史料证明在后来的《开元二十五年令》中又确实存在。②又如《封爵令》,据仁井田陞考

---

① [日]池田温:《唐令拾遗·后跋》,见栗劲、霍存福等编译《唐令拾遗》,长春出版社,1989年,第893页。

② 参见栗劲等编译《唐令拾遗》,第817—824页。

证,在《开元二十五年令》和此后的《天圣令》中都有,而《唐六典》所云《开元七年令》亦无其篇目记载。为此,仁井田陞猜测说:"在《开元七年令》(又云四年令)上肯定有过大的修改,理由是,同令即使简编了篇目,其条文也未必被削除,很可能被编入了其他篇目之下。"①新发现的《天圣令》证实了此猜测。从《天圣令》所列篇目得知,《捕亡令》附于《关市令》后,《假宁令》则附于《医疾令》后。以此推断,在《开元七年令》和《开元二十五年令》中,《捕亡令》和《假宁令》也一定是分附于《关市令》和《医疾令》后的。《唐六典》所列《开元七年令》篇目仅是正篇篇目,所以我们便看不到这两个附令。此外,《开元二十五年令》中,《封爵令》、《学令》、《禄令》和《乐令》也是附在其他篇目之下的。开元二十二年至开元二十五年,唐对律令格式敕进行了一次大规模整理修改,共删除了 1 324 条。就令而言,如果某篇条数删除较多,所剩不足一卷的话,删修官有可能将其附于其他篇章之后。这点,可从《天圣令》得到佐证。《天圣令》卷二五所附《捕亡令》总计仅 16 条,卷二六所附《假宁令》总计 29 条,条数都明显少于其他篇章。《开元七年令》和《开元二十五年令》都是在《永徽令》基础上修改刊定的,条数有增减,但卷数是一脉相承的,并延续至《天圣令》而无变化。所以笔者推测《开元二十五年令》的正、附篇目总数应与《开元七年令》相同。

据《唐六典》载,《开元七年令》有 1 546 条,这是总数,各篇的条数却无记载。后《开元二十五年令》有删节,删定后的总数和各篇条数无考。《天圣令》残本的发现,为我们提供了部分篇章的确切条数。《天圣令》是取唐《开元二十五年令》为本,"因其旧文,参以新制"修成的,换言之,即使是其中的新定令,其条数与唐令也应是对应的,进而我们可推算出《开元二十五年令》总条数,即大约为 1 500 条。这与《唐六典》所载《开元七年令》1 546 条的数字是大致相近的。

其二,《天圣令》可正《唐令拾遗》之误。

《唐令拾遗·田令》第 2 条将《通典》卷六《食货六·赋税下》所载的两条赋役令"诸租,准州土收获早晚,斟量路程险易远近,次第分配。本州收获讫发遣,十一月起输,正月三十日内纳毕"及"应贮米处,折粟一斛,输米六斗,

---

① 　栗劲等编译《唐令拾遗》,第 815 页。

其杂折皆随土毛,准当乡时价"总作一条《田令》复原。但《天圣令》却把这条令文做两条,分列于《赋役令》不用之唐令第 3 条和行用之令第 2 条。这两条令文规定的内容虽相近,毕竟还是有差异的,前者主要谈的是租的输纳时间问题,后者说的是不同实物租的折输问题。据此,《唐令拾遗》这两条令的复原归类以及条属显然搞错了。①

《唐令拾遗·赋役令》第 3 条:"诸庸调物,每年八月上旬起输,三十日内毕。九月上旬各发本州。庸调车舟未发间,有身死者,其物却还。其运脚出庸调之家,任和顾送达。所须裹束调度,折庸调充,随物输纳,皆州司领送,不得僦勾随便籴输。"②这里,仁井田陞把《通典》所引《开元二十五年令》与日本《养老·赋役令》所引《永徽令》的内容一并合作《开元二十五年令》复原了。但是,据《天圣令》卷二二《赋役令》载,"诸庸调物"至"随物输纳"文,属附录的唐令第 2 条。而"皆州司领送,不得僦勾随便籴输",实为附录唐令第 5 条的内容。这两条令是不能合在一起的。以新发现的《天圣令》来对照载有唐令的《唐六典》等史书,可得知这些史书在引用唐令时,不是完整的抄录,常常将几条令文加以精简后一并引述,或者采用缩略法。这给唐令的复原工作造成了不少障碍,导致《唐令拾遗》出现不少错误,使复原成果与实际情况之间仍有差异。

例如,前引《唐令拾遗·赋役令》第 4 条据《唐六典》等书复原作:"诸丁岁役二十日,有闰之年加二日,若不役者收庸,每日绢、绢各三尺,布三尺七寸五分。须留役者,满十五日免调,三十日租调俱免[原注:从(役)日少者,见役日折免],通正役并不得过五十日,遣部曲代役者听之。"此文实际上是把两条唐令混作一条了。在新发现的《天圣令》中,上述令文则是分别载于所录唐令第 22 条和第 24 条。

又《唐令拾遗·仓库令》第 3 条引《夏侯阳算经》作:"其折糙米者,稻三斛折纳糙米一斛四斗。"第 6 条引《唐六典》作:"诸粟支九年,米及杂种三年(原注:贮经三年,斛听耗一升,五年以上二升)。"《天圣令》卷二三《仓库令》

---

① 池田温先生在《唐令与日本令——〈唐令拾遗补〉编纂集议》一文中曾指出此归类错误(参见《比较法研究》1994 年第 1 期),但未发觉这原本是两条令文。见栗劲等编译《唐令拾遗》,第 908 页。

② 栗劲等编译《唐令拾遗》第二十三《赋役令》,第 595 页。

所录唐令第 1 条可正其误兼补其不足：

> 诸仓窖贮积者，粟支九年，米及杂种支五年。下湿处，粟支五年，米及杂种支三年。贮经三年以上，一斛听耗一升，五年以上二升。其下湿处，稻谷及粳米各听加耗一倍。此外，不得计年除耗。若下湿处，稻谷不可久贮者，折纳火米及糙米，其折糙米者，计稻谷三石折纳糙米一石四斗。

两相对照，可见《唐令拾遗》复原条显得支离破碎，由于脱"下湿处"，致复原后的令文走了样。其次，《唐令拾遗》所引第 3 条实际上是第 6 条的一部分，两者原本是一条，应合在一处复原。此类例子尚有许多。

其三，《天圣令》可补《唐令拾遗》之阙。此试举几例：

唐代官员所授永业田，一品官以下，自六十顷至六十亩不等，这在《唐六典》等书中都有明确记载，《唐令拾遗》也已复原，但其中六品至九品官的授田数漏阙未备，而这在《天圣令·田令》附录的唐令第 4 条中却有清楚的记载：

> 诸永业田，亲王一百顷……六品、七品各二顷五十亩，八品、九品各二顷。

《唐令拾遗·捕亡令》第 4 条："诸捉得逃亡奴婢，五日内合送官司。"此令复原不全，尚有下文。《天圣令》第二十五《捕亡令》附录唐令第 4 条作：

> 诸捉获逃亡奴婢，限五日内送随近官司案检，知实评价，依令理赏。其捉人欲径送本主者，任之。若送官司，见无本主，其合赏者，十日内且令捉人送食。若捉人不合酬赏，及十日外承主不至，并官给衣粮，随能锢役。

又《唐令拾遗·杂令》第 24 条据《唐六典》卷六都官郎中条所载令文复原作："诸官户、奴婢，元日、冬至、寒食放三日假。产后及父母丧婚，放一月。闻亲丧，放七日。"然这一《杂令》并不全，遗漏甚多。《天圣令》卷三〇《杂令》附录唐令第 20 条作：

> 诸杂户、官户、奴婢主作者，每十人给一人充火头，不在功（果）［课］之限。每旬放休假一日。元日、冬至、腊、寒食，各放三日。产后及父母

丧,各给假一月。期丧,给假七日。即[官]户、奴婢老疾,准杂户例。应
侍者,本司每听一人免役扶持,先尽当家男女。其官户妇女及婢,夫、子
见执作,生儿女周年,并免役(原注:男女三岁以下,仍从轻役)。

此外,也有《唐令拾遗》全未收入的令文。如《天圣令·仓库令》附录唐
令第4条:"诸仓出给,杂种准粟者,稻谷、糯谷一斗五升,大麦一斗二升,乔
麦一斗四升,小豆九升,胡麻八升,各当粟一斗。黍谷、穈谷、秋谷、麦饭、小
麦、青稞麦、大豆、麻子一斗,各当粟一斗。给末盐一升六合,当颗盐一升。"
第6条:"诸在京流外官长上者,身外别给两口粮,每季一给。牧尉给五口
粮,牧长四口粮(原注:两口准丁,余准中男给)。"

上述《唐令拾遗》的阙失,不知日本新近出版的《〈唐令拾遗〉补》是否
补全。

《天圣令》可补《唐令拾遗》处甚多。如《天圣令·田令》仅附录的唐令就
有49条,而《唐令拾遗》复原39条。《天圣令·仓库令》附录唐令有23条,
《唐令拾遗》复原仅7条。《天圣令·厩牧令》附录唐令有35条,《唐令拾遗》
复原23条。《天圣令·医疾令》附录唐令有22条,《唐令拾遗》复原11条。
此外,即使《天圣令》所载宋代的在行之令,其中也大有文章可作,此不赘述。

池田温在《唐令与日本令——〈唐令拾遗补〉编纂集议》一文中就唐《赋
役令》条文排列订正问题提出,按日本学者的研究成果,调整《赋役令》第1
条(租庸调条)之次为第4条(岁役条)、第8条(计帐条),再后为第3条(庸调
输纳条)、《田令》第2条(租输纳条)。①但据《天圣令》,参照《通典·食货六》,
将岁役条调整为第2条却是有问题的。《天圣令》把岁役条列为不用之唐令
第22条,排列顺序远在庸调输纳条(列不用之唐令第2条)和租输纳条(列
不用之唐令第3条)之后,这一排列顺序与《通典》摘引的《开元二十五年令》顺
序大致是吻合的,因此不应把岁役条复原为第2条,至少在《开元二十五年
令》中是如此。这是过分依赖《唐六典》而忽略《通典》的参考价值造成的错
误。《唐令拾遗》复原的岁役条,在《通典》里原本是分成两条摘引的,却没有
受到足够重视。

日本学者已注意到了日本《养老令》和《大宝令》与唐令的关系,对其进

---

① 《唐令拾遗》,第909页。

行了研究,并将研究成果卓有成效地运用到唐令复原中。《天圣令》残本的发现,为我们提供了唐令与日本令关系研究的新材料。我曾将日本《令集解》所载《养老令·赋役令》与《天圣令·赋役令》仔细对照了一下,发现前者38 条令文中,有 33 条可在《天圣令》中找到出处。因此我们可充分利用这残存的十卷资料做进一步研究,把唐令复原工作做得更好。

本文的写作目的,旨在介绍《天圣令》残本的存在,这部书的价值尚有待于海内外学者共同来挖掘。

附记:承蒙浙江大学包伟民教授及天一阁博物馆的鼎力相助,得以草成本稿,在此谨表谢意。

(原载《历史研究》1999 年第 3 期)

从《天圣令》看唐和北宋的法典制作

北宋天圣七年(1029),宰相吕夷简等奉诏制定成宋代第一部令典《天圣令》。《天圣令》的修订,是完全以唐令为蓝本,在唐令已有的条文基础上制定的。"时令文尚依唐制,夷简等据唐旧文,斟酌众条,益以新制,天圣十年行之"①。凡是唐令中没有相关的内容,即使是宋代当时在行的法也不予收入。如唐后期创立的两税法为宋所承袭,是当时正在实行的制度,②却没有收入《天圣令》。宋为何不修撰一部能容纳全部现行制度性规定的完整的新令,而最终却制定成一部半吊子式的令典? 这是值得我们深思的。笔者认为《天圣令》沿用了唐以来的法典制作模式,反映出唐中叶以来社会变化对立法活动的巨大影响。本文结合《天圣令》试对唐和北宋的法典制作进行探讨,以期对这一历史时期的法典有一个较全面的了解。

一、唐代的法典制作

唐代的法律体系为律、令、格、式,"律以正刑定罪,令以设范立制,格以禁违正邪,式以轨物程事"③。唐格有二十四篇,"盖编录当时制敕,永为法则,以为故事"④。值得注意的是,格之禁违正邪,兼有律和令之性质,因而与律、令不无重复制定之嫌。从立法来讲,是非常特殊的,既然制定了律和令,用以正刑定罪和设范立制,为何还要单独制定格? 在制定格的同时,唐政府又是如何避免法律的重复? 这是本文首先要探讨的问题。

任何一个朝代的法律制定,都离不开对以往法律的继承,从战国李悝的

---

① (宋)王应麟:《玉海》卷六六《天圣新修令》,上海书店影印浙江书局本,1987年,第1258页。

② 参见漆侠《中国经济通史》(宋代经济卷上),北京:经济日报出版社,1999年,第443—444页。

③ 《唐六典》卷六刑部郎中员外郎条,北京:中华书局点校本,1992年,第185页。

④ 《唐六典》卷六刑部郎中员外郎条,第185页。

《法经》到清朝的《大清律例》,概莫能外。唐代律令是魏晋以来法律发展的结晶,是以往法律之集大成者。史载唐律令"因开皇律令而损益之",武德七年修订时,未遑细细改作,"惟正五十三条格,入于新律,余无所改"。①其框架和主要内容都源于北齐和隋,律中的"五刑"、"八议"制度、"十恶"罪,都不是唐代所创,唐代只是修订了律中一部分内容。唐令的篇目也主要源自隋《开皇令》。因此唐律令大多数是沿用过去的法。至唐太宗贞观十一年(637),定令一千五百九十条,三十卷,"又删武德、贞观已来敕格三千余件,定留七百条,以为格十八卷"②,遂奠定了唐律令体系。自后律与令都是在此基础上所作的修补,文本实际上变化并不大,其框架、篇目和基本内容一脉相承。

　　唐代的令与律分别承担了不同的功能,但并不充任当代法的角色。当代法主要是由格和格后敕来充任的,这表现在格和格后敕的法律效力大于律令。

　　法律制定后,须时常修改补充。唐代在司法实践中找到了一条因时制宜的变通方法,即通过修纂格和格后敕的法律形式,对律令等常法进行修正和补充,以便及时解决社会关系中出现的矛盾。③格是删修皇帝颁布的制敕而制定成的法典。这一修撰方式自《贞观格》始,至垂拱元年(685),"又以武德以来垂拱已前诏敕便于时者,编为新格二卷"④,是为《垂拱格》。这一新格,又称"散颁格"。神龙元年修纂的《神龙散颁格》则是"删定《垂拱格》后至神龙元年已来制敕"而成。⑤从《贞观格》、《永徽格》、《垂拱格》到《神龙散颁格》,都是删改皇帝原颁诏敕而成。这些新格的编纂反映了皇帝诏敕在修改、补充常法方面的权威性,也反映了隋律令入唐以后,许多不相适应的内容不断地被修正。唐格的一大特点是它具有灵活性、时效性。格这种"便于时"的特性可以弥补律令的不足。唐格的这种变通机制,对于稳定法律体系,及时处理社会矛盾,调整社会秩序起到了重要作用。

---

① (后晋)刘昫等撰:《旧唐书》卷五十《刑法志》,北京:中华书局,1975 年,第 2134 页。

② 《旧唐书》卷五十《刑法志》,第 2138 页。

③ 参见刘俊文《论唐格——敦煌写本唐格残卷研究》,《敦煌吐鲁番学论文集》,上海:汉语大词典出版社,1991 年,第 524—560 页;戴建国《唐宋时期法律形式的传承与演变》,《法制史研究》第七期,台北,2005 年。

④ 《唐会要》卷三九《定格令》,上海古籍出版社点校本,2006 年,第 820—821 页。

⑤ 《旧唐书》卷五十《刑法志》,第 2149 页。

(一) 唐令的制作

我们已经知道格为"编录当时制敕,永为法则,以为故事"①,即格以皇帝制敕为法源修纂而成。然而除了格以皇帝诏敕为法源外,令、式的修订有时也参以皇帝诏敕,这样就产生了一个不可回避的问题:在大规模立法制定律令格式时,它们都是同步进行的,立法者如何处理律、令、格、式之间的关系? 假定唐太宗贞观十六年有一条诏敕对唐令有关规定进行了补充修改,至唐高宗永徽初修纂律令格式时,贞观十六年的这一敕文是编纂入新格呢,还是修纂入新令? 修纂入新格,符合唐格修纂原则;修纂入新令,则是对唐令原文的直接修改,十分自然。然而两者只能取其一,否则就会出现法律规范重叠制定现象。

为了避免法律规范重叠制定,在制作法律规范,处理诏敕与格、令关系时,必须有相应的处理原则。笔者以为,唐采取的原则有如下两项:

一是新令的修订是在旧令的框架内进行的,若唐令有相对应的内容时,则这些诏敕修入对应的令,对令文中已有的内容作直接修正;原本唐令条款中没有相对应的内容时,这些诏敕则另编修入格,用格补充修改令,不再修入新令。须指出的是,所谓"唐令有相对应的内容",是指以《贞观令》为基准的内容。唐律令奠定于贞观十一年(637)的立法,后来所有的唐令都是在《贞观令》基础上不断修订发展起来的。以下我们以《天圣令》为例来讨论这一原则。《天圣令》卷二五《关市令》附唐令第8条云:

> 诸非州县之所,不得置市。其市常以午时击鼓三百下而众大会,日入前七刻击钲三百下散。其州县领户少之处,欲不设钲鼓者,听之。②

这一令文与《唐会要》卷八六《市》所载景龙元年(707)十一月敕完全一样,唯"领户"作"领务"。而与此相对应的唐令文在景龙元年前已经存在。《唐律疏议》卷八《卫禁律》"越州镇戍等城垣"条《疏》议曰:"'城主无故开闭者',谓州、县、镇、戍等长官主执钥者,不依法式开闭,与越罪同。其坊正、市令非时

---

① 《唐六典》卷六刑部郎中员外郎条,第185页。

② 天一阁博物馆、中国社科院历史研究所天圣令整理课题组校证:《天一阁藏明钞本天圣令校证》,北京:中华书局,2006年,第309页。以下所引《天圣令》均出于此。"常以午时"之"常",《校证》依据《唐会要》卷八六《市》景龙元年十一月敕文误改为"当"字。按,日本《养老令·关市令》作"恒",可知唐令原作"恒",宋避真宗讳改作"常"。

开闭坊、市门者,亦同城主之法。"其中规定了市门的开闭须依法式,所谓"法式",说的即是唐常法之令、式。《唐律疏议》成书于永徽四年(653)。又日本《养老令·关市令》第 11 条载:"凡市恒以午时集,日入前击鼓三度散(每度各九下)。"《养老令》是以永徽二年成书的《永徽令》为母法修纂而成。[①]因此可据以为证,证明景龙元年前的唐令是有置市的相应规定的。景龙元年后至景云元年(710),唐再次删定格令,至太极元年(712)二月二十五日完成,名为《太极格》,同时删定的还有《太极令》。[②]笔者以为由于先前令文中已有相应的内容,景龙元年关于关市制度的敕文也就于此补充修入《太极令》。此款令文后来又为《开元七年令》和《开元二十五年令》所沿用,这就是我们今天看到的《天圣令》所附第 8 条唐关市令。

另一项原则是当朝廷单独修纂格或格后敕而不修纂令时,此前对令文条款内容进行补充修改的诏敕就优先编修入格或格后敕,在此之后如有修令活动,即使是唐令中有相对应的内容,此诏敕也不再收入;如在下一次修纂新令之前,朝廷未将这些诏敕收入格或格后敕中,则修新令时,这一诏敕如有必要便修改入相对应的令文。例如《唐会要》卷四一《左降官及流人》载贞观十五年(641)敕:"犯反逆免死配流人,六岁之后,仍不听仕。"贞观十五年至永徽元年修订《永徽令》之前,唐未有修格的活动,因而这一敕文到后来修《永徽令》时,则收入新令之中。《唐律疏议》卷三《名例》犯流应配条引用了此条唐令。[③]

又如《唐会要》卷八六《市》载:

> 开元二年闰三月敕:"诸锦、绫、罗、縠、绣、织成、绸、绢、丝、牦牛尾、真珠、金、铁,并不得与诸蕃互市及将入蕃;金铁之物,亦不得将度西北诸关。"

---

① [日]池田温:《唐令与日本令——〈唐令拾遗补〉编纂集议》,《比较法研究》1994 年第 1 期。

② 《唐会要》卷三九《定格令》,第 185 页。又《唐六典》卷六刑部郎中员外郎条云,太极初岑义曾刊定过唐令。

③ 《唐律疏议》卷三《名例》犯流应配条引唐令:"故令云:'流人至配所,六载以后听仕,反逆缘坐流及因反、逆免死配流,不在此例。'"(北京:中华书局点校本,1983 年,第 67 页)所云令即唐令。《唐律疏议》修定于永徽时。此条唐令已经吸收了贞观十五年敕文规定的反逆免死配流人虽满六年仍不得听仕的内容,并作了更改。

这一敕文规定的内容,被其后开元三年新修订的令所吸收。今本《天圣令·
关市令》所附唐令第6条规定即源自开元二年敕:

> 诸锦、绫、罗、縠、绣、织成、绸、丝绢、丝布、牦牛尾、真珠、金、银、铁
> 并不得与诸蕃互市及将入蕃(绫不在禁限)。所禁之物,亦不得将度西
> 边、北边诸关及至缘边诸州兴易。(下略)

日本《养老令·关市令》第9条有与之相当的法律记载:"凡禁物不得将出
境,若蕃客入朝,别敕赐者,听将出境。"据此可知唐开元前的唐令是有相应
条款的,开元二年敕对唐令作了进一步补充。开元二年的敕文至开元三年
修订唐令时,由于在此之前,唐并无修格的举措,于是便将此敕的内容直接
吸纳入令中,而后又为《开元二十五年令》所沿用,再被《天圣令》附录下来。

又如《宋刑统》卷二六《杂律》受寄财物辄费用门载:

> 准《杂令》:……诸公私以财物出举者,任依私契,官不为理。每月
> 取利不得过六分,积日虽多,不得过一倍。若官物及公廨,本利停讫,每
> 计过五十日,不送尽者,余本生利如初,不得更过一倍。家资尽者役身,
> 折酬役通取户内男口,又不得回利为本。……
>
> 准《户部格》敕,天下私举质,宜四分收利,官本五分生利。
>
> 又条,敕州县官,寄附部人兴易及部内放债等,并宜禁断。

此《杂令》是开元二十五年所修唐令,《户部格》的两条敕文,分别源自开元十
六年和十五年颁布的诏敕,《册府元龟》卷一五九《帝王部·革弊》:

> (开元)十六年二月癸未诏曰:"养人施惠,患在不均;哀多益寡,务
> 资适中。比来公私举放,取利颇深,有损贫下,事须厘革。自今已后,天
> 下私举质,宜四分收利,官本五分收利。"

《唐会要》卷八八《杂录》:

> 开元十五年七月二十七日敕:"应天下诸州县官,寄附部人兴易,及
> 部内放债等,并宜禁断。"

这两条敕文虽与《杂令》有对应的关系,但从《宋刑统》所记载的来看,在开元
二十五年大规模立法时,并没有将这二条诏敕规定的内容补充修入到新的

唐《杂令》中。这也是有原因的。笔者推测开元十五年和十六年颁布的这两条诏敕后来修入开元十九年制作的《格后长行敕》。开元十九年修纂的《格后长行敕》，是对开元七年制作《开元后格》之后颁布的诏敕的编集整理。所谓《格后长行敕》之"格"是指《开元后格》而言的，《格后长行敕》是一部独立于《开元后格》的单行法。到开元二十五年大规模修订律令格式时，对已经收入《格后长行敕》的诏敕进行了一次清理，采取的方式是，即使是其规定在唐令内有相对应的条款，也不再修入新令，而是将其统一纳入新修订的《开元新格》。开元二十五年立法是一次大规模删修整理旧敕令格式的活动，在此之前颁布的诏敕，凡未修入新法者，不再有效。同年负责立法的宰相李林甫奏云："今年五月三十日以前制敕，不入新格式者，望并不在行用。"①《开元新格》颁布后，旧的《开元后格》自然废弃，原先开元十九年制作的《格后长行敕》经过重新整理，将其中一部分具有普遍指导意义的诏敕纳入《开元新格》，其条文即以"敕"起始，以别于原先旧格的形式。此例也佐证了上述令、格的修撰原则。一部分无法修入常法但具有参考价值的诏敕则修为长行敕。

　　总之，在大规模修订律令格式时，如果先前已经用格追加补充修改过的令，便不再对令的正文作改动，仅仅对那些已颁布有敕文，但尚未修入格，未用格修正过的相关令文予以改动。这样就避免了法律修纂的重叠现象。否则不好解释在大规模立法活动时，已经新修订了律、令，何以还要修纂新格。这里可以看出，唐格的修纂优先于令，体现了格作为当代法的法律效力。

（二）唐律、格、格后敕的修订制作

　　以上是对唐令修订方式的探讨。上述修纂方式同样也适用于唐律、唐格、格后敕。以下我们探讨唐律、格和格后敕的修订制作。

　　唐律在太宗贞观十一年颁布后随着唐代社会的发展，有些条文严重滞后，而不得不作修改。但是从传世的《唐律疏议》文本来看，很多过时了的唐律条款文本并未得到更正。实际上唐政府是通过制定外在的格来进行更正的。贞观十三年（639），即《贞观律》颁布之后的第三年，太宗颁布了一条诏敕，规定曰：

---

① 《通典》卷一六五《刑法》，北京：中华书局点校本，1988年，第4245页。

> 身体发肤,受之父母,不合毁伤。比来诉竞之人,即自刑害耳目。
> 今后犯者,先决四十,然后依法。①

诏敕对诉竞人自残行为作了刑罚惩处补充规定。所谓"依法"是指唐《斗讼律》的规定:"诉人所诉非实,辄自毁伤者,皆杖一百。"②根据太宗诏敕新规定,诉竞自残人先决杖四十,然后依律再杖一百。自此,先决杖法遂成为一项刑罚制度。唐玄宗开元十二年(724)所颁《减抵罪人决杖法诏》云:

> 比来犯盗,先决一百,虽非死刑,大半殒毙,言念于此,良用恻然。
> 自今已后,抵罪人合决敕杖者,并宜从宽。③

据此可知,先决杖法在唐前期已成为刑罚的重要组成部分,其在司法实践中的实施毋庸置疑。然而作为刑法典的《唐律》,唐曾多次修订,却始终未能将此"先决四十"、"先决一百"的先决杖法修订入文本,亦即《唐律》文本并未就此做相应的调整。这是因为唐律的修订,也是在旧有的律文框架内进行的。凡其中没有对应的刑罚规定,不予修入。先决杖法是在唐《贞观律》颁布后新制定的,与《贞观律》规定的刑罚体系不相符合,旧的律法体系没有相应的刑罚规定,故虽为诏敕新规定,亦不添加入律。对唐律的修改,主要采取外在方式进行修正补充。如神龙元年(705)制定的《散颁刑部格》第12条载:

> 盗及煞(杀)官驼马一匹以上者,先决杖一百,配流岭南。

其中有先决杖一百之法,是对唐律第279条"诸盗官私牛马而杀者,徒二年半"④作的补充规定。神龙《散颁刑部格》残卷有三条格文明确规定了流刑犯"配流岭南",其第1条云:

> 伪造官文书印,若转将行用,并盗用官文书印,及亡印而行用,并伪造前代官文书印,若将行用,因得成官,假与人官,(同)情受假,各先决杖一百,头首配流岭南远恶处,从配缘边有军府小州,并不在会赦之限。⑤

---

① 《唐会要》卷四一《杂记》,第872页。
② 《唐律疏议》卷二四《斗讼律》邀车驾挝鼓诉事不实条,第447页。
③ (宋)宋敏求:《唐大诏令集》卷八二,北京:中华书局,2008年,第474页。
④ 《唐律疏议》卷十九《贼盗律》,第356页。
⑤ [日]山本達郎、池田温、岡野誠:《敦煌吐鲁番社会经济史资料Ⅰ·法律文书》录文,東京:東洋文庫,1980年,第32—35页。

这与《唐律》律文规定不同,唐律第 36 条:"诸伪写官文书印者,流二千里。余印,徒一年(原注:写,谓仿效而作,亦不录所用)。"①《散颁刑部格》与唐律条文比较,有两个变化:其一,增加了先决杖一百之刑;其二,改流二千里刑为配流岭南远恶处。这都与唐律的刑罚体系不同。

律令作为常法法典,有它相对的稳定性,不便轻易变动原文。而格则不受此限制,可以弥补律不能时常变动的缺憾。在唐代的格典中,罪犯常常被指定流放到某一区域,与律的规定不同,不计里数。唐格乃编录皇帝制敕而成,因时制宜,对律令进行了补充修正。

我们再看另一个例子。《唐会要》卷三七《服纪上》载:

> 显庆元年九月二十九日修礼官长孙无忌等奏曰:"依古丧服,甥为舅缌麻,舅报甥亦同此制。贞观年中,八座议奏:'舅服同姨,小功五月。'而今《律疏》,舅报于甥,服犹三月。谨按傍亲之服,礼无不报,已非正尊,不敢降之也。故甥为从母五月,从母报甥小功,甥为舅缌麻,舅亦报甥三月,是其义矣。今甥为舅使同从母之丧,则舅宜进甥以同从母之报。修《律疏》人不知礼意,舅报甥服,尚止缌麻,于例不通,理须改正。今请修改《律疏》,舅报甥亦小功。"……制从之。

长孙无忌等上奏,要求将舅报甥之缌麻服制改依甥为舅服小功服制,高宗批准了这一建议。据此,有学者指出,《唐律疏议》对舅报甥之服制作了相应的修改。②不过对此服制的新规定,《唐律疏议》自身文本并未随之作相应的改正。今传本《唐律疏议》卷二六《杂律》第 412、413 条奸罪没有列入外甥女。亦即舅侵犯外甥女,仍依缌麻服制,未入"十恶"之"内乱"。换言之,舅报甥之丧服制,《唐律疏议》并没有改为小功服。钱大群认为,"事实上《永徽律疏》制定颁布后,律疏的修改,基本上是通过制定格敕来调整修改"③。笔者以为,显庆元年(656)长孙无忌等人的奏请,经高宗批准颁布实施,便成为一道诏敕。此后仪凤元年(676),唐有过修纂诏敕为格的立法活动,高宗仪凤元年《颁行新令制》曰:"自永徽以来诏敕,总令沙汰……其有在俗非便,事纵省而悉除;于时

---

① 《唐律疏议》卷二五《诈伪律》,第 453 页。
② 王永兴:《关于〈唐律疏议〉中三条律疏的修改》,《文史》第 8 辑,1980 年。
③ 钱大群:《唐律与唐代法律体系研究》,南京大学出版社,1996 年,第 206—212 页。

适宜,文虽繁而必录。随义删定,类别区分。……仍令所司编次,具为卷帙施行,此外并停。"①刘仁轨等奉诏纂成《永徽留本司格后本》十一卷,②显庆元年的高宗批复诏敕自然被收入此格典。

关于显庆元年的高宗批复诏敕收入格典,《天圣令》的规定可作为佐证。《天圣令》卷二九《丧葬令》所附《丧服年月》小功五月条有"为舅(原注:报服亦同)"之规定。换言之,舅为甥亦服小功。《天圣令》所附《丧服年月》源于唐。《宋刑统》卷二十《贼盗律》于诸盗缌麻小功亲财物条疏议下释曰:"周亲、大功、小功、缌麻服具在《假宁令》后《丧服制度》内。"《宋刑统》修纂于乾德元年,其所云《假宁令》乃唐令。也就是说《天圣令》所附《丧服年月》承袭了唐代的《丧服制度》。

关于丧服的服纪,吴丽娱指出,"它从性质上是礼而不是令"③。所谓服纪,其实也是一种法。从《天圣令·丧服年月》规定可以得知,显庆二年(657)长孙无忌等奏请改舅报甥为小功之服制,是以其他法的形式作了改动,而没有改动律文。这一改动最终辗转反映到了《天圣令·丧服年月》中来。

唐在垂拱元年(685)又一次修订格、律,修成《垂拱格》二卷。但史载"其律唯改二十四条,又有不便者,大抵仍旧"④。所谓"有不便者",自然是指已不适用的条款。值得注意的是,既然不适用,何以还要"大抵仍旧",不作改动呢? 其实并非不改动,只不过是通过制定格典的形式加以修正的,律文文本本身不更动罢了。我们进而再深究一下,既然律文已改了二十四条,何以不全改动呢? 我想问题就在于,那些"大抵仍旧"的条款,一定是先前已有皇帝制敕作了规定,这些制敕,包括显庆元年的高宗批复诏敕在垂拱之前的仪凤立法活动中,已先行收入刘仁轨等修纂的《永徽留本司格后本》,再为垂拱元年的《垂拱格》所承袭,是以同时修订的《垂拱律》没有必要再更改了。今传本《唐律疏议》也就反映不出这次的更改。这一事例表明唐律的修订方式

---

① 《唐大诏令集》卷八二《政事》,第 472 页。参见刘俊文《唐代法制研究》,台北:文津出版社,1999 年,第 32—33 页。

② 《旧唐书》卷四六《经籍志》,第 2010 页。按《永徽留本司格后本》,《唐六典》卷六刑部郎中员外郎条作《永徽留司格后本》。

③ 关于此问题,可参见吴丽娱《唐丧葬令复原研究》,载天一阁博物馆、中国社院历史研究所天圣令整理课题组校证《天一阁藏明钞本天圣令校证》,北京:中华书局,2006 年,第 706—707 页。

④ 《唐会要》卷三九《定格令》,第 821 页。

与令是相同的。

学术界长期以来，对于今本《唐律疏议》的制作年代，存在诸多争议，有认为是永徽四年制定，也有认为是开元二十五年制定的。①笔者以为下列说法比较符合客观事实：《唐律疏议》自永徽四年制定后，曾有过多次局部的、个别的修改。②不过其中修改的方式当与令文一样。

我们在探讨唐代法律修订方式时，还应当注意有些诏敕虽然是对国家行政、经济制度方面做出的更改，但并不一定都是针对唐令的，也有是对唐式所做的修正补充。唐式"以轨物程事"，与令一样，也是关于国家的制度性规定，通常认为是令的实施细则，两者很相似，容易混淆，这是需要加以区分的。

关于唐律、令与格的修订，《唐六典》卷六刑部郎中员外郎条曰：

> 皇朝之令，武德中裴寂等与律同时撰。至贞观初，又令房玄龄等刊定。麟德中源直心，仪凤中刘仁轨，垂拱初裴居道，神龙初苏瓌，太极初岑义，开元初姚元崇，四年宋璟并刊定。……皇朝《贞观格》十八卷，房玄龄等删定。《永徽留司格》十八卷，《散颁格》七卷，长孙无忌等删定；永徽中又令源直心等删定，唯改易官号、曹、局之名，不易篇第。《永徽留司格后本》，刘仁轨等删定。《垂拱留司格》六卷，《散颁格》二卷，裴居道等删定。《太极格》十卷，岑义等删定。《开元前格》十卷，姚元崇等删定。《开元后格》十卷，宋璟等删定。皆以尚书省二十四司为篇名。

值得注意的是，《唐六典》称令的修订为"刊定"，而对格的修订却称"删定"。又《唐会要》卷三九《定格令》亦云唐代格的制定为删定：

> 至神龙元年六月二十七日，又删定《垂拱格》及格后敕。尚书左仆射唐休璟……户部郎中狄光嗣等，同删定至神龙二年正月二十五日已前制敕，为《散颁格》七卷。

---

① 主要成果参见仁井田陞等《〈故唐律疏议〉制作年代考》，程维荣译，杨一凡主编《中国法制史考证》丙编第 2 卷，北京：中国社会科学出版社，2003 年；杨廷福《〈唐律疏议〉制作年代考》，《文史》第 5 辑，1978 年；浦坚《试论〈唐律疏议〉的制作年代问题》，《法律史论丛》第 2 辑，北京：中国社会科学出版社，1982 年。

② 刘俊文：《唐律疏议笺解》，北京：中华书局，1996 年，第 68—70 页。

北京国家图书馆藏敦煌文书河字十七号《开元律疏》卷第二《名例》残卷，末尾列有众多参与纂修的官员姓名，其中有一人为"知刊定"，有三人冠以"刊定法官"之称。①

《唐律疏议》自永徽四年（653）纂修成书，后世对其屡有修订，然而修订只是局部的，并没有改变原有的篇目和主要内容。唐律由贞观奠定基础，"凡为五百条"②。后世屡有修订，然条数始终未越出五百条。③这也颇能说明唐律的修订始终是在《贞观律》框架内进行的，因此在立法上称为"刊定"。这与令文的修订同出一辙。唐贞观"定令一千五百九十条"，至《开元七年令》，计"大凡一千五百四十有六条"④，也未超出《贞观令》的框架。

《旧唐书》卷五十《刑法志》载垂拱制定律令格式的情况值得注意：

> 则天又敕内史裴居道、夏官尚书岑长倩、凤阁侍郎韦方质与删定官袁智弘等十余人，删改格式……又以武德已来、垂拱已前诏敕便于时者，编为《新格》二卷，则天自制序。其二卷之外，别编六卷，堪为当司行用，为《垂拱留司格》。……其律令惟改二十四条，又有不便者，大抵依旧。⑤

《垂拱格》修撰，增添了不少新内容，而律令只改了二十四条。从前述唐人对格、令修纂的不同称谓来看，并结合唐其他文献记载，我们可以这么理解：格是当代法，与主要沿用前朝法的律令不同，它们各自的制定方式自然也就不一样，唐律令虽然修撰过多部，其内容条款基本是前后相沿，比较稳定，修改不是太多，所以史书谓之"刊定"；而唐格的制定与之不同，是完全删辑当代皇帝诏敕而成，故谓之"删定"。"刊定"者，所刊并不越出原有框架内容，而"删定"者，所删则不受原有框架内容限制。唐文献对于唐律令修订及对唐格修订所用词语的不同，或多或少反映出两者的制定方式有别。从严格意

---

① 山本達郎、池田温、岡野誠：《敦煌吐魯番社会経済資料Ⅰ·法制文書》录文；刘俊文《敦煌吐鲁番唐代法制文书考释》录文，北京：中华书局，1989 年。
② 《唐六典》卷六刑部郎中员外郎条，第 180 页。
③ 按今传本《唐律疏议》为五〇二条，多出二条，乃元刊本将《职制律》中的一条误歧为二条及《斗讼律》中的一条误歧为二条所致。参见杨廷福《〈唐律疏议〉制作年代考》，《唐律初探》，天津人民出版社，1982 年，第 30 页。
④ 《旧唐书》卷五十《刑法志》，第 2138 页；《唐六典》卷六刑部郎中员外郎条，第 184 页。
⑤ 《旧唐书》卷五十《刑法志》，第 4245 页。

义上来讲,贞观之后的立法活动,对于律令来说只是一种修订,而对于格,才称得上是真正意义上的制作。

唐前期,新的律令格式是在删缉旧格式律令及敕的基础上制定而成的,旧的律令格式被新修的律令格式所吸纳。例如开元二十五年修订律令格式,"删缉旧格式律令及敕,总七千四百八十条。其千三百四条于事非要,并删除之。二千一百五十条随文损益,三千五百九十四条仍旧不改,总成《律》十二卷,《疏》三十卷,《令》三十卷,《式》二十卷,《开元新格》十卷"①。新的律令格式颁布后,旧的法典被新法替代而失效。

但这一制度到唐后期发生了变化。唐自开元以后,除了修"格"以外,不再采取大规模直接修改律、令原文予以重新刊布的方式,而改用修格或修格后敕的方式对法律进行增补修改。"自唐开元至周显德,咸有格敕,兼著简编。"②唐代后期修撰的几部格后敕,相互之间是补充与被补充的关系,旧格后敕并没有因新格后敕的颁布而失效。此外,它们与唐开元二十五年制定的律令格式之间的关系亦是如此。《宋刑统》卷三十《断狱律》断罪引律令格式门载:

> 准唐长庆三年十二月二十三日敕节文:御史台奏,伏缘后敕,合破前格,自今以后,两司检详文法,一切取最向后敕为定。敕旨"宜依"。
>
> ……
>
> 准唐长兴二年八月十一日敕节文:今后凡有刑狱,宜据所犯罪名,须具引律、令、格、式,逐色有无正文,然后检详后敕,须是名目条件同,即以后敕定罪。后敕内无正条,即以格文定罪。格内又无正条,即以律文定罪。律、格及后敕内并无正条,即比附定刑,亦先自后敕为比。

长庆三年和长兴二年敕文规定了法律适用原则,从中可清晰看出唐开元二十五年制定的律令格式与唐后期制定的格后敕都是唐后期乃至五代在行的常法,它们之间是并立关系。这反映了唐后期社会变化之巨、之快,统治阶级无暇进行大规模的统一整肃法典的活动,而随时删辑皇帝的制敕,加以法律化,颁布实施,在当时是一项因时制宜、变通可行的立法方式,用以调整变

---

① 《通典》卷一六五《刑制》,第4245页。
② 《玉海》卷六六《咸平新定编敕》,第1255页。

化中的社会关系。

二、北宋的法典制作

《天圣令》的修撰，"凡取唐令为本，先举见行者，因其旧文，参以新制定之，其今不行者，亦随存焉"①。这是宋代一部承前启后的过渡性令典，既带有前唐令范式的痕迹，又开启后来元丰朝法典制作方式的先河。以《天圣令》为中心，北宋法典的制作方式，先后有过三次变化。这些变化大致经历了三个阶段，在不同阶段采取了不同的方式，集中反映了宋代政治经济发展状况。以下以全国通行的普通法法典为例试作探讨。

宋初至真宗统治时期为第一阶段。入宋以后，编敕继承唐以来的格后敕成为当代法，对律令进行修正补充。宋初制定法典，采用唐代的制定方式，对旧律令不适用的条款，予以保留，不做文字更动。宋乾德元年(963)新修的《宋刑统》，是以《周刑统》为蓝本修订的，当时的名称叫《重详定刑统》，表明它仅仅是对旧《刑统》的一次修改，并且完整保留了唐律，即使是其中一些早已过时的条款，也照搬不改。例如在详定《宋刑统》时，宋代对行刑的杖具已有新的规定，《续资治通鉴长编》卷四乾德元年三月癸酉：

> 旧据《狱官令》用杖，至是定折杖格，常行官杖长三尺五寸，大头阔不过二寸，厚及小头径不过九分。小杖不过四尺五寸，大头径六分，小头径五分。徒、流、笞、杖，通用常行杖。

《宋刑统》成书于乾德元年(建隆四年改元)八月。②但《宋刑统》详定官员仍然保留了《唐律疏议》卷二九《断狱律》所引唐旧《狱官令》的条文：

> 依令，杖皆削去节目，长三尺五寸。讯囚杖，大头径三分二厘，小头二分二厘。常行杖大头二分七厘，小头一分七厘。笞杖，大头二分，小头一分五厘。

《宋刑统》详定官并没有将这一令文依据宋乾德元年新的杖具制度予以修

---

① 《宋会要辑稿·刑法》一之四，第 8215 页。
② 《宋会要辑稿·刑法》一之一，第 8211 页。

改。这样的例子还有不少,如从《天圣令·田令》规定看,宋代已不再平均授田给百姓,田地完全可以自由买卖。"田宅无定主,有钱则买,无钱则卖。"①然而《宋刑统》卷十二《户婚律》依旧承袭唐律的规定及《律疏》的说法:"诸卖口分田者,一亩笞十,二十亩加一等,罪止杖一百。"没有予以修正,完全保留了唐律及《律疏》的内容。由此可知,对律的修正,宋沿用唐朝做法,用格及格后敕来修正律。史载:"国初用唐律、令、格、式外,又有《元和删定格后敕》、《太和新编后敕》、《开成详定刑法总要格敕》、后唐《同光刑律统类》、《清泰编敕》、《天福编敕》、周《广顺续编敕》、《显德刑统》,皆参用焉。"②对律的补充和修正,宋政府是用《宋刑统》之外的其他法典来实施的。

宋新制定的编敕是将旧编敕与皇帝陆续颁布的诏敕参酌对修而成。新编敕颁布后,旧编敕便自然失效。咸平元年(998),户部尚书张齐贤、给事中柴成务等人奉诏修纂新编敕。以《淳化编敕》及淳化元年以后陆续颁布的散敕参修,成《咸平新定编敕》。《玉海》卷六十六《咸平新定编敕》载:

> 取刑部、大理寺、在京百司、诸路转运司所受《淳化编敕》及续降编敕一万八千五百五十五道,遍共披阅,凡敕文与旧条重出者及一时机宜非永制者,并删去之,凡取八百五十六道为新编敕,有止为一事,前后累敕者,令聚为一本,元是一敕条理数事者,各以类分,取其条目相因,不以年代为次,其间文繁意局者,量理制事增损之,情轻法重者,取约束刑名削去之。皆条奏以闻,降敕方定,凡成二百八十六条,准律分十二门,并目录为十一卷。

《咸平新定编敕》以《唐律》12 篇为范式,把敕文按门类分编,在篇目结构上与《唐律》相同。由于旧的《淳化编敕》内容已被《咸平新定编敕》吸纳,《咸平新定编敕》颁布后,《淳化编敕》便不再有效。这一法典制作方式改变了唐后期以来的做法,唐后期格后敕是单独删辑皇帝诏敕而成,不涉及以往的旧法。这是唐后期以来法律制定方式的一个变化。

唐代格后敕与令的关系犹如格与令的关系,格是用来补充唐律令的,格后敕也是补充唐律令的。格和格后敕都是以尚书省二十四司分篇目的。宋

---

① 袁采:《袁氏世范》卷三《富家置产当存仁心》,《丛书集成初编》本,第 974 册。
② 《宋会要辑稿·刑法》一之一,第 8211 页。

代编敕在继承唐后期格后敕的基础上，根据变化了的形势需要，作了一些必要的调整，《咸平编敕》改为以律的十二篇为篇目。其中的缘由与宋代前期尚书省的职权被削弱有关。《咸平编敕》的变化，反映了编敕的性质逐渐向刑律方向发展，但这一过程要到元丰改制才最后完成。在此之前，编敕的内容并没有完全单一性地刑法化。宋代在建国后长达近七十年的时间里，一直沿用着唐代的法律，对于唐律、令、式始终保持原貌，不予修订。采用的是唐代律、令、式和宋代修纂的编敕混合运用的法律体系。

　　仁宗统治时期为第二阶段。在经历了太祖、太宗、真宗前三朝统治后，宋代社会进入了稳定发展期。这时法律制定方式随着社会发展发生了进一步变化，这以仁宗天圣七年《天圣令》的制定为代表。

　　仁宗天圣七年（1029）命大臣制定成《天圣令》，这是宋代第一部真正意义上的宋令。综观《天圣令》的修订，有三个重要变化：其一，首先把当时已经不适用的条款完全剔除，附录于宋令之后，这比起宋初制定的《宋刑统》，在修纂方式上进了一步。《天圣令》将不适用的唐令剔除，附于宋令之后，将令文分成前后两部分，前部分为在行之宋令，后部分为不用之唐令。这与宋初《宋刑统》的修订体例明显不同，《宋刑统》是完整地保留了唐律，不管其行用与不行用，皆不予更动。不过《天圣令》的修订，是一种被动的，对应式的，其完全根据唐令旧文，参酌宋制修订而成，凡唐令中没有对应条款的宋代新制不予收入。这种修纂方式限制了《天圣令》，使其不能成为一部完整的能基本容纳现行制度的新令。

　　其二，修改了唐以来的令、格修纂方式，凡编敕中有与唐令对应的内容，可以参照修入令中。如《天圣令·狱官令》第 42 条载："诸囚，当处长官十日一虑。"此虑囚条款本于唐制。唐《开元七年令》云："诸若禁囚有推决未尽、留系未结者，五日一虑。"[1]宋《天圣令》在承袭此令的同时，改五日一虑囚制为十日一虑囚。此条令文的更改源于早先的宋雍熙元年（984）诏令规定。[2]《太宗实录》卷三十雍熙元年六月庚子条：

---

[1]　池田温：《唐令拾遗補》，東京大学出版会，1997 年，第 1438 页。

[2]　参见［日］辻正博《〈天圣令·狱官令〉与宋初司法制度》，《唐研究》第十四卷，北京大学出版社，2008 年，第 326 页。

诏曰:先是,六年十二月辛卯诏书,应诸道刑狱长吏,每五日一录问。今天下亦几于治矣,然颇为烦劳,特示改更,永期遵守。今后宜令十日一录问。

雍熙元年的这一诏令规定,此后修入《淳化编敕》,成为当时新的法律制度。其后的《咸平编敕》、《大中祥符编敕》继续沿用此制。至天圣七年修订《天圣令》时,立法者考虑到令文涉及的相关制度的完整性,根据编敕规定的新制适当地参修入《天圣令》。这与唐法律的修订不一样,唐法律修纂原则是一旦格中规定了的,便不再入令。这就改变了唐令、格修纂方式。

其三,在修纂《天圣令》的同时,立法官"又案敕文,录制度及罪名轻简者五百余条,依令分门,附逐卷之末",修成《附令敕》十八卷。①《天圣令》关于法典的修纂方式,显示了宋新形势下法典制作方式的变化。这一变化就是敕的部分非刑法性内容逐渐向令典转移。

北宋前期,承袭唐制,用编敕来补充修正律和令。宋代前期的编敕是一种综合性的法律规范,是把多种不同性质的法律规范,采用混合编纂方式统而修纂。以诏敕删修而成的编敕不仅具有补律、改律的作用,也有补改令、式的作用,具有因时制宜、灵活变通的特性。编敕中既有刑事法,也有非量刑定罪的法律规范。例如《天圣编敕》一千二百余条,内有死刑条款17条,流刑34条,徒刑106条,杖刑258条,笞刑76条,配隶科条63,死刑以下奏裁71条。②余下的五百多条便是关于国家行政、民事方面的规定。以下试举一例:

《天圣编敕》载文武百官见宰相仪:文明殿学士至龙图阁直学士,列班于都堂阶上,堂吏赞云:"请,不拜,班首前致词,讫,退归位,列拜。宰相答拜。"……内客省使至阁门使见宰相、枢密使,并阶上列行拜,不答拜;见参知政事、枢密副使、宣徽使,客礼展拜;皇城使以下诸司使、横行副使见宰相、枢密使,并阶上连姓称职展拜,不答拜;见参政、副枢,并列行拜。若诸司副使、阁门祗候见参、枢,亦不答拜。③

---

① 《玉海》卷六六《天圣新修令》,第 1258 页。
② 《长编》卷一〇八,天圣七年九月丁丑,第 2523 页;《玉海》卷六六《天圣新修令》,第 1258 页。
③ (宋)洪迈:《容斋续笔》卷一一《百官见宰相》,《全宋笔记》第 5 编第 5 册,郑州:大象出版社,2012 年,第 354 页。

此条天圣编敕完全是职官制度方面的规定，不属于刑法。

《天圣令》将编敕内部分非正刑定罪的条款修为《附令敕》，是唐后期以来法典制作方式的一个重要变化，开启了此后神宗元丰改制，把编敕中非正刑定罪的条款改入令典的先河。

辻正博最近发表的《〈天圣令·狱官令〉与宋初司法制度》一文，就宋令的构成及其所记诸制度的沿革作了细致深入的探讨，颇具学术意义。不过辻正氏的某些观点尚值得进一步讨论。他认为《天圣令》的制定，"那些与唐令条文完全相同的用语，尽管属于'已经具文化的部分'，但仍未被剔除而是原样保留"①。其依据是《天圣令·狱官令》宋令第 15 条：

> 诸犯罪应配作者，在京分送东、西八作司，在外州者，供当处官役。当处无官作者，留当州修理城隍、仓库及公廨杂使。犯流应住居作者，亦准此。若妇人待配者，为针工。②

这里需要指出的是，《天圣令》整理者关于这条令文的校证有误，不当将"诸犯罪应配作者"之"罪"字依据唐《狱官令》校作"徒"字。入宋以后，宋代的刑罚制度发生了变化。乾德元年(963)三月太祖颁布诏书，实施折杖法，③用折杖法作为代用刑，替代五刑中的笞、杖、徒、流。折杖法以统一的刑具击打规定的部位，折杖后，"流罪得免远徒(徙)"，犯人不必流徙远地，就地配作(服役)即可；"徒罪得免役年"，犯人杖毕即放，不再配作(服役)。④宋在折杖法之外，还附加配隶刑。因此宋在制定《天圣令》时，将唐令原文"诸犯徒应配作者"，根据宋新制作了更改，改"徒"为"罪"，这一字之改，如实地体现了宋代的新制。由于不明宋代刑罚制度变化，此条《天圣令》文字整理者校错了。⑤论者不察，根据此错字，从而得出《天圣令》仍保留了已经具文化了的条文的不实之论。

---

① ［日］辻正博：《〈天圣令·狱官令〉与宋初司法制度》，《唐研究》第十四卷，第 341 页。

② 此令录文，参见天一阁博物馆、中国社科院历史研究所天圣令整理课题组校证《天一阁藏明钞本天圣令校证》，北京：中华书局，2006 年，第 329 页。按，"诸犯徒"，原文作"诸犯罪"，不误，整理者误校为"诸犯徒"。

③ 《长编》卷四，乾德元年三月癸酉，第 87 页。

④ (宋)马端临：《文献通考》卷一六八《刑考》，北京：中华书局，2011 年，第 5043 页。

⑤ 关于此误校，陈俊强已有文字评述。参见陈氏《从〈天圣·狱官令〉看唐宋的流刑》，《唐研究》第十四卷，北京大学出版社，2008 年，第 322 页。

　　《天圣令》的制定，"凡取唐令为本，先举见行者，因其旧文，参以新制定之，其令不行者，亦随存焉"①。用今天的话来说，就是以唐令为蓝本，先把其中在行的条文列出来，再依据唐令条文，补入相应的宋代新制，对于那些已经不实行的条款，用附录的方式予以保存。从今本《天圣令》看，附录的不用之唐令都剔除了，统一移录于新修订的宋令之后，并明确注曰"右令不行"。这样，《天圣令》在文本空间上明显区分成前后两个部分，前一部分是宋令，后一部分是废弃的唐令。这种将唐令剔除出现行令的修纂体例，没有必要在新修订的宋令中还保留不用的具文。关于具文问题，以下我们举一实例略作辨证。《天圣令·捕亡令》宋令第6条：

　　　　诸奴婢诉良，未至官府为人捉送，检究事由，知诉良有实，应放者，皆勿坐。

《天圣令·杂令》宋令第36条：

　　　　诸犯罪人被戮，其缘坐应配没者，不得配在禁苑内供奉，及东宫、亲王左右所驱使。

　　这两条令文显示出北宋还存在唐以来的贱民奴婢制度。然而学界有学者认为宋代"籍没罪犯家口为官奴婢的制度，形式上仍然存在，但实际内容已发生很大变化。……其身份是罪人而非奴婢"②，否认宋代存在官奴婢制度。上述两条令文所作的规定究竟是不是具文呢？事实上宋代在日常生活中是存在官奴婢制度的。例如熙宁四年（1071），庆州发生兵变，神宗下诏命令："其亲属当绞者论如法；没官为奴婢者，其老、疾、幼及妇女配京东、西，许人请为奴婢，余配江南、两浙、福建为奴；流者决配荆湖路牢城。非元谋而尝与官军斗敌，捕杀获者，父子并刺配京东、西牢城；老、疾者配本路为奴。"③据此可知，《天圣令》有关奴婢制度的规定并非具文。

　　另外，《天圣令·狱官令》宋令第11条，也被学者质疑为具文，这里也一并予以分析。此条宋令规定：

---

① 《宋会要辑稿·刑法》一之四，第8215页。
② 李天石：《中国中古良贱制度研究》，南京师范大学出版社，2004年，第425页。
③ 《长编》卷二二一，熙宁四年三月辛丑，第5358页。

　　诸流人应配者，各依所配里数，无要重城镇之处，仍逐要配之，唯得就远，不得就近。

这条宋令令文与唐《狱官令》文完全一样，论者因此认为，"依照建隆四年所制定的'折杖法'，流刑丧失了强制移动刑的要素"，"实际被配流者也是没有的"，因而这条宋令也是一条具文。笔者以为，《天圣令》这条令文只是借用了唐令原文，但其实际含义已发生了变化。令文中的"应配者"之"配"其实是指宋代附加刑——配隶刑而言，已非原流刑之配作。《宋史》载，宋太宗时有一名叫翟颖的人犯法，被"杖脊黥面，流海岛，禁锢终身"①。此所谓"流"，即配隶刑之配也。《天圣令》制作时，距宋政权建立已历七十年，当时的配隶法已十分完善。宋代的配隶刑是指将犯人遣送指定场所服劳役并隶属于军籍的刑罚。史载宋法：

　　国朝凡犯罪，流罪决讫，配役如旧条：杖以上情重者，有刺面、不刺面配本州牢城。仍各分地里近远，五百里、千里以上及广南、福建、荆湖之别。京城有配窑务、忠靖六军等。亦有自南配河北屯田者。如免死者配沙门岛、琼、崖、儋、万安州，又有遇赦不还者。②

又宋《庆元条法事类》卷七五《编配流役·名例敕》曰：

　　诸犯流应配及妇人犯流者，并决脊杖二十，免居作，余依本法。

这里关于"配"说得很清楚，就是配隶刑，而原流刑之"配"，用"居作"换称之。因此根据《狱官令》宋令第 11 条来断定《天圣令》存在具文问题，证据是不充足的。

　　总之，《天圣令》的制作，已经将不用的具文剔除了，是宋代试图制定的第一部新令。其虽以唐令为蓝本，实际上是要将其改造为一部宋令。但是它尚未完全摆脱唐令的影响，即它完全以唐令为蓝本，对应于唐令内容，条款的修订视唐令有无为转移，凡唐令没有的内容，即使是当时的新制，亦不收入。从而制定出一部并不全面的半吊子式令典。当时还有许多制度性的规范，不能不依靠令之外的编敕等法典来贯彻实施。这种修撰方式直到元

---

① 《宋史》卷二六七《赵昌言传》，第 9195 页。
② 《宋会要辑稿·刑法》四之一，第 8445 页。

丰时才做了根本性的改观,最终完成了宋代法律改革任务。

神宗统治时期为第三阶段。这是北宋实施一系列改革的时期。神宗于元丰七年(1084)对法律制作方式做了重大改革,完成了统一的法律体系建设。神宗对敕、令、格、式定义做了明确区分:"设于此而逆彼之至曰格,设于此而使彼效之曰式,禁其未然之谓令,治其已然之谓敕。"①这与唐代"律以正刑定罪,令以设范立制,格以禁违正邪,式以轨物程事"比较,②已有较大的变化。宋代的敕继承了唐律正刑定罪的内涵,宋令与唐令性质亦相同,但宋格、式与唐格、式之内容相去甚远。元丰立法不再拘泥于旧令框架,对旧令既有剔除、修改,亦有完全新增的条款,并对法典制作体例进行了改革,将原来诸种法律规范混合修纂改为按敕、令、格、式四种法律形式分类修纂,把编敕中非正刑定罪的条款改入令典,修纂成《元丰敕令格式》七十二卷。自此,宋代编敕结构遂由原先单一形式的敕,分为敕、令、格、式四种形式,并在篇目上作了调整,制定的法典称"敕令格式"。

须指出的是,元丰改革仍然没有触动唐律,还是保留了《宋刑统》原貌,对其中不适应的条款,继续以敕的形式进行修正补充。李心传曰:"国初,但有《刑统》,谓之'律',后有敕、令、格、式,与律并行。"③这反映了唐律作为中国传统社会成熟的刑法典,具有巨大的影响力。

宋元丰以后,宋格的性质发生了变化,不再具有唐格的禁违正邪的功能,失去了修正补充常法的因时制宜之作用。格是宋政府为了正确实施朝廷各项制度而制定的一种借以比照和衡量的法定标准。④宋代因时制宜性质的变通,主要是通过每年春秋两季制定、颁降散敕来达到的。赵升《朝野类要》卷四《续降》云:

> 法所不载,或异同而谓利便者,自修法之后,每有续降指挥,则刑部编录成册,春秋二仲颁降,内外遵守,一面行用。若果可行,则将来修法日增文改创也。

---

① 《宋会要辑稿・刑法》一之一二,第 8223 页。
② 《唐六典》卷六刑部郎中员外郎条,第 185 页。
③ (宋)李心传撰,徐规点校:《建炎以来朝野杂记》甲集卷四《淳熙事类》,北京:中华书局,2000年,第 111 页。
④ 详见戴建国《宋代编敕初探》,《文史》第 42 辑,北京:中华书局,1997 年。已收入本书。

宋制定了散敕半年一修，定期集中颁布的制度。元丰八年，刑部规定："敕、令、格、式有更造，春秋都省付下者，并先下条，并准式雕印，限四月、十月颁毕。"①续降散敕，是对已定法律的修正和补充。换句话说，春秋颁布的散敕是整个常法的变通，不仅仅是刑法敕的变通。元丰以后编敕是指分类统修的敕、令、格、式。春秋两季制定、颁降散敕，既可以对不适用的现行法及时进行更正，又保持了法律的相对稳定。不过这种春秋两季颁降的散敕，仅具临时效力，还不具备"永法"的资格。续降散敕须经过一定时期的试行，经实践的检验，数年之后，通过立法程序，才能修纂为正式的法典。

结　语

中国历代王朝的法典皆在充分吸纳前朝法律基础之上制定而成，"形成了悠久而深厚的法典编纂传统"②。然而，通过对唐和北宋法典制作的考察，我们不难发现，除了上述法典编纂外，统治阶级还常常编纂当朝皇帝的诏敕，制定成当代法。诏敕虽然不是法律，但由于皇帝所具有的威权力，他对法律的制定和实施有着决定意义。因此，将诏敕加以整理制作成法典，用以补充和修正以前用同一种模式制作成的法典，是一项因时制宜的立法举措。唐在大规模修订律令格式时，如果先前已经用格追加补充修改过的令，便不再对令的正文作改动，仅仅对那些已颁布有敕文，但尚未修入格，未用格修正过的相关令文予以改动。贞观之后的立法活动，严格来讲，对于律令来说只是一种修订，而对于格，才称得上是真正意义的制作。宋《天圣令》乃根据唐令旧文，参酌宋制修订而成，凡唐令中没有对应条款的新制不予收入。宋编敕中如有与唐令对应的内容，可以参照修入令中。这就改变了唐格中凡规定了的内容，便不再入令的修纂方式。《天圣令》将编敕内部分非正刑定罪的条款修为《附令敕》，开启了此后神宗元丰改制，把编敕中非正刑定罪的条款改入令典的先河。《天圣令》把当时已经不适用的唐令条文完全剔除，

①　《长编》卷三五九，元丰八年八月丙寅，第8579页。
②　封丽霞：《法典编纂论——一个比较法的视角》，北京：清华大学出版社，2002年，第401页。

附录于宋令之后,《天圣令》在行宋令中不存在保留有具文的问题。

汉代的杜周曰:"前主所是著为律,后主所是疏为令。当时为是,何古之法乎!"①汉令是对律的修正补充,就其性质而言,与律是一样的。杜周所言揭示了中国传统社会法制的一个实情——统治阶级的法律总是以当代法为其法制核心,为其价值取向。当代法通常以皇帝的诏敕为法源,由于中国传统社会专制皇权的特点,当代法优于过去法,具有优先适用的法律效力。

就法典制作的技术模式而言,唐前期是基本继承前人模式与修补现有模式的综合运用。唐中叶以降的法典制作,则主要是一种创新的模式,在形式和内容上摒弃了已有法典的窠臼。促使法典制作模式变化的深层次原因在于社会经济和政治关系的发展。自唐中叶起,田制、赋役制等诸多社会制度逐渐瓦解。集魏晋以来法律之大成的律令体系已经不能适应社会的变化,许多旧的法律内容已经过时。唐和宋统治集团借助于皇权,摆脱已有法典的束缚,创造出一种更适合现行制度的法的形式,担当起维护新形势下的社会秩序的重任,在历史的演进中发挥了积极作用。

(原载《文史》2010 年第 2 辑)

---

① （汉）班固:《汉书》卷六十《杜周传》,北京:中华书局,1962 年,第 2659 页。

试论宋《天圣令》的学术价值

陈寅恪曾曰："一时代之学术,必有其新材料与新问题,取用此材料,以研求问题,则为此时代学术之新潮流。"①陈寅恪的这段话充分说明了新材料对学术研究的重要意义。在中国近代学术史上,曾有甲骨文、敦煌文献、西域汉晋简牍、明清档案四大发现,每一项新发现都有力地推动了学术研究的发展。如敦煌文献发现后,建立在敦煌文献基础上的敦煌学已成为一门国际性的显学。又如现代发现的张家山汉简、郭店竹简,对于先秦史、汉代史研究来说,都是极为珍贵的。唐宋时期,中国的法律体系主要由律、令、格、式、敕组成。令是关于国家体制和基本制度的法规,与律一起,被誉为"东方法制史枢轴",对后来的中国社会和周边国家产生过深远影响。从唐到宋,历朝统治阶级曾制定过无数部法律典籍,但流传下来的,就目前所知仅有几部,《天圣令》作为传世的唐宋时期唯一一部普通法令典,长期以来湮没无闻,无人识其真面目。《天圣令》的发现无疑具有重要意义,受到了国内外学术界的重视。②《天圣令》的发现对于唐令复原和研究工作、对于唐宋史乃至中国法制史研究,对于日本古代律令的研究,都将产生重要影响。以下就《天圣令》的学术价值做些探讨。

一、《天圣令》对唐令研究的价值

研究《天圣令》,首先必须搞清它的编撰体例。《天圣令》以《唐开元二十五年令》为蓝本,在原有唐令的框架内进行修改增补。这种修改增补分四种情况:一是条文可沿用者,直接放在正文中,完全保留原文不予改动;二是凡

---

① 陈寅恪:《陈垣敦煌劫余录序》,《金明馆丛稿二编》,上海古籍出版社,1980 年,第 236 页。
② 参见[日]池田温《唐令復原研究の新階段——戴建国氏発現の天聖令残本研究》,《創価大学人文論集》2000 年第 12 号。

不用的唐令,以附录方式予以保存,以便将来立法官修订时用作参考;三是对唐令原文进行修改,保留可取之处,增补宋代的新制,成为新令,修改后,删节掉的文字不再保存;四是凡《唐开元二十五年令》没有的内容,不再据宋代新制另立新的条款,即使是宋代当时正在实施的新制,也不再修入新令中。就是说,其真正收入的新制,乃是对应于唐前期已有的法令内容,凡唐前期令中没有的但又必须法律化的新制,在当时是以附令敕形式附在《天圣令》后的。《玉海》卷六十六记载说:宰相吕夷简等“又案敕文,录制度及罪名轻简者五百余条,依令分门,附逐卷之末”,定为《附令敕》。但今本《天圣令》中没有发现这些《附令敕》,可能其在后来的流传中与《天圣令》脱离而自成一书。认识这四种编撰情况对于我们充分利用《天圣令》的价值很有帮助。

研究《天圣令》还应注意一个问题,即宋在淳化三年(992)曾对唐《开元二十五年令》进行过校勘,主要是据宋代的官制以及避讳等问题对唐令做了些文字上的修改,但在内容上没有改动。而后修订的《天圣令》就是以这次校勘过的《开元二十五年令》为基础,因此,在个别地方,《天圣令》所附唐令,与原唐《开元二十五年令》个别地方存在着一些差异。

《天圣令》对于唐史研究的价值是不言而明的,这里主要讨论此书对唐令研究的意义。

首先从《天圣令》可以考知唐令的篇目,从唐《贞观令》到《开元二十五年令》,唐令始终只有二十七篇正篇目,在正篇目之后,另有附篇目。如《关市令》之后附有《捕亡令》,《医疾令》之后附有《假宁令》。以往《唐六典》只列了唐令二十七篇目,这些都是正篇目,没有列出像《捕亡令》、《假宁令》这样的附篇目。而《养老令》却有《捕亡令》、《假宁令》这些篇目。《唐六典》所列唐令二十七篇目,通常被认为是《开元七年令》的篇目,表面上与出自《永徽令》的《养老令》的篇目不同。似乎《永徽令》的篇目到了《开元七年令》时被修改了。今本《天圣令》的发现,验证了《养老令》所列篇目为唐令,同时也证实了《开元二十五年令》与《开元七年令》、《永徽令》的篇目是一脉相承的。但是《养老令》有所更改,如增加了唐令中没有的《僧尼令》,篇目次序也作了调整。《天圣令》所载附篇目与正篇目的关系给了我们有益的启发,如在《关市令》之后附《捕亡令》。关市在唐代具有关卡作用,来往人员必须出示官府有效文书证件,因而在关市很容易捕捉到那些逃亡的人员,因此,把《捕亡令》

附在《关市令》之后,是有其内在道理的。同样的,《医疾令》主要是关于医疗治病方面的规定,官员有病需要治疗,因此自然牵涉到假期问题,故唐令把《假宁令》附在《医疾令》之后。通过《天圣令》,可以看出正篇目和附篇目之间的内在联系,由此我们可以考证找出唐令其他附篇目的位置。如《学令》、《封爵令》作为附篇目,应当是附在《选举令》之后;《禄令》应附在《考课令》之后。

研究《天圣令·田令》,可以考知唐令的修订原则。例如,唐代前期的户税问题、资课问题,在《天圣令》中都没有涉及。因此可以得出下列结论:唐代历次修订令的活动,都是与旧令有关的,如果旧令没有的内容,则不增加新的条款,而是以"格"的形式予以增加和修改。换句话说,唐代每次令的修订,是在唐旧令的框架内进行的。这一传统也为宋代的《天圣令》所继承。在唐代,当政治经济发展后新出现的需要法律化的制度,是另外以格的法律形式予以规范化的。格还可对令之外的律、式进行修改补充。由于有了格这一特定的法律形式,使得唐代的律令体系具有超稳定的功能,不会因每次法律的修改而给社会带来负面影响。

唐令与《养老令》有着母法和子法关系,但唐代编撰的众多唐令,特别是《永徽令》已失传。通过《天圣令》所附唐令,可以进一步探知《养老令》究竟在多大程度上承袭了唐令。这可以正确发挥《养老令》在唐令复原中的作用。《养老令》有原封不动地沿用唐令的一面,也有改动的一面。

首先我们看篇目。《养老令》绝大部分篇目沿用了唐令,但也有更改。如将《官品令》改为《官位令》,《狱官令》改为《狱令》,增加了唐令所没有的《僧尼令》。另在篇目顺序上也做了调整,将《田令》从唐令的卷二十一调整到卷九;将《关市令》从唐令卷二十五调整到卷二十七;将《营缮令》从唐令卷二十八调整到卷二十。

其次看内容。以《天圣令·田令》为例,《天圣令·田令》共有五十六条,《养老令·田令》共有三十七条,《养老令》未全部沿用唐令,在条序上也有部分调整。《养老令》中有五条内容,《天圣令·田令》中没有相应的条文。又如《养老令·杂令》最后两条令文不见于《天圣令·杂令》。这里,除了考虑到《养老令》的蓝本《永徽令》与《天圣令》的蓝本《开元二十五年令》之间的差异外,还应当考虑到《养老令·田令》可能根据当时日本自己的社会实际情况所做的增补。又《天圣令·赋役令》共计五十条,《养老令·赋役令》有三十九条,也没有完全沿用唐令。《养老令·赋役令》并把唐令第一条分成两条,将唐令第三条与第八条合并成为一条,把唐令第三十一条和第三十五条合并成一条,把第三条移为田令第二条。《养老令·赋役令》中有四条令文,《天圣令·赋役令》没有相应的条文。尤其是其第六条关于义仓的征收,《天圣令·赋役令》中没有这一内容,我在《天一阁藏〈天圣令·赋役令〉初探》一文中曾有考证,①认为义仓地税法制定后,始终没有以令的法律形式颁布过。那么《养老令·赋役令》里为何会有义仓地税法呢? 我认为《养老令》的蓝本除了《永徽令》外,还包括永徽时期颁布过的格。如前文曾提到《养老令·田令》、《养老令·赋役令》中有些条文是《天圣令》所没有的,这些令文的一部分可能就是取法永徽时期的格。又如《养老令·僧尼令》,在唐令里没有此令文,《唐令拾遗补》将其来源定为唐格无疑是正确的。这些格就是永徽时期的格。关于唐格在唐令复原中的重要性,应当给予足够的重视。除了格以外,式也应关注。关于式,中国学者研究得还远远不够,主要是受到了资料匮乏的限制。值得一提的是,日本现存《延喜式》是一部重要的唐代法令研究参考资料。《唐六典》卷六云:“凡式三十有三篇(亦以尚书省刑[列]曹及秘书、太常、司农、光禄、太仆、太府、少府及监门、宿卫、计帐为其篇目,凡三十三篇,为二十卷)。”日本《延喜式》无论是体例,还是内容,都明显带有唐式的痕迹,应当好好加以研究利用。

通过对照《天圣令》,我们可以发现《养老令》许多条款是直接移用了唐令,没有做改动,如田令第九条、十三条、十四条、二十条、二十二条、二十四条、二十五条、二十七条、三十条。研究《养老令》和《天圣令》所附唐令之间的取舍关系,可以帮助我们更好地利用《养老令》,推动另外二十卷唐令的复原工作。当然这需要中日学者的通力合作,需要唐宋史学者的通力合作,将依据唐令参以宋代新制改变成的宋令还原为唐令。研究唐宋时期的法律,不应该以朝代为界,应当把唐宋作为一个整体来研究。

日本学者早就注意到了《唐六典》、《通典》、《唐会要》等书对唐令复原研究的价值。《天圣令》的发现,为我们进一步利用这些文献复原唐令提供了

---

① 文载《文史》第 53、54 辑,北京:中华书局,2000、2001 年。

绝好的条件。但是这些文献也存在一些问题。经与《天圣令》比对，可以发现这些政书，虽然也记载了不少唐令，尤其是《唐六典》，但这些书毕竟不是法律典籍，而主要是记载唐典章制度沿革的专书，因此修撰者不可能原封不动地完全照搬、照抄唐令原文。从其记载的唐令来看，都或多或少地被精简，或被作者用各自的方式做了概括加工。以下以《唐六典》为例：

《唐六典》卷三"户部郎中、员外郎"：

> 凡给田之制有差：丁男、中男以一顷（原注：中男年十八已上者，亦依丁男给）。

《唐六典》卷三又云：

> 凡田分为二等，一曰永业，一曰口分。丁之田二为永业，八为口分。

上述唐代田制，在《天圣令·田令》则云：

> 诸丁男给永业田二十亩，口分田八十亩，其中男年十八以上，亦依丁男给。老男、笃疾、废疾各给口分田四十亩，寡妻妾各给口分田三十亩，先有永业者兼充口分之数。

将此令对照《唐六典》所载，可知《唐六典》所云"凡给田之制有差"及"凡田分为二等，一曰永业，一曰口分，丁之田二为永业，八为口分"，并不是唐令原文，而是作者根据唐田令内容作的概括性叙述。其次《唐六典》正文既然已说了"中男以一顷"，又在注文里说"中男十八已上者，亦依丁男给"，不无重复之累。但我以为这是《唐六典》在历时十八年的编撰过程中因体例的多次更改而出现的现象。换句话说，作者先列出纲要，然后根据纲要加注。又如《唐六典》卷三"户部郎中、员外郎"曰：

> 凡丁户皆有优复蠲免之制（原注：诸皇宗籍属宗正者及诸亲，五品已上父祖、兄弟、子孙，及诸色杂有职掌人）。

唐代课役蠲免之制，涉及多种身份的人，这里《唐六典》先是在正文用概括语加以叙述，没有一一罗列，后以注的方式列出了其中的一部分，但仍未详尽，故注文又以"诸色杂有职掌人"统而代之。

《唐六典》的编撰体例，"以令式入六司"，"其沿革并入注"，这是就一般情况而言,有时也以令文原文作为注文,这是需要注意辨别的。如前述《唐六典》卷三注文:"中男年十八已上者,亦依丁男给。"在《天圣令》所附唐田令中却是正文。《唐六典》卷三注文:"有闰之年加二日","其诈冒隐避以免课役,不限附之早晚,皆征之"。在《天圣令》所附唐赋役令中都是正文。

又如关于租庸调的征收时间,《天圣令》所附唐赋役令中都有具体的时间规定,如:"诸庸调物,每年八月上旬起输,三十日内毕。九月上旬各发本州。""诸租,准州土收获早晚,……十一月起输,正月三十日纳毕。……其输本州者,十二月三十日纳毕。"而《唐六典》卷三则曰:"凡庸调之物,仲秋而敛之,季秋发于州。租则准州土收获早晚,量事而敛之,仲冬起输,孟春而纳毕,本州纳者,季冬而毕。"《唐六典》作者用自己的语言"仲秋"、"季秋"、"仲冬"、"孟春"、"季冬"分别替代唐令原文中的"八月"、"九月"、"十一月"、"正月"和"十二月"。

还有唐令复原的条序问题也是很棘手的。现存唐代文献所载唐令条序以及日本《养老令》的条序,经与《天圣令》对照,可知有的并未严格按照唐令原文条序载录。如《通典》卷六载唐《赋役令》,将原唐令第四十四"诸丁匠不役"条列于第一条之后,诸条之前;《唐六典》卷三把唐赋役令第三十"诸丁匠岁役"条列于第二,作者这样做完全是为了叙述上的方便,而未顾及唐令原来的条序。上述情况在唐代其他文献中也常常见到,这就给唐令原汁原味的复原工作造成了困难。鉴于此,《天圣令》对唐令研究的价值是多方面的。在敦煌出土文书中,有件职官表残卷,内容是关于唐代职官制度的,曾引起不少学者的关注。刘俊文考证将其定为《天宝令式表》,并提出一个观点,说是唐在天宝五载(746)曾修订过《天宝律》、《天宝令》和《天宝式》。[①]这一观点很有影响力,至今未见有其他学者提出不同意见。笔者曾写过一篇文章,认为根本没有这么回事。[②]现据《天圣令》再作一补充。《通典》卷六《赋税下》云:"天宝三年制:每岁庸调征收,延至九月三十日。"假如正像刘俊文说的,天宝五载唐曾修订过《天宝令》,那么,天宝三载的这一规定应该被收入《天

---

① 刘俊文:《天宝令式表与天宝法制——唐令格式写本残卷研究之一》,北京大学中国中古史研究中心编《敦煌吐鲁番文献研究论集》(第三辑),北京大学出版社,1986 年,第 211—220 页。

② 戴建国:《唐"天宝律令式说"献疑》,载韩延龙主编《法制史论集》第 3 集,北京:法律出版社,2001 年,第 517—533 页。

宝令》，根据法律从新不从旧的原则，这一《天宝令》应该被宋代所沿用。但在《天圣令》卷二十二《赋役令》所附唐令第 2 条却作"诸庸调物，每年八月上旬起输"。并没有按天宝三载制更改为九月起输。也就是说，根本不存在有《天宝令》。实际上天宝三载颁布的这条制书收入了唐代的格，以格的形式对唐令内容做调整。关于这个问题，可以《宋刑统》相关的材料作为佐证。《宋刑统》卷十二"脱漏增减户口条"载：

> 准《户令》，诸男女三岁以下为黄，十五以下为小，二十以下为中。其男年二十一为丁，六十为老。无夫者，为寡妻妾。
>
> ……
>
> 准唐天宝三载十二月二十五日制节文，①自今以后，天下百姓宜以十八以上为中男，二十三以上成丁。

《宋刑统》罗列了唐《开元二十五年令·户令》规定，男子以二十一为丁，其后又列天宝三载制节文，规定男子以二十三为丁。如果天宝五载确曾制定过《天宝令》，那么必定按天宝三载的规定，将《户令》令文改为男子以二十三为丁。但是据《宋刑统》所记载的情况来看，显然历史上没有编撰过《天宝令》。因此，现存《天圣令》证明自唐开元二十五年之后，再也没有正式修订刊布过令典。

二、《天圣令》对宋史及法制史研究的价值

唐宋时期是中国传统社会发生重大变化的时期。然而研究历史，离不开具体的时间，历史工作者必须注意历史变化的时间性，这是史学研究的基本要求之一。就宋代而言，整个宋代有三百二十年历史，其中北宋有一百六十七年历史。《天圣令》记载的法令是北宋时期政治经济生活的集中体现，对于研究和认识当时宋代社会变化，有着重要的价值。宋初，用唐令。太宗

---

① 按："三载"原误为"十三载"。按《通典》卷七《食货七·丁中》，这一制文系年作"天宝三载"，并于其后列有天宝九载制。另《唐会要》卷八五《团貌》载，此制系年亦作"天宝三载"，并在其后列有天宝四载、八载、九载敕制，依时间顺序看，此制当为天宝三载所颁。现存嘉业堂本、民国法制局本及中华书局点校本、法律出版社点校本《宋刑统》皆误作"十三载"。

淳化三年(992),曾将唐《开元二十五年令》加以校勘,做了个别文字的修改,定为《淳化令》,在内容上并没有改动。《玉海》卷六十六《淳化编敕》曰:"太宗以开元二十六(五)年所定令、式修为淳化令、式。"陈振孙《直斋书录解题》卷七载:《唐令》三十卷、《唐式》二十卷,"本朝淳化中,右赞善大夫潘宪、著作郎王泗校勘"。实际上《淳化令》仍是一部唐令。至天圣七年(1029)始修成《天圣令》,这是第一部真正的宋代令。此时距宋开国已有六十八年历史。《天圣令》修定后,又过了近六十年,宋修订了第二部令——《元丰令》。从宋初至神宗修撰《元丰令》,宋代社会发生了很大变化,《天圣令》的修撰,刚好居这段历史之中端。《天圣令》在北宋法制编撰史上起着承上启下的重要作用。

《天圣令》中除了在行的宋令以外,即使那些废弃不用的唐令,也可从中发掘出有意义的研究价值来。例如关于唐宋时期的良贱制度,唐代大量籍没罪犯为官奴婢。到了宋代,这一制度发生了变化。《天圣令》把许多有关官奴婢的法令废弃不用,在卷三十《杂令》所附不用唐令中有一条曰:"诸官户奴婢男女成长者,先令当司本色令相配偶。"根据法无规定不为罪的司法原则,宋将这条法律摒弃不用,这意味着宋代的奴婢可以与良人通婚。这条废弃的唐令反映了历史的进步。不少学者认为宋代良贱制度已经消失。但《天圣令·捕亡令》在行之令记载曰:"诸奴婢诉良,赤(未)至官府,为人捉送,检究事由,知诉良有实应放者皆勿坐。"《天圣令·杂令》:"诸犯罪人被戮,其缘坐应配没者,不得配在禁苑内供奉、及东宫、亲王左右驱使。"根据《天圣令》的这些记载,至迟在宋代前期,法律意义上的良贱制度还存在,并未完全消失。

不仅废弃不用的唐令可以提供研究的线索,同时研究《天圣令》的蓝本唐令原来是什么样的,探讨修改后的宋令与原作为蓝本的唐令之间的关系及其沿革变化,也可帮助我们了解唐宋时期的社会变化,尤其是认识宋代历史,具有重要学术价值。

宋代先后编撰过许多令典,但都失传了。《天圣令》是中国现存最早的一部令典,对于研究中国历史上的令典编撰体例和形式,研究令典的地位和作用,都具有极为重要的学术意义。如中国历史上法典所载,不都是当时在行的法,这在《宋刑统》、《庆元条法事类》中都可以找到例证。《天圣令》以唐令为蓝本，参以宋代新制，凡不用之唐令皆原封不动地予以附录。其目的显然是为了留备以后修订法律时作参考，或者在议法、解释法律时作为依据。这为我们正确认识中国传统法律提供了样本。又如关于令在中国传统律令体系中的地位问题，以往学者认为是以律为主。根据《天圣令》，我以为，应以令为主。因为令是关于国家制度的规定。《唐六典》卷六曰："律以正刑定罪，令以设范立制，格以禁违正邪，式以轨物程事。"也就是说，令是关于国家体制和基本制度的规范，违反了这一规范，才用律来调节处理。从这一意义来说，律只是扮演了服务于令的工具性的角色，令才是律令体系的中心。

　　《天圣令》的研究价值远远不止上述几个方面。

　　（原载张伯元主编《法律文献整理与研究》，北京大学出版社，2004 年）

《庆元条法事类》考略

  《庆元条法事类》，又名《嘉泰条法事类》，八十卷，宰相谢深甫提举修撰。宋代是一个立法活动十分频繁的朝代，立法成果主要体现为编敕。修纂法典通常由立法机构详定编敕所负责，按惯例由宰相提举。编敕又称"敕令格式"，敕为制裁罪犯的刑事法，令是有关国家各项制度的规定，格是为了实施国家制度而设立的一种借以比照和衡量的法定标准，式是对朝廷各府衙公文程式和文牍方面的规定。宋几乎每一朝代都有新编敕问世。到南宋孝宗时，于编敕之外又编撰条法事类。淳熙六年（1179）丞相赵雄等奏："士大夫少有精于法者，临时检阅，多为吏辈所欺。今若分门编类，则遇事悉见，吏不能欺。"[①]于是赵雄等奉诏将《淳熙敕令格式》及所附《申明》，仿《吏部七司条法总类》，随事分门修撰，成《淳熙条法事类》四百二十卷。宁宗嘉泰元年（1201）诏编《庆元条法事类》，翌年书成。《庆元条法事类》是宋代的一部综合性法律汇编，它包括了极为丰富的刑事法、民事法、行政法、经济法内容。两宋典章制度多赖其记载，是研究宋史乃至中国法律制度史的重要典籍，向为学者所重视。关于此书，海内外已有不少学者作了探讨，基本上搞清了此书的书名、编撰体例和内容。[②]然而，对此书的卷数、版本源流以及其与《宋会要辑稿·食货》所载纲运令格的关系等问题尚未能作出令人满意的结论。以下是笔者对这些问题的探讨，以求正于同仁。

---

① （宋）佚名撰，汪圣铎点校：《宋史全文》卷二十六下，淳熙六年二月癸卯，北京：中华书局，2016年，第2227页。

② 参见［日］仁井田陞《中国法制史研究》（法の慣習法と道德）第八章，東京大学出版社，1980年，第155—159页；王德毅《关于〈庆元条法事类〉》，《食货》复刊第6卷第5期，1976年；［日］中嶋敏《〈慶元條法事類〉解題》、《〈慶元條法事類〉諸本源流小考》，收入《東洋史学論集——宋代史研究とその周边》，東京：汲古書院，1988年；臧杰斌《〈庆元条法事类〉文献考略》，《中外法律史新探》，北京：科学出版社，1994年；孔学《〈庆元条法事类〉研究》，《史学月刊》2000年第2期。

一、关于《庆元条法事类》的卷数和版本等问题

　　《庆元条法事类》是以事目为经,把一百二十二卷《庆元敕令格式》和十二卷《申明》分门别类,重新加以组合而成。《庆元重修敕令格式》以乾道五年正月至庆元二年十二月终续降指挥"数万事",参照有五千八百条的《淳熙敕令格式》等"旧法"修订而成。①据《淳熙敕令格式》修成的《淳熙条法事类》计有四百二十卷,而《庆元条法事类》有四百三十七卷,因此《庆元条法事类》总条数当在五千八百条以上。据日本学者统计,现存《庆元条法事类》计敕八百八十七条,令一千七百八十一条,格九十六条,式一百四十二条,申明二百六十条,总计三千一百六十六条(不包括重复的条文)。②本书原有四百三十七别门,现存一百八十八别门,只占原书的百分之四十三。

　　关于《庆元条法事类》的卷数,有四百三十七卷、一百卷和八十卷等多种记载。有学者认为四百三十七卷为原本,八十卷本为删节本。③也有人认为八十卷本可能是根据四百三十七卷本精简而成。④考王应麟《玉海》卷六六载:"《庆元条法事类》四百三十七卷,《书目》云八十卷。"⑤《宋史·艺文志》和《直斋书录解题》均作八十卷。焦宏《国史经籍志》卷三作九十卷。钱曾《述古堂书目》卷一云:"《庆元条法事宜(类)》一百卷,十本,阁宋钞本。"《玉海》卷六六《淳熙条法事类》云《淳熙条法事类》"四百二十卷,为总门三十三、别门四百二十"⑥。又《古今合璧事类备要》外集卷一七《淳熙条法事类》亦云其"总门三十三,别门四百二十"⑦。所谓"别门",即总门之下的类目,如今传本《庆元条法事类》卷八十《杂门》下有《博戏财物》、《出举债负》、《阑遗》、《毁失

① (宋)王应麟:《玉海》卷六六《庆元重修敕令格式》,南京:江苏古籍出版社、上海书店,1987年,第1264页。

② [日]川村康《慶元條法事類と宋代の法典》,滋贺秀三编《中国法制史(基本资料の研究)》,東京大学出版会,1993年。

③ 孔学:《〈庆元条法事类〉研究》,《史学月刊》2000年第2期。

④ 臧杰斌:《〈庆元条法事类〉文献考略》,《中外法律史新探》,北京:科学出版社,1994年。

⑤ 《玉海》卷六六《庆元重修敕令格式》,第1264页。

⑥ 《玉海》卷六六《淳熙条法事类》,第1263页。

⑦ (宋)谢维新:《古今合璧事类备要》外集卷一七《刑法门·法律·淳熙事类》,文渊阁《四库全书》本,第941册,第540页。

官私物》、《采伐山林》、《失火》、《烧舍宅财物》、《诸色犯奸》和《杂犯》九别门。《淳熙条法事类》别门计四百二十,卷数亦四百二十,实际上是以别门一门为一卷计算的。我们再看宋代最后一部条法事类《淳祐条法事类》的卷数与别门的关系,《宋史》卷四三《理宗本纪》淳祐十一年四月丁未条云:"进《淳祐条法事类》凡四百三十篇。"①所云四百三十篇,参照《淳熙条法事类》四百二十别门,当是四百三十别门。《宋史全文》卷三四淳祐十一年四月己亥条:"郑清之等上敕令所《淳祐条法事类》四百三十卷。"②可知《淳祐条法事类》也是一别门为一卷。据上述《淳熙条法事类》和《淳祐条法事类》两例可以推断,《庆元条法事类》四百三十七卷者,是以一别门为一卷计算的。而八十卷者,则一卷中包含若干别门。四百三十七卷本和八十卷本只是分卷方法上的不同,在整体内容上并无多和少的差别。

　　从今本《庆元条法事类》体例来看,八十卷本乃以总门分卷,某一总门内容多者,则分成若干卷,如《职制门》为一总门,但却厘为十卷,从《职制门一》至《职制门十》。《选举门》亦析成两门,由一卷分成两卷。据宋代文献记载,宋时流行四百三十七卷本和八十卷本两种,这应是最初的本子,九十卷本和一百卷本是后来衍生的。

　　关于《庆元条法事类》版本,是书流传稀少,书目偶有登录,杨士奇《文渊阁书目》卷十四载:《庆元条法事类》一部三十册,阙。叶盛《箓竹堂书目》卷五云:《庆元条法事类》三十册。汪宪《振绮堂书目》卷一:"《庆元条法事类》十册,八十卷,不知撰人,影钞宋本。"清修四库,未收此书。据陈鸿舜1948年记,清末以来流传于国内外的本子,有常熟张金吾藏本(后归常熟瞿氏)、武林丁丙藏本(后归江苏省立国学图书馆)、临海洪颐煊藏本(后归东莞莫伯骥)、归安陆心源藏本(后为日本岩崎氏所得)、常熟翁同书藏本(后归燕京大学图书馆)。③另尚有吴兴张钧衡藏本(后归台湾"中央图书馆")。④皆八十卷本,内阙四十四卷,阙卷相同。这里需要指出的是,丁丙所藏抄本卷第二十八卷首脱一"二"字,误为第十八卷,1996年上海古籍出版社出版的《中国古

① 　《宋史》卷四三《理宗三》,第844页。

② 　《宋史全文》卷三四,淳祐十一年四月己亥,第2806页。

③ 　参见《庆元条法事类》附录陈鸿舜跋,燕京大学图书馆藏版刊本。

④ 　乔衍琯:《庆元条法事类》,《台湾"国立中央图书馆"馆刊》第1卷第3期,1968年。

籍善本书目》不察,仍沿其讹,并将丁本卷第二十九也误著录为"卷第十九",使读者误以为丁丙藏本与他本不同。其实不然,这些本子当为同一祖本所传。祖本下落不明,又莫氏本亦不知所终,传世诸本均为清抄本。董康说他清末提调法律馆时曾借瞿氏藏明抄本付刻。[①]然审核现存北京国家图书馆的瞿氏抄本,并非明抄本。董康的记载有误。此次刻书因故未果。董氏晚年再据瞿本开雕,力不继而复辍。

有材料表明,早在 1941 年前,燕京大学就曾试图以所藏翁本排印。现北京大学图书馆藏翁本附有一张聂崇岐(字筱山,一作筱珊)整理的清单和一张聂崇岐书写的便条。清单上注云卷十二至十四部分佚失,卷十五、卷七十四至七十六四卷全部佚失。并于第一(函)套的第一、二、三、四册后注云:"全,业经排字,原书重新装订。"于第二(函)套第五、六册后注云:"机械房烂纸堆里捡得二十零半叶又半叶之一块。"在第七册后注云:"上次自校印所收回三十六页。"在第八册后注云:"以下未经排印,原装。"记注时间为 1944 年3 月 7 日。便条曰:"一九四一年十二月十日由东门入校,于花神庙旁捡得《条法事类》半页,及查,知系卷十二第三页之上半页,于一九四五年十二月十五日送还图书馆。岐。"从清单和便条可以得知,1941 年前燕京大学曾有过排印《庆元条法事类》的举措,然 1941 年太平洋战争爆发,阻断了这项工作,燕京大学也被迫关闭。直到 1945 年抗日战争胜利后才复校。[②]这一事变不但使排印之事流产,同时造成翁本卷十二至十四的大部分佚失,卷十五、卷七十四至七十六计四卷全部佚失。

1945 年燕京大学复校后,聂崇岐被聘为历史系教授,"并担任了其他行政工作"[③],当时主管燕京大学图书馆,从北京文楷斋购得《庆元条法事类》刻版之版片,文楷斋所刻乃董康晚年主持而未竟之版。燕京大学图书馆出资加以补刻刊印,于 1948 年发行,这就是我们现在看到的通行的燕京大学图书馆藏版刊本。[④]不过,燕京大学虽然藏有翁本,但补刻的卷十四至十七、卷

---

① 见董康《书舶庸谭》卷八下,民国二十八年武进董氏诵芬室刻本。陈鸿舜跋误云董氏借天一阁明抄本付刻。

② 段昌同:《聂崇岐先生生平轶事》,《燕大文史资料》(第三辑),北京大学出版社,1990 年,第296—302 页。

③ 段昌同:《聂崇岐先生生平轶事》,《燕大文史资料》(第三辑),第 296—302 页。

④ 《庆元条法事类》附录陈鸿舜跋,燕京大学图书馆藏版刊本。

七十三至七十七却没有依据翁本，而仍以常熟瞿本为底本。这是我以今北京大学图书馆藏翁本卷七十三及十六、十七残卷，对校燕京大学图书馆藏版刊本所得出的结论。原因很简单，1945 年以后翁本卷十四至十七，卷七十四至七十六已残缺不全，无法据以为本。

　　现海内外尚存有六部抄本，分别藏于北京国家图书馆（瞿本，原藏常熟瞿氏）、北京大学图书馆（翁本，原藏燕京大学图书馆）、南京图书馆（丁本，原藏江苏省立国学图书馆）、日本静嘉堂文库（陆本，原藏日本岩崎氏）、台湾"中央图书馆"（原藏吴兴张氏）、上海图书馆（原藏读律室主孙祖基，据瞿氏本传抄）。有学者考证诸本相互间的关系如下图：①

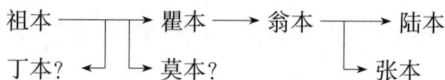

```
祖本 ──┬──→ 瞿本 ──→ 翁本 ──┬──→ 陆本
丁本? ←─┴──→ 莫本?              └──→ 张本
```

然而，笔者以为诸本虽同出一元，然其支系则有所不同。例如卷四七《税租簿·赋役式·夏秋税租簿》"余户依此开"下，除翁本外，诸本皆错简。此错简较为复杂，错简文字自"某州"至"诸于税租簿帐有欺弊者（连同注文）"，应当接于卷四十八《税租帐·赋役式·单状》下、注文"官物称有欺弊准此"上。②此外，卷七七《服制·小功五月·成人·义服》下"为娣姒妇"条注文云："兄弟之妻相名也，长妇谓稚妇为娣妇；娣妇谓长妇为姒妇，或云妇□。""妇□"，除翁本作"妯娌"外，他本皆误作"妇□"。又卷七九《差给官马·厩牧令》第六条"诸军填给到马，不及格尺或病者，并送元给纳处换"，除翁本外，诸本皆阙"给纳处换"四字。据此可以判断，翁本与其他诸本非直接出于同一母本，换言之，其他诸本当源自另一不知名的本子。

　　此外，瞿本、丁本、张本和燕京大学藏版刊本卷三七《给纳·随敕申明》绍兴十五年十二月十六日条"令转运司拘收应副"下脱"起纲縻费用外，余五分拨付提刑司应副拘收"十八字，而翁本、陆本不脱。据此可以推断，陆本非出于瞿本，似无疑问。

---

① ［日］川村康：《慶元條法事類と宋代の法典》。
② 台湾"中央图书馆"藏本未曾寓目，王德毅先生在《静嘉堂文库本与"中央图书馆"钞本对校表》（载台湾新文丰出版公司印行的《庆元条法事类》）中指出卷四十七《税租簿·赋役式》下错简，并试图予以纠正。然其所校仍有讹误。据此可知台湾"中央图书馆"藏本此处亦错简。

今除莫本下落不明，无从辨别其传存源流外，现存诸本的源流关系表示如下：

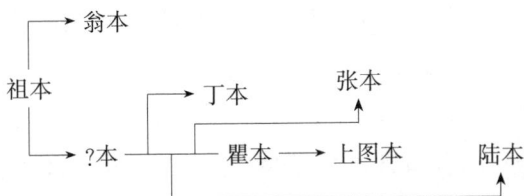

现存诸本，除翁本今阙四十九卷外，皆阙四十四卷。另附有《开禧重修尚书吏部侍郎右选格》二卷。比勘各本，翁本誊抄精良，错误较少，是现存诸本中唯一的一部朱丝栏抄本，惜其阙卷比他本为多。燕京大学图书馆藏版刊本经董康粗略校勘过，是比较好的本子。

原燕京大学图书馆藏版刊本有少量校勘记刊于天头，未云校勘所本，以北京大学图书馆藏翁本对校之，知其非补刻时所校，乃原董康初刻所为。如卷十二第一页有两条校勘记，而翁本卷十二除第十二页仅存外，其余内容皆佚缺，无法提供校勘所本。又卷十三《回授》类下的一条校勘记之依据，翁本亦缺。从燕京大学图书馆后来补刻的卷十四至十七、卷七十三至七十七的九卷来看，其中没有任何校勘记，这也反过来说明上述校勘记不是补刻时所为。需要指出的是，董康所校，有的有校勘记，有的未出。如卷五《职制门·之官违限·职制敕》第一条："诸之官限满无故不赴者，罪止杖一百。""止"字，瞿本、翁本、陆本、丁本皆误作"正"字，燕京大学图书馆藏版刊本改为"止"字，十分正确。又卷十《职制门·同职犯罪·名例敕》第一条："诸发运、监司，缘公事致罪，其属官为一等，吏人为一等，各以所由为首。""首"字，瞿本、翁本、陆本、丁本皆作"有"。考《宋刑统》卷五《名例律》："诸同职犯公坐者，长官为一等，通判官为一等，判官为一等，主典为一等，各以所由为首。"[①]燕京大学图书馆藏版刊本所改极是。这些改动，无疑乃董康所作，但缺校勘记。

此外须注意的是，《庆元条法事类》不少本子有错简，其一为卷五《考课·考课式》："某官职姓名任内"至"创修堤防水利"，诸本皆错简，当移正

---

① （宋）窦仪等详定，岳纯之校证：《宋刑统校证》卷五《名例律·同职犯罪》，北京大学出版社，2015年，第74页。

至下文"荐举所部官不当(谓被举后有罪恶或不职事状者)之下"。其二为卷四七《税租簿·赋役式·夏秋税租簿》"余户依此开"下,除翁本外,皆错简。错入的文字"某州"至"诸于税租簿帐有欺弊者(谓于钱物数故隐漏增减移易或虚销簿籍者,余条)",当移之卷四八《税租帐·赋役式·单状》下,注文"官物称有欺弊准此"上。王德毅及臧杰斌等学者对此虽作了些纠正,然尚不彻底,仍有错讹。其三为卷七三《检断·随敕申明》末,自"决遣"至《断狱敕》第四条"诸决罪人不如法,当职官、杖直各依首从法",北京大学藏翁本、国家图书馆藏瞿本、南京图书馆藏丁本皆错简,误入《断狱令》第一条"……若重罪已明,不碍检"下。陆本、台湾"中央图书馆"藏张本、燕京大学藏版刊本不错。这一条错简,可能祖本就已发生,后来陆本、台湾"中央图书馆"藏张本、燕京大学藏版刊本在抄写和刊刻时发现了问题,做了纠正。

二、《庆元条法事类》的法源及部分条款的法律效力

关于《庆元条法事类》,有两个基本问题不能不加注意:其一,我们不能因其修撰于南宋宁宗时期,便断然视其为皆南宋法。南宋法典与北宋法典有着不可分隔的继承关系。《庆元条法事类》虽修于南宋,但其法源,却可以上溯到北宋。此书卷三六《库务门·承买场务·场务令》第一条:"诸承买官监酒务量添钱(原注:以熙宁四年为额)随买价纳,其见在物并估钱给。"此法令条款的注文云承买官监酒务量添钱以"熙宁四年为额",表明《庆元条法事类》这条法令的法源可以追溯到神宗时期。又卷七五《编配流役·断狱敕》第二条:"诸重役或钱监兵级犯配,除沙门岛与广南若远恶州外,并勒充本指挥下名,其不可存留者,配他处重役及别监。"这条敕文源于北宋哲宗《元祐敕》,《宋会要辑稿·刑法》四之三〇载:"(元祐六年八月二十三日)沧州言:'按《元祐敕》,钱监及重役军人合配者,除沙门岛及远恶处依本条外,余并勒充本指挥下名,其不可存留者,即配别监及它处重役。则是系以广南为轻,重役为重,遂不配行。今重法地分重役人多是累曾作贼,却令徒伴会于一处,易于复结为盗。其告捕之人见其依旧只在本营或别重役处,相去不远,惧其仇害,不敢告捕。欲乞于上条"沙门岛"字下添入"广南"

二字。'从之。"①《庆元条法事类》与《元祐敕》同。其中的"广南"二字正是依据元祐六年沧州奏请而增添的。另瞿本卷三《避名称·职制令》:"诸命官不得容人过称官名。"这一令文至迟在北宋政和时就制定了。《宋会要辑稿·刑法》二之七五载:"政和《职制令》:诸命官不得容人过称官名。"②又卷三六《场务·场务令》:"诸酒务兵士,专充踏曲酝造役使。依格,本州选刺厢军充清务指挥,本营寄收",据《宋会要辑稿·食货》二〇之一三载,乃政和四年十月户部修立。③

　　其二,书中所载法令,并非全是当时所行用的。例如,卷四七《拘催税租·杂格》内列有开封府、大名府、开德府、太原府缴纳二税的时限,这些地区在制定《庆元条法事类》时,都早已不在宋政权的控制之下,杂格内的这些内容是徒有其名而无法实施的。又卷七五《编配流移·断狱令》规定重罪犯人刺配沙门岛,可是沙门岛当时位于金朝所控制的地区,这一法令也根本无法实施。实际上这仅作为一种刑罚等级的计量单位,供法官量刑比折之用。不过,从研究的角度来说,即使有些条款当时已不行用,但在宋朝历史上曾经实施过,仍然反映了宋代的法律制度。近人王世杰曾指出:"中国法典所载律文,就是在当时也并不都是现行法。这更是中国历代法典的一种奇特现象……有时一种律文虽是已经废止的律文,虽于法典成立后亦并不叫他发生效力,然而编纂法典的时候,或因留备参考,或因不敢删削祖宗成宪,便仍将那种律文保留在内。"④早在宋初制定《宋刑统》时,就存在这一现象,法典修撰官们把历史上出现过而当时已不用的法律收进了《宋刑统》。如卷一二《户婚律》脱漏增减户口条:

　　　　准《户令》:诸男女三岁以下为黄,十五以下为小,二十以下为中。其男年二十一为丁,六十为老。无夫者为寡妻妾。……

　　　　准唐天宝三载十二月二十五日制节文:自今以后,天下百姓宜以十八已上为中男,二十三已上成丁。

---

① 《宋会要辑稿·刑法》四之三〇,第8462页。
② 《宋会要辑稿·刑法》二之七五,第8324页。
③ 《宋会要辑稿·食货》二〇之一三,第6430页。
④ 王世杰:《学术书籍之绍介与批评》,《北大社会科学季刊》1924年第3卷第1号,第130页。

准唐广德元年七月二十二日敕：天下男子宜令二十五成丁，五十五入老。①

《宋刑统》于律文后附载了三条不同时期丁中老小的法定年龄界限，以丁为例，有二十一、二十三、二十五之不同规定。在具体实施户口制度时，有关部门必定只能以其中一条为准，但法典修撰官却附载了另两条当时显然不用的规定。

又《宋刑统》卷一九《贼盗律》强盗窃盗条：

准唐建中三年三月十四日敕节文：自今以后，捉获窃盗赃满三匹以上者，并集众决杀。

准建隆三年二月十一日敕节文：起今后犯窃盗，赃满五贯文足陌，处死；不满五贯文，决脊杖二十，配役三年；不满三贯文，决脊杖二十，配役二年；不满二贯文，决脊杖十八，配役一年；一贯文以下，量罪科决。其随身并女仆偷盗本主财物，赃满十贯文足陌，处死；不满十贯文，决脊杖二十，配役三年；不满七贯文，决脊杖二十，配役二年；不满五贯文，决脊杖十八，配役一年；不满三贯文，决臀杖二十。②

这里，《宋刑统》所附两条敕文，一是唐朝建中三年（782）的，一是宋朝建隆三年（962）的，前者规定窃盗赃满三匹以上者处死，后者规定赃满五匹方得以处死，两者的量刑标准不同。根据后敕合破前法的司法原则，司法官在量刑定罪时，自然是以后者为标准的。问题是既然以宋建隆三年敕为准，为何还要把当时不用之唐朝建中三年的敕收载在《宋刑统》内？从法典法源来看，《宋刑统》是在《大周刑统》基础上编纂成的，而《大周刑统》则主要以唐《大中刑法统类》为蓝本修改而成。换句话说，《宋刑统》承袭了唐朝法典编纂法。上述户令、天宝三载制和建中三年敕虽非宋朝现行法，但法典修纂人员却将它们保留在法典内，无疑是为了留备参考的，待以后修纂新法典时，立法官可据以参考修改。《庆元条法事类》中不用之法的存在，充分表明宋代法典完全承袭了唐以来的编纂传统。

---

① 《宋刑统考证》卷一二《户婚律》，第 163 页。
② 《宋刑统考证》卷一九《贼盗律》，第 262 页。

三、《宋会要辑稿》所载纲运令格与《庆元条法事类》的关系

　　《宋会要辑稿·食货》四五之八至一九《宋漕运六》载宋《纲运令格》，内有大量的敕、令、格、式，细分为杂敕、盗贼敕（应为贼盗敕）、诈伪敕、厩库敕、名例敕、职制敕、断狱敕、斗讼敕、捕亡令、职制令、辇运令、赏令、理欠令、辞讼令、赏格、辇运格、赏式。另附有名例声明、随敕声明。其目分为《欺弊》《盗贷》《押纲赏》（中似有脱漏）。从其体例、内容来看，与传世的《庆元条法事类》极为相似，当是宋代条法事类的遗文。日本学者仁井田陞、牧野巽认为这些敕令格式是《庆元条法事类》的遗文。①仁井与牧野氏据以立论的依据是其中有淳熙七年和八年的敕，而这些敕发布在《淳熙条法事类》制定之后，《庆元条法事类》制定之前，故应属《庆元条法事类》的一部分。

　　然而在《淳熙条法事类》之后，宋朝除了《庆元条法事类》外，还曾于淳祐十一年（1251）编撰过另一部条法事类。《宋史》卷一九九《刑法志》曰：“淳祐二年四月，敕令所上其书，名《淳祐敕令格式》。十一年，又取庆元法与淳祐新书删润。其间修改者百四十条，创入者四百条，增入者五十条，删去者十七条，为四百三十卷。”②此所谓“四百三十卷”者，即《淳祐条法事类》。《宋史全文》卷三四淳祐十一年四月己亥条云：“郑清之等上敕令所《淳祐条法事类》四百三十卷。”“淳祐新书”乃《淳祐敕令格式》的别称，南宋目录学家陈振孙说：“国朝自建隆以来，世有编敕，每更修定，号为‘新书’。”③这部条法事类以《庆元条法事类》和《淳祐敕令格式》为蓝本删修而成，故其中也可能收有淳熙七年和八年的敕，换句话说，《庆元条法事类》和《淳祐条法事类》这两部法律典籍都可能收载有淳熙七年和八年的敕，所以《宋会要辑稿·食货》所载宋《纲运令格》可能是《庆元条法事类》的遗文，也可能是《淳祐条法事类》

---

① ［日］仁井田陞、牧野巽：《故〈唐律疏议〉制作年代考》（下），《東方学報》第二册第 80 页，注文 [26]，東京，1931 年。

② 《宋史》卷一九九《刑法一》，第 4966 页。

③ （宋）陈振孙撰，徐小蛮、顾美华点校：《直斋书录解题》卷七《法令类》，上海古籍出版社，1987 年，第 224 页。

的遗文。因此仁井与牧野氏据以立论的依据尚不足以说明问题,有必要予以重新检讨。

宋代条法事类是以编敕为本加以分门编类修撰的,而编敕修撰体例为"本是一敕,条理数事者,各以类分取"①。"事并出则分从其类"②。即以法律规范的属性为中心进行编撰的。《庆元条法事类》体例沿袭了《淳熙条法事类》体例,以事目为经,将现行条法分门编类,"每事皆聚载于一处,开卷则尽见之"③。每一门类之外相近而可适用的法律条款,则以"旁照法"形式附载于后,参照执行。在现存《庆元条法事类》残本里,此类例子举不胜举。如卷三十《经总制》于敕令格式后的旁照法附载了一条《厩库敕》、一条《名例敕》、一条《名例申明》,这些法律条款虽非直接针对"经总制"所作的规定,但与"经总制"却是有关联的,可以参照执行。此外,《庆元条法事类》里还有大量的重复条文,据日本学者川村康统计,《庆元条法事类》共有敕文一千一百零七条,其中复文二百二十条;令文二千零六四条,复文二百八十三条。④这一编撰体例可以帮助我们发现一些问题。假设《宋会要辑稿》所载纲运令格为《庆元条法事类》一部分,虽今本《庆元条法事类》遗缺纲运门,但在其他相关的门类或旁照法里,或多或少应当存有它们的遗文。我们可从中寻找蛛丝马迹,以为证据。《宋会要辑稿·食货》四五之八载有三条与违法博易货买纲运官物有关的盗贼敕(应为贼盗敕):

> 诸博易、籴买纲运官物(原注:官船、车、脚板、船具。驼驮及其器用同。余纲运条称官物者准此。)计已分依贸易官物法计利,以盗论加二等。(原注:牙保、引领人与同罪,许人告。)强者计利,并赃以强盗论。以上再犯,不该配者,邻州编管;罪至死者,减一等,皆配二千里。二十贯,为首者绞;杀伤人者,依本杀伤法。以上运载船、车、畜产没官。(原注:知情借贷者准此。)被强之人不速告随近官司者,杖六十;因被强而

① 《长编》卷四三,咸平元年十二月丙午,第922页。
② (宋)韩琦撰,李之亮、徐正英笺注:《安阳集编年笺注》卷二七《进〈嘉祐编敕〉表》,成都:巴蜀书社,2000年,第889页。
③ 《宋史全文》卷二十六下,淳熙六年二月癸卯,第2227页。
④ [日]川村康:《慶元條法事類と宋代の法典》,滋贺秀三编《中国法制史(基本资料的研究)》,第331页。

受赃者,以凡盗论。

诸以私钱贸易纲运所般钱监上供钱者,许人捕。

诸钱纲押纲人、部纲兵级(本船梢工同。)以私钱贸易所运钱,虽应计其等,依监主自盗法;罪至死者,减一等配千里。本船军人及和雇人犯者,亦以盗所运官物论。①

此三条敕文,《庆元条法事类》卷二九《私钱博易》仅载第二、第三条,且其第二条在后,第三条在前,条序不同。

《庆元条法事类》卷二八《榷货门》收载了宋代各种有关榷货的法律条文,详尽而周备,规定了茶、盐、矾、酒、乳香的专卖制度,百姓不得私自交易。然而《宋会要辑稿·食货》四五之一〇所载的一条与宋代榷货制度密切相关的杂敕却不在其内,这条杂敕规定"诸香药并市舶司物货纲缘路侵盗或货易,而地分人若催纲官司失觉察者,杖六十"②。

《宋会要辑稿·食货》四五之九至一〇《盗贼敕》:

诸窃盗得财杖六十,四百文杖七十,四百文加一等;二贯徒一年,二贯加一等;过徒三年,三贯加一等;二十贯,配本州。

诸强盗得财徒三年,二贯五百文流三千里,二贯五百文加一等;拾贯绞,即罪至流,皆配千里。

诸监临主守自盗,及盗所监临财物,罪至流,配本州;三十五匹,绞。

诸梢工盗本船所运官物者,依主守法,徒罪勒充牵驾,流罪配五百里。本船军人及和雇人盗者,减一等,流罪军人配本州,和雇人不刺面配本城。③

这四条条款都是关于"盗"罪的规定,我们以此来对照《庆元条法事类》。《庆元条法事类》卷二九《私钱博易》比较集中地收载了一些盗罪的条文,但仅载第一、第三、第四条,且条序也不同,其第四条在第一条之前。此外,其中第一和第三条,在《庆元条法事类》的卷七、卷九、卷十七、卷二十八、卷三十二、卷四十七、卷七十五的七个门类的旁照法中连并附载,在卷三十七、卷五十、

---

① 《宋会要辑稿·食货》四五之八,第7016—7017页。
② 《宋会要辑稿·食货》四五之一〇,第7019页。
③ 《宋会要辑稿·食货》四五之九至一〇,第7018页。

卷七十九的三个门类的旁照法也时或出现,唯独不见上述第二条踪影。《庆元条法事类》原为八十卷,现存三十六卷,占原书的百分之四十五,比例不算小,然而这附载的十个门类中竟没有这第二条"盗"罪条文,这不能不使人怀疑《宋会要辑稿·食货》所载纲运令格是《庆元条法事类》遗文的观点的正确性。

《名公书判清明集》卷一四《霸渡》载法官蔡杭(号久轩)判词云:"又敕:诸强盗得财者,徒三年,殴人者,配千里。"①《宋史》卷四二〇《蔡杭传》载,蔡杭未任过州县官。据钱大昕《潜研堂金石文跋尾》卷十七载《蔡杭题名》,此题名为蔡杭于淳祐辛亥(十一年)自江东提刑调任浙东提刑时所作。②宋法,通常一任官为三年,即使连任也仅六年。可知上述蔡杭判词不会早于淳祐五年,时任江南东路提刑,而《淳祐敕令格式》已于此前淳祐二年成书。宋法,新法典颁布后,旧法典即失效。因此其判词中所言"敕条"内容当为《淳祐敕令格式》之敕,后《淳祐敕令格式》编入淳祐十一年成书的《淳祐条法事类》。蔡杭所引敕文应是淳祐时期的法令。这一法令与《宋会要辑稿》所载"诸强盗得财徒三年"之贼盗敕是吻合的。换句话说,《宋会要辑稿》所载纲运令格有可能是《淳祐条法事类》的遗文。或曰:在《宋会要辑稿》所载纲运令格里有宋理宗赵昀的嫌名讳"巡"字,因此这些令格不可能是理宗时制定的《淳祐条法事类》的遗文。然考《附释文互注礼部韵略》,有一条尚书都省批下指挥曰:

> 检会到丁度《集韵》十八《谆》内"巡"字,有二音,作松伦切者,无义训。《礼部韵》"旬"字下有此字,释云:"视行貌,亦训'逡巡',不与御名同音;作俞伦切者,训'行'也。"……又《礼部韵》于光宗御名下明注"鹑、錞二字与淳字同音者,即不回避,若作都昆切者,即合回避"。今"巡"字当用此例,若作俞伦、养纯二切者,即合回避,余皆不避。……则'巡'字与御名同音者,当避,作松伦切者,不在应避之数。③

---

① 《名公书判清明集》卷一四《霸渡》,第553页。
② 参见陈智超《宋史研究的珍贵史料——明刻本〈名公书判清明集〉介绍》,《名公书判清明集》附录七,第681页。
③ 《附释文互注礼部韵略·韵略条式》,《四部丛刊》续编本。

据此,《宋会要辑稿》所载纲运令格内之"巡"字与赵昀的嫌名讳不同音,所以不必避讳。

综上所述,关于《宋会要辑稿》所载纲运令格为《庆元条法事类》遗文的说法,存在诸多疑问。由于传世的《庆元条法事类》残缺不全,又由于《宋会要辑稿》是徐松等从《永乐大典》中辑抄出来的,而现载纲运令格本身亦不完整,就目前所见资料来看,我们尚不能确定这些纲运令格就是《庆元条法事类》的遗文,也有可能为《淳祐条法事类》遗文,这一问题尚待进一步研究。

（原载《文史》第 65 辑,北京:中华书局,2003 年）

《永乐大典》本宋《吏部条法》考述

　　《永乐大典》卷一四六二〇至一四六二九收有南宋法典《吏部条法》,共计九卷(中缺卷一四六二三)。此书对于宋代官制及法制研究极具价值。然关于此书的研究成果却不多见。①20世纪罗振玉辑《吉石盦丛书》,收录了其中的二卷,认为此书"非淳祐、嘉定二书,乃景定以后续修者"②。今刘笃才对此书进行了整理点校,③并撰成《宋〈吏部条法〉考略》一文,④为我们了解和利用此书提供了便利。然仍有一些相关问题值得推敲。本文在刘氏等研究的基础上,对此书试作进一步探讨。

一、关于《吏部条法》与《吏部条法总类》的关系

　　宋代法典修纂分普通法和特别法两大类。普通法适用于全国,特别法仅在特定的官司或地区实行。宋自神宗改革法典修纂制度后,普通法修纂将以往单一的综合性的编敕分成敕、令、格、式四种形式,合称"敕令格式",如《元丰敕令格式》、《绍兴敕令格式》。新编敕令格式仍可称"编敕"。整个两宋时期,宋一共修纂过十八部作为普通法的编敕,其中与《吏部条法总类》相关的有淳熙四年(1177)修纂的《淳熙敕令格式》、庆元四年(1198)修纂的《庆元敕令格式》、淳祐二年(1242)的《淳祐敕令格式》。《淳祐敕令格式》是宋代最后一部全国通行的编敕。敕、令、格、式四种法律形式,敕是刑法,令

---

① 相关成果,见[日]牧野巽《永樂大典本宋吏部條法について》,《市村博士古稀記念東洋史論叢》,東京:富山房,1933年,第1087—1110页;[日]仁井田陞《永樂大典本宋代法律書二種——吏部條法総類と金玉新書》,《東方学報》12—1,1941年,第39—74页。

② 罗振玉:《吏部条法·跋》,《吉石盦丛书》第4集,民国上虞罗氏景印本。

③ 刘笃才整理点校本《吏部条法》,收入杨一凡等主编《中国珍稀法律典籍续编》第2册,哈尔滨:黑龙江人民出版社,2002年。

④ 刘笃才:《宋〈吏部条法〉考略》,《法学研究》2001年第1期。

是关于朝廷各项制度的规定,格是国家为了贯彻实施各项制度而设立的一种借以比照和衡量的法定标准,式是对公文程式和文牍表状方面的规定。朱熹曾对敕令格式有过很好的表述:"格,如五服制度,某亲当某服,某服当某时,各有限极,所谓'设于此而逆彼之至'之谓也。式,如磨勘、转官、求恩泽、封赠之类,只依个样子写去,所谓'设于此而使彼效之'之谓也。令,则条令,禁制其事不得为,某事违者有罚之类,所谓'禁于未然'者。敕,则是已结此事,依条断遣之类,所谓'治其已然'者。"①

　　除了普通法之外,特别法修纂也分为敕、令、格、式,如《元丰户部敕令格式》、《国子监敕令格式》。②敕、令、格、式四种法律形式是彼此分开制定的,其体例不尽相同,如作为普通法的敕,是依法律分为十二篇目,篇目之下不再分类目;令则以所规范的事项为篇目,篇目之下也不再分类目,格和式亦如此。敕、令、格、式合起来形成完整的法律体系。由于宋代各种法典卷帙庞大,给司法官检法判案带来诸多不便,于是产生了新的编纂体例。《宋史全文》卷二六下淳熙六年(1179)二月癸卯条载:

　　　　上(孝宗)曰:"朕欲将见行条法令敕令所分门编类,如律与《刑统》、敕令格式及续降指挥,每事皆聚载于一处,开卷则尽见之,庶使胥吏不得舞文。"赵雄等奏:"士大夫少有精于法者,临时检阅,多为吏辈所欺。今若分门编类,则遇事悉见,吏不能欺。陛下智周万物,俯念及此,创为一书,所补非小。"乃诏敕令所将见行敕、令、格、式、申明,体仿《吏部七司条法总类》,随事分门修纂,别为一书。若数事共条,即随门厘入,仍冠以《淳熙条法事类》为名。

《淳熙条法事类》是以普通法《淳熙敕令格式》为基础,模仿《吏部七司条法总类》体例修纂而成,其将敕、令、格、式"随事分门"编纂,即以事项分门,门目下再分类目,"每事皆聚载于一处,开卷则尽见之",胥吏不得营私舞弊,大大方便了司法官办案。在此书形成之前,作为特别法的《吏部七司条法总类》已经先行一步,开了宋代条法汇编体法典之先河。《宋会要辑稿》刑法一之五〇载:

---

① (宋)朱熹撰,黎靖德编:《朱子语类》卷一二八《法制》,朱杰人、严佐之、刘永翔主编《朱子全书》第 18 册,上海古籍出版社,2002 年,第 4015 页。
② 《宋史》卷二〇四《艺文志》,第 5141、5144 页。

淳熙二年十一月,有诏:敕令所将吏部见行改官、奏荐、磨勘、差注等条法、指挥分明(门)编类,别删投进。若一条该载二事以上,即随门类厘析具入,乃冠以《吏部条法总类》为名。①

所谓"指挥"就是诏敕。敕令所将吏部在行法律连同相关的诏敕分类编纂。至淳熙三年,参知政事龚茂良进呈《吏部条法总类》四十卷,"为类六十八,为门三十"②,即在门下分类。这种条法事类体的法典,最早创于唐开元二十五年(737),当时纂有《格式律令事类》四十卷,"以类相从,便于省览"③。

关于宋代《吏部条法总类》的修纂,历史上是有明确记载的,今《永乐大典》卷一四六二〇至一四六二九所抄者称《吏部条法》,不过从现存《吏部条法》体例内容看,其实就是南宋的《吏部条法总类》,确切地说,其书名应是《景定吏部条法总类》,关于此问题,后面将要详述。

然而《吏部条法》与《吏部条法总类》在法典编纂体例上是大不一样的。有学者认为《吏部条法》,"史籍中或称《吏部条法总类》"④,"吏部条法"是在"吏部七司法"的基础上改编而成的。⑤把"吏部条法"与"吏部条法总类"等同起来。《吏部条法总类》能不能简称《吏部条法》? 两者关系究竟如何? 值得探讨。

所谓《吏部条法》是指《吏部敕令格式》,"条法"者,法令之通称。绍兴三年(1133)四月,敕令所进言:"奉诏将嘉祐与政和条制对修成书。……除已降嘉祐、政和条法,参照先次删修外,缘其间有情犯重而刑名轻,或立功轻而推赏重者,乞从本所随事损益,参酌拟修。"⑥敕令所所言"嘉祐、政和条法",很明显是指嘉祐、政和法令而言,因北宋并没有修纂过"条法事类"体和"条法总类"体的法典。隆兴元年(1163),孝宗曾诏"有司所行事件,并遵依祖宗条法及绍兴三十一年十二月十七日指挥,更不得引例及称疑似,取自朝廷指

---

① 《宋会要辑稿·刑法》一之五〇,第8263页。
② 《玉海》卷六六《淳熙吏部条法总类》,第1264页。
③ 《旧唐书》卷五〇《刑法志》,第2150页。又见《唐会要》卷三九《定格令》,上海古籍出版社,2006年,第822页。
④ 刘笃才:《〈吏部条法〉点校说明》,《中国珍稀法律典籍续编》第2册,第1页。
⑤ 刘笃才:《宋〈吏部条法〉考略》,《法学研究》2001年第1期。
⑥ 《宋会要辑稿·刑法》一之三四,第8247—8248页。

挥"①。"祖宗条法"乃祖宗法令之通称。《吏部条法》通常是按敕、令、格、式四种形式分头编纂的,如绍兴三年,宰相朱胜非等"上《吏部敕》五册,《令》四十一册,《格》三十二册,《式》八册,《申明》一十七册"②。吏部敕、令、格、式四种法律形式连同申明合起来通称"吏部条法"。刘时举《续宋中兴编年资治通鉴》卷六载:绍兴二十九年正月"诏修《吏部七司条法》"。至绍兴三十年八月,"诏修《吏部敕令格式》书成,陈康伯上之"。可见《吏部敕令格式》就是《吏部七司条法》,两者可以换称,指的是同一部法典。

关于绍兴修《吏部七司条法》,《建炎以来系年要录》卷一八一绍兴二十九年正月甲申条也有同样的记载:"权刑部侍郎、兼详定一司敕令黄祖辞言:见修《吏部七司条法》,欲将旧来条法与今事体不同者,立为参附,参照施行。"③至绍兴三十年八月,"尚书右仆射、提举详定一司敕令陈康伯上《参附吏部敕令格式》七十卷"④。从《建炎以来系年要录》提供的例证看,当时人确实是把《吏部敕令格式》称作《吏部七司条法》。又《宋会要辑稿》刑法一之五九云:

> 开禧元年五月二日,权吏部尚书丁常任等言:"参修《吏部七司条法》,今来成书,乞以《开禧重修尚书吏部七司敕令格式申明》为名。"从之。⑤

丁常任参修的《吏部七司条法》成书后并没有以《开禧吏部条法总类》为名,而是称《开禧重修吏部七司敕令格式申明》。这一例证也表明《吏部七司条法》就是《吏部七司敕令格式申明》。综合上述记载可以得知,《吏部七司条法》就是《吏部敕令格式》。

而《吏部条法总类》却是另一种不同体例的法典。它是以《吏部敕令格式》及《申明》为母本,"随事分门",重新编纂而成。其体例"每事皆聚载于一处",依次分列敕、令、格、申明,"开卷则尽见之",省却翻阅之劳。《吏部条法》与《吏部条法总类》,后者是前者的分门编类结果。《宋史》卷一五八《选

---

① 《宋会要辑稿·职官》一之五三,第 2967 页。
② 《宋会要辑稿·刑法》一之三六,第 8249 页。
③ 《建炎以来系年要录》卷一八一,绍兴二十九年正月甲申,第 3473 页。
④ 《建炎以来系年要录》卷一八五,绍兴三十年八月丙辰,第 3593 页。
⑤ 《宋会要辑稿·刑法》一之五九,第 8271 页。

举志》载曰：

> 吏部尚书蔡洸"以改官、奏荐、磨勘、差注等条法分门编类，名《吏部
> 条法总类》"。

可见吏部尚书蔡洸是在改官、奏荐、磨勘、差注等条法（按：即法令）基础上修纂成《吏部条法总类》。如果说这里的条法就是吏部条法总类，何以还要"分门编类"呢？《吏部条法总类》实际上是《吏部敕令格式》及《申明》的分类汇编，并增加了一些新的立法成果。

二、今本《吏部条法》书名应为《景定吏部条法总类》

宋代历史上曾修纂过多部《吏部条法总类》，第一部修成于孝宗淳熙三年（1176），史载"参知政事龚茂良等上《吏部条法总类》四十卷"①。至嘉定六年（1213），宋又修成第二部，名曰《嘉定吏部条法总类》，计有一百一十四册，五十卷。②

嘉定以后，是否有过第三部《吏部条法总类》？ 如果有，成书于何时？ 罗振玉根据今本《吏部条法》中有景定四年的记事，认为今本《吏部条法》乃景定以后续修者。③刘笃才认为"宋理宗淳祐年间曾编纂《淳祐敕令格式》和《淳祐条法事类》，这是南宋最后两部法典。现存的《吏部条法》或许就编订于同期，它以《嘉定吏部条法总类》为底本，采纳《淳祐敕令格式》中的'令文'增修而成"。至于现存《永乐大典》本《吏部条法》中出现"景定四年"文字的现象，刘氏解释为："《永乐大典》本收的是景定年间的本子，但是这个本子编订于淳祐年间而非景定年间，景定年间所做的，只是在淳祐年间的编订的本子上加入景定时期的'申明'而已。"④也就是说现存的《吏部条法》修纂于淳祐年间。这个观点有重新探讨的必要。

陈振孙《直斋书录解题》卷七《嘉定吏部条法总类》曰：

---

① 《宋会要辑稿·刑法》一之五〇，第 8263 页。
② 《玉海》卷六六《嘉定吏部条法总类》，第 1264 页。
③ 罗振玉：《吏部条法·跋》，《吉石盦丛书》第 4 集。
④ 刘笃才：《宋〈吏部条法〉考略》，《法学研究》2001 年第 1 期。

嘉定中,以开禧重修七司法并庆元海行法、在京通用法、大宗正司法参定,凡改正四百六十余条。视《淳熙总类》增多十卷,七年二月颁行。①

《开禧重修七司法》成书于开禧元年(1205)五月,当时权礼部尚书丁常任等言:"参修《吏部七司条法》,今来成书,乞以《开禧重修尚书吏部七司敕令格式申明》为名。"②所谓《吏部七司法》,"盖尚左、尚右、侍左、侍右、司勋、司封、考功通用之条令"③。即吏部尚书左选、尚书右选、侍郎左选、侍郎右选、司勋、司封、考功七司之法。"庆元海行法"是指庆元四年(1198)成书的《庆元敕令格式》。宋人称全国通行的普通法为"海行法",故称《庆元敕令格式》为"庆元海行法"。"在京通用法"乃绍兴十年所修,全称当为《绍兴重修在京通用敕令格式》,其中《绍兴在京通用敕》有十二卷,《绍兴在京通用令》二十六卷,《绍兴在京通用格》八卷,《绍兴在京通用申明》十二卷。④"大宗正司法"为绍兴二十三年修,全称为《大宗正司敕令格式申明》,其中《大宗正司敕》十卷,《大宗正司令》四十卷,《大宗正司格》十六卷,《大宗正司式》五卷,《大宗正司申明》十卷。⑤据陈振孙记载,我们知道《嘉定吏部条法总类》是以《开禧重修尚书吏部七司敕令格式申明》、《庆元敕令格式》、《绍兴重修在京通用敕令格式》和《大宗正司敕令格式申明》删修而成。其中既有一司特别法,又有全国通行的普通法及在京通用的特别法。《嘉定吏部条法总类》的修纂以吏部七司法为主干,兼采普通法。

在今传《永乐大典》本《吏部条法》中,我们可找到《在京通用令》、《大宗正司令》。⑥《大宗正司令》原本不属于尚书吏部系统法,只是在修纂《嘉定吏部条法总类》时才吸纳入的。这表明今《永乐大典》本《吏部条法》与《嘉定吏部条法总类》有着渊源和继承关系。同时也说明《永乐大典》本《吏部条法》

---

① （宋）陈振孙撰,徐小蛮、顾美华点校:《直斋书录解题》卷七《嘉定吏部条法总类》,上海古籍出版社,1987年,第225页。

② 《宋会要辑稿·刑法》一之五九,第8271页。

③ 《宋会要辑稿·刑法》一之五八,第8270页。

④ 《宋会要辑稿·刑法》一之三八,第8252页。

⑤ 《宋会要辑稿·刑法》一之四二,第8256页。《宋史》卷二〇四《艺文志》,第5145页。按此书,《宋史》卷二〇四《艺文志》连同目录作八十一卷。

⑥ （明）解缙:《永乐大典》卷一四六二七《荐举门》、卷一四六二九《磨勘门》,北京:中华书局,1986年,第6952、6634页。

实即《吏部条法总类》。据陈振孙《直斋书录解题》载,《永乐大典》本《吏部条法》中理应有《庆元敕令格式》的痕迹,然而却找不到。令人困惑的是,书中另有《淳祐令》、《淳祐格》记载。

在南宋后期,作为全国通用的普通法的编敕,曾修纂过两部,分别是《庆元敕令格式》、《淳祐敕令格式》,在这两部法典基础上,宋又分类汇编成《庆元条法事类》和《淳祐条法事类》。至于《吏部敕令格式》,自开禧元年(1205)《开禧重修吏部七司敕令格式申明》制定后,过了五十余年,直到理宗宝祐五年(1257)才再次重修,史载宝祐五年闰四月,"(程)元凤等上进《编修吏部七司条法》"①。需要强调的是,此《编修吏部七司条法》乃《吏部敕令格式》,非《吏部条法总类》。南宋后期,虽国力衰微,但宋政权仍很重视国家法典修纂,从没有停止过编敕的修纂。即使在南宋末期的咸淳六年(1270),我们仍可看到"以陈宗礼、赵顺孙兼权参知政事,依旧同提举编修敕令"这样的记载。②此时距宋亡仅剩九年的时间。宝祐五年修成《编修吏部七司条法》后,宋是否就此修纂新的《宝祐吏部条法总类》? 从传世的史料看,没有证据显示曾有《宝祐吏部条法总类》问世。

今《永乐大典》本《吏部条法》收有《淳祐令》、《淳祐格》,并在磨勘门《尚书左选考功通用申明》中收有景定四年(1263)七月空日尚书省札子。此外,在荐举门《淳祐格》下注有"景定重定"文字。关于"景定重定"注文,还出现在改官门《侍郎左选格》下及《尚书考功令》令文末。如果说"景定年间所做的,只是在淳祐年间的编订的本子上加入景定时期的申明而已",则不能解释上述《淳祐格》、《侍郎左选格》、《尚书考功令》后为何会出现"景定重定"文字。这些材料说明:首先,今传本《吏部条法》曾用《淳祐令》和《淳祐格》参修过。其次,今传本《吏部条法》在理宗景定年间曾经重定过。景定共有五年,理宗于景定五年十月去世。从此书载有景定四年七月空日尚书省札子来看,重定时间当定在景定四年七月后至五年十二月之间。考《宋史》卷三六《理宗纪》景定三年七月辛巳条:

---

① 《宋史全文》卷三五,理宗宝祐五年闰四月戊戌,第2858页。
② 《宋史》卷四六《度宗纪》,第906页。

诏敕令所重修《吏部七司条法》。①

景定重修《吏部七司条法》，后来是否成书，未见史书有明确记载。不过从今《永乐大典》本《吏部条法·磨勘门·尚书左选考功通用申明》收载景定四年七月空日尚书省札子，以及《改官门·侍郎左选申明》收载景定元年五月七日都省批状来看，景定所修《吏部七司条法》后来是完成并颁布的。当然，景定重修《吏部七司条法》无疑是在《开禧重修七司法》基础上的修订。按惯例，宋历朝所修吏部七司法，都同时修有《申明》。上述《尚书左选考功通用申明》、《侍郎左选申明》，一定是景定所修吏部七司《申明》的组成部分。

从今本《吏部条法》中所载"景定重定"注文分析，景定年间对《吏部条法总类》有过重新修订的立法活动。明代杨士奇等编明政府藏书书目《文渊阁书目》卷十四《政书》载："《开禧吏部七司法》一部二十册，阙。《庆元条法事类》一部三十册，阙。《景定条总类》一部二十册，阙。"所谓《景定条总类》当为《景定条法总类》之误。明代叶盛《菉竹堂书目》卷五《政书》正作"《景定条法总类》"。此《景定条法总类》即《景定吏部条法总类》。换句话说，景定年间确有重定《吏部条法总类》之立法活动，并最后形成了法典文本《景定吏部条法总类》。景定重定的《吏部条法总类》是在《嘉定吏部条法总类》基础上，吸收了景定年间重修的《吏部七司敕令格式申明》修成的。凡属景定修改补充过的，则注"景定重定"；凡未经改动而沿用旧文的，则不加注。

笔者推测，当年《永乐大典》修纂时，将南宋《景定吏部条法总类》按韵部字门分抄，并改称《吏部条法》。然而这样一改，殊不知混淆了《吏部条法》与《吏部条法总类》的区别。

三、关于《吏部条法》中的《淳祐令》和《淳祐格》

今《永乐大典》本《吏部条法》中多次出现《淳祐令》及《淳祐格》，为何会出现"淳祐令"？而标以其他年号的令、格却没有？笔者的解释如下。

---

① 《宋史》卷四五《理宗纪》亦载："诏重修《吏部七司条法》。"第882页。

宋修《嘉定吏部条法总类》时，所参附的全国通行的普通法是《庆元敕令格式》。《庆元敕令格式》自庆元四年（1198）修成后，一直实施到淳祐二年（1242）颁布新的普通法《淳祐敕令格式》为止。及至景定重定《吏部条法总类》时，《庆元敕令格式》已经废除而实施新法《淳祐敕令格式》。在这种背景下，景定重定《吏部条法总类》必须将《嘉定吏部条法总类》中所吸收的旧的普通法《庆元令》、《庆元敕》，依据新的普通法改为《淳祐令》、《淳祐敕》。以下试将今《永乐大典》本《吏部条法》所载《淳祐令》、《淳祐敕》与《庆元令》、《庆元敕》作一比较。

《永乐大典》卷一四六二四《吏部条法·差注门五》亲嫌类载《淳祐敕》：

> 诸称亲戚者，谓同居（无服同）若缌麻以上（本宗袒免同），母、妻大功以上亲（姑、姊妹、侄女、孙女之夫，侄女、孙女之子同），女婿、子妇之父祖、兄弟（孙女婿及孙妇之父，兄弟妻及姊妹夫之父同），母妻姊妹、外孙及甥之夫（妻之姊妹之子若外祖父及舅同）。诸缘婚姻应避亲者，定而未成亦是。

此两条敕文与《庆元条法事类》卷八《职制门·亲嫌》所载两条《名例敕》敕文完全相同。《永乐大典》本《吏部条法》所载这两条《淳祐敕》显然是沿用了《庆元名例敕》。这很自然，淳祐二年颁布的《淳祐敕令格式》是在《庆元敕令格式》基础上修订的。《永乐大典》本《吏部条法》亲嫌类所载《淳祐敕》，其实是《淳祐敕》中的《名例敕》。

我们再看《淳祐令》。《永乐大典》卷一四六二四《吏部条法·差注门五》亲嫌类载有七条《淳祐令》，其中第二条令文"诸符号官称犯父祖嫌名及贰名偏犯者，皆不避"与《庆元条法事类》卷三《避名称·职制令》第二条令文同。其余五条令文，与《庆元条法事类》卷八《职制门·亲嫌》所载《职制令》同。从中可看出，《永乐大典》本《吏部条法》亲嫌类所载《淳祐令》实际上是《淳祐令》中的《职制令》。

《永乐大典》卷一四六二六《吏部条法·考任门》文武臣通用类载有十二条《淳祐令》，其中十一条令文与《庆元条法事类》卷五《职制门·考任》所载《考课令》同，余一条（第9条）与该书卷十五《选举门·举辟》所载《荐举令》同。今本《吏部条法》考任门所载《淳祐令》实为《淳祐令》中的《考课令》。

　　《永乐大典》卷一四六二七《吏部条法·荐举门》所载《淳祐令》,其中有九条与《庆元条法事类》卷一四《选举门·改官关升》中的《荐举令》同,有一条与该书同卷同门荐举总法类中的《荐举令》同。有四条与该书同卷同门升陟类中的《荐举令》同。今本《吏部条法》荐举门中的《淳祐令》应是《淳祐令》中的《荐举令》。

　　关于《淳祐格》,今本《吏部条法·荐举门》所载《淳祐格》,比照《庆元条法事类》卷十四《选举门·升陟》,当为《淳祐格》中的《荐举格》。

　　从上述比较分析看,今本《吏部条法》中的《淳祐令》、《淳祐敕》沿用了《庆元令》、《庆元敕》,两者只是法典名称不同,条款内容是一致的。在景定重定《吏部条法总类》时,已将旧的《嘉定吏部条法总类》中的庆元海行法,根据新制定的海行法《淳祐敕令格式》作了改换修正。这是今本《吏部条法》中收载有《淳祐令》、《淳祐格》的原因所在。

　　《淳祐令》、《淳祐格》是全国通行的普通法,为什么会编入特别法《吏部条法总类》?《宋会要辑稿·刑法》一之五九至六〇有一段史料颇能说明《吏部条法总类》与海行法的关系,其载:

　　　　(嘉定)六年二月二十一日,刑部尚书李大性言:“《庆元名例敕》,避亲一法,该载甚明,自可遵守。《庆元断狱令》所称鞫狱与罪人有亲嫌应避者,此法止为断狱设,盖刑狱事重,被差之官稍有亲嫌,便合回避,与诠曹避亲之法不同。昨修纂《吏部总类通用令》,除去《名例敕》内避亲条法,却将庆元《断狱令》鞫狱条收入,以此吏部循习,每遇州县官避亲及退阙、换阙之际,或引用断狱亲嫌法,抵牾分明。兼《断狱令》引兼(嫌)之项,如曾相荐举,亦合回避。使此法在吏部用以避亲,则监司郡守凡荐举之人皆当引去。以此见得止为鞫狱差官。所有昨来以《断狱令》误入《吏部总类》一节,当行改正。照得当来编类之时,吏部元有避嫌条令,却无引嫌名色,故牵引《断狱令》文编入。欲将元参修《吏部总类法》亲嫌门内删去《断狱令》,所有《名例敕》却行编入。”从之。①

从李大性的奏言得知,由于普通法中有一些通行法令具有普适性,例如亲嫌

法,同样也适用于吏部差注制度,因而收入《吏部条法总类》参照执行。又如普通法关于考课、荐举方面的一般性规定,也适用于吏部七司考课、荐举制度。故《吏部条法总类》收入了普通法中的考课、荐举规定。此外,因吏部条法牵涉到宗室官员的差注、磨勘,因而也收入关于宗室管理制度的《大宗正司令》的相关规定。

四、关于《吏部条法》中的"申明"和"通用令"

《吏部条法》中有相当多的条款属于"申明",如《尚书左选申明》、《侍郎左选申明》等。申明中载列了标有具体颁降日期的敕文、尚书省札子,例如《永乐大典》卷一四六二〇《吏部条法·差注门》载《尚书侍郎左右选通用申明》:"嘉定十七年十月二十一日敕:臣僚上言,今后极边、次边州县官,不得差注吏职。奉圣旨'依'。将沿溪峒边州县官一体施行。"这一敕文是尚未修入永法的原始诏敕,它与修入永法作为法律形式的敕,是有区别的。修为法律形式的敕,是一种刑法,并不署年月日。关于《吏部条法》中"申明"的法律效力及作用究竟如何,值得探讨。《永乐大典》卷一四六二六《吏部条法·考任门》承务郎以上载有一条《尚书考功申明》:

> 淳熙十一年五月二十四日敕:奏补承务以上任宫观岳庙,不理为任。在淳熙十年十一月十一日以前,许行收使。本所看详,上件指挥,系分别京官收使宫观岳庙考任,难以修为成法,今编节存留《申明》照用。

可见《申明》中所收敕,是不能修为成法而留作参考备用的原始敕。崇宁三年(1104)蔡京曾奏言:"奉诏,令讲议司修立六尚局条约闻奏。谨以元陈请画一事件并稽考参酌,创为约束,删润修立成《殿中省提举所六尚局供奉库敕令格式》并《看详》共六十卷。内不可著为永法者,存《申明》。"①永法即永为成法之意。②这里,蔡京也提到了把不可著为永法的敕,保留为《申明》。

---

① 《宋会要辑稿·职官》一九之九,第3551页。
② 《宋会要辑稿·仪制》七之三〇载:绍兴三十年四月高宗诏:"自今臣僚陈乞上殿,令具状径赴通进司投进,不许都堂纳札子,永为成法。"第2442页。

南宋另一部法典《庆元条法事类》所载庆元《随敕申明》亦载有类似的说明：

> 绍兴二年闰四月二日敕：诸头项分遣在诸州守戍官兵并余统兵官等，元系朝廷遣使，依将副序位……其余使臣与监当、部队将序位。本所看详上件指挥，系为分遣统兵官屯戍，与所在州官序位事理，虽难以立为永法，今权行存留照用。①

《申明》或因诏敕权宜所颁，或属一时处置，不具有普遍或永久适用意义而权行编纂的。南宋修纂法典，一般都修纂有申明，如绍兴元年(1131)修纂《绍兴敕令格式》的同时，修有《随敕申明》三卷。②庆元四年(1198)修的《庆元敕令格式》附有《申明》十二卷。③作为特别法的《吏部敕令格式》也不例外，也附有《申明》。绍兴三年(1133)，宰相朱胜非等"上《吏部敕》五册，《令》四十一册，《格》三十二册，《式》八册，《申明》一十七册"④。而《吏部条法总类》即是由敕、令、格、式、申明分类编纂而成。淳熙十六年(1189)臣僚奏言：

> 仰惟国家《新书》之设，昭如日星，事制曲防，靡不毕具，而又以颁降指挥，厘为《申明》，一定不易，所以一民听而塞吏奸。然州县之间，往往杂取向来申请，续降指挥。凡《申明》所载者，悉与成法参用，书既不载，而下无从折衷，上不得尽察，由是轻重出入，惟吏所欲。⑤

"新书"为新修法典《敕令格式》之通称，⑥"颁降指挥"，指的是诏令之类的朝廷命令。编纂后的《申明》可与成法参用，与敕令格式一同构成宋代法律体系。

今本《吏部条法》中有许多法律被冠以"通用"之名，如《尚书左右选通用令》、《尚书侍郎右选通用令》、《尚书侍郎左右选通用申明》、《在京通用令》，所谓"通用令"，通常是两个以上的官司可以通用的法律。如熙宁十年

---

① 《庆元条法事类》卷四《职制门·官品杂压》，第26页。
② 《宋会要辑稿·刑法》一之三五，第8249页。
③ 《玉海》卷六六《庆元重修敕令格式》，第1264页。
④ 《宋会要辑稿·刑法》一之三六，第8249页。
⑤ 《宋会要辑稿·刑法》一之五四至五五，第8267页。
⑥ 《直斋书录解题》卷七《法令类》："国朝自建隆以来，世有编敕，每更修定，号为'新书'。"第224页。

(1077)详定一司敕所奏言:"准朝旨送下编到《刑部敕》二卷,共七十一条,今将所修条并后来敕札一处看详。其间事属别司者,则悉归本司;若两司以上通行者,候将来修入《在京通用敕》。"①据此,《吏部条法》中的《尚书左右选通用令》,就是尚书左选和尚书右选两个部门通行的法令;《尚书侍郎右选通用令》就是尚书右选和侍郎右选两个部门通行的法令。

五、今《永乐大典》本《吏部条法》不是足本

据《永乐大典目录》载,《永乐大典》卷一四六一四作"六部·吏部一",至卷一四六四六作"吏部卅三",总计 33 卷。换言之,这 33 卷全是关于吏部的文献。但是"吏部"文献并不等于全是《吏部条法》。刘笃才指出:"《吏部条法》只是'吏部'书中的一种,'吏部'并不是从头到尾仅收《吏部条法》这一部著作。"这是很有见地的。②问题是现存九卷本的《吏部条法》是足本吗?

我们从《吏部条法总类》的源头入手予以辨析。《淳熙吏部条法总类》有四十卷,文献记载"为类六十八,为门三十"③。《嘉定吏部条法总类》,计有一百一十四册,五十卷。④《景定吏部条法总类》是在《嘉定吏部条法总类》基础上重新修订的,其卷数应与之大致相当。可是今《永乐大典》本《吏部条法》只有九卷。又据载,《淳熙吏部条法总类》分三十门,六十八类,这一编纂体例,至《景定吏部条法总类》也不会发生太大变化,然今本《吏部条法》分九门,虽说吏部条法的主要内容都有涉及,但是其分布很不均匀,其中差注门占四卷,奏辟门一卷,考任门和宫观岳庙门、印纸门共一卷,荐举门一卷,关升门和改官门共一卷,磨勘门一卷。又《永乐大典》本差注门分成六门,而奏辟、考任等其他八门都只有一门,差注门与其他门目在卷数及门目的分布上,多寡差别十分悬殊。《景定吏部条法总类》原本编纂体例断不会如此乖戾。

此外,今本《吏部条法》中体例排序也很乱,与南宋另一部类似的法典《庆元条法事类》相比较,显得很不规范,相差甚远。《庆元条法事类》在门目

---

① 《长编》卷二八六,熙宁十年十二月壬午条注,第 6995 页。
② 刘笃才:《宋〈吏部条法〉考略》,《法学研究》2001 年第 1 期。
③ 《玉海》卷六六《淳熙吏部条法总类》,第 1246 页。
④ 《玉海》卷六六《嘉定吏部条法总类》,第 1264 页。

之下分类目,每一类目下,依次排列敕、令、格、式、申明。敕、令、格、式、申明顺序绝不混淆。我们看《永乐大典》卷一四六二〇《差注门》,在《尚书左选格》后,依次排列《尚书左选申明》《尚书右选令》《尚书右选申明》《侍郎左选令》,令、格、申明的排列是交叉的,与前面敕、令、格、申明排列次序不一样。再如《永乐大典》卷一四六二七《荐举门》的排列,此门不分类目,依次排列为:

1.《尚书侍郎左右选通用敕》

2.《尚书侍郎左右选通用令》

3.《尚书侍郎左右选考功通用令》

4.《尚书考功令》

5.《侍郎左选令》

6.《侍郎右选令》

7.《侍郎左选尚书考功通用令》

8.《尚书考功令》

9.《淳祐令》

10.《在京通用令》

11.《淳祐格》

12.《在京通用格》

13.《尚书侍郎左右选考功通用申明》

14.《尚书侍郎左右选通用申明》

15.《淳祐申明》

16.《尚书侍郎左右选通用申明》

17.《尚书考功申明》

18.《侍郎左选尚书考功通用申明》

19.《淳祐申明》

20.《侍郎左选尚书考功通用申明》①

(下略)

从以上排列可以看出,许多条法是重复的,如第8条《尚书考功令》与第

---

① 按,阿拉伯数字序号是笔者便于讨论另加的。

4 条是重复的;第 16 条《尚书侍郎左右选通用申明》与第 14 条是重复的;第 19 条《淳祐申明》与第 15 条是重复的;第 20 条《侍郎左选尚书考功通用申明》与第 18 条是重复的。为什么会出现这种情况呢? 笔者以为《景定吏部条法总类》荐举门下原本是有类目的,第 8 条《尚书考功令》与第 4 条《尚书考功令》原本分属于不同的类目,第 16 条《尚书侍郎左右选通用申明》与第 14 条《尚书侍郎左右选通用申明》也是如此。《永乐大典》在抄引《景定吏部条法总类》时删去了《景定吏部条法总类》荐举门下原有的类目,以至于出现重复排列极不规范的现象。这种重复排列现象在其他门目中也普遍存在。今本《吏部条法》的门目分得很不合理。这些问题可能是在《永乐大典》编纂时,所据底本就已经存在了。今《永乐大典》卷一四六二九《吏部十六·吏部条法磨勘门》也不应是《景定吏部条法总类》的最后一卷,在卷一四六二九之后还应抄有《景定吏部条法总类》的内容。今《永乐大典》本《吏部条法》并不是一个完整的本子。其所据以传抄的本子可能就是一个残缺本。杨士奇等编明政府藏书书目《文渊阁书目》卷十四《政书》,记载《景定(吏部)条(法)总类》云:"一部二十册,阙。"可见当时明政府所收藏的《景定吏部条法总类》是部残本,这个本子很有可能就是《永乐大典》所据以传抄的本子。

在探讨今本《吏部条法》是否足本时,有一个令人困惑的问题需解答,既然《景定吏部条法总类》是以吏部七司敕、令、格、式、申明为基础修纂的,今本《吏部条法》收有吏部七司法中的敕、令、格、申明,但却没有收载"式"这一法律形式,这是何因呢? 是《永乐大典》当年没有抄录呢? 还是《景定吏部条法总类》原本就没有? 考《宋会要辑稿》刑法一之五〇载:

> (淳熙)三年三月二十九日,参知政事龚茂良等上《吏部条法总类》四十卷。先是淳熙二年十一月,有诏:敕令所将吏部见行改官、奏荐、磨勘、差注等条法、指挥分明(门)编类,别删投进。若一条该载二事以上,即随门类厘析具入,仍冠以《吏部条法总类》为名。至三年三月五日,详定官蔡洸等言:"除将吏部见今引用条法、指挥分类各就门目外,其间有止是吏部钞状、体式之类,及内有将来引用条件,并已于法册内尽行该载讫,今更不重行编类。"至是来上。①

---

① 《宋会要辑稿·刑法》一之五〇,第 8263 页。

这条材料提到,在修纂《淳熙吏部条法总类》时,详定官蔡洸上奏要求不要把吏部钞状、体式之类的法条编入。蔡洸所说的钞状、体式之类的法条指的就是宋代的式。宋神宗元丰改革法典修纂体例,将原先综合性的编敕分为敕、令、格、式四种形式分类修纂,"自名例以下至断狱凡十有二门,丽刑名轻者皆为敕;自官品以下至断狱凡三十五门,约束禁止者皆为令;命官之赏等十有七……有等级高下者皆为格;奏表、帐籍、关牒、符檄之类凡五卷,有体制模楷者皆为式"①。从此以后,宋代修纂编敕,必分敕、令、格、式,成为定制,元丰以降,"虽数有修定,然大体悉循用之"②。式的内容就是关于朝廷各府衙公文程式和文牍体例方面的规定。蔡洸要求不编入式的建议显然被朝廷采纳了,《淳熙吏部条法总类》没有收入式。后来修成的《嘉定吏部条法总类》、《景定吏部条法总类》都承袭了《淳熙吏部条法总类》体例,也没有编入式。因此,我们今天看到的《吏部条法》中就没有了式这一法律形式。

(原载《中华文史论丛》2009 年第 3 期)

---

① 《长编》卷三四四,元丰七年三月乙巳条注,第 8254 页。按:"自官品以下至断狱",点校本误作"自品官以下至断狱",今据《郡斋读书志》卷八《刑法类·天圣编敕》改正。
② 《文献通考》卷一六七《刑考》,第 5002 页。

中华版《宋史·刑法志》辨误

　　《宋史·刑法志》三卷,错讹甚多。昔日邓广铭先生曾撰文考正过,[①]读者得益匪浅。嗣后,中华书局出版的点校本以及其他学者先后又纠正了不少错误,[②]但其中仍有一些舛讹未被注意,今不揣浅陋,试加以辨正。自然,校书与校史不同,有些舛误点校本是无法更正的,本文意在指出点校本《宋史》存在的问题。

　　页4964　熙宁初,置局修敕……元丰中始成书二十有六卷。

　　按:《刑法志》所言与史实不符。《宋会要辑稿·刑法》一之九载:"(熙宁)六年八月七日,提举编敕、宰臣王安石上《删定编敕》、《赦书德音》、《附令敕》、《申明敕》、《目录》,共二十六卷。"《玉海》卷六六《熙宁编敕》条同。又《宋史》卷二〇四《艺文志》载:"王安石《熙宁详定编敕》等二十五卷。"《宋会要辑稿》言二十六卷,此云二十五卷者,当不包括目录一卷,以是知熙宁初置局修敕,至熙宁中曾修订成新《编敕》二十六卷。《刑法志》云"元丰中始成书",误也。元丰中所成书《元丰敕令格式》,考《续资治通鉴长编》作七十三卷,[③]《玉海》卷六六《元丰诸司敕式·编敕》作七十一卷,皆与《刑法志》所言"二十有六卷"数不合。《刑法志》"元丰中"疑为"熙宁中"之误。

　　页4964　自品官以下至断狱三十五门,约束禁止者,皆为令。

　　按:宋法律形式沿袭唐律、令、格、式,唐有《官品令》,《唐六典》卷六尚书

①　邓广铭:《〈宋史·刑法志〉考正》,原载《历史语言研究所集刊》1948年第二十本下册,收入《邓广铭全集》(第9卷),石家庄:河北教育出版社,2005年,第228—288页。
②　顾吉辰、张道贵:《〈宋史·刑法志〉考异》,《中国历史文献研究集刊》(第3集),长沙:岳麓书社,1983年,第136—147页。
③　《长编》卷三四四,元丰七年三月乙巳注,第8254页。

刑部郎中员外郎条："凡令二十有七（原注：分为三十卷），一曰《官品》（原注：分为上、下）。"宋令以唐令为本修改而成，内亦有《官品》之目，《玉海》卷六六《天圣新修令》引《书目》云："《天圣令》文三十卷。时令文尚依唐制，夷简等据唐旧文，斟酌众条，益以新制。……《官品令》之外，又案敕文，录制度及罪名轻简者五百余条，依令分门，附逐卷之末。"现存宋代法典《庆元条法事类》，内有《官品令》而无《品官令》。又《续资治通鉴长编》卷三四四元丰七年三月乙巳条注引《国史·刑法志》曰："自《官品》以下至《断狱》，凡三十五门，约束禁止者皆为令。"

《刑法志》"品官"当为"官品"之误。

页 4966　庆元四年，右丞相京镗始上其书，为百二十卷，号《庆元敕令格式》。

按：《宋史》卷二〇四《艺文志》曰："《庆元重修敕令格式》及《申随敕明》二百五十六卷。"《玉海》卷六六《庆元重修敕令格式》云："《敕令格式》及《目录》各百二十二卷，《申明》十二卷。"①《直斋书录解题》卷七《法令》所载同。其中《庆元敕令格式》当为一百二十二卷、《目录》一百二十二卷、《申明》十二卷，总计二百五十六卷。

《刑法志》所言与史实不符，"百二十"后脱一"二"字。

页 4967　徒、流、笞通用常行杖。

按：《宋刑统》卷一流刑载："徒、流、笞、杖刑名应合该除、免、当、赎上请外，据法书轻重等第，用常行杖施行。"李焘《续资治通鉴长编》卷四乾德元年三月癸酉条同，陈均《皇朝编年纲目备要》卷一乾德元年条作"徒、流、笞、杖通用常行杖"。上述三书所载，除"徒、流、笞"与《刑法志》相同外，还有宋志所缺载的"杖"刑。

宋制，徒、流、笞、杖四种刑罚执行时，皆行折杖法。《续资治通鉴长编》卷四乾德元年三月癸酉条载："……徒刑五：徒三年，杖二十；二年半，杖十

---

① （宋）王应麟：《玉海》卷六六《庆元重修敕令格式》，南京：江苏古籍出版社、上海书店，1987年，第1264页。

八；二年，杖十七；一年半，杖十五；一年，杖十三。杖刑五：杖一百，为杖二十；九十，为十八；八十，为十七；七十，为十五；六十，为十三。笞刑五：笞五十，为敕十；四十、三十为八；二十、一十，为七。……徒、流、笞、杖通用常行杖，流罪决讫役一年；加役流决讫役三年。徒罪决而不役。徒、流皆背受，笞、杖皆臀受。"

据上引文献，可证《刑法志》所言与史实不符，"笞"后脱一"杖"字。

页 4967　唐建中令，窃盗赃满三匹者死。

按：《宋刑统》卷一九《贼盗律》"强盗窃盗"门载："准唐建中三年三月二十四日敕节文，自今以后，捉获窃盗赃满三匹以上者，并集众决杀。"此条关于窃盗罪的惩处规定，与《刑法志》所规定的法条内容是一致的，《刑法志》所载规定当源于唐建中三年三月二十四日敕，所言惩处规定属于刑事法律范畴。按《唐六典》卷六刑部郎中员外郎条曰："凡律以正刑定罪，令以设范立制，格以禁违正邪，式以轨物程事。"据此可知令是关于国家制度的规定，不是刑事法律，不可能对窃盗罪作出量刑规定，因此《刑法志》此条所言建中令是有问题的。

《宋刑统》中所载有年月日的唐代敕文，承袭自《大中刑律统类》。①《新唐书》卷五六《刑法志》载《大中刑律统类》"以刑律分类为门，而附以格敕"。所附格敕是当时经过立法程序制定的作为法典的格后敕，因此，我们今天看到的《宋刑统》内载有年月日的唐敕，是唐后期格后敕的一部分。格后敕直接源于唐代皇帝颁布的诏敕。例如唐元和十三年（818）修纂的《元和格后敕》，便是以元和五年制定的《元和删定制敕》为基础，修入元和五年后颁布的敕文而成的。关于此，当时参与修撰的刑部尚书权德舆奏曰："其元和五年已后，续有敕文合长行者，望令诸司录送刑部。臣请与本司侍郎、郎官参详错综，同编入本，续具闻奏。"②格后敕内容是综合性的，既有"设范立制"的内容，也有"正刑定罪"的规定。《宋刑统》所载准唐建中三年三月二十四日敕节文，是格后敕的节录，简称敕。

---

① ［日］仁井田陞等：《〈故唐律疏议〉制作年代考》，杨一凡主编《中国法制史考证》丙编第二卷，北京：中国社会科学出版社，2003 年，第 65 页。

② （宋）王溥：《唐会要》卷三九《定格令》，上海古籍出版社，2006 年，第 823 页。

《刑法志》所言"建中令"疑为"建中敕"之误。

页 4968　太平兴国六年下诏曰："诸州大狱，长吏不亲决，胥吏旁缘为奸，逮捕证佐，滋蔓逾年而狱未具。自今长吏每五日一虑囚，情得者即决之。"……后又定令："决狱违限，准官书稽程律论，逾四十日则奏裁，事须证逮致稽缓者，所在以其事闻。"然州县禁系，往往犹以根穷为名，追扰辄至破家。因江西转运副使张齐贤言，令外县罪人五日一具禁放数白州。

按：志文所言"后又定令"云云，考《宋会要辑稿·刑法》三之四九、《续资治通鉴长编纪事本末》卷一四《听断》，事在雍熙三年(986)。而"张齐贤言"以下内容，考《续资治通鉴长编》卷二二太平兴国六年十二月条，《续资治通鉴长编纪事本末》卷一四《听断》，事在太平兴国六年(981)。《刑法志》用因果逻辑关系之词"然"、"犹"将这段史实缀连于雍熙三年所定令之后，顺序失次，且漏书纪年。

页 4971　(雍熙)三年，始用儒士为司理判官……寻置刑部详覆官六员，专阅天下所上案牍……自是，大理寺杖罪以下，须刑部详覆。

按：此文始言雍熙三年事，至"自是"而下，于理亦当为雍熙三年事。然考《续资治通鉴长编纪事本末》卷一四《听断》："(淳化)二年二月戊午，诏大理寺杖罪以下，并须刑部详覆。"则《刑法志》所云"自是"以下文，非雍熙三年所规定。《刑法志》失书纪年而云"自是"，误。

页 4971　淳化初，始置诸路提点刑狱司……凡大理寺决天下案牍，大事限二十五日，中事二十日，小事十日。审刑院详覆，大事十五日，中事十日，小事五日。三年，诏御史台鞫徒以上罪……至道二年，帝闻诸州所断大辟，情可疑者，惧为有司所驳，不敢上其狱。乃诏……。

按：大理寺，审刑院办案期限之规定，乃至道二年(996)颁布。《续资治通鉴长编纪事本末》卷一四《听断》云，太宗至道二年诏"大理司(寺)所决天下案牍，大事限二十五日，中事二十日，小事十日。审刑院详覆，大事十五日，中事十日，小事五日"。《文献通考》卷一六六《刑考》同。《刑法志》将此诏系于淳化初纪事之下、淳化三年(992)之前，编年失次，当移至至道二年下。

页 4989　帝谓审刑院张揆曰……。

按："谓"后脱一"知"字。《续资治通鉴长编》卷一七八至和二年春二月壬辰载："帝谓知审刑院张揆曰……。"《宋会要辑稿·刑法》四之七四作"帝谓知院张揆曰"，意同。又《宋史》卷二九四本传亦云：张揆曾知审刑院。宋志书法，述某司某人，有官职者，通常述其官职，此不当省略"知"字，疑为流传刻印脱漏所致。

页 4993　诏四川以钱引科罪者，准铜钱。

按：邓广铭《宋史刑法志考正》一文曾指出此诏有误，惜其说过于简略。兹更详考之。《宋会要辑稿·刑法》三之八："(绍兴)二十七年三月七日，权尚书刑部侍郎张构[1]奏言：'……然四川郡县俗行钱引，以引定价，准之铜钱以定罪犯，遂致不侔。则有自笞入杖，入徒；或应徒而流；或应流而死者。谓如强盗持杖，铜钱五贯，铁钱十贯，俱坐绞刑，若盗钱引十道，便以十贯为罪，市价止八贯，比之铜钱止是四贯，少一贯，遂处以死。又如枉法二十匹绞，计铜钱六十贯，铁钱一百二十贯，若受钱引一百二十道，便以一百二十贯计罪，市价止计九十六贯，比之铜钱，止是四十八贯，少一十二贯，亦处以死，由是言之，四川之法偏重，极可悯恤。欲望行下四川州县，凡以钱引定价科罪者，并依犯处市价为数。'从之。"据张构言，当时四川的市价是一铜钱值铁钱二，值钱引二点五道。法律规定持杖强盗铜钱五贯以上者绞，折合铁钱十，钱引十二点五道。而四川俗行钱引，以引定价，准之铜钱以定罪，而不依市价折合定罪。凡盗钱引十道，便处死刑，遂致定罪偏重。于是朝廷规定定罪依市价标准计算。又《建炎以来系年要录》卷一七六绍兴二十七年三月壬申载："权刑部侍郎张礿言：'今四川州县以钱计赃者，并以引抵贯，泉货之用，铜铁相准。如此，是四川之法偏重。乞自今有犯，并依市价纽计钱数。'从之。"《刑法志》所云："以钱引科罪者，准铜钱"疑为"以钱引科罪者，准市价"之误。

---

[1]　按，"张构"，《建炎以来系年要录》卷一七六绍兴二十七年三月壬申条作"张礿"。

　　页 4993　丞相赵雄上《淳熙条法事类》……《户令》："户绝之家，许给其家三千贯，及二万贯者取旨。"帝曰："其家不幸而绝，及二万贯乃取之，是有心利其财也。"又《捕亡律》："公人不获盗者，罚金。"……又："监司、知州无额上供者赏。"

　　按：此文脱、讹者有三：

　　一、"户绝之家，许给其家三千贯，及二万贯者取旨"，意殊不可解，既然户已绝，为何还要给钱三千贯？宋制，户主身死无子，依法属"户绝"，如家属或家族为之立嗣，称"继绝"。官府也可为绝户立继。考《宋史》卷一二五《礼志》载："绍圣元年，尚书省言：元祐南郊赦文，户绝之家，近亲不为立继者，官为施行……。'"又《中兴两朝圣政》卷五七淳熙六年八月辛丑："进呈《户令》，内有户绝之家，继绝者，以其家财物许给三千贯，如及二万贯，奏裁。"可知宋代对绝户有继绝者允许留给一定数量的财产。《刑法志》所言"户绝之家，许给其家三千贯"，于"户绝之家"后疑脱"继绝者"三字。

　　二、"《捕亡律》"为"《捕亡令》"之讹。宋代法律形式有律、敕、令、格、式等诸种。律通常指《宋刑统》所载之律。宋自太祖以降，历朝都有《编敕》。《宋史·刑法志》载："神宗以律不足以周事情，凡律所不载者一断以敕，乃更其目曰敕、令、格、式，而律恒存乎敕之外。"赵雄所上《淳熙条法事类》，乃以《淳熙敕令格式》为底本修编而成，内无律这种法律形式。今传本《庆元条法事类》沿袭了《淳熙条法事类》结构体例，内亦无律。《中兴两朝圣政》卷五七淳熙六年二月癸卯："乃诏敕令所将见行《敕令格式申明》，体仿《吏部七司条法总类》随事分门修纂，别为一书，……仍冠以《淳熙条法事类》为名。""《捕亡律》"，《玉海》卷六六《淳熙条法事类》、《中兴两朝圣政》卷五七淳熙六年九月丙寅皆作"《捕亡令》"，是。

　　三、"监司、知州"后脱一"纳"字。所谓"无额上供"乃指宋代地方于每年规定的上供朝廷的钱物定额外增添的部分，是一项特定的税赋名称。《中兴两朝圣政》卷五七淳熙六年九月丁卯："进呈《赏格》。内有监司及知、通纳无额上供钱赏格。上曰：'祖宗时取于民，止二税而已。今有和买及经总制等钱，又有无额上供钱。既无名额，则是白取于民也。……可悉删去。'"《宋史全文》卷二六下淳熙六年九月丁卯条同。"上供"在此不能作行为动词解，其与"无额"组成专项名词，指的是税赋，只有纳了"无额上供者"，朝廷才有赏。

《刑法志》脱"纳"字。

页 4994　乃以内侍陈瑜、李宗回等付大理狱。

按:"陈瑜",《宋史》卷三四《孝宗纪》亦作"陈瑜"。但《宋史》卷三八三《陈俊卿传》、杨万里《诚斋集》卷一二三《陈俊卿墓志铭》、朱熹《晦庵集》卷九六《陈俊卿行状》、《宋会要辑稿·职官》七一之一九、《中兴两朝圣政》卷四六乾道三年八月、《宋史全文》卷二四下乾道三年八月条皆作"陈瑶"。

《刑法志》"陈瑜"疑为"陈瑶"之误。

页 4995　十四年,诏特免一案推结一次。

按:《刑法志》于此上文所载乃淳熙朝事,此但云"十四年",不书年号,是必以为此事亦系淳熙十四年发生。然《宋会要辑稿·刑法》五之四八系此事于嘉定十四年。

疑《刑法志》于"十四年"前失书"嘉定"年号。

页 4995　五年,臣僚言之,诏:"本路诸司公事应送别州者,无送英德府。"

按:《宋会要辑稿·职官》五之五八系此事于宁宗庆元五年。按,宋志上文所言为光宗时史事,此却云宁宗庆元五年时事,而不言年号,殊为突兀。

疑《刑法志》于"五年"前失书"庆元"年号。

页 4996　又亲制《审刑铭》以警有位。

按:《宋史》卷四三《理宗纪》淳祐四年正月条作:"帝制《训廉》、《谨刑》二铭,戒饬中外。"《玉海》卷三一《淳祐训廉谨刑铭》:"四年正月一日御制谓:祖宗以仁立国,以礼义廉耻待士大夫,而有位者或淫于刑,或冒于贿,爰作二铭以儆以训。《谨刑铭》:民吾同胞,疾痛犹已,报虐以威,刑非得已,仰惟祖宗若保赤子,明谨庶狱。"《景定建康志》卷四《御制御书》亦作《谨刑铭》。

《刑法志》"《审刑铭》"疑为"《谨刑铭》"之误。

页 5002　神武军统制鲁珏,坐贼杀不辜,掠良家子女。帝以其有战功,贷之,贬瑞州。

按:李心传《建炎以来系年要录》卷五四绍兴二年五月辛酉条作:"翊卫大夫、泉州观察使、神武右军前部副统制鲁珏特贷死,命追毁出身以来文字,除名,勒停,免真决,不刺面配琼州本城收管。……仍令临安府遣官兵,自四明市客舟由海道护送。"

瑞州原名筠州(今江西高安市,位于南昌市西南),《宋史》卷八八《地理志》:"瑞州,上,本筠州,军事。绍兴十三年改高安郡。宝庆元年,避理宗讳,改今名。"瑞州属江南西路,在内陆,犯人如配瑞州,无须走海道,唯配琼州(今海南)才走海道。

据《建炎以来系年要录》所载,《刑法志》"瑞州"当为"琼州"之误。

页 5007　中书上刑名未安者五:其一,岁断死刑几二千人,比前代殊多。如强劫盗并有死法,其间情状轻重,有绝相远者,使皆抵死,良亦可哀。若为从情轻之人,别立刑,如前代斩右趾之比,足以止恶而除害。

按:"别立刑",成化本、殿本同。《宋会要辑稿·刑法》一之七、《续资治通鉴长编》卷二一四熙宁三年八月戊寅条、《文献通考》卷一六七《刑考》都作"别立刑等"。中书鉴于每年触犯死刑的人太多,建议恢复肉刑,以代死刑,根据罪犯情状轻重,增加刑罚等级,并非另外设立新的刑种。因此,"别立刑"后的"等"字不当省略,《刑法志》显系脱字,当补。

页 5009　枢密使文彦博亦上言……若伪造官文书,律止流二千里,今断从绞。近凡伪造印记再犯不至死者,亦从绞坐,夫持杖强盗,本法重于造印,今造印再犯者死。

按:"伪造官文书",《宋会要辑稿·刑法》一之八作:"若伪造官文书印,律止于流二千里。"《续资治通鉴长编》卷二一七熙宁三年十一月戊申条:"国家承平百年,当用中典,然因循用法,犹有重于旧律者。若伪造官文书,即律止于流二千里,今断从绞;又其甚者,因近年臣僚一时起请,凡伪造印记再犯皆不至死者,亦从绞刑。"[1]其中"即律"之"即"当是"印"字之误。《文献通考》

---

① 《长编》卷二一七,熙宁三年十一月戊申,第 5280 页。

卷一六七《刑考》作"伪造官文书,律止流二千里"①。

在宋代,所谓律,是指沿用唐律的《宋刑统》。《建炎以来朝野杂记》甲集卷四《淳熙事类》曰:"国初,但有《刑统》,谓之'律'。后有'敕令格式',与律并行。"《宋刑统》卷二五《诈伪律》载:"诸伪写官文书印者,流二千里。余印徒一年。注云:写谓仿效而作,亦不录所用。议曰上文称伪造皇帝八宝,以玉为之,故称造,此云伪写官文书印,印以铜为之,故称写。注云:写谓仿效而作,谓仿效为之,不限用泥用蜡等,故云不录所用,但作成者,即流二千里。……诸诈为官文书,及增减者,杖一百。"这里《宋刑统》所言"伪写"与《刑法志》所言"伪造"是一个意思,《宋刑统》对此说得很清楚,皇帝八宝以玉为之,而普通的官文书印以铜为之,两者有着明显的区别,故前者称造,后者称写。注文说"写"指仿效制作官文书印,不论用泥还是用蜡制成都一样。《宋刑统》卷二五载:"准唐天宝五载十一月九日敕:画印与刻印虽殊,造意与行用无别,论名小异,议罪合同。若稍挂轻条,便成惠恶。其画印宜同刻印例处分,仍永为常式。"换言之,仿照画写印记与制造印记的方式虽不同,其用意和实际作案没有什么区别,是以法律作同一罪处罚。例如《宋史》卷一五四《舆服志》载,仁宗景祐三年少府监官员奏状:"在京三司粮料院,频有人伪造印记印成旁历,盗请官物。"所言"伪造印记",就是指《宋刑统》的"伪写官文书印"罪。"律止流二千里",是言律的最高量刑不超过流二千里,此乃针对伪造官文书印罪的惩处,而伪造官文书之罪,《宋刑统》规定仅"杖一百",刑罚轻得多。《刑法志》所言"若伪造官文书"罪,"律止流二千里",显然不符合《宋刑统》的规定。纵观文彦博上下文所举例证皆围绕伪造官文书印展开的,而不是伪造官文书。《刑法志》于"官文书"后脱一"印"字。

页 5010 元丰三年,周清言:"审刑院,刑部奏断妻谋杀案问自首,变从故杀法,举轻明重,断入恶逆斩刑。"

按:此未云妻谋杀对象是夫还是父母。又据《宋刑统》卷一七《贼盗律》载,谋杀罪有未杀、已杀、已伤等条,《刑法志》所言亦不详。《续资治通鉴长编》卷三〇二元丰三年正月丙子:"中书堂后官周清言:'……审刑院、刑部自

---

① (宋)马端临:《文献通考》卷一六七《刑考》,北京:中华书局,2011 年,第 4999 页。

来奏断妻为从谋杀夫,已杀,案问自首变从故杀法者,引举轻明重法,断入恶逆斩刑。'"

疑《刑法志》"谋杀"文后脱"夫已杀"三字。

　　页5021　神宗即位初,诏曰……应诸州军巡司院所禁罪人,一岁在狱病死及二人,五县以上州岁死三人,开封府司、军巡岁死七人,推吏、狱卒皆杖六十。

按:"诸州军巡司院",成化本、殿本同。《宋会要辑稿》刑法六之五六作"应今后诸处军巡、州司理院所禁罪人,一岁内在狱病死及两人者,推司狱子并从杖六十"。《宋大诏令集》卷二〇二《政事·州县狱罪人死具为令诏》作"诸州军府军巡、司理院"。《文献通考》卷一六七《刑考》作"诸州军巡、司理院所禁罪人"。按宋制,军巡院仅设于三京,州军设州院、司理院,《刑法志》上文云:"官司之狱,在开封,有府司、左右军巡院;在诸司,有殿前马步军司及四排岸;外则三京府司、左右军巡院,诸州军院、司理院。"《宋史》卷一六六《职官志六》"河南应天府"条载:"使院牙职、左右军巡悉同开封。"从神宗诏令内容看,是为加强地方监狱管理而做出的规定,其中包括开封府等三京左右军巡院在内。《宋大诏令集》所言"诸州军府"就涵盖了开封府等三京。而《刑法志》所言"诸州军巡司院",不符合宋代的制度规定,因为诸州并无军巡院设置,也无军巡司院这一机构,"司院"应是"司理院"之误。因此《刑法志》所言"诸州军巡司院"节略省称不当,"诸州"或为《宋会要辑稿》所云"诸处"之误,"诸处"自然包括了开封府等三京左右军巡院。《刑法志》"诸州军巡司院"疑为"诸处军巡、司理院"之误。

　　页5021　神宗即位初,诏曰:"……典狱官如推狱,经两犯即坐从违制。"

按:"从违制",《文献通考》卷一六七《刑考》亦同。《宋会要辑稿·刑法》六之五六作"典狱之官如推狱,经两犯即坐本官,仍从违制失入"[①]。《东坡全集》卷五二《乞医疗病囚状》作"典狱之官,推狱经两犯,即坐本官,仍从违制失入"。《宋刑统》卷九《职制律》:"诸被制书有所施行而违者,徒二年,失错

① 《宋会要辑稿·刑法》六之五六,第8561页。

者,杖一百。"《续资治通鉴长编》卷八一大中祥符六年七月壬子诏:"自今文武官特奉诏旨专有处分,即为躬亲被受,犯者以违制论……律无本条者,从违制失断。"据《宋刑统》规定,被受制书,违者,徒二年,是为"违制";失错者,杖一百,是为"违制失"。根据大中祥符六年规定,神宗诏书关于监狱管理不善而致囚犯死亡应追究官员责任的规定,律中并无本条,应从违制失断。《刑法志》云诸司所禁囚犯因管理不善而病死,属失错行为,疑其"坐从违制"后有脱字。

页 5022　未几,复诏:"失入死罪,已决三人,正官除名编管,贰者除名,次贰者免官勒停,吏配隶千里。二人以下,视此有差。不以赦降,去官原免。未决,则比类递降一等;赦降,去官,又减一等。令审刑院,刑部断议官岁终具尝失入徒罪五人以上,京朝官展磨勘年……。"

按:此诏令实为两件诏书的内容:自"失入死罪"至"又减一等"为一诏,"令审刑院"以下为又一诏。此两诏令非同一时间所颁。前一诏令颁于熙宁二年,《宋会要辑稿·刑法》四之七五载:"(熙宁二年)十二月十一日,诏:'今后失入死罪,已决三名,为首者手分刺配千里外牢城,命官除名编管……赦降,去官又递减一等。'"又《宋史》卷一四《神宗纪》载熙宁二年十二月"癸酉(按,即十一日),增失入死罪法"。后一诏令颁于元丰三年,《续资治通鉴长编》卷三〇二元丰三年正月戊子:"诏审刑院,刑部断议官,自今岁终具尝失入徒,流罪五人以上或失入死罪者,取旨连签者二人当一人,京朝官展磨勘年……。"《宋史》卷一六《神宗纪》亦云此诏颁于元丰三年正月。

《刑法志》将元丰三年所颁诏令之文隶于熙宁二年诏令下,失书"元丰"纪年。

页 5022　(元丰)五年分命少卿左断刑、右治狱,断刑则评事、检法详断,丞议,正审;治狱则丞专推劾,主簿掌按籍,少卿分领其事,而卿总焉。

按:此涉及大理寺职官,《宋会要辑稿·职官》二四之一五载:宣和三年臣僚奏引"《官制格目》:评事、司直、检法详断,丞议,正审,少卿分领其事,而卿总焉"。《文献通考》卷一六七《刑考》作"时官制既行……断刑则评事、检法详断"。点校本《刑法志》据此二书于"检法"后补"详断"二字,并标点作

"断刑则评事、检法详断",将"检法"当作职官,于"检法"前加顿号,使之与大理评事并列。

　　然点校本《刑法志》上引二书所言"检法"其实并非官职,而是行为动词。点校本《宋会要辑稿》、《文献通考》标点皆误。孙逢吉撰于元祐年间的《职官分纪》卷十九《大理》载:"左断刑,则评事、司直按法评(详)断。"①又潜说友《咸淳临安志》卷六《大理寺·寺官廨宇》亦作"按法":"国朝之制:左则断刑,有若直、评按法详断,丞议,正审,右则治狱,有若丞颛推劾,簿掌案籍,少卿分领其事,而卿总之。"此两书所言"按法",即检法,检出适用的法律条款,供长官判决。元丰元年宋恢复大理寺狱时,曾设检法官二人,但元丰五年改官制,大理寺不再设专职检法官。《宋史》卷一六五《职官志》:"元丰官制行,置卿一人,少卿二人,正二人,推丞四人,断丞六人,司直六人,评事十有二人,主簿二人,卿掌折狱、详刑、鞫谳之事。凡职务分左右:天下奏劾命官、将校及大辟囚以下以疑请谳者,隶左断刑,则司直、评事详断,丞议之,正审之。"

　　《刑法志》所载为元丰五年新制,据上述《宋史·职官志》、《宋会要辑稿·职官》、《职官分纪》、《咸淳临安志》,可知其"评事"下脱"司直"二字,"检法"下脱"详断"二字。点校本虽补了"详断",却失补"司直",且于"评事"后误加顿号。

　　　　　(原载《古籍整理研究学刊》1990年第6期,此次作了增补)

---

①　(宋)孙逢吉:《职官分纪》卷十九《大理》,文渊阁《四库全书》本,第923册,第462页。

《金玉新书》新探

宋代法律文献流传于世的,除了《宋刑统》、《庆元条法事类》和《名公书判清明集》等外,尚有残存于《永乐大典》中的《金玉新书》。①此书国内学者甚少注意,20 世纪 40 年代,日本著名学者仁井田陞和今堀城二曾就其取材源流和成书时间作过考证,②对了解和认识此书作了有益的探索。然而,他们的一些观点现在看来似尚有进一步商榷的余地,本文试在日本学者研究的基础上,对此书再作一些探讨。

一

《金玉新书》一书,不见有宋人著录,元修《宋史·艺文志》亦无记载,清《四库全书总目·史部政书类》存目二有云:

> 《金玉新书》二十七卷(《永乐大典》本)。不著撰人名氏,盖元时坊本也。其书凡大纲三十一门:一曰民庶、二曰商旅、三曰僧道、四曰官制、五曰州县、六曰监司、七曰皇族、八曰遣使、九曰职任、十曰荐举、十一曰选试、十二曰推鞫、十三曰公吏、十四曰军防、十五曰督捕、十六曰仓库、十七曰场务、十八曰纲运、十九曰工役、二十曰功赏、二十一曰推赏、二十二曰职田、二十三曰朝觐、二十四曰恩封、二十五曰仪制、二十六曰礼制、二十七曰给赐、二十八曰文书、二十九曰请给、三十曰急递、三十一曰

---

① 《金玉新书》遗文分载于(明)解缙:《永乐大典》卷六五二四《一八阳·桩》,七五一二《一八阳·仓》;一四五七三《六暮·铺》,北京:中华书局,1986 年。《宋会要辑稿·仪制》一三之一二,上海古籍出版社,2014 年,第 2575 页。

② 仁井田陞:《中国法制史研究》(法の習慣·法の道徳),東京大学出版会,1980 年補訂版,第 167—181 页;仁井田陞、今堀誠二:《〈金玉新書〉及〈嘉祐新書〉考》,《東洋学報》第 29 卷 1 号,1942 年。以下所引两人观点,均出于此,不再另注出处。

贡献。每门皆以二字为题,中又分子目,皆以六字为题。繁杂瞀乱,殊不足观。其曰"金玉新书"者,殆取金科玉律之意,立名亦未雅驯也。

四库馆臣的这段解题,大致介绍了此书的体例和内容,但未提示书中所载是何朝的"金科玉律","盖元时坊本也",是一句未确指的按语,可以理解为此书为元朝人所撰,记载元朝法律,也可以是记载其他朝代的法律。仁井田陞和今堀诚二认为这是一部以南宋时代的海行《敕令格式》为素材的法令分类汇编,其最初编撰于乾道八年(1172)至淳祐二年(1242)之间,摘抄乾道、淳熙、庆元三朝的《敕令格式》而成,淳祐二年《淳祐敕令格式》颁布后,又曾据以增补,他们立论的依据之一为徐松从《永乐大典》辑录下来的见于《宋会要辑稿·仪制》一三之一二的一条《金玉新书》遗文,其云:

> 诸犯濮安懿王、秀安僖王讳者,改避。若书籍及传录旧事者,皆为字不成。其濮安懿王在真宗皇帝谥号内者,不避。应奏者,以黄纸覆之。

仁井田陞认为,避孝宗父亲秀安僖王讳之事,必在绍兴三十二年(1162)孝宗即位以后,从而推断孝宗时修纂的《乾道敕令格式》是《金玉新书》取材的源本之一,因此他们将《金玉新书》初编本成书时间的上限定在乾道八年《乾道敕令格式》颁布后。然而证诸宋代文献,这个推断是大有问题的。

《宋史》卷三六《光宗纪》绍熙元年(1190)三月丁卯载:"诏秀王袭封,置园庙。班安僖王讳。"李心传《建炎以来朝野杂记》甲集卷一《秀安僖王》云:"孝宗既受禅,不敢顾私亲。逮光宗继统而高庙几筵犹未除,故缓其事。绍熙元年夏,始诏即园立庙如濮王,仍班讳。"可知孝宗即位后并没有随即颁布避秀安僖王讳的诏书,避讳规定直到二十八年后方始颁行。在宋代,皇帝就某事、某人颁布的单行诏敕,称"散敕",散敕积累到一定程度,由朝廷命官加以删修整理,将适宜普遍和长期行用的诏敕编修成《敕令格式》,或者单编成法规颁布实施。这种立法活动通常每隔若干年举行一次。避秀安僖王讳的诏令虽颁于绍熙元年,但是绍熙年间修订的《绍熙重修文书令》还未收入此诏令。该文书令曰:

> 诸犯濮安懿王讳者改避,若书籍及传录旧事皆为字不成。其在真宗皇帝谥号内者,不避,应奏者,以黄纸覆之。①

---

① 宋《附释文互注礼部韵略附韵略条式》,《四部丛刊》续编本。

其中并无避秀安僖王讳的规定。《绍熙重修文书令》编纂的具体时间虽无法考知,然修成于绍熙年间却是可以肯定的。依据宋代修纂《敕令格式》的惯例,一部《敕令格式》所收诏敕的截止期,通常定于该法典纂修前若干年。如乾道六年修成的《乾道敕令格式》,所收诏敕,截至乾道四年止。①淳熙四年(1177)修《淳熙敕令格式》,诏敕亦只收至乾道四年。②庆元四年(1198)修成的《庆元敕令格式》,诏敕收至庆元二年终。③因此,《绍熙重修文书令》未收绍熙元年颁布的避秀安僖王讳诏令是很正常的。这一避讳诏令,后来到修《庆元敕令格式》时才正式被收入。④据此,《金玉新书》有关避秀安僖王讳的遗文,其材料最早也只能取自修纂于嘉泰二年(1202)的《庆元敕令格式》,而非如仁井田陞所言来源于绍熙之前修纂的《乾道敕令格式》。

二

检阅《金玉新书》遗文,诚如仁井田陞所言,《金玉新书》有初编本和增补本之分,不过,初编本的材料并非来源于南宋的三部《敕令格式》,依据现在可看到的材料,笔者以为它的源本可以追溯到北宋元符二年(1099)修订的《元符敕令格式》,理由陈述如下。

《金玉新书》有一节关于宋代递铺制度的规定,其云:

> 诸敕降入马递者,行五伯里;其文书事干外界或军机若朝旨支拨借兑、急切备边钱物或非常盗贼、奏按往还,入急脚递,日行人(按:“人”为“四”字之误)伯里;要速入马递,日行三伯里;常程入步递,日行三伯里。⑤

其中言及递铺分马递、急脚递、步递三种,各自皆有相应的传递期限,其中马递铺又有两种不同的传递级别。如果搞清这一制度的实施年代,便不难找出《金玉新书》的取材源流。沈括《梦溪笔谈》卷一一《官政》云:

---

① (清)徐松辑,刘琳等校点:《宋会要辑稿·刑法》一之五一,上海古籍出版社,2014年,第8264页。

② 《宋会要辑稿·刑法》一之五五载:“《淳熙新书》止将乾道四年十二月以前指挥删修而成,自乾道五年至淳熙七年续降指挥既未经修,即非删去。”第8267—8268页。

③ 《玉海》卷六六《庆元重修敕令格式》,第1264页。

④ 按:《庆元条法事类》系据《庆元敕令格式》分类汇编而成。

⑤ 《永乐大典》卷一四五七五《六暮·铺》,北京:中华书局,1986年,第7册,第6457页。

> 驿传,旧有三等:曰"步递"、"马递"、"急脚递"。急脚递最遽,日行四百里,唯军兴则用之。熙宁中,又有"金字牌急脚递"……日行五百余里。

据沈括所言,马递、急脚递、步递三种分法,在宋神宗熙宁以前就有了,熙宁中又有金字牌急脚递。实际上这种金字牌急脚递仍从属于急脚递种类,是急脚递中的一个级别,犹如马递铺有两种传递级别一样。《宋会要辑稿》载元丰六年(1083)九月二十五日诏曰:"鄜延路,令毋辄出兵。令枢密院更不送门下省,止用金字牌发下。牌长尺余,朱漆,刻以金[字],书'御前文字,不得入铺'。尤速于急递。"①所谓"不得入铺",是指传递方式,递送者"不以昼夜鸣铃走递,前铺闻铃,预备人出铺,就道交受"②,以保证传递速度,防止耽搁,故其比普通的急脚传递速度要快。这种金字牌急脚递制度,《金玉新书》内亦有明载:"诸急脚递承传御前不入铺及("及"字似衍)金字牌文书,并日行五伯里。"《梦溪笔谈》约成书于北宋元祐七年或稍后,③它所记载的北宋递铺等级制度与《金玉新书》的记载是一致的。当时的递铺,总的来看分三种,或者说分三等,这与南宋的递铺制度完全不同。

绍兴十三年八月御史中丞罗汝楫言:

> 祖宗邮传之制,有步递,有马递,有急脚递。其文书事干外界或军机、若朝廷支拨借兑、急切备边钱物、或非常盗窃(贼),并入急脚递,日行四百里。近岁修立斥堠法,尤为严密,……昨缘多故,乃更置摆铺,事属重复。④

又淳熙十三年(1186)军器监主簿王厚之奏言:

> 递铺,旧法三等:曰"急脚",曰"马递",曰"步递",并十八里或二十里一铺,今总谓之"省铺"。建炎三年(1129)初立斥堠,绍兴三十年又创摆铺,立九里或十里一铺,止许承传军期紧切文字。近来摆铺、斥堠、省递混而为一,共分食钱,通同递传,所以多有违限。今乞行下诸路转运

---

① 《宋会要辑稿·方域》一○之二五,第9476页。
② 《金玉新书》,载《永乐大典》卷一四五七五《六暮·铺》。
③ 徐规:《沈括事迹编年》,原载《宋史研究集刊》1988年第二集,收入氏著《仰素集》,杭州大学出版社,1999年,第260—278页。
④ 《宋会要辑稿·方域》一一之九,第9495页。

司，日下分别诸铺名额，就择少壮有行止人充摆铺，依元来指挥，内外军期急速文字专入摆铺，常行文字并入斥堠。其元无摆铺处，军期亦入斥堠，常行并入省递。①

从上述罗汝楫和王厚之的奏言中可以得知，自建炎三年后，南宋政府在北宋原有的三种递铺基础上又增设了斥堠和摆铺，原来的三种递铺总称"省铺"，级别在摆铺和斥堠之下。摆铺，时或罢或置，然据所见到的材料，至嘉定十年（1217）仍有设置，②而始设于南宋初的斥堠则一直延续到南宋末，③是与南宋相始终的。然而在《金玉新书》里除了步递、马递和急脚递铺外，我们找不到任何有关摆铺和斥堠的记载。毫无疑问，《金玉新书》所收递铺法规不是南宋时代的，而是来源于北宋时的法典。

依据沈括和王厚之所言，《金玉新书》所载递铺制度应是神宗熙宁中至北宋末的国家典制，当取材于这一时期的法典。这一时期全国范围内通行的，作为普通法的法典共有五部。依次为熙宁六年（1073）编修的《熙宁编敕》、元丰六年的《元丰敕令格式》、元祐二年（1087）的《元祐敕令式》、元符二年（1099）的《元符敕令格式》和政和二年（1112）的《政和敕令格式》。④究竟取材于哪一部呢？考《金玉新书·递铺》载："诸盗匿、弃毁、私拆、亡失应经由进奏院递角者，巡辖使臣即时申门下后省。"其中提及的门下后省乃神宗元丰改革官制时所增设，始置于元丰五年，⑤据此推断，《金玉新书》所本必为元丰以后的法典。又《金玉新书·递铺》载：

> 诸急脚、马递铺兵级曹司辄令家人或雇倩人代名及对换承传若受之者，各杖八十。……即盗匿、弃毁、私拆、稽留者，正身虽不知情，减犯人一等。
>
> ……

---

① 《宋会要辑稿·方域》一一之三一至三二，第 9506 页。
② 《宋续会要》，载《永乐大典》卷一四五七五《六暮·铺》。
③ 参见（宋）潜说友《咸淳临安志》卷五五《邮置》，《宋元方志丛刊》本，北京：中华书局，2000 年，第 4 册，第 3851 页。
④ 戴建国：《宋代编敕初探》，《文史》第 42 辑，北京：中华书局，1997 年。已收入本书。
⑤ 《宋会要辑稿·选举》三之三一、三之三二，第 5300—5301 页；《宋会要辑稿·职官》一之七八载："元丰官制：门下、中书各增建后省。"又《宋史》卷一六《神宗纪》载元丰五年五月行官制，第 307 页。

> 诸马递承传文书,违一时杖八十,一日杖一百,二日加一等,罪止徒三年,配五百里重役处。致有废阙,事理重者奏裁。①

兹将其与元丰后的另一部法典《政和敕令格式》中的敕作一比较,《政和敕》云:

> 马递承传文书,违一时杖八十,二时加一等,一日徒一年,二日加一等,配五百里,罪止徒三年,配千里。②

《政和敕》的处罚要重于《金玉新书》所载法款,两者量刑幅度并不相同。综上所述,可以完全排除《金玉新书》抄录《熙宁编敕》和《政和敕令格式》的可能。以下我们再来看《续资治通鉴长编》(以下简称《长编》)卷四五七元祐六年四月丁酉的一条载文:

> 刑部、大理寺言:"敕降入马递,日行五百里,事干外界或军机,及非常盗贼文书入急脚递,日行四百里。如无急脚递,其要速并贼盗文书入马递,日行三百里,违不满时者笞五十,一时杖八十,一日杖一百,二日加一等,罪止徒三年。致有废阙,事理重者,奏裁。常程文书入步递,日行二百里。违时日者,减马递五等。应雇倩及对换传送者,各杖八十。因而盗匿、弃毁、私拆、稽留者,各减正犯人法一等。"从之。③

刑部、大理寺元祐六年的这条奏言与《金玉新书·递铺》所载的量刑幅度几乎一致,两者有详简之区别,而无相悖之内容。后者缺"不满时者笞五十"和"违时日者,减马递五等",这些有可能为《金玉新书》摘抄时所遗漏,也有可能在正式制定法典时被删除。除了量刑幅度外,有关的邮递制度,两者也是一样的。可以断定,刑部、大理寺元祐六年的这一奏言经皇帝批准后以诏敕名义下达执行,后来收入元符二年十二月修成的《元符敕令格式》,嗣后又为《金玉新书》所摘抄。

以下再举一例来证实《元符敕令格式》为《金玉新书》源本之说。《长编》卷四九四元符元年二月丁亥条载刑部言:

---

① 《金玉新书》,载《永乐大典》卷一四五七五《六暮·铺》。
② 《宋会要辑稿·方域》一〇之三三,第 9480 页。
③ 《长编》卷四五七,元祐六年四月丁酉,第 10939 页。

急脚、马递铺兵级并五人为一保,如犯盗及杀人、强奸、略人、放火、发冢或弃尸水中,若博赌财物、藏匿犯盗之人,或盗匿、弃毁、私拆递角,同保人及本辖节级知而不告者,各减犯人罪一等,不知情者减三等。①

刑部的这条刑法规定,后也经过立法整理正式编入《元符敕令格式》,同样为《金玉新书》所摘抄:

诸急脚、马递铺兵级五人为一保,不满五人者,附保。

……

诸急脚、马递铺兵级犯盗及杀人、强奸、略人、放火、发冢或弃尸水中,若博睹财物、藏匿盗,或盗匿、弃毁、私拆递角,同保及本辖节级知而不纠者,各减犯人罪一等,不知情减二等,罪止杖一百。②

这里需指出的是,上述《元符敕令格式》、《庆元敕令格式》等都是属全国范围统一行用的普通法法典。在宋代,不仅有普通法法典,还有特别法法典,如《元丰户部敕令格式》、《明堂敕令格式》。③有关马递铺的制度,除了普通法法典有所规定外,另外宋代还制定有马递铺的特别法法典,其对马递铺法令作了更为详细的规定。大观元年(1107)七月蔡京言:"伏奉圣旨,令尚书省重修《马递铺海行法》颁行诸路。臣奉承圣训,删润旧文,编缵成书,共为一法,谨修成《敕令格式》、《申明》,对修总三十卷,并《看详》七十卷,共一百册,计六复,随状上进。如或可行,乞降付三省镂版,颁降施行。仍乞以《大观马递铺敕令格式》为名。"④《大观马递铺敕令格式》这一特别法法典连同《申明》共有三十卷之多,可见法令一定很详备。

《金玉新书》所载马递铺的法令会不会抄自《大观马递铺敕令格式》?笔者以为不可能,因为普通法法典与特别法法典是有区别的。所谓普通法是指全国范围内统一、普遍适用的法律,对任何人都能发生效力,它所包含的内容十分广泛,如残存的宋代《庆元条法事类》所规定的就是普通法。而特别法仅适用于特定的人群或特定的事项、特定地区和部门,内容单一

---

① 《长编》卷四九四,元符元年二月丁亥,第11747页。
② 《永乐大典》卷一四五七五《六暮·铺》。
③ 《宋史》卷二〇四《艺文三》,第5135页。
④ 《宋会要辑稿·刑法》一之二二,第8236页。

狭窄。如《大观马递铺敕令格式》所规定的特别法是专门适用于马递铺这一事项的。我们从《金玉新书》的大纲可以得知,是书所抄录的内容范围很广,共分三十一个门类。如果每一门都要从相应的宋代特别法法典抄录而成,就需抄录三十一部,编纂者的取材工作将是件十分困难的事情,既费功又费时。从残存的作为普通法行用的《庆元条法事类》来看,普通法法典是完全能够满足《金玉新书》编纂需求的。事实上,《金玉新书》本身就是一部普通法令的分类摘编。再者,宋代特别法法典的条款比普通法法典更为细密详备,卷帙浩繁,如《大观马递铺敕令格式》连同《申明》计有三十卷之多。而《金玉新书》总共只不过二十七卷,编纂者似乎不大可能也没有必要将宋代的几十部卷帙浩繁的特别法法典抄录缩减成仅有二十七卷的《金玉新书》。

三

从现存《金玉新书》三篇比较完整的遗文来看,是书编纂体例前后并不一致。据《四库全书总目》云,其分大纲三十一门,"每门皆以二字为题,中又分子目,皆以六字为题"。检三篇之中的《封桩》和《诸仓类》,内分子目,以六字为题,每一子目下分载一条法律条款,间或注"职制敕"、"厩库敕"、"仓库令"等。宋代法典《敕令格式》内分"敕"、"令"、"格"、"式"四种法律形式,但这两篇遗文仅收录"敕"和"令"的条款,而无"格"、"式"的内容。但在《金玉新书》另一篇《递铺》内,与前两篇遗文相比,体例上有三点显著不同,其一,不分子目,无六字小题。其二,无"职制敕"、"厩库敕"等注文。其三,除了敕、令条款外,还收录了属于"格"方面的法律条文。①这种体例上的显著差别,无疑是因不同时期、不同作者编撰而产生的。依据这种体例差异,并结合前文对《递铺》遗文的考辨,可以推断《金玉新书·递铺》篇与其他两篇遗文不是同一时期、同一作者所编纂的。仁井田陞认为《递铺》内的六字子目为《永乐大典》所删,此论不具说服力。

---

① 宋代法律形式"格"中包含了酬赏的内容。《金玉新书·递铺》载:"告获传送军期重害机密递角盗拆,又请求或教令开拆窥看者,转一官。"其内容显属酬赏格。

我们先分析《诸仓类》，其篇首注文曰："凡三十二条，并系增入《淳祐新书》。"据仁井田陞和今堀诚二考证，《淳祐新书》为理宗淳祐二年所修《淳祐敕令格式》的异称。换言之，此《诸仓类》全文是据《淳祐敕令格式》增补的。其体例与《金玉新书》其他遗文相比较，有两个特殊之处：第一，每条款项之首皆注有序号。第二，有五条子目下分注有"淳祐详定"、"淳熙重定"、"庆元详定"、"庆元重定"、"淳熙重定"之文。其余二十七条则无类似注文。何谓"详定"？何谓"重定"？既然全文系以《淳祐敕令格式》增补，为何会有"淳熙重定"、"庆元详定"等注文？搞清它们之间的联系和区别，有助于了解和认识这篇遗文。

北宋张方平在《进〈庆历编敕〉表》中，曾就宋代法典编纂方法叙述道："因事标目，准《律》制篇，摘除重复，扬榷轻重，增所宜立，周所未详……其言某年月日敕者，则尽如元降；言某年月日敕详定者，则微加修润；言臣等参详新立者，乃是众议建明。"①可知所谓"详定"，是立法官对原皇帝颁布的诏敕略加修饰，基本保持原义；而"参详新立"，显然是相对于"微加修润"的"详定"而言，意为由立法官根据实际需要新订立的法律条款，亦即"重定"也。这是宋代法典修纂专用术语。例如乾道六年修成的《乾道敕令格式》，"于现行法中增损元文五百七十四条，带修创立者三百六十一，全删旧文八十三，存留照用者百二十有八，墨书旧文，朱书新条"②。其"增损元文"、"带修创立"，与《金玉新书》所注"详定"、"重定"是同样的意思。宋代元丰以前将皇帝诏敕整理删修成法典，叫"编敕"，最初于正文条款之下标注每条敕文的颁降年月，以供日后立法官修改参考，自《嘉祐编敕》起，将敕文颁降时间改注于目录之中。③宋神宗时更改了编敕结构体例，"编敕"改称"敕令格式"，但于目录中标注敕文颁降年月的体例没有变，南宋的法典也仍沿袭了这种体例。如《乾道敕令格式》共计二百四十四卷，其中仅目录就有一百二十二卷，④平均每一卷正文都附有一卷目录。设置这么详细的目录，这与目录内标注敕

---

① （宋）张方平：《乐全集》卷二八《进〈庆历编敕〉表》，文渊阁《四库全书》本，第 1104 册，第 289 页。

② （宋）楼钥：《攻媿集》卷八八《汪大猷行状》，文渊阁《四库全书》本，第 1153 册，第 360 页。

③ （宋）韩琦撰，李之亮、徐正英笺注：《安阳集编年笺注》卷二七《进〈嘉祐编敕〉表》，成都：巴蜀书社，2000 年，第 889 页。

④ 《玉海》卷六六《乾道敕令格式》，第 1263 页。

文颁降时间这一体例不无关系。不过,到南宋时,标注内容稍有变化,已由原来的标注敕文颁降时间改为标注条款的修订时间。因此,在以《淳祐敕令格式》增补的《金玉新书·诸仓类》中就有了"淳熙重定"、"庆元详定"、"淳祐详定"等注。增补的条文中有"淳熙重定"注的,便是《淳熙敕令格式》修纂官"参详新立"的条款;有"庆元详定"、"庆元重定"注的,分别是《庆元敕令格式》修纂官"微加修润"和"参详新立"的条文。值得注意的是,《金玉新书》这篇遗文尚有二十七条没有类似注文,这又作如何解释?笔者以为从《淳熙敕令格式》到《庆元敕令格式》,再到《淳祐敕令格式》,法典已是三修,各《敕令格式》之间毫无例外地都有着因袭关系,或多或少地保留有前朝的法令。对于淳熙以前时间久远但仍然有效的陈年旧法,《淳祐敕令格式》大概不再标注敕令的修订时间,而以"墨书旧文"的形式代替之,因此在增补《金玉新书》时,对《淳祐敕令格式》内的这些陈年旧法没有也无法加注。须指出的是,在这未加注的二十八条敕令中,当有一些原是注有修订时间的,而为《金玉新书》所漏抄。

接下来再看《金玉新书·封桩》篇遗文,它与前述《诸仓类》体例不同的是,既无序号,又不注修敕时间,这表明这篇遗文与《诸仓类》不是同时编纂的,亦即它不是依据《淳祐敕令格式》增补的。此外,它亦不同于《递铺》篇的体例。这篇遗文计有敕令二十条,其中十九条与现存残本《庆元条法事类》卷三一《财用门·封桩》所载《庆元敕令格式》的有关条文完全吻合,如果把它与本文开头考证的有关秀安僖王避讳一段遗文联系起来考察,两者当是同时抄自《庆元敕令格式》的。

以上就残存《金玉新书》诸篇遗文的取材源流进行了考述,以目前所见遗文而言,《金玉新书》初编本取材于北宋法典《元符敕令格式》。嗣后,此书至少有过两次增补,一次增补了《庆元敕令格式》,另一次增补了《淳祐敕令格式》。这两部《敕令格式》,在成书时间上是一前一后紧挨着的,增补者以成书时间如此之近的两部法典作增补,笔者推想其原因大概是当时据以增补的这两部法典并非完本,至少其中一部是如此。

四

宋代凡官修法典,通常由皇帝下诏组成的专门修纂机构编修,书成进呈天子取旨，赐以正式书名，冠以所修年年号。每一部新修的法典，都可称"新书"，这是相对于旧法典而言的。南宋陈振孙说："国朝自建隆以来，世有编敕，每更修定，号为'新书'。"①如《乾道敕令格式》，在其颁布后至新法典《淳熙敕令格式》颁布前这一段时间内，通常又可称《乾道新书》，但是当《淳熙敕令格式》制定颁布后，它便不能再称《乾道新书》，"新书"的称呼已移指新出的《淳熙敕令格式》了。这时，《乾道敕令格式》已成"旧书"，②换言之，"新书"的指称是有特定的时间限制的。仁井田陞和今堀诚二虽然考证了宋代"新书"的涵义，但对这一点，却未能予以注意。《金玉新书》虽亦取名"新书"，然而却冠以"金玉"二字，与宋代官修法典通常冠以年号的体例相违背。宋人任广的《书叙指南》云："刑法书曰'金条玉科'。"此外，刑法书还可称"金科玉律"，③《金玉新书》之"金玉"盖本于此。"新书"在宋代是指新编法典而言，再冠以"金玉"，不无赘疣重复之嫌，从其取名《金玉新书》来看，当是民间私撰之书，此书的最初作者应是宋人，编纂的目的在于印卖营利。在宋代历史上，抄录法典刊印出售的，不乏其例。北宋庆历二年（1042）就有人"将《刑统·律疏》正本改为《金科正义》，镂版印卖"④。宋代法律虽有明令禁止私雕或盗印法典法规的规定，⑤然而，法律规定是一回事，实际状况又是另一回事。比如宋代曾多次严申禁止私铸钱币，但事实上盗铸者并没有因此而绝迹，为利所驱铤而走险的人不在少数。有时为了应付社会习法者的需要，政府还不得不默认书商们的盗印行为。《长编》卷四○九元祐三年三月戊申条注云："自熙宁以来，吏知习法，而无新书以从学，遂时听印卖。"尤其是当战乱之后，这种供需矛盾更为突出。史载：宋遭靖康之难，"朝廷自渡江以来，图籍散亡，官曹决事，无所稽据"⑥。以至于出现法官引用"官吏省记"来断罪的现象。⑦《金玉新

---

① （宋）陈振孙撰，徐小蛮、顾美华点校：《直斋书录解题》卷七《法令类》，上海古籍出版社，1987年，第224页。
② 《宋会要辑稿·刑法》一之四八至五六，第8260—8269页。
③ 《宋史》卷二○四《艺文三》刑法类著录无名氏《金科玉律》一卷，第5145页。
④ 《宋会要辑稿·刑法》二之二六，第8297页。
⑤ 《庆元条法事类》卷一七《文书门·雕印文书》，第365页。
⑥ 《宋会要辑稿·刑法》一之三六，第8249—8250页。
⑦ （宋）李心传撰，胡坤点校：《建炎以来系年要录》卷七八，绍兴四年七月癸酉，北京：中华书局，2013年，第1480页。

书》初编本可能就是在这种背景下应社会的需要而出现的。

《金玉新书》增补本,因其体例与初编本相异,故其成书时间当不同于初编本,亦非同一作者所为。笔者以为增补本为元代人所为,确如四库馆臣所言"盖元时坊本也"。但四库馆臣并不了解此书有初编本和增补本之分,是只知其一,未知其二。以下试解析之。

1279 年,元在灭宋以后,面对一个统一的、疆域辽阔、民族众多的复杂社会,未遑制作,用于指导国家机器运行的政治与法律典籍十分匮乏,尤其是法典法规问题尤为突出,当时的大臣胡祗遹在论及这一问题时说:"即今上自省部,下至司县,皆立法官,而无法可检。泰和旧律不敢凭倚,蒙古祖宗家法汉人不能尽知,亦无颁降明文,未能遵依施行。"①在这种情况下,借鉴和利用南宋汉人的旧法,从旧法典中摘录一些法规法令编纂成类似教科书性质的书籍,供官吏习用,这应是一种可行的过渡办法,以解决因法典匮乏而产生的种种问题。"夫读律则法理通,知书则字义见,致君泽民之学,莫大乎此。"②这是元人徐元瑞说的话,表达了当时人对读律习法的重视。在这种历史背景下,原为宋人习法所撰的《金玉新书》,受到了元人的青睐。元代书贾在《金玉新书》初编本基础上,根据元代实际需要进行了增补,刊印出售。由于宋、元毕竟是两个不同的朝代,国家制度不尽相同,对元人来说,有一些宋代的旧法没有参考学习的价值,同时,宋代旧法汗牛充栋,摘编时,必须有一个取舍标准。南宋的法典是按敕、令、格、式四种法律形式分类修纂的,敕为制裁刑事犯罪的法律,偏重于惩罚。令是关于朝廷各项制度的规定,它规定了团体和个人所必须遵守的条例,偏重于戒教。格是为了正确实施国家制度而设立的一种借以比照和衡量的法定标准。式是对朝廷各府衙公文程式和文牍方面的规定。四者之中,敕和令是宋代法的主体,格和式作为宋代政府特有的行政规范,对隔了一个朝代的元人来说,学习价值可能不大,《金玉新书》的增补者舍弃格、式不用,只抄录敕、令,这一取舍标准是符合元人社会需求目的的。

即使是抄录的宋代敕令,也是经过挑选的,并不完整,《金玉新书》的规

---

① 胡祗遹:《杂著·论定法律》,《元代史料丛刊·吏学指南(外三种)》,杭州:浙江古籍出版社,1988 年,第 220 页。

② (元)徐元瑞:《吏学指南·习吏幼学指南序》,杭州:浙江古籍出版社,1988 年,第 3 页。

模卷帙远远不及它所抄录的源本宋代法典。如其据以增补的《庆元敕令格式》和《淳祐敕令格式》每部都在百卷以上,而《金玉新书》总计仅二十七卷,分三十一门,平均每门连一卷都不到。又如《封桩》篇抄录的敕令计二十条,而它所取材的源本《庆元敕令格式》有关封桩事项的敕令有三十八条,①《金玉新书》只摘抄了它的一半略多点,其原因很简单,作为习本,没有必要全录。

　　增补者还在大纲之下增设了六字体的子目,以适应元人习法的特殊需要。每一子目下仅隶系一条法律文款,这种体例与宋代法典并不一样,宋《敕令格式》体例为"会数敕而同一科"②,亦即每一子目下系有同一法律形式的若干条法令,这些法令是围绕某一主题事项类集的。《条法事类》则是将在行的各种各样的法规法令分门汇编,使不同的法律形式围绕某一事项,"聚载于一处,开卷则尽见之"③。如现存《庆元条法事类》畜产门,下分六个子目,每一子目下所系法令条款,少则三四条,多则数十条。敕、令、格、式等法律形式依次分载,体例划一而规范。相比之下,《金玉新书》显得支离破碎,诚如四库馆臣所言"繁杂瞀乱"。通观这些子目,都是从其所系法律条文内容中摘出六字凑合成的,十分机械死板,纯粹是编纂者为了便于元代习法者学习而增设的。仁井田陞认为是便于记忆检索之用,不无道理。又,原《永乐大典》卷七八三四刑韵部,收有《金玉新书》的《刑名指掌图》,此图现已亡佚。④顾名思义,这是一种便于学习用的形象化图表。然而在宋人文献里,从未见有人提及法典里有此《刑名指掌图》,显然,这是《金玉新书》作者为适应官吏习法需要,增加商业效应而特意绘制的,很有可能是增补本所加。

　　《金玉新书》虽系抄录宋代《敕令格式》而成,但它的性质与宋代《敕令格式》不同,《敕令格式》是作为在行的法典,是法官判案断罪的法律依据,《金玉新书》则是为迎合习法者需要由民间私下编撰的、带有法律教科书性质的书籍。这一点,可以从它增设的六字子目和《刑名指掌图》得到证实。编纂

---

① 　《庆元条法事类》卷三一《财用门·封桩》,第 477—481 页。

② 　《安阳集编年笺注》卷二七《进〈嘉祐编敕〉表》,成都:巴蜀书社,2000 年,第 888 页。

③ 　(宋)佚名著,汪圣铎点校:《宋史全文》卷二六下《宋孝宗六》,淳熙六年二月癸卯,北京:中华书局,2016 年,第 2227 页。

④ 　见合订本《永乐大典》所附《永乐大典目录》,北京:中华书局,1986 年。

者为书商,编纂态度并不严肃,编纂体例混乱。这一方面表现在初编本和增补本体例的不统一,另一方面,编排次序毫无规则可言,或先令而后敕,先敕而后令;或两敕之中夹令,两令之中夹敕,条理不清,远不如官修《敕令格式》那么严谨规范。所抄敕令,有本为敕的,误注为令,有本当注而未注的。当然,这些有可能为《永乐大典》所漏抄、误抄。

《金玉新书》虽有不少疵吝,但也并非没有价值,一是给我们保留了一些重要资料,如《递铺》篇遗文,保存了较为完整的北宋递铺方面的法令,它的价值是现存其他有关史料所不能替代的。二是具有文献校勘价值,可以用它来校勘残存的《庆元条法事类》以及《宋会要辑稿》等宋代古籍。

（原载杭州大学古籍研究所编《古典文献与文化论丛》第 2 辑,杭州大学出版社,1999 年）

南宋徽州地契试析

　　宋代是一个商品经济有了长足发展的社会,伴随着经济的发展,以契约为媒介形成的各种交易活动也呈现出前所未有的繁荣。然而遗憾的是,宋代传世的契约少之又少,学术界对契约文书的关注也不够,研究成果并不多见,未能加以充分利用。敦煌出土的契约文书中有少量是北宋初期的,由于受地理区域的限制和历史惯性的影响,这些契约反映的内容与其说是北宋的,不如说属于唐代的更合适。本文试就传世的南宋徽州地区的土地买卖契约作一分析,希望能对宋代的相关研究有所补益。

一

　　传世的南宋徽州地区土地买卖契约文书目前能看到的有九件,这九件地契,除一件属南宋中期的以外,其余均为南宋后期的,对于了解、研究当时的契约制度十分珍贵。为便于分析讨论,兹据时间顺序移录如下:

契约一:

　　　　录白附产户吴拱,祖伸户,有祖坟山一片,在义成都四保,场字号项七仁后坞式拾柒号尚(上)山在坟后高山,见作熟地一段,内取叁角,今将出卖与朱元兴。系拱分,并买弟扦等分,共计一半,计价钱官会陆贯省。其山地东止高尖降及三保界,西止坟后山,元买项七山长坞心为界,北降。今从卖后,一任朱元兴闻官受税,锄作,变种杉苗为业。如有外人栏(拦)占,并是拱自祇(支)当,不及受产人之事。所有本户元买张敏中并弟扦等官印亲契,共计贰道,一并缴付朱元兴执照。其契内别有照使,供(拱)即别立领,于朱元兴名下领去。今恐人心无信,立此卖契为据。嘉定捌年四月初一日

　　　　　　　　吴拱(押)

今于契后批领：项七仁后坞高山山地价钱前去足讫，并无少欠。今于契后批领为照。同前年月日　吴拱(押)

　　　　　　　　助押契人黄德和(押)①

契约二：

　　大□□附产户李思聪、弟思忠，同母亲阿汪嫡议，情愿将父所□□日置受得李舜俞祈(祁)门县归仁都土名大港山源梨字壹□(号)次夏(下)田式角四拾步，贰号忠田壹角、又四号山壹拾四亩、其四至东至大溪，西至大降，南至胡官人山，随垅分水直下至大溪，北至□□□山，随垅分水直上至大降，直下至大溪。今将前项四至内田山四水归内，尽行断卖与祈(祁)门县归仁都胡应辰名下。三面评议，价钱官会拾柒界壹百式拾贯文省。其钱当□(立)契日一并交领足讫。其田山今从卖后，一任受产人闻官□□(受税)。祖舜元户起割税钱，收苗为业。其田山内，如有风水阴地，一仰买主胡应辰从便迁葬，本家不在(再)占拦。今从出卖之后，如有内外人占拦，并是出产人祇(支)当，不及受产人之事。所有元典买上手赤契伍纸，随契缴付受产人收执照会。今恐人心无信，立此断卖田山文契为照。淳祐式年十月十五日李思聪(押)

　　　　　　　　弟李思忠(押)

　　　　　　　　母亲阿汪(押)

　　　　　　　　见交钱人叔李余庆(押)

　　　　　　　　依口书契人李文质(押)

　　今于胡应辰名下交领前项契内拾柒(界)官会壹百贰拾贯文省前去足讫。其钱别更不立碎领，只此契后一领为照合，□□年月日李思聪(押)

　　　　　　　　弟李思忠(押)

　　　　　　　　母亲阿汪(押)

　　　　　　　　叔李余庆(押)②

① 原契藏北京国家图书馆。转引自张传玺主编《中国历代契约会编考释》(上)，北京大学出版社，1995年，第532—533页。

② 张传玺主编：《中国历代契约粹编》上册，北京大学出版社，2014年，第445—446页。原契藏中国社科院历史研究所，参见王钰欣、周绍泉主编《徽州千年契约文书》(宋元明编)卷一，石家庄：花山文艺出版社，2015年。

（据原书影印件资料显示，原件 350×550 毫米，契约为手写，契中钤有两长方形印，一竖钤，一横钤。）

契约三：

武山乡胡梦斗，今将龙昌下都如字源廿二号山壹段，东止田，西止降，南止王富山地，北止康北（如？）楫地。其山计叁亩，随田直上止降。今将出卖与同乡人李武成。三面平（评）议，价钱十七界官会式佰贯。其价钱当日交领足讫。其山未卖已前，不曾与家人、外人交易。其山系西排，自有康如楫上亲照□，其上手并分付照证讫。如有四止不明，并是出产□（人）知当。其契请业主行官纳口，起割税钱，入李武成户供解。今恐人[心]无信，立此卖契为凭。淳祐八年六月十五日胡梦斗（押）

　　　　　　　　见交钱人李叔孟（押）

今于李武成手交去卖龙昌下都马槽坞西排山价□并钱足讫，别无碎领，只此一领为凭。淳祐八年六月十五日胡梦斗（押）①

（据原书影印件资料显示，原件 300×420 毫米，契约为手写，契中钤有二枚圆形官印，一在契中，一在契尾骑缝处。）

契约四：

归仁都李从致、从卿、侄思贤等，今自情愿将地名乾塘坞，系罪字号夏（下）山玖等拾玖号山肆亩；又民字拾壹号夏（下）田壹角贰拾步。其山东至胡文质地，西至垄，南至坞口自众田，北至降。今来无钱支用，众议将前项四至内山并田出卖与同里人胡南仕名下。叁面伜（评）值，价钱壹拾捌界壹百陆拾贯文省。其钱当立契日以（一）并交领足讫，不零少欠文分。其山地内即无新坟旧冢。今从出卖之后，已任买主闻官纳完，迁做风水，收苗，永远为业。如有肆至不名（明），如有内外人占栏（拦），并是出产人祇（支）当，不涉受产[人]之事。今恐人心无据，立此卖田山文字为照。淳祐拾贰年柒月十五日李从致（押）

　　　　　　　　李从卿（押）

　　　　　　　　李思贤（押）

---

① 张传玺主编：《中国历代契约粹编》上册，第 448—449 页。原契藏中国社科院历史研究所，参见《徽州千年契约文书》（宋元明编）卷一。

今于胡南仕名下领前项四至田山肆亩、田壹角贰拾步契内价钱拾捌界官会壹百陆拾贯,前去足讫,并无少欠。别不立碎领,只此契后壹领为照。同前月日。从致(押)

从卿(押),思贤(押)

见交钱人李贵和(押)①

契约五:

义成都周文贵,今自倩(情)愿将本都六保地名中义横坑宜字贰拾五号夏(下)等山叁亩壹角式拾步,其山东至降,西至坞心直出至田,南至周之发山,从小弯心至大石为界,直上至降,北至场及吴宅山。今将前项四至内山地并大小杉苗,一并出卖与休宁县三十乙都张仲文名下。三面伴(评)值,价钱拾捌[界]官会柒拾叁贯文省。其钱当立契日一并交收足讫,其契后更不批领。其山见经界本家户下,其税钱将来于文贵户下起割。今从出卖之后,如有四至不明及内外人占拦,并是出产人之(支)当,不及受产人之事。今恐人心无信,立此卖契文字为据。宝祐叁年八月十五日。周文贵立。

书契见交钱人　高元圭(押)②

契约六:

义成都徐胜宗自□□,分得土名字□百玖拾九□□□壹亩,东止上至降,下止田;西止李子宣高丘田,□□止南至田。今无钱支用,愿将前项四至内山地、地上杉苗尽行出卖归仁都胡□□应元名下。三面伴(评)议,价钱拾捌界官会叁拾叁贯文省。其钱当立契日一并交收足讫,更不契后立领帖,只凭契为明。今从出卖之后,一任买主闻官割税,收苗管业。如有四止(至)不明,及内外人占兰(拦),并是卖产人祇(支)当,不及买[人]之事。今恐人心无信,立此断卖山地私苗□为契为照。

---

① 原契藏北京大学图书馆,转引自《中国历代契约会编考释》(上),第534—535页。
② 原契藏北京大学图书馆,转引自《中国历代契约会编考释》(上),第536—537页。

景定元年正月十五日徐胜宗(押)

母亲阿朱花押(押)

书契见交钱人李邦善(押)①

契约七:

义成都项永和今将父□□土名下坞食字号四十八号夏(下)山壹亩,东至项遵山,西至项成山,从水坑弯心直上至垄,南至降,北至大弯心及项隆地;又将土名南坑竹号十四号尚山式亩,夏(下)地式拾伍步。东至项允成山,从弯心水坑随垄直上,至降;西至高尖,直下至水坑,及项成田塝头,南至永成山,北至大水坑;又将土名叶家坞白字号三号、八号内,取夏(下)地壹角式拾柒步。东至项遵山,西至山,南至项成地,北至项暹地,并山地尽行出卖与同宗人项永高,三面伴(评)议,价钱十八界官会伍拾贯文省。其钱当立契日一并交收足讫,并无分文少欠,别不立碎领。如有内外人占兰(拦),并是卖产人之(支)当取了,不及受产人知(之)事。今恐人心无信,立此断卖山地式(叁)处为据。景定伍年十月十五日　项永和(押)

依口书契人项永成(押)

见交钱人项文(押)②

(据安徽省博物馆提供资料显示,原件 410×180 毫米,左右各钤有八角形骑缝印,印文不清,依稀可辨有"徽州"二字。右骑缝印边加钤有一枚 90×70 毫米长方形印,印文不清。右下方还钤有一枚 70×60 毫米印,印文不清。)

契约八:

□□都方伯淳奉母亲指零(令),将自己标帐内大坞县字号拾号夏(下)山贰亩;夏(下)地伍号,计伍步。东止方思义自地,西止领(岭)及方文瑞山地,[北]止田塝,南止尖。今将前项山地并地内一应等物尽行出断卖与李四登仕名下,面议价钱拾捌界官会柒拾贯文省。其钱当日

---

① 原契藏中国历史博物馆,转引自《中国历代契约会编考释》(上),第 537—538 页。

② 原契藏安徽省博物馆,转引自《中国历代契约会编考释》(上),第 538—539 页。按:契书原件著录资料,由安徽省博物馆提供。

交收足讫,契后别不立领,只此随契交足讫。今从出卖之后,一任受产人永远收苗为业。如有四至不明及内外人占拦,并是出卖人自行之(支)当,不涉受产[人]之事。今恐人心无信,立此卖契为照。咸淳叁年三月十二日方伯淳(押)

母亲花押汪氏

见交钱人李仲□①

(据安徽省博物馆提供资料显示,原件 320×190 毫米,左右各钤有八角形骑缝印,印文不清,依稀可辨有"徽州"二字。右下方还钤有一枚 80×70 毫米印,印文不清。)

契约九:

休宁县常乐里吴运干宅有祖产在祈门县义成□(都)□四甲,地名国坑,系十叁号、十肆号尚(上)山壹段,东至何坚山及坎家山,西至降,直下至乾塘,南抵休宁县界,北至吴种山及项成山,计陆亩。今为缺钱支纳,今情愿将前项四至内山地并苗,尽行出卖与祈门县义成都张日通、项永兴名下,取去时值价钱拾捌界官会壹百壹拾贯文省。其钱当立契日交收足讫,即无分文少欠;更不别立批收。今从出卖之后,一任闻官受税,永远管业。如有内外人占拦及四至不明,并是本宅自行祗(支)当,不干受产人之事。所是十肆号即系本宅分到祖业外,十叁号一时检寻入户未及;日后检寻到日,给还。如或不暇检寻,日后不在行使。今恐人心无信,立此卖契为据。咸淳陆年玖月式拾柒日卖契。

吴元十一交补(押)

母亲许孺人(押)

前项山地即系祖产,无契可缴。

王子源(押)

契内价钱交收足讫。

同日(押)

书契见交钱　王子源(押)

吴交方(押)②

---

① 原契藏安徽省博物馆,转引自《中国历代契约会编考释》(上),第 540—541 页。按:契书原件著录资料,由安徽省博物馆提供。

② 原契藏北京国家图书馆,转引自《中国历代契约会编考释》(上),第 541—542 页。

（据原契显示，契中钤有两枚长方形官印。）

二

这九件契约，都是土地出卖契，为单契，由卖方出具，归买方收执。宋人云："典卖田宅，条令所载契要格式备矣。"①早在北宋太平兴国八年（983）就对买卖契约的书写格式做出了规定，当时开封府官员赵孚上奏云：

> 庄宅多有争诉，皆由衷私妄写文契，说界至则全无丈尺，昧邻里则不使闻知，欺罔肆行，狱讼增益。请下两京及诸道州府商税院，集庄宅行人众定割移、典卖文契各一本，立为榜样，违者论如法。②

太宗采纳了这一奏议，颁布了典、卖文契样本，下令田宅交易者照样本格式书写契约。这对规范土地交易，减少纠纷，有着积极意义。此后宋又进一步将契要格式法律化，载入法典，固定了下来。南宋的契约格式无疑沿袭北宋而来。从上述九件契约来看，都有着基本统一的格式，程式完备规范，是依照法令规定书写的。以下试加分析。

宋代的土地交易方式有出典与出卖之分，前者的所有权并未真正转移，出典人为了筹措资金，在约定的期限内将土地使用权和收益权转让于他人的行为，通常又称"典卖"；后者的土地所有权发生了实质性的转移，又称"断卖"、"绝卖"。两者很容易混淆，为了区分，立契者必须明确写明交易方式，这九件契约在这点上都有明确的表述，或云"断卖"，或云"出卖"，绝无含糊之处。

契约中都写明了卖主姓名、居住区域、所卖土地的种类、号数、面积大小、坐落方位、四至界止、买主姓名。这些内容是宋代契约制度的重要款项，盖当时"乡原体例，凡立契交易，必书号数亩步于契内，以凭投印"，可减少事后"税苗出入可以隐寄，产业多寡皆可更易"的违法现象。③尤其是交易的土

---

① （清）徐松辑，刘琳等校点：《宋会要辑稿·食货》六一之六五，上海古籍出版社，2014 年，第 7473 页。
② （宋）李焘撰，上师大古籍所、华师大古籍所点校：《续资治通鉴长编》（以下简称《长编》）卷二四，太平兴国八年三月乙酉，北京：中华书局，2004 年，第 542 页。
③ 《名公书判清明集》卷四《高七一状诉陈庆占田》，第 103 页。

地四至界止,九件契约都有详细的交待。四至界止如不写清楚,日后最易引起纠纷。李元弼《作邑自箴》载有民间此类事例:"一家田土典卖与数家为主者,初出账目之时,务要速售,大写顷亩疆界,买主为见价贱,更不较计。经来年月,互论侵占,及至打量,例各不足,除契中立定硬界自合止依硬界外,其界至不明,先依年深契内顷亩摽拨,各于契背分明批凿,印押给付,以绝后讼。"①《作邑自箴》所言反映出土地买卖因四至界止不明而产生的诉讼案件早就引起了官府的重视。为此宋制定了相应的法律规定:"诸典卖田宅,已印契而诉亩步不同者,止以契内四至为定。"②四至界止是土地买卖契约中一项必须填写的重要内容。袁采《袁氏世范·田产界至宜分明》曰:

> 人有田园山地,界至不可不分明。异居分析之初,置产典买之际,尤不可不仔细,人之争讼多由此始。且如田亩有因地势不平,分一丘为两丘者,有欲便顺,并两丘为一丘者,有以屋基山地为田,又有以田为屋基园地者,有改移街路水圳者。官中虽有经界图籍,坏烂不存者多矣,况又从而改易,不经官司邻保验证,岂不大启争端。……或有卤莽该载不明,公私皆不能决,可不戒哉。间有典买山地,幸其界至有疑,故令元契称说不明,因而包占者。③

袁采将《田产界至宜分明》写入其家训,这是他从社会现实中吸取的教训。

契文中对交易的土地价格、货币种类和数量、货币的交收交待得清清楚楚。值得注意的是,契一、契二、契三、契四除了在契约中说明业主出价数目外,还于契后附立一款,特别申明收到买主名下钱若干,云:"其钱别更不立碎领",并由业主书押,表示买卖双方物钱已两清,以免事后发生纠纷。《名公书判清明集》中有一案,便因交收钱款手续不全而致纠纷:"曾子晦以为范僧亲签,而范僧以为不曾签契领钱;曾子晦以为范僧亲领,而范僧以为不曾领。"④其余五契虽无契后申明条款,但都在契约的正文内注明"契后别不立领"之类的语句,以示钱款已清。这种契约的规范性是土地交易发展到一定

---

① (宋)李元弼:《作邑自箴》卷三《处事》,《四部丛刊》续编本。
② 《名公书判清明集》卷四《吴肃吴镕吴桧互争田产》,第112页。
③ 袁采:《袁氏世范》卷三《田产界至宜分明》,《丛书集成初编》本。
④ 《名公书判清明集》卷五《争山各执是非当参旁证》,第160—161页。

阶段后形成的一种普遍规则,体现了南宋契约制度的成熟。

契约中大多有"闻官受税"、"起割税钱,收苗为业"之类的申明,即土地出售后,随着所有权的转移,依宋代之制,"有田则有赋"①,原先由地主承担的土地赋税也相应地割转由买主承担,土地收获物自然也由买主享有,因此在契约中必须作此申明。起割税钱要到官府办理手续。《作邑自箴》云:"典卖田产,据推收状,乡司画时当厅凿簿呈押。"②以减少土地出卖后的法律纠纷。

契约内都有卖地人对买地人所做的产权担保承诺,如契约二云:"其田山内如有风水阴地,一任买主胡应辰从便迁葬,本家不在(再)占拦,今从出卖之后,如有内外人占拦,并是出产人祇当,不及受产人之事。"契约三云:"其山未卖已前,不曾与家人、外人交易……如有四止(至)不明,并是出产人知当。"这种担保承诺,唐代契约中已经出现,此后为宋代契约所承袭,成为宋代买卖契约中必不可少的格式内容。

多数契约中谈到了卖主交付买主上手契的问题。所谓上手契,是指卖主原先买田时从原卖主那儿取得的土地所有权凭证。只要典地或卖地,就得交付上手契,这也是宋代土地交易的一项规则,"在法:交易只凭契照"③,"大凡置田,必凭上手干照"④,"交易传承,必凭上手[契]与砧基簿"⑤。这可以防止不法之徒利用上手契重叠交易,从而规范了交易手续。如果田产不是先前买来的,而系继承祖产得来,就不存在上手契的问题,此时一般要在契约内注明。如第九契契尾注云:"前项山地即系祖产,无契可缴。"

这九件契约中不见关于悔罚的条款。五代至北宋初的买卖契约中,悔罚的条款随处可见。如敦煌出土的后周显德四年(957)《吴盈顺卖地契》云:"准法不许休悔,如若先悔者,罚上马壹匹,充入不悔人。"⑥宋开宝九年(976)《郑丑挞卖宅舍契》曰:"准格不许休悔者,如若先悔者,罚楼机绫壹匹,充入

---

① 《宋会要辑稿·食货》七〇之一〇二,第8159页。
② 李元弼:《作邑自箴》卷五《规矩》,《四部丛刊》续编本。
③ 《名公书判清明集》卷五《争山各执是非当参旁证》,第160页。
④ 《名公书判清明集》卷五《争山妄指界至》,第158页。
⑤ 《名公书判清明集》卷六《伪冒交易》,第172页。
⑥ 沙知:《敦煌契约文书辑校》,南京:江苏古籍出版社,1998年,第30页。

不悔人。"①格是唐宋时期法律形式之一，"准格"，就是依据法律规定。太平兴国七年(982)时的《吕住盈卖地契》写有："不许休悔者，[如若先悔者]，[罚]绫壹匹，充入不悔人。"②其中不许休悔条款，乃准法而定。到了南宋，不许休悔条款已不再列入契约中。因宋法规定，立契后通常有六十日的反悔期，③以便交易双方反思买卖行为。过了期限，不许休悔，已成为惯例，为民间大众所遵守，除非特殊情况，已无须再写入契约之中。这表明契约具有完全的法律效力，一旦发生反悔纠纷，法律将不予支持，用国家机器强制当事人履约，反悔者不可能占到任何便宜。在这种情况下，再于契约中写上悔罚条款，已无意义。这不能不说是宋代土地所有权转移频率加快后，政府加强立法的结果。需要说明的是，《名公书判清明集》卷六《出业后买主以价高而反悔》中有一反悔例仅是一个特例，其特别之处在于所立悔罚条款规定，悔罚钱款上缴官府，而不是像五代、北宋初那样，入不悔人一方，故不具代表性。

九件契约中也不见恩赦担保条款。在唐和北宋初期，契约中恩赦担保是一项必不可少的内容，十分普遍，如契约中常可见到如下条款："或愚(遇)恩敕大赦流行，亦不在论治之限。"④"恩敕流行，亦不在论理。"⑤恩赦担保是人们对笼罩在契约关系上的皇权专制主义的一种否定。据前录的九件契约来看，南宋中后期，随着商品交换的发展，人们已普遍将恩赦排除在契约关系之外，土地买卖契约中无须再写入恩赦担保条款。

关于契约的签署人，通常由一家之主父亲签署，如果父亲去世，则由母亲为契首签约。在契约二中，除了契首外，尚有契首之母、兄弟和见交钱人连署。中国古代是一个极力维护家族主义统治的社会。宋法规定，父母在世，子孙不得私自买卖田产，家庭共有财产，个人也不得私自处置。"交易田宅，自有正条，母在，则合令其母为契首，兄弟未分析，则合令兄弟同共成契。"⑥瞒昧尊长私立的契约，是无法律效力的。前录契约所反映的情况大致

①　《敦煌契约文书辑校》，第 33 页。
②　《敦煌契约文书辑校》，第 35 页。
③　《名公书判清明集》卷六《出业后买主以价高而反悔》，第 175 页。
④　《宋开宝九年郑丑挞卖宅舍契》，《敦煌契约文书辑校》，第 33 页。
⑤　《宋太平兴国七年吕住盈吕阿鸾兄弟卖地契》，《敦煌契约文书辑校》，第 35 页。
⑥　《名公书判清明集》卷九《母在与兄弟有分》，第 301 页。

是符合宋代法律规定的,但亦稍有不同,即长子可充契首,作为家长的母亲
签押同意也是可行的,契二、契六、契九的情况便是如此。契八则明云子奉
母亲之命立契卖地,母、子同签押,而没有由母亲出面立契。假如契首不会
书写契约,可找人代写,依契首口述立契,"人之交易,不能亲书契字而令人
代书者,盖有之矣"①。末了,书契人须签押。

此外,契约中参与签押的"见交钱人",实际上是买卖撮合人。《名公书
判清明集》卷四《吴盟诉吴锡卖田》案判词云:"吴盟邀游二者之间,即与评
议,又同签押,志在规图。"买卖撮合人与买、卖人合成三方,促成交易,同时
又充当见证人,以见交钱人身份在契上签押。契一的落款则有"助押契人",
而无"见交钱人"。这"助押契人"身份与"见交钱人"应是相同的,是买卖活
动中的第三方,都起着见证人的作用。有时见交钱人可由书契人兼任,如契
五、契六便是如此。

从这九件契约来看,没有牙保的签押,然南宋规定,"若无牙保、写契人
亲书押字,而不曾经官司投印者,并作违法,不许执用"②。《新编类文事要启
札青钱》外集卷十一《公私必用・典卖田地契式》所载典卖契约格式,应是宋
元时期流行的标准样本。在宋代,法律形式主要有律、敕、令、格、式,宋神宗
给式下的法律定义为:"设于此而使彼效之曰'式'。"③宋规定"有体制模楷者
皆为式"④,式是对公文程式和文牍方面的规定。该《典卖田地契式》于契末
的落款格式如下:

> ……共约如前,凭此为用。谨契。
>
> 年　月　日　　　　出业人姓某　　号　契
>
> 　　　　　　　　　　知契姓某　　　号
>
> 　　　　　　　　　　牙人姓某　　　号
>
> 　　　　　　　　　　时见人姓某　　号

其中也规定了牙人须签押,何以前录的宋九件契约无牙保签押呢? 笔者以

---

① 《名公书判清明集》卷五《物业垂尽卖人故作交加》,第 153 页。
② 《宋会要辑稿・食货》六一之六六,第 7473 页。
③ 《宋会要辑稿・刑法》一之一二,第 8223 页。
④ 《长编》卷三四四,元丰七年三月乙巳条注,第 8254 页。

为这与这些契约的交易性质有关，这些都是出卖单契，其与典卖、借贷契约不同，不存在债务清偿和土地回赎等问题，所以无须牙人担保。《新编类文事要启札青钱》所录的是一份典和卖的两用契式，契末的落款格式乃统而言之，兼具典和卖两种签署方式。换言之，并非所有的契约一律都要如此连署。关于这一问题，还可以元代至元二十八年（1291）至龙凤十二年（1366）的十件田山买卖契约为证，①这些契约是没有牙人签押的，甚至也没有时见人的签押。

契约中的契二、契三有照相图版，可辨认出契中钤有印记，契二钤有两枚长方形状印，契三钤有两枚圆形状印，其一钤在骑缝处，另一钤在契中心。另外契七左右各钤有八角形骑缝印，印文有"徽州"二字。右骑缝印边加钤有一枚长方形印，契的右下方还钤有一枚小印。契八左右亦各钤有八角形骑缝印，印文有"徽州"二字，右下方还钤有一枚小印。契九，从微缩胶卷看，亦钤有两枚长方形官印。这些印记，惜字体模糊，无法分辨文字。其余的契约，因残缺不清，或因转录自张传玺主编的《中国历代契约会编考释》，其书未著录印记之资料，具体情况不得而知。我们只能从所钤印的形状来判断这些印记的属性。

《庆元条法事类》载有宋法规定的税务印格式："团印径四寸，条印阔一寸，长六寸，皆具某年某州县镇寨商税务某印，当职官书字。"②据此可知宋税务印有团印和长方印两种，各有不同的功用，并刻有年分、所属行政区域名。又《庆元条法事类》卷四七《仓库令》载："诸受纳官物团印（原注：仓库各别为样）、长印、梢印，州县长官监造，起纳日以印样缴送销簿官司，对钞比验，至纳毕，长官监毁印。"③上述契约所钤圆形状印和八角形状印应属税务团印。契七、契八团印印文中的"徽州"二字表明这些税务印记是徽州某税务机构钤盖的。《名公书判清明集》卷六《争田业》载一案例云："据孙绍祖赍到庆元元年赤契，闾丘璠亲书出卖石家渡等处水田五十亩，及桑园、陆地、常平等

① 中国社会科学院历史研究所徽州文契整理组编：《明清徽州社会经济资料丛编》（第二辑），北京：中国社会科学出版社，1990年，第7—12页。

② （宋）谢深甫撰、戴建国点校：《庆元条法事类》卷三六《场务·场务式》，杨一凡等主编《中国珍稀法律典籍续编》第1册，哈尔滨：黑龙江人民出版社，2002年，第543页。

③ 《庆元条法事类》卷四七《受纳税租·仓库令》，第619页。

田,实有县印、监官印及招税凭由并朱钞可考。"其中谈到卖田赤契钤有县
印、监官印。监官印即监官所用税务印。《庆元仓库令》载:"诸输官物用钞
四:……每钞用长印日,印其扣头,并县、户、官钞,各监官亲用团印。"①监官
为主管税务之官。②宋规定税务印每年一更换,以防假冒,"诸税务团条印,知
州面勒雕造,岁一易之,旧印送州毁"③。据此,上述契约所钤之团印为税务
印之一种,则是可以确定的。这九件契约,立契款式并不完全一样,特别是
从契约二、契约三来看,可以断定都是民间交易人手写而非官府印制。这些
钤有官府印记的私写契书,无疑就是通常所说的"朱契"、"赤契",是有法律
效力的。

　　值得注意的是,宋代土地买卖实行亲邻问帐法。《名公书判清明集》卷
九《亲邻之法》载胡颖(号石壁)判词亦云:亲邻之法"见于《庆元重修田令》与
嘉定十三年刑部颁降条册,昭然可考也"。又同书卷四《漕司送下互争田产》
载法官范应铃(号西堂)判词曰:

　　　　然律之以法,诸典卖田宅,具帐开折四邻所至,有本宗缌麻以上亲,及
　　墓田相去百步内者,以帐取问。立法之初,盖自有意,父祖田业,子孙分
　　折,人受其一,势不能全,昔有典卖,他姓得之,或水利之相关,或界至之
　　互见,不无扞格。曰亲曰邻,止有其一者,俱不在批退之数,此盖可见。

法律规定买卖土地必须以帐取问四邻,四邻买与不买,都须在帐上注明,以
为凭据,防止日后发生纠纷。不过土地买卖中的亲邻问帐的手续,是需要以
另外一份单件文书形式办理的。虽然宋代未有问帐的文书传世,但现存两
件元代泉州土地买卖文书却为我们提供了关于以帐取问四邻的实物资料。
泉州土地买卖文书一云:

　　　　泉州路录事司南隅排铺住人麻合抹有祖上梯己花园一段、山一段、
　　亭一所,房屋一间,及花果等木在内,并花园外房屋基一段,坐落晋江县
　　三十七都,土名东塘头村。今欲出卖,□钱中统钞一百五十定。如有愿

---

① 《庆元条法事类》卷四七《受纳税租·仓库令》,第619页。
② 戴静华:《宋代商税制度简述》,《宋史研究论文集》,上海古籍出版社,1982年,第174—
　　175页。
③ 《庆元条法事类》卷三六《场务·场务令》,第540页。

买者就上批价，前来商议，不愿买者，就上批退。今恐难信，立帐目一纸，前去为用者。

至元二年七月　日帐目　立帐出卖孙男麻合抹

同立帐出卖母亲时邻

行帐官牙黄隆祖

不愿买人姑忽鲁舍　姑比比　姑阿弥答　叔忽撒马丁

泉州土地买卖文书二：

晋江县三十七都东塘头住人蒲阿友，祖有山地一所，坐落本处，栽种果木。今因阙银用度，抽出西畔山地，经官告据出卖。为无房亲，立帐尽卖山邻，愿者酬价，不愿者批退。今恐无凭，立此帐目一纸为照者。

至正二十六年八月　日　立帐人蒲阿友　不愿买山邻　曾大潘大①

这两件文书是专用于土地买卖时问帐四邻的，文书中且有邻居批注不愿买的文字。元代南方地区很多制度沿用了宋制，据此大致可知宋代的问帐契约文书是另外单独签署的，因此在上述九件地契中我们看不到亲邻问帐法的内容。

土地买卖契约法是宋代法律制度的一个组成部分，一方面，契约的效力受到法律的保护；另一方面，契约的立契方式和格式必须符合法律规定才行。上述九件徽州土地买卖契约虽然有一定的区域局限性，但仍能从一个方面反映出南宋契约制度的成熟和规范化，这是南宋社会经济和法制进一步发展的结果。南宋成熟的契约制度对于规范市场交易，促进社会经济的健康发展，应该说起到了积极的作用。它的不少内容并为后世所沿用，影响了后来的元明清社会的契约文书制度。

（原载汪汉卿等主编《继承与创新——中国法律史学的世纪回顾与展望》，北京：法律出版社，2001 年）

---

① 以上两件文书，转引自施一揆《元代地契》，《历史研究》1957 年第 9 期。

宋代刑事审判制度研究

宋代在总结前代司法经验的基础上,制定出一套较为完整的刑事审判制度,包括审判管辖、审判机构的组成、法官回避、法律起诉、审判程序、上诉覆审和死刑覆核制度等方面,在中国法制史上颇具特色,对于维持和巩固宋代专制主义集权统治发挥了重要作用。本文试就这项制度作一探讨。

一、刑 事 审 判

(一) 审判管辖

宋代的审判管辖大致可分为级别管辖、专门管辖和地区管辖三种。

1. 级别管辖

县级审判权限为杖以下罪(包括杖罪)。只能对杖以下案件的判决发生法律效力。"杖罪以下县长吏决遣。"①南宋胡太初说:"县无甚重之刑,小则讯,大则决,又大则止于杖一百而已。"②徒以上案件,须将案情审理清楚,写出初步处理意见,送州,由州作正式判决。《庆元条法事类》卷七三《决遣·断狱令》:"杖以下,县决之,徒以上……及应奏者,并须追证勘结圆备,方得送州。"③宋代谓之"结解"。南宋洪适在一篇奏笺中说:"臣伏见诸县徒以上罪,虽有结解期限,而吏胥利于追逮求觅,或一年,或数月,始以解州。"④

宋县属有镇,五代时,镇将可擅权处理狱事。宋太祖加强中央集权,以朝官出任县官,收镇将司法大权。于是,"镇将所主,不及乡村,但郭内而已"⑤。

---

① (清)徐松辑,刘琳等校点:《宋会要辑稿·刑法》三之一一,上海古籍出版社,2014年,第8398页。
② (宋)胡太初:《昼帘绪论·用刑篇第十二》,《丛书集成初编》本。
③ 《庆元条法事类》卷七三《决遣·断狱令》,第744页。
④ (宋)洪适:《盘洲文集》卷四一《乞勿禁系大狱干证人札子》,《全宋文》第213册,第27页。
⑤ (宋)李焘:《续资治通鉴长编》卷三,建隆三年十二月癸巳,北京:中华书局,2004年,第76页。

且只能决杖以下罪。《庆元条法事类》卷七三《决遣·断狱令》载:"诸镇寨官,差亲民文臣者,听决城内杖以下罪。"①

州级有权判决县报呈的徒以上案,同时,本身也受理诉状,审讯刑案。元丰改制以前,州可以对包括死刑在内的大小案件进行判决,并具有死刑执行权力。元丰改制以后,州判决的死刑案必须报提刑司核准,才能执行。

路级设有转运司、提刑司等机构。朝廷规定转运司、提刑司有定期巡历制度,负有审查本路州县刑案、平反冤狱之责。这是一种监督性的措施,以弥补州县诉讼制度的不足。元丰改制前,地方刑案并无一定要报监司核准才能执行的规定。太宗时,淮南转运使乔维岳"尝按部至泗州,虑狱,法掾误断囚至死,维岳诘之,法掾俯伏泣曰:'有母八十余,今获罪,则母不能活矣。'维岳闵之,因谓曰:'他日朝制按问,第云转运使令处兹罪。'法掾如其言,获免,维岳坐赎金百二十斤,罢使职"②。又仁宗时,包拯曾奏曰:"臣昨任端州日,狱中重囚七人,具案已就,适会提刑司巡历,将至,闻其未断,即迁延引避。又邻近春州,禁勘罪人,追捕甚众,缧系二百余日,凡该大辟罪者四、五人,徒罪不少,亦不闻提刑司推究延淹之状。洎转运司取公案委官定夺,果有失入死罪等。虽官吏悉行重典,而死者不可复生。"③以上两条材料说明,当时州府判决的大小刑案,无须报监司审核,州拥有死刑终审权;监司覆审,是在案子执行以后进行的。元丰改制,朝廷规定提刑司必须在死刑执行以前进行审核。

宋代监司不治狱,无刑狱机构,仅负责审查地方案件,平反冤案,监督地方官吏,使之依法审判。南宋黄震云:"古者帝王亲行巡狩,以察四方诸侯。至汉遣六百石吏察郡国二千石长吏,以代亲行,谓之刺史,至本朝谓之监司,故世称外台为天子耳目之官。但择州县官不奉法为民者去之,则百姓自然安迹,非代州县受词诉,为一路聚讼之委也。"④

---

① 《庆元条法事类》卷七三《决遣·断狱令》,第 745 页。
② 《长编》卷二五,雍熙元年二月壬午,第 574 页。
③ (宋)包拯撰,杨国宜整理:《包拯集编年校补》卷一《请令提刑亲案罪人》,安徽:黄山书社,1989 年,第 9 页。
④ (宋)黄震:《黄氏日抄》卷七九《公移·词诉约束》,《黄震全集》,杭州:浙江大学出版社,2013 年,第 2235 页。

　　宋代京师,为皇族、达官贵人居住地,同时又是全国政治和文化中心,"狱讼之间,尤为繁剧"。治狱机构有开封府院(南宋为临安府院)、左右军巡院、御史台狱、大理寺狱、三司及各寺、监刑狱,共约二十余所。北宋初至大中祥符二年,京师案件,通常由开封府和各寺、监的刑狱机构审判。审判后的案件,无论大小须报大理寺审核,再送刑部覆审。淳化二年(991)二月,太宗诏"大理寺杖罪以下,并须经刑部详覆"①。当时大理寺不治狱(元丰元年始设刑狱机构),负责裁决地方呈报死刑疑案。于此可知京城的案件,开封府等审理后,还得送大理寺审核。

　　大中祥符二年(1009)设置纠察在京刑狱司,规定"御史台、开封府应在京刑禁之处,并仰纠察。其逐处断遣徒已上罪人,旋具供报"②。然御史台为皇帝耳目,其判决的案件送纠察司审查,不合体统,至天圣八年(1030)规定免于供报审差。

　　熙宁三年(1070)以京朝官任开封府新旧城左右厢官,"凡斗讼,杖六十已下情轻者得专决"③。这与北宋初相比,审判权限已有所变化。

　　元丰改制,罢纠察在京刑狱司归刑部,纠察审核在京狱案之责遂委御史台掌管。御史台狱,则由尚书省右司纠察审核。④

　　北宋后期,大理寺狱亦审判京师刑案。宋初,"大理寺潝天下奏案而不治狱"⑤,本身无刑狱机构,不审讯犯人。元丰元年(1078)因开封府狱事繁多,神宗诏置大理寺狱,恢复唐制,京师百司之狱归于大理。于是,大理寺分左右两部:左断刑,掌断天下疑案及命官、将校犯罪案;右治狱,掌判决京师刑案。"应三司及寺监等公事,除本司公人杖笞非追究者随处裁决,余并送大理狱结断。"⑥《建炎以来朝野杂记》甲集卷五《大理狱非得旨不许送理官宅》云:"自神宗置大理寺狱,著令专一承受内降朝旨、重密公事,及推究内外

① (宋)杨仲良撰,李之亮校点:《皇宋通鉴长编纪事本末》卷一四《听断》,哈尔滨:黑龙江人民出版社,2006年,第197页。
② 《宋会要辑稿·职官》一五之四四,第3432页。
③ 《长编》卷二一一,熙宁三年五月庚戌,第5135页。
④ 《宋史》卷一六三《职官三》,第3858页。
⑤ 《宋史》卷一六五《职官五》,第3900页。
⑥ 《宋会要辑稿·职官》二四之六,第3658页。

诸司库务侵盗官物。余民事,送开封府。"①大理寺狱掌管京师诸司刑案,而开封府负责处理京城居民的诉讼案件。不过,此就一般情况而言,如遇特殊情况,开封府也可审理居民以外刑案;而居民案,大理寺狱也能审理。开封府、大理寺和御史台是宋代京都最主要的司法机构,京师刑案常移审于三者之间。大理寺狱,流以下罪可专决,死刑报御史台差官审核。元丰二年二月知大理卿崔台符言:"流以下罪,长贰亲录问决遣。其大辟罪,乞牒御史台,选差曾任亲民常差官一员审问。即特旨推勘,罪至大辟或命官,即临时取旨差官。"宋神宗诏:"大辟罪牒御史台差官,赴纠察司审覆,余如所请。"②此外,大理寺和开封府狱有重大案件还可"上殿奏裁"③。

凡紧要案件,如诈欺赃数过五十匹者,窃盗至死及罪人情涉巨蠹者并奏裁。④奏裁的重大案件,由皇帝直接委官审理,谓之"诏狱"。诏狱不受常法限制。

宋代还有"便宜从事"的特殊规定。镇压农民造反的宋军指挥官或边远州军重镇的长官在处理军政事务时,允许先斩后奏。王小波、李顺起义后,宋太宗命王继恩为剑南西川招安使,"军中事委其制置,不从中覆。管内诸州系囚,除十恶及官典犯枉法赃外,悉得以便宜决遣"⑤。除十恶及官典犯枉法赃外,其他大小案犯,包括那些法不至死的犯人,都可先行处决,事后申奏。

2. 专门管辖

专门管辖指宋代对朝廷命官、皇族宗室人员及军人案件的管辖。

朝廷命官犯法,地方无权处置。司马光《涑水记闻》卷三云:"凡天下狱事有涉命官者,皆以具狱上请。"⑥苏颂说:"凡州郡重辟之疑可矜,若一命私犯罪笞以上之罚……,皆先由大理论定,然后院官参议。"⑦不过允许地方司

① (宋)李心传撰,徐规点校:《建炎以来朝野杂记》甲集卷五《大理狱非得旨不许送理官宅》,北京:中华书局,2000 年,第 129 页。
② 《宋会要辑稿·职官》二四之七至八,第 3659 页。
③ 《宋会要辑稿·职官》二四之七,第 3659 页。
④ 《宋刑统校证》卷二五《诈伪律》臣等参详条,第 337 页;《长编》卷一一,开宝三年七月丙辰,第 247 页。
⑤ 《宋会要辑稿·兵》一四之一,第 8879 页。
⑥ (宋)司马光:《涑水记闻》卷三,北京:中华书局,1989 年,第 57 页。
⑦ (宋)苏颂:《苏魏公文集》卷六四《审刑院题名石柱记》,第 979 页。

法机构进行初审,然后报呈朝廷。地方初审亦须经朝廷允准。熙宁七年(1074)诏:"品官犯罪,按察之官并奏劾听旨,毋得擅捕系,罢其职奉。"①在朝廷看来,品官身份高于平民百姓,对他们的处理便不能依常法。宋徽宗在一条诏书中说,如果品官依常法审理,"将使人有轻吾爵禄之心"②。犯法官员有荫身的特权,可免杖、黥之刑。品官死刑案,司法机构判决后,有时还要经朝廷百官集议才能定判。如太平兴国八年判颍州曹翰一案,"狱具,法当弃市。百官集议,翰林学士承旨李昉等议,如有司所定"③。

皇族宗室人员犯法,杖以下刑归大宗正司掌管,"微罪则先劾以闻,即法例有疑不能决者,同上殿取裁"④。徒以上罪由皇帝下旨裁决。崇宁元年(1102)又设外宗正司,"凡外任宗室事不干州县者,外宗正受理"⑤。政和七年(1117)徽宗诏曰:"宗室犯罪与常人同法,有司承例奏请,不候三问未承,即加讯问,非朕所以笃亲亲之恩也。自今有犯,除涉情理重害别被处分外,余止以众证为定,仍取伏辩,无得辄加捶考。若罪至徒以上,方许依条置勘。其合庭训者,并送大宗正司,以副朕敦睦九族之意。"⑥既不能捶拷,黥面也必不允许。

宋代军人案件的管辖也有专法,真宗曾告诫军校说:"犯法者须以军法治之。"⑦禁军军士犯法,在京者,杖以下罪归三衙审理;徒以上案奏裁。景德二年(1005),"殿前、侍卫司上言:'开封府追取禁兵证事,皆直诣营所,事颇非便。'上曰:'……军人自犯杖罪以下,本司决遣,至徒者奏裁。'"⑧奏裁案送大理寺判决,报审刑院和刑部覆审。禁军戍守在外者,真宗认为"戍兵颇有上军,若诸校获罪而州郡裁之,非便也",乃规定"禁军军使已下犯罪,徒以下(上)禁系奏裁;杖以下具犯由申本路提点刑狱司,委详所犯,准法决罪。虽杖罪而情重者,亦具款以闻"。⑨

---

① 《宋史》卷一九九《刑法志》,第 4980 页。
② 《宋史》卷一九九《刑法志》,第 4981 页。
③ 《长编》卷二四,太平兴国八年五月庚午,第 546 页。
④ 《宋会要辑稿·职官》二〇之一七,第 3572 页。
⑤ 《宋会要辑稿·职官》二〇之三三,第 3581 页。
⑥ 《文献通考》卷一六七《刑考六》,第 5009 页。
⑦⑧ 《长编》卷六〇,景德二年六月壬寅,第 1348 页。
⑨ 《长编》卷七一,大中祥符二年六月壬子,第 1617 页。

地方厢军犯法,其审判权限依案件轻重及案犯职务大小而有所区别,或本部决断,或录案闻奏。①

军人死刑案须经枢密院审核才能执行。大中祥符二年先规定,三衙奏断死刑案报枢密院"参酌审定"②。其后三年又令天下诸路部署司,科断军人大辟案,"自今具犯名上枢密院,覆奏以闻"③。"诸军犯罪事理重害,难依常法而不可待奏报者,许申本路经略或安抚司,酌情断遣讫以闻。"④

3. 地区管辖

宋沿唐制,"诸犯罪,皆于事发之所推断"⑤。即案件由犯罪地审判机构审理。如犯人作案后逃往他处,则由犯罪地审判机构派人追逮归案,依法判决。《名公书判清明集》卷十三《惩恶门·妄诉类·以女死事诬告》载,一个叫赵崇的诈骗犯,骗得钱财后,逃往临安,案发后,犯罪地审判机构"备申刑部,乞行下临安追押,发下本军穷竟其罪"⑥。

凡遇一案涉及他处同案犯者,宋代的处理方式与唐制同,"诸鞫狱官,囚徒伴在他所者,听移送先系处并论之。注云:谓轻从重。若轻重等,少从多;多少等,后从先。若禁处相去百里外者,各从事发处断之"⑦。

宋代地区管辖遵循由犯罪地审判机构审判原则,但案件有涉及他处他人者,犯罪地审判机构须将案情通报所在地区官府。杨万里《诚斋集》卷一一九《张栻行状》记载了一件案例,孝宗时,衢州有一占卜者害眼病,其同行用漆弄瞎其双目,窃其妻逃走。占卜者疑奴仆所为,向官府起诉,奴仆遂屈打成招。"未几,其妻与为乱者自相诉于武昌,移文至(衢州)",才真相大白。

(二) 审判机构的组成

在宋代,州级审判机构是地方最主要的机构,本文所谓审判机构的组成,主要指州一级而言。宋代的刑事审判分为鞫与谳两大步骤。鞫,谓审理

---

① 《宋会要辑稿·刑法》七之四,第 8577 页。
② 《长编》卷七一,大中祥符二年正月戊辰,第 1588 页。
③ 《长编》卷七七,大中祥符五年五月己丑,第 1766 页。
④ 《庆元条法事类》卷七三《决遣·断狱敕》,第 744 页。
⑤ 《庆元条法事类》卷七三《决遣·断狱令》,第 744 页。
⑥ 《名公书判清明集》卷十三《以女死事诬告》,第 498 页。
⑦ 《宋刑统校证》卷二九《断狱律·不合拷讯者取众证为定》,第 401 页。

犯罪事实;谳,谓检法议刑。依据这两大步骤,审判机构也相应地分成两大部分:鞫司(亦称狱司)和谳司(亦称法司)。审判过程中,鞫谳分司,各自独立活动,不得相互商议,"狱司推鞫,法司检断,各有司存,所以防奸也"①。那么鞫司和谳司如何组成呢?《宋史》卷二〇一《刑法志》云:"官司之狱,在开封,有府司、左右军巡院……外则三京府司、左右军巡院,诸州军院、司理院,下至诸县皆有狱。"②这些狱即鞫司。据《宋史·职官志》云,鞫司分别由司录参军、左右军巡使、左右军巡判官、录事参军、司理参军、知县(县令)等组成。谳司,由司法参军(在府为法曹参军)组成。③据此,鞫司和谳司的组成似乎没有问题。然而宋代的实际情况并非如此简单。已故台湾地区学者徐道邻和日本宫崎市定就忽略了这个问题。两位学者经过考证,精辟地指出宋代刑事审判实施鞫谳分司制。徐道邻提出了这样一个论点:既然鞫谳分司制是一条基本原则,那么鞫司官就不能兼任谳司官。宫崎市定举出一条司理参军兼司法参军的事例,认为在仁宗时期,分司制度的实行可能不太彻底;徐道邻认为鞫官兼任谳官,"这也许是一项极短期的临时措施,恐怕也是极稀有的例外"④。然从文献记载来看,两位学者的观点值得商榷。

在宋代,鞫谳分司制始终是实行的,而鞫司官兼任谳司官现象也普遍存在,不能把二者截然对立起来,不能因鞫司官兼任谳司官现象的存在而怀疑鞫谳分司制实行的彻底性;也不能因鞫谳分司制而否定鞫司官兼谳司官现象的普遍存在。宋代州官,"自通判而下,州小事简或不备置","非繁剧而不领县务者,量减官属"。⑤诸官不备置则多兼职,因兼职而产生鞫官兼任谳官的状况。除了两位学者所举鞫司官兼任谳司官例子外,在宋代文献里,还可找出许多此类事例。《长编》卷十一开宝三年七月壬子条云:

> 诏曰:"……西川管内州县官,宜以户口为率,差减其员,旧奉月增给五千。诸州凡二万户者,依旧设曹官三员;户不满二万,止置录事参

---

① (明)黄淮、杨士奇:《历代名臣奏议》卷二一七《慎刑》周林疏,上海古籍出版社,1989年,第2853页。

② 《宋史》卷二〇一《刑法志》,第5021页。

③ 《宋史》卷一六六《职官志》,卷一六七《职官志》,第3942、3944、3977页。

④ 徐道邻:《鞫谳分司考》,载氏著《中国法制史论集》,台北:志文出版社,1975年,第114—128页。按:"分司"一词易与宋代分司官混淆,当区别开来。

⑤ 《宋会要辑稿·职官》四七之一,第4265页。

军、司法参军各一员,司法兼司户;不满万,止置司法、司户各一员,司户兼录事参军;不满五千,止置司户一员,兼司法及录事参军事。"①

司户参军兼司法及录事参军事,即把谳职和鞫职集于一身了。如果说这条材料仅指西川而言,那么再看西川以外地区的实例。《宋会要辑稿·职官》四八之七云:

> (天圣五年十二月)流内铨言:"自来高州置司户参军一员,兼录参、司法事;融州置司理、司户参军二员,兼录参、司法事。"②

高、融二州属广南西路。可见西川以外地区也有司户参军兼司法、录事参军的例子。又南宋《吏部条法》云:"诸司户兼录事、司法参军,或录事参军兼司户、司法参军阙,许合入人互注。"③《吏部条法》制定于南宋,由此可知南宋录事参军兼司法参军现象十分普遍,以至成为吏部差注法的一项内容。

鞫司官既然能兼任谳司官,这于鞫谳分司制岂不矛盾? 这怎么解释呢?

鞫谳分司是宋代刑事审判制的一项重要原则,是说在案件的实际审判过程中,审讯犯人者不能同时又是检法议刑者,二者不能兼任。换言之,某位官员被任命为某州的录事参军,并兼司法参军,这位官员的职责除了主持州院事务外,也可担任案件的检法议刑工作;但在实际审判中,如果这位官员被派去审讯犯人,依据鞫谳分司原则,这位官员便不能同时再担任同一案的检法议刑工作。如果这位官员没有参与这件案子的审讯活动,那么这件案子的检法议刑一事,便可视实际需要由他来主持。某官究竟是鞫司官还是谳司官,要看他在司法活动中担任的具体工作而言,即他的身份以他的具体执掌为转移:兼职代表了某官在一般情况下的职权范围,具体执掌是指因审判活动的需要而实际担任的职务。

鞫司官兼任谳司官,这是发挥一官多能,以裁减冗员,提高司法和行政办事效率的积极措施。宋代审理案件十分谨慎乃至烦琐,一件案子,犯人如不服审判而翻供,宋代谓之"翻异",须由另外一个不相干的机构重审。有时

---

① 《长编》卷十一,开宝三年七月壬子,第247页。
② 《宋会要辑稿·职官》四八之七,第4312页。
③ 佚名:《吏部条法·差注门·侍郎左选令》,杨一凡等主编《中国珍稀法律典籍续编》第2册,哈尔滨:黑龙江人民出版社,2002年,第83页。

一件案子往往推翻三至五次,假如因之而一州常设三至五个专门的司法机构来审理这些翻异案,那么宋代的官僚队伍势必更加臃肿不堪。

州级审判机构,由知州委派官员组成,无知州委任批示,各级官员无权审讯犯人。"郡之狱事,则有两院治狱之官,若某当追,若某当讯,若某当被五木,率俱检以禀,郡守曰可,则行。"①司理院和州院通常为一州的法定审讯机构,诉讼案件,大都由知州委任这两个机构的长官——司理参军和录事参军(在府则为司录参军)主持审理。司理院审理的案件,犯人不服,则移送州院重审;州院审理的案件,犯人不服,则移送司理院重审。《朱文公文集》卷九三《黄洧墓碣铭》载:黄洧为兴化军司理参军,"军院官(按:即录事参军)谓公曰:'两狱,一也,即有移鞫,幸勿为异,吾亦不敢自异于公也。'公愀然曰:'事惟其是而已,况司狱人命所系,吾固不敢以徇公,公亦安得以徇我乎?自今理院所移有不当者,幸公改之,勿以为嫌也。'"②可知,这两个司法机构的职能相同,有申诉不服案,互移重审。

如果知州认为案件与司理参军、录事参军有妨嫌,或者案件已经他们审理而翻异,或无结果,仍需进一步审理的,还可委派州里的其他官员如司户参军等组成审判机构审讯,宋代谓之"置司"。③张邦基《墨庄漫录》卷八云:"熙宁五年,杭州民裴氏妾夏沉香浣衣井旁,裴之嫡子戏,误堕井而死。其妻诉于州,必以谓沉香挤之而堕也。州委录参杜子方、司户陈珪、司理戚秉道三易狱,皆同。"④杭州为大州,所设官员较为齐备,司户参军不兼他职,况司理、录理参军均设置。此案,除录事参军、司理参军外,司户参军也作为鞫司参与了审讯。有关司户参军鞫狱之例,还可找出许多。⑤因司户参军可审讯犯人,宋代文献也有把司户参军归于鞫司官列的记载。《宋会要辑稿·职

---

① (宋)刘一止著,蔡一平点校:《刘一止集》卷一二《乞令县丞兼治狱事》,杭州:浙江古籍出版社,2012年,第154页。
② (宋)朱熹:《晦庵先生朱文公文集》卷九三《转运判官黄公墓碣铭》,朱杰人、严佐之、刘永翔主编《朱子全书》第25册,上海古籍出版社、合肥:安徽教育出版社,2002年,第4279页。
③ 《庆元条法事类》卷七三《推驳·断狱令》,第756页;张方平:《乐全集》卷二五《陈州奏监司官多起刑狱》,文渊阁《四库全书》本。
④ (宋)张邦基撰,孔凡礼点校:《墨庄漫录》卷八《陈睦屈死夏沉香遭报应》,北京:中华书局,2002年,第217页。
⑤ 《宋史》卷二九六《杨徹传》,第9869—9870页。

官》四七之一二云："录事、司理、司户参军,掌分典狱讼……皆以职事从其长而后行焉。"①司法参军本职掌检法,属谳(法)司,但在宋代司法活动中有时也被指派作为鞫司审讯犯人。《宋大诏令集》卷二〇〇《淳化元年正月乙巳诫约州郡刑狱诏》记载了一条司法参军审讯犯人的事例。此外,宋代监当官亦可任鞫司官审理案件。如南宋时监建康府粮料院赵师龙就曾"兼领狱掾"。②早在雍熙三年,宋太宗就曾下诏:"应朝臣、京官及幕职州县官等,今后并须习读法,庶资从政之方,以副恤刑之意。其知州、通判及幕职、州县官等……秩满至京,当令于法书内试问,如全不知者,量加殿罚。"③官员习读法律,知法,懂法,为正确执法审判奠定了必备的司法素养基础。

县级审判机构,主要由知县或县令组成,因其只具杖以下轻罪案的审判执行权限,所以鞫谳不分司。

州县司法事务,除了幕职州县官主持外,还有许多具体的办事机构协助审理,如款司、推司等,"每有狱事,则推、款司主行之"④。这些机构里有许多"胥吏"。雍熙四年,范正辞知饶州,某一次决狱,"胥吏坐淹延停职者六十三人"⑤。可见一州参与司法事务的胥吏人数很多。胥吏把持刑狱,往往颠倒是非,诬陷平民百姓:"人之死生,悉命于此辈。"⑥为此,宋规定州县官必须亲自审讯犯人,不得专委胥吏。⑦宋代路无常设审判机构,如需审理案件,通常由监司临时差官组成,事毕即罢。北宋时由转运使、提刑使、安抚使差官审理案件。至南宋,提举常平亦可差官审理。乾道六年(1170)权刑部侍郎汪大猷言:"契勘诸路推勘公事,在法于提刑、转运、安抚司以次差官。窃详近制,提举常平亦系监司,乃于法特不许差,委有未当。乞自今诸路遇有推勘翻(异)公事,许提举常平依诸司差官。"⑧这一建议得到了孝宗批准。

---

① 《宋会要辑稿·职官》四七之一二,第4271页。
② (宋)楼钥:《知婺州赵公墓志铭》,《全宋文》第266册,第53页。
③ 《宋会要辑稿·选举》一三之一一,第5520页。
④ 《宋会要辑稿·职官》四八之一〇五,第4379页。
⑤ 《长编》卷二八,雍熙四年九月庚辰,第639页。
⑥ (宋)李心传撰,胡坤点校:《建炎以来系年要录》卷一六二,绍兴二十一年十二月庚寅条,北京:中华书局,2013年,第3086页。
⑦ 《宋大诏令集》卷二〇二《令纠察刑狱提转及州县长吏凡勘断公事并须躬亲阅实诏》,第750页。
⑧ 《宋会要辑稿·刑法》三之八五,第8440页。

以上论述了宋代地方审判机构的组成,有两点值得注意:其一,审判机构分为鞫谳两部分,由知州委官组成;鞫谳两司的人员组成并无严格的界限划分,鞫司官可任谳司官,谳司官也可任鞫司官,其他行政官亦可组成审判机构审理案件。其二,所谓鞫谳分司,仅指实际审判活动而言,即一个官员审理某件案子时,不能既是鞫司官,同时又是谳司官,二者只能任其一。

(三) 法官回避

宋承唐制,法官有回避制度。宋初制定的《宋刑统》卷二九《断狱律》云:"诸鞫狱官与被鞫人有五服内亲,及大功以上婚姻之家,并受业师,经为本部都督、①刺史、县令及有仇嫌者,皆须听换。"随着宋代社会政治和经济的不断发展,法官回避制亦日趋严密。

第一,法官与被审人有同年同科目关系的须回避。景德二年(1005),真宗诏令:"应差推勘录问官,除同年同科目及第依元敕回避外,其同年不同科目者不得更有辞避。"②

第二,奏劾按发机构人员与被奏劾按发人须回避,不得参与原案件的审理活动。孝宗淳熙四年(1177)规定,案犯申诉不服达五次以上,由本路提刑将案件审理情况呈报中央朝廷,如系提刑按发之案,则须回避,由转运使呈报。③绍熙元年(1190)孝宗又下令,按发案件之审讯,"如系本州按发,须申提刑司,差别州官;本路按发,须申朝廷,差邻路官前来推勘"④。

第三,司法官之间亦有回避规定。《庆元条法事类》卷八《亲嫌·职制令》:"诸职事相干或统摄有亲戚者,并回避(原注:虽非命官而任使臣差遣者亦是),其转运司帐计官于诸州造帐官,提点刑狱司检法官于知州,通判、签判、幕职官、司理司法参军亦避。"⑤这是法官上下级之间的回避。又同书还规定法官同级之间如录问、检法官与审讯官之间,检法官与录问官之间有亲嫌也得回避。

---

① 按以上句,《唐六典》卷六刑部郎中员外郎作"并授业经师为本部都督"。北京:中华书局,1992年,第191页。

② 《宋会要辑稿·刑法》三之五五,第8422页。

③ 《宋会要辑稿·职官》五之四八,第3144页。

④ 《宋会要辑稿·职官》五之五三,第3147页。

⑤ 《庆元条法事类》卷八《亲嫌·职制令》,第149页。

第四，一件案件的后审官吏与前审官吏有亲嫌关系者须回避。宋代"防闲曲尽"，于法律审判慎之又慎，规定犯人移司重审，"后来承勘司狱与前来司狱有无亲戚，令自陈回避"①。

（四）起诉

宋无专门的检察机构提起公诉，刑事诉讼一般由当事人直接向官府提出。此外，各级官府也纠举犯罪。宋代对起诉有若干规定。②

对起诉人年龄和性别有限制。宋初沿用唐制，起诉人年龄在八十以下，十岁以上，谋反等大案不受此年龄限制。③至乾德四年（966），起诉人年龄上限减为七十岁以下，④身患重病及有孕之妇不得起诉。⑤到南宋，又进一步规定妇女通常无起诉权，"非单独无子孙孤孀，辄以妇女出名，（官府）不受"⑥。如是女户，不受此限制。

起诉案必须与起诉人有关，无关者不得起诉。"讼不干己事，即决杖枷项，令众十日。"⑦这是为防止不法之徒诬告，扰乱正常司法活动而制定的法规。人命案则由死者亲属起诉。⑧

起诉状的书写有一定格式，李元弼《作邑自箴》载起诉状格式如下：

---

① 《宋会要辑稿·刑法》三之七〇，第 8431 页。

② 徐道邻云："宋人习惯，称民事诉讼为'讼'，或'词讼'；称刑事诉讼为'狱'，或'公事'。'狱讼'则包括一切民刑官事而言。"（见氏著《宋朝的县级司法》注十三，《中国法制史论集》，台北：志文出版社）。杨廷福也持此说（见氏撰《宋朝民事诉讼制度述略》，载《宋史论集》，郑州：中州书画社，1983 年）。然而，检点宋代文献，所谓"讼"，既可指民事诉讼，也可指刑事诉讼。《续资治通鉴长编》卷八九天禧元年二月癸巳条曰："婺州民黄衮伐登闻鼓，讼州民袁象家藏禁书，课视星纬，妖妄惑众。"《长编》卷九五天禧四年四月丙申条："（麻士瑶）遣家僮张正等率民夫伺（张）珪于途中殴杀，弃其尸。顷之，珪复苏，讼于州。"这两条材料所说"讼"，显然是指刑事诉讼。此外，所谓"公事"，有时可指刑事诉讼，有时亦指民事诉讼。如《宋会要辑稿·刑法》三之一七所载诏书中有"婚田公事"之语（第 8401 页）。同书三之六五所载有"打杀阿黄公事"之说（第 8427 页）。综上所述，宋代的"讼"、"公事"，泛指一切民、刑诉讼。一般来讲，民事案件不一定与刑狱发生联系，而刑事案件往往与刑狱有关。因此，刑事诉讼又称"狱讼"。宋代的民事诉讼与刑事诉讼往往交叉在一起，有时不是分得很清。

③ 《宋刑统校证》卷二四《斗讼律·投匿名书告人罪》，第 319 页。

④ 《宋会要辑稿·刑法》三之一〇，第 8397 页。

⑤ （宋）李元弼：《作邑自箴》卷八《写状钞书铺户约束》，《四部丛刊》续编本。

⑥ 《黄氏日抄》卷七八《公移·词诉约束》，《黄震全集》，第 2214 页。

⑦ 《宋会要辑稿·刑法》三之一二，第 8398 页。

⑧ 《宋会要辑稿·刑法》三之三八，第 8412 页。

　　　　某乡某村,耆长某人,耆分,第几等人户,姓某,见住处至县衙几里[原注:如系客户,即去(云)系某人客户],所论人系某乡村居住,至县衙几里。

　　　　右某,年若干,在身有无疾、荫(原注:妇人,即云有无娠孕及有无疾、荫),今为某事,伏乞县司施行。谨状。

　　　　　　　　　　　　　　　年　月　日　姓某　押状①

一件起诉状只能诉一事,字数不得过二百。一人不能同时投递二件起诉状。严禁匿名投诉。

　　关于起诉状的书写,宋初袭用后周之制,"所陈文状,或自己书,只于状后具言自书,或雇倩人书,亦于状后具写状人姓名、居住去处。如不识文字及无人雇倩,亦许通过白纸"②。当时起诉状的书写手续比较简单,也不须具保识人姓名,甚至一张白纸亦可起诉。这对起诉人来说,十分方便。伴随着宋代社会政治经济的进一步发展,诉讼活动日渐频繁,简便的起诉状不再相适应,容易产生错告、诬告等现象,于是起诉状的书写手续严格起来,规定平民百姓的诉状由书铺统一书写。《作邑自箴》卷八《写状钞书铺户约束》云:"据人户到铺写状,先须子细审问……。"《作邑自箴》成书于徽宗政和七年(1117),从而可知北宋时就有书铺书写诉状的规定。又《朱文公文集》卷一〇〇《公移·约束榜》云:"官人、进士、僧道、公人……听亲书状,自余民户并各就书铺写状投陈。"③书铺,由官府登记入册,称"系籍",未入册者不得替人书写状词,"不系籍人不得书写状钞"④。书铺书写诉状,必须钤用官府颁给的印子(按:即印记),"书铺如敢违犯本州约束,或与人户写状不用印子,便令经陈,紊烦官司,除科罪外,并追毁所给印子"⑤。

　　诉状不仅由书铺书写,还须由人保识才能投呈,法官开庭审讯,据此传呼起诉人,以防诬告。《朱文公文集》卷一〇〇《约束榜》云:"人户陈状,本州给印子,面付茶食人开雕,并经茶食人保识,方听下状,以备追呼。"

<hr>

① 李元弼:《作邑自箴》卷六。
② 《宋刑统校证》卷二四《斗讼律·越诉》,第325页。
③ 《朱文公文集》卷一〇〇《公移·约束榜》,《朱子全书》第25册,第4630页。
④ 《作邑自箴》卷六《劝谕民庶榜》。
⑤ (宋)朱熹:《晦庵先生朱文公文集》卷一〇〇《约束榜》,《朱子全书》第25册,第4631页。

官府纠举犯罪，须经一定的起诉程序，《五朝名臣言行录》载宋仁宗初即位，"明肃太后临朝，一日，问宰相曰：'福州陈绛赃污狼籍，卿等闻否？'王沂公对曰：'亦颇闻之。'太后曰：'即闻而不劾，何也？'沂公曰：'外方之事，须本路监司发摘；不然台谏有言，中书方可施行。'"①据此可知无纠举机构的告发，单凭传闻，不能成为案件审理的依据。

（五）审判程序

宋代的刑事审判十分周密细致，大抵可分七道程序。

1. 诉状的受理

官府受理一般刑事诉状有特定的日期，称"词状日"②。黄震《黄氏日抄》卷七八《公移·词诉约束》云："自六月为始，每月初三日受在城坊厢状……初八日受临川县管下乡都状，十三日受崇仁县郭及乡都状……自后月分，周而复始。其有不测紧急事，自不拘此限，但常事不许挟紧急为名。"③宋还设有开拆司专收受起诉状。《名公书判清明集》有条判词曰："应今后投状人不许作两名，如作两名者，开拆司并不许收受。"④开拆司负有审查诉状之责，凡不合规则的诉状不受，这是提高司法办事效率的一种必要措施，法官可免受细小琐微之事的干扰。收受的诉状"立号，以月日比次之"⑤，不至混乱无章，大概再交词状司保管。《名公书判清明集》卷十三《假为弟命继为词欲诬赖其堂弟财物》载提举司判语曰："王方妄讼……仍关词状司，再词留呈。"⑥表明官府是有词状司的，其职能可能是保管诉状。

起诉状由州县长官审阅，长官认为可审理的，便签押交有关机构，或逮捕，或审讯。未经长官审阅签押的原始起诉状称"白状"。宋规定："非长官

① 朱熹：《五朝名臣言行录》卷六之一《丞相许国吕文靖公》，《朱子全书》第 12 册，第 171 页。
② 中国社会科学院历史研究所隋唐五代宋辽金史研究室点校：《名公书判清明集》卷一三《妄诉者断罪枷项令众候犯人替》，北京：中华书局，2002 年，第 497 页；《宋会要辑稿·刑法》三之三二，第 8409 页。
③ 《黄氏日抄》卷七八《公移·词诉约束》，《黄震全集》，第 2215 页。
④ 《名公书判清明集》卷一四《一状两名》，第 525 页。
⑤ 《宋史》卷三〇〇《周湛传》，第 9967 页。
⑥ 《名公书判清明集》卷一三《假为弟命继为词欲诬赖其堂弟财物》，第 515 页。

而受白状,非所司而取草款,俱为违法。"①

　　受理案件,根据起诉人的不同职业,有先后受理的区别。按职业,宋人被划分为士、农、工、裔、杂五类。有诉状,先受理士人,次农人,次手工业者,再次商贾,最后为"杂人",如师巫、游手、末作、僮仆等。②案件受理的先后规定,反映了宋代各类人的不同社会地位。受理诉状,须及时出给告示,"不受理者,亦于告示内明具因依,庶使人户凭此得经台省陈理"③。

　　2. 审讯

　　凡审讯犯人,"必先以情,审察辞理,反复参验"④。审讯方式,主要沿用历代所常用的"五听法",即所谓辞听、色听、气听、耳听、目听。开宝八年(975)十二月,宋太祖曾"诏有司重详定推状条样,颁于天下,凡三十三条"⑤。惜此推状之具体内容已无可考。法官通常只能审讯诉状所告范围内的事情,状外之事不得追究,事关劫盗、杀人者例外。哲宗绍圣三年(1096)诏曰"鞫狱非本章所指而蔓求他罪者论如律"⑥。为防冤滥,审讯法还规定,审讯犯人"不得以元奏事状抑令招伏"⑦。

　　审讯过程中,犯人不肯招供,法官可用刑逼供,宋自县至大理寺都把刑讯作为逼迫犯人招供的必要手段。建隆三年敕书规定:"如是勘到宿食行止与元通词款异同,或即支证分明及赃验见在,公然拒抗,不招情款者,方得依法拷掠,仍须先申取本处长吏指挥。"⑧这里规定刑讯是允许的,但亦有限制,不得随便施行。刑讯法,据《庆元条法事类》卷七三《决遣·断狱令》云:"诸讯囚,听于臀部及两足底分受。非当行典狱,不得至讯所。其考讯及行决之人皆不得中易。"拷讯杖数每次一般三十而止。⑨刑讯,按犯人罪之轻重分成若干等级。

---

①　《名公书判清明集》卷一二《因奸射射》,第 449 页。

②　《黄氏日抄》卷七八《公移·词诉约束》,《黄震全集》,第 2214 页。

③　《宋会要辑稿·刑法》三之四一,第 8414 页。

④　《宋刑统校证》卷二九《断狱律·不合拷讯者取众证为定》,第 397 页。

⑤　《长编》卷一六,开宝八年十二月丁卯,第 355 页。

⑥　《宋史》卷一八《哲宗纪二》,第 344 页。

⑦　《宋大诏令集》卷二〇一《诫约勘鞫官不得以元奏事状抑令招伏诏》,第 748 页;《长编》卷八三,大中祥符七年八月壬申,第 1892 页。

⑧　《宋刑统校证》卷二九《断狱律·不合拷讯者取众证为定》,第 400 页。

⑨　《庆元条法事类》卷七三《决遣·断狱令》,第 744 页。

《夷坚三志》记载一条故事,谈到拷讯说:"狱吏用大辟法,加枉锁绷讯。"①死刑罪的刑讯恐怕为最重的了。依法刑讯,数满,犯人不招而不得其情,则放之。②凡病、老、幼囚及怀孕女囚不得用刑。法官非法拷掠犯人致死者,则将追究责任。

审讯中,如罪证俱在,犯人不肯招供而于法又不能用刑时,可以众证定罪法定其罪。哲宗时,权江淮等路发运使吕温卿犯法,大理正张近受诏审讯,"温卿谩不肯置对,(张)近言:'温卿所坐明白,倘听其蔓词,惧为株连者累。'诏以众证定其罪"③。

有关刑讯工具,也有具体规定,不得随意为之,"狱具并大小杖,称量如法,用火印,仍令秤子自书姓名于其上,以金漆漆定。不能书,则吏代之,止令花押"④。

然而,在实际审讯中,法官多违法用刑。为此,朝廷多次下诏禁止之,并于太平兴国六年(981)规定:"囚当讯掠,则集官属同问,勿委胥吏榜决。"⑤大概这项法则在具体实施中颇感不便,至雍熙三年改为"诸州讯囚不须众官共视,但申长吏,得判而后讯之"⑥。尽管如此,滥讯之风并不能杜绝,在宋代文献里,有关滥施刑讯,威迫取供的事例,不胜枚举。滥讯是宋代冤假案产生的一大原因。

宋代审讯程序还有几项重要活动:第一,检验。宋极重视对被害者的人体检验,以此作为定罪的重要依据。宋在总结前代经验的基础上,制定了一套相当完备的检验法,对检验官吏的派遣、检验官吏的职责、检验方法、检验注意事项等作了详细的规定。⑦凡杀伤人案并须委官检验。不经检验,不得结案。如系杀人无证据及无法验尸的案子,地方无权审判,得呈报朝廷处理。

---

① (宋)洪迈:《夷坚三志》己卷第六《赵氏馨奴》,《全宋笔记》第 9 编第 6 册,郑州:大象出版社,2018 年,第 248 页。
② 《宋史》卷三○二《何中立传》,第 10029 页。
③ 《宋史》卷三五三《张近传》,第 11145 页。
④ 《作邑自箴》卷三《处事》。
⑤ 《长编》卷二二,太平兴国六年三月己未,第 492 页。
⑥ (宋)杨仲良撰,李之亮校点:《皇宋通鉴长编纪事本末》卷一四《听断》,哈尔滨:黑龙江人民出版社,2006 年,第 195 页。
⑦ 详见(宋)宋慈编,贾静涛点校《洗冤集录》,上海科学技术出版社,1981 年。

　　第二,传集证人及本贯会问。审讯对象,除被告外,还包括原告、证人及与案件有关之人。一件案子如涉及他人,按规定可传讯至审判之所一并审讯,①遇证人居地遥远等特殊情况例外。"诸州勘劾公事,干连女口当为证左者,千里外勿追摄,牒所在区断。"②"牒所在区断",就是将公文发往证人所在地,委托当地官府代为审讯。传讯证人,极易骚扰乡里民居,不法之吏因缘为奸,故宋规定,非紧要证人不得滥追证。宣和六年(1124)又规定审讯案件,"如大情已正,小节未圆,并仰疾速结绝,应干证人并先次疏放"③。

　　如外州人在本地作案,法官还得进行一项"本贯会问"的调查工作。《宋会要辑稿·刑法》三之八四:"(乾道元年)五月十四日,刑部言:'据舒州申:本州诸县犴狱淹延,动涉岁月,盖由淮南之人多自浙江迁徙,在法合于本贯会问三代有无官荫,及祖父母、父母有无年老应留侍丁,及非犯罪事发见行追捕之人。'"④此所云"官荫",谓品官依据自己的官职为亲属赎罪的权利;"应留侍丁",是指犯人的祖父母或父母年老无人料理,需留家照料者。这二者于法可减、赎罪行。此类事情不能凭犯人口说为据,得由官府派人到犯人原籍了解才能判定。

　　第三,书写供状。案子审讯完毕,即书写供状,"囚辞,皆狱官亲听,令自通状,不能书者,典为书之。书讫读示,辞已穷尽,即官典同以辟(辞)状类合成款。唯具要切事情,不得漫录出语。仍示囚,详认书字,能书者,亲书结款"⑤。犯人的原始供状,多零乱无章,称"碎款",是审判的第一手材料,一般不上呈,另由法官据碎款,仔细整理抄录出一份条理清楚的供状,由犯人画押,作为定罪的正式依据。此项活动,十分重要,亦易出错,不法官吏多借此高下其手,或改重为轻,或改轻为重,从中渔利。

　　送呈上级审核的案状,通常据正式供状抄出,称"录本"。南宋刘克庄在审核饶州一案的书判中说:"(初)提刑司亦只见录本,所以蔡提刑信为狱成,

---

①　《宋刑统校证》卷二九《断狱律·不合拷讯者取众证为定》,第 400 页。

②　《长编》卷八二,大中祥符七年正月己亥,第 1862 页。

③　《宋会要辑稿·刑法》五之三一,第 8520 页。

④　《宋会要辑稿·刑法》三之八四,第 8439 页。

⑤　(宋)谢维新:《古今合璧事类备要》外集卷二三《刑法门·款辨·刑法总论》,文渊阁《四库全书》本,第 941 册,第 571 页。

当职初亦信之。今索到州县狱款,兰亭真本,然后知狱未尝成。"①这是说案件录本与犯人供状有出入,法官先据错误的录本定罪,几成冤案,后取原始供款覆查,才搞清楚真相。录本有时只写案情概要,叫"节状",但朝廷规定,死刑案则须呈交完整的案状。雍熙三年,诏"诸州所奏大辟案,多钞略疑辨之辞,或至愆误,自今并全录以闻"②。

3. 录问

徒刑以上案,犯人供状写好后,还得由审讯官以外的人核实,才能检法议刑,作出判决。"每狱具则请官录问,得手状伏辨,乃议条决罚。"③这道程序叫"录问",亦称"虑问"。推其原意,在于防止审讯官作弊,保证司法审判的准确性。录问时,录问官先审查案状,事无可疑,乃"引囚于前,读示款状,令实则书实,虚则陈冤"④。在县,录问是由令佐聚厅进行的。《宋会要辑稿·职官》五之四八云:"其徒罪以上囚,令、佐聚问无异,方得结解赴州。"⑤在州,录问由邻近州府选派官员为之。大中祥符九年(1016),"秘书丞韩庶言:'诸州鞫狱,多以勘官所部僚属录问,虑有冤滥,不能明辨。望于邻州选官。'从之"⑥。京师刑案的录问,宋初通常由御史台委官进行,而御史台徒罪以上案,差丞郎、谏议以上官录问。⑦大中祥符二年(1009),宋设立纠察在京刑狱司,在京之狱,"凡大辟,皆录问"⑧。元丰改制,罢纠察司,录问官遂由御史台派遣。京师刑狱的录问官委派事宜较为复杂,时有特例,如南宋大理寺狱,由刑部和御史台差官共同录问。

宋对死刑案的录问十分谨慎。咸平五年(1002)宋规定大辟案,须知州、通判、幕职官集体录问,宋人谓之"聚录"。⑨如系涉及多人的重大死刑案,聚录之后,还得由其他不相干的机构派人再录问一次。《长编》卷七三大中祥

---

① (宋)刘克庄撰,王蓉贵、向以鲜校点:《后村先生大全集》卷一九二《饶州州院推勘朱超等为趱死程七五事》,成都:四川大学出版社,2008年,第7521—7525页。
② 《皇宋通鉴长编纪事本末》卷一四《听断》,第195—196页。
③ 《长编》卷七七,大中祥符五年四月辛酉,第1763页。
④ 《长编》卷二八九,元丰元年四月乙巳,第7060页。
⑤ 《宋会要辑稿·职官》五之四八,第3144页。
⑥ 《长编》卷八七,大中祥符九年八月丙戌,第2006页。
⑦ 《宋会要辑稿·职官》五五之二,第4497页。
⑧ 《宋史》卷一六三《职官志三》,第3858页。
⑨ 《文献通考》卷一六七《刑考六》,第5016—5017页。

符三年六月庚午条云："诸州大辟罪及五人以上，狱具，请邻州通判、幕职官一人再录问讫，决之。"邻州官录问，来往颇费时间，因此到大中祥符六年改为令"本处不干碍官若三班使臣录问"①。

录问官负有法律责任，审讯不当，犯人有冤，录问官不能及时驳正者则受罚。"诸置司鞫狱不当，案有当驳之情而录问官司不能驳正，致罪有出入者，减推司罪一等。"②相反，能驳正者有赏。录问官录问，如犯人推翻供状，案子便立即移送其他机构重审。

4. 检法

录问后，即为法司检法议刑程序，法司依据犯罪情节，检出适用的法律条款，供长官判决。法司检法，案情有误，有权驳正。《宋史》卷三五五《杨汲传》曰：北宋杨汲任赵州司法参军，"州民曹浔者，兄遇之不善，兄子亦加侮焉。浔持刀逐兄子，兄挟之以走，浔曰：'兄勿避，自为侄尔。'既就吏，兄子云：'叔欲绐吾父，止而杀之。'吏当浔谋杀兄。汲曰：'浔呼兄使勿避，何谓谋？ 若以意为狱，民无所措手足矣。'州用其言，谳上，浔得不死"③。这是司法参军检法时驳正案情的一件实例。又真宗时，西门允为莱州司法参军，"莱州守苛深，尝有强盗，欲置之死，使高赃估。公阅案，请估依犯时，持议甚坚。……二囚遂不死"④。知州要司法参军检法时，高价计赃，但司法参军认为当以罪犯作案时的价格来计赃，据理驳正，从而救了两条人命。司法参军的权力和责任仅限于审案检法。至于检法后案子的判决，则不得参与意见。南宋绍兴十七年，大理少卿许大英"乞令诸州法司吏人，只许检出事状，不得辄言予夺"。高宗诏"申严行下"。⑤为防司法参军玩忽职守，或与鞫司官沆瀣一气，营私舞弊，检法后，通常录事参军还得核实一遍，与司法参军"连书"。⑥狱案有误，当驳正而不驳正，录事、司法参军均将受罚。例如仁宗景祐三年

---

① 《长编》卷八〇，大中祥符六年三月戊午，第 1821 页。
② 《庆元条法事类》卷七三《推驳·断狱敕》，第 756 页。
③ 《宋史》卷三五五《杨汲传》，第 11187 页。
④ (宋)刘挚撰，裴汝诚、陈晓平点校：《忠肃集》卷一三《西门允墓志铭》，北京：中华书局，2002 年，第 262 页。
⑤ 《建炎以来系年要录》卷一五六，绍兴十七年十二月己亥，第 2975 页。《庆元条法事类》卷七三《检断》亦有同样规定，第 742 页。
⑥ 《庆元条法事类》卷八《亲嫌·断狱令》，第 151 页。

（1036），知蕲州王蒙正等坐故入林宗言死罪，"录事参军尹化南、司法参军胡揆不驳公案，各罚铜五斤"①。

5. 拟判

法司检出适用的法律条款后，再由其他官员依据条款写出案子的初步审判意见，这一程序称"拟判"，亦称"书拟"。拟判通常由推官或签书判官厅公事执笔。《攻媿集》卷九八《陈希点神道碑》曰：孝宗时陈希点为平江府观察推官，"枢密丘公崈为守，屡以职事争辩，丘公或凭怒折之，公退立屏息，俟其少霁，执论如初，至于再三，竟不能夺。自尔，公所书拟，望而许之"②。陈希点"所书拟"即是拟判。又《名公书判清明集》卷十一《假宗室冒官爵》载签厅对一案件的拟判曰："……欲将林伸决脊杖十五，编管五百里；叶佑决脊杖十五，加配一千里，林庆勘杖一百，牒州照断。"③"金厅"，即"签厅"，"金"同"签"，有时指州一级的签书判官厅公事，有时却是指宋代路一级政府的属官。例如黄震《申诸司乞禁社会状》就记载有"提举司金厅书拟"、"提刑司金厅书拟"、"安抚司金厅书拟"。④可见，监司所属诸签厅及检法官亦可执笔拟判。

县徒以上案亦有拟判程序，然后送州覆审定判。例如南宋时鄱阳县申勘余干县的一件案子，县书拟官拟判不当，结果"书拟官夺俸一月"，受到了处罚。⑤至于天下所上疑案，由大理寺详断，刑部详覆拟判，然后送"门下省省审"⑥。

6. 集体审核

案子拟判后，在作出正式判决前，还得经同级官员集体审核，签署书押。北宋蔡襄说："……狱具，文谳于从事，谋于监郡，上于太守，而又质于掌法者。若文不比，囚不直，则移而谳之。众皆可焉，班而署之，然后乃得已

---

①　《宋会要辑稿·刑法》四之七三，第 8485 页。

②　《攻媿集》卷九八《陈希点神道碑》，文渊阁《四库全书》本，第 1153 册，第 512 页。

③　《名公书判清明集》卷十一《假宗室冒官爵》，第 402 页。

④　《黄氏日抄》卷七四《申明五·申诸司乞禁社会状》，《黄震全集》，第 2149—2153 页。

⑤　《后村先生大全集》卷一九三《鄱阳县申勘余干县许珪为殴叔及妄诉弟妇堕胎惊死弟许十八事》，第 4862—4863 页。

⑥　《长编》卷三五九，元丰八年八月癸酉，第 8583—8584 页。

矣。"①"文谘于从事",即集体审核案件拟判意见。《宋会要辑稿·职官》五之五七:"(庆元)四年九月十二日臣僚言:'……至于检断签书及录问官,止据一时成款,初不知情,免于同罪。'"②签书官,即为参加审核活动,签押意见的官员。官员审核后须依次签押。《朱文公文集》卷一〇〇《公移·州县官牒》云:"又仰诸案呈复,已得判押,并须以次经由通判、职官签押,方得行遣文字;并须先经职官,次诣通判,方得呈知州,取押用印行下。"③狱案的集体审核,是一项极慎重的措施。首先,签署画押之人,可认真审核,一道道把关。认为案有疑问,或对拟判有不同看法,即可提出意见,充分发挥集体审核作用。宋徽宗时,陈伣任和州司户参军,"和州有狱不应死,守欲杀,久论不从。一日同寮大集,抱牍与辨于座,守怒,以辞气相加,座上直者愤,弱者慑,错立引却,公色平言庄,徐理前语,卒得要领"④。陈伣显然是在集体审核中提出异议,纠正了错案。如系人命案,众有异议,不能定判,就作为疑案申报朝廷裁决。孝宗时,史浚权通判婺州,在审核一死刑案时有异议,州不能决,于是"交谳以上棘寺,卒从君议"⑤。其次,作为以后上级覆审时的奖惩依据,俾官吏得尽心职事。宋规定,凡参与审判活动的官员都负有连带的法律责任。熙宁三年,明州错判的裴士尧贪污案件,上级覆审核正,"于是,尝签书士尧狱事者,虽去官皆罚铜二十斤"⑥。

7. 判决

案件经集体审核后,呈知州作正式判决。知州审阅,认为无误,便书写判语定判。定判后,知州必须对犯人宣读判词。⑦如张咏,"初知益州,斩一猾吏前后郡守所倚任者,吏称无罪,公封判,令至市曹读示之,既闻断辞,告市人曰:'尔辈得好知府矣。'"⑧南宋刘克庄在一份案件的书判中云:"汪伯仁押下司理院勘问,……及读判,汪伯仁不到奉判,此必是本司见役公人有与之

---

① (宋)蔡襄:《蔡襄集》卷二九《送张总之温州司理序》,上海古籍出版社,1996年,第513页。
② 《宋会要辑稿·职官》五之五七,第3148页。
③ 《晦庵先生朱文公文集》卷一〇〇《公移·州县官牒》,《朱子全书》,第4614页。
④ (宋)陈长方:《唯室集》卷三《先豫章公墓铭》,文渊阁《四库全书》本,第1139册,第647页。
⑤ 《攻媿集》卷一〇五《史浚墓志铭》。
⑥ 《长编》卷二一四,熙宁三年八月辛酉,第5199页。
⑦ 《后村先生大全集》卷一九三《乐平县汪茂元等互诉立继事》,第4876页。
⑧ (宋)张咏:《乖崖集》卷十二《语录》,文渊阁《四库全书》本,第1085册,第650页。

相为表里者……两词人并仰押在厅前听候书判。"①读判后,犯人无申诉不服,整个案件的审判方算终结,宋代谓之"结绝"。接下来即可执行刑罚。《宋会要辑稿·刑法》三之三一云:"近来健讼之人,多不候官司结绝,辄敢隔越陈诉,理合征革。"②这是说犯人不待案件定判,便越级申诉,故属违法之举。

宋代还有一项"封案法"值得注意。《韩魏王遗事》载:"公判大名府日,有案吏请假娶妻,继有讼其不法及参假,送狱勘正,将引断,乃令封起公案。及半年后,一日,令取前案送签厅行遣。二倅乃白公曰:'此人自封案后,颇谨愿,不为非法,乞恕罪,如何?'公乃问二倅曰:'二公知某封案之意乎?'曰:'不知。'公乃云:'此人缘请假娶妻,继而至讼,当时若便断遣,必伤三家人情……所以封起案卷。今已半年矣,无可疑者,请一面行之。'"③"引断",即执行。于此得知,知府在定判后,可根据囚犯犯罪情节和实际情况宣判缓刑,延期执行。此外,据二倅(即通判)之言,似乎缓刑期满,依犯人表现,可重行判决,以便于缓刑期内给犯人以赎罪的机会。封案法一般仅施用于较轻的案件。

(六) 审判期限

宋代十分重视司法办事效率,制定了许多有关措施,审判期限的规定即是其中的一个部分。

1. 地方机构审判期限

太平兴国六年(981),针对"胥吏旁缘为奸,逮捕证左,滋蔓逾年而狱未具"的现象,太宗下诏规定了州级审判期限:"大事四十日,中事二十日,小事十日,不须追捕而易决者无过三日。"谓之"三限之制"。④宋代案件的大小是以案状纸张多寡来计算的,通常二百张以上为大事,十张以上为中事,不满

① 《后村先生大全集》卷一九三《乐平县汪茂元等互诉立继事》,第4876页。
② 《宋会要辑稿·刑法》三之三一,第8409页。
③ (宋)韩琦撰,李之亮、徐正英笺注:《安阳集编年笺注》附录五《忠献韩魏王遗事》,成都:巴蜀书社,2000年,第1887页。
④ 《长编》卷二二,太平兴国六年三月己未,第491页。

十张为小事。①监司或州指派下级审理者,小事十五日,大事三十日,"有故不能如限,具事因申所委官司量展,并不得过元限之半"②。绍兴八年(1138)宋规定州县审判案件,遇特殊情况,期限可延长至一年,一年仍不能决者,申报提刑司处理。③

2. 中央机构审判期限

至道二年(996)规定大理寺决天下奏案,大事二十五日,中事二十日,小事十日;审刑院详覆,大事十五日,中事十日,小事五日。④此后,明道二年(1033)、元祐元年(1086)先后又作过一些更改。元祐二年(1087)定大理寺审判期限为大事二十四日,中事十七日,小事七日;刑部详议,大事十一日,中事八日,小事三日。⑤

宋还制定了专门措施来监督地方官员按期审判。太平兴国九年(984)太宗诏令"自今天下系囚。依旧例十日一具所犯事因、收禁月日申奏"⑥,由刑部检查纠举。县申州,州申监司及刑部。咸平三年(1000)真宗诏改由审刑院纠举。⑦法官如"决狱违限,准律官文书稽程论其罪"⑧。真宗时,眉州大姓孙延世伪造证券,侵占族人田产,九陇知县章频按治,逾期不能结案,结果被责降监庆州酒。⑨

为提高办事效率,宋规定非死刑案,证据分明者,可即时判决,不必拘禁待审。雍熙元年(984)太宗始令"诸州笞、杖罪不须证逮者,长吏即决之,勿复付所司"⑩,简化了审判手续。但有些知州任情枉断,至道元年(995)朝廷又下了条补充规定:"应勘鞫罪人,如情理别无枝蔓,杖罪以下,长史(吏)与通判量罪区分,徒以上结正行遣。"⑪知州即时决断,须与通判商议,从而有所

---

① 《长编》卷四〇五,元祐二年九月庚戌,第9861页。
② 《庆元条法事类》卷八《定夺体量·职制令》,第143页。
③ 《宋会要辑稿·刑法》三之七八至七九,第8435页。
④ 《续资治通鉴长编纪事本末》卷一四《听断》,第192页。
⑤ 《长编》卷四〇五,元祐二年九月庚戌,第9861页。
⑥ 《宋会要辑稿·刑法》六之五一,第8558页。
⑦ 《宋会要辑稿·职官》一五之三九,第3430页。
⑧ 《续资治通鉴长编纪事本末》卷一四《听断》,第192页。
⑨ 《宋史》卷三〇一《章频传》,第9992页。
⑩ 《长编》卷二五,雍熙元年八月戊寅,第582页。
⑪ 《宋会要辑稿·刑法》三之五二,第8420页。

约束。此外,徒、流罪也可即时决断。真宗时,知杭州薛映奏:"请诏天下,凡徒流罪人,于长吏前对辨无异,听遣决之。"朝廷从其言而行之。①

宋还规定知州须十日一录囚,定期审查梳理审理中的刑案。②

虽然宋朝廷制定了不少法规,防止案件拖延不决,但事实上,各地审判违期现象时常发生,有的甚至经涉八九年才结绝。③究其原因,首先,宋代审判法规定,案有申诉不服,则须移司重审,有的案件移审达六七次之多者,从而拖延了审判时间。其次,审判手续十分烦琐,如手续不全,案情不详,则批驳等待,亦颇费时间。熙宁三年(1070),张方平知陈州,属下有一兵士冒请粮米案,仅开庭审讯前的准备事宜就花了四个月时间。④再次,有些官吏玩忽职守,因缘为奸,也妨碍了审判活动的正常进行。

二、上诉、覆审和死刑覆核制度

上诉、覆审制度是用来减少错假案发生,准确量刑必不可少的措施之一。宋代也有这么一套详尽周密的制度。

(一) 上诉

宋代犯人如不服判决,除了在录问或行刑时称冤,提出申诉外,还可向上级司法机构提出上诉。

宋初,州县审判的案犯有冤,可不经监司而直赴京师,击登闻鼓或邀车驾向皇帝申诉。后来,事无大小,动辄进京直诉的人增多,皇帝应接不暇,太宗遂于至道元年(995)下诏:"应诸路禁民不得越诉。"⑤规定上诉须逐级进行。其后又规定:"诸州吏民诣鼓司、登闻院诉事者,须经本属州县、转运司,不为理者乃得受。"⑥至咸平六年(1003)又具体修改为:"其越诉状,官司不得与理。若论县许经州,论州经转运使,或论长吏及转运使、在京臣僚,并

---

① 《长编》卷六四,景德三年十月癸巳,第1431页。
② 《宋大诏令集》卷二○○《先令诸道刑狱五日一录问今后宜十日一录问诏》,第741页。
③ 《宋会要辑稿·刑法》三之八七,第8442页。
④ (宋)张方平:《乐全集》卷二五《陈州奏监司官多起刑狱》,文渊阁《四库全书》本。
⑤ 《宋会要辑稿·刑法》三之一一,第8398页。
⑥ 《宋会要辑稿·职官》三之六三,第3080页。

言机密事,并许诣鼓司、登闻院进状。若夹带合经州、县、转运论诉事件,不得收接。"①犯人上诉须按此规定的程序逐级进行。

宋初,中央设有鼓司、登闻院受理地方上诉案,案状上呈皇帝,由皇帝亲自审理。景德四年(1007)改鼓司为登闻鼓院,登闻院为登闻检院,上诉案如鼓院、检院不受,犯人可向御史台乃至皇帝申诉。此外,还设有理检使,"其称冤滥枉屈而检院、鼓院不为进者,并许诣理检使审问以闻"②。京师狱案有冤,先向纠察在京刑狱司申诉,如不受或受理不当,方可依次向鼓院、检院和理检使申诉。

上诉有一定期限,北宋天圣九年规定:"鞫劾盗贼,如实枉抑者,许于虑问时披诉。若不受理,听断讫半年次第申诉。限内不能翻诉者,勿更受理。"③上诉期限为半年,但也有为一年者。皇祐二年(1050)规定刺配罪人有冤,限一年内"经逐处理诉"④。南宋规定上诉期限是一年。⑤这是对于百姓而言的。宋代朝廷官员的上诉期限比平民百姓长,为三年。庆历七年仁宗诏:"今后命官犯罪,经断后如有理雪者,在三年外更不施行。"⑥如遇大赦等特殊情况,还可延长至五年。⑦

(二) 覆审

覆审可分为对申诉不服的狱案覆审和对申报上级的狱案覆审。

1. 对申诉不服的狱案覆审

犯人在录问或行刑时推翻供状,申诉称冤,宋人谓之"翻异",原审判机构必须将案件移到同级的另一司法机构重新审理。《文献通考》卷一六六《刑考》云:"(淳化三年)令诸州决死刑有号呼不伏及亲属称冤者,即以白长

---

① 《宋会要辑稿·刑法》三之一二,第 8398 页。
② 《长编》卷一〇七,天圣七年闰二月癸丑,第 2501 页。
③ 《宋会要辑稿·刑法》三之一七,第 8401 页。
④ 《宋会要辑稿·刑法》四之二二至二三,第 8458 页。
⑤ 《宋会要辑稿·刑法》三之七五,第 8433 页。
⑥ 《宋会要辑稿·刑法》三之一九,第 8402 页。
⑦ 《宋会要辑稿·刑法》三之二五,第 8405 页。按:徐道邻先生在他的《翻异别勘考》(《中国法制史论集》)一文中,将平民的上诉期限同命官的上诉期限混淆了,其实两者是有区别的。

吏,移司推鞫。"①开封府判决的案子,犯人不服,移司重审,"左军(巡院)则移右军(巡院),右军巡院,则移左军(巡院),府司亦然"②。

宋代对申诉不服案的覆审,先采取同级异司覆审法,称"别推"。如犯人仍申诉不止,再交上级机构审,称"移推"。"在法,诸录囚有翻异者,听别推然后移推。"③《长编》卷一二〇景祐四年正月丙戌条载:"诏天下狱有大辟,长吏以下并聚厅虑问,有翻异或其家诉冤者,听本处移司;又不服,即申转运司,或提点刑狱司,差官别讯之。"④大理寺狱"有翻异即左移右推,右移左推",仍不服,即申朝廷,委官审理,或送御史台。⑤

为防冤案发生,切实发挥覆审作用,宋先后作出三条重要补充规定:

第一,捕盗官及参与初审的法官不得再参与覆审活动。《长编》卷七二大中祥符二年七月辛巳条载:"光化军民曹兴为盗,将刑称冤,军遣县尉覆按。刑部言尉本捕盗,复令鞫案,虑其避收逮平民之罪,或致枉滥。乃诏:'自今大辟案具,临刑称冤者,并委不干碍官覆推之。如阙官,即白转运、提点刑狱使者,就邻州遣官按之。'"⑥

第二,犯人不服,本州覆勘,照例由知州委官进行,假使知州有私,仍免不了有冤滥的可能。大中祥符九年规定,死刑覆审权一律交由转运司、提点刑狱司掌管,"就州选官覆勘"⑦。

第三,移司重审,仍不服者,再审,每次重审,都有录问官录问。宋法,录问官不能驳正冤假案者将受罚。一些录问官生怕承担责任,录问时,犯人一有不服,不问底细,便草率了事,移司重审,而"后勘官见累勘不承,虑其翻诉不已,狱情一变,或坐失人之罪。故为脱免"。为此朝廷规定,覆审录问官遇有申诉不服,"当厅令罪人供具实情,却以前案并翻词送后勘官参互推鞫,不得更于翻词之外别生情节,增减罪名。其累勘不承者,依条选官审勘"⑧。

---

① (宋)马端临:《文献通考》卷一六六《刑考五》,北京:中华书局,2011年,第4979页。
② 《长编》卷一九〇,嘉祐四年七月庚申,第4581页。
③ 《宋会要辑稿·刑法》三之八四,第8439页。参见徐道邻《翻异别勘考》。
④ 《长编》卷一二〇,景祐四年正月丙戌,第2819页。
⑤ 《宋会要辑稿·职官》二四之一二,第3662页。
⑥ 《长编》卷七二,大中祥符二年七月辛巳,第1626页。
⑦ 《宋会要辑稿·刑法》三之五八,第8424页。
⑧ 《宋会要辑稿·刑法》三之八五,第8440页。

移司重审,并非无限制,北宋原则上规定为三次,三次覆审结果相同,司法机构便不再予以审理。南宋杨万里说:"国朝之法,狱成而罪人以冤告者,则改命他郡之有司而鞠焉。鞠止于三而同焉,而罪人犹以冤告也,亦不听。"①但长官认为虽经三审,案件仍有不实之嫌,也可继续差官覆审。《墨庄漫录》卷八所载夏沉香一案,即是经过四审才结案的。又《范太史集》卷四二《郭子皋墓志铭》记载神宗时,泸州一军卒"因博戏杀人,狱五徙辄变",至第六次覆审才告完结。逮至南宋,覆审次数较北宋有所增加。乾道七年(1171)孝宗诏云:"诸路见勘公事内,有五次以上翻异人,仰提刑司躬亲前去审,具案闻奏。如仍前翻异,即根勘着实情节,取旨施行。内有合移送大理寺者,即差人管押赴阙。"②移司别推五次,再加提刑司和皇帝的覆审,实际一案经七审才能终结。

犯人向上级司法机构提出申诉的狱案覆审,朝廷规定,凡县判决之案,犯人不服,向州申诉,州覆审,如确属判决不当,县法官受罚。向监司告州判决不当者,由监司差官员或长官亲往覆审,属大案者,申报朝廷,由邻路监司差官审理,如系原审错误的,原审法官受罚,流罪以下犯人先行决放,死刑案报朝廷裁决。③向转运使陈告州县判决不当者,转运使须及时审理,"如合候务开,及别有违碍格敕、不合施行者,亦当面告示,取索知委结罪状"④。"务开"系宋代务限法规定的每年十月至三月的农闲时节,受理民事案件,其中也包括一般的刑事案件。⑤

上诉案,上级收接后不得送被告官司覆审。南宋《绍兴令》规定:"诸州诉县理断事不当者,州委官定夺;若诣监司诉本州者,送邻州委官。"⑥如系告本路监司者,"即下别路施行"⑦。这些规定有利于覆审活动的正常进行。有

① (宋)杨万里著,辛更儒笺校:《杨万里集笺校》卷八九《千虑册·刑法上》,北京:中华书局,2007年,第3515页。
② 《宋会要辑稿·刑法》三之八六,第8441页。
③ 《宋会要辑稿·刑法》三之一二,第8398页。
④ 《宋会要辑稿·刑法》三之一三,第8399页。
⑤ 《宋刑统校证》卷一三《名例律·婚田入务》"臣等参详"条载:"所有论竞田宅、婚姻、债负之类,取十月一日以后,许官司受理,至正月三十日住接词状,三月三十日以前断遣须毕。如未毕,具停滞刑狱事由闻奏。"第176页。其中涉及"刑狱事由",当包括刑事案件。
⑥ 《宋会要辑稿·刑法》三之二六,第8406页。
⑦ 《宋会要辑稿·刑法》三之一六,第8401页。

违反者,允许当事人越诉。绍兴十二年(1142)高宗诏:"帅臣、诸司、州郡自今受理词诉,辄委送所讼官司,许人户越诉。"①

上诉案获准受理,上诉人须及时至受理机构候审。南宋黄震云:"某每见朝省台部以及所在诸司,凡送下州县词诉,必待词主出官而后施行,门示三日,词主不到,则缴回元牒,此定格也。"②换言之,上诉状批转覆审,自受理机构收到案状起,给予上诉人三天期限,如上诉人不出厅,便不再受理。

2. 对申报上级的狱案覆审

宋制,县徒以上案,拟判后送州覆审定判。州覆审县所上案,如需重新审理者,原案不再返送本县而改由其他机构重审。《庆元条法事类》卷八《定夺体量·断狱令》:"诸县公事理断不当,州取案审详应别推者,不得却送本县。"③这可以防止原审法官变换情节,弄虚作假。如属情节不详,手续不全,则令原审机构补呈。宋法规定"若本州见得所勘情节未圆,事碍大情,委合取会事件,仰行下所属取会,断结施行"④。

纠察在京刑狱司覆审京师诸司案件,"如所犯稍重及情理涉疑,禁系稍多,淹延未断,即仰暂勾罪人及碎状,就本司审问"⑤。属死刑等要案,则派纠察官前往审问。如有不服者,即移司重审。纠察在京刑狱司覆审不当,下级机构可上诉。神宗时,王安石纠察在京刑狱,一次审核开封府狱,劾开封府失判,开封府不服,上诉朝廷,"事下审刑、大理,皆以府断为是"⑥。

(三) 死刑覆核

死刑为刑罚中最重之处罚,其判决适当与否,对社会影响甚大。宋统治者对死刑的审判十分慎重,其制定的死刑覆核制不同于以往朝代而别具特色。

---

① 《宋会要辑稿·刑法》三之二六,第 8406 页。
② 《黄氏日抄》卷七五《申明·申诸监司乞给照由付词人赴所属官司投到理对公事》,《黄震全集》,第 2172 页。
③ 《庆元条法事类》卷八《定夺体量·断狱令》,第 144 页。
④ 《宋会要辑稿·刑法》三之八二,第 8437 页。
⑤ 《宋会要辑稿·职官》一五之四五,第 3433 页。
⑥ 《宋史》卷三二七《王安石传》,第 10542 页。

　　许多学者认为宋代的地方死刑案必须呈报中央刑部核准，才能执行。[①]这种说法并不符合史实。

　　为缩短审判时间，提高司法办事效率，但又不致草率行事，宋代将死刑的覆核分成两种：凡属有证有据，不难判决的死刑案，其判决执行权交地方掌管，执行前，无须报中央刑部核准，地方只是在死刑执行后将案情申报刑部，刑部进行事后覆审；如属证据不足或有疑难的死刑案则申报中央裁决。这就改变了以往朝代死刑案不问有无疑难，一律报中央核准才能执行的做法。这种覆核制在历史上还是第一次出现，是宋代的一个创举。

　　在宋代文献中，有许多大辟案申报中央审判的记载，使今人很容易误解为凡是死刑案都得报中央审批才能执行，其实，这些申报的死刑案都是地方不能解决的疑案。这项制度比较复杂，就连一些宋代的人也搞不清。例如王栐的《燕翼诒谋录》一书就把死刑疑案奏裁制同一般死刑案执行后报刑部覆审之制混淆起来了。[②]

　　1. 无疑难的死刑案覆核

　　《宋史·太祖纪三》云："(太祖)谓宰相曰：'五代诸侯跋扈，有枉法杀人者，朝廷置而不问。人命至重，姑息藩镇，当若是耶？自今诸州决大辟，录案闻奏，付刑部覆视之。'遂著为令。"[③]据此，似乎可以理解为死刑案报刑部核准才能执行。然考《长编》卷三建隆三年(962)三月丁卯条作："……乃令诸州自今决大辟讫，录案闻奏，委刑部详覆之。"[④]这里，"决大辟"后有一"讫"字，《宋史》无。有无"讫"字，意思不同。"决"，谓执行，"决大辟讫，录案闻奏"，是说死刑执行后，把案件审理情况上报朝廷。死刑执行前的覆核同执

---

① (清)赵翼撰，王树民校证：《廿二史札记》卷二五《定罪归刑部》，北京：中华书局，2013年，第570页；徐道邻：《宋朝刑事审判中的覆核制》，《中国法制史论集》，台北：志文出版社，1975年，第240页；关履权：《宋代专制主义中央集权》，《两宋史论》，郑州：中州书画社，1983年，第64页。

② (宋)王栐撰，诚刚点校：《燕翼诒谋录》卷三："至建隆三年三月己巳降诏，郡国断大辟，录案朱书格律断词，收禁月日、官典姓名以闻，取旨行之。自后生杀之权出于上矣。"北京：中华书局，1979年，第48页。

③ 按：此即《宋史》卷一《太祖纪》建隆三年三月己巳条"大雨。诏申律文谕郡国，犯大辟者，刑部审覆"一文之注解。第11页。

④ 按："丁卯"，《宋史》卷一《太祖纪》作"己巳"，相隔仅两天，两书所云实即同一诏。第11页。

行后的覆审，有着质的区别，前者剥夺了地方死刑终审权，而后者则承认这种权力。关于这条诏令，《宋朝事实》卷十六记载与《长编》同，《皇朝编年纲目备要》、《文献通考》、《宋史·刑法志》所载过略，语焉不详。

刑部覆审，究竟是在死刑执行前还是执行后？这个问题不能不辨。《宋会要·职官》一五之一云："刑部主覆天下大辟已决公案、旬奏狱状。"①《宋史·职官志》："（刑部）审覆京都辟囚，在外已论决者，摘案检察。"②至道二年（996）祠部员外郎、主判都省郎官事王炳上言："刑部详覆诸州已决大辟案牍及旬禁奏状。"③这三条材料皆云刑部覆审是在死刑执行后。

北宋范镇曰："祖宗之规模在于州县，州委之生杀，县委之赋役，虑其或失于中也，为之转运使、提点刑狱，以按察而纠举之。"④在宋代文献中还有很多关于地方判决执行死刑的记载：

太平兴国六年（981），"相州民有张姓者，杀一家六人，诣县自陈，县以上州。知州张泊诘之。……泊曰：'吾将言闻上，免汝之死。'曰：'杀人一家而苟活，且先王以杀止杀，若杀人不诛，是杀人终无已。岂愿以一身乱天下法哉？速死为幸。'泊嗟叹数四，卒案诛之"⑤。这是知州不经朝廷覆核执行死刑案的实例。

《宋会要·刑法》四之六九载："雍熙三年（986）五月，刑部言：'果州、达州、密州、徐州官吏枉断死罪，虽已举驳，而人命至重，死者不可复生，非少峻条贯，何以表其明慎？'"⑥这说得很明白，刑部的覆审是在犯人处决后，枉法官吏虽受到了处分，但死者已不可复生。

《包孝肃公奏议》卷四《请令提刑亲案罪人》："……又邻近春州，禁勘罪人，追捕甚众，缧系二百余日，凡该大辟罪者四五人，徒罪不少，亦不闻提刑司推究淹延之状。泊转运司取公案，委官定夺，果有失人死罪等，虽官吏悉

---

① 《宋会要辑稿·职官》一五之一，第 3407 页。

② 《宋史》卷一六三《职官三》，第 3857 页。

③ 《长编》卷三九，至道二年二月壬申，第 829 页。按："勾禁奏状"原误为"旬禁奏状"，据龚延明《宋史职官志补正（增订本）》改。北京：中华书局，2009 年，第 527—528 页。

④ （宋）范镇：《上神宗论新法》，（宋）赵汝愚《宋朝诸臣奏议》卷一十一，上海古籍出版社，1999 年，第 1208 页。

⑤ 《长编》卷二二，太平兴国六年十二月，第 509 页。

⑥ 《宋会要辑稿·刑法》四之六九，第 8482 页。

行重典,而死者不可复生。"①包拯的这份奏状乃仁宗时所上,从中可知当时州拥有死刑终审权。

神宗元丰六年(1083),有人"引唐覆奏,欲令天下庶狱悉从奏决"。大理少卿韩晋卿驳曰:"法在天下,而可疑可矜者上请,此祖宗制也。今四海万里,一欲械系待朝命,恐罪人之死于狱,多于伏辜者。"②"法在天下",就是说,除疑案必须奏裁外,其他案件,包括死刑案,地方都可依照法律审判程序判决执行。

哲宗元祐元年(1086),范纯仁奏曰:"自前年十一月二十三日至去年十一月二十三日,一年之内,四方奏到大辟案共计一百四十六人,内只有二十五人处死,其余并蒙贷配,所活将及九分。"③范纯仁所说"前年十一月二十三日至去年十一月二十三日",即元丰七年(1084)十一月至元丰八年十一月。考《长编》卷三六三元丰八年十二月条云:"是岁,……断大辟二千六十六人",与范所云"只有二十五人处死",数字相差极其悬殊,原因何在? 原来,范纯仁所说大辟奏到数乃死刑疑案上奏数,经朝廷裁决,只二十五人判死刑;而正常的死刑案,地方并不报朝廷覆核。如果说无疑难的死刑案也要报朝廷覆核,那么,元丰八年这一年四方奏到死刑案断不止像范纯仁所说的才一百余人,真正处死刑的也不可能仅二十多人。

徽宗宣和六年(1124):"诏今后大辟已经提刑司详覆,临赴刑时翻异,令本路不干碍监司别推。"④这条诏令说的也是死刑不必报刑部覆核,但是提到必须经提刑司覆核后方可执行,这是一个十分重要的变化。那么死刑案何时规定要报提刑司覆核呢? 前引仁宗时包拯《请令提刑亲案罪人》奏议中没有谈到这项规定。考《文献通考》卷一六七《刑考》曰:"国朝旧制,刑部、审刑院、大理寺主断内外所上刑狱与凡法律之事,……官制既行,审刑院、纠察司皆省,而归其职于刑部,四方之狱,非奏谳者,则提点刑狱主焉。"⑤"非奏谳

---

① (宋)包拯撰,杨国宜整理:《包拯集编年校补》卷一《请令提刑亲案罪人》,安徽:黄山书社,1989 年,第 9 页。

② 《长编》卷三三五,元丰六年六月丁巳,第 8082 页。

③ 《长编》卷三七〇,元祐元年闰二月壬子,第 8941 页。

④ 《宋会要辑稿·刑法》三之七二,第 8432 页。

⑤ 《文献通考》卷一六七《刑考六》,第 5001—5002 页。

者,则提点刑狱主焉",是说,除了疑案奏裁外,提刑司可以主宰地方一切刑案。于此可知,是从元丰改制起,规定州死刑案由提刑司审核后执行。

提刑司审核州死刑案,表明中央对地方的监督、控制严密了。提刑司代表中央政府审核地方死刑案,一旦发现错误,即可驳正,较之上报朝廷审核及时得多,不至于批报往还,久拖不决。朝廷还规定提刑司每季度向刑部申报一次死刑审核情况。《长编》卷三四九元丰七年十月丁卯条载:"御史蹇序辰乞令诸路提点刑狱司,每季具以论决详覆大辟事状以闻,付刑部注籍点检,案治失误。诏提点刑狱司季申刑部。"①这是朝廷对各路监司进行监督的措施,自此,遂成定制。

《建炎以来系年要录》卷一七二绍兴二十六年(1156)四月戊戌条云:时天下以疑案奏请者,多得贷死,"右正言凌哲言:'欲特望降睿旨,应今后诸州军大辟,若情犯委实疑虑,方得具奏。其情法相当,实无可悯者,自合依法申本路宪司详覆施行,不得一例奏裁……。'从之"②。又朱熹言:"今天下之狱,死刑当决者皆自县而达之州,自州而达之使者。其有疑者,又自州而上之朝廷,自朝廷而下之棘寺,棘寺谳议而后致辟焉。"③凌哲和朱熹说得都很清楚,地方死刑,除疑案外,提刑司核准即可执行。

综上所述,关于宋代地方一般死刑案的覆核问题,结论应当是:元丰改制前,州即可判决执行死刑;改制后,死刑报提刑司核准才能执行。刑部的覆审,在死刑案执行后进行,对案件本身不再起直接的判决效能,仅仅对执法官吏发生监督作用,是朝廷用来监督地方官员依法审判,以防止滥杀的一种补救措施。

现在反过来再看建隆三年三月丁卯诏令,显然,元人修纂的《宋史·太祖纪三》所云"自今诸州决大辟"后脱一"讫"字,从而使诏令的意思变了样。

2. 死刑疑案的奏谳

"狱疑者谳",狱有疑难不能判决者,报朝廷议决。西汉时规定,地方疑

---

① 《长编》卷三四九,元丰七年十月丁卯,第8365页。
② 《建炎以来系年要录》卷一七二,绍兴二十六年四月戊戌,第3293页。
③ (宋)朱熹:《晦庵先生朱文公文集》卷十四《奏札·延和奏札二》,朱杰人、严佐之、刘永翔主编《朱子全书》第20册,上海古籍出版社、合肥:安徽教育出版社,2002年,第658页。

案"所不能决者,皆移廷尉,……廷尉所不能决,谨具为奏"①。此后,历朝多沿用其制。宋代疑狱奏谳,通常专指死刑疑案的奏谳,大致分为五种情况。南宋楼钥云:"臣窃见在法,大辟情法相当之人,合申提刑司详覆,依法断遣;其有刑名疑虑、情理可悯、尸不经验、杀人无证见四者,皆许奏裁。"②此外,审判官或审议官意见不统一,案子也作为疑案奏谳。

宋初,州之疑案直报朝廷裁决而不经监司,但地方官把一些不该奏谳的案件也呈报给朝廷,故至道二年(996)规定,死刑案有疑问,必须先报转运司,经转运司审查,"须奏者乃奏"③。疑案亦可先报提刑司审查。大中祥符五年(1012)以前,州之死刑疑案规定十日一报监司,这样做,容易导致刑狱的淹延,大中祥符五年真宗遂诏"诸路大辟罪,或有情款疑互,承前旨俟旬终报转运、提点刑狱司,以致审察淹缓,自今即日报之"④。大概朝廷觉得这还不够,天圣四年(1026)又"诏自今大辟案情理可悯。而刑名疑虑者,更不申提点刑狱官,并具案闻奏"⑤。这项规定实行了一百余年,至南宋绍兴三年(1133),高宗诏"诸州大辟应奏者,从提刑司具因依缴奏"⑥。恢复至道二年之制,疑案由本州长官与提刑司合奏。绍兴十八年,朝廷又下令,提刑司在审查诸州上报案件时,如有疑案应奏者,可径行申报中央,不再转下本州,以免耽搁时间。⑦

奏谳的死刑案由大理寺详断,刑部详覆。乾德二年(964)诏:"自今诸道奏案,并下大理寺检断,刑部详覆,如旧制焉。"⑧淳化二年(991)八月,朝廷"虑大理、刑部吏舞文巧诋",又设审刑院,"凡狱具上奏者,先申审刑院印讫,以付大理寺、刑部,断覆以闻,乃下审刑院详议,中覆裁决讫,以付中书,当者即下之;其未允者,宰相复以闻,始命论决"⑨。神宗改革官制,中书审核后,还

① 《汉书》卷二三《刑法志》,第1106页。
② (宋)楼钥:《攻媿集》卷二七《缴刑部札子》,《四部丛刊》初编本,第378页。
③ 《续资治通鉴长编纪事本末》卷一四《听断》,第192页。
④ 《长编》卷七九,大中祥符五年十二月寅寅,第1810页。
⑤ 《攻媿集》卷二七《缴刑部札子》,第378页。
⑥ 《建炎以来系年要录》卷七〇,绍兴三年十一月庚辰,第1370页。
⑦ 《建炎以来系年要录》卷一五八,绍兴十八年九月壬辰,第3000页。
⑧ 《长编》卷五,乾德二年正月甲辰,第120页。
⑨ 《宋史》卷一九九《刑法志》,第4972页。

得经门下省审查，如有不当可驳奏。疑案的判决、详覆和详议，皆以公牒形式往来进行，严格遵守鞫谳分司原则。①大理寺、审刑院不能决之疑案，则由皇帝诏内、外制等大臣集议而定。《宋史·刑法志》曰："天下疑狱，谳有不能决，则下两制与大臣若台谏杂议，视其事之大小，无常法，而有司建请论驳者，亦时有焉。"②元丰三年，废审刑院，其官属归刑部，疑案奏谳程序遂恢复淳化以前之制。③刑部不能决的案子，还可送御史台定断。元丰六年（1083）监察御史黄降言："事之最难者，莫如疑狱，夫以州郡不能决，而付之大理，大理不能决，而付刑部，刑部不能决而后付之御史台。"④

　　奏谳的疑案，朝廷审查，"如情理无可悯，其刑名无疑虑，即仰刑部退回本州，令依法施行"⑤。朝廷裁决后的案子，地方认为判决不当，还可再奏。《絜斋集》卷一七《赵善待墓志铭》载：孝宗时，赵善待知岳州，有盗，"法当贷命，奏裁，乃以死报。吏请奉行，公不可，再为奏谳，卒免死"⑥。

　　疑案奏谳，原是一项防止滥刑的谨慎措施，但许多地方官由此而推诿责任，把一些地方可以判决的案子一齐报给中央裁决，耽误了审判时间，损害了许多无辜者的利益，不利于社会安定。建隆三年、雍熙元年朝廷曾两次下诏严禁地方胡乱奏谳，滥奏者负法律责任。然随之却出现了另一种倾向，李元纲《厚德录》卷二云："故事，州郡之狱有疑及情可悯者，虽许上请，而法寺多举驳，则官吏当不应奏之罪。故皆移情就法，不以上请。燕肃判刑部，奏：'天圣三年天下断大辟二千四百三十六，岂无法疑、情可悯者？而州郡无所奏谳，盖畏罪也。请自今奏而不应奏者，不科以罪。'自是左谳者，岁不减千人。"⑦燕肃的建议被采纳后，逮元丰末，胡乱奏谳现象又严重起来，朝廷只得重申旧法。此后，四方岁断死刑数增多，天下以为非，元祐三年遂又废科罪之法。徽宗即位，采取了鼓励地方奏谳的做法，规定："诸路疑狱当奏而不奏

---

① 《宋会要辑稿·职官》一五之一，第 3407 页。
② 《宋史》卷二〇一《刑法三》，第 5005 页。
③ 元丰元年因置大理寺狱，原大理寺判天下疑案的职责一度归刑部，旋复旧制。
④ 《宋会要辑稿·职官》一七之一二，第 3455 页。
⑤ 《长编》卷三五九，元丰八年八月癸酉，第 8583 页。
⑥ （宋）袁燮：《絜斋集》卷一七《赵善待墓志铭》，文渊阁《四库全书》本，1157 册，第 234 页。
⑦ （宋）李元纲：《厚德录》卷二，《全宋笔记》第 6 编第 2 册，郑州：大象出版社，2013 年，第 250 页。

者科罪,不当奏而辄奏者勿坐。"①其主旨不外乎宁失于滥奏而不愿地方滥刑。徽宗以后,奏而不当者科罪之法屡罢屡兴,遂致疑案奏谳制弊病丛生,"至理宗时,往往谳不时报,囚多瘐死"②,失去了这项制度的本来作用。

三、宋代刑事审判制度的特点

宋代刑事审判制度是唐中叶以来社会经济、政治发展的产物,是伴随着宋代社会发展而逐步建立健全起来的。综观宋代刑事审判制度,可以概括出以下几个特点:

第一,地方死刑终审权,除疑案外,始终没有收归中央。这与唐、元、明、清诸朝相比,明显不同,值得探讨。五代时期,藩镇割据一方,节度使无异于土皇帝。赵匡胤建宋后,加强中央集权,消灭藩镇割据势力。为收藩镇大权,宋太祖派中央官出知州县,并赋予各种实权,包括生杀大权,让他们同节度使对抗,以剥夺节度使权力。释文莹《玉壶清话》载:"当天造之初,凡所任人,处置从便。符彦卿暴恣不法,除(周)渭为属邑永济县令,俾绳之。彦卿闻其来,魂胆俱丧,鞬橐郊迓,渭但揖于马上尔。境上数强寇劫财伤人,彦卿受赇,纵之使逸。渭出令:'敢有藏盗者斩。'不数日,亟获之,不解府,即时斩决,以案具奏,太祖大壮之。"③周渭仅为一小知县,竟有如此胆量和权力,实在是因宋太祖支持的缘故。不过,宋代规定,县无死刑判决执行权,周渭这样的例子并不多,这里仅用来说明宋太祖为消灭割据势力,尽可能给予州县以更多权力这一事实,这是地方拥有死刑终审权原因之一。

地方拥有死刑终审权,似乎与五代藩镇专杀没有什么区别,好像宋太祖仍在重蹈五代覆辙。然而,其间实际上已经发生了变化。五代亲民官多武夫悍将,全不知法,视人命如草芥,而宋太祖任命文臣儒士为亲民官。他们较之不知法的武人,对百姓的危害相对小些。宋太祖曾说:"五代方镇残虐,民受其祸,朕令选儒臣干事者百余,分治大藩,纵皆贪浊,亦未及

---

① 《宋史》卷一九《徽宗纪》,第 362 页。
② 《宋史》卷二〇一《刑法志》,第 5015 页。
③ (宋)释文莹:《玉壶清话》卷五,《全宋笔记》第 1 编第 6 册,郑州:大象出版社,2003 年,第124 页。

武臣一人也。"①以文人任亲民官,从根本上改变了五代以来武将滥刑的状况,这是地方拥有死刑终审权原因之二。

此外,宋朝还制定有其他有关措施防止地方可能出现的滥刑,如集体负责的审判制、严格的覆审制、死刑疑案奏谳制以及刑部于案件执行后的覆审制,这是地方拥有死刑终审权原因之三。

随着藩镇割据势力的消亡,宋朝加强了对州县的控制,监司对州县的监督权逐渐强化,州级司法权受到限制。如果说宋初由于特殊原因,县官可以处决人,那么到了宋中期,县官再也不拥有这种权力了。《宋史》卷三二九《舒亶传》曰:英宗时,舒亶"调临海尉,民使酒詈逐后母,至亶前,命执之,不服,即自起斩之,投劾去"②。县尉私自杀人,此时已属犯法,故投案自劾而去。监司乃朝廷派出的监察机构,其审核刑案,无异于朝廷审核,况且提高了办事效率,更利于统治。元丰改制,规定州判决的死刑案送提刑司审核后处决。基于上述原因,宋太祖建国伊始,就没有把地方死刑终审权收归中央,在司法制度方面,采取了放的形式来配合消除藩镇割据势力,加强中央集权总方针的贯彻执行。宋太祖的继任者后来稍加改革,从而形成了宋代特有的死刑覆核制。

第二,法官回避制度日趋严密。唐代的法官回避,仅局限于法官与犯人之间,范围小,回避对象也只涉及亲、仇、业师。宋代法官的回避范围进一步扩大到法官的上下级、同级之间,甚至承办案件的前后官员之间也有回避规定。回避的对象也扩大到同榜登科者。应当承认,宋代的回避制度是相当严密的,这与当时的仕宦制度有着密切关系。唐末以后,门阀士族遭到毁灭性打击。至宋,门阀士族已消亡,入仕之途向庶族地主及平民中的知识分子广泛开放。统治阶级通过科举考试、恩荫、进纳钱粟买官等方式大量吸收中小地方阶级、富民、工商子弟做官。尤其是作为主要入仕之途的科举考试大大扩大,应试者不讲门第身份,家不尚谱牒,身不重乡贯,使得官僚阶层的成分发生变化,彻底打破了以往官僚队伍成分单一化、世袭化的倾向。于是,法官与法官之间属亲、仇、业师、同年关系的可能性增加了,为防止徇情枉法

---

① 《长编》卷一三,开宝五年十二月乙卯,第 293 页。
② 《宋史》卷三二九《舒亶传》,第 10603 页。

现象发生,回避制自然逐渐严密完善起来。

第三,起诉法完善化。与唐相比,宋代起诉法更臻完备。宋规定起诉状要由书铺书写,一状诉一事,一人不能同时投两件相同诉状,诉状须具保识人姓名。这些规定都是唐代诉讼法没有的,是宋代新的历史背景下诉讼活动日趋频繁的反映。宋不立田制,不抑兼并,土地买卖盛行,土地私有权迅速发展,"贫富无定势,田宅无定主,有钱则买,无钱则卖"①,所谓"千年田换八百主"之说,正是土地所有权频繁转换的写照。新的租佃制逐步形成,租佃契约大量出现,劳动者的人身依附关系削弱了,人们不再长久地被束缚在一块土地上,迁徙相对自由,或做工,或经商,参与商品生产和流通的人数增加了,商品经济更加发展。加之对外贸易的兴旺、交通事业的发达、纸币的发明使用,人们的社会交往和活动范围远远超过了前代。随着经济、政治生活的多样化、复杂化,刑事纠纷不可避免地增多。为保证诉讼活动的正常开展,宋朝不断颁布新的起诉法,使之完善。南宋时规定妇女一般无起诉权,自中唐以来,妇女社会地位下降,女权逐渐丧失,因此,在法律上,妇女的起诉权自然也就被剥夺了。

第四,审判制度周密细致。宋代审判以鞫谳分司为原则,唐代审判法无鞫谳分司的规定,司法参军既管审讯又掌议刑。五代时,诸州有马步院掌刑法。宋将马步院改为司理院,其长官司理参军专掌审讯,又规定司录参军也掌审讯,而以司法参军专掌检法议刑。宋代自乾德元年逮南宋末,几乎每朝都进行过较大规模的法律编修工作,法律形式十分繁杂,有律、敕、令、格、式、断例、申明等,甚至一司、一路、一州、一县也别有敕。各种法律条款,可谓浩如烟海,不可胜数。例如宋仁宗皇祐时编修的法典,其中仅特别法《一司敕》有二千三百十七条,《一路敕》有一千八百二十七条,《一州一县敕》有一千四百五十一条。②如此繁多的法律条款,法官在审判检法时不能不感到困难,因此有必要设专人执掌检法议刑,从而成为一项独立的审判程序。宋代统治者把原来一人掌管的司法大权分别交予多人,分散司法权力,不致某一人独揽大权而造成大的危害。因之审判活动分成了审讯与定罪两大步

---

① 袁采:《袁氏世范》卷三《富家置产当存仁心》,《丛书集成初编》本。
② 《玉海》卷六六《天禧编敕》,第1257页。

骤。这两大步骤各自又分为两个程序,前者分成审讯和录问,即审讯后还有一录问过程,对审讯结果进行核实;后者分成检法议刑和判决,法司检法议刑,将适用的法律条款检出,再经判决过程,由另外的州官拟判,写出初步处理意见,交其他州官审议,最后呈知州定判,发布审判结果。这样,一件案子的审判实际分成了四大程序。审判中发挥集体作用,集思广益。人人都有权参与意见,但又不能某一人说了算,这是一种集体负责的审判制。审判中知州的权力受到了限制,虽说知州是案子的最终主判官,但知州的终判是在依法进行的诸道审判程序的基础上做出的,知州不能随心所欲违背审判法判决。审判法还规定,凡参与审判活动的官员都负有法律责任,如果错判案件,那么所有官员将按审判活动的主次受到不同程度的处罚。如此周密细致的审判制度在中国古代社会可以说是独一无二的。南宋汪应辰说:"本朝比之前世,刑狱号为平者,盖其并建官师,所以防闲考核,有此具也。"①

　　宋统治阶级惩唐末五代之乱,充分认识到法制的重要性,制定了一套比唐更为详备、周密的法律制度。叶适曰:"吾祖宗之治天下也,事无小大,一听于法。"②以至于"细者愈细,密者愈密,摇手举足,辄有法禁"③。成为古代社会注重法制的典型。真宗时,判刑部柴成务因下属小吏傲慢无礼而鞭笞之,结果该吏"击登闻鼓诉冤,有诏问状",柴成务叹曰:"吾为长官,挞一胥吏而被劾,何面目据堂决事耶?"遂求解职,"诏不许"。④可见即使像判刑部这样的高级司法官员,也不能随便违法鞭笞小吏。

　　第五,覆审制度严密化。唐代前期,虽有覆审规定,却较简单,覆审由原审机构进行,亦无覆审次限的规定。⑤这种覆审不容易纠正原审法官的错误。唐穆宗时,始有覆审以三次为限的规定。宋代的覆审制与唐相比,要严格得多,各级刑狱机构,除县以外,通常设有两个,州有州院、司理院。大州的司理院又有左右两个之设。开封府有左右军巡院、司录司。大理寺狱分左右两推。犯人一有申诉不服,原审机构的审讯就失去效力,由另外的司法机构

---

① 《建炎以来系年要录》卷一七五,绍兴二十六年闰十月辛亥,第 3353 页。
② (宋)叶适:《叶适集·水心别集》卷三《官法上》,北京:中华书局,2010 年,第 666 页。
③ 《叶适集·水心别集》卷一二《法度总论二》,第 789 页。
④ 《长编》卷五六,景德元年五月癸丑,第 1238 页。
⑤ (唐)长孙无忌:《唐律疏议》卷三十《断狱律》,北京:中华书局,1983 年,第 573 页。

重新审讯。覆审可反复进行多次，乃至于上达朝廷，由皇帝裁决。这就比唐代的覆审制进了一大步，对于发现和纠正错假案，提供了较多的机会。

第六，法官之权分割过细，审判法过于烦琐。宋代治国，"事为之防，曲为之制"，采用设官分职，分散各级官吏事权方式来加强中央集权统治，在法律审判方面也深深打上了这种指导思想的烙印。司法权被分割成若干部分，分别交与多人掌管，由此产生了不少弊病，不利于办事效率的提高，法官积极性被束缚，动辄受牵制。各项法则订得太死、太细，中间只要有一环脱节，就会影响整个审判活动，"或以追索未齐而不问，或以供款未圆而不呈，或以书拟未当而不判"①，耽搁了时间。又如覆审制度，不厌其烦地覆审，虽说是一种慎刑的表现，但一次次的覆审重勘，势必造成狱案的淹延不决，给当事人带来沉重负担，蒙受人力、财力损失，还牵制了众多的司法机构，影响了正常的司法活动。

第七，县一级审判活动比较简单。宋代审判重州轻县，无论设官分职，还是审判活动，县都过于简略。统治者认为县只判决轻微案件，大案由州把关，故轻视县的审判活动。然而，"狱之初情，实在于县，自县而达之州，虽有异同，要之，以县狱所鞫为祖，利害不轻"②。"狱贵初情"，县为第一审，州之覆审乃在县审判的基础上进行，第一审不重视，则第二审、第三审往往不能保证无枉滥的可能。南宋有人指出："窃见外郡大辟翻异，邻州邻路差官别勘，多至六七次，远至八九年，未尝不因县狱初勘失实。"③县级负责审判的官员也不多，大都委派胥吏审讯，极易发生冤假错案。县一级审判活动，无疑是宋代审判制度的一个薄弱环节。

（原载《文史》第 31 辑，北京：中华书局，1988 年）

---

① 《历代名臣奏议》卷二一七《慎刑·程元凤奏议》，第 2855 页。
② 《历代名臣奏议》卷二一七《慎刑·刘行简奏议》，第 2851 页。
③ 《宋会要辑稿·刑法》三之八七，第 8442 页。

大理寺、审刑院职权与宋代的
鞫、谳、议审判机制

宋代的审判实行"鞫谳分司",鞫司审讯,谳司检断,在司法制度中是最值得称道的。然而迄今为止,相关研究成果主要集中在地方州府一级,[①]至于中央层面的司法机构,如大理寺在元丰改制设立左断刑和右治狱两司后,其审判机制是否也实行"鞫谳分司",由于相关历史文献在叙述大理寺官员职守时并无清晰的交待,因此,学界已有研究成果尚未有明确的结论。[②]如果我们再深入一步细究的话,可以发现宋代的审判分司制度实际上不止于"鞫、谳",此外还有一个"议"司"详议"的程序,对鞫、谳结果进行覆核,这一程序鞫司和谳司都不能参与,从而形成一个鞫、谳、议分司,独立进行审判的机制。对这两个问题的探讨有助于我们全面认识宋代的司法制度,值得深入研究。为此,本文以大理寺、审刑院职权为中心就上述议题试作一考述。

一、右治狱、左断刑:大理寺的鞫谳分司

北宋前期,大理寺并不设审讯机构,只负责详断天下奏报的案件。神宗元丰改制,大理寺设立左断刑,并恢复设立审讯机构,即设右治狱,掌审讯案件。关于大理寺设左断刑、右治狱两司后,审判是否也实行"鞫谳分司",有进一步探讨的必要。《神宗正史·职官志》是这么说的:

> 大理寺置卿一人,少卿二人,正二人,推丞四人,断丞六人,司直六

---

① 参见［日］宫崎市定《宋元時期の法制と審判機構》,《東方学报》京都二十四册,1954 年;徐道邻《鞫谳分司考》,《中国法制史论集》,台北:志文出版社,1975 年,第 114—128 页。
② 有关大理寺研究的代表性成果,参见田志光《宋代大理寺诸职能论析》,《保定学院学报》2014年第 1 期;田志光《宋代大理寺职能研究》,河北大学 2008 年硕士学位论文;杨爱华《宋代大理寺制度研究》,河南大学 2007 年硕士学位论文。

人,评事十有二人,主簿二人。卿掌刑狱、断谳、推鞫之事。凡职务分左右:奏劾命官、将校及大辟囚以下以疑请谳者,隶左断刑,则司直、评事详断,丞议而正审之。若在京百司事当推治,或特旨委勘及系官之物应追究者,隶右治狱,则丞专推鞫。少卿分领其事,而卿总焉。凡刑狱应禀议者,请尚书省,即被旨推鞫及情犯重者,卿同所隶官上殿奏裁。①

《职官志》所载左断刑"司直、评事详断"与右治狱"丞专推鞫"的案件类型不同,"左断刑"系负责各地文武官员犯罪被奏劾的案件,以及各地报呈的疑罪上奏案件的详断。所谓奏劾命官、将校,通常是置诏狱审讯,然后由大理寺左断刑断。"右治狱"系负责京城百官犯罪案件、皇帝特别委派审讯的案件、涉及官物应追究归公的案件的审讯。这两个部门一个负责谳,一个负责鞫,因涉及的案件来源于不同系统,两个部门之间会发生职务上的联系吗?换言之,"右治狱"审讯的案件只是完成了鞫的程序,还有待于"谳",会转到同属大理寺的"左断刑"部门去检法断罪吗?这个问题关乎大理寺内部两个部门之间是否也实行"鞫谳分司"制。

《宋史》卷一六五《职官志》大理寺条载:"建隆二年,以工部尚书窦仪判寺事。凡狱讼之事,随官司决劾,本寺不复听讯,但掌断天下奏狱,送审刑院详讫,同署以上于朝。"②即不再受理审讯案件的事务,专门负责天下奏案的详断。不过,此史料略去了送刑部详覆的职能,事实上当时还有刑部参与覆核。

太宗淳化二年(991)曾诏令"大理寺杖罪以下,并须经刑部详覆。寻又诏大理寺所驳天下案牍未具者,亦令刑部详覆以闻"③。大理寺当时并不负责审讯,因此所言"大理寺杖罪以下",是指包括官员案件在内的天下上奏案件,都须经过刑部详覆,此详覆即详议程序。同一年,判刑部李昌龄上言:

> 自来大理详断,刑部详覆,并连署以闻。此设两司为之钤键,贵于议谳,克正刑章。既列奏以金同,乃职分之无别。案制:大理定刑讫,送

---

① (清)徐松辑,刘琳等校点:《宋会要辑稿·职官》二四之四,上海古籍出版社,2014年,第3657页。

② 《宋史》卷一六五《职官志》,第3899页。

③ (宋)杨仲良撰,李之亮点校:《皇宋通鉴长编纪事本末》卷十四《太宗皇帝·听断》,哈尔滨:黑龙江人民出版社,2006年,第197页。

省部详覆官入法状,主判官下断语,然后具状奏闻。至开宝六年,阙法直官,致两司共断定覆词。今若悉备旧规,虑成烦滞。欲望今大理所断案牍,令寺官书判印书讫,送省部详覆。如其允当,即刑部官吏印书,送寺共奏。或刑名未允,即驳疏以闻。诏从其请。①

按照李昌龄的说法,大理详断,刑部详覆,使案件谳、议分开进行,是设置这两司的关键所在。太祖开宝六年(973)时因缺大理法直官,致两司共同断、覆案件,则失去了分司的意义。太宗淳化二年采取了新的措施,设立审刑院,以防大理、刑部官员徇情舞弊。《续资治通鉴长编》载:

> (淳化二年)置审刑院于禁中,以枢密直学士李昌龄知院事,兼置详议官六员。凡狱具上奏者,先由审刑院印讫,以付大理寺、刑部断覆以闻,乃下审刑院详议,中覆裁决讫,以付中书,当者即下之。其未允者,宰相复以闻,始命论决。盖重谨之至也。②

宋代在大理寺和刑部断、覆(议)程序之外,又增加了一个由审刑院负责的详议程序。审刑院置详议官六员,专门详议经大理寺和刑部断、覆过的案件,再申报皇帝裁决,皇帝裁决的命令下付中书省,如无不当,即颁下执行;其有不当,由宰相再次奏报皇帝,得旨执行,以求司法公正无差错。值得注意的是,这里的"中覆裁决"和"宰相复以闻",都是围绕皇帝而言的,这一制度加强和凸显了皇帝的最高司法权。关于此程序,我们再看真宗时的规定。《续资治通鉴长编》载:

> (景德四年秋七月)诏自今官吏犯赃及情理惨酷有害于民、刑名疑误者,审刑院依旧升殿奏裁,自余拟定用刑,封进付中书门下施行(原注:《会要》云,诏审刑院,凡有法寺奏断公案,皆具详议奏覆,今后宜令本院,除官吏赃私逾滥、为事惨酷及有刑名疑误者,依旧奏覆,其余刑名已得允当,即具封进,仍以黄贴子拟云:"刑名委得允当,乞付中书门下施行")。③

---

① 《皇宋通鉴长编纪事本末》卷十四《太宗皇帝·听断》,第 197 页。
② (宋)李焘:《续资治通鉴长编》(以下简称《长编》)卷三二,淳化二年八月己卯,北京:中华书局,2004 年,第 718 页。
③ 《长编》卷六六,景德四年秋七月戊辰,第 1469—1470 页。

"升殿奏裁",是指向皇帝奏报取旨。宋代司法审判之谨慎,于此可见一斑。上奏案件由此形成了四道司法审判程序:州府审讯、大理寺断刑、刑部覆核、审刑院详议。不过既然有了审刑院详议,案子再送刑部覆核似乎没有必要了。因此到了淳化四年,太宗下诏大理寺详决的案子"勿复经刑部详覆"①。大理寺详决案停止送刑部详覆,背后其实还有原因。刑部本身还承担天下已执行死刑案的事后详覆重任。

宋制将死刑分成疑难案和无疑难案两类。疑难案,须奏报中央,称"奏案",由大理寺判决;无疑难案,地方有判决和执行权,在执行死刑后报刑部覆查,"刑部主覆天下大辟已决公按案"②。宋代的死刑案件随着宋代社会政治经济的发展,数量增长相当快。《续资治通鉴长编》载,咸平四年(1001)真宗"览囚簿,自正月至三月,天下断死罪八百人,恻然动容"③。三个月断死罪800人,平均每月266人,照此比例,一年死刑犯约达3 000人。此时距淳化四年只不过8年时间。这些死刑案,都需要刑部详覆。天圣四年(1026),判刑部燕肃上奏曰:"贞观四年断死罪二十九,开元二十五年才五十八。今天下生齿未加于唐,而天圣三年断大辟二千四百三十六,视唐几至百倍。"④这些数字表明当时刑部详覆天下死刑案的工作量非常大,为集中精力做好详覆,才不得不停止大理寺案送刑部详覆。

元丰元年(1078)对大理寺职责作了调整,恢复设立右治狱,同时也恢复了刑部详覆之制。《续资治通鉴长编》载:

> 先是,上以国初废大理狱非是,以问孙洙,洙对合旨。于是中书言:"奉诏开封府司左右军巡院刑狱,皆本府公事,而三司诸寺监等,凡有禁系,并送三院,系囚猥多,难以隔讯。又盛暑疾气熏染,多致死亡。官司各执所见,吏属苦于咨禀,因缘留滞,动涉岁时,深为未便。参稽故事,宜属理官。今请复置大理狱,应三司及寺监等公事,除本司公人杖笞罪非追究者随处裁决,余并送大理狱结断。其应奏者并天下奏案,并令刑部、审刑院详断。大理寺置卿一人,少卿二人,丞四人,专主推鞫,检法

① 《长编》卷三四,淳化四年三月壬子,第748页。
② 《宋会要辑稿·职官》一五之一,第3407页。
③ 《长编》卷四八,咸平四年五月甲申,第1060页。
④ 《长编》卷一○四,天圣四年五月己卯,第2406—2407页。

官二人,余悉罢。"从之。①

右治狱主要是因随着王安石变法的推广,开封府承受的案子逐渐增多,不堪重负,为分担开封府负担而设。最初设立时,可能考虑大理寺本身已有的掌断天下奏案任务繁重,除置寺丞四人"专主推鞫"外,又置"检法官二人"。但四年后元丰改官制,左断刑不再设专门的检法官。②右治狱虽设有检法案,"掌检断左右推狱案并供检应用条法"③,负责检出左、右推审讯的狱案法条,但其人员是吏胥,不是官员,并无正式的审判量刑权。绍兴三十年,高宗诏:"大理寺治狱合置检法使臣一员,许本寺踏逐外路州军曾充法司、出职补摄诸州助教名目人充,候到寺满二年,依推、法司人吏体例,通理入仕迁补以来至年劳补摄助教及八年以上,与补进武副尉酬赏。"④据诏令所言,右治狱所设检法使臣,是无官品的流外胥吏。关于此,之前徽宗时的法典《政和都官格》载:"大理寺右治狱推司、法司胥佐,并为内外差到有出职人吏充者,满三年不曾犯私罪情重及赃罪,无失出入徒以上罪,通元差处入仕未及八年,补守阙进武副尉;及八年,补进武副尉。"⑤所定法规与高宗诏令意同。由推丞负责的左、右推审讯后的案子,检法案的吏胥只能检出法条,无量刑权,因此还需送左断刑科断。左断刑的科断程序是由具有品级的官员大理评事、大理司直、大理寺丞、大理正负责的。

换言之,大理寺右治狱审讯的案子,只走完司法程序的二分之一,接下来引条判决应属左断刑的职责。《续资治通鉴长编》卷四〇一载:

> 刑部言,大理寺右治狱,应命官犯罪并将校犯徒以上或赃罚,余人罪至死,请依旧具案以闻,并下左断刑详断;非品官者,仍断定刑名,应流以下罪人、刑名疑虑或情法不相当,亦拟定,先上刑部裁度。如所拟

---

① 《长编》卷二九五,元丰元年十二月丁巳,第7185—7186页。
② 《宋史》卷二〇一《刑法志》所言"断刑则评事、检法详断"之"检法"应作动词解,"检法"前之顿号不当用。孙逢吉于元祐时成书的《职官分纪》卷十九《大理》作"按法评断",文渊阁《四库全书》本,第923册,第462页。《咸淳临安志》卷六《大理寺》作"按法详断",《宋元方志丛刊》本第4册,北京:中华书局,1990年,第3413页。
③ 《宋会要辑稿·职官》二四之二,第3655页。
④ 《宋会要辑稿·职官》二四之二四,第3669页。
⑤ 《宋会要辑稿·职官》二四之三六,第3675页。

平允，即具钞或检拟取旨。应刑名疑虑，仍听赴左断刑评议，并比附取裁。从之。①

此条史料对于了解和认识大理寺右治狱与左断刑之间的关系十分重要，却未能引起研究大理寺的学者注意。刑部奏请采取的措施是针对大理寺右治狱的，其一，"应命官犯罪并将校犯徒以上或赃罚，余人罪至死"的案件，送左断刑详断。其二，"非品官者"也要由左断刑"断定刑名"。这是右治狱推鞫的案子送左断刑详断，即由左断刑量刑定罪的例证之一。

值得指出的是，元祐三年罢大理寺右治狱，至绍圣二年又恢复了右治狱，曾"置司直一员"②。南宋建炎三年，因抗金形势艰险，财政匮乏，不得不裁减官员，规定"断刑司直兼治狱司直，其寺簿并治狱司直并罢"③。右治狱司直废罢后，左断刑司直参与右治狱的检法。应该说这是抗金战争时期的一个非常态，是一时的权宜之计。据汪应辰的说法，南宋"中兴以来，务从简省，大理少卿止于一员"④，也是由于这个原因造成的，故汪应辰要求恢复元丰官制，设置少卿二员，分领治狱和断刑，以便充分贯彻"鞫谳分司"制度。到了绍兴十二年（1142）有臣僚上言：

> "近睹关报，大理寺丞叶庭珪除大理正。庭珪前日为丞，乃治狱之丞，今日为正，实断刑之正。断刑职事与治狱异，祖宗旧制，必以试中人为之。庭珪资历颇深，初无他过，徒以不闲三尺，于格有碍。"诏别与差遣。⑤

这里明确谈到大理寺丞（推丞）为治狱之推丞，大理寺正为断刑之官，"断刑职事与治狱异"，两者分掌不同的职事，实行与州府同样的鞫谳分司制度。可以看出汪应辰强调的"鞫谳分司"制是得到了贯彻的。我们再看一件司法实例：

> （绍兴）七年五月五日，诏大理寺丞勘吏部人吏种永和等公事，行遣

① 《长编》卷四〇一，哲宗元祐二年五月戊寅，第9773页。按，原标点有误，现据文意作了修改。
② 《宋会要辑稿·职官》二四之一二，第3662页。
③ 《宋会要辑稿·职官》二四之一六，第3664页。
④ （宋）李心传撰，胡坤点校：《建炎以来系年要录》卷一七五，绍兴二十六年闰十月辛亥，北京：中华书局，2013年，第3353页。
⑤ 《宋会要辑稿·职官》二四之二二，第3667页。

迁枉，故作注滞，其当行官吏理合惩戒。少卿张汇、正赵公权各特罚铜十斤，丞林悫、都辖张昭亮各降一官，职级、推司并令临安府从杖一百科断。①

此案例言及大理寺审判的吏部种永和狱因违慢超出时限，官员遭处罚。大理寺丞林悫负责右治狱，是鞫司第一责任人，都辖张昭亮的官职全称为治狱都辖使臣，②为主典，是以两人处罚最重。其次，大理少卿张汇、大理正赵公权是断刑官，罚铜十斤；再其次是职级、推司，杖一百。此案遭处罚的官员包括断刑官，表明右治狱审讯的案件是要经左断刑详断的，贯彻了鞫谳分司的精神。又如绍兴十一年岳飞一案，岳飞被诬陷谋反，经大理寺右治狱审讯，检法量刑后，"法寺称：律，临军征讨，稽期三日者，斩。及指斥乘舆，情理切害者，斩。其岳飞合于斩刑私罪上定断，合决重杖处死"③。这里的法寺就是大理寺左断刑。这是右治狱推鞫的案子送左断刑详断的例证之二。

南宋乾道二年（1166），孝宗诏：

> 今后狱案到寺，满一百五十张为大案，一百五十张以下为中案，不满二十张为小案。断、议限并依绍兴三十一年八月十六日指挥，主（立）定日限。内外路并右治狱，大案断、议限三十日；……临安府大案，断、议限二十五日。④

诏令规定大理寺断案时限，内右治狱大案，详断、详议的时限为三十日。至乾道二年宋对此断案时限又作了调整："大理寺左断刑，丞受狱案，检准程限尚宽，今欲拟定下项：外路及右治狱大案，元限三十日，今减作二十日，……缘本寺承受诸路并临安府、右治狱申奏到案状，并系断、议官躬亲书断。"⑤右治狱推鞫的大案，送左断刑详断的时限减为二十日。这是右治狱推鞫的案子送左断刑详断的例证之三。

---

① 《宋会要辑稿·职官》二四之二一，第 3667 页。

② 《宋会要辑稿·职官》二四之一载右治狱有"都辖使臣"，第 3655 页；（宋）潜说友：《咸淳临安志》卷六《大理寺·寺官廨宇》载大理寺有"治狱都辖"，《宋元方志丛刊》本第 4 册，北京：中华书局，1990 年，第 3412—3413 页。二书所云其实即治狱都辖使臣。

③ 《建炎以来系年要录》卷一四三，绍兴十一年十二月癸巳，第 2697—2698 页。

④ 《宋会要辑稿·职官》二四之二八，第 3670—3671 页。

⑤ 《宋会要辑稿·职官》二四之二九，第 3671 页。

综上所述,大理寺左断刑除了负责详断各地文武官员犯罪被奏劾的案件,以及各地报呈的疑罪上奏案件外,还承担着详断右治狱审理的京城百官犯罪案件、皇帝特别委派审讯的案件、官物应追究归公的案件。大理寺右治狱、左断刑审判活动毫无例外也遵循着"鞫谳分司"精神。

二、"决平"以纠偏:审刑院的详议

"鞫谳分司"之"司",即"职"也,其精髓在于设官分职,各自独立审讯、断案量刑。宋右司郎中汪应辰对"鞫谳分司"制度有过很好的表述:

> 国家累圣相授,民之犯于有司者,常恐不得其情,故特致详于听断之初;罚之施于有罪者,常恐未当于理,故复加察于赦宥之际。是以参酌古义,并建官师,上下相维,内外相制,所以防闲考核者,纤悉曲备,无所不至也。盖在京之狱,曰开封,曰御史,又置纠察司,以几其失;断其刑者,曰大理,曰刑部,又置审刑院,以决其平。鞫之与谳,各司其局,初不相关,是非可否,有以相济,无偏听、独任之失。
>
> ……迨元丰中更定官制,始以大理兼治狱事,而刑部如故。然而大理少卿二人,一以治狱,一以断刑;刑部郎官四人,分为左右,左以详覆,右以叙雪,虽同僚而异事,犹不失祖宗所以分职之意。本朝比之前世,狱刑号为平者,盖其并建官师,所以防闲考核,有此具也。中兴以来,百司庶府,务从简省。大理少卿往往止于一员,则治狱、断刑皆出于一,然则狱之有不得其情者,谁复为之平反乎?刑部郎官或二员,或三员,而关掌职事,初无分异,然则罚之有不当于理者,又将使谁为之追改乎?[①]

汪应辰强调,"鞫谳分司"要解决的是"是非可否,有以相济,无偏听、独任之失",以达到"内外相制,所以防闲考核"。然而在"鞫谳分司"之外,宋代其实还设立了一个"详议"程序,用以"决平"纠偏,所要解决的是"罚之有不当于理者,又将使谁为之追改"的问题。宋代鞫司审讯后的案子,后续因有录问、检法程序,一旦有误,比较容易被发现。然而法司检法量刑,发生错讹,如果

---

① 《宋会要辑稿·职官》一五之二〇至二一,第3418页。

后续没有程序加以纠正的话，最终将导致案件审判失误，因此宋代设计了
"详议"程序予以把关。这个"详议"，在中央层面，就是审刑院详议（其间有
一段时间经刑部详覆）。《宋会要辑稿·职官》"审刑院"载：

> 掌详谳大理寺系囚案牍而奏之。以朝官一人或二人知院事。有详
> 议官六人，以朝官充，书令史十二人。先是，天下案牍先定于大理，覆之
> 于刑部，太宗虑法吏舞文，因置审刑院于中书门之西。凡具狱案牍，先
> 经大理断谳；既定，关报审刑，知院与详议官定成文草奏[裁？]讫，下丞
> 相府；丞相又以闻，始命论决，盖重慎之至也。①

审刑院详议，是保证减少案件失误而采取的必要措施，故谓之"决其平"。详
议是建立在鞫、谳分司基础上的一个更深层次的制度设计，即地方奏案（已
鞫）报大理寺、刑部断，再经审刑院详议。正如汪应辰所说的，"断其刑者曰
大理，曰刑部，又置审刑院以决其平"②。史载："本朝开封、御史有狱，又置纠
察司以裁其失；刑部、大理断刑，又置审刑院以决其平，鞫与谳各司其局，元
丰始以大理兼狱事。"③大理寺右治狱设立后，其所鞫案，由左断刑谳，刑部详
议。在地方上，这个"详议"程序就是在州府推司鞫狱、司法参军检法后的州
府长官、幕职官集体审核制。这样，就形成了鞫、谳、议分司进行的审判机制。

　　由于大理寺谳后还存在一个审刑院详议程序，学界有人把负责天下奏
案断覆的大理寺和刑部视作鞫司，把审刑院视为谳司。这一看法忽略了北
宋前期大理寺不治狱和元丰改制后设立的左断刑的史实。既然大理寺不负
责审讯案件，怎么就成了鞫司呢？我们已知，"奏案"指的是有疑难的刑事案
件上奏朝廷裁决，通常专指死刑疑案的奏谳，凡案件"情轻法重，情重法轻，
事有疑虑，理可矜悯，宪司具因依缴奏朝廷，将上取旨，率多从贷，是谓'奏
案'，著在令典"④。其实各地在上报奏案之前，就已经完成了案件的审讯程
序，只是有疑问不能最后裁决，按规定报大理寺详断而已。奏案报到大理

---

① 《宋会要辑稿·职官》一五之二八至二九，第3423页。按，所云"奏讫"，当指奏报皇帝裁决，
　疑脱一"裁"字。
② 《宋会要辑稿·职官》一五之二〇，第3418页。
③ （宋）王应麟：《玉海》卷六七《元丰大理寺》，南京：江苏古籍出版社、上海书店，1987年，第
　1276页。
④ 《宋会要辑稿·刑法》四之五七，第8477页。

寺,由大理寺予以详断,大理寺扮演的显然是谳司的角色,①审刑院的详议起的是"决其平"以纠偏的作用。元丰三年(1080)审刑院撤销后,审刑院并归刑部,"以知院官判刑部,掌详议、详覆司事,其刑部主判官二员为同判刑部,掌详断司事。详议官为刑部详议官"②。原先审刑院详议功能由刑部继续担负。

《宋会要辑稿》载南宋大理寺专法云:

> 寺正领评事、司直为详断司,少卿领寺丞为详议司,卿总之。诸路奏到狱案,满二百张以上为大案,断限三十日;二百张以下为中案,断限二十日,议司各减半;不满十张为小案,断限七日,议司三日。并开封府、御史台申奏案状,如系大案,断限二十日,议司减半。③

大理寺专法所言"寺正领评事、司直为详断司",指的正是大理寺"左断刑"。元丰官制改革后的设置为"推丞四人,断丞六人",推丞属右治狱,"专推鞫";断丞属左断刑,左断刑"则司直、评事详断,丞议之,正审之,……少卿分领其事,而卿总焉"④。大理寺专法规定说"寺正领评事、司直为详断司,少卿领寺丞为详议司",这在审刑院设置时期是不见记载的。少卿领寺丞组成的详议司,实际也隶属于左断刑,从中得知,左断刑在详断案件时,在其内部也分设有一个详议的程序。大理少卿领寺丞为详议司,只是将原先的左断刑内的"丞议之"程序提出来,单独设置。与审刑院设置时期相比,大理寺内多了一个详议司详议程序。案件经详断司谳后再经详议司详议,这一制度,正是审刑院设置时期形成的鞫、谳、议分司审判机制的延续。

绍兴三年(1133)发生一案,"中军统领官张识冒请逃亡军人米,刑寺元断公罪,待致朝廷疏问,却将盗米赃罪杖断作赃罪流",显断罪不当,"其刑部、大理寺事属失职,寺丞胥介、评事许绛、权刑部郎官刘藻各特降一官,章谊、元衮各罚铜十斤"⑤。此案当事人为中军统领官,案子不归右治狱审理,属

---

① 杨爱华:《宋代大理寺制度研究》,河南大学 2007 年硕士学位论文,第 37 页。
② 《宋会要辑稿·职官》一五之一一,第 3413 页。
③ 《宋会要辑稿·职官》二四之二八,第 3671 页。
④ 《宋史》卷一六五《职官志》,第 3900 页。
⑤ 《宋会要辑稿·刑法》四之八〇,第 8489 页。

左断刑管的奏劾命官、将校案。奏劾命官、将校，通常是置诏狱审讯，然后报大理寺详断。大理评事许绎为详断司，元衮为大理少卿，①领寺丞胥介为详议司，履职有误；章谊当时为权刑部侍郎，②与权刑部郎官刘藻亦未能履行好刑部详覆之职，皆受到处罚。从此案例可看出宋代鞫（有司审讯完成的中军统领官张识奏案）、谳（大理寺详断司详断）、议（大理寺详议司详议）、覆议（刑部详覆）的整个司法作业程序相当完善。

审刑院（或刑部）详议，发现有误断之处，当驳正大理寺。如果大理寺不服驳正，双方有争论，可奏请皇帝，举行更高层面的详议，宋代谓之"集议"。《天圣令》卷二十七《狱官令》宋令第 46 条：

> 诸州有疑狱不决者，奏谳刑法之司。仍疑者，亦奏下尚书省议。③

以下我们看真宗咸平五年发生的一件尚书省集议案实例：

> 国子博士、知荣州褚德臻坐与判官郑蒙共盗官银，德臻杖死，蒙决杖、配流。先是，本州勾押官赵文海、勾有忠知德臻等事，因讽王（主）典曰："官帑之物，辄以入己，一旦败露，必累吾辈。"德臻等闻之，即与之银一铤以灭口。至是，事发议罪。判大理寺朱搏言文海等恐喝赃满合处死。审刑院以为蒙盗官银，尚从流配，文海等只因扬言，安可极法！乃下其状尚书都省集议。既而翰林学士承旨宋白等议请如审刑院所定，从之。④

此案是在大理寺、审刑院断、议相互有争议而不能定的局面下，开启尚书省集议程序后才解决问题的。尚书省集议实际上亦属于"鞫、谳、议"之"议"司法程序。

即使是赦书的草拟制定，也充分体现出宋代"鞫谳分司"、"防闲考核"的精神。汪应辰奏云：

> 祖宗时治狱，则有开封府、御史台，又置纠察刑狱司，断狱则有大理

---

① 佚名：《中兴两朝圣政》卷十四绍兴三年十月，嘉庆《宛委别藏》本。

② 佚名：《中兴两朝圣政》卷十三绍兴三年四月。

③ 天一阁博物馆、中国社会科学院历史研究所天圣令整理课题组校证：《天一阁藏明钞本天圣令校证》卷二七《狱官令》，北京：中华书局，2006 年，第 418 页。

④ 《长编》卷五二，咸平五年五月壬寅，第 1131 页。

寺、刑部,又置审刑院。自元丰改官制,大理寺兼治狱事,然犹置少卿两员,一以治狱,一以断刑。今则止置少卿一员,治狱、断刑皆出于一。然则狱之有当平反者,当责之谁乎? 又如祖宗时,虽有刑部、大理与审刑院,然每至赦宥,必别置详定罪犯一司,以侍从、馆阁领之,刑部、大理、审刑皆无预焉。盖所谓罪犯者议法之初,皆更其手,今若又使之详定,谁肯自以为非乎? 至于梓、益、夔、利,去朝廷远,每赦,则委转运、钤辖司详定,而不委提刑,亦此意也。今刑部昔之议法,今之详定,皆出一手,其能使民不冤乎?①

汪应辰提到宋朝每于赦宥之际,设立专门的详定罪犯司,对国家将要赦免减刑的对象予以审查,并负责起草制定赦书,由侍从、馆阁之臣负责,四川地区由转运、钤辖司负责,刑部、大理司、审刑院和地方的提刑司都不能参与。因这四个机构都是法定司法机构,是案件曾经的鞫、谳者或详议者,与朝廷将要赦免减刑的当事人有着各种利益关联。赦免减刑对象的审核和赦书的起草制定由与司法无关的其他机构执掌,这可以消除潜在的营私舞弊的风险,此分职之意,实际上也属于决平纠偏机制。这一制度设计完全贯彻了宋朝祖宗家法"事为之防,曲为之制"的宗旨。

结　语

随着社会政治经济的发展,案件的日趋增多,宋代在"防弊"治国理念的指导下,不断对司法制度予以完善,其创立的"鞫、谳、议"审判机制,完满地构筑起一道司法防线。除了以上论述的中央层面的制度外,在地方上,这一审判机制也毫无疑问得到了落实。苏轼在任凤翔府签书判官厅公事时,有一次"为中元节假,不过知府厅",结果被"罚铜八斤"。②宋代地方审判制,在"鞫、谳"程序后实行集体审议制,州的幕职官要一起会聚,对先前的鞫、谳结果进行详议审核,这一制度叫"过厅"。朱熹曾云:"在法,属官自合每日到官

---

① (宋)汪应辰:《文定集》卷一六《答张侍郎》,文渊阁《四库全书》本,第1138册,第742页。
② (宋)朋九万:《东坡乌台诗案》,《丛书集成初编》本。

长处共理会事,如有不至者,自有罪。"①苏轼因不"过厅",缺席本该参加的"共理会事"的"详议"制,故受到了处罚。这一案例表明"鞫、谳、议"审判机制在地方上也已形成。这一审判机制对于减少冤假错案,缓和阶级矛盾,巩固宋代的中央集权统治,起到了积极作用,在中国法制史上独具特色,为源远流长的中华法律文化增添了精彩的篇章,值得我们深入探讨。

(原题《宋代鞫、谳、议审判机制研究——以大理寺、
审刑院职权为中心》,载《江西社会科学》2018 年第 1 期)

①　(宋)黎靖德:《朱子语类》卷一〇六《漳州》,《朱子全书》第 17 册,北京:中华书局,1994 年,第 3472 页。

宋代州府的法司与法司的驳正权

　　宋代审判活动实行"鞫谳分司"制,鞫司负责审讯,谳司检法量刑,各自独立进行,之后再经"详议"程序予以覆核,这一制度在中国法制史上独具特色。谳司又称法司,由司法参军主掌。关于宋代"鞫谳分司"的审判机制,自宫崎市定、徐道邻发表研究成果以来,①学界论述成果颇丰,对此机制的意义予以了充分肯定。笔者先前曾写过一篇文章,讨论宋代的"鞫谳分司"。②现在来看,有些论述还需作些必要的补充。《建炎以来系年要录》载:"大理少卿许大英面对,乞令诸州法司吏人,只许检出事状,不得辄言予夺。诏申严行下。"③学界对法司吏人"只许检出事状,不得辄言予夺"的规定以及由此引出的法司驳正权或有不同看法,④或语焉不详。这是一个值得深入探讨的问题。笔者以为只有把上述法司的驳正权问题纳入宋代鞫、谳、议分司审判体系予以通盘考察,才能理出头绪,看清问题,找出答案。以下就此试作一考述。

一、州府法司的组成及其职能

　　在论文展开之前首先须明确"法司"的概念。所谓法司,指的是一个部

---

① ［日］宫崎市定:《宋元时期の法制と審判機構》,《東方学報》京都二十四册,1954 年;徐道邻:《鞫谳分司考》,《中国法制史论集》,台北:志文出版社,1975 年,第 114—128 页。
② 戴建国:《宋代刑事审判制度研究》,《文史》第 31 辑,1988 年,第 115—139 页。已收入本书。
③ (宋)李心传撰,胡坤点校:《建炎以来系年要录》卷一五六,绍兴十七年十二月己亥,北京:中华书局,2013 年,第 2975 页。
④ 张正印提出"所谓组织性的'鞫谳分司',主要表现在胥吏层次上;功能性的'鞫谳分司',主要表现在官员层次上"。认为"不得辄言予夺"是针对法司胥吏而不是官员作出的约束规定。张正印对法司驳正权的探讨进而引出新的思考,颇具新意,有进一步探讨的必要。贾文龙认为司法参军的驳正不是对前一环节的驳正,而是对判决的驳正。参见张正印《宋代"鞫谳分司"辨析》,《当代法学》2013 年第 1 期;贾文龙《卑职与高峰:宋朝州级属官司法职能研究》,北京:人民出版社,2014 年,第 183—184 页。

门。宋代的《职制令》曰：

> 诸被受手诏，以黄纸造册编录。并续颁诏册，并于长官厅柜帕封锁，法司掌之，无法司者，选差职级一名（原注：县差押录），替日对簿交受。遇有检用，委官一员（原注：发运、监司委主管文字、检法官，州委司法参军，县即令），监视出入。①

《职制令》说，法司掌朝廷颁布到州的皇帝诏敕，无法司时，选差一名职级掌管。职级是宋代吏人的一种。宋法："诸称'公人'者，谓衙前，专副，库、称、掏子，杖直，狱子，兵级之类。称'吏人'者，谓职级至贴司，行案、不行案人并同。称'公吏'者，谓公人、吏人。"②诏敕的编录、保管十分重要，需要检用诏敕时，司法参军负有监察法司依法行事的责任。从这一法令规定可看出法司与司法参军并非同一个概念，两者不能等同。法司执掌检法和书写相关司法文书，《宋史》云："合奏案者，具情款招伏奏闻，法司朱书检坐条例、推司、录问、检法官吏姓名于后。"③法司组成人员除了官员司法参军外，还包含有吏胥。

据文献记载，宋代州府法司和执掌审讯的推司有大量的吏人，数量相当可观。如南宋时期的福州：

> 左右司理院院虞候八十人。建隆四年院虞候依承符散从官例，以乡户差，其节级自转充，三年替归农。……元丰至绍圣，皆以一百二十人为额，并募投名，不给钱。

还有所谓贴司：

> （州）贴司五十人。建隆初，诸州惟有私名书手，在京及监司即置贴司。景德二年，量私名书手人数立额，许正行人吏保明籍定姓名，祗应人吏有阙，选无过犯者充。……本州人吏一百人，贴司五十人，至今为额。④

---

① （宋）谢深甫：《庆元条法事类》卷一六《文书门·诏敕条制》，哈尔滨：黑龙江人民出版社，2002年，第334—335页。

② 《庆元条法事类》卷五二《解试出职·旁照法·名例敕》，第737页。

③ 《宋史》卷二○○《刑法志》，第4992页。

④ 以上俱见（宋）梁克家《淳熙三山志》卷十三《版籍类四·州县役人》，王晓波等点校《宋元珍稀地方志丛刊》甲编第5册，成都：四川大学出版社，2007年，第368、366页。关于宋代州府司法胥吏，参见戴建国《南宋基层社会的法律人——以私名贴书、讼师为中心的考察》，《史学月刊》2014年第2期。

这些吏人都是司法活动的参与者。法司吏人与司法参军分属不同的官、吏系统。熙宁八年神宗诏令:"诸州法司、当直司、司理院、推司、州院专差勘事司吏,委提举司相度,随宜立定人数,法司毋过三人,当直、推勘司毋过四人,月给食料钱虽多,毋过十二千,法司习学毋过两人。"①法司、当直司吏人的食料钱毋过十二千,说的是吏人的俸禄。宋代为加强对吏人的监管,实行吏人重禄法,重禄养廉,领取重禄的吏人一旦犯法,则给予重惩。"凡丐取不满百钱,徒一年,每百钱则加一等,千钱流二千里,每千钱则加一等,罪止流三千里。"②宋人杨时曾将法司吏人的俸禄与司法参军的俸禄做过比较:

> 吏有禄,本要养其廉耻,及不廉,故可从而责之,此为待之尽。然亦须养得过方得,若养他不过,不如勿给,徒费财耳,何则? 彼为吏,于此盖欲以活父母、妻子,故为之。今也,养之不过,虽有刑戮在前,宁免其受赇乎? 如法曹之俸月十千,而法司乃十二千,则法吏之禄为过于法官。③

杨时说的法司(法司吏人)之俸禄十二千,指的正是神宗诏令说的吏人食料钱月给毋过十二千,是高于法曹(司法参军)的。可知法曹(司法参军)是法曹,法吏(法司吏人)是法吏,两者区分得很清楚。

关于神宗诏令所言"法司习学",南宋庆元《断狱敕》亦有相关规定:"诸法司习学人连书者,犯公罪,减本典一等。"④法司习学人是参与检法活动的辅助吏人。元祐元年,权知开封府谢景温奏言:"明堂大赦,乞差推官一员,将带人吏及法司一名,与府界提刑分诣诸县,催促决遣该赦不合原免公事。"⑤谢景温所云将带开封府"法司一名",指的也是法司胥吏。

法司检法其实并不仅是司法参军一人检法,宋代的法典法规数量极为庞杂,检法事宜绝非司法参军一人所能完成的。实际上是先由法司吏人检

---

① (宋)李焘:《续资治通鉴长编》(以下简称《长编》)卷二六五,熙宁八年六月戊申,北京:中华书局,2004 年,第 6493 页。
② 《宋史》卷一九九《刑法志》,第 4977 页。
③ (宋)杨时:《龟山集》卷一二《语录三》,文渊阁《四库全书》本,台北:台湾商务印书馆,1986 年,第 1125 册,第 228 页。
④ 《庆元条法事类》卷一〇《同职犯罪》,第 174 页。
⑤ (清)徐松辑,刘琳等校点:《宋会要辑稿·刑法》五之二七,上海古籍出版社,2014 年,第 8518 页。

出相关的量刑法条,再由司法参军检定。《庆元条法事类》载:

> 诸州推司、法司吏人(原注:置司鞠狱、检法同)因本司事受财入已,
> 罪不至勒停者,降一资(原注:仍还旧役,永不迁转)。

> 诸州推司、法司吏人失出入徒以上罪已决放而罪不至勒停者,再犯
> 或及五人,失入者勒停,失出者还旧役,降本等下名,并永不得再充。①

这里所言法司吏人就是胥吏,如果他们不参与检法,何以会犯失出入罪? 如果他们没有检法权力,其中的不法吏人又以什么来寻租? 除了保管法典、皇帝颁布的诏敕外,检法应是法司吏人的另一项主要职责。因此这一条法律从反面验证了法司吏人是参与检法的,从而极易成为违法者行贿的对象,导致犯失出入人罪。我们再看宋《断狱敕》的规定:

> 诸录事、司理、司法参军(原注:州无录事参军而司户参军兼管狱事
> 者同)于本司鞠狱、检法有不当者,与主典同为一等。②

法律规定录事、司理、司法参军有错,与主典同为一等,说明上述司法活动还有主典参与,这些主典当是直接在司法活动第一线负责具体事务的吏胥。鞠狱过程并不是录事参军一人所为,它涉及所有参与审讯的吏人,如院虞候等。院虞候扮演的是主典角色,但法律规定录事参军须对整个鞠狱的结果负责,是鞠狱程序的第一责任人。同样的,检法也不是司法参军一人所为,它包含了法司其他吏人活动,而司法参军则是检法程序的第一责任人。宋《断狱敕》的规定明确了鞠狱和检法官的法律责任,也反映出法司是由吏胥和司法参军组成的。

有关司法参军执掌,文献记载曰"检定法律"、"议法断刑",两者意思实际是一样的,即将适用于犯人罪名的法律条款检出来予以核定量刑。它包含两个步骤:法司吏人根据案情和罪名检出适用的相关法律条款,司法参军对检出的众多法律条款予以核定。我们看宋代《保明推正、驳正入人死罪酬赏状》:

> 某处,据某处勘到某人系死罪,某官姓名推正或驳正,准令格云云,

---

① 《庆元条法事类》卷七三《出入罪·断狱敕》,第 753 页。

② 《庆元条法事类》卷十《同职犯罪》,第 174 页。

合具保明者。

　　右将元勘案款看详,得某处于某年月日勘到某人招犯禁事,结案及检断某罪(原注:具引元用敕、律及**指定**绞、斩之类。未经检断者不具)……其某人已如何结正及检断(原注:亦具敕、律及**所断**刑名,或无罪亦具之。……),入罪官吏姓名,取到伏罪状已如何施行讫,检准令格,该某酬赏,保明并是诣实。①

《酬赏状》注文文字告诉我们,所谓检断包含了两个法律行为,其一,根据犯罪事实,从法典中检出适用的敕律法律条款,即所谓"检具";其二,给罪犯"指定"刑名("所断刑名"),谓之"检定"。宋职官制规定"录事、司理、司户参军,掌分典狱讼;司法参军,掌检定法律,各一人,皆以职事从其长而后行焉"②。司法参军掌"检定法律",其核心职责是一个"定"字,即核定法吏检出的量刑法条。

二、法司驳正权辨析

　　在弄清了法司吏人包括司法参军在内后,我们再来讨论负责检法的司法参军在检法量刑之后,是否还参与集体审核案子的活动,即对案子的最终判决有无驳正权。

　　史载咸平五年(1002),"遂州观察支使陆文伟言,诸州大辟案上,委本判官录问,或有初官未详法理,虑其枉滥,非朝廷重惜民命之意也。乃诏自今并须长吏、通判、幕职官同录问、详断"③。这里录问、详断是两个程序,后者即案件的覆核判决。幕职官指判官、推官、节度掌书记、观察支使,不包含司法参军等曹官在内。④真宗要求长吏、通判、幕职官共同参与死刑犯的覆核判决活动,以更审慎的态度对待死刑案。可知当时参与同录问、详断的官员并

① 《庆元条法事类》卷七三《推驳·赏式》,第 758 页。
② 《宋会要辑稿·职官》四七之一二,第 4271 页。
③ 《长编》卷五三,咸平五年十月戊寅,第 1156 页。
④ 孙逢吉:《职官分纪》卷三十九《幕职官》,文渊阁《四库全书》本,第 923 册,第 730 页。参见朱瑞熙《宋代幕职州县官的荐举制度》,《文史》第 27 辑;龚延明《宋代官制辞典》(增补本),北京:中华书局,2017 年,第 596 页。

不包括司法参军在内。换言之,司法参军是不参与案件的覆核审定程序的。原因很简单,司法参军是"谳"官,只负责检法量刑。根据宋代"事为之防,曲为之制"的治国原则,既然是负责检法量刑的谳官,当然不应再参与其后的覆核审定活动。

北宋天圣七年(1029)制定的《天圣令》狱官令规定:"诸判官断事,悉依律令格式正文。若牒至检事,唯得检出事状,不得辄言与夺。"①令文所言判官,指的是作为幕职官的判官,他们是案件的主判官。如建隆三年,"河南府判官卢文翼除名,法曹参军桑植夺两任官。有尼法迁者,私用本师财物,准法不死,文翼以盗论,置于极典,故责之"②。法曹参军即司法参军,桑植是检法量刑者,检法量刑有误,而判官卢文翼是案子的实际审判者,负有主要责任,是以受到的处罚重于司法参军桑植。又同一年,同州观察判官徐光乘"坐断狱失实免官"③。徐光乘也是幕职官。《天圣令·狱官令》所谓"若牒至检事",指案件的检法事宜,其检事之主体,并非承上指判官,当为法司。这条法令实际上包含了检法(检事)和定判(断事)两个程序的制度规范。

此后绍兴十七年(1147),许大英上奏,"乞令诸州法司吏人,只许检出事状,不得辄言予夺",高宗"诏申严行下",是重申已有法令的规定而已。这与后来《庆元条法事类》所载"诸事应检法者,其检法之司唯得检出事状,不得辄言与夺"④是一致的。显然这不仅仅是针对法司胥吏,还应包括司法参军在内。

以下我们试举北宋景祐三年时的一桩官员处罚案作分析。《宋会要辑稿》载:

> 知蕲州、虞部员外郎王蒙正责洪州别驾,坐故入林宗言死罪,合追三官,勒停,特有是命。判官尹奉天、司理参军刘涣,并坐随顺,奉天追两任官,涣曾有议状,免追官监酒。……通判张士宗随顺蒙正,虚妄申奏,追见任官。黄州通判潘衢不依指挥再勘林宗言翻诉事,罚铜三十

① 天一阁博物馆、中国社会科学院天圣令整理课题组校证:《天一阁藏明钞本天圣令校证》卷二七《狱官令》,北京:中华书局,2006年,第418页。
② 《长编》卷三,建隆三年三月丁卯,第63—64页。
③ 《长编》卷三,建隆三年九月甲申,第72页。
④ 《庆元条法事类》卷七三《检断·断狱令》,第742页。

斤,特勒停。……蕲春知县苏覃,录问不当,罚铜十斤,并特冲替。……
录事参军尹化南、司法参军胡揆,不驳公案,各罚铜五斤。①

此案非上奏刑部进行事后复查的死刑已决案,而是属于报大理寺详断的疑
难奏案。②在知蕲州王蒙正主导下,此案的审理者犯了故入人死罪之罪。王
蒙正欲致人死罪,必须先制造犯罪事实,鞫狱是关键环节。此案有过一次翻
异别勘,别勘官为黄州通判潘衢,并抽调了蕲春知县苏覃为录问官。案子被
大理寺详断时驳正。司理参军刘涣应是初鞫官,与判官尹奉天、通判张士宗
一起,附和了王蒙正的判决,三人的罪名为"坐随顺"。不过其曾有不同意见
的议状,免追官。两场的鞫狱官司理参军刘涣和黄州通判潘衢都出现了问
题。紧接着的录问官未能把好关,检法官未能察觉出问题。知州王蒙正受
罚最重,追三官,勒停;其次判官尹奉天追两任官,通判张士宗追现任官。黄
州通判潘衢,罚铜三十斤,特勒停。其他被追究责任的罪名较轻,分别是录
问官"录问不当",罚铜十斤;录事参军尹化南(法司检断意见签署官)、司法
参军胡揆两人"不驳公案",各罚铜五斤。值得注意的是,判官、通判的罪名
为"坐随顺",亦即他们在书拟、覆核案子时顺从了知州的错误导向,没有提
出异议。所以处罚较重,承担了公事四等责任罪的第二、第三等。司理参军
所坐随顺,应是在鞫狱时顺从了知州的误导。而司法参军的罪名不是"坐随
顺",是不驳公案。所言不驳公案罪,应当是针对鞫狱有误、录问不当行为而
言的,因为既然存在鞫狱有误、录问不当问题,检法官未能予以驳正,当然要
承担责任。录事参军尹化南为法司检断连名签署官,也未驳公案,罪名与司
法参军同。顺便提一下,此案所涉及的被处罚官员为何未涵盖蕲州其他幕
职官,笔者以为那些未受罚的幕职官,可能在集体审核时,提出了异议。从
此案例可以得知,司法参军并不参与检法后的集体覆核审议活动,是受到了
"不得辄言予夺"法律规定约束的。不唯案件的谳官不得参与,鞫官也不参

---

① 《宋会要辑稿·刑法》四之七三,第 8485 页。

② 《宋会要辑稿·刑法》四之九三载此案,云大理寺详断官驳正此案,"雪活得宗言死罪"(第
8500 页)。换言之,林宗言尚未处死。宋制,地方拥有死刑判决执行权,故此案不属于处决
后上报刑部事后覆查案。徐道邻对此案也有分析,不过他是认为地方死刑案须报中央核准
后才能执行的学者,是以认为此案系大理寺、刑部的"例行疏驳"。此案我与徐道邻的分析
略有不同。参见氏著《中国法制史论集》,台北:志文出版社,1975 年,第 234、240 页。

与集体审议。这是宋代"并建官师，所以防闲考核"制度设计使然。在有严格考核和追究责任制度的情况下，一件案子的审讯官、检法官如果参加案子的最后审议判决活动，会给案子的公正审判带来隐患。

值得强调的是，法司检断并不就是案件的最终判决，案件的最终判决是要经过幕职官详议覆核后由州府长官来定的。宋有过厅制度，幕职官汇聚于长官厅，商议政事，覆议狱讼。"在法：属官自合每日到官长处共理会事，如有不至者自有罪"①。《东坡诗案》载："(苏轼)任凤翔府签判日，为中元节不过知府厅，罚铜八斤。"②苏轼因不过厅而受到处分。《晦庵先生朱文公文集》卷十九《奏状·按唐仲友第四状》：

> 据城下天庆观道士祝元善供，与陈百一娘有奸，事发，送州院禁勘结录，下法司检断，决脊杖十三，还俗。托曹县丞打嘱仲友，至今不曾科断。③

朱熹说法司检断，决脊杖十三，还俗，这一量刑应是司法参军在法司吏人检法的基础上做出的。但他接着又说"至今不曾科断"，显然案子并没有最终判决。唐仲友是知州，执掌最终判决权，谓之"科断"。可见法司检断和知州科断是有区别的。

检法是一项专业性很强的司法活动，很有讲究。《庆元条法事类》载有一条随敕申明：

> 元祐七年七月六日尚书省札子：检会《编敕》，诸敕降称"劫谋故斗杀正犯"，所载详备，其不载者，即系杂犯。缘以斗杀以故杀论，并斗殴误杀傍人等，既非《编敕》与正犯同，即系杂犯，不得便引律文"以"者与真犯同定断。本所照得上件指挥，昨系淳熙七年六月十三日指挥，看详止系解释法意，窃虑州军检断疑误，今随门编入《随敕申明》照用。④

---

① 黎靖德辑：《朱子语类》卷一〇六《漳州》，朱杰人、严佐之、刘永翔主编《朱子全书》第17册，上海古籍出版社，2002年，第3472页。
② 邵博：《闻见后录》卷十五，《全宋笔记》第4编第6册，郑州：大象出版社，2008年，第110页。
③ 《朱子全书》第12册，第850页。
④ 《庆元条法事类》卷七三《检断》，第752页。

这是就"正犯"和"杂犯"如何区别认定的法律解释,所谓"窃虑州军检断疑误",当然是针对司法参军检法而言的。法司如果对此把握有偏差,就会导致检法议刑的失误。又如对犯赃罪犯人的量刑,即涉及如何评估赃物的价值,宋沿唐制,实施"悬平"制,绢价贵的地区,赃物评估量就低,获刑就轻;反之,赃物评估量就高,获刑就重。《宋刑统》卷四《名例律》载:

> 诸平赃者,皆据犯处当时物价及上绢估。议曰:赃谓罪人所取之赃,皆平其价直,准犯处当时上绢之价。依令,每月旬别三等估,其赃,平所犯旬估;定罪,取所犯旬上绢之价。假有人蒲州盗盐,巂州事发,盐已费用,依令悬平,即取蒲州中估之盐,准蒲州上绢之价,于巂州断决之类。纵有卖买贵贱,与估不同,亦依估价为定。①

《天圣令》卷二十五《关市令》:"市司每行准平货物时价为三等,旬别一申本司。"②刘挚《忠肃集》记载了一件估赃断罪的事例。真宗景德年间,西门允中明法科,为莱州司法参军。莱州知州"苛深,尝有强盗,欲置之死,使(西门允)高赃估,公阅案,请估依犯时,持议甚坚。会使者在郡,守语先入,交以责公,公益不屈,二囚遂不死"③。司法参军西门允在检定法条时,并没有屈从知州旨意,根据案情,依照法律规定实事求是地给予刑罚认定。这里如何评估赃物是关键。我们已经知道,检法首先是由胥吏来做的,根据案情检出适合的条款,然后再由司法参军检定。所谓"公阅案,请估依犯时",应是西门允发现胥吏检法估赃有误,进行了纠正。

上述两例表明检法的复杂性,光靠法司胥吏检法,是不够的,还需要司法参军核定把关。如果法司检法有误,接下来的幕职官、知州根据检出的法条,很容易做出错误的判决。因此司法参军的检断过程,就是一个导向性的议法量刑的过程,起着十分重要的作用。故宋人刘宰就司法参军评论道:"得其人则政平,讼理,善人劝焉,淫人惧焉;易则否,其所系何如哉?……一

---

① (宋)窦仪等详定,岳纯之校证:《宋刑统校证》卷四《名例》赃物没官及征还官主并勿征条,北京大学出版社,2015年,第63页。

② 《天圣令》卷二五《关市令》,第404页。

③ (宋)刘挚撰,裴汝诚、陈晓平点校:《忠肃集》卷一三《赠谏议大夫西门公墓志铭》,北京:中华书局,2002年,第261—262页。

府之所是,莫能胜法曹之所非;一府之所非,莫能胜法曹之所是。"①司法参军既然要根据案犯罪名检定适用的法律条款,那就必须对已具案的案子有个全面的审读了解,才能把握案情,准确检定合适的法律。司法参军在审读案牍时,如果发现问题,提出异议,驳正错误,当属分内之事。早在宋初建隆二年(961),太祖下诏曰:

> 幕职、州县官、检法官因引问检法雪活得人命乞酬奖者,自今须躬亲覆推,方得叙为功劳。……自后凡雪活者,须元推勘官枉死已结案,除知州、系书官驳正本职不为雪活外,若检法官或转运,但他司经历官举驳别勘,因此驳议,从死得生,即理为雪活。②

其中诏书讲到原推勘官枉入人死罪已结案(非最终判决),检法官因检法发现问题而提出驳议,可以雪活得人受赏。这里可以明确的是,检法官所谓驳正,是针对鞫狱官审讯已结案的驳议。《宋史》卷三三五《杨汲传》载:

> 杨汲字潜古,泉州晋江人,登进士第,调赵州司法参军。州民曹浮者,兄遇之不善,兄子亦加侮焉。浮持刀逐兄子,兄挟之以走。浮曰:"兄勿避,自为侄尔。"既就吏,兄子云:"叔欲绐吾父,止而杀之。"吏当浮谋杀兄。汲曰:"浮呼兄,使勿避,何谓谋。若以意为狱,民无所措手足矣。"州用其言,谳上,浮得不死。③

这里的"吏当浮谋杀兄",应是鞫司给案子定的罪名。案情如定为谋杀兄长,即是十恶重罪,检法之司检出来的惩处条款必定是死罪。司法参军杨汲在检法时,就鞫司给案情的定性提出了不同的意见,认为不存在当事人谋杀其兄长的用意,从而纠正了案件的错误定罪。这件案例突出体现了司法参军的检断驳正权。

可见所谓的驳正,其对象是已审讯具案的案子,是就前一个程序而言的。或云,宋代鞫谳分司,谳官不得过问鞫官之事,其实这是就审讯过程而

---

① (宋)刘宰:《漫塘集》卷二二《真州司法厅壁记》,文渊阁《四库全书》本,第 1170 册,第 592—593 页。
② 《宋会要辑稿·刑法》四之九三,第 8500 页。
③ 《宋史》卷三五五《杨汲传》,第 11187 页。

规定的。宋《断狱敕》云：

> 诸被差鞫狱、录问检法官吏（原注：并谓罢本职、本役者）事未毕与监司及置司所在官吏相见，或录问、检法与鞫狱官吏相见者，各杖八十。①

宋法只规定审讯"事未毕"，录问、检法不得与鞫狱官吏相见，以免干扰审讯活动。如果案子的审讯已经结束具案的话，则无法律约束。因此"不得辄言予夺"，是禁止对检法后案子的审议判决发表意见，是就后面的详议程序而言的。如果像有的学者所言，认为法司驳正不是对前一环节的驳正，而是对后面审议判决的驳正，②那宋代反复强调的法司"不得辄言予夺"不就成了一条无效的具文了吗？宋代规定检法之司不得辄言予夺，是宋代鞫、谳、议分司审判体系运行的需要，是一项维护公平决案机制的重要措施。

依法驳正与"辄言予夺"是两个不同性质的司法行为，容易混淆。前者是法律赋予法司的权利，后者属超越权力范围的违法行为。法司官吏在检法过程中发现案子审讯的结果有问题，据法予以驳正，自是题中之义。因此不仅司法参军有驳正的权利和义务，法司胥吏也有此权利和义务。南宋《赏格》："入人死罪而吏人能驳正者，每人转一资；吏人推正县解杖、笞及无罪人为死罪者，累及五人，转一资。"③这里"转一资"，是针对胥吏而言的。宋代官员的磨勘法，同样适用于胥吏。④

值得指出的是，司法参军检断后，案子便呈送知州，进入择官书拟，集体审议程序。学界有不少学者认为司法参军除检法外，还参与案件的书拟活动，他们常引用《清明集》中有些注云"司法书拟"、"检法书拟"的司法文书来作例证，从而把本由幕职官担任的书拟职责移到了司法参军身上，将两者的不同分工混淆在一起。其实这些司法文书是路一级监司属官所作，并非州

---

① 《庆元条法事类》卷九《馈送·断狱敕》，第168页。
② 贾文龙：《卑职与高峰：宋朝州级属官司法职能研究》，北京：人民出版社，2014年，第183—184页。
③ 《庆元条法事类》卷七三《推驳·赏格》，第758页。
④ 参见祖慧《宋代胥吏的选任与迁转》，《杭州大学学报》1997年第2期。

一级的司法参军的书拟作品。①州级司法参军通常无权参与本州案件的书拟事项。如《清明集》卷七《立继有据不为户绝》判词，题为"司法拟"，有学者认为此司法就是州府的司法参军。然而此书拟的判词末尾云："本司难于检断，仍乞备申仓台照应。"提到的所谓"仓台"是宋代高于州的路一级提举常平官的别名。如果是州司法参军正常的检法，检法后应审报州的长官知州，怎么会越过知州申报给路一级的提举常平官呢？宋制，路级长官负有对所属州县的按察之职，常常可以抽调州府官员协助审理本州府之外的司法案件。不过官员被抽调期间，其原来的职务必须临时卸掉。宋法："诸被差鞫狱、录问、检法官吏（原注：并谓罢本职、本役者），事未毕与监司及置司所在官吏相见，或录问，检法与鞫狱官吏相见者，各杖八十。"②其中就规定被差官要罢本职。笔者以为《清明集》所言"书拟"的"司法"，是奉命临时借调到路级机构去协助审理案件的司法参军。此司法参军当时担任的角色并不是州一级司法活动过程中的谳官，而是路一级仓司的司法协理官，因此不能将此视作司法参军参与本州案件书拟的证据。

与上述例子相同的还有《清明集》卷十二《与贪令捃摭乡里私事用配军为爪牙丰殖归己》和《结托州县蓄养罢吏配军夺人之产罪恶贯盈》两宗判词，都有题为"检法书拟"的拟判。这书拟的检法会是司法参军吗？值得注意的是紧接着这两份拟判之后的最终判词作者是宋慈，宋慈当时的身份是路一级的提点刑狱公事。③又同书卷一四《把持公事欺骗良民过恶山积》

① 参见《清明集》卷七《立继有据不为户绝》、卷十二《与贪令捃摭乡里私事用配军为爪牙丰殖归己·检法书拟》、《结托州县蓄养罢吏配军夺人之产罪恶贯盈·检法书拟》，第215、463、466页。张正印以《明公书判清明集》卷十一《人品门·公吏·籍配》所载为例，云司法参军直接承担拟判的任务。参见张正印《宋代"鞫谳分司"辨析》，《当代法学》2013年第1期。其实此判词作者蔡杭（号久轩）时任江东提刑，所判的案子是"据州县申"报后，由提刑司再次推勘的。其中所云检法官是隶于提刑司的官属，并不是州一级的司法参军。参见陈智超《名公书判清明集》附录七《宋史研究的珍贵史料》。据南宋《中兴会要》载：提刑司检法官"职专详谳"，自然是可以书拟的。参见《古今合璧事类备要》后集卷七《检法》，文渊阁《四库全书》本。
② 《庆元条法事类》卷九《馈送·断狱敕》，第168页。
③ 按，宋慈在《与贪令捃摭乡里私事用配军为爪牙丰殖归己》判词中有言："湖南之盗贼……此事自州、县而至本司"，宋慈生前曾任湖南提刑（参宋慈《洗冤录·序》），据此可知所谓"本司"当指其主掌的湖南提刑司。宋慈《结托州县蓄养罢吏配军夺人之产罪恶贯盈》判词有"当职任江西提刑日"之语。

一案也有"检法书拟"的拟判,这宗判词明确提到案子发生在湖南衡阳,接其后的最终判词为时任湖南路提点刑狱公事宋慈所作。这三宗案件的最终审判官都不是州的长官,换言之,"书拟"的检法,不可能是州的司法参军,应是提点刑狱公事属下的检法官,早在神宗熙宁六年三月,宋代采纳了检正中书五房公事吕惠卿的奏议,"置诸路提点刑狱司检法官各一员"①,协助提点刑狱公事审理刑狱,按察官吏。元丰三年(1080)八月至五年虽一度废罢检法官,然元丰六年复设后,便不再有变动。检法官的设置增强了路一级司法职能。元丰八年,刑部言:"令提刑司检法官覆州县官小使臣等公罪杖以下案,申吏刑部、大理寺注籍,则法官可以专于谳狱。"②南宋嘉泰二年(1202)成书的《庆元条法事类》载有对提刑司检法官的职务规定:"提点刑狱司检法官并不得别差干办。"③因此这三份书拟的作者都不是州司法参军。

严格说来,书拟属于详议覆核程序,作为谳官的司法参军是不应参与的。如果其参与书拟,就意味着可以对案件的最终判决发表意见,这不符合法律规定的"诸事应检法者,其检法之司唯得检出事状,不得辄言与夺"精神,④也与宋代设官分职,"防闲考核"的宗旨不符。

结　语

州府司法参军的检法活动本质上属于判的程序,检定法律条款后,案件鞫、谳的程序已完成,接下来的幕职官的书拟、集体审议只是一个"议"的程序,对先前的鞫、谳结果进行详议覆核,予以认可或驳正,再经州府长官知州或知府定判。⑤这个详议程序,司法参军无权置喙,不存在所谓的驳正问题。州府的整个审判分成鞫、谳、议三个程序,形成完满的审判制度,这一鞫、谳、议程序与中央层面的鞫、谳、议制度设计,即地方鞫(地方奏案)、大理寺谳、

---

① 《长编》卷二四三,熙宁六年三月戊辰,第5925页。
② 《长编》卷三六二,元丰八年十二月乙丑,第8658页。
③ 《庆元条法事类》卷六《差出·职制令》,第95页。
④ 《庆元条法事类》卷七三《检断·断狱令》,第742页。
⑤ 张正印认为"检法"官实际上主要是一种议刑官,这一看法值得推敲。详见张正印《宋代"鞫谳分司"辨析》,《当代法学》2013年第1期。

再经审刑院详议（审刑院撤销后，由刑部详议）之制是一致的。搞清这一问题有助于我们深入了解宋代的法律制度，进一步认识宋代祖宗家法"事为之防，曲为之制"的用心所在。

（原载《人文杂志》2018 年第 4 期）

宋代诏狱制度述论

诏狱，宋代又称"制狱"，它含有两重意思：一为由皇帝下诏差官审理的重大案件，二为审讯上述案件的刑狱机构。诏狱的设置和诏狱审判是宋代司法活动的重要内容。王云海主编的《宋代司法制度》，对此虽有论述，但过于简略。本文试图通过对宋代诏狱的进一步探讨，从一个侧面加深对宋代专制主义中央集权统治的认识。

一、诏狱的设置

诏狱是一种临时性的审讯机构，通称"制勘院"，因事而设，事毕即罢，与审讯一般案件的常设机构不同。《文献通考》卷一六七《刑考六》云："凡因事置推，已事而罢者，诏狱谓之制勘院。"它的设置，"本以纠大奸慝"①，即用来审理危害朝廷利益的重大案件，其主要又是针对官吏违法行为的。北宋陈襄曰："诏狱本为守臣违越为害于民，以此差官取勘。"②临时设置诏狱，宋代叫"置狱"、"置院"、"置司"，其设置方式根据文献记载，大致有如下几种：

其一，由皇帝下诏，在案件发生的州府就地设置审讯机构。皇祐三年（1051）马祐一案，仁宗诏令推直官郭伸锡"往庆州华池县置院"审讯。③嘉祐三年（1058）知滨州王起违法，职方员外郎李真卿奉仁宗诏"就州置狱"审讯。④熙宁九年（1076）赞善大夫吕温卿在秀州犯法，神宗诏"淮南东路转运副

---

① 《宋史》卷二〇〇《刑法二》，第 4997 页。
② （宋）陈襄：《乞疏放秀、越二狱干系人状》，《全宋文》卷一〇八〇，第 50 册，第 29 页。
③ （清）徐松辑，刘琳等校点：《宋会要辑稿·刑法》三之六四，上海古籍出版社，2014 年，第 8427 页。
④ （宋）李焘：《续资治通鉴长编》（以下简称《长编》）卷一八八，嘉祐三年十一月辛未，北京：中华书局，2004 年，第 4533 页。

使塞周辅往秀州置司推勘"①。以这种方式审讯犯人，称"就劾"。②诏狱的设置十分灵活，上述方式只是通常做法，有时为了审讯活动不受干扰，也可将诏狱设在犯罪地的邻近州。如熙宁二年，祖无择被人告以前知杭州时犯法，神宗命置诏狱于秀州审理。③苗振在前知明州任上有不法行为，事发，神宗命置诏狱于越州审理。④元丰四年（1081），追官勒停人余行之在定州妄造符讖，指斥朝廷。神宗诏开封府司录参军路昌衡"就邢州鞫之"⑤。秀州靠邻杭州，越州为明州近邻，邢州近定州。宋神宗将上述诏狱设于秀州、越州、邢州，用意很明显，是为了防止被劾官员利用原来的任职系统营私舞弊，以保证审讯活动正常进行。地方上的诏狱皆单独设置。宋法规定"诸鞫狱置司者，以官舍充，不得占学舍、驿、庙、寺观"⑥，此法令未提到州府本身固有的刑狱衙署，这表明诏狱的设置与其他常设司法机构不发生关联。

其二，在中央的御史台、大理寺、京师开封府设置诏狱。《宋史·刑法志》云："初，群臣犯法，体大者下御史台狱，小则开封府、大理寺鞫治焉。"御史台御史"被诏推狱，则轮差"⑦。御史台奉诏鞫狱的机构称"制勘所"⑧。亦叫"根勘所"⑨。开封府亦可承旨鞫狱，已断者，"刑部、御史台无辄纠察"⑩。北宋元丰以前，"大理寺讞天下奏案而不治狱"⑪，至元丰元年神宗始置大理寺狱，"著令专一承受内降朝旨、重密公事"⑫。凡"特旨委勘及系官之物应追究者，隶（大理寺）右治狱"⑬。

其三，在京城内的其他机构和场所设置诏狱。天禧四年（1020），宦官周怀

① 《长编》卷二七五，熙宁九年五月己巳条并注，第6728页。
② 《宋史》卷二八二《王旦传》，第9555页。
③④ 《宋会要辑稿·刑法》三之六五，第8428页。
⑤ 《长编》卷三一二，元丰四年四月壬申，第7565页。
⑥ （宋）谢深甫：《庆元条法事类》卷一〇《职制门·舍驿·断狱令》，哈尔滨：黑龙江人民出版社，2002年，第177页。
⑦ 《长编》卷三三五，元丰六年五月丙戌，第8065页。
⑧ 《长编》卷五一一，元符二年六月癸巳，第12166页。
⑨ （宋）朋九万：《东坡乌台诗案》，《丛书集成初编》本。
⑩ （宋）马端临：《文献通考》卷六三《职官考一七》，北京：中华书局，2011年，第1891页。
⑪ 《宋史》卷一六五《职官志》，第3900页。
⑫ （宋）李心传撰，徐规点校：《建炎以来朝野杂记》甲集卷五《大理狱非得旨不许送理官宅》，北京：中华书局，2000年，第129页。
⑬ 《宋史》卷一六五《职官志》，第3900页。

政谋变,真宗令宣徽北院使曹玮等人于御药院设诏狱审讯。①至和元年(1054),军人繁用妄言案,仁宗曾诏"以嘉庆院为制狱"②。熙宁九年司农寺发生欺诈官钱案,神宗诏提举在京诸司库务司设狱根治③其至还可在犯人家中就地设置诏狱进行审讯。如太宗时宣徽北院使弭德超居功自傲,目无君主,太宗命侍御史知杂事滕中正"就第鞫德超"④。此外,皇城司也是常设诏狱的场所。

其四,如果某一机构的官员不足以单独组成诏狱,皇帝则会命令多个不同机构的官员汇集起来进行审讯,宋称之为"杂治"。如太平兴国七年(982),卢多逊与秦王赵廷美图谋不轨,事发,逮系御史台,太宗命翰林学士承旨李昉、学士扈蒙、卫尉卿崔仁冀、膳部郎中知杂事滕中正"杂治之"⑤。景德二年(1005),廷试考官陈尧咨舞弊事发,真宗诏东上阁门使曹利用、兵部郎中边肃、内侍副都知阎承翰"诣御史府杂治之"⑥。庆历五年(1045),开封府有一案涉及河北都转运使欧阳修,仁宗诏权发遣户部判官苏安世、入内供奉官王昭明"杂治"之。⑦南宋建炎四年(1130),两浙宣抚副使郭仲荀犯法,高宗诏"御史台、大理寺杂治"之。⑧

其五,地方上的重大案件,中央亦可召归朝廷置狱审讯。真宗时知许州石普犯法,"朝议欲就劾,(王)旦曰:'普武人,不明典宪,恐恃薄效,妄有生事。必须重行,乞召归置狱。'乃下御史按之,一日而狱具"⑨。又景德二年,曹州民赵谏、赵谔恐喝取财,干预州政,真宗遣使调查得实,"乃逮系御史狱"审讯。⑩

朝廷官员奉诏审讯案件,称"制勘公事"⑪,官员叫"制使"⑫,由皇帝临时

---

① 《宋史》卷四六六《周怀政传》,第 13616 页。
② (宋)司马光:《涑水记闻》卷九,北京:中华书局,1985 年,第 95 页。
③ 《长编》卷二七七,熙宁九年八月戊申,第 6779 页。
④ 《宋史》卷四七〇《弭德超传》,第 13678 页。
⑤ 《长编》卷二三,太平兴国七年四月丙寅,第 516 页。
⑥ 《长编》卷五九,景德二年四月丁酉,第 1328 页。
⑦ 《长编》卷一五七,庆历五年八月甲戌,第 3799 页。
⑧ (宋)李心传撰,胡坤点校:《建炎以来系年要录》卷三一,建炎四年正月癸丑,北京:中华书局,2013 年,第 707 页。
⑨ 《宋史》卷二八二《王旦传》,第 9550 页。
⑩ 《长编》卷六〇,景德二年六月丁亥,第 1345 页。
⑪ 《宋会要辑稿·刑法》三之五四,第 8421 页。
⑫ 《长编》卷七〇,大中祥符元年九月辛未,第 1563 页。

委派。地方诏狱,由当地与案件无牵连的官员或邻州、邻路官员任制使。《续资治通鉴长编》卷四七六元祐七年八月乙丑条载曰:"诸路监司承朝旨差官置司推勘,其所差官仍躬亲被受,合为制使,以'制勘'为名。"但多数由皇帝委派中央各部门的官员充任。淳化元年(990),太宗曾置御史台推勘官二十人,"并以京朝官充。若诸州有大狱,则乘传就鞫狱"①。京城诏狱,亦由皇帝差遣官员审讯。景德三年(1006),勾当三班院刘综建议说:"三院御史员数至少,每奉朝请,劾制狱,多以他官承乏,甚紊彝制,望诏两制以上各举材堪御史者充。"②充任制使的人选并无明确的范围限定,除御史台、刑部、大理寺、开封府等专职司法官员外,其他京朝官如侍从官、两制官、馆阁官、尚书省郎官、三司判官等都可充任。③《庆元条法事类》卷六《差出·职制令》规定:"诸被旨选官干办及被制鞫狱所差推勘官,若应副军期,并权缘边兵官将副,或充考试、监门、封弥、誊录、巡铺官,虽于法不得差者,听差。"就连武官、宦官也常承诏治狱。④

　　设置诏狱所需司狱、推、典等吏人临时从他司抽差。雍熙四年(987)将作监丞辛著奏:"今后差使臣制勘公事,望令于所勘事州军邻近处据名抽差司狱。"太宗从之。⑤不过此规定原本在于避亲嫌,一刀切似的硬性规定有时却适得其反。淳化五年著作佐郎夏象奏云:"制勘公事,只令于邻近州府抽差,司狱其间,或是亲姻,必有幸门。乞令制勘官取便抽差。"太宗采纳了他的意见,下诏规定司狱"取便抽差",并不一定要隔州。⑥关于推典,真宗在一份诏书中曾云:"遣官制鞫公事,所差推典,如经七次无法司驳难者,递迁一级。"⑦可见推典也是抽差的。

<hr>

① 《文献通考》卷一六六《刑考五》,第 4978 页。
② 《长编》卷六二,景德三年三月丁未,第 1391 页。
③ 《长编》卷一七八,至和二年二月壬辰,第 4306 页;卷二五九,熙宁八年正月庚子,第 6309 页;卷四九二,绍圣四年十月癸未,第 11676 页;卷八六,大中祥符九年三月壬子并乙丑,第 1976—1980 页。
④ 《长编》卷五九,景德二年四月丁酉,第 1328 页;卷一○三,天圣三年八月乙亥,第 2388 页;卷一五七,庆历五年八月甲戌,第 3798 页。
⑤ 《宋会要辑稿·刑法》三之四九,第 8418 页。
⑥ 《宋会要辑稿·刑法》三之五二,第 8420 页。
⑦ 《长编》卷七七,大中祥符五年四月乙亥,第 1760 页。"推、典",《宋会要辑稿·刑法》三之五六作"推鞫狱卒"。

二、诏狱的审判

宋代凡审讯案件,统称"推勘",除了一般案件外,诏狱的审讯亦叫"推勘"。陈次升《上哲宗论内治》疏云:"欲乞陛下亲选在廷侍从,或台谏官,公正无所阿附之人,专置制院,别行推勘。"①皇祐三年(1051),仁宗的一份诏书曰:"今后朝廷差官往外州军院推勘公事,须预先札下置院州军。"②此为诏狱"推勘"的两例证。诏狱的审讯,有一套与一般案件审讯法有别的规则。陈襄在给神宗的《乞疏放秀、越二狱干系人状》中说:"其间因袭作过及干连照证人数不少,若依制勘条例,并须逐一勾追证对圆结。"③所谓"制勘条例",无疑便是关于诏狱的审判规则,其具体内容无法一一考知。宋代诏狱的审理活动分成审与判两个步骤,制勘官主持的临时审讯机构仅仅负责审讯事项,至于案件的判决则统一由中央的大理寺、刑部来完成。

制勘官在案情审讯完成之后须签书画押,以备检查。其中对案情有不同看法的制勘官可免签书。④签书画押后,案子便"结勘",申奏朝廷,由皇帝差其他官员对犯人当面进行录问,以察有无冤情。录问时,犯人有冤可以申诉。大中祥符五年(1012)真宗曾规定:"自今宜令制勘官,每狱具则请官录问,得手状伏辩,乃议条决罪。"⑤元丰二年(1079)大理卿崔台符奏请:大理寺奉特旨审讯的案件,属死刑及朝廷命官案,须录问者,"即临时取旨差官",神宗准其奏。⑥为了防弊、防奸,北宋时对录问官的差遣十分重视,凡御史台审讯的诏狱,常由御史台以外的官员进行录问。如宝元二年(1039)御史台奉诏审讯冯士元,"狱具,诏翰林学士柳植录问"⑦。元丰三年苏轼乌台诗案,御

---

①　(宋)陈次升:《上哲宗论瑶华之狱不当付阉宦之手》,赵汝愚《宋朝诸臣奏议》卷二八,上海古籍出版社,1999 年,第 273 页。

②　《宋会要辑稿·刑法》三之六四,第 8427 页。

③　(宋)陈襄:《乞疏放秀、越二狱干系人状》,《全宋文》卷一〇八〇,第 50 册,第 29 页。

④　《长编》卷二六四,熙宁八年五月丁卯,第 6460 页。

⑤　《宋会要辑稿·刑法》三之一五,第 8400 页。

⑥　《宋会要辑稿·职官》二四之七至八,第 3659 页;《长编》卷二九六,元丰二年二月乙卯,第 7211 页。

⑦　《长编》卷一二五,宝元二年十一月丁酉,第 2939 页。

史台结案申奏，"差权发遣三司度支副使陈睦录问"①。如为外臣审讯的案子，则常常由内臣录问；内臣审讯的案子，又常派外臣录问。元丰年间相州有一案，神宗诏御史台审讯，案子奏上，神宗遣知谏院黄履与宦官勾当御药院李舜举同录问。②绍圣三年（1096），皇城司有一内臣审讯的诏狱，"狱成，命侍御史童敦逸录问"。此举，哲宗"本以皇城狱出于近习推治，故命敦逸录问"。③宋代录问官的差遣比较灵活，其人选不固定。

诏狱在特定情况下，可以免录问，那就是犯人不肯招供，以众证结案的，"更不取勘录问"④。如岳飞一案，虽经酷吏严刑拷打，岳飞并没有屈服，结果以众证结案，没有经过录问程序。⑤

录问后，案子便告一段落。按规定，奉诏治狱的制使，在案子审讯完毕后，必须入朝向皇帝呈报案情。端拱二年（989），宋曾规定："今后应宣敕差出勘事使臣，朝辞日，具所勘公事因依；回日，具招对情罪事节进呈。"⑥向皇帝呈报后，案子即移送大理寺、刑部，进入量刑判决过程。

宋法，无论是在地方审讯的诏狱，还是在中央审讯的诏狱一律由大理寺、刑部判决，这与一般案件的判决程序不同。地方上的一般案件，除疑难案外，州府即可议刑判决，无须呈送中央。⑦《长编》卷二五雍熙元年八月戊寅条载："群臣受诏鞫狱，狱既具，骑置来上，有司断讫，复骑置下之。"文中所云"有司"，指的便是大理寺。如景德三年（1006），两浙路转运使姚铉犯法，被人告发，真宗遣御史台推勘官储拱审讯，罪情属实，"法寺议罪，当夺一官"⑧。元丰二年（1079）苏轼一案，"御史台既以轼具狱，上法寺，当徒二年"⑨。两件

---

① （宋）朋九万：《东坡乌台诗案》，《丛书集成初编》本。
② 《长编》卷二八九，元丰元年四月乙巳，第7060页。
③ 《宋史》卷二四三《孟皇后传》，第8634页。
④ 《长编》卷五一一，元符二年六月癸巳，第12166页。
⑤ （宋）岳珂编，王曾瑜校注：《鄂国金佗稡编续编校注》卷第八《经进鄂王行实编年》，北京：中华书局，2018年，第753页；（宋）李心传撰，胡坤点校：《建炎以来系年要录》卷一四三，绍兴十一年十二月癸巳，第2694页。
⑥ 《宋会要辑稿·刑法》三之四九，第8419页。参见戴建国《关于岳飞狱案问题的几点看法》，《岳飞研究论文集》第2集，中原文物编辑部，1989年。已收入本书。
⑦ 戴建国：《宋代刑事审判制度研究》，《文史》第31辑，北京：中华书局，1988年。已收入本书。
⑧ 《宋会要辑稿·职官》六四之二一，第4776页；《长编》卷六四，景德三年十月癸巳，第1431页。
⑨ 《宋会要辑稿·职官》六六之一〇，第4826页；《长编》卷三〇一，元丰二年十二月庚申，第7333页。

案子都是由大理寺判决的。史载：

> 大理寺置卿一人，少卿二人……凡职务分左右：奏劾命官、将校及大辟囚以下以疑请谳者，隶左断刑，则司直、评事详断，丞议而正审之；若在京百司事当推治，或特旨委勘及系官之物应追究者，隶右治狱，则丞专推鞫，少卿分领其事，而卿总焉。①

奏劾命官、将校，通常是置诏狱审讯，然后由大理寺左断刑检法量刑。

关于诏狱的判决，《长编》卷三二淳化二年八月己卯条记载云："凡狱具上奏者，先申审刑院印讫，以付大理寺、刑部断覆以闻，乃下审刑院详议，中覆裁决讫，以付中书，当者即下之，其未允者，宰相复以闻，始命论决。"这里谈到了诏狱的判决及覆核程序，极为谨慎。

神宗改官制以前，中央设有审刑院，诏狱上奏，先交审刑院初审，然后由大理寺检法量刑，之后再经刑部、审刑院覆核评议，报皇帝裁决，送宰相阅视，最后颁下执行。如有不妥，宰相还可上奏皇帝请旨。其中审刑院的详议环节十分周密，司马光《涑水记闻》卷三载："凡天下狱事有涉命官者（笔者按：宋诏狱的大多数对象皆为命官），皆以具狱上请，先下审刑院，令详议官投钩分之，略观大情，即日下大理寺，详断官复投钩分之，抄其节目，以法处之，皆手自书概定；复上审刑院，详议官再观之，重抄节目贴黄，六人通观，署定乃奏。其有不当，则驳下更正之。"元丰三年（1080），审刑院罢归刑部，其相应的详议职责由刑部履行。《长编》卷三九一元祐元年十一月丙子条载："门下侍郎韩维言：'天下奏案，必断于大理，详议于刑部，然后上之中书，决于人主。'"又如岳飞一案，高宗下令"就大理寺置司根勘"②，"命御史中丞何铸、大理卿周三畏鞫之"③。史载，岳飞案的断官，大理少卿薛仁辅量刑判决，不愿与秦桧之流同流合污，被斥为"持心不平，用法反覆"，被高宗罢官。④

有些特别重大的诏狱，大理寺、刑部量刑判决后，皇帝往往还要诏令朝

---

① 《宋会要辑稿·职官》二四之四，第3657页。
② （宋）李心传撰，徐规点校：《建炎以来朝野杂记》乙集卷十二《岳少保诬证断案》，北京：中华书局，1999年，第701页。
③ 《宋史》卷二九《高宗纪》，第550页。
④ 《建炎以来系年要录》卷一四四，绍兴十二年正月乙巳。李心传注云："仁辅之罢，必是议岳飞狱不合。"第2708页。

廷大臣共同审议定罪,这项司法程序称"集议"。如太平兴国七年(982)卢多逊与秦王赵廷美图谋不轨一案,"具狱已成,有司定刑,外廷集议",大理寺判以斩刑,太宗诏"文武常参官集议朝堂",对此案进行覆议。①太平兴国八年判颍州曹翰不治政事,专务苛酷,太宗遣官前往审讯,"狱具,法当弃市,百官集议,翰林学士承旨李昉等议,如有司所定"②。百官集议,可以根据案情,驳正刑名,发表见解,既可维持大理寺原判,也可更改原判。大中祥符元年(1008),知晋州齐化基苛刻百姓,贪暴成性。真宗遣官置狱审讯,犯人伏罪,刺配崖州,其诸子侄也被流配他乡,"朝议惩其积恶,故令族窜之"③。此案大理寺判决原非如此,但百官集议,认为罪大恶极,加重了惩处。

诏狱有疑难,或情轻法重、情重法轻,大理寺无法判决,皇帝有时也诏大臣集议。《宋史·刑法志》曰:"天下疑狱(笔者按:包括疑难诏狱),谳有不能决,则下两制与大臣若台谏杂议,视其事之大小,无常法,而有司建请论驳者,亦时有焉。"④如宝元二年(1039)御史台审讯的冯士元一案,涉及诸多朝廷大臣,仁宗"召宰臣等议决之"⑤。又开禧三年(1207),吴曦谋反被诛,其族属法当连坐,宁宗"诏付从官、给、舍、刑部、法寺集议合得刑名"⑥。庄绰《鸡肋篇》卷中载:"凡天下狱案谳,其状前贴方寸之纸,当笔宰相视之,书字其上。房吏节录案词大略,粘所判笔,以尚书省印印之。其案具所得旨付刑部施行。虽系人命百数,亦以一二字为决,得'上'字者,则皆贷;'下'字者,并依法;'中'字,则奏请有所轻重;'聚',则随左右相所兼省官商议;'三聚',则会三省同议。"所谓"聚者",即集议也。百官集议是诏狱判决活动中的一项特定的非常设程序,集议所定刑名供皇帝参考,不是最终判决。

诏狱的最终判决权掌握在皇帝手里。王安石曾云:"自来断命官罪,皆以特旨非以法。"⑦皇帝可以视统治之需要,对诏狱犯人作出减刑或加刑的最终裁断,而不必理会大理寺、刑部的判决和评议。即使是百官集议所定刑

---

① 《宋史》卷二六四《卢多逊传》,第9119页;《长编》卷二三,太平兴国七年四月丙子,第517页。
② 《长编》卷二四,太平兴国八年五月庚午,第546页。
③ 《长编》卷七〇,大中祥符元年九月辛未,第1563页。
④ 《宋史》卷二〇一《刑法志》,第5005页。
⑤ 《长编》卷一二五,宝元二年十一月丁酉,第2939页。
⑥ 《文献通考》卷一七〇《刑考九》,第5108页。
⑦ 《长编》卷二二〇,熙宁四年二月癸酉,第5354页。

名,也有所不用。如太平兴国六年卢多逊一案,大理寺及百官集议皆定为斩刑,但太宗最后下诏减为流刑。①建炎元年(1127)宋齐愈一案,"法寺当齐愈谋叛,斩,该大赦,罚铜十斤,情重取旨",但高宗定为腰斩,"特不原赦"。②绍兴二年(1132),监察御史娄寅亮为秦桧所陷下狱,大理寺判"私罪杖,罚铜十斤",处罚很轻,高宗却将其革职罢官。③又绍兴十一年,岳飞父子一案,大理寺判岳云徒罪,而宋高宗下旨定为死刑。④

必须指出,在诏狱的判决过程中,宰相拥有十分重要的审核权,即使已经皇帝裁决的案子,宰相仍可提出意见,重新覆议。有些权相甚至操纵着诏狱的审判活动。由于宰相在政治生活中所拥有的权力,与皇权形成了冲突,这一矛盾体在诏狱审判活动中也时时存在着。当宰相的权力急剧膨胀时,则不可避免地导致皇权在诏狱审判活动中的偶像化。一件诏狱,从案子成立到判决,主要经历三个环节:成立、审讯、判决。诏狱通常因大臣弹劾而立,其中具有弹劾纠察权的台谏官扮演了重要角色,许多台谏官畏于宰相权势,附会奉承,以宰相旨意行事。如熙宁年间王安石为相时,发生的知杭州祖无择一案,就是一例。《宋史》卷三二九《王子韶传》载:王子韶为监察御史里行,"安石恶祖无择,子韶迎其意,发无择在杭州时事,自京师逮对⋯⋯,无择遂废"。诏狱的成立这一环节,因诸种原因,皇帝有时无法控制,倘若接下来的审讯环节也为宰相所左右的话,那么诏狱的实际审判权就有可能从皇帝手里滑落。

三、宋对诏狱审判活动的监督

为防止诏狱审判活动中的舞弊枉法行为,提高办案效率,保证皇帝对诏狱审判活动的控制,宋制定了许多相应的监督措施。

第一,诏狱必须独立审判,任何个人和机构无皇帝指示不得插足。咸平二年(999)真宗规定:"御史、京朝官、使臣受诏推劾,不得求升殿取旨及诣中

---

① 《宋史》卷二六四《卢多逊传》,第 9119 页;《长编》卷二三,太平兴国七年四月丙子,第 517 页。
② 《建炎以来系年要录》卷七,建炎元年七月癸卯,第 208 页。
③ 《建炎以来系年要录》卷五一,绍兴二年二月庚寅,第 1065 页。
④ 《建炎以来系年要录》卷一四三,绍兴十一年十二月癸巳注,第 2695 页。

书禀命。"①要求审判活动不受干扰,制勘官尽公行事。凡派遣到地方审理诏狱的官员,"不得容有嘱求,及到州府无泄事情。如违,并许逐处官吏举觉"②。宋还规定,审讯中禁止逼供,"应降宣敕推勘公事,并须据实勘鞫,不得抑勒"③。诏狱审讯官在审讯期间不得会见与案子无关的人员,也不能回家探访,晚间还得值班守宿。《长编》卷二五九熙宁八年正月庚子条就郑侠一案注云:"御史台奏:'每夜轮三院直官与差制官一员或二员,皆宿,各不接见宾客。'"此例虽指御史台诏狱而言,但颇能反映整个宋代诏狱的审讯情况。《长编》卷三三八元丰六年八月丙子条载:"(神宗)诏:'御史勘公事,权罢本职,不得与在外官吏往还。'从中丞黄履奏也。履言:'本台推鞫公事,至有逾年而后毕者,迁为行遣,以致淹久。欲自今本台独勘或外官同勘,并令宿直,仍罢本职,不与在外官吏交往。'"文中所言"外官同勘",即诏狱之杂治形式。受诏审讯案件的御史暂罢本职,显然是为了避免与外界人员接触,是保证案件审讯活动独立进行的有力措施。

　　第二,审讯活动必须在规定的期限内完成,违限者将受处罚。淳化二年(991),太宗诏差官制勘,"敕下之日,先具事由送大理寺,仰本寺置簿抄上,候勘到公案,下寺断遣,了日勾凿。内有延迟过违日限者,便仰举行勘责"④。北宋规定:"诸奉制推鞫及根治公事,已给限,而限内结绝未得者,具因依、合展日限申尚书省、枢密院。无故稽违者,一日杖一百,五日加一等,罪止徒二年。"⑤大中祥符元年(1008)的齐化基一案,真宗先后派了四位制使前去审讯,才告结案,为此,前三位制使因案子久拖未能决,"悉坐停官",受到了处罚。⑥皇祐三年(1051),仁宗还下诏规定,凡制勘官被派往地方审讯诏狱,"须预先札下置院州军,仰先勾追元进状人,收管知在,或关禁讫,疾速入马递申奏,以凭发遣推勘官往彼,免致推狱虚有留滞"⑦。这项措施可以缩短办案时间。元丰二年(1079),神宗诏"中书,四方诏狱及根治事,皆逾年淹系,未能结正。宜令诸房具出据轻重缓急,随宜立限,约以稽违刑名,逐房置

---

① ③ 《宋会要辑稿·刑法》三之五三,第 8421 页。

② ④ 《宋会要辑稿·刑法》三之五〇,第 8419 页。

⑤ 《宋会要辑稿·刑法》一之一九,第 8232 页。

⑥ 《长编》卷七〇,大中祥符元年九月辛未,第 1563 页。

⑦ 《宋会要辑稿·刑法》三之六四,第 8427 页。

簿勾考,违者具姓名取旨"①。并规定,诏狱"非特旨立限者,及一季未奏,下所属催促,无故稽留若行移迁缓,并所属下催举,并劾奏"②。南宋宁宗时的法令改为:凡已给时限,无故稽违者,不问多少日,一律徒二年。③这些规定旨在防止案件拖延不决,避免人力和财力的浪费。

为了提高办案效率,宋规定,诏狱流以下罪,及非朝廷命官,如无皇帝特旨,可依一般案件的审判程序先行判决执行,不必申报朝廷;流罪以上犯人和朝廷命官狱成,则具案"闻奏"④。

第三,讲究办案质量,具体措施有审讯活动中的回避制、公文的发递制和大理寺执奏制。至道元年(995),宋规定"不得差京朝官往本乡里制勘勾当公事"⑤。与诏狱当事人有亲戚关系的人不得任制勘官。熙宁二年(1069),神宗命权御史台推直官张景直审讯明州知州苗振,"景直以亲嫌辞"⑥。熙宁五年三月,神宗遣沈衡为诏狱制使,审讯李定、陈大顺案,"衡辞以亲嫌",后改命他官。⑦同年大宗正丞李德刍案,神宗初诏送御史台审讯,御史知杂事邓绾指出,此案本御史台所弹奏,再交御史台审讯,"显属妨碍",遂改派他官置司审理。⑧元祐五年(1090)规定,大理寺检法官与诏狱犯人曾有荐举关系的,应回避,"许自陈,别差官定断"⑨。宋代一般案件的公文发递,是由州府马递铺传送的,但诏狱公文,宋规定可直接向中央发递,不必遵常规附当地马递铺,以防泄漏狱情。⑩为避免误杀无辜,绍兴四年还规定"朝廷降指挥,应特旨处死,情法两不相当"的案件,允许大理寺执奏,再行覆议。⑪

---

① 《长编》卷二九九,元丰二年七月己卯,第 7271 页。

② 《宋会要辑稿·刑法》三之六七,第 8428 页。

③ 《庆元条法事类》卷八《职制门·定夺体量·断狱敕》,第 142 页。

④ 《宋会要辑稿·刑法》三之六一,第 8421 页。

⑤ 《宋会要辑稿·刑法》三之五二至五三,第 8420 页。

⑥ 《宋会要辑稿·刑法》三之六五,第 8428 页。

⑦ 《长编》卷二三一,熙宁五年三月癸巳,第 5611 页。

⑧ 《长编》卷二三〇,熙宁五年二月辛亥,第 5585 页。

⑨ 《宋会要辑稿·职官》二四之一一,第 3661 页;《长编》卷四六五,元祐六年闰八月辛未,第 11111 页。

⑩ 《宋会要辑稿·刑法》三之四九,第 8418 页。

⑪ 《建炎以来系年要录》卷七五,绍兴四年四月丙戌,第 1429 页。

四、诏狱制度的作用、特点和弊病

宋代诏狱制度的制定与实施乃是专制主义中央集权统治的需要。宋政权建立后,惩唐末五代藩镇割据之弊,用设官分职,分割各级长官事权的措施,将各种大权集中在皇帝手里,在司法制度方面也充分贯彻了这一治国理念,其中的一项措施就是皇帝以设置临时诏狱,大量派遣非专职司法官审理重大案件的方式,直接参与和过问案件的审判,加强专制主义集权统治,而不是像唐朝那样,重大案件由三司(御史台、刑部、大理寺)会审。宋代把案件区分为一般案件和重大案件,后者通常列入诏狱。宋代最高统治者采取一系列举措,把重大案件的审判置于自己的控制之下,而将一般性的、对国家政权的稳固无大影响的案件审判权交与地方掌管。①这样做可以使皇帝能挪出更多精力抓社会主要矛盾,解决大案、要案,巩固统治,这不能不说是一种十分明智的做法。

宋把诏狱的审判活动分为审讯和判决两大环节,审讯一环至关重要,是确定案件当事人罪与非罪的关键。宋代皇帝通过各种手段加以监控,主持诏狱审讯活动的官员和案件的录问官都由皇帝亲自选派。人选无定制,除了御史台、大理寺等机构的专职司法人员外,还常常派遣非司法官员,同时还采用"杂治"方式,内臣和外臣并用。即使是外臣治狱,也多命不同机构的官员组成诏狱,联合审讯。以便互相牵制,互相监督。曾敏行《独醒杂志》卷五载:"董公敦逸,永丰人,元祐中立朝为侍御史……元符厌诅事起,皇城司具狱,哲宗御批令公录问,中书不预知也。"此为当时宫内一大要案,皇城司狱属内官系统,狱成,哲宗命外官录问,并且不让中书预知,反映了宋代皇帝的"防闲考核"之心。北宋大臣陈次升在上哲宗的一篇奏疏中云:"臣窃以掖廷之狱,事干宫禁,自来多用内臣专治,不无冤抑。如闻皇城司今者置狱,陛下至仁恻怛,虑及非辜,特差外官杂治,要尽至公。"②皇城司是皇帝专事侦察的耳目机构,由内臣掌管,内廷诏狱多交其审讯,中间如无监督机制,极易产

---

① 戴建国:《宋代刑事审判制度研究》,《文史》第31辑,北京:中华书局,1988年。已收入本书。
② (宋)陈次升:《上哲宗论皇城司狱疏》,《全宋文》卷二二四○,第50册,第805页。

生冤案,因此用外臣参与审讯,不失为一种可行的监督措施,是皇帝控制内廷诏狱的手段之一。

北宋时"诏狱常用中人充制使"①,监督外廷诏狱的审讯。大中祥符九年(1016)咸平县卢氏一案,真宗遣内供奉官谭元吉"监之"。②元丰元年(1078)相州有一案,涉及外廷大臣,神宗诏知谏院蔡确等人审讯,同时遣内廷宦官勾当御药院李舜举"监之"。③元符二年(1099)吏部郎中林邵一案,大臣蔡卞"乞差中人监勘",哲宗"许之"。④外廷诏狱用内官监勘,这也是北宋皇帝用以监督、控制诏狱审判活动的一种措施,因此虽然当时有大臣提出意见,"以内臣治诏狱为不可,因援唐制三司参按故事,请任御史,罢内臣"⑤,但并没有为当时的皇帝所接受。

在诏狱的判决环节中,宋规定案件统一由大理寺量刑判决,刑部(元丰前还有审刑院)详议,中书覆核。此外,还设有特定的百官集议程序,但最终判决权由皇帝掌握,犯人的生杀予夺,全在皇帝手里,从而收到"恩归主上,法在有司"之效果。⑥宋代,尤其是北宋,党争连绵不绝,皇帝用置诏狱之法,直接参与重大案件的审判,可以减少因党争而造成的不利于司法活动的影响。北宋宰相张士逊就皇帝拥有的诏狱终审权评论道:"非特出宸断,无以肃清朋邪。"⑦另一位大臣刘挚曾曰:"凡狱既取旨,则轻重出于朝廷。有司议法则可驳,特旨则非。"⑧宋代皇帝在诏狱审判活动中所具有的最终裁决特权,有利于加强专制主义集权统治。《宋会要辑稿·刑法》三之六四有一段记载颇能说明问题:

> 侍御史毋湜言:"伏睹祖宗朝有中外臣僚公事发露,多送御史台推勘,当时群臣颇有畏惧。自承平既久,此制渐隳,官吏犯法,罕有置御史狱者。近日道士赵清贶等请求公事,干连执政大臣,固宜于御史诏狱。

---

① (宋)孙抃:《丁度崇儒之碑》,《全宋文》卷四七五,第 22 册,第 379 页。
② 《长编》卷八六,大中祥符九年三月壬子,第 1976 页。
③ 《长编》卷二八九,元丰元年四月丙午,第 7061 页。
④ 《长编》卷五一一,元符二年六月己卯,第 12159 页。
⑤ 《长编》卷一四七,庆历四年三月丁亥,第 3568 页。
⑥ 《长编》卷一六五,庆历八年八月丁丑,第 3963 页。
⑦ 《长编》卷一二五,宝元二年十一月己亥,第 2940 页。
⑧ 《长编》卷四六五,元祐六年闰八月甲子,第 11108 页。

窃恐今后习以为常,有事干大臣……则挟私冒禁者岂有惧朝廷之意也!乞今后公事不以大小,但干涉执政臣僚者,并乞送御史台勘鞫,冀新人听,以协公议。仍须降诏旨,以为定式。"诏应有合行取勘公事,并临时取旨。

毋湜建议凡诏狱一律交御史台审讯,但宋仁宗没有同意,强调重大案件的审讯,仍由皇帝临时下诏决定,而不愿定于一法,授臣下以柄。在宋帝看来,此乃一种便于控制诏狱的有效方式,是以根本不想放弃控制权。

如果说北宋时期皇帝稳固地掌握着诏狱审判活动的控制权,那么到了南宋,随着权相的不断出现,相权的加强,以及对宦官活动的严密限制,这种控制权有所削弱,宦官不再被差为制使,内、外臣并用治狱之制自然不复存在。外臣杂治诏狱的方式亦不多见,诏狱多委大理寺审讯。①许多诏狱审判活动为权相控制,被用来排斥异己,打击反对势力。

宋代皇帝用置诏狱之法,参与和过问重大案件的审判,对于防止朋党为奸,避免司法官营私舞弊,加强专制主义集权统治固然起了一定的作用,但由于封建专制主义统治集团内部的种种弊端,加之诏狱制度中的一些无法克服的缺陷,宋代诏狱的胡乱审判现象也大量存在。

在宋代,凡经正常途径获得官职的人一般都学过法律知识,参加过法律考试。但是许多充任制使,负责审讯犯人的官员不是专职司法人员,因此往往并不都具有司法实践经验。这些人偶尔被差治狱,毕竟火候不到,难免出差错。北宋田锡曾指出:制勘使臣"殊非理公之才,骤委鞫人之罪,其间有未明推勘,因致淹延,或未晓刑章,妄加深刻。既临以制书之命,置乎缧绁之中,人畏严威,谁敢拒捍"②。张齐贤指出:"推勘官但执诏命,不原事理,棰楚之下,何情不得?"③张方平亦云诏狱"或以中人临讯,有司承旨,颇复侵急"④。审讯官手握圣旨,颐指气使,急于求功,动辄捕人,随意拷讯。大中祥

---

① 参见《建炎以来系年要录》卷一六一,绍兴二十年正月丙午,李孟坚案,第3040页;卷一六七,绍兴二十四年十二月丁亥,王趯案,第3179—3180页;佚名:《续编两朝纲目备要》卷十一,罗日愿案,北京:中华书局,1995年,第205—206页。
② 《长编》卷二四,太平兴国八年十二月,第565页。
③ 《宋会要辑稿·刑法》三之五三,第8421页。
④ (宋)张方平:《乐全集》卷一二《诏狱之弊》,文渊阁《四库全书》本,第1104册,第99页。

符九年(1016)成平县民卢氏一案,"逮捕者百余人"①。熙宁三年(1070)秀州祖无择一案,"就逮者累累,道路不绝",严重影响了农户耕作,以致"赤地千里,蝗蝻蔽天"。②元丰元年(1078),蔡确奉旨与御史治藩开狱,"遂收大理寺详断官窦苹、周孝恭等,枷缚暴于日中,凡五十七日"③。哲宗绍圣三年(1096),皇城司奉诏审讯宫内一案,"捕逮宦者、宫妾几三十人,搒掠备至,肌体毁折,至有断舌者"。狱成录问,"罪人过庭下,气息仅属,无一人能出声者"。④上述状况不可避免地导致宋代诏狱出现冤假错案,著名的有北宋元丰时期的乌台诗案、太学案、相州狱案、元祐时的蔡确诗案、绍圣年间的同文馆狱案、南宋绍兴年间的岳飞狱案、李光狱案、赵汾狱案等,其中又以岳飞冤案为最,翻及中华民族史上这一悲壮的一页时,每每令人扼腕不已。

关于宋代诏狱中发生的冤假错案,限于篇幅,俟另文撰述。

(原载《岳飞研究(岳飞暨宋史国际学术研讨会论文集)》,

北京:中华书局,1996 年)

---

① 《长编》卷八六,大中祥符九年三月壬子,第 1977 页。
② 《长编》卷二一三,熙宁三年七月癸丑条注,第 5186 页。
③ 《长编》卷二八九,元丰元年四月乙巳,第 7059 页。
④ 《宋史》卷二四三《孟皇后传》,第 8633 页。

宋代的狱政制度

中国古代狱政制度是一个较少为人注意的研究课题，海内外出版的《中国法制史》等著作，对此叙述大多十分简略，兹试就宋代的狱政制度作一探讨，以补其未备。

一、宋 代 监 狱

宋代监狱，称"狱"，亦称"牢"、"牢狱"，①是羁押罪犯等待法官审判，或者已经法官判决等待执行的场所。用监狱来长期囚禁罪犯，使之作为一种刑罚，在宋代还未正式成立。宋人云："狱者，所以合异同之辞。"②"人一入其中，大者死，小者流，又小者亦杖，宁有白出之理。"③换言之，监狱是司法机构用来审理案件的。宋代的监狱也不具备教育职能，已决犯的刑罚劳动，是在监狱以外的指定地点进行。④北宋末年，曾一度设置"圜土"，关押减免死刑的强盗，"昼则役作，夜则拘之。视罪之轻重以为久近之限"⑤。这种圜土，类似我们现代的劳改农场。然此法施行前后不到五年，便废弃不用。

宋代各级行政区及各司衙门，除路以外，都设有监狱。《宋史》卷二〇一《刑法志》曰："官司之狱：在开封，有府司、左右军巡院；在诸司，有殿前、马步

---

① （宋）李元弼：《作邑自箴》卷二《处事》，《四部丛刊》续编本；佚名编：《宋大诏令集》卷二〇〇《令凡禁系之所并洒扫牢狱供给浆饮诏》，北京：中华书局，1962年，第742页。

② （清）徐松辑，刘琳等校点：《宋会要辑稿·刑法》四之八四，上海古籍出版社，2014年，第8491页。

③ （宋）胡太初：《昼帘绪论·治狱篇第七》，《丛书集成初编》本。

④ 《宋史》卷二〇一《刑法志》云："初，徒罪非有官当赎铜者，在京师则隶将作监役，兼役之宫中，或输作左校、右校役。开宝五年（按：《宋会要辑稿·刑法》四之一、《长编》卷八作'乾德五年'），御史台言：'若此者，虽有其名，无复役使。……'于是并送作坊役之。"北京：中华书局，1977年，第5015—5016页。此外，亦有隶盐亭服劳役者。

⑤ 《宋会要辑稿·刑法》四之三二，第8463页。

军司及四排岸；外则三京府司、左右军巡院，诸州军院、司理院，下至诸县皆有狱。"①宋代大州分设左右两司理院，每院都置有狱。加上州院狱，宋代的大州同府一样通常有三所监狱，小州两所，县一所。京师开封为全国政治中心，大小监狱不胜枚举。北宋吕陶言："京师之狱，自开封府、御史台，大理寺、诸寺、监，开、祥二县，并尉司左右外厢，马、步军司，三排岸以至临时诏狱及昼监夜禁等，无虑二十余处。"②

宋代的狱属鞫司系统，在州，由录事参军、司理参军（在府，则为司录参军、军巡使）掌管；在县，由县令掌管。监狱管理人员有门子、狱子、杖直、押狱、节级等，各地设置的数量不等。据《淳熙三山志》卷十三《州县役人》所载，左右司理院有狱子十二人、当直司狱子四人，此外节级一人。③除了固定的管理人员以外，遇有特殊情况，监狱还可以临时加派防护人员。例如宋规定，"劫贼在禁，五人以上，别差军人及将校日夕防守"④。真宗天禧四年（1020）曾下诏云：开封府军巡院如关押重囚数多，"即从府司牒殿前或马、步军司，逐院选差兵士十五人，员僚、节级各一人，寅夜防护，候断讫即放归营"⑤。

宋代州县监狱日常羁押的囚犯究竟有多少，史书无明确的记载。监禁人数受到当时当地的人口、经济及社会治安状况的影响，有的地区多，有的地区少。我们只能从零星的材料中推断个大概数字。《宋会要辑稿·刑法》六之六五曰：绍兴五年（1135），宣州监狱羁押囚犯共计三百五十五人，婺州武义县监狱七十二人，衢州监狱六百一十八人，舒州宿松县仅有七人。绍兴六年，江阴军监狱羁押囚犯七十四人，临安府监狱一千六百三十四人，洋州监狱一百二十二人。绍兴七年，福州监狱羁押六百八十二人，汀州武平县监狱四十人。这些数字皆为一年累计数。宋法，诸州审判期限"大事四十日，中事二十日，小事十日，不须追捕而易决者无过三日"⑥。换句话说，宋代囚

---

① 《宋史》卷二〇一《刑法三》，第 5021 页。

② （宋）吕陶：《净德集》卷二《奏为乞复置纠察在京刑狱司并审刑院状》，北京：中华书局，1985 年，第 17 页。

③ （宋）梁克家：《淳熙三山志》卷十四《州县役人》，王晓波等点校《宋元珍稀地方志丛刊》甲编第 5 册，成都：四川大学出版社，2007 年，第 368 页。

④ 《宋会要辑稿·刑法》六之五一，第 8558 页。

⑤ 《宋会要辑稿·刑法》六之五四，第 8560 页。

⑥ 《长编》卷二二，太平兴国六年三月己未，第 491 页。

犯从入狱羁押到判决后出狱，关押时间长则四十日，短则三日，考虑到宋代实际执行情况，我们假定以三十日为案件的平均审判周期——亦即犯人的羁押周期，则一年分为十二个周期，以上引绍兴年间几个州县的囚犯数字为标准来推算，宋代州一级监狱平均日常羁押囚犯约在六十人以下，县一级约在十人以下，京师人数较多，当在百人以上。南宋雷孝友所撰《新昌狱记》云，淳熙十五年（1188）新昌县狱"凡为室六"①，一个县只有六间监狱，可证一般的县狱日常羁押囚犯不会太多。《续资治通鉴长编》卷二四六熙宁六年八月丁亥条曰："诏将作监度增左右军巡院屋。军巡狱房狭隘，上以暑褥，系囚不便，故令详度增展，或别移宽闲之地。其后增展共百余间。"所言京师开封府左右军巡院牢房有百余间，再加上府司牢房，羁押的囚犯必不下于一二百人。

　　监狱是国家机器的重要组成部分，非朝廷明令规定，不得擅自设置。王栐《燕翼诒谋录》卷一云："尉职警盗，村乡争斗，惮经州县者多投尉司，尉司因此置狱，拷掠之苦，往往非法。咸平元年十月己丑，有诏申警，悉毁撤之，词诉悉归之县。"绍兴二十三年，"司农寺主簿盛师文面对，论诸州都监、诸县巡尉擅置刑狱，乞申严法禁。诏刑部申严行下"②。如非法设狱，关押无辜之人，将受法律惩处。《庆元条法事类》卷七五《刑狱杂事》载："诸形势之家，辄置狱具而关留人者，徒二年；情理重者，奏裁，许彼关留人越诉。"

二、宋代监狱管理

1. 羁押法

凡须羁押之人，先由狱官立案，写明犯罪事因，签署画押，宋代谓之"立判"。然后上枷锁，关押候审。③上枷前，囚犯必须经狱医检查，有无疮、病、残疾。如囚犯为妇女，则还得检查有否怀孕，再视具体情况决定囚犯戴不

---

① （清）陈梦雷原编，蒋廷锡重编：《古今图书集成·经济汇编·祥刑典》卷一三〇《牢狱部艺文一》，北京：中华书局，成都：巴蜀书社，1985年，第78册，第94729页。

② （宋）李心传撰，胡坤点校：《建炎以来系年要录》卷一六四，绍兴二十三年三月丁未，北京：中华书局，2013年，第3120页。

③ 《作邑自箴》卷二《处事》，《四部丛刊》续编本。

戴枷锁。①

宋代实行依罪之轻重分牢羁押制,男女囚分押。宋《狱官令》曰:"妇人在禁皆与男夫别所,仍以杂色妇人伴守。"②可知,女囚不仅与男囚分押,而且其看守者亦是女性。为防传染疾病,病囚单独羁押。"重囚有病,须别牢选医医治。"③杖罪以上男囚皆戴枷,死罪还得加戴杻,女囚戴枷不戴杻。宋规定,凡囚犯年满八十或不满十岁者,孕妇和身患残疾者免戴枷、杻羁押。宋《狱官令》:"若囚死罪,枷杻;妇人及流以下,去杻。杖罪散禁,八十以上、十岁以下及废疾、怀妊、侏儒之类,虽犯死罪亦散禁。"④所谓散禁,即不戴枷、杻羁押。禁囚枷上都写有姓名,"三五日一易",以便狱官查点。⑤

宋代监狱刑具有长枷、盘枷、杻、钳、锁。宋法,禁囚依罪之轻重分等戴长枷。北宋初期,长枷分两等:徒、流罪,枷重二十斤;死罪,重二十五斤,景德四年(1007)又定杖罪枷,重十五斤,遂为三等枷制。⑥王辟之《渑水燕谈录》卷五云:"旧制,枷惟二等,以二十五斤、二十斤为限。景德初,陈纲提点河北路刑狱,上言请制杖罪枷十五斤为三等,诏可其奏,遂为常法。"长枷长五尺至六尺,颊长二尺五至二尺六寸,阔一尺四至一尺六寸,径三至四寸;盘枷重十斤。枷皆以干木制成。杻长一尺六至二尺,宽三寸,厚一寸,钳重八两至一斤,长一尺至一尺五寸;锁长八尺至一丈二尺。⑦"诸狱具,当职官依式检校,枷以干木为之。长者,以轻重刻式其上,不得留节目,亦不得钉饰及加筋胶之类,仍用火印,从长官给。"⑧

2. 监狱制度

狱中禁囚数多,如有徒以上罪人在押,监狱看守人员不得请假外出,"有急切事故者,典押、节级保明",才能外出。⑨景祐元年(1034)仁宗"诏天下狱有重系,狱官不得辄预游宴、送迎"⑩。

---

① 《作邑自箴》卷五《规矩》;(宋)陈襄:《州县提纲》卷三《勿轻禁人》,《丛书集成初编》本。
②④ 《宋会要辑稿·刑法》六之五一,第8558页。
③ 《州县提纲》卷三《病囚别牢》。
⑤⑨ 《作邑自箴》卷五《规矩》。
⑥ 《宋会要辑稿·刑法》六之七七,第8571—8572页。
⑦ 《宋会要辑稿·刑法》六之七七,第8571页。
⑧ 《宋会要辑稿·刑法》六之七八,第8572页。
⑩ 《长编》卷一一五,景祐元年十月癸酉,第2705页。

宋规定，非监狱管理人员，不得随便进入狱中，如"吏卒非系在狱，而辄入者有罚"①。狱中，每夜有两三狱卒轮流值班，如狱卒该值班守宿而不守宿者，于法"杖八十"②。狱官每夜必须到狱中检视，查看有无病囚及违法枷拷等意外事件。宋规定，每夜一更三点，州狱由司理参军或录事参军，县狱由县令亲自定牢下锁，次日五更五点开锁。如是十月至二月季节，则五更三点开。③违者则受罚。《庆元条法事类》卷七五《刑狱杂事·断狱敕》云："诸狱定牢时刻，于令有违，杖八十；狱官、县令不亲临者，徒一年（原注：县辄分轮余官者，准此）。"所谓"县辄分轮余官者"，是说县令不亲临狱而分差下属官吏者，当依条受罚。

为防囚犯自杀、杀伤他人或传递消息，宋规定，凡刀、铁、铜、瓷器、酒、钱、笔、纸张等不得带入狱中。囚犯家属所送衣物饮食，狱中有专门的登记制度，由看守交给值班狱吏检查，无夹带刀、铁等禁送物品，方转与禁囚。《作邑自箴》卷五《规矩》曰："送罪人饮食，仰门子画时转与当厅狱子，立便点检呈覆，方得给付。……禁囚家属送到衣被等物，置历抄上，仰门子先押来，当厅上历，呈押讫，方得转入狱中。"严禁家属私自与囚犯相见。狱中管理人员亦不得替囚犯传递消息，泄漏狱情。为防止发生侵犯禁囚正当权益现象，宋还规定，监狱管理人员不得擅自搜抄犯人随身携带物品，违者，"杖八十；因而盗取，（以）自盗论"④。

监狱还定有十日一点囚制，定期查验囚犯健康状况。《州县提纲》卷三《遇旬点囚》载："囚在狱日久，考掠苦楚，饥饿病膺，置之暗室，无由得见，旬日必出于狱庭之下，一一点姓名。"

宋代监狱有所谓"医人"，负责替囚犯治病。医人由懂医民户轮充，为宋代的职役之一。医人经官府登记入册，受官府约束管理。如福州，"医人（原注：州三人，县各一人），嘉祐六年，州县号当旬医人者，许于廊下轮差"⑤。凡

① （宋）胡太初：《昼帘绪论·治狱篇第七》，《丛书集成初编》本。
② （宋）谢深甫撰，戴建国点校：《庆元条法事类》卷七五《刑狱杂事·断狱敕》，杨一凡等主编《中国珍稀法律典籍续编》第 1 册，哈尔滨：黑龙江人民出版社，2002 年，第 805 页。
③ 《庆元条法事类》卷七五《刑狱杂事·断狱令》，第 805 页。
④ 《庆元条法事类》卷七五《刑狱杂事·断狱敕》，第 805 页。
⑤ （宋）梁克家：《淳熙三山志》卷十四《州县役人》，第 391 页。

轮差到的医人,"不得令人承代。遇有病囚,即时诊视,当职官吏躬亲点检"①。医人给囚犯治病,必须设立病历簿,写明病情症状,每日报呈狱官。《作邑自箴》卷五《规矩》曰:"禁囚疮病,当手医人置历,注疾状,逐日具增减分数呈押。"

三、囚犯的医疗饮食待遇

囚犯羁押候审,往往长达数十日,甚至有达数百日者,在此期间,囚犯的医疗、饮食待遇是一个重要问题,宋曾多次下令整顿监狱规章条例,改善囚犯待遇。宋太祖开宝二年(969)诏令诸州:"其囚人枷械,圄圉户庭,吏每五日一检视,洒扫荡洗,务在清洁。贫无所自给者,供给饮食,病者给医药。小罪即时决遣,重系无有淹滞。"②熙宁八年(1075)神宗下令首都开封各处监狱,"并置狱床"③。改善囚犯居住条件。绍圣四年(1097)又规定:"诸狱皆置气楼、凉窗,设浆饮、荐席,罪人以时沐浴,食物常令温暖。遇寒量支柴炭,贫者假以衣物。其枷、杻,暑月五日一濯。有狱州县,当职官半年一次躬行检视修葺,务令坚固。"④此外,宋对囚犯的医疗、饮食及其经费开支都作了具体详细的规定。

1. 囚犯的医疗

禁囚有病,依法当给治疗。《宋刑统》卷二九《断狱律》:"准《狱官令》,诸狱囚有疾病,主司陈牒长官,亲验知实,给医药救疗。病重者,脱去枷锁杻,仍听家内一人入禁看侍。"

宋初,承五代后唐之制,各府州设病囚院专门治疗病囚。《宋刑统》卷二九《断狱律》载:"准唐长兴二年(931)四月二日敕节文,诸道州府各置病囚院。或有病囚,当时差人诊候治疗,瘥后据所犯轻重决断。"然病囚无论轻重,皆集中于病囚院治疗,容易相互传染疾病,不利于病轻之囚。咸平四年

---

① 《庆元条法事类》卷七四《病囚·断狱令》,第 766 页。
② 佚名编:《宋大诏令集》卷二○○《枷械圄圉五日一检视洒扫荡洗小罪即时决遣诏》,北京:中华书局,1962 年,第 740 页。
③ 《长编》卷二七○,熙宁八年十一月甲戌,第 6622 页。
④ 《长编》卷四八五,绍圣四年四月丁亥,第 11520 页。

(1001)，知黄州王禹偁上言：“病囚院每有患时疾者，互相浸染，或致死亡。请自今持仗劫贼徒流以上有疾，即于病牢将治；其斗讼、户婚杖以下得情款者，许在外责保看医，俟痊日区分。”①这是说轻罪允许出外责保就医，从而减少了疾病传染的机会。朝廷采纳了这条建议。随着宋代社会发展，病囚的医疗规则进一步完善。南宋《庆元条法事类》卷七四《病囚》载宋断狱令：

> 诸囚在禁病者，即时申州（原注：外县不申），差官视验，杖以下（原注：品官流以下）情款已定，责保知在，余别牢医治，官给药物，日申加减（原注：在州仍差职员监医，其取会未圆责送官司知管者，准此），轻者，不妨取问；稍重者，去枷、锁、杻，仍量病势听家人一名入侍（原注：四品以上官若妇人有官品封邑者，听妇女、子孙二人入侍）；其因重者，州差不干碍官押医看验，有无他故及责囚得病之因申州，虽犯徒、流罪而非凶恶，情款已定者，亦听责保知在，元差官每三日一次看验，病损日勾追结绝。②

这条法令同北宋前期比较，有三点变化：其一，将原来徒以上重罪病囚一律狱内医治，改为允许其中非凶恶而情款已定者外出责保就医。其二，改变了过去病囚不分官民，一律同等对待的医疗法，提高了违法官员的治疗待遇。其三，这条法令没有提到病囚院，似乎南宋时已不再设置，但仍强调“别牢医治”。

宋代还有一项承监人负责料理病囚的制度，凡属允许出狱治病的病囚，如果既无亲属，亦无他人作保，则由承监人负责安顿医疗。《州县提纲》卷三《病囚责出》云：病囚“或无保若亲属，须责承监人安之旅舍。……选良医医治，日以加减闻。仍责主案吏时检视饮食”。这种承监人大约是经官府认可，从事安顿无保病囚医疗事宜的专职人员。如病囚脱逃或发生其他意外情况，承监人自然要负责任。

宋代还允许给病囚调理饮食，“应病不应责出而无人供食者，据应给米兑换新色白米，改换粥食，狱官躬亲责给罪人食用”③。

为加强对病囚的管理，宋还采取措施，由诸州颁发印历，各监狱狱官将

① 《宋会要辑稿·刑法》六之五二，第8559页。
② 《庆元条法事类》卷七四《病囚·断狱令》，第766页。
③ 《宋会要辑稿·刑法》六之六〇，第8563页。

囚犯病状,负责医治的官吏、医人姓名及治疗结果详细填写,交本州"当职官签书",每年一换历,以备检查。①

有关囚犯丧葬,宋亦有条例规定。禁囚死亡,须差官验尸,验明死因,方许收葬。为杜绝狱官营私舞弊,相互庇护,宋对验尸官人选作了限制。大中祥符四年(1011)真宗下诏,"自今诸路州院、司理院系囚死者,并遣他司官吏检视,防其枉抑也"②。验尸毕,尸体一般由囚犯家属亲戚收葬,如家属亲戚在他处者,官府为之葬埋。《庆元条法事类》卷七四《病囚·断狱令》云:"……囚及非理致死者,仍覆验,验覆讫即为收瘗(原注:仍差人监视,亲戚收瘗者,付之)。若知有亲戚在他所,仍报知。"

　　2. 囚犯的饮食

关于囚犯羁押期间的饮食,宋规定,凡有家属者,由家属负责供给;无家属或家贫困不堪者,官府负责供给。官给囚粮,每人每日二升。《州县提纲》卷三《革囚病之源》云:"官须日给米二升,以为饮食,重囚则差人入狱监给,轻囚则引出对面给。"此外还有盐菜钱。绍兴十二年九月十三日赦文:"勘会禁囚贫乏,无家供送饮食,依法每名官给盐菜钱五文。即今物贵,行在可增作二十文,外路增一十五文。"③《昼帘绪论·治狱篇第七》载,囚犯"人当日给米二升,盐菜钱十文"。二升米的定量,是当时宋代社会的标准口粮。如《庆元条法事类》卷五《奉使》载:"差官奉使,当直及担擎人,日给口食,每人米二升。"

全国各大小监狱每年所支囚粮汇集起来,为数不少,为加强管理,宁宗嘉定八年(1215 年)又令各路提刑司设囚粮历两本,颁给所属州军,每月按时填写支领口粮的囚犯姓名,连同禁历"月申提刑司,以备参考"④。

　　3. 经费开支

囚犯的医药、饮食、柴炭、丧葬开支及狱舍修缮费用,皆于专项经费中拨给。"在法:禁囚应给饮食,合于转运司钱内支;其病囚药物,合于赃罚钱内

---

① 《庆元条法事类》卷七四《病囚·断狱令》,第 766 页。
② 《长编》卷七六,大中祥符四年十月癸卯,第 1736 页。
③ 《宋会要辑稿·刑法》六之六六,第 8566 页。
④ 《宋会要辑稿·刑法》六之七五,第 8571 页。

支。"①《庆元条法事类》卷七四《病囚·断狱令》载:"诸病囚合药钱,以本处赃罚钱充。州委狱官,县委令,专置簿历收支(原注:如实无见管赃罚钱,即于系省钱内支破)。"赃罚钱乃为没收来的犯人赃物钱及违法者的罚款,各官府数额不均,且来源不稳定,故绍兴二十一年,朝廷有过统一规定,医药钱由国家拨给,"大理寺、京府、节镇并支钱一百缗,余州六十缗,三衙各五十缗,大县三十缗,小县二十缗"②。如无赃罚钱,或赃罚钱不足,方可用国家拨给的经费。囚犯口粮有时也可从常平仓或义仓米中支出。淳熙八年(1181)孝宗诏曰:"县狱如两州狱例,以常平或义仓米支破粮食。"③朝廷拨给的医药费不得挪移他用,宋规定"诸病囚合药钱辄侵移他用,依擅支上供钱物法"治罪。④

　　丧葬费及狱舍修缮费亦于赃罚钱内支出。"诸禁囚身死无亲属者,官为殡瘗标识……般取所费,无随身财物,或不足者皆支赃罚钱。"⑤《庆元条法事类》卷七五《刑狱杂事·断狱令》:"修葺所费,及狱司(原注:当直司同)应供官用,若给囚之物,皆以赃罚钱充,不足者,修葺支转运司钱,余支本司头子钱(原注:如不足,亦许支转运司钱)。"

四、狱官责任及狱政监督

1. 狱官责任制

　　狱官责任制是加强监狱管理必不可少的措施之一。宋法,凡监狱官吏违反监狱制度,或者因玩忽职守发生责任事故者,将受刑事处罚。

　　宋规定监狱不得无故羁押平民百姓。"诸囚不应禁而禁者,徒二年,当职官知情与同罪,失觉察者,减二等。"⑥狱中每间牢房应由专人负责,定期清点人数,检查有无疾病。凡收押罪犯,由负责看守者填写案状,"押狱、节级状后系书"⑦。狱官每日要填写印历,"诸州县狱及当直司,从提点刑狱司分

① 《宋会要辑稿·刑法》六之七三,第8570页。
② 《建炎以来系年要录》卷一六二,绍兴二十一年六月辛巳,第3075页。
③ 《宋会要辑稿·刑法》六之七〇,第8568页。
④ 《庆元条法事类》卷七四《病囚·断狱敕》,第765页。
⑤ 《宋会要辑稿·刑法》六之七五,第8571页。
⑥⑦ 《作邑自箴》卷三《处事》,《四部丛刊》续编本。

上下半年各给印历,日书所受公事及见禁知在、断遣人数姓名,州委司法,县委佐官,五日一申本司,催促结绝。遇巡历所至,索历阅视,以凭稽考"①。

羁押期间,如发生囚犯脱逃、自杀、伤人和病死等情况,其看守员等狱卒需承担责任。《庆元条法事类》卷七五《刑狱杂事·断狱敕》云:"诸囚在禁,故自伤残者,吏人、狱子、防守人各杖八十,因而致死,各加二等。"②《捕亡敕》:"诸主守不觉失囚者,徒以上,先决杖一百,杖以下,先决杖六十,给限追捕如法。限满不获,已决之罪不通计。若失死囚者,五百里编管。"③禁囚逃亡,狱吏在规定的期限内捕不到者,要受徒一年的处罚,如有囚犯自杀、杀人者,要徒二年。④

监狱管理人员不得擅自拷打、虐待囚犯。仁宗天圣元年(1023)诏:"诸州典狱者,不先白长吏而榜平民,论如违制律;榜有罪者以失论。"⑤宋初,对因管理不善,囚犯饥渴疾病以致死亡者,无明确处罚条例,至治平四年(1067)朝廷规定:"应今后诸处军巡、州司理院所禁罪人,一岁内在狱病死及两人者,推司、狱子并从杖六十科断。再增一名,加罪一等,至杖一百止。如系五县以上州,每院岁死及三人,开封府司、军巡岁及七人,即依上项死二人法科罪,加等亦如之。……其县狱亦依上条,若三万户以上,即依五县以上州军条。"⑥逮南宋绍兴年间,宋又制定了"岁终计分断罪法",禁囚每十人死一人者,计一分,岁终通计所禁人数,死及一分,即死囚达囚犯总数十分之一者,"狱子杖一百,吏人减一等,当职官又减一等,每一分递加一等,罪止徒一年半,仍不以去官赦降原减"⑦。

孝宗淳熙元年(1174)朝廷又颁"州官连坐法":各州监狱囚犯因管理不善,死亡人数过多,其知州、通判、推判官、狱官等大小官员"悉坐其罪,不以

---

① （宋）谢维新:《古今合璧事类备要》外集卷二〇《刑法门·刑法总论》,文渊阁《四库全书》本,第941册,第554页。

② 《庆元条法事类》卷七五《刑狱杂事·断狱敕》,第805页。

③ 《庆元条法事类》卷七四《失囚·捕亡敕》,第768页。

④ 《古今合璧事类备要》外集卷二〇《刑法总论》。

⑤ 《长编》卷一〇一,天圣元年十一月癸未,第2339页。

⑥ 《宋会要辑稿·刑法》六之五六,第8561页。

⑦ 《庆元条法事类》卷七四《病囚·断狱敕》,第765页。

去官赦原"①。

宋还有一种情况，囚犯在押期间，被狱官折磨至奄奄一息，狱官为逃避责任，将临死之囚释放出狱，囚犯出狱后旋即身亡。为此，宋又作出限制规定：释放出狱之囚，十日内不应死亡，如"责出十日内死者，验覆如法，重者奏裁，轻者置籍岁考"②。这个规定，对于那些不尽心职事，为所欲为的监狱官吏，有一定的约束作用。

2. 狱政监督制

宋代狱政监督主要有如下几项制度：

第一，回避制。宋承唐制，法官有回避条例，随着宋代社会政治经济的发展，回避制日趋严密，监狱看守与囚犯有亲戚关系的，当向长官自陈回避。《作邑自箴》卷五《规矩》云："应系狱中守宿人，系是罪人亲戚，仰画时自陈，权行抵替。"这种回避制可以防止监狱管理人员徇情庇护囚犯，或泄漏狱情，有利于监狱管理及案件的正常审判。

第二，定期申报狱情。太平兴国六年（981）朝廷采纳了江南转运副使张齐贤的建议，规定诸县每隔五日向州申报监狱羁押和释放囚犯情况，州每月向刑部申报狱情。刑部进行审核，如"有禁人多者，即奏遣朝官驰往决遣。若事涉冤诬，故为淹滞，则降黜其本州官吏"③。至雍熙元年（984）又改州月申报制为旬申报制，并规定除了监狱中的羁押犯以外，"门留寄禁，取保在外，并邸店养疾者，并准禁囚例件析以闻。其鞫狱违限、可断不断、事小而禁系者，有司驳奏之"④。景德四年真宗又设置路提点刑狱官，令各州每旬向其申报狱情，提点刑狱官"常检举催督，在系久者，即驰往案问"⑤，加强对地方监狱的监督，从此成为宋代定制。

第三，长官定期虑囚。犯人囚禁于狱中，如监狱管理不善，狱官拖延不审，极易发病死亡。为减少囚犯病亡事故，宋规定各州长官必须定期虑囚，

---

① 《宋会要辑稿·刑法》六之七〇，第 8568 页。
② 《宋会要辑稿·刑法》六之六一，第 8563 页。
③ （宋）杨仲良撰，李之亮校点：《皇宋通鉴长编纪事本末》卷一四《听断》，哈尔滨：黑龙江人民出版社，2006 年，第 193 页。
④ 《皇宋通鉴长编纪事本末》卷一四《听断》，第 194 页。
⑤ 《长编》卷六六，景德四年七月癸巳，第 1477 页。

及时判决案件。太宗太平兴国六年诏曰："诸州大狱,长吏不亲决,胥吏旁缘为奸,逮捕证左,滋蔓逾年而狱未具。自今长吏五日一虑囚,情得者即决之。"①五日一虑囚,间隔时间太短,至雍熙元年改为十日一虑囚。②

第四,实行囚犯书写禁历制。禁历是填写囚犯姓名、身份、犯罪事因及关押日期,以备上级司法机构覆查、监督的文书,由被羁押的囚犯书写。"刑辟之间,禁系为重。其罪当禁者,有历以书之"③。囚犯书写禁历制,是上级司法机构对下级监狱进行检察监督的重要措施。《宋会要辑稿·刑法》六之五八载:"政和二年(1112)二月七日臣僚上言:'窃闻远方郡邑,官吏多轻视狱囚,不尽书历……致监司无由检察,遂成留滞。欲乞州县狱囚并门留、知在,敢不书历者,除本罪外,量轻重立法,特行黜责,仍先委监司常切检察,庶无留滞之弊。'诏可。"南宋绍熙元年(1190)规定各路提刑司一年分两次印制赤历,发给州县狱官,令将禁囚所填禁历抄写其上,由州司法参军和县丞每五日申报一次,提刑司审察催促结案。监司"巡历所至,索历稽考,如辄将干证无罪之人淹延收系,及隐落禁历,不行抄上而别置历者,按劾闻奏,官吏重置典宪"④。

第五,监司巡历检察制。宋初,设转运使,领一路军民事务。景德四年,真宗"所虑四方刑狱官吏,未尽得人,一夫受冤,即召灾沴",恢复了先前废罢的提点刑狱官,规定"所至专察视囚禁,审评案牍"。⑤转运使和提点刑狱官定期巡历所属州县,监察刑狱。元祐元年(1086)朝廷规定:"诸道监司互分州县,每二年巡遍。"⑥各州县狱官每旬上报受理案件和监狱关押囚犯等情况,提刑司审核后报尚书省。刑部每季印发日历,详细填写上报的刑狱事项,"季终纳本州。监司巡历所至,取索,及委本州点检,有不应系留及结绝断放违滞,并钞不实及漏落者,官吏并取勘"⑦。有些地区监狱管理混乱,狱官遇

---

① 《长编》卷二二,太平兴国六年三月己未,第491页。
② 《长编》卷二五,雍熙元年五月庚子,第581页。
③ 《宋会要辑稿·刑法》六之六六,第8566页。
④ 《宋会要辑稿·刑法》六之七一,第8569页。
⑤ 《长编》卷六六,景德四年七月癸巳,第1477页。
⑥ 《宋会要辑稿·职官》四五之一,第4233页。
⑦ 《长编》卷四五七,元祐六年四月癸丑,第10949页。按,原标点有误。

监司巡历，则将所禁犯人转移他处，逃避检查。为此，宋规定："应在禁罪人，官司避免检察官点检，辄私他所者，以违制论，许被禁之家越诉，仍委监司、廉访使者觉察。"①宋法："诸以在禁罪人避免按察官点检而移往他所者，徒二年。"②

此外，宋还采取措施，以督促各地监狱管理制度的正确执行。仁宗景祐元年（1034）诏："诸州军刑狱禁罪内不因疾患、非理致死者，提刑常切体访觉察，出榜晓示，许人陈告。委是故行残虐，勘鞫事理不虚，告事人与支赏钱一百千，以系省钱充；公人与转一资；同犯首告者与免罪，仍转资、支赏。"③这是鼓励知情者检举违法官吏。宋还允许受害者上诉。《宋会要辑稿·刑法》六之七三载："嘉泰元年（1201）正月臣僚言：'乞令诸路提刑司检坐应禁、不应禁条法，出给版榜，大字书写，行下逐州县，委自通判、县丞，各于狱门钉挂晓示。……内有不应禁而收禁者，提刑按劾守、令以闻，仍许不应禁人或家属经提刑司越诉，如提刑不为受理，仰经刑部、御史台越诉……。'从之。"

南宋真德秀曰："狱者，民之大命。""一夫在囚，举室废业。"④建立健全狱政制度，乃是法制建设的一项重要内容，也是维护社会安定的重要措施。宋代统治者深知加强监狱管理的重要性，制定出较为详细的规章条例，强化了封建法制。与唐比较，宋代的狱政制度更趋成熟完善，这是隋唐以来，中国封建法制的一个发展。但是必须指出，在封建社会，法律制度的制定是一回事，实际执行得好坏又是一回事。制度与执行，中间并不能加等号。事实上，有宋一代监狱不乏黑暗之例。真德秀云："访闻诸县间有轻置人囹圄，而付推鞫于吏手者，往往写成草子，令其依样供写，及勒令立批出外索钱，稍不听从，辄加棰楚，哀号惨毒，呼天莫闻。或囚粮减削，衣被单少，饥冻至于交迫。或枷具过重，不与汤刷，颈项为之溃烂。或屋瓦疏漏不修，有风雨之侵。或牢床打并不时，有机虱之苦。或坑厕在近，无所蔽障，有臭秽之薰。或囚

---

① 《宋会要辑稿·刑法》六之六一，第8564页。

② 《庆元条法事类》卷七三《移囚·断狱敕》，第760页。

③ 《宋会要辑稿·刑法》六之五五，第8560页。

④ （宋）真德秀：《真文忠公文集》卷四〇《谭州谕同官咨目》，《四部丛刊》初编本。

病不早医治,致其瘠死。或以轻罪与大辟同牢。若此者不可胜数。"①宋统治者虽然制定了详备的监狱管理规章,但许多狱官置若罔闻,并不认真执行。这是我们在评价宋代狱政制度时,不能不注意的。

(原载《上海师范大学学报》1987 年第 3 期)

---

① 中国社会科学院历史研究所隋唐五代宋辽金史研究室点校:《名公书判清明集》卷一《劝谕事件于后》,北京:中华书局,2002 年,第 11 页。

宋代的提点刑狱司

宋代提点刑狱司是宋监司的重要成员之一,对巩固宋代专制主义中央集权统治,起了积极作用。迄今未见有专题论述,兹不揣浅陋,试对其作一些探讨,以期对宋代政治和法律制度的研究有所裨益。

一、提点刑狱司的设置

提点刑狱司简称"提刑司",又称"宪司"、"宪台"。①最初是为疏理地方刑狱,平反冤案,纠举违法官吏而设。北宋建立之初,为消除藩镇割据势力,派京朝官出知州县,稍夺其权,又设转运使,制其钱谷。此后,"边防、盗贼、刑讼、金谷、按廉之任,皆委于转运使"②。然一路政务繁多,转运使疲于应付。其中刑讼事务尤为冗杂,其治理的好坏,于社会影响甚大,宋统治者对此十分重视,宋太宗在诏书中曾一再强调云:"庶政之中,狱讼为切"③,"庶务之中,惟刑是恤,苟狱讼有所枉抑,则和气为之损伤"④。有鉴于此,早在雍熙年间(984—987),太宗就先后三次派遣官员分路按问刑狱,令"小事即决之,大事趣令速了。事有可了而官吏故违稽缓者,鞠其状以闻"⑤。然而这种不定期地临时派遣朝官去各地按察刑狱的做法,在太宗看来,只能作用于一时,并非长远之计。淳化二年(991),太宗遂于各路设提点刑狱公事,以代朝廷按问地方刑狱。《续资治通鉴长编纪事本末》卷一四《听断》载:

---

① (宋)周必大:《二老堂杂志》卷四《宪台》,《全宋笔记》第 5 编第 8 册,郑州:大象出版社,2012年,第 368 页。
② (宋)马端临:《文献通考》卷六一《职官考一五》引吕祖谦语,北京:中华书局,2011 年,第 1848 页。
③ 佚名编:《宋大诏令集》卷二〇〇《遣使分路按狱即决诏》,北京:中华书局,1962 年,第 741 页。
④ 《宋大诏令集》卷二〇〇《遣使四川岭南江浙等道按问刑狱诏》,第 742 页。
⑤ 《宋史・太宗纪一》雍熙元年六月己丑条,第 72 页;《宋大诏令集》卷二〇〇《遣使四川岭南江浙等道按问刑狱诏》,第 742 页。

> 五月庚子,始命司马员外郎董循等十人分充诸路转运司提点刑狱
> 公事,管内州府,十日一具囚帐供报,有疑狱未决,即驰传往视之。州县
> 敢稽留人,狱久而不决,及以偏辞案谳,情不得实,官吏徇情者,悉以闻。
> 佐史小吏以下,许便宜案劾从事。

时提点刑狱公事尚隶属于转运司,并未单独设立专门的衙署。同时,其
待遇、考课法都没有明确的条文规定,因此他们的作用未能充分发挥出来。
再者,设立提刑司的时机还未成熟。宋政权建立后,太祖、太宗采取措施消
灭割据势力,励精图治,发展生产,使得 10 世纪末叶的中国在经历了唐末
五代大动乱后,进入了一个相对稳定的时期,社会矛盾、阶级矛盾尚不突
出,各地的刑狱诉讼并不繁多。宋在地方加强诸州军的司法组织建设,设
有司理参军、司法参军,掌刑狱诉讼。因此,在路一级,当时还不亟需一个
常设机构专门督治刑狱,由转运使兼管就足够了。两年后,因“诸路提点
刑狱司未尝有所平反”,太宗“以为徒增烦扰,罔助哀矜,诏悉罢之,归其事
于转运司”。①

真宗即位后,初亦效法太宗,于咸平元年(998)、景德元年(1004)和三年
多次遣使巡抚各路,按问刑狱,纠察官吏。②景德四年七月,真宗恐四方刑狱
官吏,未尽得人,军民事务,虽有转运使,但辖区宽远,不能遍知,乃下令复设
提点刑狱,“仍以使臣副之”,史载制度规定如下:

> 所至专察视囚禁,审详案牍。州郡不得迎送聚会。所部每旬具囚
> 系犯由、讯鞫次第申报,常检举催督。在系久者,即驰往案问;出入人罪
> 者,移牒覆勘,劾官吏以闻。诸色词诉,逐州断遣不当,已经转运使批断
> 未允者,并收接施行。官吏贪浊弛慢者,具名以闻。敢有庇匿,并当加
> 罪。仍借绯紫,以三年为任,增给缗钱,如转运使之数。内出御前印纸
> 为历,书其绩效,中书、枢密院籍其名,代还考课,议功行赏。如刑狱枉
> 滥,不能摘举,官吏旷弛,不能弹奏,务从畏避者,置以深罪。③

---

① (宋)李焘:《续资治通鉴长编》(以下简称《长编》)卷三四,淳化四年十月庚申,北京:中华书
　局,2004 年,第 754 页。
② 《宋大诏令集》卷二○一《遣官诸路疏决诏》,第 744 页;《命何亮等乘驿往广南东西路疏决系
　囚诏》,第 745 页。《长编》卷六二,景德三年四月壬辰,第 1395 页。
③ 《长编》卷六六,景德四年七月癸巳,第 1477 页。

此次设立的提刑官与淳化二年时设立的提刑官比较,除了职责相同外,有几点变化值得注意:

其一,调整了同转运使的关系,从隶属关系变为并列关系,单独设立办事机构,并配备了以武阶官充任的副手。

其二,职权增大,享有一路最高司法审理权,可以收接审理转运使审理未妥的刑狱案件。

其三,明确规定了提刑的任期、待遇与转运使相同。

其四,制定了严格的考核奖惩措施。

至此,宋代提刑司制度正式形成。宋人为此曾评论云:"绯紫争荣,秩同漕运,此国朝崇重之意也。印纸书绩,籍名中书,此国朝激劝之权也。"①

至天圣六年(1028),有人上言,认为提刑官"过为烦扰,无益于事",于是罢之。②两年后,又复设提刑,然"不十日,又废不行"③。明道二年(1033),仁宗亲政,谓辅臣曰:"诸路刑狱既罢提点官,转运司不能一一躬往谳问,恐浸至冤溢,宜选贤明廉干不生事者委任之,则民受其赐矣。"乃复设提刑官,"仍参用武臣"。④自天圣六年至明道二年,短短五年时间,提刑两度废设,这表明,一方面,提点刑狱在按治刑狱、纠举官吏过程中触犯了一部分官僚的利益,遭到反对。另一方面,提点刑狱确实起到了作用,已经成为宋代地方一支不可或缺的监察力量。

仁宗接替皇位以来,宋代社会问题逐渐凸显出来,军政腐败,土地兼并现象严重,朝廷加紧赋税掠夺,造成自耕农大量破产。阶级矛盾激化,刑狱诉讼事件剧增,据《玉海》卷六六《律令》记载,咸平元年修定《编敕》后,至大中祥符六年(1013),共十五年时间,新增诏敕三千六百余条,而大中祥符七年至天圣五年(1027)共十四年,诏敕猛增到六千七百余条。这些与日俱增的法令条款,显然是同上述宋代社会问题有关。作为一个常设机构,提刑司能更有效、更及时地对地方刑狱诉讼进行督察,平反冤案,打击不法官吏,缓和社会矛盾,维护统治阶级利益。因此,提刑司随着宋代社会发展,在几经

---

① (宋)林駉:《古今源流至论》前集卷七《提刑》,上海古籍出版社,1992年,第96页。

② 《长编》卷一〇六,天圣六年正月戊午,第2462页。

③ 《长编》卷一〇九,天圣八年九月癸丑,第2543页。

④ 《长编》卷一一三,明道二年十二月丙申,第2646页。

废罢以后,终于在宋代政治舞台上站稳了脚跟。仁宗明道以后直至南宋之亡,提刑司制度不再有大的变动。

这里有必要弄清一件史实。《文献通考》卷六一《职官考》载:"治平元年(1064)罢提点刑狱而委转运司,熙宁二年(1069)诸路提点刑狱复差文臣。"换言之,治平元年后至熙宁元年这段时间,诸路不设提刑司。又孙逢吉《职官分纪》卷四七《诸路提点刑狱》亦云:"治平元年闰五月罢提点刑狱而以委转运司。"实际上这两条记载与史实不符。《宋会要辑稿·刑法》一之六七载治平元年十一月二日中书门下奏言:"新差提点两浙路刑狱公事贾寿言……"之文。表明治平元年闰五月以后,提刑还是设置的。又《宋大诏令集》卷一五三治平三年三月癸酉《水灾星变令提转体量冤狱民间疾苦诏》云:"宜令诸路转运、提刑分往辖下州军体量刑狱冤滞。"同书卷二○二治平四年十二月丙寅《州县狱罪人死具为令诏》中规定"提刑岁终会死者数以闻"。如果治平间不设提刑,那这些诏书绝不会给提刑下达具体任务。又《淳熙三山志》卷二五《秩官类六》载,福建路,嘉祐六年至治平元年,提点刑狱为度支郎中王陶;治平二年至治平六年,提点刑狱为太常少卿罗拯;治平四年至熙宁元年,提点刑狱为司农少卿陈益。①可见《文献通考》和《职官分纪》的记载不足为信。事实上北宋自仁宗明道以后,间或罢置的只是同提点刑狱使臣,即由武官充任的提点刑狱副手,而非提点刑狱。嘉祐五年(1060)八月,同提点刑狱使臣中有窃公用银器及乐倡首饰者,"议者因言使臣多不习法令、民事,不可为监司",罢之。②熙宁元年复设同提点刑狱使臣。次年又罢之。③是后废设不一。到南宋乾道六年(1170),孝宗诏"诸路分置武臣提刑一员。须选差公廉晓习法令、民事之人"④。然"武宪横于四方,至有六曹尚书典藩而被按者",淳熙末罢之。⑤此后,武臣提刑遂不复设。

---

① (宋)梁克家:《淳熙三山志》卷二五《秩官类六》,王晓波等点校《宋元珍稀地方志丛刊》甲编第6册,成都:四川大学出版社,2007 年,第 816 页。

② 《长编》卷一九二,嘉祐五年八月乙酉,第 4644 页。

③ (宋)陈均编,许沛藻等点校:《皇朝编年纲目备要》卷一八《神宗皇帝》,北京:中华书局,2006 年,第 410 页。

④ 《宋史》卷一六七《职官七》,第 3967 页。

⑤ (宋)李心传撰,徐规点校:《建炎以来朝野杂记》甲集卷一一《武臣提刑》,北京:中华书局,2000 年,第 227 页。

此将提刑、同提刑使臣（副提刑）置罢情况列成一表：

年　　月	置　　罢	资料来源
淳化二年五月	置提点刑狱公事	《续资治通鉴长编纪事本末》卷一四
淳化四年十月	罢提点刑狱公事	《长编》卷三四
景德四年七月	置提刑、副提刑	《长编》卷六六
天圣六年正月	罢提刑、副提刑	《长编》卷一〇六
天圣八年九月	置提刑官，旋罢	《长编》卷一〇九
明道二年十二月	置提刑、同提刑使臣	《长编》卷一一三
嘉祐五年八月	罢同提刑使臣	《长编》卷一九二
熙宁元年正月	置同提刑使臣	《九朝编年备要》卷一八
熙宁二年十一月	罢同提刑使臣	《宋史·神宗纪一》
宣和二年四月	置江西、广东路武臣提刑	《宋史·徽宗纪四》
宣和三年正月	权置淮南、江东、福建路武臣提刑	《宋史·徽宗纪四》
靖康元年	罢武臣提刑	《淳熙三山志》卷七
建炎元年	置武臣提刑	《建炎以来朝野杂记》甲集卷一一
建炎四年	罢武臣提刑	《宋史·职官志七》
乾道六年闰五月	置武臣提刑	《宋史·孝宗纪二》
淳熙九年四月	置文、武提刑各一员	《宋史·孝宗纪三》
淳熙末年	罢武臣提刑	《建炎以来朝野杂记》甲集卷一一

二、提点刑狱司的组成

1. 提刑司属官

提刑司属官有检法官和干办公事。初，提刑司仅有提刑和同提刑使臣二人。然职事繁重，人手不够。神宗时高赋说："国家置提点刑狱司，盖欲平反狱讼，使民不冤。自罢武臣以来，多止一员，兼河渠、农政、常平、盗贼、兵甲，而刑事繁多，省阅不给。若委之吏，则为大弊。"因此建议朝廷于各路提刑司置检法官，"以专平谳疏驳"。①熙宁六年（1073）始置诸路提刑司检法官

①　（宋）范祖禹：《集贤院学士致仕高公墓志铭》，《全宋文》卷二一五四，第99册，第27页。

各一员。①掌审覆州县案牍。韩元吉《南涧甲乙稿》卷二一《王次张墓志铭》载王次张任浙东及湖南提刑司检法官,"覆狱事号平允,不务深刻"。元丰元年(1078)罢检法官,六年复置。②元丰八年(1085)十二月朝廷规定,"提刑司检法官覆州县官小使臣等公罪杖以下案,申吏刑部、大理寺注籍,则法官可以专于谳狱"③。

干办公事,初称"勾当公事",宣和二年(1120)始置。④南宋避高宗讳,改称"干办公事"。高宗建炎四年(1130)诏"诸路提刑司,除武臣提刑,添置干办公事官,许行留文臣一员"⑤。《淳熙三山志》卷二五《秩官类六》云:"帅司属官一员,充提刑司干办公事。二十二年添差一员,二十五年省,淳熙八年复添差一员。今二员。"其职责为协助提刑审理案件。袁燮《絜斋集》卷一九《王中行墓志铭》载,王中行任湖北提刑干办公事,辖区有诉杀人祭鬼者,王中行取其案,"反复推究,且访其土俗",最后向提刑提供了准确的案情。

提刑司的吏人,数额不多。天圣八年宋复置提刑官,曾规定"其吏人约旧数裁减之"⑥。《宋会要辑稿·职官》四五之三载崇宁四年(1105)提刑司属官,编制十八员。这十八人当指吏人而言。又《庆元条法事类》卷一〇《吏卒接送·吏卒格》规定,提刑可配有通引客司三人,书表司一人,茶酒、帐设司、厨子、后槽十人。检法官配备茶酒、帐设司、厨子、后槽五人。这些吏员总计数与《宋会要辑稿》所载崇宁四年规定的提刑司属吏员额大致相等。此外,提刑司还配给一定数量的当直兵士。北宋景祐四年(1037)正月令提刑朝臣,给当直兵士三十人,提刑武臣给二十五人。⑦南宋时《庆元条法事类》规定,提刑给四十五人,检法官给十人。⑧

---

① 《长编》卷二四三,熙宁六年三月戊辰,第5925页。

② 《太平治迹统类》卷三〇《官制沿革下》熙宁六年三月条注文。按:《长编》卷三〇七"元丰三年八月己亥"条云罢检法官(第7456页)。《淳熙三山志》卷二五《秩官类六》作元祐五年复置检法官。(甲编第6册,第822页)。

③ 《长编》卷三六二,元丰八年十二月乙丑,第8658页。

④ 《淳熙三山志》卷二五《秩官类六》,甲编第6册,第822页。

⑤ (宋)章如愚:《群书考索》后集卷一三《官制门·提刑》,文渊阁《四库全书》本,第937册,第172页。

⑥ 《长编》卷一〇九,天圣八年九月癸丑,第2543页。

⑦ 《长编》卷一二〇,景祐四年正月丙戌,第2819页。

⑧ 《庆元条法事类》卷一一《职制门·差破当直》,第201页。

2. 提刑司官员任职资格条件

提点刑狱官,"国朝以朝臣及阁门祗候以上充"①,其中阁门祗候为同提点刑狱任职资格。太宗时期,人数不多。真宗置提点刑狱副使,诏近臣举历官有劳绩者授以阁门祗候,"其后又益举者至七人,以艰其进"。至天圣年间始滥。②朝臣及阁门祗候以上只是任职资格,并非所有具以上资格的人都可任提刑官,任职还必须兼具其他条件。北宋敕令:朝臣任提刑,"须是曾任知州及实经两任通判已上人充者"③。元祐元年(1086)三省言:"奉旨,转运使副、提刑,今后选曾任知州以上;……实历亲民差遣,所至有政迹人。"④知州和通判皆为一州的首要亲民官,有了做知州和通判的经历,方能出任提刑官。可见宋朝对提刑的人选十分重视。宋还明确规定有些人不能做提刑官。嘉祐三年(1058)诏"尝为中书、枢密院诸司吏人及伎术官出职者,毋得任提点刑狱及知州军"⑤。同提点刑狱,因是武臣任职,而武臣或起世家,或由军功而进,于刑狱法令多不在行,故朝廷颇多限制。庆历七年(1047)五月诏同提点刑狱,"自今非历知州军而无过者,无得差"⑥。皇祐元年(1049)诸路同提点刑狱使臣缺员,乃规定诸司臣僚保举无赃私罪、曾经两任都监人充。⑦嘉祐四年五月又"诏诸路同提点刑狱及府界同提点刑狱,并选历任无赃私及不曾出入人罪,有举主五人,并转大使臣后经三任亲者为之"⑧。庆历元年(1041)十二月,有人上言,以吏人出职的陈鼎任河东路同提点刑狱,以伎术进官的陈秉任陕西路同提点刑狱,而此"二路素多豪俊,而俾二人居按察之任,非所以重使命也"。朝廷乃徙两人任他路同提点刑狱,但"议者谓二人不当任监司,虽他路亦弗可也"。结果两人并罢。⑨

任提刑司检法官者,须经大理寺试断案、刑名约七件以上,十件以下,及

---

① (宋)孙逢吉:《职官分纪》卷四七《诸路提点刑狱》,文渊阁《四库全书》本,第923册,第850页。

② 《长编》卷一○六,天圣六年正月庚申,第2462页。

③ (宋)张方平:《乐全集》卷三○《准敕举提点刑狱朝臣》,文渊阁《四库全书》本,第1104册,第329页。

④ 《宋会要辑稿·职官》四五之一,第4233页。

⑤ 《长编》卷一八八,嘉祐三年闰十二月丁卯,第4539页。

⑥ 《长编》卷一六○,庆历七年五月戊寅,第3874页。

⑦ 《张方平集》卷三○《准敕举提点刑狱朝臣》,第490页。

⑧ 《长编》卷一八九,嘉祐四年五月辛亥,第4565页。

⑨ 《长编》卷一三四,庆历元年十二月壬辰,第3207页。

格者方得除授。① 南宋时吏部法规定须"承务郎以上，次选人并曾任大理寺断刑官、次曾任此职。次试中刑法第三等中以上，次曾为律学生公试三预第一人，次试中刑法第三等下人"选方能差注提刑检法官。② 吏部法又规定："诸曾失入徒以上已决，死罪未决，若三色官，并不得注提刑司检法官。"③ 南宋还规定检法官由尚书左选"与侍郎左选通差"④。

任提刑司干办公事者，须是"曾任知县满替人"⑤。绍兴五年（1135）诏提刑干办公事由政事堂奏注差遣。⑥

提刑以三年为一任。⑦ 至和元年（1054）又诏同提点刑狱使臣三岁一代之。⑧ 庆元元年（1195）规定年满七十者，不得再任提刑等监司官。⑨

三、提点刑狱司的职权

提刑司设立之初，其职权仅为按问刑狱，纠举违法官吏。随着宋代社会政治、经济发展，其职权范围逐渐扩大，以下分述之。

1. 按问一路刑狱。景德四年设提刑官，"所至专察视囚禁，审详案牍。……在系久者，即驰往案问。出入人罪者移牒覆勘，劾官吏以闻"⑩。提刑司本身无刑狱机构，不治狱。其首要职责为"总郡国之庶狱，核其情实而覆以法；督治奸盗，申理冤滥"⑪。宋代审判法规定，杖以下罪，县可判决；徒以上罪，由州判决。提刑司则监督其依法审判。"若重罪已明，不碍检断，而本州非理驳退者，提点刑狱司觉察按治。"⑫ 所属州军审理的死刑案件有疑

---

① 《长编》卷二四三，熙宁六年三月己巳，第 5926 页。
② 佚名：《吏部条法·差注门三·尚书侍郎左选通用格》，杨一凡等主编《中国珍稀法律典籍续编》第 2 册，哈尔滨：黑龙江人民出版社，2002 年，第 103 页。
③ 《吏部条法·差注门三·尚书侍郎左选通用令》，第 2 册，第 103 页。
④ 《吏部条法·差注门三·尚书左选令》，第 102 页。
⑤ 《吏部条法·差注门三·尚书左选申明》，第 104 页。
⑥ 《宋会要辑稿·职官》四五之一八，第 4241 页。
⑦⑩ 《长编》卷六六，景德四年七月癸巳，第 1477 页。
⑧ 《长编》卷一七六，至和元年三月辛末，第 4255 页。
⑨ 《宋会要辑稿·职官》四五之三六至三七，第 4252 页。
⑪ （宋）马端临：《文献通考》卷六一《职官考一五》，北京：中华书局，2011 年，第 1852 页。
⑫ 《庆元条法事类》卷七三《决遣·断狱令》，第 744 页。

难,报提刑司审核,"诣实具案,附驿以闻,当付大理寺详覆"①。

元丰以前,州拥有死刑终审权,元丰改制,规定"四方之狱,非奏谳者,则提点刑狱主焉"②。凡大辟案,州军必须报提刑司审批后才能处决。③提刑司拥有除奏谳案以外的所有案件的终审权,提点刑狱为一路最高司法长官。景德四年,朝廷曾规定提刑官可审理经转运使审理而未妥的案件。又景祐元年(1034)中书门下言:"检会条贯,诸色人诉论公事,称州军断遣不当,许于转运司理诉,转运不理,许于提点刑狱陈诉。"④这是说,在上诉程序中,提刑司是地方最高受理机构,拥有终裁权。

提刑司可以对各种违法囚禁无辜百姓现象进行纠举。绍兴十五年(1145)令诸路提刑,"每季条具一路刑禁系多寡,核实以闻,严加黜陟"⑤。宋监狱实行囚犯书写禁历制,由囚犯书写姓名、身份、犯罪事因和关押日期,上级部门定期检察结绝。绍熙元年(1190)朝廷令提刑司一年分两次印制赤历,发给所属州县狱官,将囚犯填写的禁历抄上,提刑司"巡历所至,索历稽考。如辄将干证无罪之人淹延收系,及隐落禁历不行抄上,而别置历者,按劾闻奏,官吏重置典宪"⑥。嘉泰元年(1201)又令提刑"检坐应禁、不应禁条法,出给版榜,大字书写,行下逐州县,委自通判、县丞,各于狱门钉挂,晓示被禁之人。……内有不应禁而收禁者,提刑按劾守令以闻"⑦。

按刑司还对监狱用于囚犯的医药费等开支情况以及因罪而被判刺配的犯人押送情况实行检察监督。⑧囚犯羁押期间,如有病故者,监狱必须上报提刑司,"岁终检察"⑨。

2. 按察一路官吏。按察官吏是提刑司重要职责之一。北宋包拯对此曾有很好的表述:"国家设提刑按察之职,察群吏廉秽之状,其治绩尤著者必慰

---

① 《宋大诏令集》卷二〇一《令大辟情理悯恻刑名疑虑申提刑司同看详附驿以闻诏》,第747页。
② 《文献通考》卷一六七《刑考六》,第5002页。
③ 详见戴建国《宋代刑事审判制度研究》,《文史》第31辑,北京:中华书局,1988年。已收入本书。
④ 《宋会要辑稿·刑法》三之一七,第8401页。
⑤ (宋)李心传撰,胡坤点校:《建炎以来系年要录》卷一五三,绍兴十五年六月乙未,北京:中华书局,2013年,第2900页。
⑥ 《宋会要辑稿·刑法》六之七一,第8569页。
⑦ 《宋会要辑稿·刑法》六之七三,第8570页。
⑧ 《庆元条法事类》卷七四《病囚·断狱敕》,第756页;卷七五《部送罪人·断狱令》,第793页。
⑨ 《庆元条法事类》卷七四《病囚·断狱令》,第766页。

荐称举,贪懦不治者则必体量按劾,别白善恶,悉以上闻。"①大中祥符四年,邠宁环庆副都部署陈兴,纵所部禁兵为盗,又释而不问。陕西提刑司察知后,将此事上报朝廷,结果陈兴被罢军职。②提刑司可对各种违法官吏进行纠举,甚至可按劾转运司官吏。如南宋赋役令规定:"诸人户输纳税租,应折变物,转运司以纳月上旬时估中价准折。有违法者,提点刑狱司觉察奏劾。"③

　　3. 总督一路经总制钱。宋"祖宗之制,天下诸路分遣部使者,以婚田税赋属之转运,狱讼经总属之提刑"④。经制钱创于北宋宣和末年,时与女真开战,为筹集资金而设,宋廷南渡后遂成为南宋的一项重要财政收入。朝廷命提刑司总管之。建炎三年(1129)十月规定东南八路州军将所有权添酒钱、量添卖糟钱、人户典卖田宅增添牙税、官员等请俸头子钱和楼店务增添三分房钱共计五项,"收充经制钱,别置簿书拘管,委逐路提刑司兼领,检法官充属官"。县镇月终将钱纳州,州官汇总,"提刑司委属官躬亲遍诣逐州,体度市价,变转轻赍,……如州县稍有隐漏,擅便支使,起发违限,并依上供法科罪。提刑司失拘催,与同罪"。⑤绍兴五年闰二月宋设总制司,"措置财用"。五月诏诸州所收总制钱专委通判拘收,所委官"废弛苟简,稍有欺隐失陷,并当取旨,重作责罚。仍令提刑司常切检察"。⑥宋对经制钱和总制钱这两项收入十分重视。制定了有关法规,明确规定了提刑司职责。《场务令》曰:"诸经总钱物,提点刑狱司每月抽摘诸州分隶历点勘,有无隐漏、增减不实,保明申尚书户部。"⑦又《厩库敕》规定,诸州县镇场务每季申报一次经总制钱物帐表,州通判厅审核后报提刑司点磨,再申户部。⑧

　　4. 督管一路封桩、无额上供等钱物。元丰元年七月诏:"诸路转运及开封府界提点司桩管阙额禁军请受,据元额月给钱粮,委提点刑狱及府界提举

---

① 包拯:《请令审官院定黜陟状定差遣先后奏》,《全宋文》卷五四〇,第 13 册,第 315 页。
② 《宋史》卷二七九《陈兴传》,第 9484 页;《长编》卷七五,大中祥符四年正月庚辰,第 1706 页。
③ 《庆元条法事类》卷四八《支移折变·赋役令》,第 658 页。
④ 《庆元条法事类》卷四《职掌·随敕申明》,第 31—32 页。
⑤ 《宋会要辑稿·食货》六之八六,第 7779 页。
⑥ 《宋会要辑稿·食货》三五之二四,第 6767 页。
⑦ 《庆元条法事类》卷三〇《财用门·经总制》,第 451 页。
⑧ 《庆元条法事类》卷三〇《财用门·经总制》,第 452 页。

司拘收,于所在别封桩。"①宋《仓库令》规定:"诸朝廷封桩并禁军阙额封桩钱物,提点刑狱司每半年差官点检已、未封桩数,比对州县元申同异,保明申本司验实,申枢密院及尚书省。"②此外提刑司还负责上供钱物的清点事宜。

5. 检括漏税,劝耕农桑。景德三年(1006)朝廷曾令转运使兼劝农使。提刑司设置后,改由提刑兼。天禧三年(1019)中书门下言:"诸路租赋欺隐至多,官私土田侵冒亦甚,欲条贯画一,专委逐处提点刑狱朝臣管勾。"这项建议得到真宗批准。③第二年真宗又命"改诸路提点刑狱为劝农使、副使兼提点刑狱公事。仍诏所至取民籍,视其差等,有不如式者惩革之。劝恤农民以时耕垦,招集逃散,检括陷税,凡农田一事已上悉领之"④。旋又改为提点刑狱劝农使、副使。⑤天圣四年(1026)罢劝农司,但提点刑狱仍领劝农使。⑥

6. 兼管常平广惠仓。广惠仓,仁宗嘉祐二年(1057)始置,"仍诏逐路提点刑狱司专领之"⑦。常平仓,景德三年(1006)正式设置。时由转运司兼管。其后设立提刑司,遂隶提刑司。熙宁二年(1069)九月制置三司条例司言:"旧制,常平广惠仓专隶提刑司,缘今来创立新法,合有兑换钱斛借转运司应副,乃克济办。乞委转运司提举,仍令提刑司依旧管辖。"神宗从之。⑧熙宁二年闰十一月,神宗"差官提举诸路常平、广惠仓"⑨,提刑虽不直接主管其事,但有权监督之。⑩元祐元年(1086)罢诸路提举常平官,常平事委提刑司管勾。⑪其后常平官设废不一,然罢废之时,常平职事例由提刑司掌管。⑫

7. 兼管河渠公事。仁宗嘉祐四年诏"诸路提点刑狱朝臣、使臣并带兼提

① 《宋会要辑稿·食货》六四之二九,第6868页。
② 《庆元条法事类》卷三一《财用门·封桩》,第478页。
③ 《宋会要辑稿·职官》四二之二,第4071页。
④ 《长编》卷九五,天禧四年正月丙子,第2179页。
⑤ 《长编》卷九六,天禧四年十一月乙卯,第2221页。
⑥ 《长编》卷一〇四,天圣四年三月辛巳,第2403页。
⑦ 《宋会要辑稿·食货》五三之三四,第7230页。
⑧ (清)黄以周等辑注:《续资治通鉴长编拾补》卷五,熙宁二年九月丁卯条,北京:中华书局,2004年,第234—235页。
⑨ 《续资治通鉴长编拾补》卷六,熙宁二年闰十一月壬子条,第269页。
⑩ 《续资治通鉴长编拾补》卷七,熙宁三年正月癸丑条,第297页。
⑪ 《长编》卷三六八,元祐元年闰二月丙申,第8877页。
⑫ 见《宋会要辑稿·职官》四三之一三、四三之二三、四三之四三;《建炎以来系年要录》卷六二,绍兴三年正月己未,第1223页。

举河渠公事"①。熙宁九年(1076)神宗诏"河渠非为农田兴修者,依旧属提点刑狱司"②。

8. 兼管巡检贼盗公事。庆历三年(1043)九月,仁宗"诏诸路提点刑狱司专管勾巡检盗贼公事"③。元祐五年(1090)宋又规定提刑司每半年一次申报诸州盗贼帐表,"内开说获、未获比折等事"④。这个规定后来成为法规,收入《庆元条法事类》卷六《批书》内。

9. 镇压农民反抗斗争。及时发现和镇压所属州县农民反抗斗争,是提刑司的重要责任。绍兴元年六月江南西路南安军境内吴忠、宋破坛、刘洞天等"作乱","聚众数千人,焚上犹、南康等三县",江西提刑苏恪即遣官前往镇压。⑤孝宗时,赖文政所领导的农民反抗斗争,就是在江西遭到当时江西提刑辛弃疾的镇压而失败的。

10. 督察军器什物、招军事宜。《庆元条法事类》卷七《监司巡历·职制令》:"诸将下军须什物,转运、提点刑狱司岁一点检。诸州招填禁军……有违法者,牒提点刑狱司行。"宋《军器令》规定提刑司定期巡视点检诸将军器。⑥又《军防令》:"诸招军按举保明隶提点刑狱司,巡按所至,集所招人点检。"⑦

除上述职权外,提刑司还经常临时性地兼管本路盐课、坑冶等事务。⑧

四、宋王朝对提点刑狱司的考课监督

宋对提刑司的考课监督十分严格。早在景德四年(1007)正式设立提刑司时,便制定了考课制度。天禧三年(1019)四月诏提点刑狱,"岁满代还者,并依京朝官例,于审官院投状考课"⑨。景祐元年(1034)正月令"诸路提点刑

---

① 《长编》卷一八九,嘉祐四年四月戊辰,第4559页。
② 《宋会要辑稿·职官》四三之四,第4112页。
③ 《长编》卷一四三,庆历三年九月壬辰,第3459页。
④ 《长编》卷四四七,元祐五年八月丙辰,第10754页。
⑤ 《宋史》卷二六《高宗纪》;《建炎以来系年要录》卷四五,绍兴元年六月庚寅,第961页。
⑥ 《庆元条法事类》卷七《职制门·监司巡历》,第122页。
⑦ 《庆元条法事类》卷七《职制门·监司巡历》,第123页。
⑧ 《宋史》卷一六七《职官志》,第3967页;《长编》卷二二四,熙宁四年六月丁丑,第5462页。
⑨ 《长编》卷九三,天禧三年四月辛丑,第2144页。

狱朝臣、使臣并如旧制,给御前印纸,以书殿最"①。景祐三年十月,又置磨勘诸路提点刑狱司,对提刑官实施专门考核。庆历二年(1042)正月诏:"自今提刑到阙,令磨勘院具在任功过,分三等闻奏。"②元丰三年(1080)神宗采纳大臣意见,令御史台分察监司,"以户按察转运提举官,以刑按察提点刑狱"③。南宋绍熙二年(1191)朝廷规定包括提刑司在内的诸监司,"倘一任之内,默默全无按刺,与一路之间官吏有不治之迹,因事自彰而失于按刺者,以不职之罪罪之"④。

宋不仅采用以上监下的方法监督提刑司,还命令提刑司的同级机构和下属对其实施监督。"法有监司互察之文"⑤,宋规定,诸监司考课事互申,即转运司事由提刑司申报中央,提刑司事由转运司或提举司申报。"应互申而不申若增减者,各徒二年。"⑥诸监司印纸应批书者,"逐司互批",提刑司印纸由转运司批。⑦绍兴二十七年(1157)六月高宗诏:"诸州军上下半年多[各]开具监司出巡将带人数,并批支过口券数目,及有无应副过须索物件,供申户部点检。"⑧这样,提刑出巡地方,虽有按劾州军官吏之权,但本身也受到州军的监察。这对提刑司权力是一个很好的约束,可防止提刑司因权力的过度膨胀而危害中央集权统治。

朝廷对提刑司平反冤案的政绩尤其重视,南宋法典《庆元条法事类》卷五载有详细的有关提刑平反冤狱的考课式,载曰:

> 所部刑狱有无平反及驳正冤滥并淹延稽滞:某官职姓名任内;
>
> 一件某处某公事,如何平反;
>
> 一件某处某公事,如何驳正冤滥;
>
> 一件某处某公事,如何淹延稽滞。⑨

---

①　《长编》卷一一四,景祐元年正月丙戌,第 2661 页。

②　《宋会要辑稿·职官》五九之六,第 4639 页。

③　《长编》卷三〇三,元丰三年四月乙卯,第 7387 页。

④　《宋会要辑稿·职官》四五之三五,第 4252 页。

⑤　《宋会要辑稿·职官》四五之五,第 4235 页。

⑥　《庆元条法事类》卷五《考课·职制敕》,第 66 页。

⑦　《庆元条法事类》卷六《批书·考课令》,第 81 页。

⑧　《宋会要辑稿·职官》四五之二一,第 4244 页。

⑨　《庆元条法事类》卷五《考课·考课式·监司互申考课》,第 74 页。

以此作为提刑司考课的依据。

　　朝廷还制定了一些特殊措施，以防止提刑官营私舞弊、玩忽职守。其一，禁提刑司与转运司同在一州治事。景祐元年诏："诸路提点刑狱司廨舍与转运使副同在一州者，并徙他州。"①提点刑狱与转运使均兼按察之职，分州而治，既利于分部巡按，又可防两者同流合污。其二，实施提刑避亲法。宋有避亲制度，凡任内部属或同僚有系亲戚关系者，并须回避。元丰二年六月，权发遣淮南东路提刑范百禄因避所部扬州知州鲜于侁亲，改权知唐州。②乾道六年，福建提点刑狱公事吴龟年因与本路安抚使薛良朋有亲嫌关系，改除江南西路计度转运副使。③又提刑司检法官如与知州、通判、签判、幕职州县官有亲戚关系者，也要回避。④其三，严禁提刑赴州郡宴集，⑤亦不得参与妓乐宴会等娱乐活动，如果提刑参与妓乐宴会，将受徒二年惩处。⑥

　　提刑司之设，是宋王朝为了按问地方刑狱，整顿吏治，缓和社会矛盾实施的一项制度，也是宋王朝在消除了藩镇割据势力后，为分夺转运使之权，加强对地方的控制而采取的重要部署。转运使是宋朝最早设立的路级监察长官，北宋前期，几乎囊括了除军事以外的所有地方大权。朝廷"又节次以天下土地形势，俾之分路而治矣"⑦。这是当时社会形势所决定的，不这样做，不足以收藩镇之权。随着藩镇势力的消除，转运使"分路而治"的权力就显得特别突出。为避免重蹈唐末节度使权力过大以致割据一方的覆辙，宋转而对转运使职权进行分割限制，设立提刑司便是为了分夺转运使之权。宋人吕祖谦指出："景德间，遂建提点刑狱一司，实分转运使之权"，"自后提刑一司，虽专以刑狱为事，封桩钱谷、盗贼、保甲、军器、河渠事务浸繁，权势益重，而转运司所总惟财赋纲运之责而已"。⑧

　　伴随着宋代社会发展，提刑司的组成、职权、考课逐渐形成一套完善的

---

① 《长编》卷一一四，景祐元年五月庚午，第 2676 页。
② 《宋会要辑稿·职官》六三之五，第 4757 页。
③ 《宋会要辑稿·职官》六三之一五，第 4763 页。
④ 《庆元条法事类》卷八《亲嫌·职制令》，第 150 页。
⑤ 《宋会要辑稿·职官》四五之三一至三二，第 4250 页。
⑥ 《长编》卷四三五，元祐四年十一月壬辰，第 10491 页。
⑦ 《文献通考》卷六一《职官考》，第 1848 页。
⑧ 《文献通考》卷六一《职官考》，第 1849、1853 页。

制度。提刑司作为朝廷派驻地方的监察机构,在按问刑狱、及时平反冤案、纠举违法官吏、了解民情、疏通朝廷同地方的联系渠道、缓和社会矛盾、加强专制主义中央集权统治方面发挥了重要作用。此外,提刑司还兼管一路钱财、河渠、农政、治安、兵甲,在一定程度上提高了地方各级行政机构的办事效率。

提刑司虽为一路最高司法主管部门,但朝廷规定转运司仍有权过问刑狱诉讼。如景祐二年,仁宗诏:"诸路提点刑狱司,事有冤滥而系人命者,虽未经转运司,亦听受施行。"①景祐四年,仁宗诏令:"天下狱有大辟,长吏以下并聚厅虑问,有翻异或其家诉冤者,听本处移司;又不服,即申转运司,或提点刑狱司,差官别讯之。"②这种双轨审理刑狱制的目的,在于提高司法审判准确性,防止错假案发生。同时也有互相督视、互相牵制之意。

值得注意的是,提刑司在执行朝廷公务过程中也存在一些问题。宋代实行设官分职、互相牵制、互不相统政策,提刑司只是监司的一员,在互不相统政策制约下,与其他诸监司关系不易协调好,常出现诸监司各行其是、互不相照应现象,"从漕司则违宪司,从宪司则违提举司,遂使州县难于遵承"③。其次,提刑与诸监司之间侵官逾权现象亦时有发生。

宋代的提刑司制度,历史证明是行之有效的,并且对当时与宋并存的女真政权以及后来的元、明、清诸王朝都不同程度地产生过影响,为 13 世纪以后的中国历代王朝所借鉴、沿用,开后世按察司之先河。作为一代典制,提刑司制度影响所及,已远远超越了宋王朝。

(原载《上海师范大学学报》1989 年第 2 期)

---

① 《长编》卷一一六,景祐二年四月辛酉,第 2727 页。
② 《长编》卷一二〇,景祐四年正月丙戌,第 2819 页。
③ 《宋会要辑稿·职官》四五之二八,第 4282 页。

宋代的公证书铺

宋代有两种职能不同的书铺,其一专以刊书售卖为业。北宋至和二年(1055)欧阳修《论雕印文字札子》云:"臣伏见朝廷累有指挥,禁止雕印文字,非不严切,而近日雕板尤多,盖为不曾条约书铺贩卖之人。……臣今欲乞明降指挥,下开封府访求板本焚毁。及止绝书铺,今后如有不经官司详定,妄行雕印文集,并不得货卖……。"①这是说有些书铺违反国家规定,乱印书籍出售。又叶德辉《书林清话》卷三《宋坊刻书之盛》载宋时坊刻,闽中建宁府有黄三八郎书铺、陈八郎书铺。这种书铺,宋代亦称"书籍铺"、"经籍铺"、"书肆"、"书堂"、"书坊",②宋以前已有之。③另一种书铺则专门承办各种公证业务,是宋代出现的新事物,值得予以重视,然迄今未见有学者论述,本文试就此新出现的书铺(以下称之为公证书铺)作一探讨,以期引起进一步的研究。

一、公证书铺的职能

公证书铺的职能有以下几项:

第一,代人起草诉讼状。朱熹《朱文公文集》卷一百《约束榜》云:"官人、进士、僧道、公人(原注:谓诉己事,无以次人,听自陈)听亲书状,自余民户并

---

① (宋)欧阳修:《欧阳修全集》卷一〇八《论雕印文字札子》,北京:中华书局,2001 年,第 1637—1638 页。

② (清)叶德辉:《书林清话》卷二、三,上海古籍出版社,2012 年,第 25—70 页。又《宋会要辑稿·刑法》二之二四,"访闻诸在京无图之辈及书肆之家……"(第 8296 页)。《宋会要辑稿·刑法》二之一二一,"窃见书坊所印时文如诗、赋、经义、论,因题而作,不及外事"(第 8349页)。上海古籍出版社,2014 年。岳珂:《愧郯录》卷九《场屋编录之书》,《全宋笔记》第 7 编第 4 册,郑州:大象出版社,2018 年,第 104 页。

③ (唐)张籍著,李冬生注:《张籍集注·送杨少尹赴凤翔》诗云:"得钱只了还书铺,借宅常时事药栏。"合肥:黄山书社,1989 年,第 192 页。

各就书铺写状投陈。如书铺不写本情或非理邀阻,许当厅执覆。"李元弼《作邑自箴》卷八《写状钞书铺户约束》:"某县,今籍定书铺户某人,许令书写状钞诸般文字。"这是官府明文规定书铺代人起草诉讼状。

第二,证明案件当事人供状。胡太初《昼帘绪论·听讼篇》曰:"引到词人供责,必须当厅监视,能书者自书,不能者,止令书铺附口为书,当职官随即押过。""词人",即案件诉讼人。"附口为书",就是书铺依当事人口供笔录成状,作为案件审理依据。又《宋会要辑稿·刑法》六之七三载:"嘉泰元年正月七日臣僚言:'……被禁之人如因罪入狱,仰就取禁历,书写所犯并月日、姓名,著押历上,以并新收,出狱日亦如之,以凭销落。其有不能书写者,令同禁人或当日书铺代书,亲自押字……。'从之。"①禁历是由囚犯书写供状,以备上级司法机构查考的一种文书。书铺可以代写,表明书铺具有公证资格,可以证明供状的真实性。

第三,验证田产买卖契约。黄榦《勉斋集》卷三三《陈安节论陈安国盗卖田地事》载一案件曰:有一陈安国仿其弟陈安节手迹,伪造契约,盗卖家产。陈安节上告官府,法官开庭审讯,"唤上书铺辨验,亦皆供契上'陈安节'三字皆陈安国写"。书铺验证契约上的签名为陈安国伪造,从而否定了契约的合法性。法官以此为据,判陈安国有罪。

第四,证明婚约。罗烨《醉翁谈录》庚集卷二《黄判院判戴氏论夫》云:"王贡士赴省,就都下娶戴氏,约归为妻。及至还舍,戴见王之妻子已具,乃投词于县令。"②结果法官判曰:"山阴戴氏可怜贫,王生访戴喜新春。但托女郎签纸尾,且无书铺与牙人。归来心约与前别,君向潇湘我向越。王生兴尽且须归,不免空舡载明月。"牙人为从事经济交易的中介人。戴氏与王贡士的婚约因无书铺的公证而不足信,法官宣判王贡士无罪。这里书铺可以证婚一事说得很明白。

第五,为参加礼部试的举人办理应考手续。赵升《朝野类要》云:"凡举子预试并仕宦到部参堂,应干节次文书并有书铺承干。如学子乏钱者,自请

---

① 《宋会要辑稿·刑法》六之七三,第 8570 页。
② (宋)罗烨:《新编醉翁谈录》庚集卷二《黄判院判戴氏论夫》,沈阳:辽宁教育出版社,1998 年,第 58—59 页。

举至及第,一并酬劳书铺者。"①所谓"应干节次文书",是指写明年贯家状的文卷、保官文书和试纸等。赴礼部应考举人须先向书铺投纳文卷试纸,书铺收接后加以审核,书押盖印,遂送交贡院。《宋会要辑稿·选举》三之三一载:"(庆历八年)礼部贡院言:'勘会近年举人文字违限者,多是书铺预先收钱物,直至正月后举人到京,临锁院催促,方始送纳。缘试逼拥并,虽精加点检,尚虑差误。欲乞今后须得依条限送纳……书铺送纳举人试卷文字,并具所纳举人州府姓名单状,赴院点对。如有文字差误,勘会元纳书铺人姓名,牒开封府施行……。'诏依所奏。"②这是说,有些书铺违反规定,预先收取手续费,致使一些一时无财力的举子耽搁了送纳文卷试纸的日期,是以朝廷叮嘱书铺须按规章办事。参加礼部试的免解进士,须本人亲手书写卷首家状,然后投纳书铺验审。宋规定,这一手续"即不许令人代书。如不遵告报,致本部验出,定将犯人、书铺送所属根究施行"③。

书铺除审核举人投纳的文卷试纸外,还于考试时对进场应试人进行辨认,以防冒名代试者。嘉定十年(1217)有大臣言:"日来多有冒名入场之人,颇骇人听。如甲系正名赴省,乙乃冒名入场,方州士子纷揉错杂,书铺莫辨,安然入试,略无顾忌。"④亦有举人贿赂书铺等机构,以致"郡(群)聚假手,八厢所合巡视;顶名入试,书铺所当认识:嘱托既行,皆不之问"⑤。

第六,为参加铨试者和参选者办理验审手续。宋代选人、宗室子弟赴吏部考试合格后,才能参选文职差遣。临考前由书铺负责识认正身。《宋会要辑稿·选举》二六之二〇云:"寻常铨试,第一场系在帘前,逐保令书铺识认。"⑥绍熙三年(1192)吏部规定:"引试日,官员各合冠带入试,令书铺户责状识认正身。"⑦诸参选官须携带告敕、印纸等文书到书铺办理验证手续。《吏部条法·印纸门》印纸:"诸参选者,录白出身以来应用文书,并同真本,于书铺对读。审验无伪冒,书铺系书,其真本令本官收掌,候参部日尽赍赴

---

① (宋)赵升:《朝野类要》卷五《书铺》,北京:中华书局,2007 年,第 103—104 页。
② 《宋会要辑稿·选举》三之三一、三之三二,第 5300—5301 页。
③ 《宋会要辑稿·选举》六之三,第 5360 页。
④ 《宋会要辑稿·选举》六之二九,第 5373 页。
⑤ 《宋会要辑稿·选举》六之三五,第 5376 页。
⑥ 《宋会要辑稿·选举》二六之二〇,第 5763 页。
⑦ 《宋会要辑稿·选举》二六之一八,第 5761 页。

本选,当官照验。"①《宋会要辑稿·职官》八之三〇载隆兴二年(1164)吏部条规云:

> 应文武官曾经到部,已曾录出身以来文字在部,任满止令录白参部后所授付身、印纸批书,同真本参选注授。……修武郎以上,令本选系籍书铺户各置簿,遇官员到部,并令书凿到铺月日,立定限三日,供写录白文字。须令圆备,即时放行参选。……宗室小使臣陈乞岳庙,令众书铺各置阙簿,到任并已差人,逐旋入凿,仍押官用印。遇赴部陈乞,书铺将所置阙籍同官员亲自刷具,合使窠阙。阙籍从本部,每季取索点检。诏依,仍常切遵守。②

宋官员注授差遣前射阙,须如实填报籍贯或寄居州、田产、历任功过及举主情况,送书铺审验签押。《吏部条法·差注门》载《尚书侍郎左右选通用敕》云:"诸射阙,须令供具户贯及寄居州或有田产物力处。"同书《尚书侍郎左右选通用令》云:"诸射选阙,仍于射阙状前连具历任以来功过、举主分数,同书铺书押,委郎官抽摘点检。"③官员射阙后,注授差遣某州,如与其州长官系有亲属关系,须避亲退阙,向书铺重新办理手续。嘉定十六年(1223)四月敕曰:

> 吏部措置选人避亲退阙……若江、浙、福建、两淮寄居待次,并要经寄居及所避州陈乞。见在任者,同所避州知、通结罪保明申。待次尚遥,当避官同所避官并亲身到部,合状陈乞,责书铺结罪,识认正身,取会无诈冒违碍,方退阙判成注授。④

宋规定,参选官得由保人保任,保人为被保人所写举状由书铺审核签押。南宋钟必万说:"若夫保任之人,又有不然者。凡武臣参选,印纸多留书铺。一遇召保,书铺径将印纸批上,而保官初未必知也。"⑤洪适《劾管璲奏札》云:"……臣今年二月二十日,以去年第四纸改官文字,荐举饶州乐平丞

---

① 佚名:《吏部条法·印纸门·尚书侍郎左右选通用令》,杨一凡等主编《中国珍稀法律典籍续编》第2册,哈尔滨:黑龙江人民出版社,2002年,第231页。
② 《宋会要辑稿·职官》八之三〇,第3248—3249页。
③ 《吏部条法·差注门·总法》,第2册,第5、6页。
④ 《吏部条法·差注门·侍郎左选申明》,第2册,第162—163页。
⑤ 《宋会要辑稿·职官》八之五五,第3263页。

管璆，续次持书铺笔贴来，云奏状以五月十七日到阙，限期甚迫，遂揩改作二十六日投进。既至，考功为铨吏点检问难，乞将奏检移易日子前来符合。管璆委曲恳祷，臣语之曰：'书铺为蛇画足，自奸罪谴。寻常州县换赤历，移月日，固或有之……。'不谓管璆自将元检辄行改换，盗用官印，行赂计会，已得放散，敢为如此，它日进步，何所忌惮，岂可保任终身！"①这位管璆因犯罪贬官常州，后得洪适保任，却私改举状，贿赂书铺签押，报呈吏部，然终因日期有出入而被驳回。

二、宋代对公证书铺的管理

公证书铺的职能范围十分广泛，为加强管理，宋廷制定了严格的措施。

（一）地方书铺的管理

开设写诉讼状等文书书铺得有保人，开设者须不曾犯有徒刑等前科，年老病弱者、有官荫者及与本处官吏有亲戚关系者均不准开设。《作邑自箴》卷三《处事》载：

> 告示写状钞书铺户，每名召土著人三名保识。自来有行止不曾犯徒刑，即不是吏人勒停、配军拣放、老病不任科决及有荫赎之人，与本县典史不是亲戚，勘会得实，置簿并保人姓名，籍定，各用木牌书状式并约束事件，挂门首。仍给小木印，印于所写状钞诸般文字年月前（文曰：某坊巷或乡村居住、写状钞人、某人官押）。……铺内有改业者，仰赍木牌、印子赴官送纳，亦行毁弃。他人不得冒名行使。身死者，妻男限十日送纳。

所谓"木牌"，犹如现代营业执照；所谓"木印"，即印章。既颁给执照，又授予印章，表明朝廷对书铺管理之严。书铺由官府"籍定"入册，称"系籍"，"不系籍人不得书写状钞"②。

书铺代人起草诉状，须依官府规定的格式如实书写。《作邑自箴》卷八

---

① （宋）洪适、洪遵、洪迈撰，凌郁之辑校：《鄱阳三洪集》卷四六《劾管璆奏札》，南昌：江西人民出版社，2011年，第433—434页。
② （宋）李元弼：《作邑自箴》卷八《写状钞书铺户约束》，《四部丛刊》续编本。

《写状钞书铺户约束》载具体规章如下：

(1)词状前朱书事目。(2)状子中紧切处不得揩改。(3)据人户到铺写状,先须仔细审问,不得添借语言,多入闲辞及论诉不干己事。若实有合诉之事,须是分明指定某人行打、或某人毁骂之类。即不得称疑及虚立证见,妄攀人父母妻女赴官,意存凌辱。如书铺不遵照规章乱写诉状,"或与人户写状不用印子,便令经陈,紊烦官司,除科罪外,并追毁所给印子"①,"更不得开张"②。书铺如替人作假证或教唆他人作假证,则将受到法律制裁。《名公书判清明集》卷十一《人品门·假作批朱》记载了某书铺铺主杨璋教唆他人作假证的案例,其判语云："争赌之罪小,假作本司批罪大;受书铺教唆之罪犹可恕,身为书铺而教人假作批朱之罪不可恕。杨璋勘杖一百,编管邻州。"③

(二) 京师都城公证书铺的管理

京师都城内的书铺主要为参加礼部试的举人、赴京参加铨试者和参选者办理应考、验审手续。京都城内书铺亦须由朝廷籍定入册。《宋会要辑稿·职官》八之三〇曰："修武郎以上,令本选系籍书铺户备置簿。"④都城书铺与地方书铺一样,一经"系籍",便由朝廷颁发官印。为防书铺作弊,朝廷规定,书铺每三户结为一保。"如一名造弊,并三名决配籍没。"⑤

宋代科举考试以及吏部铨选中的违法作弊现象层出不穷,其中不少与书铺有关。"部胥书铺,群比为奸,撺名纳卷,入场代笔。"⑥更有甚者,"书铺立价,(行贿者)仅出数千,便得一试"⑦。为此,宋制定法规,加强管理。如北宋定有《三班审官东西院流内铨法》,据《续资治通鉴长编》(以下简称《长编》)卷二三六熙宁五年(1072)闰七月丙辰条载,此法制定后,"即自来书铺

① (宋)朱熹:《晦庵先生朱文公文集》卷一〇〇《约束榜》,朱杰人等主编《朱子全书》第25册,上海古籍出版社,2002年,第4631页。
② (宋)李元弼:《作邑自箴》卷三《处事》,《四部丛刊》续编本。
③ 佚名编,中国社会科学院历史研究所宋辽金元史研究室点校:《名公书判清明集》卷一一《假作批朱》,北京:中华书局,2002年,第422页。
④ 《宋会要辑稿·职官》八之三〇,第3248页。
⑤ 《宋会要辑稿·选举》六之三九,第5378页。
⑥ 《宋会要辑稿·选举》六之二七,第5373页。
⑦ 《宋会要辑稿·选举》五之二九,第5355页。

计会差遣行赇之人，又皆失职"。书铺违法者，将受惩罚。《长编》卷四七四元祐七年(1092)六月甲子条载：

> 诸举人诈冒开封府户籍取应者，杖一百，许人告，赏钱五十贯。虽已及第，并行驳放。保官及本属官吏、耆邻、书铺知情，并与户籍令诈冒者，并与同罪。

《吏部条法·差注门》载《尚书侍郎左右通用敕》："诸射选阙，具历任功过、举主分数。隐漏不实，及书铺各徒二年；书铺不知情者，减三等。"①又《宋会要辑稿·职官》八之二〇载绍兴五年(1135)诏："今后官员参部，许自录白合用告敕、印纸等真本，于书铺对读，别无伪冒，书铺系书，即时付逐官权掌，……如书铺敢留连者，杖一百。"②

应试举人所纳文卷试纸，经书铺验审后，当及时送交贡院。"如书铺收藏，不即投纳，送狱根究。"③也有书铺受贿给应试举人暗送消息，将考场座位次序告知举人，以便其应试时相互传递试卷纸条。因此宋规定监试官"于坐图未定之先，亲监分布坐次，严禁书铺等人，不许纵容士子抛离座案，过越廊分，为传义假手之地"④。

三、公证书铺的性质和特点

从书铺的职能及其活动来看，书铺是被政府认可，并受政府管理的承办公证业务的民间店家。所谓公证，是一种证明活动，是对法律行为或具有法律意义的事实、文书进行证明，确认其真实性和合法性。书铺可以证明婚约、田产买卖契约的真实性。其为案件当事人及囚犯书写供状，本身亦是一种证明行为。此外，百姓诉讼状，经书铺写成，为官府认可者受理；非书铺所写，则不予受理。黄震《黄氏日抄》卷七八《词诉约束》云："不经书铺不受(状)。"书铺实际上起了验证作用，证明某人确为某案的起诉者。参加礼部

---

① 　佚名：《吏部条法·差注门·总法》，第 2 册，第 5 页。
② 　《宋会要辑稿·职官》八之二〇，第 3242 页。
③ 　《宋会要辑稿·选举》六之三九，第 5378 页。
④ 　《宋史》卷一五六《选举二》，第 3645 页。

试的举人，参选官员等到书铺办理应考、验证手续，也是为了取得书铺的证明，亦属司法范畴。因此，举人、参选官员等呈交书铺验审的文书都具法律意义。宋代的公证书铺有两个特点：

其一，它是民办的而非官设机构。故其不称"司"而称"户"、"家"。如宋文献云："今籍定书铺户某人……。"①"照得书铺收接试卷，停积在家……。"②通常一户家庭组成一铺。《作邑自箴》卷三《处事》规定：书铺铺主死亡，官府所颁发的本牌、印子须缴还，由"妻、男限十日送纳"。这种民办书铺，经官府籍定入册，由官府发给官印，受官府监督，按国家规定办事，它的公证职能得到国家承认，但它不属于国家行政机构，各书铺之间也无上下级的隶属关系。

其二，书铺不是国家行政机构，不拿国家俸禄，其为人办理公证事务是收取报酬的，具有营利性质。《作邑自箴》卷六《劝谕民庶榜》载："应籍定写状钞书铺户，不得为见县司指挥'不系籍人不得书写状钞'，却致邀难人户，多要钱物。"书铺为人办理业务还可许人赊账，《朝野类要》载："凡举子预试并仕宦到部参堂，应干节次文书，并有书铺承干。如学子乏钱者，自请举至及第，一并酬劳书铺者。"既允许赊账，则其营利性质不言而喻。

关于公证书铺的分布状况有必要探讨一下。宋并无专书叙述书铺，记载稍详的为李元弼于北宋政和七年（1117）写成的《作邑自箴》一书。李氏在该书序中曰："剽闻乡老先生论为政之要，仅得一百三十余说，从而著成规矩；述以劝戒，又几百有余事，厘为十卷，目之为《作邑自箴》，置之几案，可以矜式。"此书详细记载了当时的县政要务，可以说是一部北宋县级官府的理政须知，从中可知县一级已普遍设置书铺。这部书到南宋淳熙六年（1179）又为浙西提刑司刊行，表明北宋县级施政要法仍为南宋所袭用。又端平二年（1235）胡太初所著《昼帘绪论》，其成书方式及内容与《作邑自箴》十分相似，其序云："……乃退而冥搜畴昔鲤庭所亲见、所习闻者，条为十有五篇。"这部书也记载了书铺的公证职能。此外，《朱文公文集》、《黄氏日抄》、《勉斋集》、《名公书判清明集》等书有关书铺的记载，都表明了宋代公证书铺的设置十分普遍，数量众多。在首都，宋代参加礼部试的举人以万计，没有一定

---

① （宋）李元弼：《作邑自箴》卷八《写状钞书铺户约束》，《四部丛刊》续编本。
② 《宋会要辑稿·选举》六之三九，第5379页。

数量的书铺,是无法应付应考手续的。此外,官员铨试、参选也要书铺验审。隆兴二年(1164)吏部条规云:"修武郎以上,令本选系籍书铺户各置簿,遇官员到部,并令书凿到铺月日……。宗室小使臣陈乞岳庙,令众书铺各置阙簿……。"①可见宋代书铺设置之广。

书铺始设年月,因无记载,不得而知,地方书铺,据《作邑自箴》所言,至迟在徽宗政和年间已普遍设置。京都书铺,据《宋会要辑稿·选举》三之三一载,至迟在仁宗庆历八年(1048)已经有了。此后宋代各朝皆广设书铺。周达观《真腊风土记》(夏鼐校注本)卷十二《文字》云:"初无印信,人家告状,亦无书铺书写。"周达观所说"人家告状,亦无书铺书写",反过来说明周达观生活所在的元朝初期,诉讼状是由书铺书写的。周氏为元成宗元贞元年(1295)奉命随使赴真腊,返国后,据亲身见闻,写成此书。元贞元年去宋不远,当时元朝在很多方面继承宋制,据此推断,宋代公证书铺十分普及,书铺书写状钞制度终宋之世用而不辍。

四、公证书铺产生的历史背景

公证书铺的产生,是宋代社会经济、政治发展的结果。中国古代社会进入宋朝之后,生产力有了新的提高,商业、手工业日益兴盛,商品经济进一步发展起来。宋代的交通、对外贸易较之唐代更为发达,人们的社会交往和活动范围大大扩展了,社会经济、政治生活日趋复杂,民事、刑事纠纷不可避免地增多,司法活动也随之频繁起来。据《宋史》卷一九九《刑法志》载,建隆年间所颁《编敕》四卷,条款凡一百零六条,到大中祥符中,五十余年间,《编敕》条款猛增至一千三百多条。可见宋代各种纠纷随着社会发展层出不穷,致使统治者不断颁布新法令来维护统治。宋大力加强法制建设,并经过不断修改,逐渐制定出一套完善的司法制度,用民办书铺来办理公证事务,便是其中的一项内容。

用书铺证明田产买卖契约,证明案件当事人供状,证明婚约,这无论对民、对官都是便利而又亟需的。它大大减少了法律纠纷,提高了司法办事效

_____
① 《宋会要辑稿·职官》八之三〇,第3248页。

率。宋有所谓"健讼者"，动辄教唆他人诉讼，从中渔利，扰乱正常的司法活动。宋规定不识字或文化较低的百姓诉讼状统一由书铺代为起草，可以避免一些诬告、错告现象的发生。宋代对法律审判十分谨慎，审批活动分为鞫与谳两大步骤，依据这两项步骤，法官也分为狱司官和谳司官，审判犯人时，各司其职，不得兼任，也不能相互商议。"狱司推鞫，法司检断，各有司存，所以防奸也。"①在县一级，司法系统比较简略，法官人员不多，用书铺来证明案件当事人供状，可以减少司法成本，提高司法效率，起到防弊作用。

宋代统治阶级为扩大统治基础，积极采用科举考试、恩荫、吏人出职等方式来吸收中小地主阶级知识分子、品官子弟、平民进入官僚队伍。作为主要入仕之途的科举考试广泛开放，考试规模远远超越唐朝，"秉笔者如云，趋选者如林"。太宗淳化三年(992)，参加礼部试的举人达一万七千多。②如此大规模的考试，必然带来不少问题。首先，宋代州府解额有限，按比例分配，有十人解一名者，亦有二十人以上解一名者。许多士子因解额有限，违法作弊，"天下州郡举子，既以本处人多解额少，往往竞奔京师，旋求户贯"③。"其间亦有身负过恶或隐忧匿服，不敢于乡里取解者，往往私买监牒，妄冒户贯，于京师取解。自间岁开科场以来，远方举人惮于往还，只在京师寄应者，比旧尤多。"④这些行为危害了科举考试秩序。其次，豪姓大户与官僚勾结，垄断仕途。北宋孙何说："今士子名为乡举，其实自媒。赞投于郡府之门，关节于公卿之第。"⑤南宋张声道言："盖豪民上户不务实学，专以抄写套类为业，广立名字，多纳试卷，将带笔吏，假儒衣冠，分俵书写。"⑥中小地主、平民知识分子入仕之途因此受阻。长此下去，易形成新的世袭制。针对上述情况，宋采取相应的措施。一方面实行弥封、誊录、"锁院"、"别头试"法。另一方面，用书铺作公证机构，对应试举人进行审核而给予应试资格的证明，以保证科

① (明)黄淮、杨士奇：《历代名臣奏议》卷二一七《慎刑》周林疏，上海古籍出版社，1989年，第2853页。
② 《宋史》卷一五五《选举一》，第3608页。
③ (宋)苏颂：《苏魏公文集》卷一五《议贡举法》，北京：中华书局，1988年，第215页。
④ (宋)司马光：《温国文正司马公文集》卷三〇《贡院乞逐路取人状》，第112页。
⑤ (宋)孙何：《上真宗请申明太学议》，赵汝愚编《宋朝诸臣奏议》卷七八《儒学门》，上海古籍出版社，1999年，第849页。
⑥ 《宋会要辑稿·选举》六之三，第5360页。

举考试的正常进行。这自然也就限制了贵族大官僚对科举考试的垄断,维护了广大中小地主阶级、平民子弟的利益。举子应试,得花费不少钱财,书铺允许赊账,可以使有些一时无财力应试的平民知识分子亦能及时参加考试。书铺为举子办理应考手续,同宋代普遍实行的弥封、誊录、"锁院"和"别头试"法一样,是宋在科举制发展形势下,用来维持考试秩序,限制贵族大官僚垄断科举考试的重要措施。

宋代的铨选制度十分详细周密,凡举削、改官、磨勘、转秩、批书,"委曲琐细,咸有品式"①。其中又以保任法为重,"以至大理详断、审刑详议、刑部详覆……选人改京官、学官入国学、班行迁阁职、武臣充将领、选人入县令,下至天下茶盐、场务、榷场及课利多处酒务,凡要切差遣,无大小尽用保举之法"②。由此奔竞之风大长,有权势的官僚之家相互庇护,竞相托保,妨碍了铨选制度的执行。又吏部参选射阙,也多被权贵之家把持。欧阳修判流内铨时曾奏云:"臣勘会铨司,近年选人倍多,员阙常少,待阙者多是孤寒贫乏之人,得替住京,动经年岁。遇有合入阙次,多被权贵之家将子弟亲戚陈乞,便行冲改。或已注授者,且令待阙;或才到任者,即被对移。只就权贵勾当家私,不问孤寒便与不便。"③为保证各项铨选制度的正确执行,宋用书铺来为参加铨试及注授差遣者办理验审手续,以防止达官贵族相互勾结,培植势力,垄断仕途,以维护广大中小地主阶级利益。宋代官僚地主三世而衰的现象很常见。这与士族地主衰亡后,执政的官僚地主采取多种措施防止世袭制的再生不无关系。宋代公证书铺的产生及其在科举、铨选制度中的运用,从一个侧面反映了宋代官僚地主选仕制度的成熟和完善。

这里有一个问题需要解答,为什么宋用民办书铺而不专设行政机构来办理公证事务?宋太祖用兵变方式建立了宋政权,为了消除唐末五代以来藩镇割据的隐患,宋代皇帝用设官分职、分割各级长官事权的方法来加强专制主义中央集权。"设官分职",已成为宋代治国的基本原则。笔者以为,用民办书铺办理公证事务是符合这一原则的。民办书铺不是官僚机构,不存在行政隶属问题。宋把公证权从国家司法部门中分离出来,从而限制了司

---

① 《宋史》卷一五五《选举志》,第 3604 页。
② 《长编》卷一五四,庆历五年二月乙卯,第 3751 页。
③ 欧阳修:《欧阳修全集》卷一二《论权贵子弟冲移选人札子》,第 1632 页。

法官事权的增长。宋代统治者十分忌讳官员培植私人势力、增长权力，对科举、铨选这些要害部门自然尤加注意。用民办书铺参与科举、铨选活动，多少可以起到限制官僚贵族特权的作用。此外，书铺不属官僚机构，书铺铺主不存在仕宦前途问题，较少有官场中的腐朽风气。在统治者看来，民办书铺较之官办机构更有利于管理，因此就不再设立专门的机构来办理公证事务了。

结　语

公证书铺与以刊书为业的书铺，因名称相同，极易混淆而不为人注意。在宋代文献中，以刊书为业的书铺，经常被换称为"书肆"、"书坊"。而承办公证业务的书铺则无此种换称，界限十分明确，两者名同质不同，没有内在联系。以刊书为业之书铺，其"书"字作单纯名词解，意为书籍，这是须加注意的。公证书铺最初大约是民间用来作私证的，证明土地买卖、借贷、分产等事实。开始是某些人经常以见证人身份为人作证，在被证人田产买卖或分产等字据上签名画押，久而久之，产生了一定的信誉，影响逐渐扩大。作为一种职业，这些人的身份固定了，并且有了固定的作证处，人们便称之为"书铺"，"书"者，书写画押之意也。随着宋代经济、政治的发展，书铺的私证职能逐渐引起国家重视，被政府所承认和采信。国家开始对书铺进行管理监督，并承认其证明活动具有国家法律效力，使之按国家规定办事，于是书铺的私证便演变为公证了。同时国家进一步扩大书铺的公证职能，扩展至为参加科举考试的举人、参加吏部铨试及注授差遣的官员办理公证手续，但仍保持了书铺的民办性质，由私人主持，向办理公证事务的当事人收取报酬。宋代书铺为数众多，遍布大小州县，其办理的公证事务涉及法律诉讼、婚娶、田产买卖、科举、铨选，在宋代社会生活中扮演了重要角色，发挥了不可忽视的作用。

须指出的是，书铺向办理公证事务的当事人收费而不拿国家俸禄，由此也带来了不可避免的弊病——贪收钱财，与人作弊。这种现象，屡有发生。

宋代公证书铺可视为开后世公证机构之先河，值得我们深入研究。

（原题《宋代的公证机构——书铺》，载《中国史研究》1988 年第 4 期）

宋代官员告身的收缴

——从武义徐谓礼文书谈起

徐谓礼墓葬出土的录白告身和批书印纸记录了徐谓礼的仕宦履历，为研究宋史提供了珍贵的史料。关于徐谓礼录白告身，包伟民指出："据录白的笔调、结构、用笔方法判断，它们看来出自一人之手，但不是抄录于同一时间……看来由他身边某位近身之人所抄录的可能性最大。在徐谓礼去世后，家人遂将它们陪葬于他的墓中……不过，仍有一些存疑之处。例如前文已经提到的将敕黄误录于告身的卷帙之中、以及敕黄录白时序错乱等等，按理不太应该出现。录白印纸第四六至五二则批书中，还存在对'文'字末笔作缺笔避讳的情况……但通观全部文书，避者少，未避者多。"①据包伟民所言，笔者以为录白告身等文书很有可能是在徐谓礼去世后由他人仓促间抄录粘成长卷的，因而发生了文书时间排序错误和漏避徐谓礼家讳现象。类似情况在宋代并不少见。郭象《睽车志》卷五载曰："毗陵薛季成元功，绍兴乙卯登科，再为邑令，不能脱选，时意倦游，乃请于朝以归，命下，以通直郎致仕。未几病卒，无子，其侄为主后事，且录致仕告身，置之棺，仓卒间误书'左'字为'右'。"②从薛季成的例子我们不难推测出徐谓礼录白告身出现失误的原因。

徐谓礼文书录白告身有十二件，清晰地记录了徐谓礼的仕宦履历，然而其初入仕时所授承务郎的告身却不见踪影。我们看录白告身第一卷第一图文字：

> 录白告身
> 承务郎新监临安府粮料院兼装卸纲运兼监镇城仓徐谓礼，右可特授承奉郎，差遣如故。……嘉定十五年五月十五日……

---

① 包伟民、郑嘉励：《武义南宋徐谓礼文书·前言》，北京：中华书局，2012年，第8页。
② 郭象：《睽车志》卷五，《全宋笔记》第9编第2册，郑州：大象出版社，2018年，第226页。

　　"录白告身"文字后紧接着的第一通告身即为嘉定十五年授徐谓礼承奉郎,如果有承务郎告身的话,当排在承奉郎之前。从录白告身抄录的实际情况来看,录白告身虽有次序颠倒现象,但不大会把宁宗嘉定中初仕的承务郎的告身粘接到末尾理宗淳祐告身之后,前后时段毕竟相隔两个皇帝,因此不存在出土后承务郎告身人为散失的可能。换言之,在当初抄录告身时,朝廷所授徐谓礼承务郎的告身就已经不存在了。这有三种可能:或者遗失,或者被徐谓礼用以为亲属换取封叙,或者被朝廷收缴。笔者以为遗失的可能性不大,初入仕时所授告身对一个刚刚踏入仕途的人来说,意义重大,当会加意保管。因此笔者推测第二、三种可能性较大。第二种情况比较简单,例如明道二年怀安军判官熊文雅"言母老,愿以三任告身授母一邑封。诏特与之"①。熊文雅用自己的告身换取母亲的邑封,此种情况这里无须讨论。唯第三种情况比较复杂,未见学界有专文论述,②为此,本文试就宋代官员告身的收缴问题作一探讨。

一

　　告身是官员的委任状,是做官的重要凭证,承载着官员的特权和朝廷给予的多种优厚待遇。然而告身如管理不当,会引起官制混乱。为加强吏治,限制官员特权的无限膨胀,宋政府制定了一系列法律加以限制。官员一旦犯法,便褫夺其官职,收缴其相应的告身。宋代告身的收缴销毁涉及一系列制度。欲厘清南宋的告身收缴制度,有必要追述一下北宋以来的变化。我们先看《宋刑统》的记载:

　　　　诸以理去官,与见任同(原注:解虽非理,告身应留者,亦同)。……议曰:谓不因犯罪而解者,若致仕、得替、省员、废州县之类,应入议、请、减、赎及荫亲属者,并与见任同。③

---

① （宋）李焘:《续资治通鉴长编》(以下简称《长编》)卷一一三,明道二年八月己亥,北京:中华书局,2004年,第2632页。
② 管见所及,仅有李萌《唐宋告身略论》略有涉及告身追毁问题。厦门大学2014年硕士学位论文。
③ （宋）窦仪等详定,岳纯之校证:《宋刑统校证》卷二《名例律·请减赎》,北京大学出版社,2015年,第24—25页。

《宋刑统》虽制定于北宋初,基本沿用了唐律的内容,整个两宋期间有过多次修正,然其始终是两宋的基本法典。①从《宋刑统》的此项规定可推知官员因犯罪而解除官职者,告身通常要收缴。宋代沿用唐制,针对官员某些犯罪行为制定了特定的处罚,共分为三档:除名、免官、免所居官。

除名之犯罪罪行是:犯十恶、故杀人、反逆缘坐罪;监临主守官于所监守内犯奸、盗、略人,或受财而枉法;犯其他死罪已立案定罪应处死刑而拒死逃亡。

免官之犯罪罪行是:犯奸、盗、略人及受财而不枉法罪,处徒以上刑;如犯流、徒罪逃亡;祖父母、父母犯死罪被囚禁而作乐及婚娶。

免所居官之犯罪罪行是:府号、官称犯父祖名讳而冒荣居之;祖父母、父母老疾无侍,不予照料而去做官;在父母丧期生子及娶妾、兄弟别籍异财,冒哀求仕;奸污监临内贱户妻及婢女。②

官员一旦犯了上述罪,政府将收缴其相应的告身,在一定的时间内剥夺其做官的资格或降级使用。在另行官当和赎罪后,尚有余罪的还要执行刑罚。如熙宁九年(1076)神宗"诏均州团练副使、随州安置刘彝追毁出身以来告敕,送涪州编管"③。刘彝的告身被收缴外,还受到了刑事处罚。早在北宋仁宗时制定的《天圣令》对收缴告身就有明确规定,其卷二十七《狱官令》云:

> 诸犯罪,应除、免及官当者,计所除、免、官当,给降至告身,赎追纳库。奏报之日,除名者官、爵告身悉毁(妇人有邑号者,亦准此)。官当及免官、免所居官者,唯毁见当、免及降至者告身,降所不至者,不在追限。应毁者,并送省,连案,注"毁"字纳库。不应毁者,断处案呈付。若推检和复者,皆勘所毁告身,状同,然后申奏。④

所言"奏报"是指朝廷对地方上奏案的同意批示。宋代对官员制定有特定的

---

① 详见戴建国《〈宋刑统〉制定后的变化——兼论北宋中期以后〈宋刑统〉的法律地位》,《上海师范大学学报》1992 年第 4 期。已收入本书。

② 以上罪名详见《宋刑统校证》卷二《名例·以官当徒除名免官免所居官》,第 28—43 页。

③ 《长编》卷二七三,神宗熙宁九年三月壬午,第 6687 页。

④ 天一阁博物馆、中国社会科学院历史研究所天圣令整理课题组校证:《天一阁藏明钞本天圣令校证》卷二七《狱官令》,北京:中华书局,2006 年,第 416 页。

罪名,官员犯罪的案子皆须上报朝廷,最后由皇帝裁断。"命官犯罪,有亏名教,虽无特旨者,并申尚书省奏裁。"①一旦上奏的处罚报告得到朝廷批准回复后,即收缴告身,应销毁者,注销纳库;不应毁者,也须上缴。至于为何不毁掉,下文将要讨论。其中所谓"降至告身",须稍作解释。法律规定:"诸除名者,官爵悉除,课役从本色。六载之后听叙,依出身法。……免官者,三载之后,降先品二等叙。免所居官及官当者,周年之后,降先品一等叙。"②官员犯法后,被褫夺相应的官爵,但过若干年后,仍可降级任用为官,谓之"叙复"。除名叙复须过六年,其官品依初次得官的官品制度叙或依常叙法,三品以上奏取皇帝裁决。正四品于从七品下叙;从四品于正八品上叙;正五品于正八品下叙;从五品于从八品上叙;六品、七品于从九品上叙;八品、九品并于从九品下叙。免官须过三年,降先前褫夺的官品二等叙。免所居官及官当者,须过一年,降先前褫夺的官品一等叙。③其中除名官员的告身悉数收缴,免官官员的告身要收缴至其被褫夺的官品的次等等级。举例言之,某官为正五品上,其三年后降两级叙官,为从五品上,其收缴的告身须至正五品下止。免所居官官员品级如为正六品下,须过一年降先前官品一级叙,为从六品上,收缴的告身至正六品下。此即所谓"降至告身"。剩下的告身谓之"降所不至者"。不过值得指出的是,所有的叙复年限如果遇到皇帝大赦,会根据赦书的相应规定得以缩短而提前叙复。

《天圣令》虽是北宋制定的法典,但其规定的告身收缴原则被南宋所沿用。《庆元条法事类》载:"诸除名者,出身补授以来文书皆毁,当、免者,计所当、免之官毁之。"④此即沿用北宋之法。

宋法,除名者"官爵悉除",告身须全部收缴。绍兴五年(1135),左承议郎颜为"追毁出身以来告敕,除名勒停,展三期叙。坐前守严州犯自盗赃,当徒六年也"⑤。颜为犯的是监守自盗罪,据律当除名。颜为原本六年后可叙

---

① 《长编》卷四一二,哲宗元祐三年六月壬辰,第 10020 页。

② 《宋刑统校证》卷二《名例律·以官当徒除名免官免所居官》,第 38—39 页。

③ 《宋刑统校证》卷二《名例律·以官当徒除名免官免所居官》,第 39—40 页。

④ (宋)谢深甫:《庆元条法事类》卷七六《当赎门·追当·断狱令》,哈尔滨:黑龙江人民出版社,2002 年,第 813 页。

⑤ (宋)李心传撰,胡坤点校:《建炎以来系年要录》卷八六,绍兴五年闰二月己巳,北京:中华书局,2013 年,第 1652 页。

复做官,但皇帝有特旨,延长三期才能叙复。

　　免官者,"谓二官并免"。"二官"系统原为唐制,指职事官、散官、卫官系统官通为一官,勋官为一官。①免所居官,"谓免所居之一官","职事、散官、卫官同阶者,总为一官。若有数官,先追高者"。②《宋刑统》沿唐制云:"职事、散官、卫官计阶等者,既相因而得,故同为一官。其勋官从勋加授,故别为一官,是为二官。若用官当徒者,职事每阶各为一官,勋官即正、从各为一官。"③这是说这三种官如品阶相同时,只作为一官对待。

　　《宋刑统》许多内容承袭了唐律,然而北宋前期的官制发生了很大变化,区分为差遣、职、官、散官和勋官,卫官已不存在。"差遣"为实际上的职事官,"职"是用于高级文臣的荣誉头衔,"官"用以确定品级和俸禄,实质上与唐代的散官同,而北宋之散官虽沿用了唐散官名,但已衍变为用来别章服而已,与唐律所言散官内涵相去甚远,称散阶。北宋官制与唐律涉及的官制并不相同,故免官、免所居官制度操作起来会遇到许多实际问题。建隆四年,《宋刑统》详定官参详条规定:"其犯免官者,请依旧取见任及前任,计两任告身,以为免官定例,其余并从律、敕。"④此后宋对免官制度作了进一步改革。《续资治通鉴长编》卷三一太宗淳化元年正月丙申条载:

　　　　殿中丞清丰晁迥通判鄂州,坐失入囚死罪,削三任,有司以殿中丞、右赞善大夫并上柱国通计之。丙申诏:自今免官者并以职事官,不得以勋、散、试官之类。旧制勋官自上柱国至武骑尉凡十二等,五代以来初叙勋即授柱国。于是诏京官、幕职州县官始武骑尉,朝官始骑都尉,历级而升。又诏古之勋、爵悉有职奉,以之荫赎宜矣。今之所授,与散官等,不得用以荫赎。⑤

有司对晁迥的免官处罚,分别用了其本官殿中丞、散官右赞善大夫、勋官上柱国三种官。宋太宗认为古今异制,令今后免官者不得以勋官、散官。太宗

────────────

① 《宋刑统校证》卷二《名例律·以官当徒除名免官免所居官》,第 28 页;《长编》卷五五,真宗咸平六年九月壬辰,第 1212 页。

② 《宋刑统校证》卷二《名例律·以官当徒除名免官免所居官》,第 38 页。

③ 《宋刑统校证》卷二《名例律·以官当徒除名免官免所居官》,第 29 页。

④ 《宋刑统校证》卷二《名例律·以官当徒除名免官免所居官》,第 37 页。

⑤ 《长编》卷三一,太宗淳化元年正月丙申,第 699 页。

所言"散官"当是指散阶。真宗咸平六年(1003),诏令品官犯罪,"当夺官者,其阶、勋如故"①。"阶"指的即是散官阶,换句话说,被夺官的当事人,其散官阶和勋官是予以保留的。不过被黜降的散官如文学参军等违法的话,还是要追夺其散官阶的。真宗天禧三年(1019)诏:"应见任文学参军、上佐等官,有犯合追官,并追历任中高官;如历任官卑及无正官,即追见任。责降官如合安置,即奏取进止。"因为"先是有文学参军、上佐犯罪追夺者,止追见任官,历任虽有高官,不复追取。法寺以为未允,故条约之"②。这样,唐代以来实行的有勋官时免官须免勋官的制度遂废弃不行。此后此制历经元丰官制改革,一直沿用至南宋。据南宋宁宗嘉泰二年(1202)成书的法典《庆元条法事类》记载,勋官与爵"不在议、请、减、赎、当、免之例"③。关于免官、免所居官的处罚,《庆元条法事类》卷七十六《当赎门·追当·名例敕》曰:

> 免官者,免见任并历任内一高官;免所居官者,止免见任。其带职者,以所带职别为一官(原注:谓任见学士,待制,修撰,直阁,带御器械,阁门舍人,宣赞舍人,阁门祗候,入内内侍两省都知、副都知、押班),或以官,或以职,奏裁。

据此,免官者,免现任和历任内一高官,先免职事官,职事官用完再免散官;免所居官者,仅免现任官,将官员所带职如学士、待制以及内侍官等别为一官处理。绍兴二年监察御史娄寅亮罢,"寅亮既为秦桧所挤,按治无所得,至是,狱成,坐为族叔郓民田改立官户。刑寺当寅亮私罪杖,罚铜七斤。诏免所居官,送吏部"④。关于娄寅亮免所居官,《宋史》卷三九九《娄寅亮传》载,"大理鞫问,无实,犹坐为族父冒占官户罢职,送吏部,由是坐废"。可知免所居官须免现任官。

宋代官员享有犯罪减刑、庇荫亲属、减免差役等特权,这些特权因官品高下而有减免罪等大小、荫亲范围广窄和免役多寡之区分,官品越高,享受的特权就越大。例如五品以上官,犯死罪可奏请皇帝,听敕处分;七品以上

---

① 《长编》卷五五,真宗咸平六年九月壬辰,第1212页。
② (清)徐松辑,刘琳等校点:《宋会要辑稿·职官》七一之二五至二六,上海古籍出版社,2014年,第4961页。
③ 《庆元条法事类》卷七六《当赎门·总法·名例敕》,第811页。
④ 《建炎以来系年要录》卷五一,绍兴二年二月庚寅,第1065页。

官及五品以上官员的祖父母、父母、兄弟、姊妹、妻、子孙犯流刑以下罪,都可减一等处罚。①又如《政和令格》规定:"品官之家乡村田产得免差科,一品一百顷,二品九十顷,下至八品二十顷,九品十顷。"②免差科田谓之限田。到了南宋,享有免差役的田额减半,"准法,品官限田,合照原立限田条格减半,与免差役"③。犯罪免官须免现任和历任内一高官,对于犯法官员来说,更多地侵夺其特权利益,以避免剔除低位官品而保留高官,继续享用高特权的现象,这样便提高了对犯法官员的打击力度。

二

告身是官员的护身符,官员一旦犯法,可以官抵罪,谓之"官当"。《宋刑统》卷二载:

> 诸犯私罪,以官当徒者,五品以上,一官当徒二年;九品以上,一官当徒一年。……议曰:九品以上官卑,故一官当徒一年;五品以上官贵,故一官当徒二年。若犯公罪者,各加一年当。④

用官抵罪后,则须将所抵之官的告身收缴销毁:"本犯应合官当者,追毁告身。"⑤建隆四年,《宋刑统》详定官参详条云:"准格,勋官、散试官不许赎罪。后来法司相承,有见任品卑于前任者,则于历任内取高者当,仍解见任。近亦曾有不取历任中高者,却以见任卑官当罪。盖缘不用勋、散试官以来,未有定制。臣等参详:今后有见任官高,即以见任官[当],见任官卑,即]以历任中高者当。仍解[见任]。"⑥元丰五年(1082)十二月,皇城使张兔、如京副使石温其、内殿崇班赵潜,"各追五官"⑦。所谓追五官,应是指用五官当徒。官当的具体程序是先以高者当,即从职事、散官中取最高者当,有余罪,再取

---

① 《宋刑统校证》卷二《名例律·请减赎》,第19—20页。
② 《宋会要辑稿·食货》六一之七八,第7484页。
③ 《名公书判清明集》卷三《乞用限田免役》,北京:中华书局,2002年,第83页。
④ 《宋刑统校证》卷二《名例律·以官当徒除名免官免所居官》,第28—29页。
⑤ 《宋刑统校证》卷二《名例律·以官当徒除名免官免所居官》,第30页。
⑥ 《宋刑统校证》卷二《名例律·以官当徒除名免官免所居官》,第31页。原文字有缺,据同条上文补。
⑦ 《长编》卷三三一,神宗元丰五年十一月辛巳,第7969页。

其他官来当。此后宋又改为,先以现任官当,再取历任高官当。南宋的《庆元条法事类》规定:"诸应以官当者,追见任,次历任高官。"①

绍兴十一年(1141)发生的岳飞冤案,涉及承节郎、进奏官王处仁,尚书省行遣札子载大理寺奏状判云:"敕,传报漏泄朝廷机密事,流二千五百里,配千里。应比罪,刺配比徒三年,本罪徒以上通比,满六年比加役流,官当准六年。王处仁合于比加役流私罪上断,合追见任承节郎并历任承信郎,共两官官告文字,当徒二年,据按,别无官当,更合罚铜八十斤入官,勒停,情重奏裁。"②王处仁处比徒六年刑,其现任为承节郎,从九品官,一官当徒刑一年,现任官品不足当,又用其历任官承信郎当,再当一年,还有四年徒刑,其已无官品可当,故用铜赎罪,赎铜即"罚铜"。宋法,徒一年需用铜二十斤以赎罪,③王处仁四年徒刑共赎八十斤。

南宋规定以官当徒,官品标准比照《宋刑统》可上调一级作当。《庆元敕·名例敕》:"诸以官品定罪者,令四品依律三品,六品依五品,八品依七品(原注:谓议、请、减及官当若相殴之类)。"④如建炎元年(1127)洪刍一案,尚书省札子称:"朝散大夫洪刍,差抄扎见景王府祗候人曹三马,后嘱托余大均放出,将来本家同宿,顾作祗候人。准条,监守自犯奸,合流三千里,私罪,议减外,徒三年,追一官,罚铜二十斤。"⑤洪刍的寄禄官阶朝散大夫为从六品官,⑥其职事官为左谏议大夫,⑦为从四品。据《庆元敕·名例敕》规定,六品依五品定罪官当,五品官一官当徒二年,一官当后尚余一年徒刑。洪刍的职事官高于寄禄官阶,是为"守"。依据官当法,"行、守者,各以本品当,仍各解见任"⑧。洪刍的左谏议大夫一职虽不能用来当罪,但须解除,依次用低一等

① 《庆元条法事类》卷七六《当赎门·追当·名例敕》,第812页。
② 《建炎以来系年要录》卷一四三,绍兴十一年十二月癸巳,第2694页。
③ 《宋刑统校证》卷一《名例律·五刑》,第3页。
④ 《庆元条法事类》卷七六《当赎门·总法》,第811页。
⑤ (宋)王明清:《玉照新志》卷四,《全宋笔记》第6编第2册,郑州:大象出版社,2013年,第186页。
⑥ 《庆元条法事类》卷四《职制门·官品杂压·官品令》,第18页。
⑦ 《建炎以来系年要录》卷八,建炎元年八月戊午条:"朝散大夫洪刍等八人流窜有差。初刍等坐围城中事……狱成,刍坐纳景王宠姬曹氏,降授朝散郎……刑寺当刍奸罪流……议者以为刍、冲、大均当死。……诏刍等三人皆贷死,长流沙门岛。"第156页。
⑧ 《宋刑统校证》卷二《名例律·以官当徒除名免官免所居官》,第28页。

的历任职事官当。洪刍的历任职事官至少有一与其寄禄官阶相等的从六品官告在身，可当二年刑。不过官当法规定："以官当徒者，罪轻不尽其官，留官收赎。"①洪刍剩余的一年刑罪轻，六品官依五品可当二年刑，是为"不尽其官"，故保留官职，另用铜二十斤赎其一年徒刑，故曰"罚铜二十斤"。

建炎元年，朝请郎、前吏部员外郎王及之，"辄受犒设酒，根括金银到家，买低次银，抵换入已，计赃二十五锭，除轻罪外，准条，系以私物贸易，特计例以盗论，合加役流，赃罪，追六官"②。加役流比徒六年刑，③王及之寄禄官阶为朝请郎，正七品，一官只能当一年徒刑，其现任官不足以当六年刑，因此，他必须还得另用历任的五个官来当罪，并收缴其相应的由吏部颁给的六份告身。庆元元年（1195）原兴元都统制宗廉"坐赃罪，追六官，卭州安置"④。宗廉的赃罪应与王及之一样，判加役流刑，比徒六年刑，也得收缴其六个官的告身。

品官任流外职亦可以官当徒。太平兴国八年（983），有关部门奏言："京诸司流外人选满并授官，勒留及有归司者，准律，品官任流外及杂任于本司，杖罪以下依决罚例，徒罪以上依当、赎法。今诸司使副、三班使臣犯罪，比同品官具决罚、当、赎取裁，而诸司职掌即依例当、赎，非便。"为此，太宗对流内品官任流外职的官当问题做出了规定："自今流内品官任流外职事，准律文处分，诸司授勒留官及归司人，犯徒、流等罪，公罪许当、赎，私罪以决罚论。"⑤既许官当，告身自然在收缴之列。

宋规定，所有除名、免官、免所居官、官当的官员，皆"须验告身"，"若告身失落或在远者，皆验案，无案，听据保为实。其告身在远，从后追验"。⑥验案即核查有关档案。如无相关档案，则须根据保状来决定。告身如在远处一时无法验证的，则事后追取验证。上述犯法官员的告身皆须及时上缴毁之。天圣六年，仁宗曾下诏规定："追官或除名，比限敕到日，取宣敕告身，令

① 《宋刑统校证》卷二《名例律·以官当徒除名免官免所居官》，第42页。
② （宋）徐梦莘：《三朝北盟会编》卷一一二，建炎元年八月一日戊午，上海古籍出版社，2008年，第818页。
③ 《庆元条法事类》卷七四《刑狱门·比罪·名例敕》，第770页。
④ 佚名编：《续编两朝纲目备要》卷四，庆元元年正月丁亥，北京：中华书局，1995年，第59页。
⑤ 《长编》卷二四，太平兴国八年三月丁巳，第539页。
⑥ 《天一阁藏明钞本天圣令校证》卷二七《狱官令》，第418页。

逐处当职官吏注毁,所追夺因依,限十日内纳尚书刑部。"①南宋《断狱令》:"诸除名者,出身补授以来文书皆毁,当、免者,计所当、免之官毁之。断后限十日追取批书毁抹,申纳尚书刑部(原注:将校应追毁所授文书者,准此)。"②

犯法官员的告身在下列情况下可不收缴:如犯罪审理后还未奏报处理而当事的官员去世,告身免收缴。"诸犯流以下应除、免、官、当,未奏身死者,告身不追。"但如奏报时不知官员生死,奏后却说已死,则要收缴之。"即奏时不知身死,奏后云身死者,依奏定。"③有论者据此认为此种情况不须上缴,④这是误解。上奏时虽不知当事人生死,通常是按正常情况下的管理办法操作的,亦即要上缴告身。上奏后去世,既然"依奏定",也就是说不改变当初上奏时的例行规矩,而当初上奏的通例是要上缴的。此外"诸官人因犯移配及别敕解见任,若本罪不合除、免及官当者,告身各不在追例"⑤。

告身已颁降而官员身亡者,"付本家讫,奏",无须上缴。⑥告身如"已颁降而丁忧者,听给"⑦,也无须收缴。

前面曾提到过被追官的告身不一定都毁掉,笔者推测这是为了以后当事人官复原位时可发还,以节约行政成本。南宋《尚书考功令》云:"诸曾降官,候复旧官,许通理磨勘。其追官,若勒停及责授散官者,止理复旧官后年月。"⑧也就是说追官后须等官复原位才能通理磨勘年月。元丰七年,监察御史来之邵降为将作监丞,史载其"雇杂户女为婢,有此污行"⑨。后哲宗即位,来之邵为太府丞,提举秦凤路常平、利州成都府路转运判官,入为开封府推官,复拜监察御史。⑩来之邵官复原职,原先的告身如果没有销毁,或许重新发还给他,只不过磨勘改官须另行计算年限。又如绍兴十二年(1142),追官

① 《宋会要辑稿·职官》一一之六五,第3351页。
② 《庆元条法事类》卷六《职制门·批书》,第85页。
③ 《天圣令》卷二七《狱官令》,第415页。
④ 李萌:《唐宋告身略论》,厦门大学2014年硕士学位论文。
⑤ 《天圣令》卷二七《狱官令》,第416页。
⑥ 《庆元条法事类》卷十三《职制门·亡役殁·职制令》,第283页。
⑦ 《庆元条法事类》卷七七《服制门·丁忧服阕·职制令》,第829页。
⑧ 佚名编:《吏部条法·磨勘门》,杨一凡等主编《中国珍稀法律典籍续编》第2册,哈尔滨:黑龙江人民出版社,2002年,第349页。
⑨ 《长编》卷三四八,神宗元丰七年八月丙子,第8346页。
⑩ 《宋史》卷三五五《来之邵传》,第11181页。

勒停人、前中卫大夫、荣州团练使郭吉复旧官。"吉为建康府水军统制,坐殴女仆至死,追官,送本军自效。至是枢密院言其自被罪之后,累立战功,故复之。"①郭吉复旧官后,先前上缴的官告如果没有销毁的话,此时或许发还之,郭吉凭此官告申请磨勘改官。

　　有论者认为以官当罪者的告身会暂时保存,并举《宋史·慎从吉传》的例子为佐证。慎从吉"判刑部,颇留意法律,条上便宜,天下所奏成案,率多纠驳,取本司所积负犯人告身鬻之,以市什器"②。以此判断说用以折抵刑罚的官员告身是留在刑部的,因此才有慎从吉将所积负犯人告身私卖的情况。③不过论者所举的例子并不准确。《宋史》言慎从吉卖犯人告身,应是注有"毁"字而作废的告身,那是作为废纸来卖的,慎从吉再用卖纸所得钱购置刑部办公所需器物。卖废旧的公文纸,以所得钱物办公事在宋代是允许的。例如苏舜钦"庆历中监奏邸,承旧例以拆卖故纸钱祠神"④。可见卖废旧纸用于公事是常见的,但不得假公济私。苏舜钦被罢官是"因以其余享宾客",越出了"公"的范围而遭弹劾的。作为刑部长官的慎从吉如果是卖未作废的告身,那是明知故犯,是违法行为,必定被纠举。但《宋史》并无因此事弹劾慎从吉的记载。实际上《宋史》是赞誉慎从吉的精明能干。至于上缴的官员告身是否追毁,那是要看皇帝的旨意和制度本身决定的,并非如论者所言免官者追毁,官当者不追毁。

三

　　现在回到徐谓礼文书,徐谓礼的初仕寄禄官承务郎官告不见踪影的原因,多半是官当后被收缴。以官当徒之法规定:"用官不尽,一年听叙,降先品一等;若用官尽者,三载听叙,降先品二等;若犯罪未至官当,不追告身,叙法依考解例,周年听叙,不降其品。"⑤初仕寄禄官承务郎位于最底的品级,当

① 《建炎以来系年要录》卷一四五,绍兴十二年六月甲子,第 2736 页。
② 《宋史》卷二七七《慎从吉传》,第 9445 页。
③ 李萌:《唐宋告身略论》,厦门大学 2014 年硕士学位论文。
④ 王辟之:《渑水燕谈录》卷四《才识》,《全宋笔记》第 2 编第 4 册,郑州:大象出版社,2006 年,第 40 页。
⑤ 《宋刑统校证》卷二《名例律·以官当徒除名免官免所居官》,第 29 页。

徐谓礼拥有高于其初仕官二级的告身时,此时假定犯罪官当,追三官,三年后叙复,降先品二等叙,那么徐谓礼的初仕寄禄官承务郎告身便不会再补给了。

据徐谓礼文书显示,徐谓礼于嘉定十四年(1221)五月差监临安府粮料院,直到宝庆三年(1227)正月才到任,中间有五年多政治生活的记录几乎为空白,录白印纸只记录了宝庆二年九月保洪溥的保状,之前的印纸除了嘉定十五年进宝赦恩转承奉郎的录白印纸和宝庆元年进宝赦恩转承事郎的录白印纸外,并没有其为官活动的记录。进宝赦恩,是基于皇帝的恩典,每个官员都有晋升的机会,故不能说明问题。值得注意的是,在这期间徐谓礼刚好遇到理宗皇帝即位大赦。理宗于嘉定十七年闰八月丁酉登基,辛丑发布大赦。①宋代的大赦分不同的层次,其中皇帝即位大赦是级别最高的,其赦免和推恩施赏的力度最大,所谓"常赦所不原者,咸赦除之"②。宋人云"祖宗登极,于有罪犯安置、编管、羁管等人次第推恩,或量移,或自便,或叙用,或复官,以其罪之轻重为差"③。理宗大赦的具体内容已无可考,以下我们举宋钦宗即位大赦令为例,看看即位大赦的相关内容。

> 应文臣承务郎、武臣承信郎以上,并内臣及致仕官并与转官合磨勘者仍不隔磨勘。……应各追官、停废人等,并终身不齿及放归田里,并注误连累自来未敢求仕人,并许于刑部投状,具元犯闻奏,当议特与甄叙。应散官、编管人等……曾经编管、羁管已放逐便者,并许于刑部投状,特与叙用。……追官责降人,元不犯赃,经大赦未得叙用,虽经叙用未复旧资,许诸官司投状。④

可见除赦免和减罪外,大赦令还有叙复、封爵进官的内容。在徐谓礼录白告身中,有嘉定十七年十月二十八日授承事郎的官告,即是大赦封爵晋升的结果。没有证据表明叙复与封爵晋升这两项恩典不可以同时享受。因大赦的

---

① 《宋史》卷四一《理宗纪》,第784页;(宋)佚名撰,汪圣铎点校:《宋史全文》卷三一,北京:中华书局,2016年,第2130页。

② 《三朝北盟会编》卷一〇一,建炎元年五月一日庚寅,第746页。

③ (明)黄淮等:《历代名臣奏议》卷二一八《赦宥》李纲议赦令疏,上海古籍出版社,1989年,第2870页。

④ 《三朝北盟会编》卷二六,宣和七年十二月二十三日庚申,第191—192页。

颁布,可以改变通常的制度惯例,缩短官员叙复的年限,亦即徐谓礼可能由原本须三年才能叙复而提前为一年。因此笔者推测徐谓礼初仕官告的缺失,有可能是因违法被追夺造成的。

此外,我们还应注意徐谓礼录白文书中有无隐讳的问题,这同墓志铭通常存在的弊病相似。对于墓主,录白的印纸文书自然也会有"报喜不报忧"的现象发生,毕竟录白文书属于墓主及其家属的私行为,并没有经过官方认证。我们尚不清楚徐谓礼文书中有哪些负面的印纸被有意过滤而没有录白下来,这是我们在研究徐谓礼文书时不能不注意的。

以上是对宋代官员告身收缴制度的初步探讨,告身的收缴涉及多方面,有些具体问题尚有待进一步研究。

(原载《浙江学刊》2016 年第 4 期)

宋折杖法再探讨

宋太祖建隆四年(963),吏部尚书张昭等奉诏制定了折杖法,作为徒、流、杖、笞刑的代用刑,使"流罪得免远徒,徒罪得免役年,笞、杖得减决数"①。宋折杖法的制定,是唐以来刑罚制度演变的结果。宋折杖法制定的意义在于:它结束了唐末五代以来酷刑肆虐、法出多门的混乱局面,"俾官吏之依凭,绝刑名之出入"②,在宋代第一次以法律形式制定出一个统一的、比唐大中七年(583)颁布的折杖法更简便、更完备的刑罚执行标准,从而奠定了两宋三百多年刑罚体系的基础和格局。关于宋折杖法,国内外学者已有不少研究成果,③折杖法作为徒、流、杖、笞刑的代用刑这一观点,学界已基本接受。但是仍有一些问题,如折杖法究竟制定于何时、关于折杖法中的小杖、宋徽宗大观以后折杖法的变化等,尚待进一步探讨。本文试就这些问题谈一些看法,希望得到学界同仁的指正。

一、关于折杖法的制定时间

宋折杖法究竟制定于何时,学界主要有两种观点,一种观点以日本学者川村康为代表,认为折杖法制定于建隆四年。另一种观点以薛梅卿为主,认为折杖法早在建隆三年,即《宋刑统》颁布前已经制定。④后者的主要依据是

---

① (宋)马端临:《文献通考》卷一六八《刑考》,北京:中华书局,2011 年,第 5043 页。
② (宋)李焘:《续资治通鉴长编》(以下简称《长编》)卷四,乾德元年三月癸酉,北京:中华书局,2004 年,第 87 页。
③ 参见薛梅卿《〈宋刑统〉研究》第十章《〈宋刑统〉刑制"折杖法"辨析》,北京:法律出版社,1997 年;[日]川村康《宋代折杖法初考》,《早稻田法学》第六五卷第四号,1990 年;川村康《政和八年折杖法考》,[日]杉山晴康编《裁判と法の歴史的展開》,東京:敬文堂,1992 年;安国楼《宋代笞杖刑罚制度论略》,《河南大学学报》1991 年第 1 期;郭东旭《宋代法制研究》第四章,保定:河北大学出版社,1997 年。
④ 薛梅卿:《〈宋刑统〉研究》,第 208 页。以下所引薛梅卿先生观点均出于此,不再另注出处。

《宋刑统》卷十九《贼盗律》所附的两条敕文。这两条敕文事关折杖法制定时间的论证,同时也事关宋初刑罚制度,有必要予以仔细分析。敕文之一为建隆三年二月十一日所颁:

> 起今后犯窃盗,赃满五贯文足陌,处死。不满五贯文,决脊杖二十,配役三年;不满三贯文,决脊杖二十,配役二年;不满二贯文,决脊杖十八,配役一年;一贯文以下,量罪科决。其随身并女仆偷盗本主财物,赃满十贯文足陌,处死;不满十贯文,决脊杖二十,配役三年;不满七贯文,决脊杖二十,配役二年;不满五贯文,决脊杖十八,配役一年;不满三贯文,决臀杖二十。……应配役人。并配逐处重役,不刺面,满日疏放。

敕文之二为同年十二月五日所颁:

> 今后应强盗计赃钱满三贯文足陌,皆处死。不满三贯文,决脊杖二十,配役三年;不满二贯文,决脊杖二十,配役二年;不满一贯文,决脊杖二十,配役一年。其赃钱并足陌,不得财者,决脊杖二十放。

薛梅卿把敕文规定的“决脊杖二十、配役三年”及“决脊杖十八、配役一年”刑看成是流刑加役流和流二千五百里的代用刑,从而认为这是《宋刑统》颁布前,宋已经制定折杖法的证据。然而,实际上这些规定虽有折杖法内容,但与建隆四年制定颁布的折杖法尚有区别,其中“决脊杖二十、配役二年”的刑罚等级是建隆四年的折杖法所没有的。建隆四年法规定:加役流,决脊杖二十,配役三年;流二千里至三千里,分别决脊杖十七、十八、二十,皆配役一年。薛梅卿对此认为,“之所以出现‘二年’这种配役刑期,可能有当时的客观原因,或是初定刑等轻重尚不完善,或是‘一年’误写为‘二年’;还有可能是《宋刑统》此处附进这两条敕文时,没有依《名例律》‘折杖法’改过来,以致小有出入”。薛梅卿的这些推断都不具说服力。首先,照薛梅卿说法,似乎建隆三年制定了折杖法,但不完善,建隆四年颁布时加以修改过。可是我们实在找不到这种说法的证据。张昭在建隆四年上折杖法的奏言中并未提及建隆三年曾有过一次修定折杖法的举措,我们至多只能说建隆三年张昭奉诏修折杖法,翌年修成颁布。但这并不等于说建隆三年已制定折杖法。

其次,“配役二年”,两条敕文中凡三见,不可能全都误写,特别是第二条

敕文云"不满二贯文,决脊杖二十,配役二年;不满一贯文,决脊杖二十,配役
一年"。假如其"二年"为"一年"之误,那么这条敕文所定前后刑等就变得重复
而毫无意义了。第三,所谓"没有依《名例律》'折杖法'改过来"的说法,与薛先
生的折杖法定于建隆三年的说法是自相矛盾的。既然建隆三年已制定折杖
法,为什么建隆三年敕文所规定的配役二年制还要改依建隆四年颁布的折杖
法呢? 究竟哪一年正式制定了折杖法? 总之,薛梅卿的推断不能自圆其说。

　　笔者以为"决脊杖二十,配役二年"的刑罚并不误,在宋初,这一刑罚是
与"决脊杖二十,配役一年"的刑罚同时存在的。如果说因建隆三年敕文有
配役二年的规定从而认为折杖法尚不完善的话。那么请再看折杖法制定后
的太宗太平兴国二年(977)三月诏令规定:

> 　　自今禁买广南、占城、三佛齐、大食国、交州、泉州、两浙及诸蕃国所
> 出香、药、犀、牙。……应犯私香、药、犀、牙,据所犯物处时估价,纽足陌
> 钱,依定罪断遣。……二千已上,决臂(臀)杖二十;四千已上,决臂(脊)
> 杖十五,配役一年;六千已上,决脊杖十七,配役一年半;八千已上,决脊
> 杖十八,配役二年;十千已上,决脊杖二十,配役三年;十五千已上至二
> 十千,决脊杖二十,大刺面配沙门岛;二十千已上,决脊杖二十,大刺面
> 押来赴阙引见。[①]

此诏中除了决脊杖十八、配役二年的规定外,还有决脊杖十七、配役一年半
的刑罚,都与建隆四年制定的折杖法有着明显不同。这条史料印证了上述建
隆三年决脊杖二十、配役二年的刑罚规定并非误写。宋初,与建隆四年折杖法
不相吻合的折杖数及配役年限材料还有许多。笔者将这些材料列表于下:

时　间	量刑幅度	资料出处
建隆二年四月	脊杖二十配役一年	《宋会要》食货23之18
建隆三年二月	脊杖十八配役一年　脊杖二十配役一年 脊杖二十配役三年	《宋刑统》卷19《贼盗律》
建隆三年十二月	脊杖二十配役一年　脊杖二十配役二年 脊杖二十配役三年	《宋刑统》卷19《贼盗律》

---

① (清)徐松辑,刘琳等校点:《宋会要辑稿·食货》三六之一至二,上海古籍出版社,2014年,第
　6785页。

续表

时　　间	量　刑　幅　度	资料出处
建隆三年 三月	徒二年配役一年　徒三年配役二年 徒三年配役三年	《宋会要》食货 20 之 1
乾德四年 十一月	徒二年半配役一年　徒二年配役一年半 徒二年半配役二年　徒三年配役三年	《宋会要》食货 20 之 2
太平兴国 二年二月	脊杖十五配役一年　脊杖十七配役一年半 脊杖十八配役二年　脊杖二十配役三年 脊杖二十刺面押赴阙	《宋会要》食货 23 之 19
太平兴国 二年三月	脊杖十五刺面配役一年　脊杖十七刺面配役一年半 脊杖十八刺面配役二年　脊杖二十刺面配役三年 脊杖二十大刺面配沙门岛　脊杖二十大刺面押赴阙	《宋会要》食货 36 之 2
太平兴国 二年十二月	脊杖十五配役一年　脊杖十七配役二年 脊杖二十配役三年	《宋会要》食货 34 之 2
雍熙四年 正月	脊杖十五配役一年　脊杖十八配役二年 脊杖十八配役三年	《宋会要》食货 23 之 22

其中量刑有的是用五刑本刑,有的是用折杖制,规则尚不统一,这是宋初新旧法交替时期的一种反映。从表中材料可以看出,大部分折杖之制和配役年限与建隆四年制定的折杖法根本不符,特别是乾德四年(966)规定的徒一年半配役一年、徒二年配役一年半的刑罚,与建隆四年折杖法规定的"徒罪得免役年"的刑罚毫无相同之处,显然它们是两种不同的刑罚。这些史料清楚无误地告诉我们,宋初在建隆四年制定的折杖法之外还存有另外一种刑罚制度。关于这一制度,笔者曾在另一篇文章里作了论述。①认为这是在宋初尚未统一全国的情况下,唐五代旧法与宋初新法混合使用后产生的特殊刑罚。实际上其总体是作为有刑期的配隶法行用,而非折杖法。即使是建隆四年折杖法制定后,其仍在实施之中,因此须将两者区分开来。

　　早在建隆三年以前,宋代的刑罚中就有折杖法的规定。如《宋会要辑稿·食货》二三之一八载:太祖建隆二年四月诏"以蚕盐贸易及入城市者,二十斤以上,杖脊二十,配役一年"。所规定的刑罚与后来宋正式制定的折杖

---

① 参见戴建国《宋代刑罚体系研究》,漆侠、王天顺主编《宋史研究论文集》,银川:宁夏人民出版社,1999 年,第 79—95 页。

法是一致的。但我们不能因此而说建隆二年就制定了折杖法。

有关折杖,可以追溯到唐前期。众所周知,唐前期制定的《唐律》中就有折杖代役的规定:"诸工乐杂户及太常音声人犯流者,二千里决杖一百,一等加三十,留住,俱役三年。"①犯流罪者,决杖后,可以免流徙,就地服役。这种以杖代役、以杖代流法为后世徒、流刑实施折杖法提供了可以借鉴的样板。唐大中七年,宣宗敕云:"法司断罪,每脊杖一下,折法杖十下;臀杖一下,折笞杖五下。则吏无逾制,法守常规。"②规定以脊杖代法杖,臀杖代笞杖,开启了折杖法的先河。五代时,也用折杖法。《五代会要》卷二十县令下载后晋天福八年(943)三月敕:"……如乡村妄创户及坐家破逃亡者,许人纠告,勘责不虚,其本府与乡村所由,各决脊杖八十,刺面配本处牢城执役。""决脊杖八十",数字恐有误,然脊杖为折杖之刑,当无疑问。此外还可看出,五代于折杖的同时还科以刺面配役刑。这种刑罚制度也为刚建立政权的宋代所沿用。在宋初的头三年,宋还无暇制定新法,多沿用前朝旧制。《宋会要辑稿·刑法》一之一曰:"国初用唐律、令、格、式外,又有《元和删定格后敕》、《太和新编后敕》、《开成详定刑法总要格敕》、后唐《同光刑律统类》、《清泰编敕》、《天福编敕》、周《广顺续编敕》、《显德刑统》,皆参用焉。"正由于宋初沿用唐五代旧法,法出多门,无统一标准,所以才会有建隆四年三月宋代新折杖法的出台。于是宋代才有了一个统一的徒、流、杖、笞刑的执行刑。当时立法官张昭在上折杖法时奏曰:"仰承睿旨,别定明文,俾官吏之依凭,绝刑名之出入,请宣付有司颁行。"③张昭说得很明白,制定折杖法是为了使法官有个统一的刑罚执行依据。如果说建隆三年已制定了折杖法,那么翌年就没有必要"别定明文"了。

综上所述,建隆三年宋太祖两篇敕文所规定的折杖之刑并不完全就是宋代制定的,其中夹杂着唐五代以来的旧法。北宋前三朝,是新旧之法混用的过渡时期,除了宋新定的折杖法之外,宋还沿用前代的配隶法和折杖法。宋代新折杖法的正式制定时间应为建隆四年三月。如果说,在此之前,宋太祖曾以诏敕名义间或规定过有关折杖的刑制,那也仅是对某一特定事件发

---

① (唐)长孙无忌等撰,刘俊文点校:《唐律疏议》卷三《名例律》,北京:中华书局,1983年,第74页。
② (宋)王溥:《唐会要》卷四一《杂记》,北京:中华书局,1955年,第747页。
③ 《长编》卷四,乾德元年三月癸酉,第87页。

布的临时措施,是零碎不全面的,并非正式立法,不具有普遍适用性,在司法活动中不能广泛引用。这在《宋刑统》卷三十《断狱律》中有规定:"诸制、敕断罪,临时处分,不为永格者,不得引为后比。"①即使有这种临时措施,与建隆四年经立法程序正式制定颁布的折杖法比较起来,无疑,我们只能以后者为法律修成之标志。因为后者作了删削整理,将适宜普遍和长期使用的内容法律化了。以宋《太祖实录》和国史为主要依据修成的《宋史·太祖纪》也记载得很明白:乾德元年(建隆四年十一月改元"乾德")三月癸酉"班新定律",这与北宋编年体史书《续资治通鉴长编》卷四所记载的乾德元年三月癸酉张昭上折杖法的日期是一致的,所谓"新定律",无疑指的就是折杖法。同时从《宋史》记载也可看出,当时人是把张昭等整理过的折杖法当作律来对待的。关于折杖法制定的时间,其实北宋的张方平早已说得清清楚楚:"皇朝建隆四年,太祖皇帝神智英武,自立一王之法,始建折杖之制,一百折二十,以次为差。"②

二、关于折杖法中的小杖

张昭在上折杖法的奏言中云:"旧据《狱官令》用杖,至是定折杖格,常行官杖长三尺五寸,大头阔不过二寸,厚及小头径不过九分,小杖不过四尺五寸,大头径六分,小头径五分。徒、流、笞、杖,通用常行杖。……徒、流皆背受,笞、杖皆臀受,讯杖如旧制。"③奏言云通用常行官杖以决徒、流、笞、杖刑,其区别在于除了决杖之数不同外,犯人受杖部位也不一样。值得注意的是,其中有刑具"小杖"尺寸的规定,但具体起何作用却没有说,这小杖究竟派什么用处? 唐《狱官令》:讯囚杖,大头径三分二厘,小头二分二厘;常行杖,大头二分七厘,小头一分七厘;笞杖,大头二分,小头一分半。④唐制杖具分三种:讯囚杖、常行杖、笞杖。宋讯囚杖沿用唐制,更改了常行杖的尺寸,但笞杖之名却不再出现,相应的却有小杖之制。这小杖实际上相当于唐之笞杖,只不过尺寸不同,功能亦有变化。笔者以为,笞罪执行时,是用常行官杖击打臀部的,不再以笞杖行决,是以废弃笞杖之名。但笞杖却另有用处(以下详论),为免混淆,以小杖名之。考南朝萧梁时,杖制有三:大杖、法杖、小杖。①其中就有小杖。宋小杖之名可能取乎此。

由于宋折杖法规定徒、流、笞、杖刑一律用常行官杖执行,过去作为笞刑行刑工具的笞杖在折杖法中似乎已失去作用,但新定的折杖法仍将其当作一种刑具而加以规定,这必定是有原因的。北宋元祐六年(1091)尚书省有一官员任永寿,因罪先被判以杖一百、千里编管之刑。刑罚执行后,因大臣奏言,改判徒一年、千里编管,于是"依律敕折杖法,小杖决余罪十下"②。依宋折杖法,杖一百刑,折臀杖二十,任永寿先已决臀杖二十,后改徒一年,应决脊杖十三。由于先前已经用折杖法折臀杖二十,须减去已决杖数,因此得比折臀杖,脊杖十三折合臀杖二十六,减去已决臀杖二十,尚剩臀杖六下,依据臀杖准折笞杖之制,"每笞二下,折大杖一"③,折笞杖当决十二下,结果任永寿"小杖决余罪十下",可能取其整数而已。通过此案,可以得知小杖乃是作为折杖法的拾遗补阙而存在的。此外小杖还有其他作用,我们先看几条史料记载。

《折狱龟鉴》卷四《马亮纵囚》载:

真宗朝,因宴,有亲事官失却金楪一片,左右奏云:"且与决责。"上曰:"不可,且令寻访。"又奏:"只与决小杖。"上曰:"自有寻访日限,若限内寻得,只小杖亦不可行也。"

《宋会要辑稿·刑法》七之八载:

(天圣)四年审刑院言:"准敕,军员节级等因公事情不涉私,行小杖决人十五已上,因而致死者,具奏取裁。自来法寺检断,依诸色官员因公事小杖决人杖数过多致死律条,考囚数过以致死者,徒二年定断取旨。缘军法务严,与他官不同,若依上条,似未允当。"

---

① (唐)魏徵等:《隋书》卷二五《刑法志》,北京:中华书局,1973年,第699页。
② 《长编》卷四五八,元祐六年五月丙子,第10962页。
③ 《庆元条法事类》卷七三《折杖减役·名例敕》,第750页。

《历代名臣奏议》卷三十四《治道》载蔡襄奏言：

> 律有监临主司不合行罚，敕许执衣、白直，得施小杖。臣窃谓天下州县官司、京师百司，唯执衣、白直，令依敕科罚，其余公事，各随所属长吏、长官行之。

执衣、白直都是供官府役使的当差人，宋人吴曾说："今世在官当直人，谓之'白直'。"①他们如有过失，主管可按敕之规定施以小杖。

《温国文正司马公文集》卷五四《乞罢保甲招置长名弓手札子》云：

> 其上番者，随县尉逐捕盗贼，自节级以上，各令管所辖之人，若所辖之人有小可过犯，许一面区分，不得过小杖十下。

神宗熙宁五年（1072）宋政府规定：

> 保丁更番在巡检下教习武艺。……私为人代名上番，杖六十，受赃重者，从重。保正、保长知而不举，笞四十。私逃亡杖六十，计逃日补填。酉点不到，不赴教阅，许小杖科决，不得过七下，余送本县施行。②

这条史料记载的小杖科决七下，是对轻微罪的薄罚，而且不必送县衙即可行刑。哲宗元符元年（1098）刑部奏：

> 纲运纲梢兵级雇到火儿，同于本纲仓库兵级……犯笞罪，许押纲人及专副以小杖行决，不得过十五。③

分析上述所引史料，可以得出以下结论：

首先，小杖与唐代的笞杖相似，但两者的尺寸有差别，所谓小，乃是相对于常行官杖而言。

其次，小杖是对已决犯改判后余罪的执行刑具，在行决之杖应通计时，起拾遗补阙的作用。

复次，小杖又是用以惩治微罪的一种刑具，政府部门的官吏，因公事对

---

① （宋）吴曾：《能改斋漫录》卷二《白直之称》，北京：中华书局，1985 年，第 37 页。
② 《长编》卷二三七，熙宁五年八月壬辰，第 5769 页。按："七下"，乃据文渊阁《四库全书》本改，点校本作"七十"，误。上文私逃亡罪重于不赴教阅罪，仅杖六十，折臀杖十三、小杖二十六，不赴教阅罪轻，不可能小杖科决七十下，显系讹误。
③ 《长编》卷四九四，元符元年二月壬午，第 11745 页。

他们所管辖的部属人员可以小杖直接行决,不需要经衙门,也无需经长官审理判决。所决杖数通常在十数下左右。宋对一般罪犯的惩处,规定"诸州笞、杖罪,不须证逮者,长吏即决之,勿复付所司"①。"诸处长吏无得擅断,徒、杖刑以下,听与通判官等量罪区分"②。与这些规定相比,以小杖行刑更具有"便宜行事"的特点。

须注意的是,除了折杖法规定的小杖外,军队中也有小杖刑具。宋太祖建立政权后,加强中央集权统治,制定了严密的军法,约束控制军队。小杖即是维持军法军纪的刑具之一。上述天圣四年审刑院的奏言就提到了军法用小杖制与行政官员用小杖制的区别,表明军队中小杖刑具的存在。政和五年(1115)十一月钱归善奏:"臣检会《政和敕》,诸笞、杖若诸军小杖制度违式者,已有断罪之文,而独讯囚杖、枷、杻未有专法,臣欲乞下有司,修立补完,以称陛下钦恤之意。"③文中所言"笞、杖",乃指刑具而非罪等之刑,笞即小杖,所言"若"者,意乃"及"也,与下文"诸军小杖"并列,也说明军队中另有专用小杖。

南宋时,仍有这两种小杖制度。《庆元条法事类》卷七十九《养饲官马·断狱令》规定:"诸失养饲官马,应科校者,以诸军小杖。"又同书卷七十三《折杖减役·名例敕》载:"诸决杖应通计者,计所犯杖数,以相准折,每笞二下(原注:诸军小杖同),折大杖一。"敕文中诸军小杖与笞杖是并列的,这是当时确有两种小杖的有力证据。《名公书判清明集》(以下简称《清明集》)卷一《约束州县属官不许违法用刑》载:"照得在法,笞、杖自有定数,笞至五十而止,实决十下,杖至一百而止,实决二十下,未尝有累及百数者。惟军中用重典,则有法外之刑,然必是其罪合减死一等,始有决小杖一百者。"军法有小杖杖一百者,远比民政用小杖制重得多,两种小杖的功能是有明显区别的。

北宋前期,小杖在法律文书中的正式名称即为本名,北宋天圣七年(1029)修订的《天圣令》卷二十七《狱官令》载:"诸杖皆削去节目,官杖长三尺五寸……小杖长不得过四尺五寸。"④北宋徽宗大观、政和更改折杖法后,

---

① 《宋史》卷一九九《刑法》,第 4970 页;《长编》卷二五,雍熙元年八月戊寅,第 582 页。
② 《长编》卷三七,至道元年正月戊申,第 809 页。
③ 《宋会要辑稿·刑法》六之七八,第 8572 页。
④ 《天一阁藏明钞本天圣令校证》卷二七《狱官令》,第 419 页。

用小杖决笞刑,在法律文书中,小杖改称"笞杖"。但在实际司法活动中仍有沿用旧称"小杖"的。如成书于政和七年的《作邑自箴》卷一云:"狱具并大、小杖称量如法,用火印。"与小杖相对应,尺寸稍大的官杖则称"大杖"。

三、宋徽宗大观以后折杖法的变化

宋折杖法实施了一百四十多年,由于宋代社会政治经济的发展,到徽宗大观二年(1108)规定发生了变化。《文献通考》卷一六七《刑考》载:

> (大观)二年,更定笞法,自今并以小杖行决,笞十为五,二十为七,三十为八,四十为十五,五十为二十,不以大杖比折,用为定制。

诏令规定笞罪的行刑刑具不再用常行官杖,代之以原先用来决微罪的小杖。比折的杖数也与先前不同,虽然比折后的平均杖数增加了,但因小杖的体积小于常行官杖,所以刑罚实际上并不见重。至政和八年(1118)四月宋徽宗再次下诏更改折杖法:

> ……杖、笞改而为小折大,以迄于今,未之能改。世治乱不同,则刑重轻亦异。今天下承平日久,囹圄数空,当缓刑省罚……除徒三年、杖一百外,可依下项:徒二年半、杖九十,可十七下;徒二年、杖八十,可十五下;徒一年半、杖七十,可十三下;徒一年、杖六十,可十二下;笞五十,可十下;笞四十,可八下;笞三十,可七下;笞二十,可六下;笞十,可五下。①

这条诏书就徒、杖、笞刑的折杖比数作了部分调整,史称此为"递减法"。②至于用刑刑具、受刑部位没有提到,有学者由此认为这次修改是不完备的。其实政和八年的修改,是在业已行用的大观二年更定笞法基础上进行的,此诏书所言"杖、笞改而为小折大,以迄于今,未之能改",显然指的是大观二年更定笞法以后的情况。因此,我们把这次调整同大观二年的修改联系起来看,就没有不完备之感了。如前所述,大观二年更定笞法,除用小杖代常行官

---

① 佚名编:《宋大诏令集》卷二〇二《除徒三年杖一百外立到杖数诏》,北京:中华书局,1962年,第752页。

② 《宋史》卷二〇〇《刑法志》,第4992页。

杖,比折一定数量的笞杖外,其他方面,如受刑部位等一仍折杖之旧,按建隆四年规定办,没有变动。亦即用刑刑具和受刑部位并未改变,以小杖决笞刑,击打臀部;以官杖决杖、徒、流刑,击打背部。沿用这些规定,这在当时是很清楚的事情,不会有什么疑问。因此,诏书没有必要赘言。

　　折杖法经政和八年修改后,流、徒、杖、笞刑的行决杖数减少了,但也引出了一个问题:对于行决之杖应通计的犯人来说,无形中却加重了刑罚,以下将新旧法作一比较。例如,某罪犯,先判杖七十之刑,依修改后的新折杖法执行,决臀杖十三,后因罪重,改判徒三年,徒三年折脊杖二十,据宋诸杖通计比折法,脊杖二十比折臀杖四十,[①]改判前已决臀杖十三之刑应通计,臀杖四十减去已决十三,尚余臀杖二十七待决,比折脊杖十三。脊杖十三的本刑即徒一年半,而旧法,先判杖七十之刑,折臀杖十五,改判徒三年,折脊杖二十,比折臀杖四十,已决臀杖十五之刑应通计,臀杖四十减去已决十五,尚余臀杖二十五待决,比折脊杖十二。脊杖十二的本刑即徒一年。比较下来,新法反比旧法重,这样一来,就失去了政和新法原有的减刑意义。为此,宋徽宗分别于重和元年(政和八年十一月改元)十二月、宣和元年(1119)及宣和四年就诸杖通计比折法作了补充规定:

> 应犯徒三年,已决杖七十或杖八十,并减就杖一百。

> 应加役流并流三千里,若已决杖七十以上,该通计,并其余流罪折杖数外,应入新减数徒罪之人,并减就杖一百。

> 徒三年及流三千里、加役流,已决杖六十应通计者……并减就徒一年。[②]

这三条规定对行决之杖应通计的犯人皆作减一等罪处分,以解决因政和折杖新法所造成的实际刑罚加重的问题。

　　除了宋徽宗时期的几次修改外,折杖法另外还有一些变化。

　　其一,是刑具小杖尺寸的变化。据南宋制定的《庆元条法事类》卷七十

---

① 《庆元条法事类》卷七三《折杖减役·名例敕》,第750页。

② 《庆元条法事类》卷七三《折杖减役·申明》,第752页。按:既然重和及宣和年间就诸杖通计比折法作出补充规定,说明诸杖通计比折法在北宋时就制定了。《庆元条法事类》乃沿用北宋之法。

三《决遣·断狱式》载，"长止四尺，上阔六分，厚四分，下径四分"，小杖体积比建隆四年时所定小杖要小。小杖尺寸的变化发生于何时，史无记载，《庆元条法事类》虽制定于南宋宁宗时，但其中的许多条款却是沿用北宋的，因此小杖尺寸有可能早在北宋时就更改了。

其二，判流罪并附加配罪从刑的犯人，以及犯流罪的妇女，一并决脊杖二十、配诸军，不再区分杖十七和杖十八刑等。同时，废除了原本就地服役一年或三年的规定。①其中女犯人行刑之变化则早在太宗淳化四年(993)就已发生了。②

其三，北宋徽宗时规定以小杖取代常行官杖，成为笞罪的行刑工具，决杖数至十下为止，击打部位仍沿旧制不变，杖罪折杖后仍以常行官杖击打臀部。这个规定到南宋执行起来发生了变化。《清明集》卷七《义子包并亲子财物》条判词云："蔡福、陈顺、春喜、来喜、小童、姚岳婢仆，辄敢党附真孙……并各从恕，勘杖一百，内小童年十四，改决小杖二十。"勘杖一百，即杖一百，依折杖制，实决臀杖二十。其中小童原也判杖一百之刑，法官考虑到其年幼，从轻发落，改决小杖二十。问题是，宋法令中并无决小杖二十的规定。徽宗政和八年颁布的折杖递减法规定，折杖后的小杖决数分别为五下、六下、七下、八下和十下。又南宋胡石壁云："照得在法，笞、杖自有定数，笞至五十而止，实决十下，杖至一百而止，实决二十下。"③笞至五十而止，实决十下者，与政和八年颁布的折杖递减法中的小杖决数是相符合的，显然是指小杖而言。换句话说，折杖后的法定小杖数最多决十下，并无决二十之制。据此，上述法官判小童决小杖二十之刑完全背离了此规定。那么法官是依据什么做出这样的判决？笔者以为，这一判决是法官根据案子的实际情况参照有关法令做出的。

在宋代，法律规定，徒以上罪，必须由州以上司法机构审判，杖罪以下，县一级有权审理。④如徒以上罪，凡法重情轻，或法轻情重者，则必须上报朝

① 《庆元条法事类》卷七五《编配流役·名例敕》，第779页。
② 《宋会要辑稿·刑法》四之三，第8446页。
③ 中国社会科学院历史研究所宋辽金元史研究室点校：《名公书判清明集》卷一《约束州县属官不许违法用刑》，北京：中华书局，2002年，第36页。
④ 《宋会要辑稿·刑法》三之一一至道元年五月诏，第8398页；《庆元条法事类》卷七三《决遣·断狱令》，第744页。

廷裁决。"故事,州郡之狱有疑及情可悯者,虽许上请,而法司多举驳。"①前述小童等人触犯了刑法,理应判以杖一百之刑,但小童年幼,属法重情轻,因此案乃杖以下轻罪,无须上奏朝廷,法官有权自行处治,于是法官根据小童的年龄,改用小杖行决,以替代官杖。结果杖数不变,刑具改小,实际减轻了刑罚。又《衣冠之后卖子于非类归宗后责房长收养》案判词云:"刘程两将元老卖弄,为父不父,本合勘决,且与从荫,决小杖二十。"刘程祖父曾任衡州知州,是官宦之后,从轻改决小杖二十,以示优待。决小杖二十,可能也是杖一百的代用刑。同书卷九《叔伪立契盗卖族侄田业》条载:"黄延不合书契及立批领交钱,勘杖八十,陈秀不合作牙保押契,决小杖十五。"黄延判杖八十,是本刑,折合臀杖十五。陈秀决小杖是折杖刑,两者并判,说明不是同一刑等。陈秀的本刑虽未说明,然据政和八年颁布的折杖递减法推算,也应是判杖八十之本刑,折合臀杖十五,当用官杖行决,法官从轻发落,易以小杖行决,大约是陈秀的罪行较轻的缘故。

从上述例子,我们可以看出南宋后期,折杖法的运用发生了变化,存在一种现象,即杖罪犯,可以小杖代替官杖行刑。这表明南宋的司法审判,并不是完全机械地依照折杖法行事,法官可以根据具体案情,灵活运用法令,进行判决。至于笞罪犯,可能是折杖后的刑太轻,而不被重视,因此在《清明集》里没有决小杖十以下的记载。

其四,南宋出现了以竹篦代大杖行刑的记载。《清明集》卷十一《引试》条判语曰:"(吴敏中)文理粗通,故与免受大杖,改决竹篦二十。"同卷《士人以诡嘱受财》条:"余子能决竹篦二十,以代大杖,仍编管五百里。"此外尚有"从轻决竹篦十五"、"决竹篦十下罢"、"决竹篦二十编管一千里"等案例。②决竹篦数计有十下、十二下、十五下、二十下、三十下多种等级。与政和八年颁布的折杖法中的笞杖刑完全不同。宋折杖法规定"常行官杖长三尺五寸,大头阔不过二寸,厚及小头径不过九分。小杖不过四尺五寸,大头径六分,小

---

① (宋)李元纲:《厚德录》卷二,《全宋笔记》第6编第2册,郑州:大象出版社,2013年,第250页。

② 《清明集》卷十二《讼师官鬼》,第473页;卷十二《士人教唆词讼把持县官》,第477页;卷十三《哗鬼讼师》,第481页。

头径五分……,讯杖如旧制"①。讯囚杖如旧制,即唐制:"大头三分二厘,小头二分二厘。"②刑具用何种材料制成,没有说。考《宋刑统》卷一《名例律》载疏议曰:"笞者,击也。……汉时笞则用竹,今时则用楚。"据沈家本考证,"楚"者,乃荆也,木也。③北宋张方平说:"太祖皇帝神智英武,自立一王之法,始建折杖之制,一百折二十,以次为差,杖制用木而大于棰。"④《文献通考》卷一六七《刑考》载:高宗中兴,著令:"诸狱具,当职官依式检校,……杻、钳、锁、杖制各如律,不得微有增损。"所谓"律",即《宋刑统》中的律,"各如律",就是说,上引《宋刑统·名例律》所载笞杖用木制,仍为南宋法之定制。南宋乾道四年(1168)臣僚奏言:"凡讯囚,合用荆子,一次不得过三十,共不得过二百,此法意也。"⑤荆子即木。凡此种种,都说明宋折杖法规定的几种刑具皆为木制,当无疑问。《清明集》所反映的竹篦却是竹制的刑具,与木制刑具小杖当无关系,因而可知其为又一种刑具。

竹篦作为宋代刑具,不知起于何时。《文献通考》卷一六七《刑考》载:南宋乾道四年"臣僚言:杖、笞之制,著令具存,轻重大小之制,不得以私意易也。……凡守令与掌行刑狱之官,并令依法制大、小杖"。所言刑具没有提及竹篦。据修定于宁宗嘉泰二年(1202)的《庆元条法事类》卷七十三《刑狱门》载,南宋法定刑具仅笞与杖两种,并无竹篦。又谢维新《古今合璧事类备要》外集卷十八《刑法门·名例敕》载:"笞一十决笞五下,二十笞六下,三十笞七下,四十笞八下,五十笞十下,并放。杖六十臀杖十二,七十臀杖十三,八十臀杖十五,九十臀杖十七,一百臀杖二十,并放。"宋自元丰修敕令格式,"以约束为令,刑名为敕"⑥。"自名例以下至断狱,凡十有二门。"⑦《古今合璧事类备要》成书于宝祐五年(1257),书中所谓《名例敕》当是修于南宋淳祐二年(1242)的法典《淳祐敕令格式》的一部分,因此可以判断,竹篦乃是非法定刑具,大约流行于南宋后期。接下来我们再探讨竹篦与小杖的关系。

---

① 《长编》卷四,乾德元年三月癸酉,第88页。

② (唐)杜佑:《通典》卷一六八《刑法》,北京:中华书局,1984年,第4350页。

③ (清)沈家本撰,邓经元等点校:《历代刑法考·刑具考》,北京:中华书局,1985年,第1217页。

④ (宋)张方平:《乐全集》卷二四《请减刺配刑名》,文渊阁《四库全书》本,第1104册,第244页。

⑤ (宋)马端临:《文献通考》卷一六七《刑考六》,北京:中华书局,2011年,第5016页。

⑥ 《玉海》卷六六《元丰诸司敕式编敕》,第1261页。

⑦ 《长编》卷三四四,元丰七年三月乙巳,第8254页。

　　《清明集》卷五《继母将养老田遗与亲生女》及卷八《衣冠之后卖子于非
类归宗后责房长收养》收载了法官翁甫（号浩堂）的两件判词，其中都有"决
小杖"的判语，皆表示薄罚的意思。翁甫为宝庆二年（1226）进士，而《清明
集》中"决竹篦"案例的书判官员蔡杭（号久轩）、吴势卿（号雨岩）、胡颖（号石
壁）皆为南宋理宗绍定（1228—1233）以后的官员，①他们与翁甫差不多都生
活在同一历史时期。又宋慈《洗冤集录》卷五"受杖死"条，内有司法官检验
尸体须查验"小杖痕、大杖痕"事项，小杖痕显是以小杖击打后的伤痕。《洗
冤集录》成书于淳祐七年（1247），而蔡杭在其一篇记述淳祐九年案例的判词
中，也用了"重究竹篦二十"的量刑。②这些资料表明"决小杖"和"决竹篦"作
为两种刑罚在同一时期是并存的，小杖与竹篦作为刑具都在通用之列，没
有谁取代谁的问题。从判词看，竹篦代大杖行刑，也是从轻发落，与小杖
代大杖有着相似的作用，但两者比较起来，以竹篦行刑显然要比小杖行刑
更轻。

　　研究折杖法，南宋判案汇编《清明集》是不能不参考的。在这本书里，有
个令人困惑的问题，即判决臀杖的案例特别地少，仅有四件；而判决脊杖的
案例比比皆是，多达一百二十多件。在南宋，决脊杖是对犯徒、流罪犯的实
际折杖，而决臀杖是对杖罪的实际折杖。直接判决臀杖的案例如此之少，以
致使人怀疑当时折杖法之臀杖是否实施，这是一个令人困惑而又不能不探
讨的问题。

　　自北宋折杖法制定以来，法官对某一案件作出的量刑决定，通常可分成
两种：其一为笞、杖、徒、流、死五刑系统之法定刑名称，既本刑。如"流三千
里"、"徒三年"之类。其二为宣告刑名称，是本刑经折杖法比折后的刑罚。
如"决脊杖十八"、"决臀杖二十"、"杖脊二十"。例如岳飞一案，大理寺对岳
飞部属僧泽一的判决云："合流三千里，私罪断，合决脊杖二十，本处居住
（作）一年，役满日放。"③"合决脊杖二十"即是折杖后的实际杖数。在《清明
集》里，所判本刑罪，多以"勘杖"之语宣判，倘若是判"勘下"之语，则又带有
不即行执行，暂且记下罪名，以观后效的意思。《清明集》卷三《比并白脚之

①　陈智超：《宋史研究的珍贵史料》，见《清明集》附录七，第681—682页。
②　《清明集》卷一一《引试》，第403页。
③　《建炎以来朝野杂记》乙集卷十二《岳少保诬证断案》，第704页。

高产者差役》一案,载罪犯张世昌避逃差役,法官判曰:"张世昌勘下杖一百,押赴蕲春县日下着役。如更敢拒顽,就行申解照断。"换言之,张世昌如不好好认罪的话,则法官勘下的一百杖刑即付诸执行。

在《清明集》里,犯徒、流罪的犯人,法官一般都判以"决脊杖"这一徒、流罪的实际执行刑,与此判决形成反差的是,犯了杖罪的犯人,法官却大量判以"勘杖"、"从杖"、"杖"本刑,而不直接判以实际执行刑。据日本学者川村康统计,判"决脊杖"的有一百二十三人,判"决臀杖"的仅有四人,但以"勘杖"本刑替代"决臀杖"的判语却出现一百四十一次,以"杖"替代"决臀杖"的判语出现五十二次,以"从杖"替代"决臀杖"的判语出现十七次。①法官为何在判处徒、流罪时大量用折杖法结案,而在判处杖罪时,却用本刑结案? 笔者以为,这与宋代的避讳制度有关。

宋《文书令》规定:"诸犯圣祖名、庙讳、旧讳、御名,改避,余字有他音,及经传子史有两音者,许通用,正字皆避之。若书籍及传录旧事者,为字不成,御名,易以他字。"②对犯宋皇帝名讳问题,规定了处理办法。南宋光宗名"惇",音"敦(dun)",宋代韵书作"都昆切";"决臀杖"之"臀","徒浑切",③音"tun",与"惇"字声母虽不同,可以不避,但是两者的韵母却是相同的,由此带来了不小的麻烦。在宋代,某一案件定判后,必须由长官对犯人宣读判词。南宋刘克庄在一份案件的书判中云:"汪伯仁押下司理院勘问,假写除附公据及过房书帖之人,如实供,当与阔略,或更隐讳,枷勘。及读判,汪伯仁不到奉判,此必是本司见役公人有与之相为表里者⋯⋯两词人并仰押在厅前听候书判。"④又乾道四年(1168)臣僚奏言中有"呼囚书字,茫然引去,指日听刑"之语。⑤这两条材料所言"听候书判"、"听刑",都是听法官宣判之意。当法官对犯人宣读判决结果时,如果咬字吐音不准确,特别是方言口音浓重的话,很容易把"臀"音读成"惇"音,将"决臀杖"念成"决惇杖"音,从而犯下弥天大罪。这决非法官们所愿意冒险做的。笔者推测,法官们为了谨慎起

---

① [日]川村康:《宋代折杖法初考》,《早稻田法学》第六五卷第四号,1990年。
② 《庆元条法事类》卷三《名讳・文书令》,第8页。
③ 陈彭年等:《广韵》上平声卷第一,《四部丛刊》初编本。
④ (宋)刘克庄撰,王蓉贵、向以鲜校点:《后村先生大全集》卷一九三《乐平县汪茂元等互诉立继事》,成都:四川大学出版社,2008年,第4876页。
⑤ 《文献通考》卷一六七《刑考》,第5017页。

见,采取了变通办法,对杖罪犯,判以"勘杖"、"杖"、"从杖"之本刑,而不直接判以实际执行刑的"决臀杖",以减少麻烦。

这一避讳倾向,同样也反映在成书于光宗赵惇之后的法令汇编《庆元条法事类》里。此书卷七十三《名例敕》:"诸罪人应决而役者,计所役日,以减笞杖之数,每二十七日当脊杖一,九日当大杖一,七日当笞一。"在折杖法中,杖刑分为脊杖、臀杖和笞杖三种。《名例敕》把原臀杖之刑改名为大杖之刑,而大杖本指刑具,是脊杖和臀杖的行刑刑具。现以大杖指代臀杖之刑,显得不是很恰当。为什么要这样替代呢? 除了避讳原因外,实在找不出其他理由。当然在法律里并没有硬性规定要避"臀"字,如果法官要直接书判"决臀杖"也是可以的。这可以用来解释为何在《清明集》里偶尔还有"决臀杖"判词的记载。

《宋史》卷二百《刑法志》云:"中兴之初,诏用政和递减法,自是迄嘉定不易。"《宋史》曰终嘉定朝,用政和递减法不改,那么这是否意味着嘉定之后,就改变了折杖法呢? 如果是的话,为何下文不交待嘉定之后的变化呢? 其实这一问题牵涉到元修《宋史》的材料来源。元灭南宋后,将临安宋史馆所藏宋历朝所修国史及"诸注记五千余册"运往元朝的国史院。①后来元修《宋史》,主要就是据这些史籍而成。宋人自己所修的国史先后有过四部,最后一部《中兴四朝国史》,所叙史事止于宁宗嘉定朝。《宋史·刑法志》间接取材于宋国史,所叙折杖法自然沿用《中兴四朝国史》的说法,到嘉定朝为止。然而,南宋实行政和递减法并非止于嘉定,晚于嘉定朝的绍定二年进士胡颖的一条判词云:"照得在法,笞、杖自有定数,笞至五十而止,实决十下,杖至一百而止,实决二十下。"②将此法与政和递减法对照,两者的量刑标准是一致的。又前引成书于宝祐五年的《古今合璧事类备要》,其所载《名例敕》规定的折杖法也是与政和递减法相吻合的。这些都说明即使在嘉定以后,南宋依然实行着政和递减法。

从以官杖行刑作为流、徒、杖、笞罪的代用刑,到以小杖替代常行官杖来决笞罪,再到以小杖替代常行官杖来决杖罪,最后又以竹篦代常行官杖决杖

---

① (明)宋濂等:《元史》卷一五六《董文炳传》,北京:中华书局,1976年,第3672页。

② 《清明集》卷一《约束州县属官不许违法用刑》,第36页。

罪,所有这些变化,反映出两宋折杖法是朝着轻刑方向发展的。然而这仅是问题的一个方面,并不能说明宋代整个刑法的减轻。笔者认为,宋代实行主、从刑制,折杖法乃是主刑的执行刑,而主刑之外宋通常还判加犯人刺配、编管、移乡等从刑。宋代主刑刑罚趋轻弱化,但从刑的适用却逐渐地重于主刑。宋代刑罚的实施过程,是一个刑罚向两极分化发展的过程,呈现出轻者愈轻,重者愈重的趋势。这与宋代广泛运用从刑并逐渐加重从刑的政策是紧密相关的。

(原载《上海师范大学学报》2000 年第 6 期)

国家治理视域下的宋代家族、家庭管理政策

在门阀世族退出历史舞台以后,一种新型的家族组织开始在宋代出现。为保证家族组织的健康发展,除了家族内部订立家法族规外,还需要宋政权从国家层面对家族组织进行有效管理,制定相应的法律政策来调整家族关系和家庭成员的行为规则,从根本上巩固王朝统治。本文即从国家治理角度对宋代的家族组织管理作一探讨。需要说明的是,家族组织管理的范围甚广,绝非本短文所能涵盖,对于学界有过充分论述的,不再赘述;①有些虽有论述,但仍有发挥的余地,尚可补充者,本文试加叙述,以求教于方家。

一、维护家族组织发展的国家制度

同以往朝代一样,宋代家族组织管理的基本点依然是极力维护封建家长制,确认族长、家长的绝对权威,赋予他们对家族、家庭成员的教令权和对财产的支配权。北宋初制定的法典《宋刑统》规定:"诸子孙违犯教令,及供养有阙者,徒二年。"②法令赋予家长以绝对的权力,子孙卑幼辈必须无条件服从,不得触犯家长的权威,违犯家长的意志。如有不敬行为,便构成"不孝罪",必招致严刑处罚。法律规定:"诸詈祖父母、父母者,绞;殴者,斩。"③《宋

---

① 参阅仁井田陞《補訂中国法制史研究・法と習慣・法と道德》(東京大学出版会,1980年補訂版);朱瑞熙《宋代社会研究》(郑州:中州书画社,1983年)、张邦炜《婚姻与社会:宋代》(成都:四川人民出版社,1989年);陈鹏《中国婚姻史稿》(北京:中华书局,1990年);柳立言《浅淡宋代妇女的守节与再嫁》(《新史学》第2卷第4期,1991年);叶孝信《中国民法史》(上海人民出版社,1993年)。

② (宋)窦仪等详定,岳纯之校证:《宋刑统校证》卷二四《斗讼律・告周亲以下》,北京大学出版社,2015年,第316页。

③ 《宋刑统校证》卷二二《斗讼律・夫妻妾媵相殴并杀》,第300页。

刑统》还明载:"诸祖父母、父母在而子孙别籍、异财者,徒三年。"①强调父子不得异居分户。宋太祖在开宝二年(969)曾诏令"川、陕诸州,察民有父母在而别籍异财者,其罪死"②。在统治者看来,父子别居有伤风化,与传统伦理道德格格不入。宋太祖在一篇诏书中云:"人伦以孝慈为先,家道以敦睦为美。矧犬马而有养,岂父子之异居?伤败风化,莫此为甚。"③宋要求父子同居,"正欲均其贫富,养其孝弟而已"④,以维护封建家长制。宣扬"孝",无非是要臣民忠于朝廷,把维护家族秩序同巩固国家政权结合起来。

家族、家庭的财产支配权归家长所有,子女不得私有、自蓄财物。同居子孙卑幼辈不得私自买卖、动用家财。"诸家长在,而子孙弟侄等不得辄以奴婢、六畜、田宅及余财物私自质举及卖田宅。"⑤朱熹曾代表官府在一份文告中曰:"盖父母在上,人子一身尚非自己所能专有,岂敢私蓄财货,擅据田园,以为己物?"⑥家族成员未经家长同意,私自动用、买卖财产的,将受法律制裁,"如是卑幼骨肉蒙昧尊长,专擅典卖、质举、倚当,或伪署尊长姓名,其卑幼及牙保引致人等,并当重断"⑦。哲宗时,大臣章惇因父母在世而私置田产,受到台谏官严厉弹劾,其罪名便是"亏损名教,绝灭义理",结果受到罢官处罚。⑧

为了维护以父权为核心的封建家族关系,巩固尊卑贵贱的等级制度,保持家族内部的稳定,宋沿用了历代以来家族内部有罪相互容隐的法律政策:"诸同居,若大功以上亲及外祖父母、外孙,若孙之妇、夫之兄弟及兄弟妻,有罪相为隐,部曲、奴婢为主隐,皆勿论。"⑨子孙向官府告祖父母、父母罪者,将

---

① 《宋刑统校证》卷十二《户婚律·父母在及居丧别籍异财》,第165页。

② 李焘:《续资治通鉴长编》(以下简称《长编》)卷一〇,开宝二年八月丁亥,北京:中华书局,2004年,第231页。按,据同书卷二四太平兴国八年十一月癸丑条,太宗虽废除此令,但规定"论如律",仍要治其罪。第556页。

③ 《长编》卷九,开宝元年六月癸丑条引《东都事略》,第203页。

④ 中国社会科学院历史研究所宋辽金元史研究室点校:《名公书判清明集》(以下简称《清明集》)卷八《母在不应以新生子与抱养子析产》,北京:中华书局,2002年,第279页。

⑤ 《宋刑统校证》卷一三《户婚律·典卖指当论竞物业》,第175页。

⑥ (宋)朱熹:《晦庵先生朱文公文集》卷九九《晓谕兄弟争财产事》,朱杰人等主编《朱子全书》,上海古籍出版社、合肥:安徽教育出版社,2002年,第4585页。

⑦ 《宋刑统校证》卷一三《户婚律·典卖指当论竞物业》,第175页。

⑧ 《长编》卷四三二,元祐四年八月己未,第10427页。

⑨ 《宋刑统校证》卷六《名例律·有罪相容隐》,第88页。

处绞刑。①除了谋反罪外,卑幼不得告尊长,即使实有其罪,上告者也要受刑事处罚。"诸告周亲尊长、外祖父母、夫、夫之祖父母,虽得实,徒二年。"②通常告谋反罪有赏,但告亲属谋反罪无赏,原因在于这种行为违背了家族有罪相容隐原则,妨碍了家族利益,有损于封建家族关系。大中祥符五年(1012),"三司请民有贩茶违法者,许家人告论",真宗回复说这违犯了家族内有罪相容隐的"教义","非朝廷所当言也",没有同意。③又如熙宁七年(1074)凤阳百姓赵怀懿女告夫弟何巨源谋反,查实后何巨源被处斩,赵怀懿"乞行赏,有司以何氏告其夫弟之罪,法告有服亲不当赏。怀懿诉于登闻检院,下刑部,刑部言:五服许相容隐,虽谋逆许告,于法无赏"。后仅作为特例奖赏了赵氏。④可见宋并不鼓励这种告发行为。南宋《庆元条法事类》载有与此相关法律:"诸告不应告之人于法所告之事者(原注:谓如告缌麻以上亲谋叛之类),不在赏例。"⑤

　　然而家族内如有屡教不改的害群之马,宋则规定不适用家族容隐法。太平兴国三年(978)太宗下令"中外臣庶家子弟或怀凶险,有乖检率,屡加教戒,曾不悛改,许其尊长闻于州县,锢送阙下,当配隶远恶处。容隐不以闻者,期、功以上亲坐之"⑥。宋政府还不时命令家族尊长和地方长官对家族严加督察,打击破坏家族稳定的不法分子。太平兴国六年太宗下诏:"应内外文武官及两京诸道州府士庶子弟甥侄等,方属承平,宜伸诚谕,自今州县长吏,伺察部内,有轻薄无赖、孝悌有亏、货鬻田园、追随捕博、宗族所共弃、乡党所不容者,并当严加诱掖,俾之悛改,其闻义不服,为恶务滋者,即须条具姓名以闻,当议置于刑辟。"⑦对于那些"诱人子弟求析家产,恣为不逞,及辄坏坟域者,仍逐处即时捕捉,并许本家亲族、邻人陈告,鞫按以闻,当议决配"⑧。

---

① 《宋刑统校证》卷二三《斗讼律·告祖父母父母》,第312页。

② 《宋刑统校证》卷二四《斗讼律·告周亲以下》,第314页。

③ 《长编》卷七七,大中祥符五年四月戊申,第1762页。

④ 《长编》卷二五三,熙宁七年五月癸亥,第6200页。

⑤ 《庆元条法事类》卷十三《理赏·赏令》,杨一凡等主编《中国珍稀法律典籍续编》第1册,哈尔滨:黑龙江人民出版社,2002年,第274页。

⑥ 《长编》卷一九,太平兴国三年五月戊申,第431页。

⑦ 佚名:《宋大诏令集》卷一九〇《诫饬士庶子弟甥侄等诏》,北京:中华书局,1962年,第696页。

⑧ (清)徐松辑,刘琳等点校:《宋会要辑稿·刑法》二之九,上海古籍出版社,2014年,第8286页。

宋在家族管理方面,颁布了一系列法律政策,将家族制度法律化,凡有违反者,依律行事。家族成员"或身居子职,有阙侍养;或父母在堂,则蓄私财;或犯分陵忽,不顾长幼之伦;或因利分争,遽兴骨肉之讼:凡若此者,皆有常刑"①。元丰五年(1082)祠部郎中赵令铄因"道遇叔祖宗晟不致敬",神宗命大理寺立案审理。结果赵令铄被罚铜四斤。②这件案例虽小,却表明宋对维护封建家长制不遗余力。

　　宋政府在用法律手段维护家族制度的同时,在精神和物质上对世代同居共财的家族则大力予以奖励和扶持。太平兴国五年"襄州襄阳县民张巨源五世同居,无异爨。诏旌表门闾"③。至道三年(996),温州言"永嘉县民陈侃五世同居,内无异爨,侃事亲至孝,为乡里所称。诏旌表门闾,赐其母粟帛"④。类似旌表,在《宋史·孝义传》里多有记载。有的家族还享有政府赐予的免役、免税等特权。如江州义门陈昉,太祖曾诏免其家族徭役。其后太宗又免其杂科。⑤池州义门方纲,天禧时真宗免其家族杂科。⑥河阴、大名府的王世及、李宗祐,陈州的刘闬,宣州的汪政,潭州的李耕等家族,宋廷除了旌表外,"仍蠲其课调"⑦。河中府姚氏家族十世同居,仁宗下诏"复其家"⑧。至神宗元丰六年(1083),提举陕西保甲司上言:"河中府姚用和赍庆历八年黄敕,言姚栖云十世同居,孝行可法,赐旌表门闾,二税外免差徭,欲乞与免保甲",神宗"从之"。⑨这些世代同居共财的大家族,税、徭役等一经朝廷蠲免,便世世享有此待遇。熙宁时神宗实行免役法,人户按等第出免役钱,以前免差役的官户、女户按户等减半交纳助役钱,宋政府对曾受到朝廷旌表的家族依然给予优待,规定凡持有皇帝所赐敕书,"所出役钱,依官户法",也享有减半特权。⑩南宋时宋廷进一步放宽政策。《庆元条法事类》载:"若旌表门

① 《清明集》卷一《劝谕事件于后》,第9页。
② 《长编》卷三三一,元丰五年十二月戊辰,第7989页。
③ 《宋会要辑稿·礼》六一之一,第2103页。
④ 《长编》卷四〇,至道二年六月庚辰,第842页。
⑤ 《宋史》卷四五六《陈兢传》,第13391—13392页。
⑥ 《宋史》卷四五六《方纲传》,第13396页。
⑦ 《宋史》卷四五六《裴承询传》,第13400页。
⑧ 《宋史》卷四五六《姚宗明传》,第13403页。
⑨ 《长编》卷三三四,元丰六年四月癸丑,第8048页。
⑩ 《长编》卷二五六,熙宁七年六月壬子,第6255页。

间之家,敕书见在,并非伎术、赐号处士,其色役听免。"①受到旌表的家族,全部免除徭役。宋将此政策以法律形式确定下来,期望通过这些优厚政策,积极引导社会以"孝慈为先",以"敦睦为美",激励天下风气。

宋大力提倡家族阖门义居,禁止父子异居,维护封建家族关系。家族间的义聚,可以充分发挥亲属间有无相通,患难相恤功能。诚如宋人所说:"宗族亲戚间不幸夭丧,妻弱子幼,又或未有继嗣者,此最可念也。悼死而为之主丧,继绝而为之择后……此宗族亲戚之责之义也。"②宋规定:"诸同居亲疾病,辄相弃绝,或死丧不亲殓葬者,杖一百。"③家族亲戚间有义务救死扶伤,不执行者将受到法律制裁。宋代制定颁布家族组织管理规范的一个根本出发点,就是要营造一个有利于统治的稳定的社会基础。

从宋代文献记载来看,宋代的家族组织有两种形式:一是世代同居共财的大家庭。《宋史·孝义传》所载几十户"义门"便是此类型的家族,它们是魏晋以来大家族的遗风绪余。二是以血缘关系为纽带形成的个体小家庭聚族而居的家族。此类家族在《名公书判清明集》里记载最多,也是宋代最普遍、最主要的家族组织形式。大家庭能做到数世同居而不分家,其必然有一个基本条件,那就是财产家庭共有,这是数世同居大家庭赖以生存的物质基础。家长掌握着家庭财产的分配权,家庭成员间禁止私有财产。通过这种方式,保持家庭的凝聚力,并辅以严厉的家规约束和封建伦理教化,使整个家庭聚而不散。个体小家庭聚族而居的家族组织,其成员是同一祖先的后裔,世代族聚在一起,各家庭分户而居,拥有自己的私有财产,相对独立,成员之间的联系较之世代同居的大家庭来说要松散得多,他们主要是通过祖先祭祀活动来达到敬宗收族的目的。

由于祖先祭祀活动在维系家族方面有着特殊作用,宋政府对此制定了专门政策。

天圣九年(1031)仁宗下诏曰:"河南府民墓田七亩以下,除其税。"④墓田是祖坟所在之处。郑至道《琴堂谕俗篇》卷上《保坟墓》云:"坟墓者,父母之

---

①　《庆元条法事类》卷四八《赋役门·科敷·续附户婚申明》,第671页。

②　《清明集》卷七《宗族欺孤占产》,第236页。

③　《庆元条法事类》卷七七《服制门·丧葬·户婚敕》,第835页。

④　《长编》卷一一〇,天圣九年十一月己卯,第2570页。

所由归,子孙之所由生也。"乃子孙百年醮祭之地,为家族祭祀祖先的场所,同时墓田的收入又是祭祀费用的主要来源,宋免于征税,体现了宋政府对家族祭祀活动的重视。元祐七年(1092)宋进一步规定官民之家,"愿以田宅充祖宗飨祀之费者亦听,官给公据,改正税籍,不许子孙分割典卖,止供祭祀,有余均赡本族。已上辄典卖,依卑幼私辄典卖法,不限年许理认田宅,仍先改正"①。如果说天圣九年免河南府民墓田税的规定还不具有普遍意义的话,那么元祐七年的政策则是对全国而言的,内容更详备,从田地扩大到居宅;政策更具体,违法者要治罪,已典卖的田宅任何时候都可追回。宋规定,子孙分割父母遗产,墓地"不在分限"之内,②并严禁买卖、损毁墓田。"品官庶人,在法皆有墓禁。"③"墓田及田内林木土石,不许典卖,及非理毁伐者,杖一百,不以荫论。"④宋代还制定了专门的墓田法,不同身份的人,所享有的墓田面积大小也不一样,南宋法规定,一品官墓田南北和东西各宽九十步,二品官八十步,以下依次递减,七品以下官二十步,庶民百姓十八步。⑤如典卖田宅,四邻内有亲属墓田所在,该亲属田主有优先购买权。南宋法规定:"诸典卖田宅,四邻所至有本宗缌麻以上亲,其墓田相去百步内者,以帐取问。"⑥本宗缌麻以上亲,是指父亲系五服内亲属。这一规定,在一定程度上保证了家族祖产不外流,增加了家族的凝聚力。

南宋刘克庄说:"夫人情,孰不欲永其先人之祀?然子若孙有贤愚贫富之异,于是有国者为之禁防焉。曰'赡茔',曰'烝尝'。其虑甚周,其法甚密,天下通行,而隆兴、淳熙随敕于吾闽尤加详焉。……立法至此,仁至而义尽矣。"⑦赡茔田、烝尝田皆属墓田之类,宋用法令来保护墓田及用于祭祀的财产,有力地保证了家族内祖先祭祀活动的正常进行。南宋陈藻有一段话颇能说明问题,他说:"今自两府而至百姓之家,物力雄者,则烝尝田多。其后

---

① 《长编》卷四七八,元祐七年十一月甲申,第11393页。
② 《长编》卷四一四,元祐三年九月乙丑,第10064页。
③ 《庆元条法事类》卷七七《服制门·丧葬·随敕申明》,第843页。
④ 《长编》卷四六五,元祐六年闰八月戊辰,第11109页。
⑤ 《庆元条法事类》卷七七《服制门·丧葬·服制式》,第841页。
⑥ 《清明集》卷九《禁步内如非己业只不得再安坟墓起造垦种听从其便》,第322页。
⑦ (宋)刘克庄著,王蓉贵、向以鲜校点:《后村先生大全集》卷九三《林寒斋烝尝田》,成都:四川大学出版社,2008年,第2401页。

子孙繁庶,而其业依律以常存,岁祀不乏。"①《放翁家训》载陆游曾要求官府"给榜严戒",禁止损毁墓田的不法行为,得到了当地政府的支持。②

宋代的丧葬、祭祀原则上由嫡子主持。嫡子死,由庶子主持,庶子死,则由嫡孙主持。北宋仁宗时建康军签书判官厅公事刘辉,丧祖母,乞解官以嫡孙身份承重服,史载"国朝有诸叔而嫡孙承重服者,自辉始"③。依此推断,北宋前期,丧葬和祭祀活动的主持人排列顺序依次为嫡子、庶子、嫡孙、庶孙。仁宗时稍有变化,在有庶子的情况下,嫡孙也可承重。不过北宋仍强调庶子承重顺序在嫡孙之前。陈均《九朝编年备要》卷二十熙宁八年六月条载神宗:"诏五服救增入嫡子死,无众子,然后嫡孙承重。"南宋仍实行这一制度。《庆元条法事类》卷七七《服制门·服制令》规定:"诸嫡子死,无兄弟,则嫡孙承重。若嫡子兄弟未终丧而亡者,嫡孙亦承重。……无嫡孙,则嫡孙同母弟,无同母弟,则众长孙承重。"

随着宋代的发展,越来越多的个体小家庭从大家庭中分裂独居出来,对于分籍别居的子孙来说,如何处理祖辈遗留下来的供祭祀之用的田产,便成为一个社会问题。为此宋制定了"通天下之成法"。规定赡茔田由分产子孙"经官立约,花利轮收,祭享之余,以助伏腊"④。将赡茔田标明田段、方位、亩数、产钱,专置一簿,并写明在田契上,由长房子孙保管。另外订立赡茔田"关约",经官府押印,分产子孙各留一份。赡茔田佃给他人租种,租课自长房子孙起轮流掌管。从而既可避免典卖墓祭田的违法行为,又可杜绝分产子孙间的纠纷,祖辈遗留的墓祭田得以世代相传。家族成员通过经常的祭祀活动,联络情感,互助互爱,有利于家族的团结和发展。如河中府姚氏家族,"经唐末五代兵戈乱离,子孙保守坟墓,骨肉不相离散"⑤。姚氏家族同居历三百余年而不散,其中一个重要因素,就是依靠了祖先祭祀这一精神纽带的维系。

---

① (宋)陈藻:《乐轩集》卷八《策问·大宗小宗》,文渊阁《四库全书》本,第 1152 册,第 112 页。

② 按:《放翁家训》为陆游乾道四年所作。见(明)叶盛《水东日记》卷一五,文渊阁《四库全书》本,第 1041 册,第 93 页。

③ (宋)王辟之撰、吕友仁点校:《渑水燕谈录》卷四《忠孝》,北京:中华书局,1981 年,第 38 页。

④ 《后村先生大全集》卷一九二《持服张辐状诉弟张载张辂妄诉赡茔产业事》,第 4851 页。

⑤ 《渑水燕谈录》卷四《忠孝》,第 34 页。

宋代还制定法令保护家族成员的共有财产不受侵害。《庆元条法事类》载："祖来众共山地，若众议不许安葬"，如敢盗葬或强葬，将受到杖六十至八十的刑事惩处。①《名公书判清明集》载："准法：诸祖父母、父母已亡，而典卖众分田宅，私辄费用者，准分法追还。"②

对于家族田产，宋政府采取措施予以保护。北宋范仲淹在苏州设置义庄，用来赈济赡养家族成员，并制定了《义庄规矩》，为保证规矩得以贯彻执行，范氏家族"奏请圣旨，违犯义庄规矩之人，许令官司受理"。"继蒙朝廷依所奏施行"，③得到了宋政府的允准和支持。又如江州陈氏家族，有成员擅自出卖家族的庄田，亦是通过官府，依据国家法律，予以惩处的。④范仲淹设置的义庄，在宋代家族组织中有着极大的影响力，宋政府的上述保护措施，对于宋代各家族的族产维护乃至家族的巩固和发展起到了积极作用。

二、对官户家族的约束限制

宋政府对家族普遍实施扶持奖励政策，但对于那些有势力的大家族，主要是官户型的家族，也给予了某种程度的约束限制，防止其在发展过程中侵损国家利益，激化社会矛盾。按照宋代法律规定，所谓官户，乃指品官之家，"诸称品官之家者，谓品官父、祖、子孙及与同居者"⑤。据此，凡阖户同居的家族或家庭，其中只要有人做官，自然便成为官户。官户在经济上、政治上享有许多优厚的待遇，家族成员借品官之家这块招牌，可以减免徭役，犯法可以赎或减免罪行，子孙可以恩荫封官。由此演绎开来，宋政府对官户的限制，实际上就是对官户型家族的限制。

北宋前期，官户享有完全的差役免除权，差役由乡村平户中的上三等户轮差。乾兴元年（1022）有人举例云："以三千户之邑，五等分算，中等已上可

---

①　《庆元条法事类》卷七七《服制门·丧葬·随敕申明》，第 843 页。

②　《清明集》卷四《漕司送许德裕等争田事》，第 118 页。

③　（宋）楼钥：《攻媿集》卷六〇《范氏复义宅记》，北京：中华书局，1985 年，第 808 页。

④　民国《义门陈氏大同宗谱》卷三《请回义田疏》，上海图书馆藏本。

⑤　《庆元条法事类》卷八十《杂门·诸色犯奸·名例敕》，第 923 页。关于官户问题，参见朱家源、王曾瑜《宋朝的官户》，《宋史研究论文集》，上海古籍出版社，1982 年。

任差遣者约千户,官员、形势、衙前将吏不啻一二百户,并免差遣。"①其中免差役户的比例相当高,占应差户的百分之十到二十。应差役的平户负担却十分沉重,他们频频充役,"直至破尽家业,方得休闲"。宋代的差役依据户等高下和丁口多寡轮差,其中,户等的高下主要根据田产来划定。由此许多平户"惧见稍有田产,典卖与形势之家,以避徭役,因为浮浪,或恣惶游",损害了国家利益,加剧了社会矛盾。于是宋政府推出了限田法。规定朝廷命官所置庄田,以三十顷为限,衙前将吏以十五顷为限。限数外不许典买田产,且所置田产的区域限制在某一州内,不准在州外多处置田。如有违反,"许人陈告,命官使臣,科违制罪"②。宋政府企图以此来遏制官户型家族兼并土地的趋势,阻止差役法实施过程中服役不均、平户负担过重而形成逃役的恶性循环。但这一措施收效不大。一方面地主阶级贪婪成性,土地兼并趋势无法遏制。另一方面,宋代入仕之途甚广,除了科举考试外,官僚子弟恩荫补官,胥吏出职,富裕之家纳粟补官等都是官户数量急剧增加的重要因素。皇祐二年(1050)臣僚在给仁宗的奏疏中曰:

> 文臣自御史知杂已上,武臣自阁门使已上,每岁遇乾元节得奏亲属一人。诸路转运使、提点刑狱、三司判官、开封府判官推官、郎中至带馆职员外郎、诸司使至副使,遇郊裡得奏亲属一人。总计员数,自公卿下至庶官子弟以荫得官及他横恩,每三年为率,不减千余人。旧制虽以服纪亲疏等降推恩,然未立年月远近为限,所以恩例频数。臣僚荫尽近亲外,多及疏属,遂致入仕之门,不知纪极。③

仅此恩荫奏荐制一项,便产生了无数的新官户。官户数量的急增,土地兼并趋势的继续发展,使得服差役的平户队伍日见缩小,服役不均现象未能缓解,社会矛盾依然十分突出。宋代统治者注意到了这个问题,看到了单纯的限田法并不能解决问题,于是宋政府制定了新的限田法,与以往的做法不同,它不再限制官户占有土地的数量,而是承认官户兼并土地的合法性,允许他们占有的土地中的一部分可以免差役和科配。这部分土地的面积因官

---

① 《宋会要辑稿·食货》六三之一六九,第 7701 页。
② 《宋会要辑稿·食货》六三之一六九至一七〇,第 7701—7702 页。
③ 《长编》卷一六九,皇祐二年八月己未,第 4055 页。

僚品级高低而大小不等。据宋徽宗时所修《政和令格》规定："品官之家,乡村田产得免差科,一品一百顷,二品九十顷,下至八品二十顷,九品十顷。其格外数悉同编户。"①超出上述限额的田产,与平户一样,必须依法服役和承担科配。宋政府把限田与差役、科配制挂起钩来,限制官户型家族势力的过分增长。

北宋末,受宋金战争影响,限田法受到破坏。绍兴元年(1131)权户部侍郎柳约奏言:"授田有限,著于令甲,比来有司漫不加省,占仕籍者,统名'官户'。凡有科敷,例各减免,悉与编户不同。由是权幸相高,广占陇亩,无复旧制。愿推明祖宗限田之制,因时救弊,重行裁定。应品官之家,各据合得顷亩之数,许与减免,数外悉与编户一同科敷。"高宗诏"坐条行下"。②南宋朝廷重申了北宋旧制,限田数外必须承担科配。至于免役问题,虽然没有提到,但据北宋限田法所定,限田数之外亦须服役。绍兴十七年宋又取消了官户的科配减免权,"不以田限多少,并同编户一例均敷科配"③。此后宋又订出一套更详细完备的限田法:"用见存官立户者,许依见行品格;用父祖生前曾任官,若赠官立户名者,各减见存官品格之半。父祖官卑,见存同居子孙官品高,如未析户,听从高。及官户于一州诸县各有田产,并令各县纽计,每县并作一户,通一州之数,依品格并计,将格外顷亩,并令依编户等则,于田亩最多县分衮同比并差役。"④由州通判或职官、县丞、县尉"专一主管",如有舞弊行为,重加惩处。并令诸路监司经常监察。如监司失监察者,御史台弹劾之。官户募人充役,敢恃官势胡作非为,民户可以上诉。

宋对官户子孙的免役权做出减半享受的规定,是一个重大修改,进一步限制了官户型家族的经济特权。然而官户承荫子孙,不管户数多寡,每户子孙都可享有减半免役权,"若析户数众,其所置田亩,委是太多"。于是乾道四年(1168)改为,官户子孙分籍别居,不管户数增加多少,其可免差役的田产亩数通计不得超过父祖官品限田额的一半。凡超过部分,同平户一样,计等第应差。⑤

---

①② 《宋会要辑稿·食货》六之一,第 6087 页。
③　《宋会要辑稿·食货》六之二,第 6087 页。
④　《宋会要辑稿·食货》六之二至三,第 6087 页。
⑤　《宋会要辑稿·食货》六之五,第 6089 页。

乾道八年又有新的规定。《名公书判清明集》卷二《限田论官品》判词载乾道八年敕，官户限田数在原基础上减半与免差役，即一品官限田数，由一百顷减至五十顷，其他品官以此递减，官户子孙的免役田亩数亦依新法减半。"仍于分书并砧基簿内，分明该说父祖官品并本户合置限田数目，今来析作几户，每户各有限田若干。自后诸孙分析，依前开说，曾、玄孙准此。仍要开具田段亩步，并坐落州县乡村去处。如遇差役，即赍出照免。若分书并砧基簿书不曾开说，不在免役之限。"此规定既详备又具体，品官承荫子孙要想免役，必须持有父祖的官品告敕和限田分书，两者缺一，便不能享有免役权。由于规定了官户子孙无论多少，可免差役的田亩数通计不得过父祖官品限田额的半数，随着时间的推移，品官子孙的繁衍，可以依法享有的限田额逐渐减少。假如某一品官的家族，后世无人做官的话，那么最终此官户型家族子孙可占的免差役田亩数为零，无免役权可享。

南宋还规定，封赠官子孙（指父母生前无官位，由伯、叔、兄弟封赠者）以及通过特殊途径补授官职的人不得减免差役。因纳粟、军功、捕盗而转至升朝官者，身亡之后，子孙"并同编户"，不再享有免役权。[1]

综上所述，不难看出，制定限田制的目的在于限制官户型家族的经济势力，使宋代在不断增加冗官的情况下，把官户的经济特权限制在一定范围内，不致过分加重平户的负担。从而形成某种平衡，以缓和社会矛盾，最终达到巩固宋代专制主义中央集权统治的目的。

宋廷对官僚型家族的限制是多方面的，其他"如租佃田宅，断买坊场，废举货财，与众争利，比于平民，皆有常禁"[2]。宋朝官户与充任州县官府公吏的吏户，合称"形势户"，宋政府依靠他们实行统治，同时又对他们所承担的纳税义务进行严密的监督。早在宋政权建立之初，宋太祖就诏："诸州府并置形势版簿，令通判专掌其租税。"[3]将形势户税籍簿单独别置，可见宋对此极为重视。南宋法令规定："诸县税租，夏秋造簿，于起纳百日前，同旧簿并干照文书送州审磨点检，书印讫，起纳前四十日付县。其形势户每名朱书

① 《宋史》卷一七八《食货》，第 4334 页。
② （宋）苏辙著，曾枣庄、马德富点校：《栾城集》卷三五《制置三司条例司论事状》，上海古籍出版社，2009 年，第 763 页。
③ 《长编》卷一二，开宝四年正月辛亥，第 258 页。

'形势'字,以别之。"①如果形势户拖欠税租,转运司要申报朝廷听取处理意见。"诸上三等户及形势之家,应输税租而出违省限,输纳不足者,转运司具姓名及所欠数目申尚书省取旨。"②拖欠者将受到比一般纳税户重的刑事处罚:"诸输税租违欠者,笞四十,递年违欠及形势户杖六十,品官之家杖一百。"③在宋统治集团看来,官户型家族势力的过分兴旺,将会危及国家利益,有必要加以限制和干涉。在这点上,最好的实例莫过于江州陈氏义门的分家事例。

值得一提的是,江州陈氏家族十几代同居,同财共爨,家族中有相当一部分人为朝廷官员,家族多次受到宋政府奖励,是典型的官户型家族。但是在众多数世同居的大家族受到宋政府旌表门闾嘉奖的同时,江州陈氏家族却受到了与此相反的待遇。嘉祐七年(1062)仁宗下诏强令陈家分籍别居,析为二百九十一户,遣散于七十二州军。陈氏家族乃宋代赫赫有名的义门,何以会有如此遭遇? 近来有学者研究认为,仁宗是为了保全陈家才下令分户的。④笔者以为此说意犹未尽,其中缘由颇值得进一步探讨。

关于此次分家事件,未见有宋代文献记载。笔者在清乾隆《江西通志》卷一五九《杂记》中找到一条材料,其云:"江州义门陈氏自唐至宋,聚族三千九百余口,并未分异。朝廷屡次旌表。嘉祐七年以义门盛大,下矜存保全之诏。江南东路转运使谢景初、郡牧吕海、湖口镇巡检范彬临门监护分析。"⑤此记载与民国所修《义门陈氏大成宗谱》卷三宋嘉祐朝陈氏家族主事陈泰的《义门分庄纪实》所述吻合。陈泰云:"今嘉祐七年七月初三日,奉旨以义门盛大,欲矜存保全之,敕江南西路转运使司官谢景初、郡牧吕海、户曹刘献、邑宰穆恂、湖口镇巡检范彬等众官临门,监护分析。"尽管现存宋代官私文献没有记载此次分家事件,然我们据上述两条资料可以断定,陈家分户事件确实发生过,并非凭空杜撰。

---

① 《庆元条法事类》卷四八《赋役门·簿帐欺弊·赋役令》,第 653 页。
② 《庆元条法事类》卷四七《赋役门·违欠税租·户婚敕》,第 627 页。
③ 《庆元条法事类》卷四七《赋役门·违欠税租·户婚敕》,第 626 页。
④ 许怀林:《陈氏家族的瓦解与"义门"的影响》,《中国史研究》1994 年第 2 期。
⑤ 笔者按:此段记载未注出自《义门记》,然同书卷一二三《艺文》载胡旦《义门记》,并未提及分家之事。且胡旦亡于嘉祐前,也不可能记叙分家事件。疑为胡旦之外另一《义门记》。

家族义聚而不分户，固然为宋政府大力提倡，但是当某一家族发展到义聚三千余口，且其中又有相当一部分人为朝廷官员，从而在地方上形成了一支不可忽视的政治、经济势力时，则另当别论。宋代统治者历来十分重视防范地方割据势力和农民造反。限制地方势力的发展，是宋代立国的基本政策之一。就在距嘉祐不远的庆历朝，宋先后爆发了王伦起义、张海和郭邈三起义、王则起义。这些起义打击了宋王朝的统治，震撼了统治集团，给宋统治者留下了深刻印象。《宋史》卷九十一《吴育传》载："山东盗起，帝遣中使按视，还奏：'盗不足虑，兖州杜衍、郓州富弼，山东人尊爱之，此可忧也。'帝欲徙二人于淮南，（吴）育曰：'盗诚无足虑者，小人乘时以倾大臣，祸几不可御矣。'事遂寝。"杜衍和富弼皆为宋代的名臣，在地方勤于职事，赢得百姓爱戴，深得民心，对统治集团来说，这本是好事，但宋代最高统治者却害怕他们在地方因此而坐大势力，最终会危及皇权。此事例反映出宋代皇帝对地方臣僚和地方势力的防范之心。

当陈氏家族发展到嘉祐时，正是人丁兴旺之际，声名远播，理所当然地引起宋朝廷的注意和戒备。《义门陈氏大成宗谱》所云："今因文彦博、包拯、范师道、吕诲上疏论（陈）泰家太盛"，不应是虚语谣传。陈氏家族的发展，最终导致了仁宗的"监护分析"之诏。诏书美其名曰"保全之诏"，但仔细推敲，不难发现问题。众所周知，传统社会一人谋反，株连族属，这种株连是不论分居别籍与否的。《宋刑统》卷十七《贼盗律》载宋代法令：谋反者，"伯叔父、兄弟之子，皆流三千里，不限籍之异同"[1]。换言之，受株连的族属，即使已分家别籍，同样要罪流三千里，受到刑事制裁。由此可见宋仁宗强令陈家别籍分居，诏书所言"保全"陈家，乃是一种冠冕堂皇的借口，其根本用意在于分散陈家势力而便于控制，以防止陈家义居势力发展太盛而发生对宋政权不利的行为。

从另一方面来说，由于统治集团平时大力倡导家族义居，极力维护封建家长制，而仁宗却下诏命陈家分居，与其倡导的政策背道而驰，相互矛盾，因此不宜声张渲染，故对遣散陈家事件，讳莫如深。元人所修《宋史·孝义传》是据宋代国史修撰而成，其中记载的陈家事迹较为详备，并述及陈家主事人

---

[1]　《宋刑统校证》卷一七《贼盗律·十恶》谋反逆叛条，第229页。

陈泰及其弟陈度，然对陈泰主家事时陈家分户之事只字不提。这与其说是宋国史作者的疏漏，不如说是有意回避。在倡导阖门义居的封建传统时代，一户遵法守纪，一再受到朝廷旌表的模范大家族，由皇帝下诏，众官临门监护，被强行分家，毕竟不是光彩的事情。为义门讳，为朝廷讳，无论对陈家、对朝廷都是有利的。这便是陈氏家族分户别居这一特大新闻不载于官史的根本原因所在。

在宋代，类似陈氏家族的分家事件，究竟有多少，宋代史书缺乏记载，不得而知。陈氏家族的分居瓦解，乃是宋政府对官户型大家族限制干涉的结果，它集中反映了宋王朝对家族既奖励扶持，又加以限制的方针政策。

三、分户与财产继承

随着宋代社会生产力的发展、租佃制的普遍实行，个体小家庭不断从大家族中分离异居出来。南宋绍兴时有人云："自大宋有天下，垂二百年，民之析户者既多。"[①]与此同时，家庭内部的财产继承和分割问题亦日渐增多。为使家庭在有序的规范内发展，维护家族的稳定，宋代制定了详备的家庭分户和财产继承分割政策。南宋袁采曰："朝廷立法，于分析一事，非不委曲详悉。"[②]以下就此问题逐一分述之。

1. 分户别籍

为维护封建家长制，宋一再强调祖父母、父母在世时，子孙不得别籍异财，子孙分户别籍是有严格规定的。"准法：父母服阕，合用析户。"[③]正常的分户受到法律保护。"惟法应分析，经官陈请者，即与给印分书，不许辄有抑勒。"[④]凡分户者，须向官府申请，经官府批准，发给分户文书。分与不分，全由本人自愿，严禁他人干预，亦即"人户分析，当从其便"。不过除了上述祖父母、父母在世外，有下列两种情况者，也不许分户：其一，"应祖父母、父母

① （宋）李心传撰，胡坤点校：《建炎以来系年要录》卷八八，绍兴五年四月辛未，北京：中华书局，2013年，第1707页。
② （宋）袁采：《袁氏世范》卷一《分析财产贵公当》，《丛书集成初编》本。
③ 《清明集》卷三《父母服阕合用析户》，第75页。
④ 《清明集》卷一《劝谕事件于后》，第15页。

未葬者,不得析居"①。其二,继绝之户(下文将详述)"应分析户者,非十八以上不得析"②。在传统社会,父母去世未葬,子孙即分户,有悖于伦理道德,同时还易就丧葬问题发生财产纠纷,所以为法律所不许。绝继之户,年幼者缺乏独立生活能力,须托付亲属监护,至成年后才能分户别籍。

分户与分财产是紧密相联的,分户意味着分财产。李元弼《作邑自箴》卷九《析户》载:"如无祖父母、父母及孝服已满,别无诸般违碍,即许均分。各赍分帐赴县,仍取邻保结罪状申,限×日。"所谓"违碍",是指借贷、典当、犯法等有碍分家产的问题。在排除解决了这些问题后,分家产者经邻人作保,申报官府办理手续。分产时,如非祖父母、父母财产,例如妻家所得之财的随嫁妆奁,"不在分限"③。子孙做官后因官所置财产,也"不在论分之限"④。

宋代禁止祖父母、父母在世时子孙分产,但如果祖父母、父母令子孙分产的,则当别论。《宋刑统》卷十二《户婚律》规定:"若祖父母、父母令别籍及以子孙妄继人后者,徒二年。"并引《疏》议曰:"但云别籍,不云令其异财,令异财者,明其无罪。"⑤虽有此补充,然而毕竟没有把祖父母、父母可以命子孙异财这一问题从正面加以明确规定。到南宋绍熙三年(1192),户部法规定:"凡祖父母、父母愿为摽拨而有照据者,合与行使。"⑥就是说,祖父母、父母愿意于身前分家产给子孙的,只要有符合规定的分财文书,政府予以支持。在宋代现实生活中,家长令子孙异财现象已屡见不鲜,户部这项规定实际上是宋政府对业已存在的异财现实的正式承认,承认家长对家族、家庭财产的绝对处分权。如《清明集》卷五《物业垂尽卖人故作交加》载:莫世明有亲生三子,生前,"将户下物业作三分均分,立关书三本"。不过,家长身前分家产给子孙,在某种情况下受到政府禁止。宁宗嘉定十一年(1218)诏:"法有摽拨,为祖、父俱亡,而祖母与母有前、晚、嫡、庶之分。设今后应一母所出子孙,及祖与父年老抱疾者,并不得抑令摽拨,虽出祖父母与父母之命亦不许用,州

①　《长编》卷一二〇,景祐四年正月乙未,第 2820 页。
②　《宋会要辑稿·礼》三六之一五,第 1548 页。
③　《宋刑统校证》卷一二《户婚律·卑幼私用财》,第 169 页。
④　《长编》卷一二〇,景祐四年正月乙未,第 2820 页。
⑤　《宋刑统校证》卷一二《户婚律·父母在及居丧别籍异财》,第 165 页。
⑥　《清明集》卷一〇《兄弟之讼》,第 372 页。

县勿得给据。"①这一诏令所谈到的"摽拨法"是从嫡庶子的不同身份来考虑的,恐日后父母俱亡,嫡庶之间发生财产纠纷,因此规定凡一母所生子孙,父母在世时不许分财。在宋统治者看来,过早的分财行为不利于家庭团结,同时也不利于老人的赡养问题。

2. 子嗣的财产继承

宋家庭遗产实行不分嫡庶的诸子均分法。"诸应分者,田宅及财物兄弟均分。……兄弟亡者,子承父分。兄弟俱亡,则诸子均分。"②别宅异居子,指男户主与非婚配所生而别居者,如曾经与生父同注户籍而有证据者,也享有父母遗产继承权。《宋刑统》卷十二《户婚律》准唐天宝六载敕规定:"百官、百姓身亡之后,称是在外别生男女及妻妾,先不入户籍者,一切禁断。"③不得分户主遗产。北宋大观年间,四明有一富民,先有一子,后与仆人之妻又生一子,一起同居生活,至"年十六,富民亡,子与母谋,以还其仆。后数年,所生母与嫡母皆死,乃归持服,且讼分财,累年不决。监司委(曾)谔推治,历讯不能屈,因索本邑户版,验其丁齿,而富民尝以幼子注籍,遂许其分"④。这位富民所生别宅异居子,因有户籍证明而得以分割生父遗产。但别宅子假如"未尝同居、其父已死、无案籍及证验者,不得受理"⑤。南宋时法令规定"诸别宅之子,其父死而无证据者,官司不许受理"⑥。

3. 女子财产继承

北宋法,父母去世,有子嗣的话,财产由诸子均分,女儿无继承权。对继承父母财产的诸子来说,未出嫁的姑、姊、妹仅分得一点聘财。⑦北宋吕陶任铜梁县令,"民庞氏姊妹三人冒隐幼弟田,弟壮,诉官不得直,贫至庸奴于人。及是又诉,陶一问,三人服罪。弟泣拜,愿以田半作佛事以报。陶晓之曰:'三姊皆汝同气,方汝幼时,适为汝主之尔,不然,亦为他人所欺,与其捐半供

① 《后村先生大全集》卷八二《玉牒初草》,第 2168 页。

②③ 《宋刑统校证》卷一二《户婚律·卑幼私用财》,第 169 页。

④ (宋)郑克编撰,刘俊文点校译注:《折狱龟鉴译注》卷六《王曾判田》,上海古籍出版社,1988年,第 374 页。

⑤ 《长编》卷四六八,元祐六年十二月戊午,第 11183 页。

⑥ 《清明集》卷八《无证据》,第 293 页。

⑦ 《宋刑统校证》卷一二《户婚律·卑幼私用财》,第 169 页。

佛,曷若遗姊,复为兄弟,顾不美乎?'弟又拜听命"①。又北宋时,"邢州有盗杀一家,其夫妇即时死,惟一子明日乃死,其家财产户绝,法给出嫁亲女。刑曹驳曰:其家父母死,时其子尚生时,产乃子物,出嫁亲女乃出嫁姊妹,不合有分"②。这两件案例表明,父母财产由儿子继承,女儿分不到财产。法律规定,只有在家无子嗣,户绝情况下,"将营葬事及量营功德之外,余财并与女"③。此条文所指"女"是指未出嫁女(宋又称"在室女"),④未嫁女可继承家产,出嫁女则分得三分之一遗产。北宋前期,解除婚姻关系未分得原夫家财产而归宗之女,享有和未嫁女同样的财产继承权。《宋刑统》规定:

> 今后户绝者所有店宅、畜产、资财,营葬、功德之外,有出嫁女者,三分给与一分,其余并入官。如有庄田,均与近亲承佃。如有出嫁亲女被出及夫亡无子,并不曾分割得夫家财产入己,还归父母家后,户绝者并同在室女例,余准令、敕处分。⑤

元符元年(1098)宋又规定:"止有归宗诸女者,三分中给二分外,余一分中以一半给出嫁诸女。"⑥

南宋时在室女可以分得三分之一的遗产,兄弟得三分之二遗产。另外,属绝户财产,归宗女所得份额被削减,止得在室女份额的一半。⑦

亡夫之妇,无子,可继承丈夫的全部财产,但若改嫁,则夫家财产不能继

---

① 《宋史》卷三四六《吕陶传》,第 10977—10978 页。
② (宋)江少虞:《宋朝事实类苑》卷二二《官政治绩·断狱》,上海古籍出版社,1981 年,第 258 页。
③ 《宋刑统校证》卷一二《户婚律·户绝资产》,第 170 页。
④ 关于"余财并与女"之"女"之所指,学者看法多有歧义。袁俐在其《宋代女性财产述论》(《宋史研究集刊》第 2 辑,浙江省社联《探索》杂志 1988 年增刊)一文中分析认为,在宋代专指在室女。结论甚明。笔者以为从《宋刑统》修撰体例来看,无疑也是指在室女。窦仪《进〈刑统〉表》云:"其有今昔浸异,轻重难同,或则禁约之科,刑名未备,臣等起请三十二条。"《宋刑统》"户绝资产"罗列了唐《丧葬令》、唐开成元年的敕节文后,为了弥补"刑名未备"的缺失,又以起请方式具体规定了出嫁女的继承份额,并规定如出嫁女归宗,继承份额"并同在室女例"。所谓"并同在室女例",正是承上唐《丧葬令》所载"余财并与女"而言的。显然"余财并与女"之"女"为在室女。如系出嫁女,那起请条所言"并同在室女例"便无从参照,法官判案时将无据可依。
⑤ 《宋刑统校证》卷一二《户婚律·户绝资产》,第 170 页。
⑥ 《长编》卷五〇一,元符元年八月丁亥,第 11935 页。
⑦ 《清明集》卷七《立继有据不为户绝》,第 215 页。

承。大中祥符二年(1009)"民有户绝而妻鬻产适他族者,至是事发,而估钱已费用。有司议,准法,产业当没官"①。这件案例说明,户绝,寡妇改嫁,亡夫财产归国家所有。倘若寡妇守志不改嫁,虽能继承夫家财产,但无权典卖。南宋黄榦在一份判词中曰:"夫所有之产,寡妇不应出卖。"②此乃法令之规定。寡妇事实上仅有财产使用权,而无所有权。在立志守节条件下,可终身享用。妇女随嫁的奁田,产权归夫家所有,夫死,由子继承。③

4. 同居者的财产继承

在宋代,法律还明确规定了同居者的财产继承权,他们包括义子、赘婿、外甥等。这里有必要提一提义子,由于他们和宋代养子的身份(下文将详述)相似而易被人混淆。

关于义子,宋代又称"义男"。北宋初制定的《宋刑统》尚未涉及之。南宋《名公书判清明集》载一法官判词曰:

> 准法:异姓三岁以下,并听收养,即从其姓,听养子之家申官附籍,依亲子孙法。虽不经除附,而官司勘验得实者,依法。(吴)有龙虽曰异姓之男,初立之时,已易其姓。父死之后,吴琛有词,又给据以正之,如此则不可谓之义男矣。④

据此可知,收养三岁以下的异姓男,须改从养父之姓,向官府申请,确立收养关系,办理附籍手续,从而取得"依亲子孙法"资格,享有继承宗祧的权利,宋代谓之"养子"。反之,凡为户主收养,而未取得"依亲子孙法"资格,不能继承宗祧的异姓男,便是义子。在宋代,同宗与异姓之分,泾渭分明,极为讲究。北宋法律禁止收养三岁以上的异姓男子承奉宗祧,违反者将受徒一年的刑事处罚。⑤这个规定是针对那些本人无子嗣而收养他人之子来延续宗祧情况而言的。

在北宋文献里,义子常与随母改嫁的随母男(前夫之子)并称,两者并不

---

① 《宋会要辑稿·刑法》五之六,第8506页。
② (宋)黄榦:《勉斋集》卷三三《张凯夫诉谢知府宅贪并田产》,文渊阁《四库全书》本,第1168册,第372页。
③ 《清明集》卷五《继母将养老田遗嘱与亲生女》,第141页。
④ 《清明集》卷七《立继有据不为户绝》,第216页。
⑤ 《宋刑统校证》卷一二《户婚律·养子》,第166页。

完全等同。到了南宋,义子的含义扩大了,包括随母男在内。宋人云:"再嫁之妻将带前夫之子,就育后夫家者多矣。继父同居与不同居,于条虽等杀而为之服,然特以报其拊育之恩耳,未闻其可以淆乱姓氏,诡冒嗣续。"①随母男为报养育之恩,可以为继父服丧,但不能承奉宗祧。在宋人看来,养义子以继承香火,"族属混淆,伦叙纷错"②,会错乱本宗,灭祖绝祀的,是以严禁之。但是如果收养义子,仅仅是一种生活上的抚育照料,而不承奉宗祧,则无上述之虞。因不能承奉宗祧,故称随母男为"义子"。南宋袁采把"娶妻而有前夫之子,接脚夫而有前妻之子"都归入义子之列。③如范仲淹随母改嫁到后父朱氏家,对朱氏来说,范仲淹是义子,不属法律所规定的养子范畴。义子与养子的身份在法律上是有区别的,后者可以继承宗祧,而前者在义父身死后,"宜自归本宗",不能分割义父遗产和干预义父家事务。④《清明集》有一条判词曰:义子陈日宣"自系外姓人,随母嫁于公达,所有公达户下物业,日宣不得干预惹词"⑤。又《清明集》载一案例,南宋有一名叫徐二的,无儿子,仅有一女,续弦阿冯,"阿冯有带来前夫陈十三之子,名陈百四"。徐二生前手写遗嘱,"将屋宇、园池给付亲妹与女",但其死后财产被人盗卖,事情告到官府。法官翁甫(号浩堂)就此判曰:"在法:诸财产无承分人,愿遗嘱与内外缌麻以上亲者,听自陈,官给公凭。又法:诸寡妇无子孙,擅典卖田宅者,杖一百。"⑥从这起案子的判决可知,法官根本没有将义子陈百四视为徐二的遗产承分人,阿冯虽带有前夫之子,但其既嫁给徐二,前夫之子是不能算作她和徐二的子孙的,不能继承义父遗产。

由于义子的特殊身份,日常生活中很容易产生民事纠纷。宋规定,凡义父母、所生祖父母、父母已亡,义子被人诉讼或自身提起诉讼,官司"各不得受理"⑦。义子既蒙义父抚养,则有供养义父之义务。随着与义子相关的法律纠纷增多,南宋时,法典里已正式出现了关于义子义孙的条款。《庆元条

---

① 《清明集》卷七《义子包并亲子财物》,第 242 页。
② 《清明集》卷七《义子包并亲子财物》,第 232 页。
③ 《袁氏世范》卷一《收养义子当绝争端》,第 17 页。
④ 《清明集》卷八《子随母嫁而归宗》,第 274 页。
⑤ 《清明集》卷八《出继不肖官勒归宗》,第 276 页。
⑥ 《清明集》卷八《鼓诱寡妇盗卖夫家业》,第 304 页。
⑦ 《宋会要辑稿·刑法》三之四六,第 8416 页。

法事类》卷八十《诸色犯奸·杂敕》就有义子犯法的刑罚规定:"诸义子孙奸所养之家尊长及异居期亲尊长,并依相殴加等法。"又同书同卷《斗讼敕》载:"诸义子孙殴祖父母、父母者,加凡人三等。"通常,亲子、继子如有殴打祖父母、父母行为,当据"十恶"罪之"恶逆"处置。《宋刑统》卷一《名例》"十恶"罪:"四曰恶逆。……谓殴及谋杀祖父母、父母,杀伯叔父母、姑、兄姊、外祖父母、夫、夫之祖父母、父母者。"①法律规定子孙骂祖父母、父母者,"绞;殴者,斩"②。而义子殴打祖父母、父母者,仅加一般凡人三等处置。法律规定凡人斗殴他人者,"笞四十,注云:谓以手足击人者。又云:伤及以他物殴人者,杖六十"③。加凡人三等,最多也就是杖九十,处罚明显偏轻。据此可知,义子的身份并不能与继子相比。

北宋前期,尚无同居者可以分割继承户主财产的政策规定。至天圣四年(1026),审刑院奏言:

> 详定"户绝条贯",今后户绝之家,如无在室女,有出嫁女者,将资财、庄宅物色除殡葬营斋外,三分与一分。如无出嫁女,即给与出嫁亲姑、姊妹、侄一分。余二分,若亡人在日,亲属及入舍婿、义男、随母男等自来同居,营业佃莳,至户绝人身亡及三年已上者,二分店宅、财物、庄田,并给为主。如无出嫁姑、姊妹、侄,并全与同居之人。若同居未及三年及户绝之人子然无同居者,并纳官,庄田依令文均与近亲。如无近亲,即均与从来佃莳或分种之人,承税为主。④

宋代法令又称"条贯",天圣户绝法令规定,户绝之家无在室女、出嫁女,其与户主同居满三年以上的赘婿、义子、改嫁之妇所带前夫之子等同居者可享有三分之二的财产继承权,其继承份额大于出嫁女、姑、姊妹、侄女。假如户绝之家又无出嫁姑、姊妹、侄女的,则上述同居者可继承全部财产。天圣户绝法还规定了同居者的财产继承顺序优先于家族近亲的继承顺序。

法律如此详细地承认和维护同居者的财产继承权,这在宋代还是首次。

---

① 《宋刑统校证》卷一《名例律》,第8—9页。
② 《宋刑统校证》卷二二《斗讼律》,第300页。
③ 《宋刑统校证》卷二一《斗讼律》,第280页。
④ 《宋会要辑稿·食货》六一之五八,第7465页。

不过应注意的是,这种承认有两个先决条件,一是户主身死无嗣,倘如有嗣,同居者便无此权利可言。二是同居者,与户主共居必须满三年,与户主同劳作、共营业,在三年或三年以上的共同生活中,同居者为户主之家的财产积累付出了一定的劳动,在户主身前和死后无子女情况下,同居者还承担了对户主的生养死葬的义务。这无疑是宋政府制定同居者财产继承权的重要因素。在宋代财产继承法里,能否养老葬死,是区分有无财产继承权的重要依据。如元祐元年(1086)左司谏王岩叟言"臣伏以天下之可哀者,莫如老而无子孙之托,故王者仁于其所求,而厚于其所施。此遗嘱旧法,所以财产无多少之限,皆听其与也;或同宗之戚,或异姓之亲,为其能笃情义于孤老,所以财产无多少之限,皆听其受也"①。《清明集》载一判词云:"子不能孝养父母,而依栖婿家,则财产当归之婿。"②宋通常规定父母亡后,遗产由儿子继承,但儿子不尽孝养义务,故遗产便改由尽了孝养义务的女婿继承。

从宋代实际情况来看,天圣四年的户绝法是实行了的。天圣六年雄州奏言:"民妻张氏户绝,田产于法当给三分之一与其出嫁女,其二分,虽有同居外甥,然其估为缗钱万余,当奏听裁。"仁宗曰:"此皆编户朝夕自营者,毋利其没入,悉令均给之。"③同居外甥,属天圣户绝法同居者范围,故可得三分之二财产。神宗熙宁、元丰期间,王安石主持变法,大力推行保甲制,将其作为加强地方治安的重要措施来抓。为了配合这一措施贯彻执行,神宗于元丰六年著令:"义子孙、舍居婿、随母子孙、接脚夫等,见为保甲者,候分居日,比有分亲属给半。"④这一规定,仍然是有条件的。南宋程大昌指出,这"是特欲优立科条,使外人肯以它姓代充保甲焉耳"⑤。不过比起天圣户绝法来,元丰法放宽了对同居者继承权的限制,即不管有无合法继承人,都可以分得相当于继承人的二分之一的财产。

元祐七年(1002)宋对同居者中的义子孙的财产继承权进行了修改。《续资治通鉴长编》卷四七一元祐七年三月甲辰诏:"义养子孙合出离所养之

① 《长编》卷三八三,元祐元年七月丁丑,第9325页。
② 《清明集》卷四《子不能孝养父母而依栖婿家则财产当归之婿》,第126页。
③ 《长编》卷一〇六,天圣六年二月甲午,第2467页。
④ 《长编》卷三三二,元丰六年正月乙巳,第8009页。
⑤ (宋)程大昌:《演繁露续集》卷一《外人得分同居物产》,《全宋笔记》第4编第9册,郑州:大象出版社,2008年,第170页。

家,而无姓可归者,听从所养之姓。若同居满十年,仍令州县长官量给财产。有姓而无家可归者准此。"宋规定,通常义父身死,义子孙须归宗,在有合法继承人时,义子孙不能分割义父财产。元祐诏令考虑到义子孙常年与义父祖同居生活,故允许在主家有财产继承人时,出离的义子孙可以分得一部分财产。这条规定使得义子的财产分割权比天圣户绝法的规定有所扩大。此外,义子以生父财产为资本所置得产业,义父之亲子不得侵占。①程大昌说:"按今令文,外人曾与本家同居久者,许给分数。"②这表明到程大昌生活的南宋时,同居者可以分割户主财产仍是在行的法令之一。

同居者中的入舍婿,俗称"赘婿"。赘婿因其特殊的婚姻关系而有别于其他同居者。不过在天圣四年以前,赘婿并没有独立的财产继承权,赘婿的财产继承权是依附于坐家女儿的,或者依据岳父的遗嘱而存在。前引天圣四年的户绝法首次明确了与岳父共同生活达三年以上的赘婿拥有财产继承权。到了南宋,法令规定:"诸赘婿以妻家财物营运,增置财产,至户绝日,给赘婿三分。"③"三分"乃十分之三之意。此规定所云"增置财产",对于具有正常劳动力的赘婿来说,是不会有问题的。与北宋天圣四年户绝法规定相比,这条规定已不论有无在室女等其他继承人,赘婿都可获得十分之三的财产,从法律上保证了赘婿的遗产继承份额。

同时南宋还规定,即使岳父死后有合法的命继子,赘婿仍可以分得一半的财产。《清明集》判词云:"合以一半与所立之子(笔者按,指命继子),以一半与所赘之婿,女乃其所亲出,婿又赘居年深,稽之条令,皆合均分。"④

综上所述,从北宋天圣户绝法规定的赘婿与岳父同居未满三年不得继承遗产,到南宋的赘婿可以和承奉绝户宗祧的命继子对分岳父遗产,可以看出,宋代赘婿的财产继承权呈逐步扩大的态势。

值得指出的是,在宋代,法律还允许家长以遗嘱方式来分配遗产。北宋天圣四年"户绝条贯"载:"若亡人遗嘱,证验分明,依遗嘱施行。"⑤南宋户令:

---

① 《清明集》卷十《与义兄争业》,第375页。
② 《演繁露续集》卷一《外人得分同居物产》,第170页。
③ 《清明集》卷七《立继有据不为户绝》,第216页。
④ 《清明集》卷七《探阄立嗣》,第206页。
⑤ 《宋会要辑稿·食货》六一之五八,第7465页。

"诸财产无承分人,愿遗嘱与内外缌麻以上亲者,听自陈。"①遗嘱继承人所得遗产的比例可以不受一般继承法的限制。②

四、绝户立嗣与孤幼财产检校

某户不育,无子,为延续香火,祭祀不绝,通常要立嗣。宋人云:"养子之法,所以重继嗣之道。"③宋代立嗣法十分周密详备。立嗣方式有两种:户主生前立嗣;户主死后家属或家族为之立嗣。

户主身前立嗣是通过收养同宗或异姓子孙来完成的,被收养人称"养子"。宋法:"无子者,听养同宗于昭穆相当者。"④养同宗子又叫"过继子"、"继子"。由于收养的是同一宗族内的人,因此法律规定:收养人和被养人辈分上要适合,以防止颠倒长幼,错乱辈分。同时被收养人年龄还须小于收养人。⑤同宗内的嫡长子是不能被收养立为嗣的,"诸为人后者,不以嫡子"⑥。单丁之子也不能为人继嗣,⑦否则自家无后,也将成为新的绝户,宋代未行兼祧之制。收养同宗子孙,必须申报官府,改正户籍,将被养人原来的户籍改入领养人户籍,宋人谓之"除附",盖"甲户无子,养乙户之子以为子,则除乙户子名籍,而附之于甲户"⑧。并由官府发给除附公据。⑨

宋承唐制,允许养异姓子,但有严格的条件限制,必须是三岁以下的遗弃幼儿。"遗弃小儿年三岁以下,虽异姓,听收养,即从其姓。"⑩这项政策的制定出于两个原因:其一,遗弃小儿如"不听收养,即性命将绝"⑪。从救死扶伤的人道主义出发而收养之。其二,如不允许养异姓子,而同宗又无子孙可养,"或虽有而不堪承嗣,或堪承嗣,而养子之家与所生父母不咸,非彼不

---

① 《清明集》卷五《继母将养老田遗嘱与亲生女》,第141页。
② 邢铁:《宋代的财产遗嘱继承问题》,《历史研究》1992年第6期。
③ (明)黄淮、杨士奇等:《历代名臣奏议》卷二一四《法令》卫泾奏疏,上海古籍出版社,1989年,第2807页。
④⑩⑪ 《宋刑统校证》卷一二《户婚律·养子》,第166页。
⑤ 《清明集》卷七《双立母命之子与同宗之子》,第217页。
⑥ 《清明集》卷七《正欺孤之罪》,第235页。
⑦ 《清明集》卷八《检校婴幼财产》,第280页。
⑧ 《清明集》卷八《夫亡而有养子不得谓之户绝》,第273页。
⑨ 《清明集》卷七《出继子破一家不可归宗》,第225页。

愿,则此不欲",则无子之家常常难以立嗣。①养异姓幼儿为子,是一种变通的立嗣方式,有利于家族的延续发展。异姓子被收养后,其身份与亲子一样,不受歧视。《宋史》卷十八《哲宗纪》载绍圣三年哲宗下诏强调,"遗弃饥贫小儿三岁以下,听收养为真子孙"。三岁以上异姓男子,宋通常是禁止收养为嗣子的,但特殊情况,收养年龄可适当放宽。南宋《断狱令》载:

> 诸大辟囚,本宗同居亲年十岁以下无家人者,责付近亲收养,无近亲者,付邻人,其不愿养而有余人欲以为子孙者,听。异姓者,皆从其姓。②

收养异姓幼儿,须"申官附籍",被养人改从养父之姓,"依亲子孙法"享有合法权利。③

养子一旦被养父母收养,即负有承续宗祧、赡养养父母的义务,不能无故舍弃养父母,否则要受到徒二年的刑事处罚。④法律还规定,凡因伤灾遗弃小儿而为人收养的,其亲生父母日后"不得复取"还家,⑤以保护养父母的权益。反过来,养父母不能随便遣还、逐出被收养人。"准令:诸养同宗昭穆相当子孙,而养祖父母、父母不许非理遣逐。若所养子孙被荡家产,不能侍养,及有显过,告官证验,审近亲尊长证验得实,听遣。"⑥养子的身份和地位受到法律保护,只有在养子违反教令之时,养父母方得遣还。法律还规定,如养子身故,养子所生之子,养父母不得无故遣还。⑦

无论是同宗养子、异姓养子,与收养人之间是一种法律拟制血亲关系,受国家法律承认和保护,在宗祧承奉、财产继承方面享有与亲子同等的权利。

户主身死无子,依法属"户绝",如家属或家族为之立嗣,称"继绝"、"立

---

① 《清明集》卷七《双立母命之子与同宗之子》,第 220 页。
② 《庆元条法事类》卷七五《刑狱门·刑狱杂事·断狱令》,第 806 页。
③ 《清明集》卷七《双立母命之子与同宗之子》,第 217 页。
④ 《宋刑统校证》卷一二《户婚律·养子》,第 167 页。
⑤ 赵善璙撰,程郁整理:《自警篇》卷八《济人》,《全宋笔记》第 7 编第 6 册,郑州:大象出版社,2016 年,第 279 页。
⑥ 《清明集》卷七《出继子不肖勒令归宗》,第 224 页。
⑦ 《宋会要辑稿·礼》三六之一六,第 1548 页。

继"。北宋初的《宋刑统》仅有对绝户遗产的处理规定,还无关于绝户立继方面的法律条文。据《宋会要辑稿·礼》三六之一六载:

> 绍圣元年十二月二日尚书省言:元祐七年南郊赦书节文:"今后户绝之家,近亲不为依条立继者,官为施行。今户绝家许近亲尊长命继,已有著令,即不当官为施行。"从之。

从这条记载可以得知,至迟元祐时期宋已立法,户绝之家,由家族近亲为之立继。如家族近亲不立继者,由官府代为执行。至绍圣时,宋又立户绝命继之法。命继与立继方式不同。

在宋代文献里,"立继"有时是一种通称,是指为绝户继绝,包括命继和立继两种方式;有时是特指,指与命继相对的另一种继绝方式,即户主夫或妻所立之嗣。宋法:"立继者,谓夫亡而妻在,其绝,则其立也,当从其妻;命继者,谓夫妻俱亡,则其命也,当惟近亲尊长。"①命继是指户主夫妻去世后,近亲尊长所立之嗣,近亲尊长乃指家族内本房长辈。值得注意的是,立继法规定:夫亡妻在,立继由妻主持,"尊长与官司亦无抑勒之理"②。官府、家族尊长,甚至祖父母、父母亦无权干涉。如《清明集》有一条判词曰:立继,"若夫亡妻在,自从其妻,虽祖父母、父母亦焉得而遣之,而况于近亲尊长,如叔伯兄者乎?"③夫妻俱亡而无嗣者,家族尊长为之命继后,还须到官府备案,办理命继手续,"听官司施行"④。由官府发给除附公据。家族尊长不为户绝者命继的,官府视情况也可为之立继。⑤

立继子和命继子必须是同宗族内的人,如系异姓继绝,也要符合养子条法,三岁以下方可。⑥宋允许和鼓励为绝户立嗣。政和三年(1113)曾有人提议,若祖父本有子娶妇,未生而亡,祖父可以养孙为子继绝,但若有子未娶妇而亡,则不得领养孙以继绝。户部尚书刘炳驳曰:"若行此议,则乡里奸民倚

---

① 《清明集》卷八《命继与立继不同·再判》,第265页。
② 《清明集》卷八《父在立异姓父亡无遣还之条》,第245页。
③ 《清明集》卷七《双立母命之子与同宗之子》,第220页。
④ 《清明集》卷八《父子俱亡立孙为后》,第262页;卷一三《假为弟命继为词欲诬赖其堂弟财物》,第512页。
⑤ 《清明集》卷七《官为区处》,第230页。
⑥ 《清明集》卷七《双立母命之子与同宗之子》,第221页。

法骚扰,长告讦之风,起争竞之俗,非所以绥靖四方也。"认为此法不利于社会稳定,朝廷应允许为亡子立孙。结果宋徽宗采纳了刘炳的建议,①自此遂为定制。《清明集》载有南宋张养直之妻为其亡子立异姓继孙的案例。②理宗绍定二年(1229)下诏强调:"户绝者,许立嗣,毋妄籍没。"③

继绝法规定,继绝者享有财产继承权。"立继者与子承父分法同,当尽举其产以与之。"④立继子是由承夫分财产的寡妻为亡夫而立的继子,亡夫的财产就此转移给继子,立继子可获得被继承人的全部家产。但命继子则不同,只能继承部分财产。南宋绍兴二年(1132)规定:"如系已绝之家,有依条合行立继之人,其财产依户绝出嫁女法,三分给一,至三千贯止。"⑤命继子的财产继承份额与出嫁女相同,得三分之一。这一原则在后来的《名公书判清明集》里仍有记载:

> 准法:诸已绝之家而立继绝子孙,谓近亲尊长命继者,于绝家财产,若只有在室诸女,即以全户四分之一给之,若又有归宗诸女,给五分之一,其在室并归宗女即以所得四分,依户绝法给之。止有归宗诸女,依户绝法给外,即以其余减半给之,余没官。止有出嫁诸女者,即以全户三分为率,以二分与出嫁女均给,一分没官。若无在室、归宗、出嫁诸女,以全户三分给一,并至三千贯止,即及二万贯,增给二千贯。⑥

命继子的财产继承权与养子、立继子相比,要小得多。原因很简单,命继子是在绝户夫妇双亡以后,由家族尊长所立,命继子对绝户夫妇没有尽过赡养义务,仅负有延续宗祧的职责,财产继承权由此而打折扣,显得合情合理。⑦

出继别位的养子只能承奉被继之家的宗祧,继承被继之家的财产,其与亲生父母之家,即断绝关系,不再享有宗祧和财产继承权。宋规定"不可以

---

① 《宋会要辑稿·礼》三六之一六,第 1549 页。

② 《清明集》卷七《已有养子不当求立》,第 214 页。

③ 《宋史》卷四一《理宗纪》,第 791 页。

④ 《清明集》卷八《命继与立继不同·再判》,第 266 页。

⑤ 《宋会要辑稿·食货》六一之六四,第 7471 页。

⑥ 《清明集》卷八《处分孤遗田产》,第 288 页。

⑦ 关于命继子财产继承问题,参阅叶孝信主编《中国民法史》第五章,上海人民出版社,1993 年。

一人而为两家之后"，禁止一子兼两家宗祧的做法。①

宋在家族组织管理方面，不仅重继绝之道，同时对父母双亡后的孤幼儿女、养子、立继子实施财产检校制，②维护他们的合法权益。

与财产有关的"检校"一词，已见诸唐代文献。《唐会要》卷八十五《逃户》载会昌元年（841）正月制："……亦有破除逃户桑地，以充税钱，逃户产业已无，归还不得，见在户每年加配，流亡转多。自今已后，应州县开成五年已前，观察使、刺史差强明官就村乡指实检会桑田屋宇等，仍勒令长加检校，租佃与人，勿令荒废。"制中所云："检校"，乃清查、核实之意。《宋刑统》卷十二《户婚律》引唐《丧葬令》："诸身丧户绝者，所有部曲、客女、奴婢、店宅、资财并令近亲转易货卖，将营葬事及量营功德之外，余财并与女，无女，均入以次近亲。无亲戚者，官为检校。"③《丧葬令》所谓"官为检校"是指在户绝无子女、亲戚情况下，官府清查家产，予以没官。随着宋代社会发展，检校一词有了新的含义，是指一种具体的财产管理制度。"所谓检校者，盖身亡男孤幼，官为检校财物，度所须，给之孤幼，责付亲戚可托者抚养，候年及格，官尽给还，此法也。"④

检校制始定于太宗时，太平兴国二年，太宗诏："尝为人继母而夫死改嫁者，不得占夫家财物，当尽付夫之子孙，幼者官为检校，俟其长然后给之，违者以盗论。"⑤自此，检校遂成为一项代丧失父母的未成年人保管财产的制度，以保护孤幼者的合法权益不受家族及外人的侵害。咸平五年（1002），户部使、右谏议大夫王子舆病故，真宗"以其子道宗方幼，诏三司判官朱台符检校其家"⑥。王子舆儿子年幼，所以才有检校之举。宋检校的对象除了丧失父母的孤男外，还包括绝户之女。但假如父亡母在，子女虽幼，有母亲抚养

---

① 《清明集》卷七《不可以一人而为两家之后别行选立》，第 208 页；卷九《业未分而私立契盗卖》，第 303 页；卷七《出继子破一家不可归宗》，第 225 页。

② 日本学者加藤繁的《中国经济史考证》及李伟国的《略论宋代的检校库》（《宋史研究论文集》1984 年会编刊）均论述过宋代的检校库，惜未引用《清明集》资料。关于孤幼财产检校，参见郭东旭《宋代财产继承法初探》，《河北大学学报》1986 年第 3 期。

③ 《宋刑统校证》卷一二《户婚律·户绝资产》，第 169—170 页。

④ 《清明集》卷七《不当检校而求检校》，第 228 页。

⑤ 《长编》卷一八，太平兴国二年五月丙寅，第 405 页。

⑥ 《长编》卷五一，咸平五年二月庚午，第 1114 页。

监护,不适用检校制。南宋《清明集》载一判例曰:

> 李介翁死而无子,仅有一女,曰良子,乃其婢郑三娘之所生也。官司昨与之立嗣,又与之检校,指拨良子应分之物产,令阿郑抚养之,以待其嫁。其钱、会、银器等则官为寄留之,所以为抚孤幼者悉矣。①

郑三娘虽为良子生母,但其身为婢女,法律上不是李介翁的合法之妻,不能继承李氏家业,亦不能为李介翁立继,属绝户,故由官府实施检校。如父母虽亡,然有成年兄长可做监护人,则免检校。例如《清明集》载一案例,张文更年三十,父亡母离婚,有弟妹年幼未及十岁,其叔为之申请检校,法官判曰:"自有亲兄可以抚养,正和不应检校之条。"②

检校制规定将平时抚养孤幼的开支费用留给抚养人,其余财产由官府保管,等孤儿长大成人后尽数归还。孤幼儿所得遗产一时不用的,通常由官府出贷,收取利息,以为抚养费用。熙宁四年(1071),同勾当开封府司录司检校库吴安持奏曰:"本库检校孤幼财物,月给钱,岁给衣,逮及长成,或至罄竭,不足以推广朝廷爱民之本意。乞以见寄金银、见钱,依常平仓法贷人,令入抵当出息,以给孤幼。"神宗批以一千贯以下照办。③宋《元丰令》载:

> 孤幼财产,官为检校,使亲戚抚养之,季给所需,赀蓄不满五百万者,召人户供质当举钱,岁取息二分为抚养费。④

为了保证检校制的实施,宋法律还规定,"诸身死有财产者,男女孤幼,厢耆、邻人不申官抄籍者,杖八十,因致侵欺规隐者加二等"⑤。如系挪用检校财产者,则"论如擅支朝廷封桩钱物法,徒二年"⑥。

检校制乃是国家对家族内部事务的一种权力干预,剥夺了家族尊长对绝户和孤幼户的财产处理权。在唐代,绝户财产是先由家族近亲负责处理,在无家族亲近的前提下,才由官府处理,家族享有优先处理权。宋代则不

---

① 《清明集》卷七《官为区处》,第230页。
② 《清明集》卷七《不当检校而求检校》,第228页。
③ 《长编》卷二二三,熙宁四年五月戊子,第5418页。
④ 《宋会要辑稿·食货》六一之六二,第7469页。
⑤ 《清明集》卷八《叔父谋吞并幼侄财产》,第286页。
⑥ 《清明集》卷八《侵用已检校财产论如擅支朝廷封桩物法》,第281页。

然,家族只有抚养孤幼权,而无财产处理权,财产处理权完全由政府控制。父母身亡,孤幼儿无自理能力,父母遗产极易为人侵占,特别是容易受到来自家族内部长辈的欺侵,《清明集》内就有许多此类案例。由官府对孤幼财产实施检校,对失去家长的个体家庭加以保护,这是一项积极有效的措施,"孤幼财产,官为检校……所以爱护甚至,堤防甚密矣"①。这对维护家族内部的稳定,防止财产纠纷,减少民事案件,稳定国家赋税收入,无疑有着积极意义。

(原题《宋代家族政策初探》,载《大陆杂志》第 99 卷第 4 期,

台北:大陆杂志社,1999 年 10 月)

---

① 《宋会要辑稿·帝系》七之二二,第 170 页。

宋代家法族规试探

中国传统社会进入宋代以后,随着门阀世族的消亡,官僚地主阶级登上了政治舞台,出于自身利益的需求,宋代官僚地主阶级建立起不同于以往朝代的新型家族组织。与此同时,调整家族内部秩序的家法族规也逐渐出现。本文试图通过对宋代家法族规的探讨,①进一步了解宋代的家族制度。

一

依据文献记载,宋代的家族组织大致可分为两种形式:一是世代同居共财的大家庭,财产属家庭共有,合门为一户。二是以血缘关系为纽带形成的个体小家庭聚族而居的家族,各小家庭分户别立,拥有自己的生产资料,家族内有一部分财产为共有。由于组织结构的差异,宋代家法族规也不尽相同,然而在主要内容方面,大体上却是一致的。

(一) 家族的领导及其职权

负责家族事务的人称"家长"、"主事"、"族长"。地主阶级通过设立家长、主事、族长,对家族成员进行管理和控制。解州赵鼎家族,"诸位中以最长一人主管家事及收支租课等事务。愿令己次人主管者听,须众议所同乃可"②。抚州陆九渊家族也是以"一人最长者为家长,一家之事听命焉"③。这类家族中的领导人选,是以辈分年龄决定的。如果辈分最高的人年迈体弱,不能或不愿主管家事,则依次由其他辈分高的人接任。但接任者须得到

---

① 许怀林《陆九渊家族及其家规述评》(《江西师大学报》1989 年第 2 期)对本文撰写多有启迪。
② (宋)赵鼎:《家训笔录》,《从书集成初编》本。
③ (宋)罗大经撰,王瑞来点校:《鹤林玉露》丙编卷五《陆氏义门》,北京:中华书局,1983 年,第323 页。

家族成员的认可。宋代还有一类家族领导人选不限辈分年龄,而以德行才干决定,由家族成员选举产生。例如河中府姚氏家族,"世推尊长公平者主家"①。江州陈氏家族的主事,"不以长少拘之,但择谨慎才能之人委之,不限年月"②。绍兴裘氏家族,"族人虽异居,同在一村中,世推一人为长"③。家长、族长的职权有哪些呢? 司马光在他的《涑水家仪》中作了概括性的规定:"凡为家长,必谨守礼法以御群子弟及家众,分之以职,授之以事,而责其成功。制财用之节,量入为出;称家之有无,以给上下之衣食,及吉凶之费皆有品节而莫不均一。裁省冗费,禁止奢华,常须稍存赢余以备不虞。"江州陈氏家法规定主事"管理内外诸事,内则敦睦九族,协和上下,约束弟侄。日出从事,必令各司其事,毋相夺伦,照老少应要之资,男女婚嫁之给,三时茶饭,节朔聚饮……外则迎接亲姻,祗待宾客,吉凶筵席迎送之仪"④。家法族规赋予家长、族长对家族成员的教令权、家族财产的支配权及对家族事务的管理权。家长、族长是家法族规的执行者,是家法族规的物质化身。

在同居共财的大家庭内,合门为一户,实行的是一级管理制。由于公共财产管理和生活物品分配的需要,家长在家族内享有完整的主宰权。但在个体小家庭聚族而居的家族内,族长的权力受到一定限制,不享有完整的主宰权。家族内一般实行两级管理制,族长下分支房,房有房长。⑤每房之下又有若干分居独立的小家庭。小家庭有自己的私有田产,通常情况下,各小家庭的财产分割继承、日常经营活动和管理是由各家庭的尊长负责。只有在家族成员的财产分割发生纠纷时,族长才有权代表整个家族,从维护家族利益出发予以干涉、监督和处理。如南宋时,有一民户谭念华死后,其家属在家庭财产继承问题上产生了矛盾,官司打到官府,结果官府"唤集谭氏族长

① (宋)邵伯温撰,查清华点校:《闻见录》卷一七,《全宋笔记》第2编第7册,郑州:大象出版社,2006年,第232页;《鹤林玉露》丙编卷五《陆氏义门》,第323页。
② 民国《义门陈氏大同宗谱》卷二四《义门家法》,上海图书馆藏本。
③ (宋)王林撰,诚刚点校:《燕翼诒谋录》卷五《越州裘氏义门旌表》,北京:中华书局,1981年,第48页。
④ 民国《义门陈氏大同宗谱》卷二四《义门家法》,上海图书馆藏本。
⑤ 中国社会科学院历史研究所宋辽金元史研究室点校:《名公书判清明集》(以下简称《清明集》)卷七《官为区处》,北京:中华书局,2002年,第231页;卷十《弟妇与伯成奸且弃逐其男女盗卖其田业》,第310页。

将谭念华所管田业及将李子钦姓名买置者,并照条作诸子均分"①。还有一民户黄廷吉,死后亲属也发生财产纠纷,也是由族长主持分割财产的。②

在宋代,某户户主身死无子,依法律规定,此户为"户绝",若家属为之立嗣继绝,称"立继"。但其妻在,则立继之权归其妻,族长无权干预。③若其户夫妻俱亡,又无其他直系亲属时,族长始有权为之立继。"在法,立继由族长,为其皆无亲人也。"④《名公书判清明集》载一案例,民户王怡一家户绝无子,便是由族长为之立继的。⑤

族长还负责抚养家族内的孤幼儿。宋代对父母双亡后的孤幼儿女、年幼的养子、立继子实施财产检校制,即由官府代他们保管财产。官府"置立簿历,择族长主其出入,官为稽考"⑥。族长主持日常开支,但无财产处分权。此外族长还负责管理家族的公共财产,如义庄等。⑦族长还负责家族人口的统计,家族内有新生儿,须报族长登录于"第行录"。当时有俗语云:"有生若不报宗长,虽在宗门知是谁。"⑧家族内人口众多,分房别户,辈分不等,必须统一由族长登录,书于家谱宗枝图,以防错乱。

家族的生存发展与家长、族长的正确管理是紧紧联系在一起的。因此许多家法族规对家族领导人员提出了严格要求:"同族义居,唯是主家者持心公平,无一毫欺隐,乃可率下。不可以久远不慎,致坏家法。"⑨"管家者,最宜公心,以仁让为先。"⑩

家长之下,依家族的大小、事务的繁简,还设有若干具体事务的管理者。如陆九渊家族,"逐年选差子弟分任家事,或主田畴,或主租税,或主出纳,或主厨爨,或主宾客"⑪。江州陈氏家族,主事之下,设有库司两人、勘司一人、

① 《清明集》卷四《随母嫁子图谋亲子之业》,第 125 页。
② 《清明集》卷七《双立母命之子与同宗之子》,第 217—223 页。
③ 《清明集》卷八《父在立异姓父亡无遗还之条》,第 245 页。
④ 《清明集》卷八《嫂讼其叔用意立继夺业》,第 260 页。
⑤ 《清明集》卷八《父子俱亡立孙为后》,第 262 页。
⑥⑦ 《清明集》卷八《命继与立继不同》,第 265—268 页。
⑧ 民国七年《余姚兰风胡氏续谱·胡氏莫太夫人家训》,上海图书馆藏本。
⑨ (宋)赵鼎:《家训笔录》,《丛书集成续编》本。
⑩ (宋)叶梦得:《石林治生家训要略》,《丛书集成续编》本。
⑪ 《鹤林玉露》丙编卷五《陆氏义门》,第 323 页。

庄首数人,分管财务、婚姻和生产经营等具体事务。①

(二) 家族财产的管理和生活物品的分配

宋家法族规规定,同居共财大家庭内的生产资料属家族共有,不得分割买卖。赵鼎《家训笔录》载:"应本家田产,子子孙孙并不许分割。"不许分割的族产还包括房宅类的不动产。"田产既不许分割,即世世为一户,同处居住",家族财产实行统一管理,"宅库租课收支等,应具文历并收支单状,主家者与诸位最长子弟一人通行签押。其余非泛增损事务亦须商议"。家族内民主管理的气氛十分浓烈。另还设有仓库专管人,"专管宅库应干事务"。生活物品实行平均分配制,"岁收租课,诸位计口分给,不论长幼俱为一等"。其余如增添人口、翻修房屋、嫁娶宴会,根据具体情况,酌情分给钱物。但家族内奴仆"不在分给之限"。奴仆的口食是由役使人自己解决的。这表明赵鼎家族中在占主导地位的公有制经济下,还存在着部分私有制经济成分。

与赵鼎家族相类似的还有陆九渊家族。陆家"公堂之田,仅足给一岁之食,家人计口打饭,自办蔬肉,不合食。私房婢仆,各自供给"②,实行的也是计口分配方式。婢仆的口食也由役使人负责供给。"自办蔬肉",表明蔬肉出自私家生产,族众有自己的自留地,有自养的禽畜。

在家族财产管理和生活资料分配方面,宋代还有一种完完全全的共有制。如李昉家族,"同居共爨,田园邸舍所收,及有官者俸禄,皆聚之一库,计口日给饷。婚姻丧葬所费,皆有常数,分命子弟掌其事"③。家族成员室无私财,收入全部上交家族,包括官俸,然后再平均分给每个人。河中府姚氏家族,"早晚于堂上聚食,男子、妇人各行列以坐,小儿席地,共食于木槽。饭罢,即锁厨门,无异爨者。男女衣服各一架,不分彼此"④。他们吃的是彻底的大锅饭。郓州张诚家族,"衣裳无常主"⑤,实行的也是原始共产制。江州

---

① 民国《义门陈氏大同宗谱》卷二四《义门家法》,上海图书馆藏本。
② 《鹤林玉露》丙编卷五《陆氏义门》,第 323 页。
③ (宋)赵善璙:《自警篇》卷三《孝友》,《全宋笔记》第 7 编第 6 册,郑州:大象出版社,2016 年,第 76 页。
④ (宋)邵伯温:《闻见录》卷一七,第 232 页。
⑤ (宋)王辟之撰,吕友仁点校:《渑水燕谈录》卷四《忠孝》,北京:中华书局,1981 年,第 38 页。

陈氏家法规定:"丈夫衣妆,二月中给春衣,每人各给丝十两,夏给葛衫一领,秋给寒衣……冬各给头巾一顶,并出库司分派者。"①生活资料是配给制。

在个体小家庭聚族而居的家族内,财产管理主要是对属于家族公有的义田、墓田、祭田等财产的管理。家族内由于私有制的发展,势必产生贫富不均现象。一些族人生活穷困不堪,以致流离失所。甚者激化成阶级冲突,严重威胁着家族的生存和发展。这使得地主阶级深感不安,其中一些有财力的家庭,尤其是仕宦之家,捐出私家财产,设立义庄,赈济和赡养家族成员,使贫穷者"赖以无离散之患",以遏止家族分化。义庄亦称"义田",始置于北宋范仲淹家族。其后士大夫纷纷仿而效之。如刘辉,"哀族人之不能为生者,买田数百亩以养之"②。彭汝砺,"族人贫者,分俸钱赒给,或为置义庄"③。吕皓"削兄弟所逊田为义庄,以赡乡族"④。

对义田的管理,各家族大都订有规章。在这方面,以范仲淹家族的义庄规矩最为典型。范氏义庄初定时条文比较简略,主要有:"择族之长而贤者一人主其计,而时其出纳焉。"义田的收入平均分配给族人,"日食,人米一升。岁农,人衣一缣"⑤。计口数供给衣食及婚嫁丧葬费用。此后义庄规矩又多次修改,逐步完善起来,主要条文有:家族子弟违反义庄规矩者,"许令官司受理"。义庄掌管人如有欺侵行为,"申官决断"。为避免族人对义田的侵蚀夺占,以防家族纠纷,范氏家族成员不得租佃义田,义庄也不得典买族人田地。义庄事务由掌管人依规矩行事,家族尊长无权侵扰干预。如有违反,允许掌管人"申官理断"。义庄"不得取有利债负",严禁放高利贷。⑥义庄将田租给族外佃户,以收取地租来赡养族众,是一种封建租佃制经营方式。范氏义庄规矩对宋代家族组织影响甚大,史载:"本朝文正范公置义庄于姑苏,最为缙绅所矜式。"⑦如南宋东阳陈德高"略用范文正公之

---

① 　民国《义门陈氏大同宗谱》卷二四《义门家法》,上海图书馆藏本。

② 　《渑水燕谈录》卷四《忠孝》,第 34 页。

③ 　《自警篇》卷三《赈亲族》,第 83 页。

④ 　(明)徐象梅《两浙名贤录》卷五《孝友》,北图古籍珍本丛刊。

⑤ 　(宋)钱公辅《褒贤祠记》卷二《义田记》,《范文正公集》(二),《四部丛刊》初编本。

⑥ 　(宋)范仲淹《范文正公集·义庄规矩》,《四部丛刊》初编本。

⑦ 　(宋)胡寅撰,容肇祖点校《斐然集》卷二一《成都施氏义田记》,北京:中华书局,1993 年,第439 页。

矩度而稍增损之"①。江阴陆垕"捐私租仿范文正公立义庄法,计口而散之,婚嫁丧葬皆有助"②。

(三) 维护封建宗法秩序

家法族规极力维护以父权为核心内容的封建礼教,强调以礼治族,以礼治家,保证父系家长对家族的统治权。要求家族成员遵循封建伦理道德,做到子孝妇顺。司马光《涑水家仪》云:"凡诸卑幼,事无大小,勿得专行。必咨禀于家长。"要求子事父母,"容貌必恭,执事必谨,言语应对,下气怡声"。叶梦得《石林家训》曰:"夫孝者,天之经也,地之义也。"要求家族内卑幼必须无条件服从尊长。浙江余姚《胡氏莫太夫人家训》规定:"父母尊长在前,当敛容恭顺起敬,如父坐则子立,姑坐则妇立,兄坐则弟侍,姐坐则妹侍,不可并行,不可并坐。"③总之,强调"闺门之内,以孝友为先务"④。家法族规还强调男尊女卑,夫权至上。要求妇女必须遵从妇德。"凡妇贵德不贵才。"⑤"为妇者事舅姑以孝敬,相夫子以恭顺。"⑥浙江东阳楼氏家规规定:"妇人专主中馈,毋干与外政。倘无四德而犯七出之条,便宜离异归宗。"⑦家族法规要求妇女习读《烈女传》,为夫守节,从一而终,"烈女不二夫"。余姚《胡氏莫太夫人家训》明确规定:"吾家世无再醮之妇,再醮之女。吾宗妇女倘遭此不幸,当效共姜,毋辱宗祖。"为了家族和祖宗的声誉,把妇女当作礼教的牺牲品。在压迫妇女方面,家法族规又有时比封建国法更严厉、更残酷。对于那些能恪守封建妇道的烈女节妇,自然给予表彰奖励,"如节操异常,生死不渝,笃孝舅姑,合族竭力上闻,以求旌表"。即使这点办不到,"亦当立节孝传以励

---

① (宋)陆游:《陆放翁全集·渭南文集》卷二一《东阳陈君义庄记》,北京:中国书店,1986年,第124页。

② 民国江阴《陆氏世谱》卷五《义斋公行略》,上海图书馆藏本。

③ 民国七年《余姚兰风胡氏续谱·胡氏莫太夫人家训》,上海图书馆藏本。

④ (宋)赵鼎:《家训笔录》,《丛书集成初编》本。

⑤ 民国江阴《陆氏世谱》卷二《格言家训》,上海图书馆藏本。

⑥ 民国《义门陈氏大同宗谱》卷四《义门家训》。按:此《义门家训》题唐陈崇立。然考《家训》,内引有张载、苏东坡语。又其宗谱卷五《江州义门记》云内侍裴愈曾向宋太宗"上陈氏家法二篇",其一篇无疑当为《义门家法》,另一篇显然便是此《义门家训》,虽为唐陈崇初立,但宋时经陈氏家族修改过。

⑦ 乾隆《东阳杞国楼氏家谱》卷一《按抚公家规遗训》,上海图书馆藏本。

风俗,有德行无瑕者,谱中记载其事实以为仪范"①。

除妇女之外,家族其他子弟身体力行,达到封建道德标准的,也将受到奖励,记入家谱,以昭后世。绍兴《裴氏家规》载:"孝子悌弟,风化所关,如有事亲敬长,行谊纯笃,可方古人者,合族举呈于公府,以待旌表。即有一节可录,亦当于谱中直纪其事。"②宋代地主阶级企图通过这些奖励之法,达到劝励风化,营造一个稳定的符合统治需要的社会秩序的目的。

家法族规在箝制族众思想和束缚族众人身自由方面作了不少严格的规定,要求家族成员的言行举止须遵循礼的法度,不兴异端,不可修建异端祠宇,不可信师巫邪说,"诞日及嫁娶不得僭用非礼之乐"③。禁游手好闲、琴棋赌博、声色伎玩、花卉虫鸟,"子孙当一切绝之"④。妇女则不可干预外事,强调男女有别,授受不亲。余姚《胡氏莫太夫人家训》规定,女子满 10 岁,"便不可往邻里及外家去,日在闺中习女红",以纺纱织布为业。甚至不许妇女探亲寓宿,"不可看搬杂剧,又不可往庙观街市烧香看灯"。胡氏家训中还要求子孙熟记家规,时常背诵。有背诵不熟者,以"不孝罪"罪之。在严厉的家法箝制下,家族成员根本没有自己的思想和意志,一切服从礼教,服从家长统治。

家族成员如有违反家法行为,将受到严厉惩治。江州陈氏家族特设了刑杖厅,是专门处罚违法子弟的场所。厅有联一幅,上书"家秉三尺法,官省五条刑"。其家法规定:家族子弟,"稍有行谊不端者,训之,诫之,令其知改更新。如凌长稔恶,则家法以惩"。"凡弟侄有过,必加刑责",从杖十五至服役一年不等。⑤绍兴裴氏家族规定,成员"少有违戾,则尽绳家法"⑥。其家族"有竹箄亦世相授矣,族长欲挞有罪者,则用之"⑦。江阴陆氏家族家规载:"若子孙有罪过,合族兄弟叔侄禀告族长,押入祠堂,量轻重责罚。"⑧陆九渊家族法:"子弟有过,家长会众子弟责而训之,不改,则挞之,终不改,度不可

---

① 乾隆《东阳杞国楼氏家谱》卷一《按抚公家规遗训》,上海图书馆藏本。
② 道光九年《西朱裴氏宗谱》卷一《裴氏家规》,上海图书馆藏本。
③④ 民国七年《余姚兰风胡氏续谱·胡氏莫太夫人家训》,上海图书馆藏本。
⑤ 民国《义门陈氏大同宗谱》卷四《义门家法》、《义门家训》,上海图书馆藏本。
⑥ 道光九年《西朱裴氏宗谱·旌表裴氏义门序记》,上海图书馆藏本。
⑦ 《燕翼诒谋录》卷五《越州裴氏义门旌表》,第 48 页。
⑧ 民国江阴《陆氏世谱》卷二《格言家训》,上海图书馆藏本。

容,则告于官,屏之远方。"①对屡教不改的族人开除族籍,流放他乡。绍兴裴氏家族规定:"男有狂暴凶横,干名犯义及结党匪类,玷恶宗族者,则削其名。"②东阳楼氏家族规定:子孙"如不孝不悌,奸盗不法事迹暴扬者,或责或削,家族直接予以惩治,无须告官,以免玷辱族风"③。

各地家法对家族成员到官府诉讼的行为一般都禁止之,不予支持。《放翁家训》云:"诉讼一事,最当谨始。使官司公明可恃,尚不当为,况官行关节,吏取货贿或官司虽无心而其人天资暗弱,为吏所使,亦何所不至?"余姚《胡氏莫太夫人家训》告诫子孙,切不可好争讼,"废事败家,敝精劳思,最在于此"。江州陈氏《义门家训》强调云:"夫讼者,逞刁顽以求胜,非盛德也,破家亡身实始于此。凡我子姓于纤芥小忿,务宜含忍。倘有不平,在宗族,则具巅末诉之族长,从公以辨其曲直。"④

有些家法还规定了家族内纠纷的处理程序,先家族后官府。即必须先向家长申理,"如不服,然后呈官治罪"。不得擅自径向官府投诉。有违反者,"家长具其曲直,会宗族对庙神主声其是非,明加大罚大责"⑤这样做,既可以避免家丑外扬,维护家族声誉,又可免扰官府。

家族内役使的奴仆也受到家法族规的严厉约束。"凡女仆同辈谓长者为姐,后辈谓前辈为姨,务相雍睦,其有斗争者,主父、主母闻之即呵禁之。不止,即杖之,理曲者杖多,一止一不止,独杖不止者。"⑥有的家法规定,对奴仆的惩治权由家长实施。如寿昌胡氏家法强调,奴仆有过,"则告之家长,家长为之行遣",家族成员不得私自鞭打奴仆,有不遵守者,"则挞子弟"。⑦奴仆在家族地位低于一般的家族成员,身份卑微。但即便如此,对他们的惩治权仍须由家长来实施,这充分显示了家长在家族组织内的权力。

---

① 《鹤林玉露》丙编卷五《陆氏义门》,第324页。
② 道光九年《西朱裴氏宗谱》卷一《裴氏六世祖修谱凡例》,上海图书馆藏本。
③ 乾隆《东阳杞国楼氏家谱》卷一《按抚公家规遗训》,上海图书馆藏本。
④ 民国《义门陈氏大同宗谱》卷四《义门家训》,上海图书馆藏本。
⑤ 民国七年《余姚兰风胡氏续谱·胡氏莫太夫人家训》,上海图书馆藏本。
⑥ (宋)司马光:《涑水家仪》,《说郛三种》本,上海古籍出版社,2012年。
⑦ (宋)袁采:《袁氏世范》卷三《婢仆不可自鞭挞》,《丛书集成初编》本。

（四）教育和婚姻

宋代地主阶级对家族子弟的文化教育十分重视,他们深知,要想在激烈的社会矛盾冲突中,保持和发展家族的势力,耀祖光宗,使门户不坠,就必须倾力教育子孙知书习礼,进可以考取功名,退可以持家立身。宋代很多家法族规都强调了这一点。《朱文公家训》曰:"《诗》、《书》,不可不学,礼义不可不知,子孙不可不教。"①《放翁家训》云:"子孙才分有限,无如之何,然不可不使读《书》。"东阳楼氏家训规定:"男生孩提时,即当训以礼,长则教以《诗》、《书》。"②陆九韶在他的《居家正本制用篇》中云:爱子孙,"当教之以孝悌忠信,所读须先六经,《论》、《孟》,通晓大义,明父子、君臣、夫妇、昆弟、朋友之节。知正心修身、齐家治国平天下之道"③。从而事父母,和兄弟,睦宗族,成为国家有用人才。宋祁《庭戒》曰:"大抵人不可以无学……要得数百卷书在胸中,则不为人所轻诮矣。"④《袁氏世范》要求子弟习儒业,"能习进士业者,上可以取科第致富贵,次可以开门教授以受束修之奉。其不能习进士者,上可以事笔札,代笺简之役,次可以习点读,为童蒙之师"。江州陈氏家法明确规定家族内设立书堂一所,让子弟安心读书,"弟侄子姓有赋性聪敏者令修学",并立书屋一所,"训教童蒙",还责令专人负责子弟读书之事。⑤

封建家族亦十分重视家族成员的婚姻问题,将其同整个家族的兴盛衰亡联在一起考虑。因此,家法族规要求族人,"凡娶嫁,应以鼎宗为荣,不必问其家厚薄"⑥。择偶的标准为德贤第一,不求大富大贵,要求"家法严正,德性纯良"⑦。"无家教之族,切不可与为婚姻。"⑧《袁氏世范》曰:"男女议亲,不可贪其阀阅之高、资产之厚。"江州陈氏家法要求子弟婚姻"必择门楣相称、世德良家"⑨。家法族规还规定,子弟婚姻之事,家长主之,本人无权擅作

---

① 民国八年《旌阳凤山朱氏宗谱》,上海图书馆藏本。
② 乾隆《东阳杞国楼氏家谱》卷一《按抚公家规遗训》,上海图书馆藏本。
③ （清）陈弘谋:《五种遗规·训俗遗规》卷一《居家正本制用篇》,北京:中国华侨出版社,2012年,第186页。
④ （宋）刘清之:《戒子通录》卷五,文渊阁《四库全书》本,第703册,第67页。
⑤ 民国七年《余姚兰风胡氏续谱·胡氏莫太夫人家训》,上海图书馆藏本。
⑥ 道光九年《西朱裘氏宗谱》卷一《裘氏家规》,上海图书馆藏本。
⑦ 民国七年《余姚兰风胡氏续谱·胡氏莫太夫人家训》,上海图书馆藏本。
⑧ （宋）叶梦得:《石林治生家训要略》,《丛书集成续编》本。
⑨ 民国《义门陈氏大同宗谱》卷四《义门家训》,上海图书馆藏本。

主张。有些家法甚至还规定，婚事"当禀宗长，会宗族议之"①，由家长来决定，即使是父母也无权做主。

(五) 祭祀和立嗣

尊祖祭祀是中国传统社会上至天子下至平民百姓日常生活中的头等大事。宋代家族组织主要就是依靠尊祖祭祀这一活动来达到寻源报本、维系家族不散的目的。余姚《胡氏莫太夫人家训》云："祭祖之礼不可缺一，一缺之，非惟祖宗墓渐不能识，而且人子之心自此而离。"各地家法族规都毫不例外把祭祀作为家族一项重要活动来举行，要求族众认真参与。如赵鼎《家训笔录》规定："岁时享祀，主家者率诸位子弟协力排办，务要如礼，以其享祀酒食，合族破盘。"祭祀时，家族成员必须衣冠整齐，"长幼毕集，不得懈慢"。家族祭祀通常有庙祭和墓祭。②庙祭在祠堂进行。吕祖谦《家范》载："长少诣家庙瞻拜"，并规定："子弟不奉家庙，未冠，执事很慢；已冠，颓废先业；并行夏楚。"③宁波汪氏家族建祠堂用于祭祖，谓之"报本庵"，"宗人虽坟墓在远，遇清明必合而祭者"。④余姚胡氏家族祭祀亦是在祠堂，其家训曰："祠堂所以报本者……后世子孙当严洒扫，毋有亵渎，岁时奠祭。"⑤江阴陆氏家规规定，祠堂"中奉神主，子孙出入必告，朔望必参，四时必祭。子孙十岁以上，必令其入祠堂，则欢礼习仪，人人有尊祖笃亲之心思"⑥。

墓祭也是宋代流行的祭祖形式之一。南宋福州地区，"州人寒食春祀，必拜坟下。富室大姓有赡茔田屋，祭毕合族，多至数百人，少数十人。因是

---

① 民国七年《余姚兰风胡氏续谱·胡氏莫太夫人家训》，上海图书馆藏本。
② 按：《温国文正司马公文集》卷七九《文潞公家庙碑》载，宋朝廷曾一度立家庙之制，后不久便停止。然据其他文献记载，宋民间仍然有家庙存在。《长编》卷一二〇，景祐四年二月壬子条载王蒙正"以婚书告家庙"。又同书卷三七六元祐元年四月癸丑条载：知潞州张诚一违法，殿中侍御史林旦奏言："乞追诚一所劫圹中物，付其家庙拘管。"又王铚《默记》卷中载北宋有一李郎中，科举考试得欧阳修相助中第，"后李于家庙之旁画欧公像，事之等父母"。朱熹《朱文公文集》卷八六一《致仕告家庙文》载朱熹庆元五年致仕，有"告家庙文"。洪适《盘州文集》卷七三《家庙祭祖考文》有洪适"家庙祭祖文"等等。
③ (宋)吕祖谦：《东莱吕太史别集》卷一《家范》，《续金华丛书》本。
④ (宋)楼钥：《攻媿集》卷六〇《汪氏报本庵记》，《四部丛刊》初编本。
⑤ 民国七年《余姚兰风胡氏续谱·胡氏莫太夫人家训》，上海图书馆藏本。
⑥ 民国江阴《陆氏世谱》卷二《格言家训》，上海图书馆藏本。

燕集,序列款服,尊祖睦族之道也"①。宁波汪氏家法规定:"遇忌日,必躬至墓下,为荐羞之礼。"②在个体小家庭聚族而居的家族内,由于各家庭分户独立,有自己的私有生产资料,家族成员之间的联系不如同居共财的大家庭成员那么紧密。因此,尊祖祭祀的重要意义更为突出。

祭祀活动需要一笔费用,特别是一些大家族合族祭祀,开支颇大。为保证家族祭祀活动能正常进行,一些家族组织设置了祭田,有些地区称"祀田"、"烝尝田",所有权为家族共有,以祭田收入供祭祀之用。如余姚胡氏家族规定,置祭田五顷余,"收税租足以供宗庙之需,子孙当世守之"③。南宋瓯宁县范通一有四子,长子先亡,无后,乃将长子"私置之田为烝尝田",命其他三子轮收,以供祭祀。④一些家族还对祀田、祀堂、坟地的管理订出条约。东阳楼氏家规规定"祀田明记号亩,附各祖墓铭之后,子孙虽多,轮流管守"。家规还要求族人经常修缮祠堂,不许人损毁,违者"作不孝论"。⑤绍兴裴氏家规禁止族人砍伐坟地林木,违者,"照约重罚"⑥。祭祖是为了敬祖,敬祖则旨在收族,维系家族的团结。正如宋人所云:"爱其祖宗,所以爱其族人也,敬其祖宗,所以敬其族也。"⑦

某户无子,通常要立嗣,以承续宗庙香火,此关系到家庭、家族的繁衍。宋家法族规对立嗣继绝有着严格的规定。余姚《胡氏莫太夫人家训》云:"凡无嗣者,当于本宗内择名分相应者继之,切不可取外姓以乱宗祀,不可传支派以杂谱系。或不得已养义男义女,又当别嫌疑。"⑧在当时人看来,"神不歆非类,民不祀非族"。立嗣必以同宗子弟,严禁养外姓人为嗣。江州陈氏《义门家训》为此强调:"其有招赘及异姓以乱宗支者,同族共攻之。"还规定:立嗣"先尽同父,次及期服、大功、小功、缌麻之人",如无人可立,"始立同族别

---

① (宋)梁克家:《淳熙三山志》卷四〇《土俗类》,王晓波等点校《宋元珍稀地方志丛刊》甲编第7册,成都:四川大学出版社,2007年,第1645页。

② 《攻媿集》卷六〇《汪氏报本庵记》。

③ 民国七年《余姚兰风胡氏续谱·胡氏莫太夫人家训》,上海图书馆藏本。

④ 《清明集》卷八《嫂讼其叔用意立继夺业》,第260—262页。

⑤ 乾隆《东阳杞国楼氏家谱》卷一《按抚公家规遗训》,上海图书馆藏本。

⑥ 道光九年《西朱裴氏宗谱》卷一《裴氏家规》,上海图书馆藏本。

⑦ 光绪延陵《吴氏宗谱·吴氏续谱序》,上海图书馆藏本。

⑧ 民国七年《余姚兰风胡氏续谱·胡氏莫太夫人家训》,上海图书馆藏本。

房"。①立嗣还得讲究辈分和尊卑之分。江阴陆氏家法规定，立嗣"但当按昭穆，考尊卑"②。《袁氏世范》曰："同姓之子，昭穆不顺，亦不可以为后。"有的家法还规定，一旦为人后者，对养父母必须尽生养死葬之义务。③在宋代，虽然立嗣必以同宗子弟，但国家法律规定，特殊情况下，三岁以下的异姓别宗子经家族同意也可以立为嗣，依"亲子孙法"，享有合法的财产和宗桃继承权。④

(六) 纳税应役，维护国家赋税制度

纳税应役是普通百姓对封建国家应尽的义务，也是衡量民众是否奉公守法的准绳。宋代家族组织深知纳税应役的意义，在制定的家法族规中，都把努力完成国家赋役任务当作家族的一件大事来对待。《袁氏世范》："凡有家产，必有税赋，须是先截留输纳之资，却将赢余分给口用。"要求家族成员先公后私，赋税"先纳为安"，即使岁收薄微，宁可省吃节用，也"不可侵支输纳之资"。明智的家族统治者知道，逃漏税赋，损公肥私，将会招致破家亡身之祸，只有模范遵守国法，才能受到国家政权的保护，家族才能免受官府的侵扰。江州陈氏《义门家训》云："公赋乃朝廷军国所急需，义当乐输者"，及时交纳，"不惟省吏胥追呼之扰，而室家亦有盈宁之庆矣"。⑤吕祖谦《家范》也规定，遇夏秋税赋，"先期输纳"⑥。绍兴《裘氏家规》云："凡正供之需，当及时上输，免官府催科之烦，且以省家门骚扰之费。"⑦把完纳钱粮，作为安居乐业的先决条件之一，"国课早完，即囊橐无余，自得至乐"⑧。此外，对于国家应征的徭役，家法亦要求家族成员积极响应："户役当加勤谨，争先趋之，不可互推以辱家门。"⑨及时纳税应役既支持了国家政权，也维护了家族自身利益。

---

①③⑤　民国《义门陈氏大同宗谱》卷四《义门家训》，上海图书馆藏本。

②　民国江阴《陆氏世谱》卷二《格言家训》，上海图书馆藏本。

④　《清明集》卷七《立继有据不为户绝》，第216页。

⑥　(宋)吕祖谦：《东莱吕太史别集》卷一《家范》，《续金华丛书》本。

⑦　道光九年《西朱裘氏宗谱》卷一《裘氏家规》，上海图书馆藏本。

⑧　藜光堂《中厢戚里铺刘氏五修族谱》，上海图书馆藏本。

⑨　民国七年《余姚兰风胡氏续谱·胡氏莫太夫人家训》，上海图书馆藏本。

（七）节俭治家

传统社会自耕自织的小农经济十分脆弱,经不起官府的横征暴敛,经不起土地私有制下激烈兼并的冲击,也经不起自然灾害的侵袭,由此形成了小农经济特有的节俭制用的经营思想。这种传统观念亦反映在宋人家法族规里:"夫俭者,守家第一法也。故凡日用奉养一以节省为本,不可过多,宁使家有赢余,毋使仓有告匮。"①以节省为本,方能使家有赢余,有赢余才能抵御天灾人祸。赵鼎《家训笔录》云:"唯是节俭一事,最为美行。"要求把司马光训俭文"每人抄写一本,以为永远之法"。绍兴裴氏家法规定:"自今而后一切崇俭,服饰酒席之类,如或过度,宜罚示惩。"②在同居共财的大家庭内,实行的是平均主义分配方式,不利于调动生产积极性,阻碍了生产率的提高,物质生活大都十分贫乏。如陆九渊家族,"公堂之田仅足给一岁之食"③。江州陈氏家族人多粮少,每至春首,则向官府借贷米粮,以渡难关。④为了应付生活贫乏的困境,这些家族极力要求族众节俭过日子,做到开支有节,量入为出。抚州陆氏家法制定者陆九韶,"考古经国之制,为居家之法",其原则为"随赀产之多寡,制用度之丰俭"。他的家法还强调:"凡家有田畴,足以赡给者,亦当量入以为出。然后用度有准,丰俭得中。"⑤余姚《胡氏莫太夫人家训》云:"财有限而用无穷,子孙当量入以为出。"所谓"量入以为出",即"有此钞起此屋,有此价买此田"⑥。江州陈氏《义门家训》规定:"凡我子姓量入以为出,因家以制用。"⑦即使是一些有钱财的仕宦之家,也深知奢侈浪费的危害性,他们的家法也多有节俭制用的条款。

二

"家法"一词常见诸宋代文献。如"真宗尝语侍臣曰:'臣僚家法,当如

---

① （宋）叶梦得:《石林治生家训要略》,《丛书集成续编》本。

② 道光九年《西朱裴氏宗谱》卷一《裴氏家规》,上海图书馆藏本。

③ 《鹤林玉露》丙编卷五《陆氏义门》,第323页。

④ 民国《义门陈氏大同宗谱》卷三《回义门累朝事迹状》。

⑤ 陈弘谋:《五种遗规·训俗遗规》卷一《居家正本制用篇》,第188—189页。

⑥ 民国七年《余姚兰风胡氏续谱·胡氏莫太夫人家训》,上海图书馆藏本。

⑦ 民国《义门陈氏大同宗谱》卷四《义门家训》。

(李)宗谔.'"①富弼子富绍庭"性靖重,能守家法"②。杜祁,"其为家有法"③。薛良孺,"其家法严而子弟多贤材"④。颜诩,"一门千指,家法严肃"⑤。日本中曾云其外高祖,北宋王子融"尝编京师世家家法善者以遗子孙,录出之以自警戒"⑥。可见当时开封府达官家族定有家法的为数不少,以至于王子融能够挑选出其中一部分录为样板。史载王子融"教饬子孙,严厉有家法"⑦。所谓家法,乃是家族组织制定的,为其成员必须遵守的规范。宋代文献所涉及的众多家法,无疑是与封建家族组织的大量存在密切相关。

　　魏晋时期形成的中国封建社会门阀世家大族,到宋代已经退出历史舞台,代之而起的是官僚地主阶级,他们政治上和经济上并无世袭的特权。宋代田制不立,土地买卖极为盛行,土地所有权转移十分频繁。在商品经济浪潮侵袭下,地主阶级的地位很不稳固,"贫富无定势,田宅无定主"⑧。父祖为官,子孙不为官者,政治上便失去依靠。倘如子孙治家不善,或者子孙不肖,放荡不羁,破卖家产,一个兴旺的地主阶级家庭顷刻间便会衰败下去。如北宋大将曹翰,身前显赫一时,然"翰卒未三十年,子孙有乞丐于海上者矣"⑨。北宋兵部员外郎、直史馆萧贯死后,"本家产业多为人力欺隐"⑩。宰相吕端死后十年,其子"家事不理,旧第已质于人"⑪。为此,张载曾感叹地说:"今骤得富贵者,止能为三四十年之计,造宅一区及其所有,既死则众子分裂,未几荡尽,则家遂不存。"⑫张载的话颇能说明一些问题。宋代法律规定,父母在世时,子孙不得分财别居,父母身死后,家财由诸子均分,嫡庶同等。"诸应

---

① （宋）夷门君玉撰,赵维国整理:《国老谈苑》卷二,《全宋笔记》第 2 编第 1 册,郑州:大象出版社,2006 年,第 186 页。
② 《宋史》卷三一三《富绍庭传》,第 10257 页。
③ （宋）欧阳修著,李逸安点校:《欧阳修全集》卷三一《太子太师致仕杜祁公墓志铭》,北京:中华书局,2001 年,第 467 页。
④ 《欧阳修全集》卷三四《国子博士薛君墓志铭》,第 510 页。
⑤ 《宋史》卷四五六《颜诩传》,第 13413 页。
⑥ 刘清之:《戒子通录》卷六,文渊阁《四库全书》本,第 703 册,第 76 页。
⑦ 《宋史》卷三一〇《王子融传》,第 10186 页。
⑧ （宋）袁采:《袁氏世范》卷三《富家置产当存仁心》,《丛书集成初编》本。
⑨ （宋）李元纲:《厚德录》卷一,《全宋笔记》第 6 编第 2 册,郑州:大象出版社,2013 年,第 234 页。
⑩ 《宋会要辑稿·选举》三二之一三至一四,第 5870 页。
⑪ 《长编》卷七三,大中祥符三年四月乙亥,第 1668 页。
⑫ （宋）张载撰,章锡琛点校:《张载集》,北京:中华书局,1978 年,第 258—259 页。

分者,田宅及财物兄弟均分。……兄弟俱亡,则诸子均分。"①分家后,子孙能力各有差异,也有贤与不肖之分。故子孙不善治家者,很快便会家道破落,父祖辈创下的基业瓦解殆尽。仕宦之家虽有恩荫制度,然荫子终有尽头,政治上短暂的权势挽救不了家族衰败的命运。这一个个旋起旋落、乍盛乍衰的家族,给地主阶级,特别是一些官僚大地主以很深的印象,迫使他们去思索,如何才能长保荣华富贵,使子孙衣丰食足,免遭沦落他乡的厄运。

　　与宋代官僚地主阶级登上历史舞台同时,租佃制普遍确立起来,生产关系起了变化,农民对地主阶级的人身依附关系比起以往朝代来宽松多了,有了一定程度的自由。随着科举制的广泛开放,一些原来的社会下层人士,可以通过科举考试,改变自己的政治和经济地位。在这样一个历史性的变化面前,传统礼法和道德受到了挑战,上下有别、贵贱有分、长幼有序的以名分为核心的等级制面临冲击。地主阶级如何控制租佃制下人身依附关系减弱了的个体小农,维护统治,便成为一个突出的现实问题。出于统治阶级长治久安的目的,地主阶级政治家们发出了重建宗法制度的呼声。一些宋儒大家纷纷著书立说,阐述自己的政治主张。苏轼说:"欲民之爱其身,则莫若使其父子亲、兄弟和、妻子相好。夫民仰以事父母,旁以睦兄弟,俯以恤妻、子,则其所赖于生者重,而不忍以其身轻犯法,三代之政莫尚于此矣:今欲教民和亲,则其道必始于宗族。"提出用建立宗法组织,实行宗法制度的办法,"以收天下不相亲属之心"。②

　　经过改造后的宗法学说逐渐为地主阶级所接受。他们在各地建立起新型的家族组织,试图用血缘关系来冲淡严酷的阶级关系,以家长、族长实行家族统治,严密监视族众,并强调家庭成员必须无条件服从家长的管理,遵守封建礼法。主张对家族财产实行统一管理,禁止分割公共田产,家长在,不许子孙分户别立。如赵鼎家族规定"本家田产子子孙孙并不许分割","世世为一户,同处居住",以避免家族的分化,保证地主阶级经济地位的稳定。

―――――――――――

① 《宋刑统校证》卷一二《户婚律·卑幼私用财》,第169页。
② (宋)苏轼著,傅成、穆俦标点:《苏轼全集·文集》卷八《策别安万民十三》,上海古籍出版社,2000年,第812页。

大力倡导修撰族谱,"俾后之子孙知宗族之所由来,视亲疏之所以别,联疏以为亲,敦本以追远",①以收系族众。然仅此还不够,还必须制定出一套要求族众遵守的日常行为规范,来约束众多的家族成员,维持家族秩序。例如宣州汪氏家族,真宗时已十世义居,人口达一千三百,"鸣鼓会食",成为当时数一数二的大家族。真宗曾誉之为"实江南第一郡,真天下第一家"。②然而就是这么个海内义门大族,到仁宗嘉祐时,内部"忽有起斗粟之忿者,遂攘臂争之"。诸长辈束手无策,"啼泣以道之,喻之以理而弗获从",结果导致汪氏家族"星分数百家"。③汪氏义门的分家,虽起因于分配不均,但没有一部完善的家法来正确处理内部纷争,应是一个重要原因。南宋胡寅曾指出:"士大夫家能维持累世而不败者,非以清白传遗,则亦制其财用,著其礼法,使处长者不敢私,为卑者不敢擅。凡祭祀燕享,丧婚之际,各有品节,出分出赘之习不入乎其门,而相养相生之恩浃洽予其族也。"④胡寅就家族的生存发展概括出两个必备的基本条件:一是经济上的合理措施,二是家法族规的约束。历史证明,家法族规对家族的生存发展起着至关重要的作用。

宋代家法族规的来源主要有两个方面,其一为传统伦理道德。传统伦理道德源远流长,根植于自耕自织自然经济基础之上的以长幼亲疏、尊卑贵贱为核心内容的儒家礼教,反映和符合地主阶级的利益,适合于维护传统宗法秩序的需要。因此,很自然地被家法族规所吸收。宋代所有的家法族规都毫无例外地强调了卑幼对尊长的服从,强调子对父孝。叶梦得《石林家训》云:"吾久欲取平日训导汝曹之言,及论说祖先遗德,所以成吾家法。"所谓"平日训导汝曹之言",便是《石林家训》所载的"修身要略以戒诸子"之类的传统伦理,"戒诸子侄以保孝行"之类的传统礼教。

家族法的另一个来源是国家法律。家法族规中所强调的家长权威乃是国家法律所赋予的。北宋初年制定的法典《宋刑统》卷二四《斗讼律》规定:"诸子孙违犯教令及供养有阙者,徒二年。"⑤国家法律确认尊长对卑幼的教令权以及对家庭财产的支配权:"诸家长在,而子孙弟侄等不得辄以奴婢、六

① 光绪二十九年《三衢琅玡王氏宗谱》卷一赵鼎《王氏宗谱序》,上海图书馆藏本。
②③ 乾隆《汪氏门世谱》卷三《新建汪氏义门诏》、《新建汪氏义居始末》,上海图书馆藏本。
④ (宋)胡寅撰,荣肇祖点校:《斐然集》卷二一《成都施氏义田记》,第439页。
⑤ 《宋刑统校证》卷二四《斗讼律·告周亲以下》,第316页。

畜、田宅及余财物私自质举,及卖田宅。"①国家法律对那些有损于家长权力的行为是严加惩治的:"诸祖父母、父母在而子孙别籍、异财者,徒三年。"②家族组织把上述法律精髓移入了家法族规。司马光《涑水家仪》便定有:"凡为子孙为妇者,毋得蓄私财,俸禄及田宅所入尽归之父母、舅姑。"又如北宋宰相李昉家法规定:"凡子孙在京守官者,俸钱皆不得私用……并输宅库,月均给之。"③连家族子弟做官所得俸禄也不得私自挪用,须上交家族,由家长平均分配,这与国家法律规定一脉相承。宋桂阳军官府有一篇《告谕百姓榜文》曰:

> 欲汝慈孝,父子有恩,故有供养有缺、及违法教令、及不举子之法;欲汝安错,夫妇相保,故有七出三不去之法;欲汝和协宗族如一,故有相容隐不相告之法;欲汝交通邻里无争,故有不得告讦及相救之法;欲汝守己不务贪婪,但利其家却为众害,故有停藏开柜诱赂之法,乃至斗殴奸盗,每事有条,意在禁汝为非,劝汝为善……更冀得力之家,遣子弟从师就学,兴起门户。其余勤谨农桑,爱惜钱符,祭享翁祖,看守坟墓,如此则骨肉相劝,里巷无怨,和气所积,天道不差,风雨必调,五谷必熟,可使此邦永为乐土。④

从此官府文告可以看出,国家法律规定与地主阶级家族组织制定的家法族规,两者在维护家族和地方秩序方面是一致的。家族统治者正是从国家法律中寻得支撑点,制定出适合地主阶级利益的家法族规。

家法族规与国家法律互为依存,家法族规是国家法律的一种补充,而国家法律对家法族规的实施起着保障作用。国家法律具有强制执行的特性,当家法族规的执行遇到障碍,无法实施时,要依靠国家法律,由国家出面,用国家强制力来保证家法的执行,以恢复家族秩序。如苏州范氏义庄,范仲淹曾订有《义庄规矩》,令族人遵守。但后来范氏家族中有人破坏义庄规矩,致

---

① 《宋刑统校证》卷一三《户婚律·典卖指当论竞物业》,第 175 页。
② 《宋刑统校证》卷一二《户婚律·父母在及居丧别籍异财》,第 165 页。
③ (宋)吴处厚撰,李裕民点校:《青箱杂记》卷一,北京:中华书局,1985 年,第 3 页。
④ (宋)陈傅良著,周梦江点校:《陈傅良先生文集》卷四四《桂阳军告谕百姓榜文》,杭州:浙江大学出版社,1999 年,第 559 页。

使义庄"渐至废坏,遂使饥寒无依"。义庄规矩无法执行,范氏家族只得上书朝廷,要求"特降指挥下苏州,应系诸房子弟有违反规矩之人,许令官司受理"。①用国法予以解决。又如江州陈氏家族中有子弟不告知家长,擅自把庄田卖于近邻豪民,破坏家法。陈家亦是请求官府,以国法帮助解决。陈家虽订有严密的家法,但因此次事件影响甚大,自己已无法处理,用陈家家长的话来说,"子孙众多,若不经公,甚至不肖卑幼递相仿效,典尽田庄产业,危及骨肉义居"②。是以乞奏朝廷,用国法来干涉解决。对于屡教不改的家族不肖子孙,家法通常规定可投告官府,通过国家强制力把他们逐出家门,流放远乡。如抚州陆氏家规曰:不肖子,"度不可容,则告于官,屏之远方"③。苏州范氏《义庄续定规矩》云,违反家规不改者,可开除族籍。甚者,"控告官府,乞于移乡"④。而官府对家法族规则予以肯定和支持,强调对家族不肖子弟,"以家法警戒之可也"⑤。

　　宋代的家法族规作为一种新型的家族组织的行为规范,尚处于草创阶级,还不完善,与后来的明、清诸朝家法族规相比,一般都比较简略,主要以传统伦理说教为主,告谕性的条款占了主导地位。文字形式不够规范,远不如明清时期家法族规那样系统详备,一般也不分门别类。例如,曾被朱熹誉为"且尽切且易也,人能熟而诵之,便是圣贤"的余姚胡氏家规是南宋一部有代表性的家法,⑥共有120条,为胡沂母莫太夫人"吐常语"而组成,其中大部分条文都是告谕性的说教,诸如"凡以物借人,当早往取,借人之物当早送还","凡读书,用精诵熟了而后究理","子孙不论寒暑,时时要起早,夜夜要眠迟",等等,不胜枚举。有些家法族规乃直接引用了当时的社会习惯和俗语,而未能加以规范性整理删削。以下试将胡氏家规的祭祀条款与修改于明朝洪武时期的浦阳《郑氏规范》相关内容作一简单对照比较。

　　《胡氏莫太夫人家训》:

---

① 　(宋)范仲淹:《范文正公集·义庄规矩》,《四部丛刊》初编本。
② 　民国《义门陈氏大同宗谱》卷三《请回义田琉》。
③ 　《鹤林玉露》丙编卷五《陆氏义门》,第324页。
④ 　《范文正公集·义庄规矩》,《四部丛刊》初编本。
⑤ 　《清明集》卷七《先立已定不当以孽子易之》,第206页。
⑥ 　民国七年《余姚兰风胡氏续谱·胡氏莫太夫人家规题后》。

> 祠堂所以报本者,视居室尤宜先。故吾曾王祖寺丞公以来,皆首严祀之。初建于柏山阴,祀始祖辅成公及列公之主。今沂又改迁于新湖上,盖尚洁也。其制度一遵乎古。历世子孙当严洒扫,毋有亵渎。岁时奠祭,礼物不拘。出入启觐,衣冠必饬。祭田五顷有余,收税租足以供宗庙之需,子孙当世守之。或散处他方者,万世亦不可忘。盖此报本之地也。旦夕启觐虽不同,四时奠祭必须统会,不然人心何以妥,不孝何以当?

《郑氏规范》:

> 立祠堂一所,以奉先世神主。出入必告,正至朔望必参,俗节必荐时物。四时祭祀,其仪式并遵文公家礼,然各用仲月望日行事。事毕,更行会拜之礼。祠堂所以报本,宗子当严洒扫、扃钥之事。所有祭器服不许他用。

> 祭祀务在孝敬,以尽报本之诚。其或行礼不恭,离席自便,与夫跛倚、欠伸、哕噫、嚏咳,一切失容之事,督过议罚;督过不言,众则罚之。

> 拨常稔之田一百五十亩,别蓄其租,专充祭祀之费。其田券印"义门郑氏祭田"六字,字号步亩亦当勒石祠堂之左,俾子孙永远保守。有言质鬻者,以不孝论。

通过上述比照,可知宋代家族法不论是内容的详备周密,还是条文的规范条理都与明代家法族规存在一定距离。

宋代家族组织有着两种不同的组织形式,由此也形成了各地家法族规内容上的详略差别。同居共财的大家庭,日常事务头绪繁多,家族成员共同劳作,共同消费,因此,与之相适应,他们的家族法有较多的内容,条款也比较具体。如赵鼎家族家规有30条,江州陈氏家族有家法33条、家训26条,内容涉及家族的管理、财产分配、生产经营、祖宗祭祀和婚姻等。史载宋太宗看过江州义门陈家所上家法后。曾叹曰:"天下有此人家,真良家也。"①

个体小家庭聚族而居的家族组织,各小家庭经济上独立,家庭成员之间的联系比较松散,他们制定的族规大都比较简略,更具伦理说教性,对家族

---

① 　民国《义门陈氏大同宗谱》卷五《江州义门记》。

成员的约束制裁缺乏力度。在私有制日益发展的情形下，此类家法族规面对众多的家族暴发户、显贵者往往软弱无力。南宋陈耆卿说："今尔百姓，多逆人理，不知族属。苟有忿怒，不能自胜，则执持棒仗，恣相殴击，岂择尊长也，力足以胜之，斯殴之矣；我富而族贫，则耕田佃地，荷车负担之役，皆其族人，岂择尊长也，财足以养之，斯役之矣。"①另一南宋人王栐曾去绍兴参观裘氏家族，当时裘氏家族成员已分户聚族而居，他说："裘氏力农，无为士大夫者，所以能久聚而不散，苟有骤贵超显之人，则有非族长所能令者。"②个体小家庭聚族而居的家族组织制定的族规，通常有赖于国家法律的支持和庇护才能得到落实，前述苏州范氏义庄依靠国家强制力手段，制止族人破坏义庄规矩的行为，便是一个显例。关于这个问题，南宋《名公书判清明集》中还有许许多多的案例可以说明。

（原载漆侠、李埏主编《宋史研究论文集》，
昆明：云南民族出版社，1997 年）

---

① （宋）陈耆卿纂，齐硕等修：《嘉定赤城志》卷三七《土门·睦宗族》，《宋元方志丛刊》本第 7 册，北京：中华书局，1990 年，第 7576 页。

② 《燕翼诒谋录》卷五《越州裘氏义门旌表》，第 48 页。

宋朝对西南少数民族归明人的政策

归明人是宋朝蕃汉关系中的一个特殊群体,他们原本是宋朝羁縻州的少数民族。在宋朝招徕、笼络政策导引下,投附宋朝,成为直接隶属于宋朝的臣民。宋人赵升《朝野类要》卷三《归附等》曰:

> 归明谓元系西南蕃蛮溪峒人,纳土出来本朝,补官或给田养济。

"溪峒人"又称"猺洞人"。朱熹曾云:"归明人元不是中原人,是猺洞之人,来归中原,盖自暗而归于明也。"①所谓"猺洞之人",是指居住在广南西路、荆湖地区的少数民族。范成大《桂海虞衡志·志蛮》载:

> 广西经略使所镇二十五郡,其外则西南诸蛮。蛮之区落不可殚记,姑记其声闻相接,帅司常有事于其地者数种:曰羁縻州洞,曰瑶,曰獠,曰蛮,曰黎,曰蜒,通谓之蛮。

> 羁縻州洞,隶邕州左右江者为多。……自唐以来内附。分析其种落,大者为州,小者为县,又小者为洞。国朝开拓浸广,州、县五十余所,推其雄者为守,乃籍其民为壮丁。其人物犷悍,风俗荒怪,不可尽以中国教法绳治,姑羁縻而已。有知州、权州、监州、知县、知洞。②

赵升、朱熹皆云归明人原系西南少数民族,③然从宋朝文献记载来看,宋朝归明人远远不止内附的西南少数民族,还包括从宋朝北边投附而来的契丹族,

---

① (宋)朱熹撰,黎靖德辑:《朱子语类》卷一一一《论民》,《朱子全书》第18册,上海古籍出版社、合肥:安徽教育出版社,2002年,第3563页。
② (宋)范成大:《桂海虞衡志·志蛮》,《全宋笔记》第5编第7册,郑州:大象出版社,2012年,第126页。
③ 按:宋朝的西南少数民族与今天的西南少数民族概念不尽相同,主要指当时的荆湖南北路、广南西路、益州路、梓州路、夔州路等西南沿边地区居住的少数民族而言。

西部投附来的党项族。后来归明人已泛指所有投附宋朝的少数民族。经漫长的社会发展，这些归明人最后为汉族所同化，融入汉民族之中。关于宋朝与西南少数民族关系，已有学者作过一些论述，①然未见有专文论述宋对西南少数民族归明人政策的。本文试就此政策作一探讨，以便进一步认识宋朝的民族政策和民族关系。需要说明的是，宋朝的归明人政策指向，有些是泛指所有投附宋朝的少数民族归明人，并非直接针对西南少数民族。然作为宋朝统一的归明人政策，其指向自然包括了西南少数民族归明人在内。

一、宋代对归明人的招徕与笼络

宋统治阶级出于统治需要，给予归明人种种优厚的待遇。神宗于治平四年（1067）即位之初，宣谕枢密使曰："归明子孙议立收恤之制，以示来远之意。""乃定恩例，许之自陈。"②将安抚归明人作为宋朝招徕周边民族，巩固沿边地区统治的重要国策。熙宁元年（1068）五月又下诏规定：

> 今后归明人子孙叙祖父乞恩泽者，不以生长去处，文武升朝官以上，给田三顷，如在宽乡，即给五顷；以下给田二顷，如在宽乡，即给三顷。曾给田者，不得一例支拨。如祖父元给请受，并令承请，无者，依此给田。③

似乎神宗觉得这一规定不够完备，至元丰五年（1082）又作了补充：

> 归明人应给官田者，三口以下，一顷，每三口加一顷。不足，以户绝田充，其价，转运司拨还。④

---

① 详见李荣村《宋元以来湖南东南的猺区》，《宋史研究》第八辑，台北，1984 年；李世宇《试论宋朝羁縻制及其对贵州的羁縻控制》，《宋史研究论文集》，杭州：浙江人民出版社，1987 年；刘馨珺《南宋荆湖南路的变乱之研究》，台湾大学出版委员会，1994 年；安国楼《北宋的开边及其对荆湖新边地区的政策》，《西南师范大学学报》1997 年第 3 期；安国楼《宋朝周边民族政策研究》，台北：文津出版社，1997 年。
② 《宋会要辑稿》兵一七之二，上海古籍出版社，2014 年，第 8953 页。
③ 《宋会要辑稿》兵一七之二，第 8953 页。
④ （宋）李焘：《续资治通鉴长编》（以下简称《长编》）卷三三〇，元丰五年十月乙丑，北京：中华书局，2004 年，第 7956 页。

神宗的上述给田规定,后来作为法律,载入了宋朝法典,成为田令的一项条款。《庆元令·田令》载:

> 诸归明人应给田者,以堪耕种田限半年内给,每三口给一顷(原注:不及三口,亦给一顷。如遇灾伤,粮食不足者,不限月,依乞丐人法,计口给米豆)。愿请他州田者,听,不得诣田所。如有妨占或不堪耕种者,官为验实,别给。即愿召人承佃者,经官自陈,令佐亲审,责状,召有物力(原注:本州县吏人、公人不得承佃)给付。①

这一法令不仅规定了归明人应给田地亩数,同时还对给田的时限、特殊情况下的变通实施、归明人的权益,都一一作了规定。对于一时还未来得及给赐田地的归明人,宋政府允许他们"权借官屋居住"②,以解决生计问题。法律还规定,"未授田而权与官屋居住者,免赁直"③。即住宿的租费可以免除。

宋朝廷给拨归明人田地,其初衷"本欲化外人有业可归",因此,法律不允许质卖。④但随着宋朝社会的变化,最初投附宋朝的归明人在宋朝国家政策的扶持下,生活稳定下来,生儿育女,在他们本人去世后,其子孙典卖田地,法律是允许的:"诸归明人,官给田宅,不得典卖,已死而子孙典卖者,听。"⑤

归明人所给田,可以减免一定的科敷,元丰三年神宗诏:"应归明人官给田而作料次催科者,荒地免二十料,熟地半之。"⑥此后,这一规定被修入宋朝的《赋役令》,作为法律予以实施。⑦对于归明人贫困户,宋还予以豁免地税的优待。如熙宁九年(1076),经荆湖北路提点刑狱司奏请,沅州新归明人户"除放去年倚阁秋税"⑧。

宋朝田制不立,百姓已无田地授受之法,但对归明人却保证有田授给。给归明人田地,乃是宋朝羁縻政策的重要内容。元祐二年(1087),广南西路

---

① 《庆元条法事类》卷七八《蛮夷门·归明恩赐》,哈尔滨:黑龙江人民出版社,2002年,第855页。
② 《长编》卷四九一,绍圣四年九月癸丑,第11648页。
③ 《庆元条法事类》卷七八《归明恩赐·赋役令》,第855页。
④ 《长编》卷三〇一,元丰二年十二月壬戌,第7338页。
⑤ 《庆元条法事类》卷七八《归明恩赐·田令》,第855页。
⑥ 《长编》卷三〇六,元丰三年七月戊寅,第7442页。
⑦ 《庆元条法事类》卷七八《归明恩赐·赋役令》,第855页。
⑧ 《长编》卷二七八,熙宁九年十月辛亥,第6809页。

任峒地区的部族首领互相仇杀,枢密院奏请"依归明人例,与茶酒班殿侍,其家属令广南西路经略司差人押送道州,给赐田土羁縻,无令出入"①。

土地是中国传统社会最重要的生产资料。归明人一旦有了田地,就有了根,便被牢牢地束缚在田地上,正常情况下,不会倒流回原属地或逃亡流失。这就给宋朝统治阶级增强了人力,同时稳固了周边地区的社会秩序。

宋朝除了按法律规定赐田与归明人外,对于那些生活发生困难,无所依靠的归明户实施钱米补助的养济政策。建炎四年(1130)高宗敕云:

> 归朝、归明白身效用无差使人并归朝、归明官效用等身故之家者,老小无依倚人,仰寄居州军计口数,大人每口每月支钱八百省,米八斗,内十三岁已下人,各减半,仍每家不得支过五口。以上并依时支给,无致失所。②

按当时劳动力口粮标准,每口每日米二升,③归明人补助每月八斗米,则每日有 2.66 升米,数量不低。被补助之家,称"养济人"。这一规定对于稳定归明人队伍,增强宋朝对周边民族的吸附力,无疑有着重要意义。此后,宋朝还多次发布命令,进一步完善和加强归明人的安抚制度。绍兴三年(1133),可能出于财政原因,规定每州补助的归明人困难户不得超过十户。此后规定,凡归明人任官身亡,家中又别无食禄之人,"于元住处召保官二员,并邻人结罪状备申枢密院……出给养济札子",予以救济。④被救济的归明人,十五年或二十年后,他们的后代大都长大成人,能自食其力,经营的田地可以维持生计。而归明人中的新增困难户,却因每州补助名额的限制而得不到及时帮助。对此,宋政府于淳熙六年(1179)要求各地长官进行复查,"若有子有孙经营耕种,及已请佃官田非无依倚之家,即行住罢,将实系贫乏之人填阙"⑤。然每州仅十户的名额实在太少,绍熙元年(1190)又对养济政策的名额、年限作了修改,规定"不拘户数,即行赡给","未满二十年且与养济,二十年之后,其子弟各已成立,自能经营而后住支"。⑥

---

① 《长编》卷四〇二,元祐二年六月壬寅,第 9787 页。
②④ 《庆元条法事类》卷七八《归明恩赐·随敕申明》,第 856 页。
③ 《庆元条法事类》卷七五《编配流役·给赐格》,第 785 页。
⑤⑥ 《庆元条法事类》卷七八《归明恩赐·随敕申明》,第 857 页。

归明人所给田极易受到官吏的侵占。为了保护归明人田产不受侵害，宋严禁州县吏人、公人承佃归明人给赐田。法律规定，凡州县吏人、公人承佃归明人田地者，"论如当职官吏并州县吏人、公人请佃官田法"①。即处杖一百之刑，"若假托人姓名，各准此"②。

宋朝在政治上也给予归明人许多待遇，这主要表现在归明人子弟的荫补、归明人注拟差遣官职、归明人的科举政策等诸多方面。庆历六年（1046）归明举人李渭上言："（其）本化外溪洞人，父在日补鹤、绣州军事推官。逮臣长成，取辰州进士文解，试于南省。乞特依归明人例文资录用。"仁宗诏补斋郎。③这一例子表明早在北宋仁宗时就有归明人荫补授官待遇。

归明人注拟差遣。嘉祐五年（1060），仁宗诏吏部流内铨："自今归明人年二十五以上听注官。"④所谓注官，就是给予具体官职。归明人任官满年限后，如别无合适的差遣，可以再任原官。《元丰令》规定："诸归明人及蛮瑶人应就注而无阙，愿再任者听。"⑤绍兴三年，归明人右承议郎、武安军签书判官厅公事周襟，罢任后"别无所归"，经人奏请，高宗诏"令再任"。⑥但归明人差遣，多是添差官，即于正员之外，额外添加官员，这些官员仅有其名，领一份俸禄，而实际上并不管事。这一政策用于供养笼络归明人而已。但也有些归明人在宋朝地方政务活动中扮演了重要角色。如宋仁宗时，归明人赵至忠官至颍州通判。⑦又如政和五年，归明人黄璘为观察使，"措置广西边事，招徕大理国进奉"⑧。

归明人添差官再任年限满后，还可继续连任。据文献记载，归明人任官，有一任再任，直至第十任以上，⑨充分体现了宋政府对归明官的重视，不惜成本，给予笼络。

宋还允许归明人参加科举考试。宣和五年（1123），绛州奏："先奉圣旨，

---

① 《庆元条法事类》卷七八《归明恩赐·职制敕》，第854页。
② 《庆元条法事类》卷七八《归明恩赐·旁照法》，第858页。
③④ 《宋会要辑稿》兵一七之一，第8953页。
⑤⑥ 《宋会要辑稿》兵一七之二一，第8964页。
⑦ （宋）赵善璙：《自警编》卷四《厚德》，《全宋笔记》第7编第6册，郑州：大象出版社，2016年，第99页；《宋史》卷三四〇《苏颂传》，第10860页。
⑧ 周辉：《清波杂志》卷六，北京：中华书局，1994年，第255页。
⑨ 《宋会要辑稿》兵一七之三二，第8970页。

归明人内有习文武学艺者,并依条法,赴科举。如所难得保识,有碍引试,委自所居州县申验保明,依条收试。"①此奏为朝廷采纳。同年,徽宗又诏令"归明有官人应举,许于所在州投状,送转运司收试"②,为归明人参加科举考试提供了方便。对于新归附的归明子弟,在入学、科考方面,宋"立法稍优,以为激劝"。但归明后,经十五年,则不再享受优惠政策,"并依县学法施行"。③

二、宋代对归明人的管理约束

宋对归明人,如同对待所有少数民族一样,既有怀柔以用的一面,也有防范限制的一面。

对于投附宋朝的归明人,有关官司必须向朝廷报告情况,听取指示,并将归明人送赴本州,"取问愿居处",然后统一规定于州县城内居住。④

归明人有统一的户籍,便于管理。绍圣二年(1095),宋立法机构重修敕令所立法规定:"归明人,于所住州军置籍,死亡者销落,申兵部条具。"⑤

宋对归明人居住地点也有明确规定。归明人最初可以分散居住在乡村,至徽宗政和元年(1111),规定"应诸处见在乡村归明人,并改正,令依条州县城内居住。令转运司每季具见管归明人姓名申枢密院"⑥。归明人集中居住在州县城内,其目的乃为了方便监管,防止归明人私自出走,迁移他处。各路转运司每一季度须将本路户籍内归明人姓名上报枢密院。迁居城内居住,是防新附归明人出逃。但经一定时期的生活后,归明人安土乐业,一般不会逃亡。所以至政和三年宋政府又作了补充规定,凡"居城外十年以上已皆安土者,听从便"⑦。

归明人的婚姻嫁娶,在特殊的区域有一定的限制。如哲宗元祐元年(1086)规定,禁止归明人与陕西路、河东路、河北路及沿边地区的百姓通婚,

---

①② 《宋会要辑稿》兵一七之一二,第8959页。
③ 《宋会要辑稿》兵一七之九,第8958页。
④ 《庆元条法事类》卷七八《归明附籍约束·户令》,第860页。
⑤ 《宋会要辑稿》兵一七之五,第8955页。
⑥ 《宋会要辑稿》兵一七之七,第8957页。
⑦ 《宋会要辑稿》兵一七之八,第8957页。

"余州听与嫁娶,并邕州左右江归明人,许省地溪峒结亲"①。

对于归明人犯法案件的处理,宋朝也作了规定。元祐六年,沅州通判贺玮上奏朝廷,提出对沅州地区归明人犯法者的处置原则,其一,归明人与汉人发生纠纷,一律依汉族法律处罚。其二,根据地方具体风土人情,制定有《一州敕》,允许除重大罪犯外,一般案件由县、寨斟酌罚赎,即交纳钱财赎罪,不必受刑。其三,偏远地区归明人犯法,因新附不久,人情未稳,暂缓处罚,等过二三年,奏取朝廷裁断。朝廷批准了贺玮的奏议。②贺玮的奏言虽然是就沅州一个地区而言,但从中可窥知宋朝关于归明人的法律政策。

宋对归明人在招抚优待的同时,对归明人其实并不放心,时常予以提防,这可以宣和三年(1121)时枢密院的一份奏报为证:

> 荆湖南安抚、钤辖司申,邵州状:见管归明蕃蛮官七员,连家属八十二人。本州沿边去处接连湖北武冈军蛮洞,今来诸处编配移送到蕃蛮,众聚语言,情伪不辨,难以关防。乞将见管蕃蛮人与蕃官分移本路偏远不系沿边州军拘管。仍乞免将带配移送蕃蛮人等前来本州羁管。③

由于邵州有七名归明蕃蛮官,而邵州沿边与湖北武岗军少数民族地区交接,当地官员生怕各地因犯罪编配移送到的少数民族人员与七名归明蕃蛮官联合起来,惹是生非,难以关防,要求朝廷将这些罪犯以及归明官转移到非沿边州军拘管。从中可以看出宋政府对于少数民族归明官员是心存戒备的。

归明官员中不少人系纳土投附宋朝,宋朝为了笼络人心,往往赐以官爵,继续保持他们的地位。这些归明官在归顺的少数民族中很有影响力,搞得好,他们能帮助宋政府招抚少数民族,搞不好,会时常发生率众倒流或反叛事件。为此,宋法律对归明人任官有许多限制规定。据南宋法典《庆元条法事类》卷七十八《归明任官·职制令》载,归明人任官,不得随便差出。归明人任官调动、上任,不得私自行动,须"待接送至方得起发"。官员如系归明瑶人,在退休、寻医治病、侍养父母、丁忧、迁葬父母坟地应离现居地时,必须说明去往何地,然后由"见任或所在州县具奏听旨",即必须得到朝廷批

① 《长编》卷三七三,元祐元年三月辛巳,第9034页。

② 《长编》卷四六二,元祐六年七月庚午,第11031页。

③ 《宋会要辑稿》兵一七之一一,第8959页。

示,才能行动。从上述规定来看,归明官的行动无疑是受到约束的。归明官在军政事务方面亦不得染指,宋法律规定:"总管,钤辖司公事,路分主兵官应权者,不得交与归明人。"①

归明人既有统一的户籍,自然受到严格的监控,私自离开居住地,即属逃亡。宋法律规定:"诸归明人逃亡,杖一百,再犯加一等,三犯或逃往缘边者,奏裁;首身者,各减三等。"归明士兵逃亡,则所属将官要受到刑事处罚,"本辖节级杖八十,员僚减二等,副指挥使以上又减一等;故纵者,各减犯人罪一等"②。

各地有新收归明人,或归明人逃亡、去世,须及时登记于薄,并限一日之内将情况申尚书省兵部。地方政府必须每年岁首将前一年新归附归明人及已归附归明人逃失、死亡情况上报兵部。据宋法典《庆元条法事类》卷七十八《归明附籍约束》所载,宋对归明人的管理约束制度,主要有如下一些内容:

1. 登记丁口及居住地,便于管理。基层乡里组织及邻人负有监察义务,有异常情况必须立刻向官府报告,并不得过夜。每月乡里基层组织"具见在人数有无事故申所属"。

2. 州县官府常切照管归明人,勿令流离失所,不许在京师、河东路、河北路、陕西路、沿边州、次边州居住并往还。归明官须登记居住处,无正当理由不得出州界。

3. 化外奴婢归明者,释放为良,即使是原主人先归明,与奴婢相遇,"亦不得理认"。

4. 有些地区的归明人的书信、财物寄送家人者,要检查验实。如安化州归明人"有书信、财物寄本家者",宋规定"申纳所在州县,发书勘验",然后通过递铺传送至广南西路经略安抚司,③再转交归明人家属。

5. 实行保官责任制,对保官有严格的要求,其中一条规定归明瑶人不能担保。这也表明宋对归明瑶人是不放心的。

6. 归明僧人、道士,统一送到州城内寺、观居住,不得随便出游。寺、观

---

① 《庆元条法事类》卷七八《归明任官·职制令》,第852页。

② 《庆元条法事类》卷七八《归明附籍约束·捕亡敕》,第859页。

③ 按:宋朝广南西路因其地理区域的重要性,守臣常带经略安抚使,坐镇一方。

每月"具有无事故申州",州再将归明僧、道名号、原投归年月、投归事因申尚书省礼部。

宋朝对西南地区归明人实施优抚的民族政策,其目的在于招纳少数民族地区人口,削弱少数民族地区的敌对势力,维护沿边地区的统治秩序。

宋政府积极选派使臣招纳西南一带溪峒少数民族作为开边政策的重要内容。①并将招纳归明人作为沿边地区官员政绩的考核指标,予以奖励。例如熙宁八年(1075),知沅州谢麟言:"招纳溪蛮古、诚州峒二十三,户二千七百一十九,丁九千四百九十六,愿岁输得米。"神宗诏补知州杨光富为右班殿直,杨昌进等五人为三班奉职。②

《宋史》卷四九三《蛮夷列传》一曰:

> 西南诸蛮夷,重山复岭,杂厕荆、楚、巴、黔、巫中,四面皆王土。乃欲揭上腴之征以取不毛之地,疲易使之众而得梗化之氓,诚何益哉! 树其酋长,使自镇抚,始终蛮夷遇之,斯计之得也。然无经久之策以控驭之,狙黠之性便于跳梁,或以仇隙相寻,或以饥馑所逼,长啸而起,出则冲突州县,入则负固山林,致烦兴师讨捕,虽能殄除,而斯民之荼毒深矣。宋恃文教而略武卫,亦岂先王制荒服之道哉!

这段关于西南少数民族贵族与汉族统治阶级关系的叙述,道出了宋朝政府招纳西南少数民族归明人政策的由来。如何控驭崇山峻岭中的少数民族,维持沿边地区的社会秩序,确实是一个宋朝统治阶级亟须解决的问题。宋政权建立后,逐步完善的招纳、安置、利用西南少数民族的政策,总的来说起到了作用,收到了显著效果。元丰七年,荆湖路相度公事、右司员外郎孙览奏:

> 沅水已招怀结狼、九衘等百三十余州峒,乞委本州随其风俗量宜约束,不必置官屯守,自困财力。卢阳、麻阳之间有生莫猺五百余户,乞招抚补授,令把托道路。自诚州至融州融江口十一程,可通广西盐。……辰州土丁三千,自建诚、沅州,分在逐州屯守,裹粮番休,相继于道,人力不易。欲乞募归明人及内都每土丁十人兼雇四人,渐可减罢土丁。③

---

① 《长编》卷三四五,元丰七年四月甲申,第8275页。
② 《长编》卷二六三,熙宁八年四月丙申,第6427页。
③ 《长编》卷三四五,元丰七年五月己酉,第8285页。

归明人在开拓边区,维持边区社会秩序方面扮演了重要角色。

宋用以蛮夷制蛮夷政策,比起纯用汉族武装力量控制少数民族来,能收到事半功倍之效。如元丰元年,权发遣荆湖北路转运判官马瑊奏言:"山猺作过,已依捕张奉例立赏,募归明人等捕杀,及乞朝旨下邵州捕盗官照应。"神宗准其奏。①归明人一般对当地地势、民情比较熟悉,起用归明人,可减轻朝廷因派遣汉族武装力量而带来的一系列人力、财力负担。

结　　语

宋政府对归明人既礼遇又控制的双重民族政策,是宋代开拓周边地区,巩固边防方针的重要组成部分,反映了宋统治阶级对少数民族的羁縻统治思想。总体来说,这些政策取得了显著效果。归明人在宋朝政治生活中十分活跃,他们对于西南地区的开发、稳定和发展,对于促进民族交流,加速民族融合,客观上发挥了重要作用。

然而宋朝大量招纳归明人,提供优厚的待遇,毕竟给宋朝带来了沉重的财政负担。朱熹曾批评说:"今且理会一件要紧事,国家养许多归明、归正及还军年老者,费粮食供之,州郡困乏,展转二三十年,都缩手坐视其困……去之则伤恩,善之则益困,若壮资其力,而老弃其人,是大不可。"②归明官在治理政务方面也存在诸多弊病。高宗时,监察御史明橐奏言:"溪洞归明官,应湖南边郡及二广皆有之。自崇观以来,员数浸多,当时务要优恤,添差州郡指使及酒税之类,本不取其才任。及诸州措置隘寨,阙人把拓,又令管押兵夫,而所管押者皆乡民也。其归明官生长溪峒,初无爱民之意,亦不习朝廷法令,贪婪无厌,鞭笞摧辱,无所赴诉。"③这些弊病,是我们在评价宋朝对西南少数民族归明人政策时不应忽略的。

（原载《云南社会科学》2006 年第 2 期）

---

① 《长编》卷二八八,元丰元年三月癸巳,第 7053 页。
② 《朱子语类》卷一二〇《朱子十七·训门人》,《朱子全书》,第 3786 页。
③ 《文献通考》卷三二八《四裔考五》,北京:中华书局,2011 年,第 9023 页。

从两桩案件的审理看北宋前期的法制

宋太祖赵匡胤于 960 年建立政权后,大力加强专制集权统治,实施"事为之防,曲为之制"的治国原则,建立起一套以防弊为核心的司法制度,颇具特色,给后世以深远影响,在中国法制史上留下了浓墨重彩的一笔。北宋真宗和仁宗时期开封府属县先后发生了两件案子,案情最初并不起眼,但随着审讯的展开,许多官员被牵涉进来,遂引起皇帝的重视,转而成为惩处官吏贪腐、失职案。案件的审理极为周密严谨,窥一斑而得全豹,从一个侧面反映了北宋前期法制的完善。为此本文对两件案子的审理过程试加诠释,以进一步了解和认识宋代的法制状况。

一、咸平县卢氏诉侄子诟悖案

真宗大中祥符八年(1015),开封府咸平县发生了一件案子,县民张赟之妻卢氏诉侄子张质酒后对其诟骂悖逆。《续资治通鉴长编》卷八六大中祥符九年三月壬子条载此案曰:

> 初,咸平县民张赟妻卢诉侄质被酒诟悖。张,豪族也,质本养子,而证左明白。质纳贿胥吏。从吉子大理寺丞锐,时督运石塘河,往来咸平,为请求县宰,本县断复质刘姓,而第令与卢同居。质暨卢迭为讼,县闻于府。

本案首先有两个问题需要梳理交代:一是卢氏与张质的关系;二是法官既然判决张质恢复"刘姓",为何还要姑且令其与卢氏同居?原来张质属张赟的侄子,非卢氏的内侄,卢氏的内侄应姓卢。张质本家姓刘,其身份无疑属养子。换言之,其应是三岁前就被张家收养的异姓子。宋代法律规定,不得收异姓子为养子。但三岁内的幼童却是可以收养的:"即养异姓男者,徒一年;与者,笞五十。其遗弃小儿年三岁以下,虽异姓,听收养,即从其姓。"①至案发时,过继子张质已成年。笔者推断卢氏与张质原本属于同一户籍,并未分家。其中最大的可能就是卢氏的丈夫张赟与张质的养父为同胞兄弟,兄弟俩并没有分户,张质为张赟兄长(或为张赟之弟)之养子,张质、养父与卢氏夫妇是生活在一起的。其后张赟兄弟先后去世,作为侄子的张质与婶母卢氏一直生活在一起。未分户籍的卢氏可能因年老无子,需要张质赡养。依据宋代养子法:"立继者与子承父分法同,当尽举其产以与之。"②张质享有养父的遗产继承权,这一继承权包括未曾分户的卢氏夫妇的遗产权。是以法官虽判张质复其本家刘姓,剥夺其养子身份,但实际上又很难一下子使张质与卢氏断绝关系,当然其中也不排除张质托人背后为其案子活动的因素。

　　咸平县受理了案子,经审讯,卢氏诉张质诟骂悖逆属实。根据宋代法律规定,儿子,包括养子,对父母及五服内亲谩骂不尊者,要受刑罚惩治。早在太平兴国三年(978),太宗就"布告天下,令中外臣庶家子弟,或怀凶险,有乖检率,屡加教戒,曾不悛改,许其尊长闻于州县,锢送阙下,当配隶远恶处。容隐不以闻者,期功以上亲坐之"③。据原告卢氏所诉张质的行为,张质的养子身份将被剥夺。更为严重的是,这将导致张质不能继承其养父的遗产。张家是当地的豪族,对张质而言,这意味着有一大笔财产将不复存在。张质情急之下便去行贿胥吏,通过关系找到了给事中慎从吉之子大理寺丞慎锐。慎锐请求咸平知县帮忙相助。咸平县根据法律规定,判决张质恢复本家刘姓,不得再以张氏养子身份自居,但却保留了张质与卢氏一同生活的权利,从而给了张质日后继承张赟财产的机会。其原因不外乎张质作为养子已几十年,在张家长期生活中,与张家共同劳作,为张家的经济收入和家庭发展作出过贡献。当然这一判决夹杂着慎锐请求咸平知县帮忙的因素。在宋代,除了养子可继承养父的遗产外,还存在一条道义上的财产继承法则。元

---

① (宋)窦仪等详定,岳纯之校证:《宋刑统校证》卷一二《户婚律·养子》,北京大学出版社,2015年,第166页。

② 佚名:《名公书判清明集》卷八《户婚门·命继与立继不同·再判》,北京:中华书局,2002年,第266页。

③ (宋)李焘撰,上师大古籍所、华师大古籍所点校:《续资治通鉴长编》(以下简称《长编》)卷一九,太宗太平兴国三年五月戊申,北京:中华书局,2004年,第431页。

祐元年(1086)左司谏王岩叟奏云："臣伏以天下之可哀者,莫如老而无子孙之托,故王者仁于其所求,而厚于其所施。此遗嘱旧法,所以财产无多少之限,皆听其与也;或同宗之戚,或异姓之亲,为其能笃情义于孤老,所以财产无多少之限,皆听其受也。"①所言旧法中笃情义于孤老者可享受遗产继承权,无疑是张质可继承张赟财产的法理依据。

　　然而这一判决结果卢氏显然并不满意,卢氏与张质的矛盾未得到解决,所以不断提出诉讼,咸平县却无法裁断,遂将此案报告给了开封府。时慎从吉为开封府知府,他命开封府户曹参军吕楷前往咸平县审讯。与此同时,卢氏也未闲着,找到了她的一个堂叔,时任虢略县尉的卢昭一,请其帮忙。卢昭一用白金三百两行贿吕楷,求其相助。吕楷因此久拖不决,借故以等待传唤张质本家刘氏族人为名,回到了开封府。卢氏的哥哥太子中舍人卢文质,又通过进士吴及行贿七十万钱给慎从吉长子大理寺丞慎钧,请其将案情告知乃父慎从吉,从中帮忙。慎钧转告了其父,却隐瞒了其"受贿之状"②。

　　卢氏进而又诣开封府申诉。开封府将案子交给府属右军巡院处理。卢氏另一堂叔,陈留县豪族卢昭一之兄卢澄也受托出面活动。卢澄写信给翰林学士钱惟演,要其转告慎从吉,说此事涉及慎钧、慎锐,请缓审案子,以便为卢氏托关系、找后门打赢官司争取时间。此时吴及已听到了风声,亡命在外。军巡院请求开封府进行搜捕,且云不将吴及抓捕归案的话,则此案无法审讯下去。慎从吉接报后,亟召军巡判官祝坦询之,并销毁其所请状,又令其子慎锐密问祝坦狱情细节。得知案情后,慎从吉深感事态严重,生怕其子受贿的事因而暴露,遂奏请真宗将此案交付御史台审讯,企图以此摆脱干系。然请求未获允准。纠察在京刑狱王曾、赵稹向真宗皇帝报告了案情,认为事涉慎从吉,开封府军巡院可能会有顾虑而不能公正审理,建议另外派遣官员审理。于是真宗命殿中侍御史王奇、户部判官梁固组成临时诏狱机构进行鞫治,并遣内廷中使谭元吉监督之。这样一来,使得慎从吉等人很难插手干预此案。

　　经审讯,受案子牵连被"逮捕者达百余人",最后"狱成",判决结果,吕楷、慎钧免二官,配隶衡州、郓州;慎锐、祝坦、卢文质皆免一官,祝坦贬濠州

---

① 《长编》卷三八三,哲宗元祐元年七月丁丑,第9325页。
② 《长编》卷八六,真宗大中祥符九年三月壬子,第1976页。

参军。卢澄、卢昭一并决杖，卢澄配隶江州，卢昭一特除名。给事中慎从吉削一任，翰林学士、给事中钱惟演罢去翰林学士。"自余决罚有差"，受到了不同程度的惩处，情重者配隶外州。枢密直学士、右谏议大夫、知益州王曙，前知开封府时，曾举荐过吕楷，而吕楷在此案中，受贿违法受到处罚，王曙也因举荐不当受到牵连，降官为左司郎中。①

此案的审理还连带牵涉出另一件案子。开封府泰康县有一县民因家产纠纷而提出诉讼。为了求胜，他向泰康县知县高清行贿。高清系库部郎中高士宏之子，进士，宰相寇准的侄女婿。寇氏卒后，另一宰相李沆复取为婿。高清任官以贪腐闻名，依仗寇准、李沆姻亲的势力欺蠹小民，骄纵豪横，穿戴打扮"如公侯家"②。高清收了泰康县民的贿金后，并没有为泰康县民办妥事情。泰康县民自然心有不甘，遂向上申诉。高清便求慎锐帮忙。慎锐受托后，四处活动。慎从吉看到机会来了，为了自保，遂面见真宗，将高清之事抖了出来，并言其子慎锐向高借贷白金七十两，与高清有牵连，要求真宗传诏捕系，置狱审讯。真宗遂命驾部员外郎刘宗言、监察御史江仲甫捉拿高清。官府搜查了高清家，获大量财货，并发现高清使用的衣物中有侈靡违禁物品，便即发布告示，鼓励知情民众举报，从而获得高清其他违法赃状。于法高清当处死，然因高清的身份，真宗给他留了条活路，"特贷之"，处以杖脊、黥面、配沙门岛之重刑。③受贿官员慎锐被削去卫尉寺丞，配单州。此前因上述卢氏案受贿已被夺一任官，在此案中，又为高清"请求"，故再次受到惩处。

至于慎从吉，先因卢氏案已受到削一任官的处罚，此次虽有揭发高清的行为，但属在案子已发之后，又加之奏报不实，真宗诏云慎从吉"累犯宪章，合当黜窜，特追右谏议大夫，免其安置"，也是第二次受到重罚。驾部员外郎刘宗言、监察御史江仲甫"以鞫狱失实"，黜为监物务官。府界提点虞部员外郎姚润之、内殿崇班阁门祗候王承谨"坐不能察举"，为高清"保任"，受到"免所居官"惩处，"自余决罚、配隶者数十人"。④

此案缘起仅是一件很小的民事案子，但却牵涉了很多官员，被逮捕者达

---

① 《长编》卷八六，大中祥符九年三月壬子，第1976—1977页。
②③ 《长编》卷八六，大中祥符九年三月乙丑，第1980页。
④ 按：此案史料主要出自《长编》卷八六，大中祥符九年三月壬子条、乙丑条，第1976—1977、1981页。

百余人,案子影响的深度和广度十分惊人,其中不乏高级官员。传世文献没有记载案子的当事人卢氏和张质最后是如何判决的,受到了何种刑事处罚。其实这已不重要,这一案子已从普通的民事案转为惩处官吏贪腐案,而连带的高清案件受到决罚、配隶者达数十人,包括官员在内,人数众多。宋政府通过此件案子的审理,大力整肃贪官污吏,加强吏治,在当时起到了一定的警示作用。

二、陈留县移桥案

宋仁宗庆历四年(1044),开封府陈留县南镇发生了一桩移桥案,随着此案审理的展开,不少官员纷纷落马,受到惩处。以下根据宋代文献对此案试作梳理考述。①

移桥案源于一起普通的移桥事件。宋都开封位于运河、黄河交汇处,其西北、东南有汴河直连大运河,还有金水河,西南有惠民河,南有蔡河,东北有五丈河(又称广济河),五河汇聚,水运业发达,往来船只十分繁忙。陈留南镇五丈河上有一座土桥,②由于架设的地理位置不当,水流湍急,曾损坏过往的船只。真宗于大中祥符年间"遣使经度而迁之"。到了仁宗庆历三年(1043),右侍禁李舜举向朝廷奏请,建议将此土桥迁移至原西边旧桥处,以消除舟船倾覆之隐患。于是开封府差开封县主簿杨文仲与陈留知县杜术③前往勘察。经实地调查后,杨文仲和杜术同意按李舜举的奏请实施移桥方案。当时卫尉寺丞卢士伦,是陈留当地的大姓,在桥下开设有邸舍店铺,生意兴隆。李舜举移桥之请如果实施的话,将毁弃其邸舍店铺,使其利益受损。都官员外郎王洙,先前担任陈留县税监时,曾以低价租借卢士伦的邸

---

① 案件始末,据以下文献整理:《长编》卷一四八,仁宗庆历四年夏四月壬寅,第3583—3589页;《宋会要辑稿·职官》六四之四四至四五,北京:中华书局,1987年,第4册,第3842—3843页;(宋)欧阳修著,李逸安点校:《欧阳修全集》卷一〇五《奏议·论陈留桥事乞黜御史王砺札子》,北京:中华书局,2001年,第1604页。

② 按《长编》卷三,建隆三年三月戊午载:"先是,(尹)勋督丁夫浚五丈河,陈留丁夫夜溃。"第63页。据此可知本案所言陈留南镇的土桥位于五丈河上。

③ 按:"杜术(术)",《长编》卷一四八,仁宗庆历四年夏四月壬寅条误作"杜衍",时杜衍为枢密使,未担任陈留县知县。据《宋会要辑稿·职官》六四之四四改。

舍,从中获利,由此两人关系不错。卢士伦不希望迁移桥梁,这个愿望为王溟所知晓。王溟与权三司使王尧臣为科举同榜,于是他利用此关系去说服王尧臣不要移桥,认为移桥于公无益,且桥柱并没有损坏来往的船只。王尧臣对属官户部判官慎钺曰:"自移陈留桥,仅三十年,今忽议徙故处",认为去年曾维修过,今又破材料,将花费大量官钱,没有必要迁移。遂奏乞朝廷差官实地勘察。

然而就在王溟等人积极游说保桥的同时,开封府已开始拆桥。三司遂下令开封县不得毁拆,同时奏请朝廷。朝廷遂派提点在京仓草场陈荣古前往拆桥工地勘查。陈荣古勘查后发现来往损坏的舟船共五十五艘,损坏的原因主要是因风浪大而自相碰撞所致,其中只有五艘船是因桥致损的。原先乞移桥状内所言"损却人命及陷没财物,并是虚诳"。为此陈荣古提出在原先的旧桥西边拓岸五十步,以分水势,减轻因水流湍急给船只带来的危害,建议罢移桥之举。此方案遭到权知开封府吴育的反对。为此三使司与开封府双方争持不下,"互说是非"。

仁宗又特差监察御史王砺前往调查定夺。王砺实地勘察后认为移桥到以前的旧址更为妥当,并报告说三司所言桥下有官私房屋,拆迁不便并不属实,实际桥下只有卢士伦的邸舍而无官屋,并指出其中恐另有私情,称"王尧臣与豪民有情弊"[1]。王砺的报告一下子捅开了移桥背后的层层关系,使得原先一起简单的移桥事件显得异常复杂。仁宗见事件严重,于是绕开丞相府中书门下,直接下"内降"给开封府录司,[2]命工部郎中吕觉前往审讯,从而将此案上升为一件诏狱。宋代所谓诏狱,乃指由皇帝下诏差官审理重大案件的刑狱机构,有时亦泛指皇帝下诏差官审理的重大案件。[3]宋代皇帝用设置诏狱的方法,将重大案件的审理掌控在自己的手里,防止官员营私舞弊,以加强皇权统治。北宋前期,"大理寺谳天下奏案而不治狱"[4],只负责给上

---

① 《欧阳修全集》卷一〇五《奏议·论陈留桥事乞黜御史王砺札子》,第1604页。
② 按,宋皇帝的"内降"可以不通过正常的颁布渠道直接下达有关部门。如梅尧臣所著《碧云骙》载,北宋梁适求仁宗内降,"为观文学士知秦州。内降既出,丞相未见",说的就是内降不经过中书门下渠道,故丞相看不到内降的内容。
③ 关于宋代诏狱制度,参见戴建国《宋代诏狱制度述论》,《岳飞研究——岳飞暨宋史国际学术研讨会论文集》,北京:中华书局,1996年,第489—505页。已收入本书。
④ 《宋史》卷一六五《职官五》,第3900页。

奏的案子量刑定罪,本身无刑狱机构,并不审讯罪犯。此件诏狱由工部郎中吕觉组成审讯机构,负责审讯。

审讯发现"(王)尧臣并无私曲",于是将其释放。慎钺曾派人往王砺处刺探消息,被王砺抓获,而陈荣古在勘查桥梁后隐瞒了庆历二年有船触桥柱破损的事实。审讯完成后,根据北宋前期的司法程序,案件由大理寺判决,审刑院审核。庆历四年(1044)四月十一日,经大理寺和审刑院审判、复核,对此件案子作出如下判决:权三司使王尧臣罚铜七斤。此外,权户部副使郭劝,[①]知陈留县杜术,开封县主簿杨文仲,陈留等县催纲、右侍禁李舜举,并罚铜六斤,皆以公罪坐之。户部判官慎钺罚铜七斤,提点在京仓草场陈荣古罚铜十斤,都官员外郎王淏追一官,卫尉寺丞卢士伦追一官,仍罚铜十斤:并以私罪坐之。此案所言"罚铜",即赎铜。案件最后上奏仁宗定夺。

案子上奏后,引起了朝廷很大反响。参知政事范仲淹奏言:"今窃见审刑、大理寺奏断王尧臣以下公罪,内有情理不圆、刑名未当之处。"认为三司并无过错。且三司使王尧臣在见王淏之前就已打算申奏否定移桥的建议,并非"因王淏请托而后行也"。[②]范仲淹认为王尧臣为天子近臣,不当受法吏审讯侮辱。他要求仁宗撤销给王尧臣定的罪名。范仲淹还认为都官员外郎王淏也无过错,对王淏判以"追官勒停",并不公正,建议"与罚铜、监当"。[③]对于陈荣古、慎钺两人的行为,范仲淹也给予了辩护,认为适用刑罚不当,要求将这些人改作公罪处理。对前往调查定夺案子的监察御史王砺,范仲淹则给予了严厉抨击,认为王砺诬奏三司,有失台宪职责。[④]除范仲淹外,谏官欧阳修亦上奏弹劾王砺,认为其有四项罪当予以追究,要求朝廷"重行贬黜"王砺。[⑤]

范仲淹等人的奏言得到了仁宗的重视,结果特诏"免(王)淏追官",仅罚铜二十斤,陈荣古以及慎钺皆改从公罪处罚,[⑥]其他人仍依大理寺和审刑院

---

① 按:"郭劝",《长编》卷一四八,仁宗庆历四年夏四月壬寅条误作"郭难",据《宋史》卷二九七《郭劝传》、《宋会辑稿·职官》六四之四四改。

②③④ (宋)范仲淹:《范文正公集·范文正公政府奏议》卷下《奏辨陈留移桥》,《四部丛刊》初编本。

⑤ 《欧阳修全集》卷一〇五《奏议·论陈留桥事乞黜御史王砺札子》,第1606页。

⑥ 《长编》卷一四八,仁宗庆历四年夏四月壬寅,第3584页。

的审判意见处罚。在此案中,王尧臣、郭劝、杜术、杨文仲、李舜举、陈荣古、慎钺七人皆以公罪论处,所谓"公罪","谓缘公事致罪而无私曲者"①。换言之,此七人虽没有假公济私行为,但在处理移桥事务中有失当行为。开封府已有毁拆桥的事实发生,造成国家财物的浪费。在宋代,关于桥梁的建造和迁移是有明确的法律规定的:"其津济之处,应造桥、航及应置船、筏而不造置,及擅移桥、济者,杖七十;停废行人者,杖一百。"②又宋代官员处置公事集体失当者,亦依照唐以来的制度,实施四等减等连坐制。"诸同职犯公坐者,长官为一等,通判官为一等,判官为一等,主典为一等,各以所由为首。"③即以职务递减而减等处罚。在此次移桥事件中,权三司使王尧臣为上级主管部门三司的长官,所以处罚较重,罚铜七斤。郭劝为三司下属户部副长官,李舜举为移桥首倡者,杨文仲和杜术则是奉命前往现场勘探并赞同移桥者,他们都或多或少有过错,未能尽到职责,故以公罪论处,罚铜六斤。卢士伦因涉及个人利益,在案件中掺杂了"私曲",扮演了不光彩角色,故以私罪论处,受到的惩处最重,丢了一官,并罚铜十斤。王砺被罢去监察御史之职,降授太常博士、通判邓州。④"(王)砺既奏论陈留移桥事,而谏官欧阳修言其阴徇朋党,挟私弹事,故黜之。"⑤

通过此案我们可以看到,宋代对于行政事务中假公济私的行为防控很紧,一旦发现问题,便紧抓不舍,甚至将案子的级别上升为诏狱,深挖内情,即使像三司使这样的高级官僚也不放过,以达到除奸务尽、维护政权稳定之目的。宋代允许朝廷大臣对大理寺和审刑院的判决及刑法的适用提出不同的意见。实践证明这一做法对于纠正案件的错判、误判,发挥了积极效果,起到了司法纠偏作用。同时我们也应看到,其时正值实施庆历新政之时,范仲淹是庆历新政的首领,权三司使王尧臣是范仲淹实施新政的得力助手,其父子两代与范仲淹情谊深厚,为世交。⑥欧阳修与王尧臣的关系亦十分密切,

① 《宋刑统校证》卷二《名例律·以官当徒除名免官免所居官》,第28页。
② 《宋刑统校证》卷二七《杂律·不修堤防》,第364页。
③ 《宋刑统校证》卷五《名例律·同职犯罪》,第74页。
④ 《长编》卷一四八,仁宗庆历四年夏四月庚戌,第3589页。
⑤ 《宋会要辑稿·职官》六四之四四,第4790页。
⑥ 参见方健《北宋士人交游录》,上海书店出版社,2013年,第321页。

王尧臣去世后,正是欧阳修为其撰写的墓志铭。①他们三人在当时改革的大浪中同舟共济,积极推行新政。但即便如此,王尧臣仍受到了"罚铜七斤"的处分,是当时因公罪论处的官员中最重的一个。

结　语

上述两件案子,刚开始审理时,都是不起眼的普通案件,但随着案件审理的展开,逐渐将一批官员牵涉进来,宋代皇帝便毫不犹豫地将案件转定为重大案件,设立诏狱,专门委派官员进行审讯。案件的审理凸显了北宋政权建立后,汲取唐末五代弊政的历史教训,大力加强中央集权统治的治国方针理念,以防止不法官员结为朋党,营私舞弊,危害皇权。

真宗天禧四年(1020)曾下诏规定:

> 自今天下犯十恶、劫杀、谋杀、故杀、斗杀、放火、强劫贼、官典正枉法赃、伪造符印、厌魅咒诅、造妖言、传妖术、合造毒药、禁军诸军逃亡为盗罪至死者,每至十二月,权住区断,过天庆节决之;余犯至死者,十二月内及春夏未得断遣,禁锢奏裁。②

十二月的二日为真宗的出生日,真宗下令全国在十二月不决死刑,以为生日节庆之期。然而这一规定在实践中遇到了问题。就在当年十二月,开封府奏言,"准近诏,大辟罪遇十[二]月权住断遣,过天庆节依旧行刑,杂犯死罪并春夏并禁系闻奏。窃缘本府日有重囚,在狱淹久,欲望自今依旧逐日区断,诸州军亦准此"③。从司法实践出发,开封府认为羁押的犯人实在过多,司法成本太大,提出要求依照先前法律规定的制度执行死刑,并同时要求各州也准此执行。结果真宗"从之",竟然同意了,于是十二月不决死刑的规定遂废不行。④开封府这样做,在皇权专制主义社会是需要有勇气的。同时可

---

① 《欧阳修全集》卷三三《尚书户部侍郎参知政事赠右仆射文安王公墓志铭》,第482页。

② 《长编》卷九五,天禧四年五月丙寅,第2193页。

③ 《长编》卷九六,天禧四年十二月乙酉,第2229页。按,"十二月"之"二"字原脱,据《宋大诏令集》卷二〇二《令劫杀等死罪十二月权住区断诏》补。

④ 《天圣令》卷二七《狱官令》宋令第7,规定禁止决死刑的日期已不包括十二月。参见天一阁博物馆、中国社会科学院历史研究所天圣令整理课题组校证《天一阁藏明钞本天圣令校证:附唐令复原研究》,北京:中华书局,2006年,第415页。

以看出宋代皇帝的宽容胸怀，真宗并不因自己的出生月份而一意孤行，禁止天下州军于十二月执行死刑，而能以国家法律事务为重，这是难能可贵的。这一事例折射出北宋前期健全的法制氛围。正是在这样的氛围下，才会有本文所述两件普通案子的周密审理。

透过第一件普通的民事案可以发现，不少官员被人情和财物所困，不惜违法行贿受贿，导致决罚、配隶者达数十人，其中不少官员犯所谓"请求"罪，即替当事人说情，干扰司法审判。这在宋代是决不允许的。与此相似的如仁宗时三司判官杨仪，陷入一件案子，"自御史台移劾都亭驿，械缚过市，人人不测为何等大狱。及闻案具，乃止'请求'常事"[1]。杨仪犯的就是干扰司法罪。此外还可看到，一旦有官员涉案，则被逮捕下狱受审，并不会因官员身份而享受特殊待遇。值得一提的是，案子内有两人的身份比较显贵，一为给事中慎从吉，字庆之，是吴越王钱俶之婿；二是钱惟演，字希圣，为吴越王钱俶之子，钱惟演乃慎从吉内兄。钱惟演之妹嫁给真宗刘皇后兄刘美，是为皇后姻亲。史载其"博学能文辞，召试学士院，以笏起草立就，真宗称善"[2]。就是这么一个受到真宗皇帝喜爱，又与皇后结亲的近臣，也免不了受罚。《宋史》卷三一七《钱惟演传》云其"大中祥符八年为翰林学士，坐私谒事罢之"，说的就是受这件案子牵连。翰林学士为皇帝秘书，职掌替皇帝书拟制诰，地位崇高。[3]给事中慎从吉在当时官为正五品上。结果慎从吉被罢给事中，钱惟演被罢翰林学士，两人是皇后姻亲一系的近臣。此案的审理折射出宋代前期法律制度的健全和有效，哪怕是皇亲国戚，一旦违法也不能幸免处罚。

第二件案子，源于一桩普通的移桥政务事件，结果因涉及多部门利益和多名朝廷官员，仁宗为了查清真相，不惜设置诏狱，严密审讯，将案件审判大权紧紧掌控在自己手里。此案除一人涉及私人利益外，并没有查出其他官员有私情夹杂其间，但最终还是有七人因失职受到了处罚。此案释放的信息清晰而明确：那就是严格治吏，对于官员，绝不允许玩忽职守

---

① 《宋史》卷二九一《吴育传》，第 9731 页。

② 《宋史》卷三一七《钱惟演传》，第 10341 页。

③ 参龚延明《宋代学士院与翰林院、翰林司》，氏著《中国古代职官科举研究》，北京：中华书局，2006 年，第 181—185 页。

现象发生。

　　一千年后的今天，我们看这两件普通案子的审理，不能不承认北宋前期的法制是健全有效的。

（原载《历史教学》2017 年 4 月下半月刊）

"东坡乌台诗案"诸问题再考析

发生于神宗元丰二年(1079)的"东坡乌台诗案"是宋代历史上的著名事件,学界与此相关的研究成果不少。①最近,朱刚先生根据明刻本《重编东坡先生外集》卷八十六所载"乌台诗案"(以下简称"重编本")对"乌台诗案"的审判经过作了新的探析,②弥补了刘德重和美国学者蔡涵墨等学者先前对此案探讨的不足,纠正了一些讹误。不过纵观学界成果,仍有一些问题需要解决,仅如我们据以研究的乌台诗案文本的来源就存有疑问,重编本《乌台诗案》究竟是审刑院的上奏文本,抑或是一份抄自中书门下的敕牒?此外,对苏轼案的审判研究,尚缺乏司法制度上的细细推敲,苏轼一案与党争的关系也还有值得进一步探讨的余地。

一、重编本"乌台诗案"文本的来源

宋制,各官府都有架阁库存放档案,存放在架阁库的苏轼乌台诗案卷宗经各种途径而散出。陈振孙《直斋书录解题》云:"《乌台诗话》,十三卷。蜀

---

① 主要成果参见沈松勤《北宋文人与党争》,北京:人民出版社,1998年,第125—137页;刘德重《关于苏轼"乌台诗案"的几种刊本》,《上海大学学报》2002年第6期;李裕民《乌台诗案新探》,氏著《宋史考论》,北京:科学出版社,2009年,第24—34页;近藤一成《乌台詩案の史料の性格》,氏著《宋代中国科举社会の研究》,东京:汲古书院,2009年,第368—370页;郭艳婷《从乌台诗案看北宋官员犯罪司法程序的特点》,《常州大学学报》2014年第1期;内山精也著,朱刚等译《传媒与真相——苏轼及其周围士大夫的文学》,上海古籍出版社,2013年,第140—271页;蔡涵墨撰,卞东波译《乌台诗案的审讯:宋代法律施行之个案》,《中国古典文学研究的新视镜——晚近北美汉学论文选译》,合肥:安徽教育出版社,2016年,第187—212页。</cite>
② 朱刚:《"乌台诗案"的审与判——从审刑院本〈乌台诗案〉说起》,《北京大学学报》2018年第6期。佚名编:《重编东坡先生外集》卷八六,四库全书存目丛书编纂委员会编《四库全书存目丛书》集部第11册,据明万历三十六年刻本影印,济南:齐鲁书社,1997年,第565—575页。

人朋九万录东坡下御史狱公案,附以初举发章疏及谪官后表章、书启、诗词等。"①然而将今传本朋九万的《东坡乌台诗案》(以下简称"朋本")②与之对照,所载内容并不一致,今传本《东坡乌台诗案》已非《直斋书录解题》所言之原本,诚如四库馆臣所言:"此本但冠以章疏而无谪官后表章书启诗词,则亦非振孙所见本。或后人撷拾(胡)仔之所录稍附益之,追题朋九万名,以合于振孙之所录,非九万本书欤?"③笔者赞同朱刚等学者的看法,今传朋本系后人根据御史台所藏案卷及其他诗案材料编撰而成。然因编者不了解宋代制度,将司法审判过程中属于不同程序的断案内容混杂在一起,出现标题取名不当和编排错误。④朋本虽存在不少问题,但保存了诸多史料。将重编本与陈振孙所录本作比较,也有明显不同。就司法制度研究而言,除朋本外,重编本也是研究苏轼诗案的重要史料,因此有必要弄清这个文本的史料来源。将重编本和朋本作一比较,可以发现两者在内容、文字详略、编排次序上互有不同。朱刚为此曾做过分析列表。为方便阐述观点,笔者也制成一表如下:

朋　本	重编本
1. 御史台官员何正臣、舒亶、李定的弹劾札子,外加国子博士李宜芝奏状,文字详备完整。	1. 苏轼供状,文字简略。
2. 苏轼供状,文字详备。	2. 苏轼招供的与臣僚之间往来的相关诗文,计三十篇,文字简略。
3. 苏轼招供的与臣僚之间往来的相关诗文,计三十八篇,文字详备。	3. 御史台官员何正臣、舒亶、李定的弹劾札子,文字极为简略,无国子博士李宜芝奏状。
4. 苏轼招供的具体过程,较详备。	4. 所叙苏轼招供过程十分简略。
5. 涉案的其他官员姓名及圣旨处理意见。	5. 无。
6. 苏轼罪名与判决文字,杂乱无章。	6. 苏轼罪名与判决文字,叙述清晰。

---

① (宋)陈振孙:《直斋书录解题》卷十一《乌台诗话》,上海古籍出版社,1987年,第330页。

② (宋)朋九万:《东坡乌台诗案》,《丛书集成初编》本(据《函海》本排印)。

③ (清)纪昀等著,四库全书研究所整理:《钦定四库全书总目》卷六四《史部二七·传记类存目六》,北京:中华书局,1997年,第883页。

④ 刘德重认为"小标题疑非原案所有,或系编者所加"。参见氏撰《关于苏轼"乌台诗案"的几种刊本》,《上海大学学报》2002年第6期。朱刚也指出:有的小标题"似非御史台原卷所有,估计是编者加上去的"。参见氏撰《"乌台诗案"的审与判——从审刑院本〈乌台诗案〉说起》。

重编本收录的文字,无论是苏轼与臣僚之间往来的相关诗文,还是御史台官员何正臣、舒亶、李定的弹劾札子都较朋本简略,并没有完整的全录,只是叙其要点。例如何正臣、舒亶、李定三人的弹劾札子加起来总计才二百多字,而朋本所录三人的弹劾札子有一千五百多字,字数相差悬殊。重编本收录的苏轼诗文篇数也远少于朋本,此外还缺乏司法审判过程的具体信息,唯有狱案最后判决文字清晰明了,优于朋本。相比之下,朋本判决文字部分显得杂乱无章。

细细分析,这两个文本的差异其实乃因编录者取材的原始材料以及编录方法、目的不同而产生的。宋代实行鞫谳分司制,苏轼一案,御史台负责审讯,大理寺负责检法量刑,刑部覆核、再报审刑院覆议,这在后面将要详述。朋本记载的内容包含了御史台根勘状、大理寺和刑部的量刑、审刑院覆议以及神宗的圣旨裁决,例如其《御史台检会送到册子》载:"据审刑院、尚书刑部状,御史台根勘到祠部员外郎、直史馆苏轼为作诗赋并诸般文字谤讪朝政"云云。也就是说,朋本的编撰者是看过审刑院、尚书刑部奏状的,只不过因编辑不当而未引起学者重视而已。此外也有诸如司法程序方面的具体内容,如"中使皇甫遵到湖州勾摄(苏)轼"、"差权发运三司度支副使陈睦录问,别无翻异"等记载,应该是编撰者根据当时所能看到的御史台案卷等原始审判资料综合而成。

朱刚先生认为重编本《乌台诗案》是北宋审刑院复核此案后上奏的文本,将其称作"审刑院本"。对此,笔者的看法不同。在展开讨论之前,有必要交代审刑院的职责。《续资治通鉴长编》载:

> (景德四年秋七月)诏自今官吏犯赃及情理惨酷有害于民、刑名疑误者,审刑院依旧升殿奏裁,自余拟定用刑,封进付中书门下施行(原注:《会要》云:诏审刑院,凡有法寺奏断公案,皆具详议奏覆,今后宜令本院,除官吏赃私渝滥、为事惨酷及有刑名疑误者,依旧奏覆,其余刑名已得允当,即具封进,仍以黄贴子拟云:"刑名委得允当,乞付中书门下施行")。①

---

① (宋)李焘:《续资治通鉴长编》(以下简称《长编》)卷六六,景德四年秋七月戊辰,北京:中华书局,2004年,第1470页。

"升殿奏裁",是指向皇帝奏报取旨。神宗熙宁年间曾任知审刑院的苏颂对审刑院的职责也有过清晰的表述:

> 凡州郡重辟之疑可矜,若一命私犯罪笞以上之罚,与夫律令格敕之当更者,皆先由大理论定,然后院官参议,议合然后核奏,画旨,送中书案实奉行,其慎重如此。①

所谓"画旨",是指奏报得到皇帝的批示。综合以上史料可知,凡重大案件皆须经大理寺检法量刑,送审刑院审核覆议,覆议无误,奏报皇帝定夺后,由中书颁下执行。应该说宋太宗当初设立审刑院,有夺宰相权的用意。

在宋代诏狱的司法审判过程中,中书门下扮演的角色,是接受皇帝的裁决圣旨,予以审核,如发现皇帝的裁决有问题,可提出意见,奏报皇帝修正;如无不当者,即颁给有关部门执行。这是出于制度的设计,以减少最高决策层的失误。中书门下不能先接受审刑院的诏狱结案奏报,再转奏给皇帝。即使如制度规定,有些案件审刑院核定无误后,"封进付中书门下",中书门下也只是颁下施行,而非再由中书门下向皇帝奏报。事实上,苏轼一案,由御史台审讯,经大理寺、刑部和审刑院量刑覆议,皇帝裁决后,是由中书门下用敕牒颁布执行的。我们看重编本最后一段文字:

> 某人见任祠部员外郎直史馆,并历任太常博士,合追两官,勒停。犯在熙宁四年九月十日明堂赦、七年十一月二十日南郊赦、八年十月十四日赦、十年十一月二十七日南郊赦,所犯事在元丰三(二)年十月十五日德音前,准赦书,官员犯人入己赃不赦,余罪赦除之。其某人合该上项赦恩并德音,原免释放。准圣旨,牒奉敕,某人依断,特责授检校水部员外郎,充黄州团练副使,本州安置。

其中所谓"准圣旨,牒奉敕",是通常中书门下接受皇帝圣旨后颁下执行的文书所特有的文字。有学者指出,"北宋前期,皇帝批准的民政公事,由中书门下负责转牒有关机构执行"。这种由中书门下(元丰改制后改由尚书省)转

---

① (宋)苏颂著,王同策等点校:《苏魏公文集》卷六十四《审刑院题名石柱记》,北京:中华书局,2004年,第979页。

发敕书的公牒,又称"敕牒"。①元丰改制前,除敕牒外,中书门下日常处理公务的文书还有"札子"。如熙宁四年(1071),御史中丞杨绘言:"比者,畿邑之民求诉助役之不便,陛下需发指挥,令取问民之愿与不愿而两行之,中书门下已作札子,坐圣旨颁下。"②"坐圣旨颁下",说的就是中书门下以札子颁布圣旨。

所谓"敕牒",是中书门下奉皇帝敕而牒,牒给某机构或某官,敕是皇帝对奏状的批复,属于"王言"。③如景祐元年(1034),知永兴军范雍奏请立学舍、拨庄田,得到仁宗批复,由中书门下奉敕牒永兴军,《中书门下牒永兴军》的敕牒云:

> 中书门下牒永兴军
>
> 户部侍郎、知永兴军范雍奏:……臣伏见本府城中见有系官隙地,欲立学舍五十间,乞于国子监请经典史籍一监,仍拨系官庄田一十顷以供其费,访经明行修者为之师范,召笃学不倦者补以诸生。候
>
> 敕旨。
>
> 牒奉
>
> 敕:依奏。许建立府学,仍勘会于系官荒闲地土内量拨伍顷,充府学支用。……牒至准
>
> 敕,故牒。
>
> 景祐元年正月五日
>
> 刑部侍郎、参知政事宋
>
> 户部侍郎、参知政事王
>
> 工部尚书、平章事李
>
> (下略)④

我们将其与重编本《乌台诗案》对比,可发现重编本所载带有明显的敕牒特

---

① 朱瑞熙:《中国政治制度通史》第六卷(宋代),北京:人民出版社,1996年,第166页。

② 《长编》卷二二三,熙宁四年五月庚子,第5428页。

③ 参见李全德《从堂帖到省札——略论唐宋时期宰相处理政务的文书之演变》,《北京大学学报》2012年第2期。

④ (清)王昶编:《金石萃编》卷一三二,中国东方文化研究会历史文化分会编《历代碑志丛书》第7册,南京:江苏古籍出版社,1998年,第114页。

点。不过重编本《乌台诗案》末尾没有"牒至准敕,故牒"之类的语词,也没有宰执押字,应是被抄写者省略了,并对敕牒做了文本格式上的调整处理。

中书门下敕牒是奉皇帝之敕颁布的案件执行文书,将苏轼一案的立案、审判作摘要式的叙述,其目的在于惩戒官员,向朝野作交代。这与原案案款是有区别的,原案案款事无巨细,都必须详尽记录。例如朋本所载,详细记录了案件的弹劾奏状、所涉及的诗歌的解读文字,而这在中书门下敕牒里就没有必要这么做。我们以传世的南宋绍兴十一年(1141)发生的岳飞狱案文献为例,与之作一比较。南宋的中央政治运作体制与苏轼案发生时的体制稍有不同,皇帝发布的诏敕由尚书省颁下执行,称"尚书省札子"。传世的岳飞狱案文献实际上是一份尚书省颁布的札子,称"省札"。①南宋史学家李心传云:

> 岳武穆飞之死,王仲言《挥麈录》载王俊告变状甚详,且云:"尝得其全案观之。"仲贯甫为尚书郎,问诸棘寺,则云:"张俊、韩世忠二家争配飨时,俊家以厚赂,取其原案藏之,今不存矣。"余尝得当时行遣《省札》……今录于后。②

观此《省札》行文体例,与重编本《乌台诗案》颇为相似,所云狱案主要由三部分组成:大理寺审讯所得岳飞"罪状"和检法断刑的条款;刑部覆核意见(时审刑院已废罢,其覆核功能归刑部);宋高宗的裁决圣旨。整篇行遣《省札》要言不烦。宋人王明清是看过岳飞诏狱全案的,他说:"岳侯之坐死,乃以尝自言与太祖俱以三十岁为节度使,以为指斥乘舆,情理切害。"③然李心传记载的《省札》内并无岳飞"尝自言与太祖俱以三十岁为节度使"的文字。换言之,《省札》的文字与原岳飞诏狱全案的文字是有区别的。我们再看南宋初的宋齐愈案:

> 中兴初政,治宋齐愈退翁狱断案,得之陆务观,云是年大驾自维扬

---

① 戴建国:《关于岳飞狱案问题的几点看法》,《宋代法制初探》,哈尔滨:黑龙江人民出版社,2000 年,第 351—363 页。已收入本书。

② (宋)李心传撰,徐规点校:《建炎以来朝野杂记》乙集卷十二《岳少保诬证断案》,《全宋笔记》第 6 编第 8 册,郑州:大象出版社,2013 年,第 175—176 页。

③ (宋)王明清撰,燕永成点校:《挥麈录余话》,《全宋笔记》第 6 编第 2 册,郑州:大象出版社,2013 年,第 57 页。

仓猝南狩,文书悉皆散失,未必存于有司,因录于左。……元牍云:建炎元年七月二十八日尚书省札子,臣僚上言:……七月八日同奉圣旨:"宋齐愈罢谏议大夫,令御史台王宾置司根勘具案奏闻。"今据王宾勘到:……法寺称:"宋齐愈系谋叛,不道已上皆斩,不分首从。敕:犯恶逆以上罪至斩,依法用刑。宋齐愈合处斩,除名。犯在五月一日大赦前,合从赦后虚妄,杖一百,罚铜十斤。情重奏裁。"同奉圣旨:"宋齐愈身为士大夫,当守节义,国家艰难之际,不能死节,乃探金人之情,亲书僭逆之名姓,谋立异姓,以危宗社,造端在前,非受伪命臣僚之可比,特不原赦,依断。仍命尚书省出榜晓谕。"①

这也是一件尚书省颁布的关于宋齐愈案的札子,其中有御史台根勘奏状、大理寺和刑部的量刑覆核意见及高宗的裁断圣旨。这两件实例清晰地反映出尚书省札子的行文特色。

根据以上实例,我们对照一下重编本《乌台诗案》,其卷首标题云:"中书门下奏,据审刑院状申,御史台根勘到祠部员外郎、直史馆苏某为作诗赋并诸般文字谤讪朝政案款状",从其标题及整个"案款状"的行文特色分析,不难发现与前述南宋尚书省札子颇为相似。据此可以推断重编本《乌台诗案》应来源于中书门下颁布的政务公文。

根据学者的研究,北宋前期中书门下札子与敕牒的运用是依据事情的大小来定的,敕牒通常用于较大的事情。②我们在朋本《乌台诗案·中使皇甫遵到湖州勾至御史台》中既看到有"中书省札子"的记载,③同时也在重编本看到有"准圣旨,牒奉敕"的记载。前者是神宗就苏轼审讯过程中某一具体问题的批示,后者是对苏轼案的最终判决,自然后者事体为大,因此重编本收载的《乌台诗案》当是源自中书门下敕牒,是据中书门下敕牒抄录而成。不过抄录者并没有照原样抄录,而是有所改动。如重编本的卷首标题称"中书门下奏,据审刑院状申,御史台根勘到祠部员外郎直史馆苏某为作诗赋并

---

① （宋）王明清撰,戴建国、赵龙点校:《玉照新志》卷四,《全宋笔记》第6编第2册,郑州:大象出版社,2013年,第182—184页。

② 李全德:《从堂帖到省札——略论唐宋时期宰相处理政务的文书之演变》,《北京大学学报》2012年第2期。

③ 按,"中书省"之"省"字当系衍字,元丰二年前,宋尚未重建三省体制,中书省并无实际职能。

诸般文字谤讪朝政案款状",所谓"中书门下奏"当是"中书门下敕牒"之误写,显然是后人传抄时不了解宋代制度而改写产生的。此外,重编本与朋本一样,都没有具体显示哪些文字内容是大理寺的量刑意见,哪些是刑部、审刑院的覆核意见。通常大理寺的量刑意见谓"法寺称",刑部、审刑院覆核意见称"看详"。①这些文字都被抄录者省略了。重编本凡涉及苏轼姓名,皆称"苏某"而不称"苏轼",当是后来的抄录者出于对苏轼的敬仰而避的讳。

二、"乌台诗案"的立案和审判

就乌台诗案来说,是一件诏狱,皇帝强势介入,自有其特有的审判程序,非一般案件可比。以往的研究并未充分注意宋代的诏狱审理制度,有的学者认为御史台审讯,经大理寺断案后,将断案意见呈送皇帝作最后判决,忽略了其中还有刑部和审刑院审核程序。宋代的司法制度十分周密,在大理寺检法量刑后,为防其失误,又设置了刑部、审刑院覆议审核制度,以纠其误。②元丰元年(1078)神宗下令恢复右治狱机构,规定:

> 应三司及寺监等公事,除本司公人杖笞罪非追究者随处裁决,余并送大理狱结断。其应奏者并天下奏案,并令刑部、审刑院详断。③

换言之,大理寺检法给出量刑意见后,还须经刑部、审刑院审核详议。《续资治通鉴长编》载:

> (淳化二年八月)置审刑院于禁中,以枢密直学士李昌龄知院事,兼置详议官六员。凡狱具上奏者,先由审刑院印讫,以付大理寺、刑部断

---

① 《玉照新志》卷四载:"中兴初政,治宋齐愈退翁狱断案……法寺称:宋齐愈系谋叛,不道已上皆斩,不分首从。敕:犯恶逆以上罪至斩,依法用刑。宋齐愈合处斩,除名。犯在五月一日大赦前,合从赦后虚妄,杖一百,罚铜十斤,情重奏裁。"第182—183页;《建炎以来朝野杂记》乙集卷十二《岳少保诬证断案》载:"法寺称:律有临军征讨稽期三日者斩,其岳飞合依斩刑私罪上定断,合决重杖处死。看详:岳飞坐拥重兵于两军未解之间,十五次被受御笔,并遣中使督兵,逗留不进……委是情理深重。敕:罪人情重法轻,奏裁。"第176—177页。这里的"看详"即刑部的覆核意见。
② 参见戴建国《宋代鞫、谳、议审判机制研究——以大理寺、审刑院职权为中心》,载《江西社会科学》2018年第1期。已收入本书。
③ 《长编》卷二九五,元丰元年十二月戊午,第7186页。

覆以闻,乃下审刑院详议,中覆裁决讫,以付中书,当者即下之,其未允者,宰相复以闻,始命论决。盖重谨之至也。①

审刑院置详议官六员,专门详议经大理寺和刑部断、覆过的案件,再申报皇帝裁决。例如庆历四年(1044)吉州通判李虞卿受赇一案,大理寺断以"枉法论",将处以死刑,知审刑院丁度覆议后认为:"'枉法',谓于典宪有所阿曲,(李)虞卿所违者,转运使移文耳。"于是"遂贷虞卿死"。②这是审刑院覆议纠正大理寺断案不当的一件实例。

学界有些成果对苏轼一案的司法审判多有误解,现据传世的乌台诗案相关史料,③结合宋代司法制度,将案件的立案审判过程考述于下。

监察御史里行何正臣最早在例行监察公事中发现了苏轼诗文作品中讥讽新政的问题,首先于元丰二年三月二十七日由垂拱殿上奏弹劾苏轼。然神宗未发表处理旨意,这表明苏轼讥讽新政的问题起初并未引起神宗关注。

直到三个多月后的七月二日,监察御史里行舒亶、御史中丞李定由崇政殿上章弹劾苏轼,将收集到的证据《元丰续添苏子瞻学士钱塘集》册子一并奏上,加之国子博士李宜之也有举报状,"乞赐根勘",这才受到神宗的重视。七月三日(己巳)神宗"诏知谏院张璪、御史中丞李定推治以闻"④,将臣僚前后所奏四状以及御史台收集到的证据册子批给中书门下,中书门下颁给御史台根勘所审理。

七月四日,御史台根勘所又收到中书门下颁下的神宗圣旨:"令御史台选牒朝臣一员乘驿追摄"⑤,将苏轼逮送御史台根勘所受理,使之成为诏狱。神宗并派遣身边的宦官皇甫遵前往监捕。

七月二十八日皇甫遵等到湖州逮捕苏轼,八月十八日押至御史台审讯。⑥

十月十五日神宗御宝批:"见勘治苏轼公事,应内外文武官曾与苏轼交

---

① 《长编》卷三二,淳化二年八月己卯,第718页。
② 《长编》卷一四七,庆历四年三月丁亥,第3568页。
③ 主要资料来源于朋九万《东坡乌台诗案》,其他资料则注出处。
④ 《长编》卷二九九,元丰二年七月己巳,第7266页。
⑤ 朋九万:《东坡乌台诗案》,《丛书集成初编》本,第4页;《长编》卷二九九,元丰二年七月己巳,第7266页。
⑥ 按朋九万《东坡乌台诗案》误将"八月十八日赴御史台出头"写成"六月十八日赴御史台出头"。

往,以文字讥讽政事,该取会验问看若干人闻奏。"朋本于《御史台检会送到册子》一节云:

> 检会送到册子,题名是《元丰续添苏子瞻学士钱塘集》,全册内除目录更不抄写外,其三卷并录付。中书门下奏:据审刑院、尚书刑部状,御史台根勘到祠部员外郎、直史馆苏轼为作诗赋并诸般文字谤讪朝政,及中外臣僚、绛州团练使驸马都尉王诜为留苏轼讥讽文字及上书奏事不实按并札子二道者。

在诏狱审判程序中,中书门下如有奏言,通常是对皇帝下达旨意后的回复,因此这里的中书门下奏,应是在十月十五日中书门下"奉御宝批,见勘治苏轼公事应内外文武官曾与苏轼交往,以文字讥讽政事,该取会验问看若干人闻奏"后对神宗的回复。①

十一月二十一日,神宗的批复通过中书门下批送给御史台根勘所。这是朋本《中使皇甫遵到湖州勾至御史台》一节所言:"至十一月二十一日准中书批送下本所,伏乞勘会苏轼举主,奉圣旨:李清臣按后声说,张方平等并收坐。奉圣旨,王巩说执政商量等言,特与免根治外,其余依次结按闻奏。"所谓"李清臣按后声说,张方平等并收坐",说的是这些人等苏轼审讯后再行处理。这涉及宋代法律"因罪人以致罪"法,这些官员收受苏轼讥讽朝政文字,"不申缴入司",都是因苏轼而受牵连坐罪。《宋刑统》载:

> 若罪人自首及遇恩原、减者,亦准罪人原、减法。议曰:"谓因罪人以得罪,罪人于后自首及遇恩原、减者,或得全原,或减一等二等之类,一依罪人全原、减、降之类。"②

根据法律,只有先等苏轼量刑定罪处理后,才能根据苏轼的量刑情况对李清臣等人作最后定罪处理。

十一月二十八日,神宗通过中书门下,批复权御史中丞李定所奏:"苏轼公事见结按次,其苏轼欲乞在台收禁,听候敕命断遣"及"按后收坐人姓名"、

---

① 《东坡乌台诗案·中使皇甫遵到湖州勾至御史台》,第31页。

② (宋)窦仪等详定,岳纯之校证:《宋刑统校证》卷五《名例律》,北京大学出版社,2015年,第73页。

差官"录问"请求。神宗圣旨"依奏"，并"差权发运三司度支副使陈睦录问"。

陈睦于十一月三十日录问苏轼，"别无翻异"。此后，案件进入判决程序，送大理寺检法、刑部量刑定罪，呈交审刑院覆议，最后上奏神宗定夺。

朋本虽保存有较多的史料内容，但也存在随意抄录、编辑失当的讹误。如其所载《御史台根勘结按状》，主要内容是大理寺、刑部和审刑院的量刑定罪的条款。按照宋代的诏狱审判制度，御史台作为审讯机构，其任务是负责把案件的违法事实审讯清楚，然后向神宗报告，由皇帝另派遣录问官录问口供。神宗差权发运三司度支副使陈睦录问，"别无翻异"后，审讯程序至此便告完成，接下来进入量刑定罪的程序。至于量刑定罪，属于大理寺、刑部和审刑院的职责，御史台不能参与。御史台向刑部、审刑院奏报的《根勘结按状》内不可能有具体的判决量刑内容。因此朋九万编辑题为《御史台根勘结按状》，名不副实，实际上录问"别无翻异"后，不可能有如其记载的下述活动："续据御史台根勘所状称，苏轼说与王诜道：'你将取佛入涅槃及桃花雀竹等，我待要朱繇武宗元画鬼神。'王诜允肯言得。"这些内容实际上在前面的苏轼与他人诗文往来的供状中都已明确交代过了，并不是在御史台录问无翻异，审讯案结束后又冒出的新的审讯供状。事实上所谓"续据"云云，应该是审刑院向神宗奏报裁决的内容。朋本编辑失当，极易误导读者。

大理寺、刑部和审刑院的量刑覆核意见上奏后，李定和舒亶又继有奏状，他们主要基于御史的监督职责，从国家治理的政治层面发表意见，提出要重惩苏轼，以维护新政的贯彻实施，其实并没有再从司法审讯程序入手继续挖掘出新的罪状，因为案件已结案具状申奏，且经过录问官录问。按照司法制度规定，案子第一阶段的审讯程序已经结束。如果真有新的证据挖出来，按规定，必须再次向神宗皇帝申奏派遣官员录问，走规定的程序才能算数，否则是无效的证据。①宋代文献中并没有再次录问的记载。

苏轼在御史台狱受审，有没有受到刑讯拷打，不少研究者对此问题或避而不谈，或云根据刑不上大夫的礼制原则，朝廷命官原则上不适用刑讯，苏

---

① 参见戴建国《宋代刑事审判制度研究》，《文史》第 31 辑，北京：中华书局，1988 年。已收入本书。

轼没有遭遇拷打。①由于神宗的亲自介入,"苏轼得以免遭皮肉之苦"②。然而揆诸史籍,这种说法存在疑点。

宋承唐制,司法审讯,犯人不招供,法律规定可以用刑逼供:"诸应讯囚者,必先以情,审察辞理,反覆参验,犹未能决,事须讯问者,立案同判,然后拷讯,违者,杖六十。"③《天圣令》规定:"诸察狱之官,先备五听,又验诸证据,事状疑似犹不首实者,然后考掠。"④虽然《宋刑统》卷二九《断狱》规定:"诸应议、请、减,若年七十以上、十五以下及废疾者,并不合拷讯,皆据众证定罪,违者,以故、失论。"所谓"诸应议、请、减"者,指七品以上官,享有不得拷讯的法律特权。⑤不过这一源于唐律的规定即使在唐代司法审讯中也没有被认真执行。例如武则天在位期间利用酷吏打击政敌,《旧唐书》卷一八六《来俊臣传》云:"则天于是于丽景门别置推事院,俊臣推勘必获,专令俊臣等按鞫,亦号为新开门,但入新开门者,百不全一。……因人无贵贱,必先布枷棒于地,召囚前曰:'此是作具。'见之魂胆飞越,无不自诬矣。"⑥

宋文献中不见实施此条法律的记载。天圣七年制定的《天圣令》,虽还保留有对五品官的司法特权:"诸决大辟罪,……五品以上,听乘车,并官给酒食,听亲故辞决。"⑦但也有对五品以上官特权的废除,如附录于宋令正文后不再行用的唐令第3条:"诸决大辟罪,皆于市。五品以上犯非恶逆以上,听自尽于家。七品以上及皇族若妇人犯非斩首者,绞于隐处。"⑧其中涉及五品以上官及六品、七品官处决时的司法待遇,宋已不再实施。

这里有必要考察一下元丰时期发生的其他诏狱审讯案例。元丰元年(1078)发生一起太学诏狱,涉案人员众多,不少人受到严刑拷讯,御史中丞

---

① 郭艳婷:《从乌台诗案看北宋官员犯罪司法程序的特点》,《常州大学学报》第 15 卷第 1 期,2014 年。

② 蔡涵墨撰,卞东波译:《1079 年的诗歌与政治:苏轼乌台诗案新论》,载《中国古典文学研究的新视镜——晚近北美汉学论文选译》,合肥:安徽教育出版社,2016 年,第 157 页。

③ 《宋刑统校证》卷二九《断狱律》,第 397 页。

④ 《天圣令》卷二七《狱官令》,天一阁博物馆、中国社会科学院历史研究所天圣令整理课题组校证:《天一阁藏明钞本天圣令校证》,北京:中华书局,2006 年,第 417 页。

⑤ 《宋刑统校证》卷二九《断狱律》"不合拷讯者取众证为定",第 395—396 页。

⑥ 《旧唐书》卷一八六《来俊臣传》,北京:中华书局,2002 年,第 4838 页。

⑦ 《天圣令》卷二七《狱官令》,《天一阁藏明钞本天圣令校证》,第 415 页。

⑧ 《天圣令》卷二七《狱官令》,《天一阁藏明钞本天圣令校证》,第 420 页。

刘挚为此奏云:"无罪之人,例遭棰楚,号呼之声,外皆股栗。臣闻论者谓近年惨辱冤滥,无如此狱。"①再如同一年的相州诏狱,《续资治通鉴长编》载:

> 知谏院蔡确既被旨同御史台按潘开狱,遂收大理寺详断官窦苹、周孝恭等,枷缚暴于日中凡五十七日,求其受略事,皆无状。中丞邓润甫夜闻掠囚声,以为苹、孝恭等,其实他囚也。润甫心非确所为惨刻而力不能制。确引陈安民置枷于前而问之,安民惧,即言尝请求文及甫。……明日润甫在经筵独奏:"相州狱事甚冤,大理实未尝纳略,而蔡确深探其狱,支蔓不已,窦苹等皆朝士,榜掠身无完肤,皆衔冤自诬,乞蠲结正。"……(黄)履、(李)舜举至台,与润甫、确等坐帘下,引囚于前,读示款状,令实则书实,虚则陈冤。前此确屡问囚,有变词者,辄笞掠。及是,囚不知其为诏使也,畏狱吏之酷,不敢不承。独窦苹翻异,验拷掠之痕,则无之。②

御史中丞邓润甫对蔡确的审讯方式极为反感。这段史料可注意者有三点:一是详断官窦苹、周孝恭等,被枷缚暴于日中凡五十七日,这种折磨与拷讯没有实质区别。二是窦苹、周孝恭为大理寺详断官,据《宋史·职官志》载:"国初大理正、丞、评事皆有定员,分掌断狱。其后,择他官明法令者,若常参官则兼正,未常参则兼丞,谓之详断官。"③换言之,详断官乃指由常参官充任的大理寺正和由未常参官充任的大理寺丞。根据北宋前期的官制,大理寺正、丞,官品皆在六品以上。④然而邓润甫奏言中并没有引用《宋刑统》关于七品以上官不得拷讯的法律规定。如果此规定在宋代仍然有效实施的话,他不会不言。相反法律规定,犯人不招供可以适度用刑,但是过度就属用刑深刻了。邓润甫是针对蔡确用刑惨刻而上奏的,而不是说不能对官吏用刑。三是蔡确先前"屡问囚,有变词者,辄笞掠",这些囚犯被打怕了,以至于当神

---

① (宋)刘挚:《忠肃集》卷四《论太学狱奏》,北京:中华书局,2002年,第90页。

② 《长编》卷二八九,元丰元年夏四月乙巳,第7059—7060页。

③ 《宋史》卷一六五《职官志》,北京:中华书局,1985年,第3899页。

④ (宋)孙逢吉:《职官分纪》卷十九《大理》载,北宋前期沿唐制,大理寺正为从五品下,大理寺丞为从六品上(文渊阁《四库全书》本,第923册,第468—469页)。又《宋史》卷二八七《陈彭年传》载陈彭年由秘书郎任大理寺详断官。《宋史》卷三〇〇《陈从易传》、三〇三《田京传》、三二六《蒋偕传》载陈从易、田京、蒋偕三人皆由著作佐郎而任大理寺详断官(《宋史》第9978、10051、10519页)。秘书郎、著作佐郎,据《职官分纪》卷十六《秘书省》载,在北宋前期官品为从六品上(第923册,第395、401页)。

宗派遣的官员正式录问口供时,却不敢据实翻供。窦苹虽未被考掠,并不能代表别的官员未被考讯,窦苹或许自诬以求免考讯。

苏轼为从六品官,在押受审将近四个月,审讯过程颇为曲折,从文献记载来看,有证据显示苏轼遭受了刑讯。朱熹就曾明确说过:"东坡下御史狱,考掠之甚。苏子容时尹开封,勘陈世儒事。有人言文潞公之徒尝请托之类,亦置狱(原注:子容与东坡连狱,闻其有考掠之声,有诗云云)。"①苏子容即苏颂。元丰二年,苏颂因受陈世儒诏狱牵连,"是秋亦自濠州摄赴台狱",与苏轼同被关押于御史台狱,两人所囚之地,"才隔一垣"。苏颂曾作诗云"遥怜北户吴兴守,诟辱通宵不忍闻"。自注云"谓所劾歌诗有非所宜言,颇闻镌诘之语"。②苏颂所言颇为委婉,但朱熹却认为是苏轼遭拷掠的证据。③朱熹担任过州、军长官和江西提刑,对于宋代刑讯制度的规定,不会不清楚,如果确有七品以上官不可拷讯的规定,他自然不会下此断语。

朋本《东坡乌台诗案》载曰:

> 当月二十日,轼供状时,除山村诗外其余文字并无干涉时事。二十二日,又虚称更无往复诗等文字。二十四日,又虚称别无讥讽嘲咏诗赋等应系干涉文字。二十四日,又虚称即别不曾与文字往还。三十日却供通自来与人有诗赋往还人数、姓名,又不说曾有黄庭坚讥讽文字等因依,再勘方招……。④

苏轼在八月二十日、二十二日、二十四日的三次审讯中并不承认有干涉时事之诗,直到三十日,"却供通自来与人有诗赋往还人数、姓名"。从所载"再勘方招"来看,苏轼多半是承受不了包括刑讯在内的各种折磨。苏轼本人在《御史狱中遗子由》序亦云:"予以事系御史台狱,府吏稍见侵,自谓不能堪,死狱中,不得一别子由。"所言十分婉转,但其背后隐含的或许就是朱熹所说的状况。

---

① (宋)黎靖德:《朱子语类》卷一三〇《本朝四》,《朱子全书》第 18 册,上海古籍出版社,2002年,第 4061—4062 页。
② (宋)周必大:《文忠集》卷一七八《二老堂诗话下·记东坡乌台诗案》,文渊阁《四库全书》本,第 1149 册,第 30 页。
③ (宋)黎靖德:《朱子语类》卷一三〇《本朝四》,《朱子全书》第 18 册,第 4061—4062 页。
④ (宋)朋九万:《东坡乌台诗案》,第 31 页。

诏狱是宋代皇帝加强集权统治的重要工具,在诏狱审理过程中,皇帝并不放心审讯官,生怕他们结为利益集团,营私舞弊,危害皇权,故常常派遣身边的宦官前去监讯。苏轼一案也不例外,先是派遣宦官皇甫遵前往湖州"勾摄"苏轼到御史台狱,之后神宗又派遣宦官冯宗道监劾。宋人刘延世的《孙公谈圃》载:"一日禁中遣冯宗道按狱,止贬黄州团练副使。"①神宗时,冯宗道曾多次被派遣监劾重要的诏狱案件。如熙宁八年(1071)赵世居案,神宗差御史台推直官监世居至普安院缢杀之,并遣"中使冯宗道视瘗埋"②。元丰四年大理寺鞫王珫与石士端妻王氏奸罪案,大理寺丞王援"承勘作奸",神宗乃命监察御史里行朱服、检正中书刑房公事路昌衡移劾于同文馆,"仍以宗道监劾"。③冯宗道监勘苏轼案一事,不属于御史台和审刑院责权管辖范围,亦非其审判案卷载录的对象,故朋本和重编本《东坡乌台诗案》都没有记载。

根据大理寺和审刑院的量刑判决,苏轼该赦恩并德音"原免释放",换言之,苏轼两官告身无须追缴,更不用勒停。对此,神宗的裁决圣旨是:"苏轼依断,特责授检校水部员外郎,充黄州团练副使,本州安置。"所谓"依断",即认可大理寺、审刑院的判决,同意遵循法律,适用朝廷恩赦法免罪;而"特责"云云,是神宗法外动用了皇帝的特责权,给予苏轼的惩处。神宗的特责权是基于皇帝的权力而产生的,除苏轼一案外,也常适用于其他诏狱。如元丰二年十月发生的太学狱案,太常丞余中、河南府右军巡判官王沔之和秘书丞范峒冲替,坐受太学生贿赂,"虽会赦降,犹特责焉"④。

除苏轼外,王诜被追两官勒停,苏辙、王巩被降黜,此外,其他按后收坐的官员受到了罚铜二十至三十斤不等的处罚。这些官员,受苏轼牵连,"因罪人以得罪,罪人于后自首及遇恩原、减者",他们自然也能"一依罪人全原",即也都依苏轼遇赦免罪法而被豁免,但最后同苏轼一样,遭到了神宗的特责。

---

① (宋)刘延世:《孙公谈圃》卷上,《全宋笔记》第 2 编第 1 册,郑州:大象出版社,2006 年,第 146 页。
② 《长编》卷二六三,熙宁八年闰四月壬子,第 6446 页。
③ 《长编》卷三一七,元丰四年十月庚申,第 7666 页。
④ 《宋会要辑稿》职官六六之一〇,上海古籍出版社,2014 年,第 8 册,第 4828 页。

三、乌台诗案是宋神宗维护熙丰新政的产物

北宋前期整体来说,政治环境较为宽松,到神宗熙丰年间,因实施新法改革,政治管控气氛有所转变,但仍处在一个合理的控制区间。①就苏轼案来说,受到处分的官员虽多,但处罚都较轻,并没有人因此流配或丧生。与明清时期的文字狱比较,即使是与北宋后期的绍圣、崇宁时期的诏狱比较,神宗对苏轼以及其他涉案官员的处罚应该说是轻的,苏轼是幸运的。

以往学界对苏轼一案的解读,多从新旧党争的视角进行诠释,有些学者过度解读乌台诗案与党争的关系,其实参与此案审判的官员,有些未必都与党争密切关联。北宋的御史台官员由天子选定,对天子负责,"自中丞以下,掌纠绳内外百官奸慝,肃清朝廷纪纲,大事则廷辩,小事则奏弹"②,为天子耳目,具有相对独立的监察言事权力,并负责重大案件的审讯,职分所至,极易得罪人。宋神宗实施新政,在位期间任用的御史台官员,应该说大多忠于职守,颇具除奸务尽,舍我其谁的使命感,在强化吏治、肃正纲纪方面,发挥了重要作用。乌台诗案缘起于御史台官员的职守,弹劾苏轼的御史有三人:御史中丞李定、监察御史里行何正臣、舒亶。李定还与知谏院张璪一起奉诏负责审讯苏轼。除李定与王安石关系十分密切另当别论外,将何正臣、舒亶、张璪的言行都视作迫害苏轼的党争行径,不免有牵强附会之嫌。

最早上章弹劾苏轼的何正臣,虽为蔡确推荐,与王安石亦有诗文往来,但其秉公办事,实事求是。《宋史》并未言其政治上属于新党。何正臣曾云"幸得备言路,以激浊扬清为职"③,展现了其作为御史台官员应有的抱负。史载:"神宗更制,始诏川峡、福建、广南,之官罢任,迎送劳苦,其令转运司立格就注,免其赴选。"有人提出意见,认为:"土人知州非便,法应远近迭居,而川人许连任本路,常获家便,实太偏滥。"时任参知政事的王安石曰:"分远近,均劳佚也。中州士不愿适远,四路人乐就家便,用新法即两得所欲。"对此,何正臣没有迎合王安石,提出了与其相反的建言:"蜀人之在仕籍者特

---

① 参见戴建国《熙丰诏狱与北宋政治》,《上海师范大学学报》2013 年第 1 期。
② 《宋会要辑稿》职官一七之一,第 6 册,第 3449 页。
③ 《宋史》卷三二九《何正臣传》,第 10613 页。

众,今自郡守而下皆得就差,一郡之官,土人太半,寮采吏民皆其乡里亲信,难于徇公,易以合党。请收守令阙归之朝廷,而他官兼用土人,量立分限,庶经久无弊。"①结果何正臣的建言没有被采纳,可见其并非唯王安石马首是瞻。

《宋史》云何正臣知潭州,"时诏州县听民以家赀易盐,吏或推行失指。正臣条上其害,谓无益于民,亦不足以佐国用,遂寝之,民以为便"②。所谓"以家赀易盐"乃熙丰时期实行的盐法,是神宗新政的一项内容,在实施过程中,有些地区的官吏强行抑配,从而成为百姓的一大负担。何正臣能直言其弊,实在难能可贵。《宋史》本传又说他在吏部侍郎任上,"嫚于奉职,铨拟多牴牾,事闻,以制法未善为解。王安礼曰:'法未善,有司所当,请岂得归罪于法?'乃出知潭州"。当时正值元丰改革官制,所谓何正臣"嫚于奉职,铨拟多牴牾",可以从另一角度反映出何正臣面对元丰改制,其自有的吏治思想与之发生冲突,以至于无所适从。这与《宋史》记载的何正臣勇于进取的形象大相径庭,这段史料背后的真情,可以解释为何正臣其实是在用一种消极无奈的方式对待元丰改革。细观何正臣熙丰时期的言行,无论如何都不能算是新党。

又如弹劾苏轼的监察御史里行舒亶,论者将其归为依附王安石的新党。然而值得注意的是其对苏轼一案涉及的驸马都尉王诜的弹劾。王诜字晋卿,能诗善画,"尚蜀国长公主"③,为神宗的妹婿。史载,当大理寺、审刑院的审核判决意见上奏后,舒亶紧接着上言:

> 驸马都尉王诜,收受轼讥讽朝政文字及遗轼钱物,并与王巩往还,漏泄禁中语,窃以轼之怨望,诋讪君父,盖虽行路犹所讳闻,而诜恬有轼言,不以上报,既乃阴通货赂,密与燕游。至若巩者,向连逆党,已坐废停。诜于此时同罢论议,而不自省惧,尚相关通。案诜受国厚恩,列在近戚,而朋比匪人,志趣如此,原情议罪,实不容诛,乞不以赦论。④

---

① 《宋史》卷一五九《选举志》,第 3722—3723 页。
② 《宋史》卷三二九《何正臣传》,第 10613 页。
③ 《宋史》卷二五五《王全斌传》附,第 8926 页。
④ 《长编》卷三〇一,元丰二年十二月庚申,第 7334 页。

舒亶的弹劾,对神宗来说不啻是个挑战。神宗与蜀国长公主之间感情甚笃,蜀国长公主多病,身体很差。神宗曾多次幸其第慰问,某次,"上继至,见主羸瘵,伏席而泣,堕泪沾湿。上自诊主脉,集众医,诘所以治疾状,亲持粥食之"。公主去世日,消息传来,神宗"未朝食即驾往,望第门而哭。赐主家钱五百万,辍朝五日,命入内副都知苏利涉治丧事,礼视秦国大长公主,毋拘令、式。追封越国,谥贤惠"。①在王诜被责仅仅过了四个月,神宗便诏"王诜复庆州刺史,听朝参。诜前坐苏轼夺官,蜀国长公主久病,上欲慰主心,故特有是命。及上视主疾问所欲,主但谢复诜官而已"②。这也颇能说明神宗对其妹妹的眷顾之情。倘非情不得已,神宗不会对自己的妹婿作如此处罚。

在此案中,舒亶并没有因王诜为神宗妹婿而有所畏惧和回避,他基于御史台官员的职责,勇于担当,不避皇亲,忠于职守,向神宗提出弹劾奏言。神宗是熙丰新政的发动者,从某种意义上可以说是新党的幕后总指挥,舒亶的弹劾等于给新政、新党,给神宗出了难题,神宗的妹婿与讥讽新政的苏轼过从甚密,收受轼讥讽朝政文字。神宗从维护新政大局出发,没有因舒亶的行为而对舒亶进行打压,也未因妹婿关系而袒护王诜。在处罚苏轼的同时,没有徇私情而豁免王诜,史载,"王诜追两官,勒停",为绛州团练使,对王诜的惩处力度仅次于苏轼。

此外,舒亶对新党中的重要人物章惇、曾布也都有弹奏。有学者指出"舒亶在元丰年间,积极参政议政,不囿于党派之见,奉职言事,忠贞刚直,多为中肯之言"③。《宋史》记载说,舒亶为谏院知院,"张商英为中书检正,遗亶手帖,示以子壻所为文。亶具以白,云商英为宰属而干请言路,坐责监江陵税。始,亶以商英荐得用,及是,反陷之"④。《宋史》将此事记为舒亶的污点,但我们结合上述舒亶不避皇亲,弹劾王诜的奏言来看,这一事例正展示了舒亶秉公办事的原则,并不因张商英曾是自己的举荐官而假公济私。

因此就舒亶弹劾苏轼及王诜的行为而言,更多地应是出于御史的职守

---

① 《长编》卷三〇四,元丰三年五月己卯,第 7408 页。
② 《长编》卷三〇三,元丰三年四月辛亥,第 7385 页。
③ 参见孙福轩《北宋新党舒亶考论》,《浙江学刊》2012 年第 2 期。关于舒亶对章惇、曾布的弹奏,孙福轩此文有详述。
④ 《宋史》卷三二九《舒亶传》,第 10604 页。

而已,并非因新旧党争关系使然。

再如奉命推治苏轼案的知谏院张璪,因王安石荐引,先后任同编修中书条例、知谏院、直舍人院。《宋史》除了说他数起大狱外,所记却颇有政绩:

> 杨绘、刘挚论助役,安石使璪为文诘之,辞,曾布请为之,由是忤安石意。……卢秉行盐法于东南,操持峻急,一人抵禁,数家为黥徒,且破产以偿告捕,二年中犯者万人。璪条列其状,又言:"行役法以来最下户亦每岁纳钱,乞度宽美数均损之,以惠贫弱。"后皆施行。……判国子监,荐蔡卞可为直讲。建增博士弟子员,月书、季考、岁校,以行艺次升,略仿《周官》乡比之法,立斋舍八十二。学官之盛,近代莫比,其议多自璪发之。……详定郊庙奉祀礼文,议者多以国朝未尝躬行方泽之礼为非正,诏议更制。璪请于夏至之日,备礼容乐舞,以冢宰摄事。帝曰:"在今所宜,无以易此。"卒行其说。为翰林学士,详定官制,以寄禄二十四阶易前日省、寺虚名,而职事名始正。①

助役法即新政免役法,杨绘、刘挚等上奏力陈其害,王安石命张璪撰文反驳,被张璪拒绝了。看来王安石虽对张璪有恩,但张璪并未紧跟王安石,对免役新法持保留态度。其在职,勤于政务,多有建树。韦骧所撰《张璪行状》载张璪初入仕,任凤翔府户曹参军,时苏轼为凤翔府签书判官,两人曾有交往,苏轼"尝与公为考辞曰:'缓与利而急与义,利其外而介其中。'"苏轼对张璪的评介颇高,早年两人关系应不错。《张璪行状》又云张璪"弹击权贵,无所依避"。神宗曾称赞张璪在知谏院任上"能秉义以言,无所阿附,正色不挠,多所发明"。②观其言行,并非溜须拍马、一味跟风式的人物,将其奉命推治苏轼说成是迫害苏轼的新党行为,是忽视了其作为谏官的职业操守。

另外,负责苏轼一案检法量刑的大理寺卿崔台符,因赞同王安石刑名之说,为王安石所提拔。《宋史》云:"王安石定按问欲举法,举朝以为非,台符独举手加额曰:'数百年误用刑名今乃得正。'安石喜其附己,故用之。"③然崔台符执掌的大理寺却能秉持司法公正,没有落井下石。此点,朱刚已论及

① 《宋史》卷三二八《张璪传》,第 10569—10570 页。
② (宋)韦骧:《钱塘韦先生文集》卷十六《故大资政张公行状》,国家图书馆藏清抄本。
③ 《宋史》卷三五五《崔台符传》,第 11186 页。

之。如果站在党争的角度看,似乎崔台符应偏向王安石新党给予苏轼重刑才对,而实际量刑结果却是有利于苏轼的。当然不排除其中还有宋代制度保障,使其不得为所欲为的因素所起的作用。

即使是李定此人,亦有可议之处。元丰元年发生陈世儒与其妻谋杀母案,案事牵连同知枢密院吕公著。吕公著反对王安石实行青苗法新政,如要归属党争关系的话,应属旧党。在此案中,吕公著被诬曾受请托,为其外侄孙女——陈世儒妻李氏疏通关节,开脱罪行。时负责审理的御史中丞李定并没有就此站在新党的立场上罗织罪名,而是实事求是地奏报狱情。史载:

> 中丞李定等入对,即奏云:"公著实未尝请求,特尝因垂拱退朝,(苏)颂与众从官泛言陈氏事,公著亦预闻尔。"欲用此辞以结狱。①

李定没有深文巧诋,态度十分明确。此例是无法解释当时党同伐异的党争关系的。

综上所述,苏轼一案,缘起于御史台官员的职守和例行公事的弹劾,是神宗实施新政背景下发生的一起诏狱,本质上说是宋神宗维护新政、肃正朝廷纲纪的产物。故有学者认为,从确定诏狱到案件结案,"宋神宗自始至终起着决定性作用"②。其间虽有李定等人极力弹劾苏轼,罗织罪名,但其他台谏、司法官员,有的是本于职分,并不一定都隶属于党派之争,与党争其实没有太多的关联。实事求是地说,当时是不乏忠于职守的台谏官和司法官员的。党争是我们观察问题的一个重要视角,但不应是唯一的。当时的人事关系十分复杂,苏轼诗案确实有党争的背景,但不能把涉及案子的所有人都往党争关系上挂靠。

论者以苏轼案为例,认为"宋代法律实践的发展越来越依赖皇帝的诏敕,而这是以损害《宋刑统》中的规定的律条为代价的"③。他们没有注意的是,中国传统社会一切法律的重心实际上都是当代法,宋代虽有《宋刑统》,但那是一部修订于宋初,以唐律为主要内容的法典,随着宋代社会的发展,

---

① 《长编》卷三〇三,元丰三年四月丁酉,第7376—7377页。
② 李裕民:《乌台诗案新探》,氏著《宋史考论》,北京:科学出版社,2009年,第25页。
③ 参见蔡涵墨撰,卞东波译《乌台诗案的审讯:宋代法律施行之个案》所引宫崎市定、马伯良、彼得·塞得尔的观点,载《中国古典文学研究的新视镜——晚近北美汉学论文选译》,第210页。

已远远跟不上社会的需要。宋代历朝皇帝根据当代社会治理的实际状况，因时制宜发布诏敕，据诏敕制定成新的法律，亦为题中之义。苏轼一案的量刑判决，彰显了传统帝制时代法治所能达到的一个高度。

（原载《福建师范大学学报》2019 年第 3 期）

岳飞狱案考实

南宋民族英雄岳飞之死，史学界多有论述，由于岳飞被害后，宋高宗有旨不许上诉，官司亦不得受理；又由于秦桧父子肆意篡改历史，使得传世的有关岳飞狱案的资料不多，且真伪混淆，给研究者造成许多困难。本文试图从宋代的司法制度入手，就岳飞狱案作一些探讨，不当之处请指正。

一

关于岳飞狱案的断案，今天我们所能看到的，唯有李心传记载于《建炎以来朝野杂记》和《建炎以来系年要录》（以下简称《要录》）中的那件行遣《省札》，叙述得较为详细。李心传云：

> 岳武穆飞之死，王仲言《挥麈录》载王俊告变状甚详，且云："尝得其全案观之。"仲贯甫为尚书郎，问诸棘寺，则云："张俊、韩世忠二家争配飨时，俊家以厚赂，取其原案藏之，今不存矣。"余尝得当时行遣《省札》……今录于后：

> 绍兴十一年十二月二十九日，刑部、大理寺状：准尚书省札子：张俊奏：张宪供通，为收岳飞文字后谋反，行府已有供到文状。奉圣旨，就大理寺置司根勘，闻奏。今勘到……今奉圣旨根勘，合取旨裁断。有旨：岳飞特赐死。张宪、岳云并依军法施行，令杨沂中监斩，仍多差兵将防护。余依断……仍出榜晓谕：应缘上件公事之人，一切不问，亦不许人陈告，官司不得受理。①

岳飞狱案的断案全案根据当时的制度，在岳飞遇害后，是收入大理寺架阁库

---

① （宋）李心传撰，徐规点校：《建炎以来朝野杂记》乙集卷十二《岳少保诬证断案》，北京：中华书局，2000 年，第 700—705 页。

存档的，①后流入张俊家人之手而亡佚。李心传抄录的这件行遣《省札》是份珍贵的历史资料。案文主要由三部分组成：大理寺审讯所得的岳飞"罪行"和检法断刑的条款；刑部看详意见；宋高宗的批示。案文虽然很长，但仔细分析便不难发现，这件《省札》并不是大理寺、刑部进呈取旨，高宗就状批示的断案原件。首先，宋规定：凡一案审理完毕进状，审讯官和议刑官必须联名签书。②《宋会要辑稿·职官》一五之一二载元丰六年（1083）定大理寺制度云：

> 分评事、司直与正为断司，丞与长贰为议司。凡断公案，先上正看详当否，论难改正，签印注日，然后过议司覆议。如有批难，具记改正，长贰更加审定，然后判成录奏。③

又南宋《吏部条法·尚书考功令》载：

> 诸大理寺左断刑官，任内因出入刑名，书罚三次以上者，至磨勘日取旨（原注：通签连累者非）。④

所谓"通签连累者"，是指依法于狱案签署意见的非主审官。这两份史料说的都是大理寺狱案的断、议程序，都涉及了狱案审理官的签署手续。据此推断，刑部官看详后，也一定有签署制度。而李心传抄录的关于岳飞案件的《省札》，却没有大理寺和刑部法官的签名。其次，南宋王明清是看过断案原文的，他看过后曾说："岳侯之坐死，乃以尝自言与太祖俱以三十岁为节度使，以为指斥乘舆，情理切害。"⑤这些断案原文，《省札》内也没有。可知《省

---

① （宋）李焘撰，上师大古籍所、华师大古籍所点校：《续资治通鉴长编》（以下简称《长编》）卷三七四，元祐元年四月辛卯条载："诏大理寺左断刑架阁库专委主簿管勾，其余台、寺、监有架阁处依此。"北京：中华书局，2004 年，第 9069 页。又《庆元条法事类》卷一七《架阁·断狱令》规定："诸置司鞫狱毕，封印文案，送本州架阁。"杨一凡等主编《中国珍稀法律典籍续编》第 1 册，哈尔滨：黑龙江人民出版社，2002 年，第 360 页。

② 《长编》卷二一四，熙宁三年八月辛酉条，载明州错判的裴士尧贪污案件，上级复查查出，"于是尝签书上尧狱事者，虽去官，皆罚铜二十斤"。第 5199 页。

③ 《宋会要辑稿·职官》二四之九，第 3660 页。

④ 佚名：《吏部条法·磨勘门·尚书考功令》，杨一凡等主编《中国珍稀法律典籍续编》第 2 册，哈尔滨：黑龙江人民出版社，2002 年，第 349 页。

⑤ （宋）王明清撰，燕永成点校：《挥麈录余话》卷之二，《全宋笔记》第 6 编第 2 册，郑州：大象出版社，2013 年，第 57—58 页。

札》同断案原件是有差别的,它只是岳飞断案原件的节本,为了某种需要从原件中摘录出来的部分文字。《要录》卷一四四绍兴十二年(1142)正月戊申条载:"尚书省乞以飞狱案令刑部镂版,遍牒诸路。"①李心传抄录的这件当时行遣《省札》,很可能就是刑部镂板颁下诸路的岳飞狱案的布告全文。

从这件《省札》来看,有两点疑问不容忽视:第一,《省札》节录了高宗的圣旨,但没有节录降旨日期。按宋惯例,皇帝降旨裁决案件是要注明日期的。《要录》卷七建炎元年(1127)七月癸卯条载:"是日腰斩通直郎宋齐愈于都市。"李心传于其下注曰:"齐愈死,《小历》及诸书在此月壬子,《日历》在癸丑。案:壬子张浚已入台,无容不辩。案款降旨在癸卯,今从之。"②所言"案款降旨",即皇帝对案件的裁决批复,此乃降旨必注日期一例。《省札》既然节录了刑部、大理寺上奏状的日期,为何独不录降旨日期? 第二,岳飞被害于绍兴十一年十二月二十九日,李心传等人记载得很清楚,尤其是岳珂,决不会将其祖父的忌辰搞错。《省札》节录的大理寺、刑部进状日期亦在岳飞被害的同一天。依正常的审判程序,刑部、大理寺的奏状先进政事堂由宰相审议,再交由高宗定夺,然后降圣旨于三省、枢密院,命杨沂中率兵监斩。期间手续繁多,当颇费时日,从进奏状到杀害岳飞,这诸多手续,一天之内有办妥的可能吗? 这里试举一例作一比较。

元丰二年(1079)七月苏轼因作诗受弹劾,下御史台狱受审。御史台十一月三十日审理完毕,"结按具状申奏",至十二月二十六日才降旨作出处分,③其间间隔二十多天。综上所述,笔者认为高宗的圣旨是在十二月二十九日岳飞遇害以后下达的,《省札》为了掩饰这一事实,故意删去降旨日期不录,仅节录了刑部、大理寺进状的时间。

关于这件《省札》,学界有一种观点认为是在岳飞被害以后,秦桧一伙用倒填月日的办法炮制出来的。④不过从《省札》所录大理寺、刑部判处岳云徒

---

① (宋)李心传撰,胡坤点校:《建炎以来系年要录》(以下简称《要录》)卷一四四,绍兴十二年正月戊申,北京:中华书局,2013年,第2708页。

② 《要录》卷七,建炎元年七月癸卯,第207—209页。

③ (宋)朋九万:《东坡乌台诗案》,《丛书集成初编》本。(宋)周紫芝:《诗谳》云"十二月二十四日得旨,责检校尚书水部员外郎、黄州团练副使",《丛书集成初编》本。《长编》卷三〇一,元丰二年十二月庚申(二十六日),此以《长编》为准。第7333页。

④ 邓广铭:《岳飞传》,收入《邓广铭全集》第二卷,石家庄:河北教育出版社,2005年,第374页。

罪这点来看,大理寺等奏状应是在岳飞被害前所写的,如果是事后炮制,完全可以给岳云胡乱安上一个足以处死刑的罪名,直接判其死罪,而不必再由高宗下旨将徒刑改作死刑。《省札》中唯有圣旨部分是在岳飞遇害后炮制的,圣旨改岳云徒刑为死刑,降下执行,表面上似乎合乎逻辑,因为皇帝具有特断,即不依常法判决的权力。然而,事实上岳飞父子俱已被害,圣旨只是高宗对秦桧审核大理寺、刑部奏案后所写判语的批复。笔者以为当时的经过可能是:十二月二十九日,刑部、大理寺奏状送交宰相秦桧签署意见,秦桧接到后立即下令处决岳飞父子,然后拟写了一份判决报告,送高宗过目,再以圣旨名义颁布,以欺天下。

岳珂在《金佗稡编·张宪辩》中说岳飞遇害,"初未有旨也"。岳珂为替其祖父申冤,搜访有关资料,不遗余力,在《吁天辩诬录》中他先后引用了枢密行府审讯张宪的奏案、尚书省有关岳飞狱案的敕牒之文、万俟卨的奏状等。应当承认,对于狱案的真实情况,他是有所了解的,"初未有旨也",应是符合史实的,不能笼统地说他这句话是为高宗开脱罪责。细细品味,"初未有旨也",并不等于说后来没有圣旨,实际上他已间接地告诉我们高宗后来是有圣旨的。

或问,秦桧为何不等降旨后再杀岳飞? 这主要出于当时急于向金求和这一原因。杀害岳飞是宋作出让步、向金求和的重要条件,这在下文还要叙述。《要录》卷一四四于绍兴十二年(1142)正月戊申(十四日),即岳飞被害后的第十五天载曰:

> 御史中丞万俟卨、大理卿周三畏同班入对,以鞫岳飞狱毕故也。①

入对,就是万俟卨和周三畏两人向高宗汇报奉诏推治岳飞一案的情况。宋代司法制度,凡重大的案件以及涉及朝廷命官的要案,一般由皇帝临时派遣官员组成审讯班子,称"制勘院",进行审讯。受诏负责审讯的官员在审讯完毕后,须向皇帝汇报案件的审讯结果,"即被旨推鞫及情犯重者,(大理寺)卿同所隶官上殿奏裁"②。早在北宋太宗端拱二年(989)二月就规定:"今后应宣敕差出勘事使臣,朝辞日,具所勘公事因依,回日,具招对情罪事

---

① 《要录》卷一四四,绍兴十二年正月戊申,第 2708 页。
② 《宋会要辑稿·职官》二四之四,第 3657 页。

节进呈。"①制勘院仅负责案情的审讯,向朝廷汇报案子审讯结果后,案子便移到大理寺和刑部检法议刑,再送呈皇帝作出正式判决。以下试举两件诏狱为例。

《长编》卷二八九元丰元年(1078)四月乙巳载:

> 知谏院蔡确既被旨同御史台按潘开狱,遂收大理寺详断官窦苹、周孝恭等,枷缚暴于日中,凡五十七日,求其受赂事……确引陈安民置枷于前而问之,安民惧,即言:"尝请求文及甫,及甫云已白丞相,甚垂意。"丞相,指吴充也。确得其辞喜,遽欲与(御史中丞邓)润甫登对。②

又《长编》卷五一一元符二年(1099)六月己卯条载:

> 是日,制勘官安惇、赵挺之上殿,寻申乞重断时彦、林邵、王诏等一行公事。……于是林邵拜受香药酒,于语录内隐避不奏,约法合罚铜三十斤,放罪。③

以上两件诏狱,都表明制勘院官员汇报皆在案件审讯后,正式判决前。

据此,我们再看岳飞狱案,万俟卨和周三畏向高宗汇报,按理,汇报程序当在岳飞案作出最终判决之前,可是根据《要录》记载,却是在高宗已经颁旨执行死刑,岳飞被害半个月以后。这种一反司法常规的做法充分说明岳飞是在十分仓促的情况下被杀害的,以至于制勘官还来不及进殿向高宗汇报。

岳飞自十月十三日下大理狱受审,到十二月二十九日遇害,在此期间,宋正紧锣密鼓地同金议和。赵构、秦桧之流为了自身利益,极力向女真贵族求媚。毋庸置疑,像岳飞这样一个屡挫金兵,坚决抗战,主张收复失地,令女真贵族胆寒的民族英雄,不能不成为宋金和议的重要障碍,不唯赵构要杀之以恐吓抗战派,金亦必以杀岳飞为议和条件之一。《金佗粹编》卷八《岳飞行实编年》云:"先臣死,洪皓时在虏中,驰蜡书还奏,以为虏所大畏服,不敢以

① 《宋会要辑稿·刑法》三之四九,第8419页。
② 《长编》卷二八九,元丰元年四月乙巳,第7059页。
③ 《长编》卷五一一,元符二年六月己卯,第12159—12160页。

名呼者唯先臣,号之为岳爷爷。诸酋闻其死,皆酌酒相贺曰:'和议自此坚矣。'"①又《宋史》卷三八〇《何铸传》载:何铸充金国报谢使,"盖(秦)桧之阴谋,以铸尝争岳飞之狱,而飞竟死,使金知之而其议速谐也"②。可见高宗和秦桧一伙早已就杀害岳飞一事与金达成协议,只是慑于舆论而没有公开罢了。

　　虽然秦桧等极尽诬陷之能事,罗织罪状,但直至十一月宋金和约即将正式缔结之时,岳飞狱仍未能结案,无法做出判决。这主要是因岳飞在严刑拷打下,始终未肯自诬。其次,主审官何铸良心未泯,不愿苟随秦桧之流陷害岳飞,从而拖延了结案时间。高宗和秦桧无奈之下,改命万俟卨代替何铸主审岳飞案。据《要录》记载,此事发生在十一月乙卯(二十一日),至此,岳飞一案已审理三十八天,占了整个岳飞案审理时间的一半。万俟卨接任后,秉承赵构、秦桧的旨意,加快了陷害岳飞的步伐,指使爪牙,物色对象,制造伪证,企图以众证定罪法结案。这些罪恶活动又花了三十八天,到了十二月二十九日,岳飞一案才匆匆结案,再过一天,便是新年初一,而宋金和约已于一个月前正式议成,再不杀岳飞,拖至第二年无法向金交代。在高宗、秦桧看来,和约虽早已缔结,但毕竟是书面的东西,并不牢固,还须有实际行动才行,不杀岳飞,不履行诺言,无以为信,生怕女真贵族翻脸撕毁条约。于是手握高宗所赐专杀岳飞的"尚方宝剑"的秦桧,接到大理寺、刑部的奏案后,便迫不及待地杀害了岳飞,好让金早日得知,以坚其和议之心。果然,金兵将帅获悉此消息后,酌酒相贺,弹冠相庆。

　　基于以上原因,万俟卨和周三畏事先没有时间进殿入对,只能在杀害岳飞父子后,在过了一个安稳的新年以后,从容地向高宗补报了岳飞案的审讯情况。对这种违反常规的做法,高宗不会不清楚,只是"非常时期",不得不采取特殊的处理方式。

二

　　以上笔者提到了秦桧先斩后奏的看法,这牵涉到秦桧究竟有无这种权

---

① (宋)岳珂编,王曾瑜校注:《鄂国金佗稡编续编校注》卷第八《经进鄂王行实编年》,北京:中华书局,2018年,第790页。

② 《宋史》卷三八〇《何铸传》,第11709页。

力的问题,这也是学术界争论的一个焦点,在此有必要加以探讨。

宋代重大案件和疑难案,必须报中央司法机构量刑定罪,谓之奏案。奏案的裁决程序是:

> 凡狱具上奏者,先由审刑院印讫,以付大理寺、刑部断覆以闻,乃下审刑院详议,中覆裁决讫,以付中书,当者即下之,其未允者,宰相复以闻,始命论决。盖重谨之至也。①

《宋会要辑稿·职官》"审刑院"载:

> 掌详谳大理寺系囚案牍而奏之。以朝官一人或二人知院事。有详议官六人,以朝官充,书令史十二人。先是天下案牍先定于大理,覆之于刑部,大宗虑法吏舞文,因置审刑院于中书门之西。凡具狱案牍,先经大理断谳,既定,关报审刑,知院与详议官定成文草奏[裁?]讫,下丞相府;丞相又以闻,始命论决。②

奏案由大理寺、刑部断覆,审刑院详议,呈报皇帝定夺,宰相覆核后,颁下执行。所谓"丞相又以闻"显然是针对皇帝裁决"其未允者",换言之,宋代宰相对皇帝裁决后的案子,可以提出修改意见。庄绰《鸡肋篇》卷中记载说:

> 凡天下狱案谳,其状前贴方寸之纸,当笔宰相视之,书字其上。房吏节录案词大略,粘所判笔,以尚书省印印之。其案具所得旨付刑部施行。虽系人命百数,亦以一二字为决。得"上"字者,则皆贷;"下"字者并依法;"中"字则奏请有所轻重;"聚"则随左右相所兼省官商议;"三聚"则会三省同议。不过此数字而已,此岂所以为化笔欤!③

这里,庄绰把宰相的覆核权叙述得很明确。王铚《默记》卷上载:"李之仪端

---

① 《长编》卷三二,淳化二年八月己卯,第718页。

② 《宋会要辑稿·职官》一五之二八至二九,第3423页。按,所云"奏讫",当指奏报皇帝裁决,疑脱一"裁"字。

③ (宋)庄绰撰,夏广兴点校:《鸡肋编》卷中,《全宋笔记》第4编第7册,郑州:大象出版社,2008年,第53页。

叔言:'元祐中,为六曹编敕删定官,见断案:李士宁本死罪,荆公就案上亲笔改作徒罪;王巩本配流,改作勒停;刘瑾、滕甫凡坐此事者,皆从轻比焉。'"①考《长编》卷二六三熙宁八年(1075)闰四月壬子条所载,李士宁等人为熙宁八年李逢谋反奏案的案犯。《宋宰辅编年录》卷八"二月癸酉王安石再入相"条曰:

> 时吕惠卿正起李逢狱,事连李士宁,狱甚急。士宁与安石厚,意欲并中安石也。会上召,安石急自金陵溯流,七日至阙,遂拜昭文相。安石表辞,诏不许再辞,不允断来章,即受。安石既相,士宁之狱遽解,而惠卿罢。②

李逢案属诏狱大案,根据制度规定,审刑院覆议后报神宗裁决,神宗裁定后,下宰相府依程序执行。显然,当时的宰相王安石在覆核此案的程序中就李士宁等人的处罚提出了不同的意见。时神宗正启用王安石实行变法,遂采纳了王安石减刑的意见。

值得强调的是,在重大案件包括疑难案的量刑判决过程中,宰相虽有覆核权,但这一覆核是依附于皇帝裁决权的。《续资治通鉴长编》载:

> (景德四年秋七月)诏自今官吏犯赃及情理惨酷有害于民、刑名疑误者,审刑院依旧升殿奏裁,自余拟定用刑,封进付中书门下施行(原注:《会要》云,诏审刑院,凡有法寺奏断公案,皆具详议奏覆,今后宜令本院,除官吏赃私逾滥、为事惨酷及有刑名疑误者,依旧奏覆,其余刑名已得允当,即具封进,仍以黄贴子拟云:"刑名委得允当,乞付中书门下施行")。③

根据此条史料记载,可知宋代审刑院覆议后的案件,接下来的处理有两种流程可走:其一,凡是官吏犯赃情节严重和刑名有疑难的案件,必须申报皇帝裁决;其二,只有刑名清楚、量刑允当的案件,付中书门下(丞相府)颁下执行,不再经皇帝定夺。下面我们看一条史料。《长编》卷三九一哲宗元祐元

---

① (宋)王铚撰,汤勤福等点校:《默记》,《全宋笔记》第4编第3册,郑州:大象出版社,2008年,第134页。

② (宋)徐自明撰,王瑞来校补:《宋宰辅编年录》,北京:中华书局,1986年,第444—445页。

③ 《长编》卷六六,景德四年秋七月戊辰,第1469—1470页。

年十一月丙子条载：

> 门下侍郎韩维言："天下奏案,必断于大理,详议于刑部,然后上之中书、决于人主。"

此时审刑院已撤销,原审刑院覆议职责改由刑部承当,但申报裁决和执行程序并没有改变。此条史料很容易误导人,似乎是说刑部覆议后的案子须先经中书(宰相)覆核,再报皇帝裁定,事实上不然。参照前述景德四年秋七月真宗的诏令,可知韩维所言,实际上是把审刑院(刑部)覆议后案件后续处理的"上之中书"或者"决于人主"这两种不同程序合起来一并作了叙述。"上之中书、决于人主"是并列的而非前后递进的程序,这一点必须明了,不能混淆。

皇帝是统治阶级最高权力代表,君权高于一切,因此宋代宰相对皇帝裁决后的覆核意见,最后都要借皇帝圣旨的名义来行使。《长编》卷四六五元祐六年(1091)闰八月壬午条载："初,刑部有劫杀人狱,侍郎彭汝砺引例,乞加贷配。执政不以汝砺所言为是,降特旨皆杀之。"①李焘注曰："曾肇志汝砺墓云:自礼部徙刑部,会有具狱,执政以为可杀,汝砺以为当贷,而执政以特旨杀之。"②这一例子表明,所谓奏案降旨裁决,其中不乏为宰相的处置意见。

在特殊情况下,宰相还可以先行事后奏报皇帝。王明清《挥麈后录》卷一云：

> 明清尝得英宗批可进状一纸于梁才甫家,治平元年,宰执书臣而不姓,且花押而不书名。以岁月考之,则韩魏公、曾鲁公、欧阳文忠公、赵康靖作相、参时也,但不晓不名之义。后阅沈存中《笔谈》云:"本朝要事对禀,常事拟进入,画可然后施行,谓之'熟状';事速不及待报,则先行下,具制草奏知,谓之'进草'。熟状白纸书,宰相押字。"始悟其理。不知今又如何耳。③

南宋时宰相是否有先行后奏的制度,王明清说他不知道。众所周知,南

---

① 《长编》卷四六五,元祐六年闰八月壬午,第 11118 页。
② 《长编》卷四六五,元祐六年闰八月癸未,第 11121 页。
③ (宋)王明清撰,燕永成点校:《挥麈后录》卷之一,《全宋笔记》第 6 编第 1 册,郑州:大象出版社,2013 年,第 90 页。

宋时宰相权并未减弱。像秦桧这样的权相，其于急事先行后奏的权力不会没有。岳飞一案属诏狱，按制度程序，先由高宗裁决，然后经宰相覆核，如有不当，宰相可提出建议，复报高宗定夺，再颁旨下尚书省执行。当时的高宗正放手让秦桧罗列罪名，陷害岳飞，对于秦桧的所作所为自然不加干涉。由于当时宋急于向金求和，迫于形势，秦桧实际上行使了宰相先行后奏的权力，先杀害了岳飞父子，然后奏报高宗。无名氏《朝野遗记》记载说秦桧以片纸下狱致岳飞于死。①从史料的真实性来看，是要打折扣的，然从司法制度来看，这一记载却是合理的。作为宰相的秦桧虽不具有最后的裁决权，但却是可以利用诏狱的覆核权和颁旨执行权，先行下令处死岳飞，再倒过来奏报高宗，以高宗的圣旨颁下。关键在于这种做法事先已获得了高宗的默许授权。这在宋代是有实例的。据《宋史》载：

> （陈）彭年与王曾、张知白参预政事，同谓（王）旦曰："每奏事，其间有不经上览者，公批旨奉行，恐人言以为不可。"旦逊谢而已。一日奏对，旦退，曾等稍留，帝惊曰："有何事不与旦来？"皆以前事对。帝曰："旦在朕左右多年，朕察之无毫发私。自东封后，朕谕以小事一面奉行，卿等谨奉之。"②

《宋史》提到宰相王旦对有司奏事，不经真宗审阅，径行"批旨奉行"。换言之，就是代真宗批旨。结果招致陈彭年等大臣质疑。但真宗回答说，是我授权王旦做的。可知宰相与君主之间，只要达成默契，宰相可以代行君主独有的权利。

　　这里必须指出，要杀岳飞这样的高级将领，事先没有高宗的旨意，秦桧权再大，也是不敢贸然行事的。换言之，高宗、秦桧一伙事先已经过密谋，欲杀岳飞，然后由秦桧具体操办。《宋史·何铸传》云：初命何铸鞠治岳飞，"铸察其冤，白之桧，桧不悦曰：'此上意也。'"③一语道破天机，这是赵构早有预

---

① 无名氏撰，钟翀点校：《朝野遗记》载："秦桧妻王氏素阴险，出其夫上。方岳飞狱具，一日，桧独居书室，食柑，玩皮以爪划之，若有思者。王窥见，笑曰：'老汉何一无决耶？捉虎易，放虎难也。'桧掣然当其心，即片纸付入狱。是日，岳王薨于棘寺。"《全宋笔记》第 7 编第 2 册，郑州：大象出版社，2016 年，第 282 页。
② 《宋史》卷二八二《王旦传》，第 9548 页。
③ 《宋史》卷三八〇《何铸传》，第 11708 页。

谋,要杀岳飞的有力证据。

本文叙述的秦桧先斩后奏的看法,是指岳飞被害的具体经过而言,丝毫没有秦桧矫诏杀岳飞的意思。所谓"秦桧矫诏杀岳飞"的说法是不确切的,它掩盖了赵构在杀害岳飞一案中所扮演的幕后指挥者的角色。当然,仅有高宗的杀心,而无秦桧等人的精心操办,具体执行,制造伪证,罗织罪状,高宗要违背祖宗不杀大臣的誓言置岳飞于死,也是不容易办到的。

由于传统社会特定的规矩,宋代一些史家,包括岳珂在内,在记述岳飞狱案史事时,不得不为尊者讳,有意避开最高统治者赵构不言;由于宋代宰相在司法审判活动中操有生死大权;又由于秦桧本人在岳飞狱案中的罪恶行径,因而在史家笔下,秦桧与岳飞一案自然紧紧联在了一起,成了杀害岳飞的罪魁祸首。这其实不是历史的全部真相,我们必须撩开宋代史家人为织成的罩在岳飞狱案上的迷纱,还历史以本来面目,既不忽视秦桧所起的作用,更不能放过幕后的实际指挥者赵构。

《要录》卷一四四绍兴十二年正月戊申条于万俟卨、周三畏同班入对后记载云:

> 中书言:"专差到三省、枢密院吏人六名,行遣制勘文字,参照案牍,委得平允,颇见究心。"诏各转一官资。①

李心传在此段史事下注云:"中书吏行遣制勘文字,前此未有,故出之。""制勘文字",即诏狱公文。考当时诏狱,除岳飞外,别无他人,显然这里所说制勘文字,即岳飞狱案的公文。宋法,"神宗以来,凡一时承诏置推者,谓之'制勘院',事出中书,则曰'推勘院',狱已乃罢"②。制勘院由皇帝临时命官组成,独立办案,在审理案件过程中,中书机构的官吏是不能参与的。秦桧一伙陷害岳飞,生怕泄露阴谋,狱案不成,故置常规于不顾,派遣亲信爪牙参与审讯活动,高宗不仅没有斥责这种违法行为,相反还奖励了这些爪牙。这是高宗蓄意要杀岳飞的又一铁证。李心传似乎看出了这中间的问题,但因牵涉到高宗,不便明言,只在附注中隐晦地提示了一下。

《挥麈后录》卷二载:"高宗尝语吕颐浩云:'朕在宫中,每天下奏案至,莫

---

① 《要录》卷一四四,绍兴十二年正月戊申,第2709页。
② 《宋史》卷二〇〇《刑法二》,第4997页。

不熟阅再三,求其生路,有至夜分。卿可以此意戒刑寺官,凡于治狱,切当留心,勿草草。'"①高宗的这番话,听起来颇有仁厚之义,然而在对待岳飞父子问题上却凶相毕露,大理寺、刑部给岳云判的是徒刑,奏裁,高宗降旨则改为死刑。如果说是秦桧矫诏杀岳飞父子,那么颇有"仁"心的高宗看了奏案后,不会不追究秦桧的责任。事情很清楚,杀害岳飞父子的指令,追根溯源,实际上是高宗下的。

岳飞在酷吏的严刑拷打下,始终没有屈服,他的所谓"案子",是以"众证定罪法"结案的。②宋法,犯人罪证俱在而不肯招服,可以众证定罪法结案。宋初制定的《宋刑统》卷二九《断狱律》曰:"不合拷讯者,取众证为定。""称众者,三人以上,明证其事,始合定罪"。③不合拷讯者,在宋代指怀孕妇女、有残疾的犯人以及宗室人员。这条法令,宋后来逐渐改用于任何犯了罪而不肯招供的人。对于诏狱案件,如以众证定罪法结案,必须奏请皇帝批准方可。《长编》卷三四八元丰七年(1084)九月庚申载:"命殿中侍御史蹇序辰、右司员外郎路昌衡往熙州劾李宪。初,御史台鞫皇甫旦狱,召宪赴阙,至秦州,会有边警,诏止之。台请宪三问不承即追摄,诏用众证结案。"④史载,哲宗时,大理正张近受诏鞫治权江淮等路发运使吕温卿,"温卿谩不肯置对,近言:'温卿所坐明白,傥听其蔓词,惧为株连者累。'诏以众证定其罪"⑤。又元符二年(1099)御史台制勘所审讯违法官员蹇序辰,蹇序辰不肯招服,制勘所上奏:"乞依吕温卿近例,止以众证结案,更不取勘录问。"哲宗诏依所奏。⑥上引三件案例,皆经皇帝批准,以众证结案定罪。岳飞一案,也是以所谓众证定罪的。在岳飞案中作伪证的,据现存资料可以考知姓名的,有姚政、庞荣、傅选、王俊。这些人因作伪证有功,"并沐累迁之宠"⑦。岳飞狱案,以众证定罪,依惯例,制勘官当上奏高宗批准,原案今天我们虽无从看到,但岳飞案以

① 《挥麈后录》卷之二,第 91 页。
② 《要录》卷一四三,绍兴十一年十二月癸巳,第 2694 页。
③ (宋)窦仪等详定,岳纯之校证:《宋刑统校证》卷二九《断狱律》,北京大学出版社,2015 年,第 395—396 页。
④ 《长编》卷三四八,元丰七年九月庚申,第 8360 页。
⑤ 《宋史》卷三五三《张近传》,第 11145 页。
⑥ 《长编》卷五一一,元符二年六月癸巳,第 12166 页。
⑦ 《要录》卷一四三,绍兴十一年十二月癸巳条附注引吕中《大事记》,第 2701 页。

众证定罪,最后经高宗批准处死,这一点是可以肯定的。

岳飞一案,是奉圣旨根勘的,什么是圣旨?《要录》卷六十绍兴二年(1132)十一月庚午载:"诏自今御笔并作圣旨行下。时右谏议大夫徐俯言:'祖宗朝应批降御笔,并作圣旨行下。自宣和以来,所以分御笔、圣旨者,以违慢住滞,科罪轻重不同也。今明诏许缴驳论列,当依祖宗法,作圣旨行下。方其批付三省,合称御笔,三省奉而行之,则合称圣旨,然后名正言顺……'上从之。"①奉圣旨根勘,就是按照高宗的指令,对岳飞进行审讯。

宋代对于案件的审理,通常十分慎重,唯恐天下冤案不能昭雪,规定一般案件允许上诉。宋建国初,中央设有鼓司、登闻院,专门受理上诉案件,后改鼓司为登闻鼓院,登闻院为登闻检院。另外又置理检使,"其称冤滥枉屈而检院、鼓院不为进者,并许诣理检使审问以闻"②。但属圣旨所断案件则不允许上诉。《宋史》卷二二《徽宗纪》载:宣和六年(1124)七月丁酉诏:"应系御笔断罪,不许诣尚书省陈诉改正。"③此后遂成定制。岳飞一案,有旨:"应缘上件公事之人,一切不问,亦不许人陈告,官司不得受理。"④正是承袭了徽宗时的定制。

综上所述,岳飞一案,从岳飞下大理寺狱受审到被害,所有活动自始至终都是在高宗的旨意下进行的。

(原题《关于岳飞狱案问题的几点看法》,载《岳飞研究》第 2 集[《中原文物特刊》总 9 期],河南省博物馆《中原文物》编辑部,1989 年)

---

① 《要录》卷六〇,绍兴二年十一月庚午,第 1198—1199 页。
② 《长编》卷一〇七,天圣七年闰二月癸丑,第 2501 页。
③ 《宋史》卷二二《徽宗纪》,第 414 页。
④ 《建炎以来朝野杂记》乙集卷十二《岳少保诬证断案》,第 705 页。

范仲淹之子范纯粹生母张氏身份及范纯粹排行考

范仲淹之子范纯粹生母张氏的身份，以前鲜为人注意，新发现的《宋故冯翊郡太君张氏墓志铭》以及李伟国等人为之所作的考释，为我们初步揭开了范仲淹府中的张氏之谜。①然而张氏在范府究竟是什么身份，学界说法不一，有的说是范仲淹继室，有的说是侍婢。又，关于范仲淹究竟有几个儿子，张氏所生范纯粹是范仲淹的第四子还是第五子，史书亦有不同记载。为此，本文就张氏身份和范纯粹在家中的排行等问题作一些考辨。

一、范纯粹生母张氏身份考辨

李清臣撰《宋故冯翊郡太君张氏墓志铭》云：

> 夫人张氏，生钱塘。曾祖讳几，祖讳望之，考讳允。夫人髫髻，相者言当显父母，乃相谓："以嫁庸儿，终湛里巷，尔岂若从贤者处乎？"遂以归文正公。而嫡夫人蚤世，夫人用文正公指意，伙家事，敬老字孤，隆姻穆族，凡二十年。

这段文字向我们透露了以下信息：一是张氏出身于极为普通的人户，父祖辈中竟无人为官宦，哪怕是极小的官吏或是读书的士人，所谓"以嫁庸儿终湛里巷，尔岂若从贤者处乎"，表明张氏门户本就不高，原本就不奢望嫁高门才郎；二是张氏还在幼学之年，就进了范府。张氏卒于元祐七年（1092），享年七十一，则生于乾兴元年（1022）。进范府二十年，范仲淹卒，范仲淹卒于皇

---

① 范章：《范仲淹夫人张氏墓志考》，范敬中主编《中国范仲淹研究文集》，北京：群言出版社，2009年，第27—31页；李伟国：《〈宋故冯翊郡太君张氏墓志铭〉考》，张希清等主编《范仲淹研究文集》（五），北京大学出版社，2009年，第281页。

祐四年(1052),上溯二十年,张氏仅有十一岁。时范仲淹发妻李氏尚在世,已生三子,纯佑九岁,纯仁六岁,纯礼二岁。张氏进范府的角色不可能是作为李氏陪嫁的媵,因年龄太小,也不可能是妾。《张氏墓志铭》言最初进范府乃"从贤者处",隐约中已告诉我们并非是婚姻关系,当是贫困之家的女孩以婢女身份入范府帮助照料孩童和家务。对于张氏的身份,李清臣所撰《张氏墓志铭》闪烁其词,可谓用心良苦。

　　1. 从丧服制度看张氏的身份

　　宋时,有所谓嫡母、继母、慈母、养母名分。《宋刑统》卷六《名例律》:

> 其嫡、继、慈母若养者,与亲同。议曰:嫡,谓嫡母。《左传》注云:元妃,始嫡夫人。庶子于之称嫡。继母者,谓嫡母或亡或出,父再娶者为继母。慈母者,依《礼》,妾之无子者,妾子之无母者,父命为母子,是名慈母。非父命者,依礼服小功,不同亲母。若养者,谓无儿,养同宗之子者。慈母以上但论母,若养者即并通父,故加若字以别之,并与亲同。①

天圣七年(1029)制定的《天圣令》卷二九《丧葬令》所附《丧服年月》载:

> 齐衰三年:子为母(父在同)。……继母如母。

"继母如母",亦即前妻之子须为继母服三年丧。宋人车垓《内外服制通释》卷三曰:

> 正母死或被出,而父别娶者,谓之继母。继母者,继吾亲母之体也,故子亦为义服齐衰三年也。

张氏为范纯粹生母,据《宋故冯翊郡太君张氏墓志铭》载,卒于元祐七年(1092)九月。如张氏身份属范仲淹续妻,对于范纯仁、范纯礼来说,便是继母。继母去世,依丧服制度,"诸丧,斩衰三年、齐衰三年者,并解官"②,范纯仁、范纯礼都要服三年丧(实服二十七月),须自元祐七年至绍圣元年(1094)

---

① (宋)窦仪等详定,岳纯之校证:《宋刑统校证》卷六《名例律·杂条》,北京大学出版社,2015年,第92—93页。

② 天一阁博物馆、中国社会科学院历史研究所天圣令整理课题组校证:《天一阁藏明钞本天圣令校证:附唐令复原研究》卷二六《假宁令》,北京:中华书局,2006年,第412页。

丁忧持服。否则要受到法律惩处："诸父母死应解官,诈言余丧不解者,徒二年半。"①并将落得个"不孝"罪名。然而据可知的史料,范纯仁、范纯礼实际上并没有解官服丧。

元祐八年,范纯仁拜相,《宋宰辅编年录》载:"(元祐八年)七月丙子朔,范纯仁右仆射(自观文殿学士除通议大夫、右仆射兼中书侍郎)。"②不言范纯仁丁忧服丧之事。《宋大诏令集》卷五十八《范纯仁拜右丞相制》亦无夺情起复之语。范纯仁为相,乃是大事,倘若张氏身份为继母,范纯仁不为之服丧,无疑会遭弹劾。又,其弟范纯礼同一时期也没有丁忧的记载。史载元祐八年九月,哲宗太皇太后崩,范纯礼准敕差充太皇太后山陵按行使。③而作为张氏所生亲子的范纯粹却是服丧了的。就在张氏去世后的翌月,《续资治通鉴长编》载"陕西转运使李南公为直龙图阁、知延安府,范纯粹遭其母丧故也"④。范纯粹时知延安府,并任鄜延路经略使。⑤延安府为鄜延路首州(府)。宋制,首州知州兼任经略使,⑥故范纯粹又兼鄜延路经略使。范纯粹因丁忧去官,故朝廷委派李南公接任延安知府。又《宋会要辑稿·职官》六七之九载:"(绍圣元年)八月二日,丁忧人前左朝请郎、宝文阁待制范纯粹降一官,为直龙图阁、知延安府。以御史郭知章论其在元祐间尝献议弃安疆、葭芦、吴堡、米脂等寨故也。"⑦所谓范纯粹丁忧,盖指其为生母张氏持服也。

如为庶母服丧,只须三个月。《天圣令》卷二九《丧葬令》所附"丧服年月"载:

> 缌麻三月(筋):为庶母(父之妾有子者同)。

---

① 《宋刑统校证》卷二五《诈伪律·父母死不解官及诈言父母及夫死》,第 342 页。

② (宋)徐自明撰,王瑞来校补:《宋宰辅编年录校补》卷一〇,北京:中华书局,1986 年,第 607 页。

③ (清)徐松辑,刘琳等点校:《宋会要辑稿·礼》三三之一〇,上海古籍出版社,2014 年,第 1481 页。

④ (宋)李焘:《续资治通鉴长编》(以下简称《长编》)卷四七八,元祐七年十月乙丑,北京:中华书局,2004 年,第 11387 页。

⑤ 《长编》卷四五九,元祐六年六月丙申,第 10982 页;卷四七六,元祐七年八月癸酉,第 11348 页。

⑥ 参见李昌宪《中国行政区划通史·宋西夏卷》,上海:复旦大学出版社,2007 年,第 27—29 页。

⑦ 《宋会要辑稿·职官》六七之九至一〇,第 8452 页。按,杨仲良:《皇宋通鉴长编纪事本末》卷一〇《逐元祐党上》记载同,唯"左朝请郎"前脱"前"字。哈尔滨:黑龙江人民出版社,2006 年,第 1750 页。

李如圭《仪礼集释》卷二"庶母及门内施鞶申之"条：

> 郑注：庶母，父之妾也。

据《天圣令·丧服年月》规定，父之妾生子者，身份同庶母，卒后，嫡子须服三个月的丧期。如张氏为妾，则范纯仁仅须服丧三个月。至元祐七年十一月底即毕，丧期短暂，并不妨碍其拜相。然我们并未见范纯仁服缌麻三月丧。此事反映了张氏虽为范纯粹生母，但未获得范仲淹的继妻名分。个中原因只能解释为张氏身份低下。在宋代，依礼制，不得以妾为妻，①更不能以婢为妻。这一伦理大防，范仲淹是不可能去突破的。

范仲淹发妻李氏于景祐三年（1036）卒，时张氏 16 岁。《张氏墓志铭》云："嫡夫人蚤世，夫人用文正公指意，饮家事，敬老字孤，隆姻穆族，凡二十年。"李氏卒时，子女幼小，对张氏而言，可以说"敬老字孤"，似乎成为继室了。但是李氏卒后，范仲淹续娶了聂氏为妻，这有范仲淹的书信为证。②而聂氏入范府为妻，当在张氏入范府之后，范仲淹不可能在发妻李氏卒后，以先在府中的张氏为妻，之后又并娶聂氏为妻。因此可以排除此时以张氏为妻的可能性。这也说明张氏的身份颇为低下，无法成为继室。

哲宗元祐六年（1091），因延安沿边前线守防的需要，朝廷拟委派范纯粹赴任延安知府。但有大臣提出其母年老，多有不便。刘挚曰："范母七十，风病八年，卧于床，止有一子，从来饮食起居赖以为命。"③此段话可注意者在于刘挚说范纯粹母亲年七十，只有一子，与范纯粹相依为命。我们知道当时范纯粹除大哥已故外，其另两个哥哥纯仁、纯礼均在世。刘挚为何罔顾事实，说张氏只有范纯粹这一个儿子呢？答案是，对于纯仁、纯礼而言，张氏并非他们的母亲，即张氏并未取得"继母"、"慈母"、"养母"、"庶母"中的任何一个名分。依前引《宋刑统》规定，"慈母者，依《礼》，妾之无子者，妾子之无母者，父命为母子，是名慈母。"换言之，张氏连妾的名分都没有，其实就是个婢女。张氏的这个身份在当时官僚圈子内已不是什么秘密，所以刘挚才会说其"止

---

① 《宋史》卷三四六《陈次升传》载：哲宗绍圣中"济阳郡王宗景请以妾为妻"，陈次升"论其以宗藩废礼，为圣朝累"，第 10970 页。

② 李裕民：《范仲淹家世考》，《范仲淹研究文集》（五），第 281 页。

③ 《长编》卷四五九，元祐六年六月丙申注引刘挚《日记》，第 10984 页。

有一子"，将纯仁、纯礼排除在外。

2. 从封号制度看张氏的身份

宋制，妇人因丈夫官品可得封号，"建隆三年，诏定文武群臣母、妻封号：……父亡，无嫡、继母，听封所生母"①。虽为继室亦当得封。如晏殊，原配夫人早卒，未及得封，晏殊又先后续娶了两位继室，"皆封国夫人"②。又如富弼之子富绍荣妻范柔，为朝奉大夫范川之女，其母王氏封长安县君，继母张氏封永昌县君，皆因其父范川官品得封。③范仲淹发妻李氏在世时封金华县君，④据此先例，如果张氏确为范仲淹继室，应该也有封号。然《张氏墓志铭》不言张氏因范仲淹而得封号之事。张氏后来实际上是因其子范纯粹而封郡太君。当范纯粹请求以官品换取朝廷命服以赐其母，"二圣语执政曰：'范纯粹之母，朝廷自当与，何待其请。'"⑤只字未提其为范仲淹之妻。要之，范仲淹的地位和影响远在其子范纯粹之上。再者，从封母制而言，范纯粹的二哥范纯仁为宰相，如果允许其封的话，按规定可封国太夫人，规格远超范纯粹为其母封的郡太君。但事实上没有这样做。这些都说明张氏身份低下，未能取得继室的身份，朝廷无法以范仲淹名义赐其命服。

新出土的《武义南宋徐谓礼文书》所载《陈鞏耕保状》给我们提供了非"礼婚正室"之类的娼优婢妾不得陈乞封号的实例：

> 临安府
> 据本官状："甘伏朝典，委保通直郎、知钱塘县事鞏耕，陈乞该遇嘉熙叁年玖月拾五日明堂大礼……妻赵氏，于嘉定十三年四月初三日凭媒妁进士田岐说议得赵知录次女，在婺州成婚了毕，系在赦前礼婚正室，即非娼优婢妾下贱下（之）类，今乞初封，别无诈冒违碍者。"
> 右今批上本官印纸照会。嘉熙三年九月　日⑥

---

① 《宋史》卷一七〇《职官志》，第4084页。
② （宋）李藻：《富弼周国太夫人晏氏墓志》，洛阳市第二文物工作队编《富弼家族墓地》，开封：中州古籍出版社，2009年，第53页。
③ （宋）富绍荣：《宋故宜人范氏墓志》，《富弼家族墓地》，第65页。
④ （宋）富弼：《范仲淹墓志铭》，《范文正公集·褒贤集》，《四部丛刊》初编本。
⑤ 李清臣：《宋故冯翊郡太君张氏墓志铭》，《中国范仲淹研究文集》，第29页。
⑥ 包伟民、郑嘉励编：《武义南宋徐谓礼文书》，北京：中华书局，2012年，第231—232页。

这一《保状》告诉我们,为妻子向朝廷陈乞封号是有严格制度规定的,必须保证妻子合乎礼制,非娼优婢妾之类的下人。

按照中国古代惯例,明媒正娶的妻子亡后,是与已故丈夫合葬一处的。从《宋故冯翊郡太君张氏墓志铭》出土于洛阳范仲淹墓园东侧三里处的葬地来看,张氏卒后,未能与范仲淹合葬于同一墓园,而是"异窆联域",其原因与其婢女的身份不无关系。对此,李丛昕指出:"这可能与张氏在范家的名分地位以及当时的丧葬规制有关。张氏初入范家,就其名分而言,显然只能是侍婢之类。后来张氏封县太君、郡太君,无他,皆因'母以子贵'而得。"[1]这一看法是中肯的。

富弼撰写的《范仲淹墓志铭》没有提到聂氏和张氏,范纯仁为范纯粹撰写的传,亦不言其生母张氏。未提聂氏,可能因这位聂夫人未有子嗣存世(仅有一女)而不为人重视。但不提范纯粹生母张氏,应是有难言之隐,不便细说而已,个中缘由十有八九是与其婢女身份的低下有关。

二、张氏未能入为范仲淹继室的法律限制

张氏终未能入继为范仲淹妻室,与其身份受到法律限制息息相关。在唐代,婢的地位低于妾。《唐律疏议》卷二六《杂律》:"诸奸父祖妾(谓曾经有父、祖子者)……绞。即奸父祖所幸婢,减二等。《疏》议曰:……'即奸父祖所幸婢,减二等',合徒三年。不限有子、无子,得罪并同。"[2]婢女即使有子也不能上升为妾。唐规定:"以婢为妾者,徒一年半。"[3]到了北宋,随着阶级结构的调整,原先的贱民奴婢趋于衰亡,新起的奴婢逐渐由贫困的下层良人来充当。

北宋时期存在两种身份的婢女,一种为贱民,一种为良人,后者为雇佣性质的,占了当时婢女总数的绝大部分。良人婢女的地位较之以往朝代的

---

① 李丛昕:《就新出土"宋故冯翊郡太君张氏墓志铭"致李伟国先生》,《中国范仲淹研究文集》,第33页。

② (唐)长孙无忌等撰,刘俊文点校:《唐律疏议》卷二六《杂律》,北京:中华书局,1983年,第494—495页。

③ 《唐律疏议》卷一三《户婚律》,第256页。

婢女有了提升,婢与妾之间的界限也逐渐淡化,趋于混同。①车垓《内外服制通释》卷三曰:"元有雇契,主人通幸为妾,不通幸为婢。"婢与妾之间的身份,常因与雇主的性关系而转换。宋代妾的地位与唐妾大致相等,身份都是良人。《三朝名臣言行录》载:

> 王荆公知制诰,吴夫人为买一妾,公见之曰:"何物女子?"曰:"夫人令执事左右。"曰:"汝谁氏?"曰:"妾之夫为军大将,部米运失舟,家赀尽没,犹不足,又卖妾以偿。"公愀然曰:"夫人用钱几何得汝?"曰:"九十万。"公呼其夫,令为夫妇如初,尽以钱赐之。司马温公从庞颖公辟为太原府通判,尚未有子。夫人为买一妾,公殊不顾。夫人疑有所忌也。一日,教其妾:"俟我出,汝自饰至书院中,冀公一顾也。"妾如其言,公讶曰:"夫人出,汝安得至此?"亟遣之。②

此段历史记载告诉我们,所谓妾是买来的,宋士大夫家买妾现象十分普遍。吴夫人所买妾之丈夫为军大将,则此妾身份是良人而非贱民可知。买妾花钱九十万,当是一次性支付的身子钱。九十万当时是个什么价值概念呢?我们试以同一时期的物价作一比较。王安石迁任知制诰在英宗治平四年(1067),③即治平最后一年,史载"治平之末,长安钱多物贱,米麦斗不过百钱,粟豆半之。猪羊肉三四十钱一斤。鱼稻如江乡。四方百物皆有,上田亩不过二千"④。在稍后的熙宁八年(1075),苏州米价,"斗五十钱"⑤。九十万钱当时大约可买上田450亩,米约1 800石。即使是除去区域间的田、米差价,也可反映出九十万钱不是个小数,这个价不可能是雇佣一个婢女的价格。此说明所谓妾是一次性支付钱后买来的,不是雇佣而来的。宋代雇佣者通常是逐月分期领取报酬的。而婢女(宋代又称女使)则是雇佣而得,虽然在宋代雇佣也称买。这是界定狭义之妾与奴婢的重要依据。宋代严禁买良人为贱民奴婢,吴夫人不可能违法花九十万钱买一个良人当婢女使唤,因

---

①　详见戴建国《唐宋变革时期的法律与社会》第四章,上海古籍出版社,2010年。
②　(宋)朱熹:《三朝名臣言行录》卷六之二,朱杰人等主编《朱子全书》第12册,2002年,第542页。
③　(清)蔡上翔:《王荆公年谱考略》卷十二,上海人民出版社,1959年,第184页。
④　《长编》卷五一六,元符二年闰九月甲戌条注引邵伯温《题贾炎家传后》,第12269页。
⑤　《长编》卷二六七,神宗熙宁八年八月戊午,第6557页。

此只能是买来作妾的。

雇佣而来的婢女也泛称妾,亦即广义上的妾。宋代婢女常因雇主的"幸顾"生子,从而享有与妾等同的待遇,形成婢妾身份混同合一的局面。不过婢与妾,究其原始身份而言,实际上是有差异的。与广义之妾相对应,宋还存在狭义上的妾。熙宁七年(1074),神宗曾诏:

> 五品以上官之婢有子者坐罪,依律五品以上妾听赎,犯主情重者依常法。①

细细探求这一诏书旨意,不难看出婢与妾的身份差别。换言之,无子之婢犯罪,就不能像妾那样可以赎罪。南宋宁宗时修纂的《庆元条法事类》卷八十《杂门·诸色犯奸》杂敕:

> 诸奸父、祖女使,徒三年,非所幸者,杖一百,曾经有子以妾论,罪至死者奏裁。

女使是宋代婢女的法律称呼。奸父、祖之有子的婢女,视同奸父、祖之妾。奸父、祖之妾,在《宋刑统》规定是要处绞刑。《宋刑统》卷二六《杂律》:

> 诸奸父祖妾(原注:谓曾经有父祖子者)……绞。即奸父祖所幸婢,减二等。疏议曰:即奸父祖所幸婢,减二等,合徒三年,不限有子无子,得罪并同。②

《宋刑统》的规定完全承自唐律。据此唐律规定,婢即使为主人生育有子,也与没有生过子的婢一样,不能享有妾的身份和地位。入宋后,这些条款原封不动地被收入《宋刑统》,成为北宋的法律。与此条法律一起入《宋刑统》的与妾、婢相关的法条还有:

> 诸以妻为妾、以婢为妻者,徒二年;以妾及客女为妻、以婢为妾者,徒一年半。各还正之。若婢有子及经放为良者,听为妾。
>
> 疏议曰:妻者,齐也,秦晋为匹。妾通买卖,等数相悬。婢乃贱流,本非人类。若以妻为妾,以婢为妻,便亏夫妇之正道,黩人伦之彝则,颇

---

① 《长编》卷二五〇,熙宁七年二月乙酉,第6098页。
② 《宋刑统校证》卷二六《杂律·诸色犯奸》,第358页。

　　倒冠履，紊乱礼经，犯此之人，即合二年徒罪。①

妻为明媒正娶，妾可通过买卖而得，婢则是贱口。妾的地位低于妻，高于婢，处于妻与婢之间，但妾在法律上是良人。

　　然而进入宋代以后，社会毕竟发生了变化，婢的绝大多数都是良人，已不再是贱民，地位和身份上升了。特别是为主人生育子嗣的婢女，在某些情况下享有妾的待遇。前述《庆元条法事类》的规定与神宗熙宁七年诏书规定的有子之婢依妾赎罪是相通的，都说明婢与狭义之妾，两者存在着原始身份上的区别，反映出狭义之妾与纳妾之人的婚姻关系在法律上从一开始就是合法的，而一般的婢女不具备这种身份。所谓"依律"，乃是根据社会变化比照律之妾条做出的调整。五品以上官之婢有子者坐罪依照妾法可赎罪，据此在实际生活中，有子之婢事实上已经取得了与妾同等的法律地位。周密《齐东野语》载：

　　　　陈了翁之父尚书，与潘良贵义荣之父，情好甚密。潘一日谓陈曰："吾二人官职、年齿，种种相似，独有一事不如公，甚以为恨。"陈问之，潘曰："公有三子，我乃无之。"陈曰："吾有一婢，已生子矣，当以奉借。它日生子即见还。"既而遣至，即了翁之母也。未几，生良贵。后其母遂往来两家焉。一母生二名儒，亦前所未有。②

陈了翁与潘良贵为北宋末南宋初人。陈了翁之母本为婢女，婢女可以用来借腹生子，这在当时不以为怪。但倘若是正妻，就不可能发生借腹生子这样的事情。此事例可见宋代婢女与正妻之间的差距。雇主与受雇婢女发生性关系，并不算违法之举。受雇婢女常常因此而为主人生育，形成事实上的婚姻，但没有正式的婚姻名分，隶属于封建同居关系。婢女与雇主的这种关系，完全是因了她们所生的子嗣联接而成的。她们因与儿子有着割不断的血缘关系，较之雇主显得更为亲近，可因子而显贵，因子得封号。

　　关于妾与婢的关系，下面再引一段文献资料。周密《癸辛杂识》别集卷下《银花》载，嘉定三年（1210）高炳如"亲书与其妾银花一纸"，书云：

---

① 《宋刑统校证》卷一三《户婚律·婚嫁妄冒》，第182—183页。
② （宋）周密：《齐东野语》卷十六《潘陈同母》，《全宋笔记》第7编第10册，郑州：大象出版社，2016年，第269页。

　　……余丧偶二十七年，儿女自幼至长大，恐疏远他，照管不到，更不
再娶，亦不蓄妾婢，至此始有银花，至今只有一人耳。余既老，不喜声
色，家务尽付之子，身旁一文不蓄，虽三五文亦就宅库支。全不饮酒，待
客致馈之类，一切不管。银花专心供应汤药，收拾缄护，检视早晚点心，
二膳亦多自烹饪，妙于调脏。缝补、浆洗，烘焙替换衣服，时其寒暖之
节，夜亦如之。……供事三年。……时银花年限已满，其母在前，告某
云："我且一意奉侍内翰，亦不愿加身钱。"旧约逐月与米一斛，亦不愿时
时来请。……时其母来，余遂约以每年与钱百千以代加年之直，亦不肯
逐年请也。……余谓服事七十七岁老人，凡十一年。……

此段文字实即高炳如的遗嘱，对于我们了解当时宋代所谓婢妾与主人的关
系颇具价值。银花名为妾，但实际就是婢女。最初雇期为三年，后延长雇期
至十一年，雇价先是每月一支付，后改为每年一支付。宋代还有不少例子表
明受雇的奴婢，在雇佣期满后如果愿意，可以续约，继续被雇佣。有的受雇
时间甚至可以长达数十年。①这些事例也可以解释张氏何以能长期待在范仲
淹府上。

　　在宋代，娶妻须礼聘，并参拜家庙，行告祖宗之礼。而妾为买，婢是雇，
无须拜家庙、告祖宗。苏轼曰："生以居于室，死以葬于野，此足以为夫妇矣。
圣人惧其相狎而至于相离也，于是先之以币帛，重之以媒妁，不告于庙，而终
身以为妾。"②不过宋代娶妾也是要立婚契，行婚礼。对此已有学者论述。柳
立言指出娶妾之婚礼与娶妻之婚礼是有区别的，娶妾之婚礼为"非礼婚"③。
这里笔者再作一些补充。车垓《内外服制通释》卷三："户令：妻犯七出，内恶
疾而夫不忍离弃者，明听娶妾，昏如妻礼。故今俗呼为小妻也。"法令规定，
因特殊的原因，在保留原有正妻情况下，允许另外娶妾，婚礼可用娶妻之礼。
值得注意的是，此规定的关键在"昏如妻礼"。这是一个变通的方式，原有正

---

①　(宋)洪迈：《夷坚志补》卷三《雪香失钗》载一婢女雪香在主人家"服事三十年"，后出嫁于外
　　人。同书卷五《王运使仆》载一个奴仆为主人干了二三十年活的故事。北京：中华书局，1981
　　年，第 1568、1591 页。

②　(宋)苏轼著，傅成、穆俦标点：《苏轼全集·文集》卷二《物不可以苟合论》，上海古籍出版社，
　　2000 年，第 671 页。

③　柳立言：《宋代的宗教、身份与司法》，北京：中华书局，2012 年，第 153 页。

妻还在,自不能再娶第二个正妻,故只能娶妾,但婚礼允许用妻礼的形式来弥补。这是一种特殊情况,用法令规定下来,以示与正常情况下的礼制区别,否则就没有必要作此规定。这就形成了低于正妻却高于一般妾的现状,故这种身份的妾被称作小妻。这一"昏如妻礼"的变通方法也反过来映证了当时的婚礼有妾礼和妻礼之别:正妻婚用妻礼,是为正式礼娶,其他当为非礼婚。

　　婢、妾与正妻存在名分上的鸿沟,这一鸿沟由于传统伦理道德的限制,士大夫多不敢跨越。即使婢、妾为主人育有子嗣,仍不能享有正妻的地位,不能直接继承丈夫财产。这一制度在南宋依然如故。南宋孝宗隆兴时,训武郎杨大烈,"有田十顷,死而妻女存。俄有讼其妻非正室者,官没其赀,且追十年所入租。部使者以诿(程)迥,迥曰:'大烈死,赀产当归其女,女死,当归所生母可也'"①。所谓"非正室",即非正式礼娶之妻,是为侧室之妾。这条史料所言妾的财产继承权并不是因了丈夫获得的,而是因女而得,血缘关系起了作用。又如南宋《名公书判清明集》记载的吴革(号恕斋)一件判词,云蔡氏有四个儿子,其中大儿子蔡汝加生一子名蔡梓,蔡梓生母范氏乃其父之婢女,"尤非诸蔡所心服者"②。蔡梓死后,范氏不能享有为蔡梓立嗣继绝权,而是由家族尊长出面为蔡梓立继,这与南宋通常规定的母在应由母立继的制度相异。《清明集》还有一件判例曰:

　　　　李介翁死而无子,仅有一女,曰良子,乃其婢郑三娘之所生也。官司昨与之立嗣,又与之检校,指拨良子应分之物产,令阿郑抚养之,以待其嫁。其钱、会、银器等则官为寄留之,所以为抚孤幼计者悉矣。③

郑三娘虽为良子生母,但其身为婢女,法律上不是李介翁的合法之妻,不能继承李氏家业,亦不能为李介翁立继,属绝户,故由官府实施财产检校。上述例子都表明生子之婢仍不能享有正妻之权益。

　　现在回到对张氏身份的探讨上来。张氏于明道元年(1032)十一岁进范

---

① 《宋史》卷四三七《儒林·程迥传》,第 12949 页。
② 《名公书判清明集》卷七《探阄立嗣》,第 205 页。
③ 《清明集》卷七《官为区处》,第 230 页。

府,时范仲淹发妻还健在,并已生有三子。从张氏年龄以及范仲淹已有子嗣来看,张氏不可能是作为为范仲淹生育子嗣的妾进范府的。张氏只能是雇佣来照料家务和小孩的婢女,雇佣期满,可延长雇期。此后范仲淹的发妻和续妻相继亡故,而张氏在范府辛勤劳作,长期的共同生活使得范、张两人有了感情而生范纯粹。

范仲淹在平江府兴置义庄,用义庄收入周济宗族成员,"逐房计口给米"。其制定的《义庄规矩》有一条规定曰:

> 女使有儿女在家及十五年、年五十岁以上听给米。

其子范纯仁续修订的范氏义庄《续定规矩》载:

> 兄弟同居虽众,其奴婢月米通不得累过五人(原注:谓如七人或八人同居,止共支奴婢米五人之类)。
>
> 未娶不给奴婢米(原注:虽未娶而有女使生子在家及十五年、年五十岁以上者自依规给米)。①

《义庄规矩》规定家族成员中的部分雇佣奴婢可以给米,但有名额限制。其中涉及雇主与奴婢所生之子满十五岁及五十岁以上奴婢,皆可以给米。通过范氏《义庄规矩》我们不难发现,当时雇主与奴婢生子的现象不在少数,因此《义庄规矩》才会定出相应规定来。范纯粹生母张氏身份当属于生子之婢女。生子之后,张氏自然就长期留在了范府。

然而以张氏婢女的身份是无法即正妻之位的,范仲淹也无力为其争取到封号。张氏的封号,是"母因子贵"而得。范纯仁为范纯粹撰写的传,不言其生母为张氏,②应是有难言之隐,不便细说而已。不过像范仲淹这样的士大夫与雇佣来的婢女生子之现象在当时的社会是非常普遍的。如宋高宗生母韦贤妃(谥曰"显仁"),曾经是宰相苏颂府上的侍婢,史载,"绍圣间,苏丞相颂致仕,居丹阳,有老婢韦出家为尼,尝给事苏相,其妹即显仁也。初携登颂榻,通久遗溺不已。颂曰:'此甚贵,非此能住,宜携以入京。'既至都城,尼

---

① 《范文正公集·义庄规矩》,《四部丛刊》初编本。
② 范纯仁:《范忠宣集》补编《宋朝散大夫户部侍郎龙图阁直学士鄜延路经略安抚使赠宣奉大夫德孺公传》。

住一道观。会哲宗择室女二十人，分赐诸王，显仁在选，入端王宫。暨即位，才一御幸而生太上"①。假如当年苏颂幸顾成而生子的话，韦贤妃的身份就变得与张氏一样。可见婢女与主人两性之间其实只隔着一层纸，这层纸常常被主人捅破。

三、张氏所生范纯粹排行第五考

关于范仲淹究竟有几个儿子，史书记载不一，绝大多数皆云有四子，其中尤以富弼撰《范仲淹墓志铭》所载为代表："四子：纯佑，守将作监主簿，少有气节，以疾废于家；纯仁，进士第，光禄寺丞；纯礼，太常寺太祝，皆温厚而文。识者曰：'范氏有子矣。'三女：长适殿中丞蔡交，次适封丘主簿贾蕃，诸孙三：长正臣，守将作监主簿，一男纯粹、一女、二孙幼。"②据所言，范仲淹时有四子。富弼与范仲淹交谊甚厚，其《范仲淹墓志铭》当撰于范仲淹卒后不久，其所记自然受到人们重视。此后《范忠宣集》补编所收《德孺公范纯粹传》云纯粹为"文正公第四子也"。正史《宋史》卷三一四《范仲淹传》亦明确云仲淹有四子。研究范仲淹的现代学者亦持此说，从未有人对此说提出异议，似乎范仲淹有四个儿子的说法确凿无疑。不过问题的焦点在范纯粹，多数范纯粹传记均云范纯粹为范仲淹第四子，或云为四子、幼子。独范成大《吴郡志》卷二六《人物》云其为"第五子"。范成大与范仲淹同为吴县人，所言必有所据，这促使我们不得不思考，范仲淹有过五个儿子么？考范氏《义庄规矩·续定规矩》：

> 遇有规矩所载不尽事理，掌管人与诸位共议定保明同申文正位（原注：本位有妨嫌者不同申）。虽已申而未得文正位报，不得止凭诸位文字施行。
>
> 右十项，以元符元年六月□日二相公、三右丞、五侍郎指挥参定。……

---

① 周必大：《文忠集》卷一七二《思陵上》，淳熙十四年十一月丙寅，文渊阁《四库全书》本，第1148册，第901页。

② 《范文正公集·褒贤集》，《四部丛刊》初编本。

　　右一项,以元符二年正月十七日三右丞指挥修定。

　　义庄遇有人赎田,其价钱不得支费,限当月内以元钱典买田土。辄将他用,勒掌管人偿纳。

　　右一项,以崇宁五年十月十二日五侍郎指挥修定。……

　　右以政和三年正月二十一日五侍郎指挥修定。……

　　政和七年正月十三日①

此《义庄续定规矩》,将范仲淹制定《义庄初定规矩》后由仲淹之子陆续补充的规矩,于政和七年正月十三日胪列刻石,与范仲淹《义庄初定规矩》一样,置于天平山白云寺范氏祠堂之侧,以便范氏族众遵守。史载范纯仁"所得奉赐皆以广义庄。又以文正所定规矩,特奏闻取旨敕遵,以垂永久"②。《义庄规矩》自得仁宗敕准,为范氏宗族世世遵守。此后《续定规矩》亦具有同样的约束力。

　　宋尊称宰相为相公。例如赵廷美第八子赵德文,其兄三人早卒,为赵廷美在世之第五子,天圣时迁横海军节度观察留后,拜昭武军节度使,后又改拜感德、武胜二军节度使,加同中书门下平章事,为使相。故仁宗尝称其为"五相公"③。《续定规矩》所言"二相公",当指范仲淹第二子,曾任宰相的范纯仁;"三右丞",当指第三子,曾任尚书右丞的范纯礼。至于"五侍郎",亦当为范仲淹之子无疑,这个"五侍郎"应该就是曾任户部侍郎的范纯粹。《义庄续定规矩》是勒石公示的,所言"五侍郎",断无误书的可能。又范纯仁之曾孙范公偁所著《过庭录》每每亦称范纯粹为"五侍郎"。黄庭坚也称范纯粹为"德孺五丈"④,亦有称其为"范五"的。⑤将这些说法与范成大《吴郡志》记载相互印证,范纯粹似乎应是范仲淹的第五子。不过所谓"五侍郎"、"五丈"、"范五"之"五"有无可能是范氏家族中的排行呢?

　　值得注意的是,范仲淹族兄范钧有一子名范纯诚,深得仲淹护佑,从小

---

① 范仲淹:《范文正公集·义庄规矩》,《四部丛刊》初编本。

② 范纯仁:《范忠宣集》补编《范忠宣公传》,文渊阁《四库全书》本,第 1104 册,第 827 页。

③ 《宋史》卷二四四《宗室传》,第 8675 页。

④ 黄庭坚:《山谷集》卷十一《次韵德孺五丈新居病起》,文渊阁《四库全书》本,第 113 册,第 87 页。

⑤ 任渊、史容等:《山谷内集诗注·原注》第二卷《送范德孺知庆州》,文渊阁《四库全书》本,第 114 册,第 7 页。

"携而教养之",并"奏补太庙斋郎,为其娶同年兵部郎中朱公实之女孙为妇,留居左右"。皇祐二年(1050),"文正公置义田于苏州以赡族人,因谓君曰:'非汝莫办吾事。'乃奏以为长洲县尉,俾立规法以贻永久"。①此范纯诚会不会被算作养子从而导致范纯粹排行延后为五? 按,王鏊《姑苏志》卷四十八《人物六》载范纯诚"嘉祐初迁监衡州茭源银场,卒"。范纯仁撰《范府君墓志铭》云范纯诚"卒于官,临终神意不乱,享年三十有四"②。则范纯诚卒于监衡州茭源银场官任上。宋官职通常三年一任,我们以嘉祐三年(1058)为其卒年,时年34岁,上推之,则约生于天圣三年(1025)。③其年龄要长于范纯仁、范纯礼,如因范纯诚原因而将范纯粹排行为老五、称五侍郎,则《义庄续定规矩》当称范纯仁为三相公、范纯礼为四右丞,而不应称二相公、三右丞。显然这个理由不能成立。

如果说范纯诚属范仲淹族兄之子,血缘关系远了点,我们再考察范仲淹亲兄之子的齿序。范仲淹唯有一兄仲温(985—1050),长仲淹四岁,卒于皇祐二年(1050)九月,生五子,"长曰纯义,守将作监主簿,四子尚幼,女四人"④。其时两个女儿已出嫁,另"二女在室中"。时范纯粹已四岁,仲温五子中,除范纯义外,一定还有他子年齿长于纯粹。以理推之,断不会有四子皆小于纯粹。换言之,在纯粹于庆历六年(1046)七月出生后至皇祐三年(1051)七月(涵盖仲温可能有遗腹子出生的日期)的五年之中,范仲温不可能接连不断地生了四个儿子,且不包括还有两个在室的女儿于此时段出生的可能。因此范仲温至少有两个儿子的年龄大于范纯粹应无疑义。所以即使将仲温一房与仲淹一房联起来序次第,范纯粹也万万不会排行作老五。据此,史书称范纯粹为"五侍郎",并非家族排行之称,只能表明范仲淹曾生有五子,范纯粹应是范仲淹第五子,为长大的第四个儿子,或可称四子。史书所谓范仲淹有四子,实际上说的是其后来长大成人的四个儿子。

---

① ② 　范纯仁:《范忠宣集》卷十三《范府君墓志铭》,文渊阁《四库全书》本,第1104册,第674页。

③ 　按:《范忠宣集》卷十三《范府君墓志铭》曰范纯诚"未冠,丁太夫人忧……文正公自西帅赞机务,道由偃师,遂携而教养之。及长,才性通敏,勤于文史,奏补太庙斋郎,为娶同年兵部郎中朱公实之女孙为妇"。范仲淹康定元年(1040)为陕西经略安抚副使,次年罢,可证此时范纯诚尚未成年。

④ 　《范文正公集》卷十三《太子中舍致仕范府君墓志铭》,《四部丛刊》初编本。

　　如果上述判断不误的话，那么在三右丞范纯礼与五侍郎范纯粹之间，范仲淹还应有一个史书未提到的夭折了的第四个儿子。我们知道在传统社会，由于生活和医疗条件的落后，生子而夭折是经常发生的事情。然而所有的史书对于范仲淹是否有此夭折之子，皆语焉不详。这个夭折的儿子究竟是范仲淹家室中的何人所生？《宋故冯翊郡太君张氏墓志铭》云："夫人唯一子"，即范纯粹，不云曾生育过两胎。以此推测，第四子当为范仲淹继室聂夫人所生。

　　综上所述，宋代婢女的身份地位与唐代相比较，虽然发生了诸多变化，然而与正妻之间，在名分上仍然阻隔着一座大山。由于宋代制度的限制，婢女出身的张氏与范仲淹始终只是同居关系，并没有获得过继室名分，因此不能称张氏为范仲淹妻子。作为婢女的张氏为范仲淹生子，在九百多年前的宋代，对于士大夫来说是十分正常的事情，并不违法，也不影响我们对范仲淹道德情操的评价。范纯粹是范仲淹的第五子，史书所谓范仲淹有四子，实际上说的是其后来长大成人的四个儿子。

（原题《关于范仲淹家室张氏的身份及其子范纯粹的排行》，
载四川大学历史文化学院编《吴天墀教授百年诞辰纪念文集》，
成都：四川人民出版社，2013年）